中古时期江南经济与文化论稿

张剑光 著

上海古籍出版社

图书在版编目(CIP)数据

中古时期江南经济与文化论稿 / 张剑光著. —上海：
上海古籍出版社，2019.10
ISBN 978-7-5325-9365-1

Ⅰ.①中… Ⅱ.①张… Ⅲ.①经济史-华东地区-中
古-文集②文化史-华东地区-中古-文集 Ⅳ.
①F129-53②K295-53

中国版本图书馆 CIP 数据核字(2019)第 225833 号

中古时期江南经济与文化论稿

张剑光 著

上海古籍出版社出版发行

(上海瑞金二路 272 号 邮政编码 200020)

(1) 网址：www.guji.com.cn

(2) E-mail：guji1@guji.com.cn

(3) 易文网网址：www.ewen.co

上海惠敦科技印务有限公司印刷

开本 890×1240 1/32 印张 17.75 插页 3 字数 414,000

2019 年 10 月第 1 版 2019 年 10 月第 1 次印刷

ISBN 978-7-5325-9365-1

K·2710 定价：72.00 元

如有质量问题，请与承印公司联系

目　录

附录　上海·方志

绪　　论

收入本书的论文长短不一，共 24 篇，大致按其性质，分为中古江南的"经济·城市"与"教育·文化"，以及附录"上海·方志"三个部分。上编主要是对江南经济某个方面的论述和江南城市经济的专题研究，侧重于对经济的探讨；下编是对江南若干教育、饮食、园林和游览、娱乐活动的专题研究，侧重于对文化的探讨。由于我视野有局限，难以做到对古代历史的贯通，大部分的文章只能立足于唐五代这个时间段来观察。不过，由于研究论题的扩展，这次收录的论文中有六七篇是向前跨越到了六朝，讨论的时间段较长，因而在取书名时颇费周折，只用"唐五代"来标明时间显然涵盖不了整书的研究，遂以"中古"这个概念命名，取书名为《中古时期江南经济与文化论稿》。书中另有附录部分 5 篇论文，是我近年来对古代上海地区史研究的几个小成果，由于资料有限，故主要利用方志来进行探讨。这部分的几篇文章在研究主题上与前面的文章相符，但探讨的时间主要是在宋元明清，尽管研究区域上仅局限于古代的上海地区，然也是作为江南地区的一部分，因而作为附录呈现在这里。

下面我就这些论文的写作缘起及主要观点作一些简单介绍。

上编共 11 篇论文。其中《唐五代江南史研究的若干问题》一文，是接受一个报社记者的通信采访，他为我列了近 10

个题目,而我挑选了其中 4 个作答。由于我没搞清记者的真实编辑用意,写了好几页发过去,没曾想记者是一组采访合在一起,只从我的稿子里面挑了几段话。由于不想浪费自己的成果,所以我干脆对文章重新进行思考,增加了资料和出处。文中我认为唐代人的"江南"概念在发生变化,有大、中、小几种称法,但总体上所指区域在逐渐缩小,指向两浙地区为越来越多的人所接受;江南人的社会风气在两汉时期是崇尚武艺的,但魏晋以后渐渐发生变化,至唐代以后,江南人崇尚儒术和教育,这其中变化的原因,主要和北方士人大量南迁后重视教育、科举和信仰宗教有关;苏、杭两州经五代至宋初,被人称为天堂,其发展主要是在唐代中期以后,在城市商业、规模、人口、文化方面是当时最为繁华的;江南文明受到中原文明的影响,但不是简单的中原江南化。

《开天盛世时期江南经济的发展水平》一文,原是数年前受王双怀先生之邀在西安参加纪念"开天盛世"一千三百年大会上的一个发言。发言时,只做了一个简单的 PPT,并没有成文。此后觉得自己的观点需要完善,尽管在以后有的论文里我用了一些观点,但还是觉得不够系统。2018 年夏天,为参加浙江大学"江南区域环境与社会变迁"学术讨论会,我对这个题目进行了整体思考。在这篇小文中,我提出唐玄宗开天盛世时期,北方经济发展到达唐代的顶峰,而同时南方经济也出现了崛起的势头。与唐朝初年相比,天宝时江南人口增长率高于同期的北方,农业发展需要的人口数初步具备。其时江南兴修的水利工程数量并不少于同时期的北方,尤其是几条海塘的修筑,使海塘内的土地免遭咸潮的侵蚀,垦田面积越来越大。开元时,江南的农业生产达到相当高的水准,粮食被大量运往北方。明州及十个新县的析置,江南的开发从内陆走向沿海,开发的大体格局在玄宗时已经定型。江南部分州县城墙的修筑,使城市的物质形态更加完善,城区面积扩大,商品经济活跃。江南的手工业,如丝和布纺织、金属铸造业等,都在全国占有重要地位。正因为有了开元盛世时南方经济的快速发展,安史之乱后,江南才能快速、有力地替代北方,成为"国用大半"的财赋中心。安史之乱后的财赋重心南移,既是偶然的,但同时也是历史的必然。

《江南运河与唐前期江南经济的面貌》一文,是 2014 年为中国唐史学会和扬州市人民政府联合召开的"隋炀帝与扬州国际学术研讨会"撰写的论文。在文章中,我试图回答江南运河的开挖与唐代前期江南地区经济发展存在着正向的关系。我指出,隋炀帝在前人的基础上对江南运河进行了开阔、疏浚,同时对江南运河沿岸的驿站、码头、桥梁等交通运输体系进行了建设。唐代前期,运河沿线各州继续完善运河的功能,确保了运河发挥出越来越大的作用。在唐前期,运河对粮食和各种物资的运输、对人员的往来、对农业灌溉和水稻种植、对沿河城市的发育成长,其作用越来越直接。运河直接导致了唐前期江南经济建立起稳定的发展基础。安史之乱后,南方大量粮食运往北方局面的形成,与江南运河的作用密不可分。

《隋唐五代江南造船业的发展》是我对江南手工业发展的一个专题研究。在文章中,我指出唐朝以前,造船就是江南的特色手工业,虽然由于政府政策的影响,发展较为缓慢。唐前期江南以造战舰而出名,在经济中也占据重要地位,主要集中分布在长江、太湖、杭州湾钱塘江沿岸。中唐以后,随着军事形势的变化,江南造船业出现了飞速发展的局面,尤其是到了唐朝末期,军事形势的变化更刺激了造船业的发展。这时的造船业主要分布在长江、太湖、钱塘江及沿海地区,呈现出向沿海州和长江沿岸州集中的趋势,造船能力和造船技术水平都有显著提高,成为东南地区的造船中心。江南造船业的发展,和优越的地理位置、军事环境和丰富的木材资源有关。

《隋唐五代江南城市的基本面貌与发展趋势》,是我对江南城市整体性发展水平评价的一篇论文。2013 年,为参加南京师大举办的"唐代江南社会国际学术研讨会",我撰写了这篇文章参会。由于之前对城市经济发展有一些专题研究,对江南部分城市经济也有个案分析,因此在此基础上的总结相对而言比较自信。我提出至隋唐五代时期,江南多层次的城市格局体系基本建立。江南区域内先后出现了 18 个州级以上的城市和 70 多座县城。江南城市渐渐发生着一些重要的变化,无论是物质结构、社会结构,还是生产与消费、文化生活和日常生活,都在潜移默化地发展着。江南城市的设立与规模主要受制于政治需要,城市空间分布的格局已基本定型,城市发展有较大的区位优势,多数城市进行了修建整治,城市人口数量有所增加,城市经济功能显著增强,市的形态发生较大变化,城市文化生活丰富多样。城市在政治和经济上对周围地区有较大的影响。

《城墙修筑与隋唐五代江南城市的发展》《六朝唐五代江南城市中的产业研究》《六朝隋唐五代江南城市的市政和社会管理》《六朝唐五代江南城市市场的形制与变化》《六朝江南城市人口数量的探索》五文,是我对江南城市进行全面研究的成果。虽然是从一个具体的视角对城市的某个方面进行探讨,但各篇之间是相互联系的。在《城墙修筑与隋唐五代江南城市的发展》一文中,我指出隋唐五代江南城市发展的一个重要标志,就是城墙的修筑。隋朝灭陈后,江南一些城市新筑了城墙。不过由于没有重要的战事,并没有出现大规模修筑城池的现象。唐朝建立,江南地区对修造城墙渐渐重视。湖州及一些县城根据本地的实际情况,新修、增筑了城垣。安史之乱以后,江南地区时有动乱出现,一些城市继续兴筑、扩修城垣。唐末五代,社会动荡不定,大量城墙或新筑或加固,江南出现了一轮修造城墙的高潮。随着战事的变化,有的城市多次对城墙加高加厚,增强城墙的防御功能。江南州级以上的城市,一般均有内外两重城墙,城墙下宽上窄,环以护城河。除少部分山区县城之外,大多数的县城至唐末都修筑了城墙。江南城墙的修筑是一个逐渐的过程,它既是隋唐五代时期江南城市发展的结果,更是江南城市加快发展步伐的一个重要推动力。

在《六朝唐五代江南城市中的产业研究》一文中,我认为六朝以来的江南城市经济,以商业为主,手工业为辅。到唐五代,随着城市规模的扩大、人口的增多,城市服务业开始兴盛,成为城市经济的重要组成部分。中唐以后,手工业和服务业的比重增加,城市的产业结构在不断调整。此外,城市交通业、种植业、高利贷业都有一定的发展。江南城市产业结构基本合理,产业地域性明显,不同城市形成了各自的产业特色,城市产业分工与城市发展相适应。江南城市经济结构上呈现出消费性和生产性、服务性并存的特点,但从总体上说,江南城市主要是消费性的,并不是生产型的。

《六朝隋唐五代江南城市的市政和社会管理》一文,是为参加2012年绍兴文理学院举办的"区域文化学术研讨会"而撰写的。在文章中,我提出六朝隋唐五代江南城市发展迅速,与政府周密的管理措施有着重要的关联。政府对城市的管理措施,可以分成多个方面。如在城市管理上,政府对城市基础设施、城市道路、城市房屋、城市卫生保洁等方面,有很多相关的规定。在城市的治安、救灾管理上,地方官员是城市治安的主要责任人,还经常用军队来稳定局势;发生自然灾害后,政府有专门人员参加救灾,有很多具体的措施救助灾民。政府在城市的公共事务方面有很多具体的管理措施。政府对江南城市的管理,既有值得肯定的一面,同时也对江南城市的发展有诸多抑制作用。

《六朝唐五代江南城市市场的形制与变化》一文,是我对江南城市市场的专题研究。文章中我指出了六朝至唐代,州郡、县级城市至少都有一个商业市场,用来进行商品交换,满足城市民众的生活需要。市的设立,一定程度上标志着城市商业的发展程度。这篇文章的主体是对城市市场的形制、管理进行深入研究,提出江南城市的市制发生了一些新的变化与发展,使得市在城市商品交换中的作用更加突出,各州郡、县市在商业交换上日见繁荣,成为城市商品经济的主要交换场所,而且市也是广大农村经济作物和手工业品的集中销售地,有力地带动着农村商品经济的发展。

《六朝江南城市人口数量的探索》一文,重点是对江南城市人口数量进行估算,目的在于认识江南城市的发展水平。在文章中我提出,东吴前期都城吴郡,城内人口约有 10 万。东吴县城中的人口,一般估计不会超过两三千;郡城内的人口,在数千至 1 万左右。东晋南朝时期,江南城市人口数量大增,都城建康人口已逼近百万。东晋一般郡城内的人口估计能达到 1 万,大的郡城在 2 万左右。南朝京口城内的人数在4—5 万左右,会稽城有 10—11 万。南朝大县的人口达到两万,一些小县城中的人口可能连 1 500 也不到,县城人口数量差别很大。江南城市人口呈逐渐增加的态势,和政府用行政手段将人口迁入城市、农业人口从事工商业进入城市、北人南迁进入城市和士人聚族而居等因素相关。

上编的最后一篇论文是《唐五代温台地区的海洋经济》。由于浙东沿海的温、台二州经济有着明显的区域特点,有着优越的自然条件,有漫长的海岸线,因而经济发展的海洋特色表现得特别显著。在经济结构上,温、台二州的经济呈多元化的发展态势,与海洋有较紧密的联系,海洋制盐、捕捞、对外贸易成了二州经济发展的重要支柱。而沿海地区带有明显海岸型性质的农业经济,发展轨迹与两浙其他各州差异很大。相对其他各州而言,温、台二州水利兴修数量较少,粮食作物种植不发达,农业主要以经济作物种植为主。

　　下编论文共8篇。其中《远迩趋慕:隋唐五代江南城市中的教育发展面貌》一文,提出隋唐时期江南城市中的教育制度已基本建立,江南各州普遍设立了州学。州学一般以学习儒家经典为主,以培养学生参加科举考试为主要目标。同时期各县设立县学,县学一般设在孔庙中,教师可能要经过考核才能担任。江南城市中的私学十分繁荣,形式多种多样,以一些在儒学上有成就的学者、官员和文人私相指导年轻学子最为多见。私学主要存在于官宦和大族之家,而普通百姓亦有培养子弟学习文化的意识。一些家庭尽管不太富裕,但也投入了相当的财力、物力到教育上,重教育的社会风气开始形成。科举对江南地区重视教育的风气影响很大,人们在科举上取得了显著的成绩。江南城市中崇尚文化教育、注意提高百姓素质的做法,是造成江南人才涌现的主要原因。与这篇论文比较接近的是《唐宋之际吴地学校教育的创新发展》一文,专门对吴地学校教学在制度上的创新谈了自己的看法。我指出,唐宋之际吴地学校教育出现了一个发展高潮。唐五代吴地许多州县都建立了学校,而且已有一定的规模。至宋代,各州县学校教育质量不断提高,校舍时常翻新、扩建。吴地学校管理充满着创新意识,设立专职管理学校的官员,办学经费有了保证,有十分严格的教师上岗考核制度,在教学内容和学生的学习管理上也有许多创新举措。学校教育的创新,使吴地重教风气形成,大量读书人中举登第,社会风俗发生了重大变化，从"尚武艺"转向了"好儒术"。

　　《六朝至唐五代江南城市中的饮食习尚》《歌声舞节，桃花绿水之间——六朝唐五代江南城市的歌舞活动》《唐五代江南城市的园林建设及其特点探析》《六朝至唐代江南城市游览风尚的变化及其原因》四文是我对江南城市社会与文化探索的一些成果。其中《六朝至唐五代江南城市中的饮食习尚》一文，重点对人们的主食、菜肴、酒、茶等进行了研究。我指出，六朝至唐五代江南城市居民的主食是饭，有稻米饭、麦饭、粟饭等。同时也食用粥以及各种面粉和米粉制成的饼。肉类在上层统治者或富裕家庭中是经常食用的，消费需求量很大，以猪肉为主，牛羊肉为辅。江南多湖泊水道，靠近大海，水产品消耗量很大，在人们的饮食中占有重要地位。城市普通民众的日常饮食是饭菜搭配，以蔬菜为主。承继了传统，江南城市居民饮酒十分普遍，江南生产很多名酒。同时，随着茶叶种植的兴起，饮茶之风蔓延，成为一种流行的习俗。城市是大多数社会上层人物生活的场所，因而在饮食生活上，很多人以追求奢侈为目标。

　　《歌声舞节，桃花绿水之间——六朝唐五代江南城市的歌舞活动》一文中，我认为六朝各王朝宫廷音乐歌舞活动内容丰富，演出乐曲种类繁多；士大夫比较爱好歌舞，很多人都会弹奏乐器；民众对音乐歌舞呈现出一定程度的狂热。唐代宫廷中的音乐通过一些艺人传播到江南，并且受到西域外国音乐的影响，流行柘枝舞、参军戏等表演；城市中活跃着众多擅长歌舞演唱的妓女。五代江南诸国乐伎制度全面建立，歌舞音乐以教坊伶工和士大夫贵族的家伎表演为主，士大夫家里有很多歌舞乐人。江南歌舞活动的盛行，最主要的是城市里居住有大量欣赏音乐歌舞的人员，他们追逐并且享受着歌舞活动带来的快乐。同时，江南城市中居住着大量从事音乐歌舞活动的娼伎,以表演作为谋生手段。

《唐五代江南城市的园林建设及其特点探析》一文,从城市建设的角度,直面唐五代江南城市中出现的大量园林。我指出,州级城市的子城筑起高楼,州衙按园林格局布置,建楼设圃,厅斋堂宇、亭榭楼阁疏密相间,高低错落有致。苏州、湖州、杭州、金陵等城市,不但园林数量众多,而且建造技艺高超。城市园林的大量建造,使城市布局出现了较大的变化,扩展了城市的生活功能,引发了人们思想观念和文化意识的变化。江南城市大量兴造园林亭阁、开山凿池,是社会风尚的需要,同时也和江南地区雄厚的经济实力分不开,是江南经济发展的标志。

《六朝至唐代江南城市游览风尚的变化及其原因》一文中,我分阶段对江南城市游览风尚的变化进行了分析。我认为六朝时期的江南城市中,世家大族、高官和文人士大夫盛行到山水美景中游览。唐代官员、文人不但流行饮酒作乐,以游玩山水为风雅,而且中唐以后在各大城市旅游亦渐成一种风尚,城市及城市周围的风景地成了文人士大夫的游玩之地。唐代江南城市的另一个重要变化是普通居民都热衷游览,特别是在一些节日期间,普通居民四处游览更为普遍。六朝至唐代,城市游览风尚的逐渐转变,主要与城市人口数量的增加、城市居民生活的富有、官员与士大夫的心理需求和思想影响等因素有关。

《唐五代时期杭州的饮食与娱乐活动》一文,是我为参加杭州文史研究会"丝绸之路与杭州"论坛撰写的一篇论文。随着唐五代时期杭州城市经济的发展,人们对吃喝玩乐有着愈来愈高的追求。杭州人的主食以稻米为主,肉类食品主要食用羊肉和牛肉,并且大量食用水产品,流行饮酒饮茶。杭州城内外建起了很多园林,游览风气盛行,官员和文人士大夫是最积极的推动者,社会风尚发生了较大的变化。城市娱乐生活充实,到处都有歌舞音乐,文娱活动十分热闹,正月十五观灯、端午竞渡、钱塘观潮等都较有地方文化特色。吃喝、游览和娱乐活动,反映出这一时期杭州社会经济的富足状况。

《唐代的太湖石文化》一文是为参加江苏吴越文化研究会举办的一个学术会议的发言稿,之后曾作一定的修改。文中提出六朝造园时就已经注重太湖石,无论是官方还是私人,建造的园林常以石头作为园林建筑的一大要素。中唐以后太湖石受到文人士大夫的狂热追捧,他们对太湖石有着狂热的嗜好,以得到一方太湖石为荣,将石头搬进了庭院中。他们被太湖石的外貌形态所吸引,不惜重金购买。在唐代很多诗文中,人们都会谈到太湖石,显示出人们对这种石头的衷情。唐代文人赞美太湖石,不但因为其外在形状,更被其精神内核所感动。

附录收了我研究古代上海史的 4 篇论文和 1 篇小札记。因为上海文化的根源是来自江南文化,作为江南文化的一部分,对上海史的研究必将继续深入。《宋元之际上海地区的水陆道路和交通网络》一文,类似的题目以往学术圈少有人研究。在文章中,我指出,上海地区宋代有华亭、嘉定两县,之后在元初设立了上海县。政区设置的不断完善,促进了交通的发展。上海地区的水陆道路十分通畅,交通设施比较完备,华亭、嘉定至附近各州县都有陆路相通。陆上交通注重道路修整和桥梁建设,二者使陆路交通畅达、便捷。水上交通线四通八达,政府和民间的生产、生活物资大都靠水路运输。华亭和嘉定县都有完备的馆驿设置,通向州城有驿路,沿路有驿站。至元代初年,馆驿制度更加完备,松江府的驿站有陆路和水路两种,境内的递铺从多个方向与嘉兴县的急递铺相接。华亭的青龙镇和之后设立的上海县,是海上交通的重要港口,从上海出发的海上交通线路能顺利到达北方。元朝注重南粮北运,上海地区成了漕运南方租赋到北方的海上枢纽地。

《唐至元初上海地区人口数量的估算》是我对古代上海地区历史研究比较有心得的一篇论文,曾在南京师大"中国古代民生问题及其国家应对"高层论坛上宣读。我认为,人口数量的估算,是研究古代上海地区社会发展的重要指标。唐至元初,上海地区先后有华亭县(松江府)、嘉定县、崇明州和上海县四个县级以上的行政区划。隋代,上海地区的人口有 2 万左右,至唐末约有 10 万。北宋真宗时期,上海地区的人口近 20 万。宋朝定都杭州之后,迁入上海地区的人口增多,绍熙至嘉定年间,人口约在 50—80 万之间。南宋末期,上海地区人口最高曾达到 150—160 万。元朝建立,上海地区户口一度呈下降趋势,不过很快企稳回升,到至元二十七年,上海地区的总人口达 130 万左右。尽管在南师大的会议上,有学者认为我大量引用方志资料,可靠性是存疑的,但我坚信,正是运用了大量方志材料,通过各书的相互印证,我的结论是站得住脚的。

《历史时期上海地区的老虎活动——以方志为中心的考察》一文的撰写,实属偶然。因为在翻阅上海社科院出版社出版的《上海乡镇旧志丛刊》时,看到数处有关老虎的记载,于是对方志进行了全面的翻检,发现方志上有老虎在上海地区活动的大量记录。从时间来看,主要出现在元末至清乾隆以前;从地域来考察,上海大部分地区都有过老虎活动的踪迹,其中以西北部的嘉定和宝山、南部和西南部的金山和松江,老虎出现的频率最高。老虎为害剧烈,吃人吃牲畜,严重影响了人类的正常生活,于是人们就想尽一切办法杀死老虎,政府常常组织军队进行捕捉,民众亦自发组织起来围捕。老虎能在上海地区活动,说明古代上海有大量的滩涂荡地和各种荒地,有大量的水面，老虎有活动的纵深空间，有赖以生活的森林、草地等自然植被环境。不过随着明末至清代大量荒地的开垦，滩涂变成了熟地，河道水面变成了粮田，老虎的栖息地日益缩小，人类活动侵入了老虎的活动范围，导致老虎咬人伤人事件不断。乾隆二十六年以后，随着自然环境的较大变化，老虎在上海不再出现。

《现存〈真如志〉相互关系考——以人物部分为核心的探讨》一文，是我点校洪复章《真如里志》时的副产品。作为《上海乡镇旧志丛刊》的一种，我对洪复章的稿本《真如里志》进行了整理，之后发现在洪志前后，都有《真如志》保存下来，而对他们之间的关系探讨，是直接决定洪志成就的重要方面，因而我决定以三书的人物部分作为突破口，进行具体探索。我认为陆立志是第一本真如志，在搜集真如地方文献上有开拓之功。由于是书编辑时间较早，反映了清代中期史学家的编撰理念，结构和分类都是那个时期的产物，文字比较简单，篇幅不大。洪复章的《真如里志》编于民国八年以后，内容上不但包含了陆立志，还进行了很多增补，特别是大量增加了乾隆以后的史实，因而资料价值极高。民国时期王德乾的《真如志》是真如方志的集大成作品，该志内容详尽而精确，资料十分丰富，结构较为合理。因此我提出，三本书名相同的《真如志》，各有其史学价值和文献价值，都有存世的必要。

《古代上海地区的两种三黄鸡》实际上是一篇读书札记，主要观点是：从明代开始，嘉定南翔、大场附近有三黄鸡的养殖，而民间所谓的浦东出产三黄鸡，是到清代才出现的现象。历史上的浦东三黄鸡与大场三黄鸡，在品种上是有所区别的。

以上简单介绍了全书24篇文章的写作缘起和主要观点。从中可以轻易看出这些年来我的学术兴趣，主要是在江南经济和文化上。24篇中，有的是为学术会议撰写的论文，有的是读书看书时的心得。有些只是作为一个方面的系统资料罗列，但大多是自己的首创，学术界缺少相应的研究可以借鉴；有的是提出了自己的看法和观点，但不知是否成立，是否能经受得起学术界的检验，可能还得留待时日才能说我的判断是对还是错。24 篇文章发表在不同刊物上，本次收录时除两篇文章外基本没有进行改动，只是作了些体例上的统一。由于各文的侧重点不免会有相互交叉，反映到内容上就会有部分重复。尽管有两篇文章作了改动，但重复的段落仍有不少，在这里只能敬请读者体谅。

　　江南史研究是我长期以来一直热衷的领域，但中古时期的江南研究者并不算太多，总体上显得比较冷落，与明清时期江南史研究者云集的热闹劲反差很大，因此，这些论文的结集出版，我的本意是想为中古江南史研究添点砖瓦。文章中难免有不少疏漏的地方，真诚希望大家多提意见。

上　编

经济·城市

唐五代江南史
研究的若干问题

　　尽管唐五代江南史一些基础问题的探索取得了不少成果,但学术界对江南历史的思考仍在继续,并不断推进。前不久,一位先生向我提出了他在研究中思索的若干论题,希望我能作些回应。这些内容,的确是以前我在研究中没有进行太多思考的,或者是研究中涉及了,但没有系统地作为专题提出来,因而在考虑中显得比较薄弱。今天把这几点思考写成文字进行回答,力图解决江南史研究中的这几个问题。当然,我的思考肯定还有不够成熟的地方,只是想提出来供大家一起讨论。

一、唐代的江南有多大

　　安史之乱后,诗人杜甫在他乡重逢旧友李龟年,写下了《江南逢李龟年》:"岐王宅里寻常见,崔九堂前几度闻。正是江南好风景,落花时节又逢君。"李龟年是开元年间宫里的著名乐工,兄弟三人"皆有才学盛名","特承顾遇",安史之乱后流落湘潭。研究杜甫诗的学者认为杜甫此诗写于天宝之后,作于潭州。① 如此看来,杜甫说的江南是指唐代中期今湖南

---

① 杜甫著,萧涤非等校注:《杜甫全集校注》卷二〇,人民文学出版社2014年版,第5993—5994页。

一带。

　　稍后一点，诗人白居易有《忆江南词三首》，其中第二首说："江南忆，最忆是杭州。山寺月中寻桂子，郡亭枕上看潮头。何日更重游？"第三首说："江南忆，其次忆吴宫。吴酒一杯春竹叶，吴娃双舞醉芙蓉。早晚复相逢？"①前者指杭州，后者指苏州，白居易的江南显然是指长江下游地区。

　　其实唐代诗人以"江南"为题的诗歌还有很多，比如李群玉、罗隐有《江南》，于鹄、李益、储光羲有《江南曲》，张籍、杜牧有《江南春》，仔细地看一下他们的诗，发现诗人笔下的江南并不是完全一致的。当然，诗人所指也有共同的地方，即谈论的地域都在长江以南。实际上，就唐代而言，"江南"是一个特殊的概念，并不是固定不变的，这个概念在不断变化，因而人们的所指并不完全一样，范围有大有小。

　　秦汉以后，一般"江南"指今长江中游以南的地区，主要指今湖北南部和湖南全部，而长江下游的今皖南、苏南一带，因为长江大体是呈南北走向，常以"江东"著称。如周振鹤认为这一时期"江南的概念大于江东"，"江南其实还有江汉以南、江淮以南的含义"。②李伯重的观点稍有不同，他认为江南是个地理方位，"并非有明确范围的地域区划"，长江以南都是江南。③在开皇八年的诏书中，隋文帝谈到："巴峡之下，海滋已西，江北、江南，为鬼为蜮。"④这里的"江南"应该是指长江中下游广大的长江以南地区。六朝定都建康，北方人称南方政

　　---

① 白居易：《白居易集》卷三四，中华书局 1979 年版，第 775 页。
② 周振鹤：《释江南》，《中华文史论丛》第 49 辑，上海古籍出版社 1992 年版。
③ 李伯重：《简论"江南地区"的界定》，《中国社会经济史研究》1991 年第 1 期。
④ 魏徵等：《隋书》卷二《高祖纪下》，中华书局 1973 年版，第 29 页。

权为江南,长江下游自然是被作为江南的一部分。如卷四八《杨素传》谈到"江南人李稜等聚众为乱",而作乱的江南人大多在京口、晋陵、苏州一带。长江下游的长江以南部分除称为江南外,也称为江东、江左、江表。如《隋书》卷二《高祖纪下》,开皇八年,文帝的诏书谈到"有陈窃据江表",卷四八《杨素传》谈到"上方图江表"。①

"江南"这个地理方位概念,到唐代成为一个具体的地区概念,用以指称固定的地域。唐太宗贞观元年(627),将天下分为十道,长江以南、岭南以北的广大地区为江南道。周振鹤认为这时的"江南"应该是最名副其实,长江以南地区全部称为江南,包括原先所称的江东地区。唐玄宗开元二十一年(733),分天下为十五道,江南道分成江南东道和江南西道、黔中道。江南东道治所在苏州,时人将其简称为江东;江南西道治所在洪州,时人将其简称为江西。中唐以后,江南西道一分为三,自西至东依次为湖南道、江南西道、宣州道。宣州道相当于今皖南地区,后改称宣歙道。江南东道也屡有分合,最后一分为三,分为浙江西道、浙江东道和福建道。杜甫《江南逢李龟年》所指的时期,就是唐代从盛转衰的天宝之后,因而他所用的概念,实际上是唐代前期的,江南当然是包括湖南地区。即使是开元后期江南道一分为二,湖南道仍然在江南西道中,因而称其为江南合乎当时的实际情况。

然而,正是在唐代中后期,"江南"这个地理方位概念与行政区划的渐渐结合,"江南"概念的内涵在不知不觉中发生变化,人们所指的江南常有宽狭多种称法。宽者,沿用传统称法,如杜甫一样,用唐前期的江南道概念,即使在政府的一些

---

① 魏徵等:《隋书》卷二《高祖纪下》,第 29 页;卷四八《杨素传》,第 1282—1284 页。

文书中,江南仍然包括今江西、湖南地区。唐文宗(827—840年在位)在《令御史巡定诸道米价敕》中谈到派御史"于江南道巡察",但这个江南道却是包括了"江西、湖南、荆襄"。① 即使到了五代后期,在金陵建立的南唐,常被北方的国家称为"江南",而南唐实际控制的地盘主要是今江西、皖南和江苏淮河以南地区。唐代末年,庄布访皮日休,因故没有见到,遂"以书疏其短失",结果大家都想争着看这篇骂人的文章。皮日休的儿子皮光邺"尝为吴越王使江南,辄问:'江表何人近文最高?'"没想到有人说最流行的是庄布赠皮日休的一篇文章,"光邺大惭"。② 南唐被称为江南、江表,实际上没有使用严格意义上的行政区划概念,而是沿用了传统,长江以南皆称为江南。

也有人将"江南"专指江南西道。如天宝五年,唐玄宗在一个敕文中谈到,韦见素"巡山南东、江南、黔中、岭南等道",而另一位官员"巡淮南及江南东道",③将江南和江南东道对应,显然此处江南专指江南西道。陆羽《茶经》卷下《八之出》中并列谈到浙西、浙东、江南三个概念。其时宣歙划进了浙西,因而他的江南是指今江西及以西地区,内中包括了鄂州、袁州、吉州等,江南实际上指的是江南西道,而江南东道在中唐人的眼里是两浙。一些帝王的诏书,也将江南和浙西、浙东、宣歙并列。如大历元年常衮为代宗写的《命诸道平籴敕》谈到各道要设多少防秋兵,"其岭南、江南、浙西、浙东等,亦合准例",④江南就是单指江南西道。唐穆宗长庆二年派卢贞

① 宋敏求辑:《唐大诏令集》卷一一一,中华书局 2008 年版,第 580 页。
② 佚名:《江南余载》卷下,《全宋笔记》第一编第二册,大象出版社 2003 年版,第 247 页。
③ 宋敏求辑:《唐大诏令集》卷一○四《席建侯等巡行诸道敕》,第 533 页。
④ 宋敏求辑:《唐大诏令集》卷一一一,第 580 页。

"往浙东、浙西道",李行修"往江南、宣歙等道安抚",①这里的江南与代宗敕文中所指范围完全一致。当然,人们更会将江南西道简称为江西。如懿宗咸通三年的《岭南用兵德音》中,谈到"其江陵、江西、鄂州三道,比于潭桂,徭配稍简",②应该是当时最常见的用法

不过中唐以后,一个重要的变化是,有很多人称的"江南"专指浙东、西和宣歙三道。如《旧唐书》卷一四《宪宗纪上》曾谈到唐宪宗元和三年"淮南、江南、江西、湖南、山南东道旱",江南和江西并列,就只能是指江南东道地区。皇甫湜谈到顾况"从韩晋公于江南为判官","入佐著作","为江南郡丞"。③韩滉于建中二年五月任镇海军节度使、浙江东西道观察等使,直至贞元三年二月卒于任上。据《新唐书·方镇表五》,建中二年时,"合浙江东西二道观察置节度使,治润州,寻赐号镇海军使",因此皇甫湜谈到的"江南"实际上是指浙东、浙西地区。宰相李德裕为浙西观察使,为亡妓谢秋娘作曲,本名《谢秋娘》,后改名为《望江南》,亦称为《梦江南》,宋人指出,"盖德裕所谓江南多指京口","大率唐人多以润州为江南"。④ 这儿的江南就是指两浙地区。

唐代后期,江南的概念实际上并没有固定下来,有大小之分,按目前史书中的记载,既有沿用传统的说法,又有指江南西道,更有指称浙东、西和宣歙三道。其中指浙东、西和宣歙为江南的用法虽是后起,却渐渐被越来越多的人接受和使用。

---

① 宋敏求辑:《唐大诏令集》卷一一七《遣使宣抚诸道诏》,第 612 页。

② 宋敏求辑:《唐大诏令集》卷一〇七《岭南用兵德音》,第 557 页。

③ 董诰等编:《全唐文》卷六八六《唐故著作左郎顾况集序》,上海古籍出版社 1990 年版,第 3113 页。

④ 卢宪纂:《嘉定镇江志》卷一六《郡丞》,《宋元方志丛刊》第三册,中华书局 1990 年版,第 2483 页。

北宋至道三年(997),全国被分为十五路,唐代的浙东、浙西被划分为两浙路,宣歙道及唐代江南西道地区被划分为江南路。江南路分为东路和西路,江南东路指江宁府、宣州、歙州、江州、池州、饶州、信州、太平州等地,简称为江东路。而江南西路大体与今江西相当,简称为江西路。两浙路的地域指今镇江以东的苏南地区,并加上浙江全境。由于行政区划的变化,宋代人的"江南"概念仍然不定,有时称江南路,有时称两浙路,而一些人干脆直接称为"江浙"。当然,更多宋代人所指的"江南",渐渐移向两浙,两浙路成为江南的核心区域。

　　总体看来,"江南"这一概念所指称的地区有越来越小的趋势,但唐末五代至宋初,还没有完全固定下来。不过将江南指向两浙地区,已为更多的人所认同和接受。①

二、江南的社会风气是怎样转变的

　　自古以来江南地区的社会风气是以勇猛善战而著名的。班固在《汉书·地理志下》中谈到吴地人"皆好斗,故其民至今好用剑,轻死易发"。② 此后人们一直认为"吴阻长江,旧俗轻悍","吴人轻锐,难安易动",③江南人"好剑客","好剑轻死"。南宋范成大编《吴郡志》时,发现了这个问题,说:"华谊论云:

---

① 陈志坚在《江东还是江南——六朝隋唐的"江南"研究及反思》(《求是学刊》2018 年第 2 期)一文中认为,今天我们说的江南地区,在六朝隋唐应该采用江东一词,也可以用三吴,唐后期直到宋元时期,用浙西一词比较恰当。这是用今天的小"江南"概念,来对应六朝隋唐和宋元时期的地理位置。而实际上唐五代宋初的确已有"江南"这一专有概念,只不过这个概念有大、小三种不同的指称,而今天的苏南及浙江也已经被称为江南。

② 班固:《汉书》卷二八下《地理志下》,中华书局 2000 年版,第 1667 页。

③ 房玄龄等:《晋书》卷五二《华谭传》,中华书局 1974 年版,第 1450 页。

'吴有发剑之节,赵有挟色之客。'《郡国志》云:'吴俗好用剑轻死,又六朝时多斗将战士。'按诸说吴俗,盖古如此。"[1]不过这种局面在唐代的史书里发生了转变,其谈到江南人"俗好儒术,罕尚武艺","人尚文","吴人多儒学",[2]说明从唐代开始,江南地区的社会风气发生了根本性的转变。

这种转变的原因到底是什么? 我认为应该和北方士人的迁入和江南学校教学的兴起有关。此外,与宗教化民成俗的功能也有一定联系。

西晋以后,为躲避战乱,北方的衣冠大族纷纷南渡,将北方文化的精华和传统带到南方,江南是南迁北方人较为集中的地区之一,而且他们往往又是政权的把持者,因而在他们的影响下,江南的社会风气大为改观,风俗澄清,"道教隆洽"。如东晋余杭县令范宁"在县兴学校,养生徒,洁己修礼,志行之士莫不宗之。期年之后,风化大行。自中兴已来,崇学敦教,未有如宁者也"。[3] 那些在政治和经济上有较高地位的士人自然想让自己的孩子得到良好的教育,他们认识到教育的重要性,因此江南学校制度的建立就有了社会条件。士大夫阶层以崇尚礼仪相标榜,他们使社会走向"慕文儒,勤农务"的良好风气。当然,要使社会面貌改变毕竟不是一朝一夕的,六朝时期的教育制度并不够完善,教育对社会风气的改变只是初步的。唐人说:"逮江左草创,日不暇给,以迄宋、齐,国学时或开置,而劝课未博,建之不能十年,盖取文具而已。是时乡里莫或开馆,公卿罕通经术,朝廷大儒独学而弗肯养众,后生孤

---

① 范成大:《吴郡志》卷二《风俗》,江苏古籍出版社 1986 年版,第 8 页。

② 朱长文:《吴郡图经续记》卷上《风俗》,江苏古籍出版社 1999 年版,第 11 页。

③ 房玄龄等:《晋书》卷七五《范宁传》,第 1985 页。

陋,拥经而无所讲习,大道之郁也久矣乎。"①

唐代,北方衣冠大量来到江南,对南方的社会礼仪规范有重要影响。如苏州是北人南迁的重要聚集地,史云:"吴下全盛时,衣冠所聚,士风笃厚。"②就连唐末温州也有很多衣冠居住:"隋唐阐海隅之化,而江浙尽为衣冠。"③南唐时,都城金陵士大夫更为集中。宋人云:"江南当五代后,中原衣冠趣之,以故文物典礼有尚于时,故能持国完聚一方。"④南迁士族对社会风尚的形成作用十分明显。

唐代,江南各州县都建立起学校制度,尽管州县学的规模一般,政府并没有更多发展学校的具体措施,但教育事业仍发展到一定的高度,在学校教育制度、学校教育管理以及教育理念等方面,都有一定的创新意识,这些毕竟对社会风气的变化产生了较大的影响。例如苏州州学,李栖筠为浙西都团练观察使时,"又增学庐",扩大规模,并延聘名师执教,河南的褚冲和吴郡何员等大儒从各地前来任教,将不同的学术观点带到学校,使学术争鸣和探讨有了条件。苏州州学按规定只能有学生 60 人左右,结果"远迩趋慕",学生达数百人,是中央政府规定人数的几倍。之前,李栖筠在常州就有大办教育的举措。代宗永泰年间他任常州刺史,在夫子庙西"大起学校",估计也是扩大校舍,增招学生,⑤因而我们看到唐代中期的常州是"文治熠如也"。再如唐代昆山县学经县令王纲重建后,人们

---

① 李延寿:《南史》卷七一《儒林传》,中华书局 1975 年版,第 1730 页。
② 范成大:《吴郡志》卷二《风俗》,第 13 页。
③ 张孚敬纂:《嘉靖温州府志》卷一《风俗》,《天一阁藏明代方志选刊》第 17 册,上海古籍书店 1982 年版,第 4 页。
④ 董逌:《广川书跋》卷一〇《李后主蚌帖》,《中国书画全书》第一册,上海书画出版社 1993 年版,第 808 页。
⑤ 欧阳修等:《新唐书》卷一四六《李栖筠传》,中华书局 1975 年版,第 4736 页。

纷纷将自己的孩子送到学校学习,而且还"不被儒服而行莫不耻焉",不接受学校教育就会被人瞧不起。① 此外,民间私学发展较快,既有士大夫家里的家庭教学,又有个人私相传授的私学,同时在一些乡村地区有一定规模的乡学。这样的重视教育,到北宋更进一步,"时州将邑长,人人以教育为己职",②《宋会要辑稿·崇儒》二之三认为"州郡不置学者鲜矣"。如欧阳修在《丁君墓表》中说:"庆历中,诏天下大兴学校,东南多学者,而湖、杭尤盛。"丁宝臣"为教授,以其素所学问而自修于乡里者,教其徒,久而学者多所成就"。③ 大量兴办学校,使得江南人才辈出,文化素质提高,江南办学风尚至宋代可以说完全建立。

重视教学风气的形成,直接导致文人士子文化素养提高,读书人在隋唐开始的科举考试中不断取得成功。如苏州、常州等地区,中进士和明经的人数特别多。苏州唐代进士及第有 50 多人,单状元就有 7 位,常州的进士、明经也有数十人。顾宏义据《文献通考》卷三二《选举考五》等材料统计出北宋时期,平江府出状元 1 人、常州府 2 人、湖州府 1 人,南宋时平江府出状元 3 人、常州府 1 人,共计 8 人。全国 118 位状元中,吴地占了 6.8％左右。④ 教育的成功,促进了民众文化水准的普遍提高,更多的人参加科举考试,并进入官僚队伍。重文重教育的风气彻底改变了江南的社会风气,北宋以后,江南士人几乎是人人崇尚教育,由此造成人才辈出。完备的教育体系,

① 董诰等编:《全唐文》卷五一九梁肃《昆山县学记》,第 2335—2336 页。
② 曾枣庄、刘琳主编:《全宋文》卷八九一曾宏《元氏新建县学记》,上海辞书出版社 2006 年版,第 41 册第 319 页。
③ 欧阳修:《欧阳修全集》卷二五《集贤校理丁君墓表》,中华书局 2001 年版,第 391 页。
④ 顾宏义:《教育政策与宋代两浙教育》,湖北教育出版社 2003 年版,第 225—227 页。

有效地发挥出学校教育在教化育民、化民成俗方面的政治功能,同时为政府提供了大量的官吏,解决了读书人的出路问题。毫无疑问,学校制度的建立和发展,是江南社会尚文风气形成的重要因素。

江南地区自南朝以来养成了喜淫祠、好佛道的风气,宗教走进人们的日常生活,对民众文化意识的变化产生重要影响。到了唐代,江南民众更是利用神灵为消灾祛病、赐福避祸,他们希望神灵提供一个风调雨顺的生活和生产环境,来保证他们生产丰收、生意兴隆。苏州东阊门之西有泰伯庙,“每春秋季,市肆皆率其党,合牢醴祈福于三让王,多图善马、彩舆、女子以献之,非其月亦无虚日”。① 这种神灵信仰,一方面是民众文化意识的一种传承,百姓为了追求精神上的寄托,向往美好生活,对众神敬仰发自内心,另一方面,众神信仰有着浓厚的现实意义,供奉的很多神灵都是以前的一些官员,他们在任期内政绩显著,为百姓做了很多好事,因此后人就纪念他们。佛教的教化功能在南朝至唐代表现十分突出,江南百姓向往佛国乐土,如佛教中的净土宗在唐宋之际渐渐把发展重心移向江南。杜牧谈到“南朝四百八十寺,多少楼台烟雨中”;宋人谈到佛教流入东南,“梁武帝事佛,吴中名山胜景,多立精舍。因于陈隋,浸盛于唐”。② 佛教提倡的很多教义满足了普通老百姓对人生的追求和向往,对江南民风民俗的改变有着一定的作用。由此可知,唐五代时期,宗教对民众文化意识的形成和变化产生了重要影响,江南民众常常会以自己特有的态度以及与此相适应的方式来创造各种神灵,赋予它们不同的神性,来护佑自己的生活。这种特有的宗教气息,对各种信仰的

① 李昉等编:《太平广记》卷二八○引《纂异记》“刘景复”条,中华书局1961年版,第2235页。

② 朱长文:《吴郡图经续记》卷中《寺院》,第30页。

依恋,必然会影响整个社会的风气。

　　江南百姓重教育、广信仰的特点,决定了他们好文轻武的性格特征基本形成,从而造成很多人做事讲究条理,遵守种种官私法规条例,安分守己,外表敦厚,内在坚强,向往美好生活,坚信通过自己的辛勤劳动能获得幸福生活,很少想用暴力手段达到自己的目的。当安史之乱发生后,浙西地区出现了一些外来兵变形成的骚乱,而内部的民变很少,因为缺乏社会基础,江南的文化传统决定了人们不愿反叛政府,只愿靠自己的努力来创造美好生活。

　　不过,在江南唐宋以后形成的重文重教风俗的同时,还有一种重商崇奢风气也在渐渐出现。唐代以后,江南地区城市商业经济繁荣,城市服务性行业蓬勃兴起,城市商业对周围的辐射力增强,城市内出现了特殊消费阶层。城市内聚集了很多士大夫、文人、富豪和官员,他们在城市中过起奢侈的生活。大城市中消费阶层的庞大,必然对城市经济有所要求,对社会风气产生较大影响。吕温曾云:“天宝季年,羯胡内侵。翰苑词人,播迁江浔。金陵会稽,文士成林。嗤衔争驰,声美共寻。损益褒贬,一言千金。”①应该说,这是对江南出现城市消费阶层的准确描述。江南社会相对安定,经济繁荣,为富豪文人的醉生梦死提供了优越的外部条件,因此“江外优佚,暇日多纵饮博”,②饮酒作乐,游玩山水。如杭州是文人士子游玩的一个好去处,杭州刺史李播曾说:“吴越古今多文士,来吾郡游,登楼倚轩,莫不飘然而增思。”③即使到五代时期,广陵王父子

---

① 董诰等编:《全唐文》卷六三一吕温《祭座主故兵部尚书顾公文》,第6371页。

② 李昉等编:《太平广记》卷二五一引《抒情诗》“冯衮”条,第1951页。

③ 杜牧:《樊川文集》卷一〇《杭州新造南亭子记》,上海古籍出版社2007年版,第155页。

周围仍有一大批文人在苏州玩乐饮酒。宋凌万顷《淳祐玉峰志》卷下云："洛阳衣冠之所聚，故多名园；夜市菱藕、春船绮罗，则〔吴〕〔足〕以见吴中游适之盛。"①大批北方人的到来，他们将自己的爱好带到了江南，江南城内兴起了建筑园林的高潮。

江南地区的农业，也是商业化意识浓重。水稻等粮食作物大面积种植，培育出了许多优质品种，有的纯粹是为了商品生产而种植；江南粮食贩运至全国各地，不但远距离的粮食贩运贸易相当兴盛，而且在江南本地市场的销售亦十分繁盛，一些地区的粮食缺口往往是靠市场来补充。江南种植了大量的经济作物，呈现出了规模化的特征。随着江南人口的不断增多，各级市场的扩容，对农副产品的需求量增大。农业生产商品化的趋势和农产品商品化程度的不断提高，是农业生产发展的必然结果，同时对江南社会产生重大的影响，促进了江南城市经济的繁荣和地方市场的勃兴，为手工业的发展提供了充足的原料。在这种情况下，农村市场的广泛出现是一个重要信号，它是商品经济发展的基础，标明了江南商品经济达到了一定的水准。集市是农村经济发展到一定程度、城乡市场联系日益加强、各地区之间商品流通趋于活跃的产物。农村集市的大量涌现是江南农村商品经济发展的结晶，它通常设置在县城以外的人口稠密区和交通便利处，这种自发产生的集市一般称为草市，也称野市、小市、村市、桥市等。还有一些在特殊商品出产地附近出现的市就直接以商品命名，如鱼市、橘市、茶市等。我们发现，唐代江南有明确名称的草市20多个，主要分布在润州、常州、苏州、湖州、杭州、越州，基本上集中在江南北部，是江南经济最发达的地区。农村市场的广泛

---

① 凌万顷纂：《淳祐玉峰志》，《宋元方志丛刊》，第1091页。

出现,对唐代江南农村社会带来了较大的影响,使大量的农民自觉或不自觉地进入商品生产领域,卷入商品生产之中。受市场商品的需求影响,为追求利润,一些农民改变了农作物的种植结构,改变了农作物的品种。一些农民直接面对市场,他们按市场的要求来调整生产计划和品种结构,以实现农产品的商品化,获得更多净收益。至两宋时期,农村市镇大量出现,而且不少市镇带有区域色彩,商品都是江南特有的纺织品和鱼盐,使农村地区商业全面繁荣。

从历史的传承看,自唐至宋元明,社会重文、重商的风气其实是一脉相承的,这种风气总体上并没有中断,而是一个逐渐的累积过程。唐代的重文风气改变了两汉前的重武风尚,而宋代的重文风气随着科举名额的扩大和学校的大量建立,其影响更为深刻和广泛。重商重奢的源头应该是在唐代,但随着城市和农村商业的发展,宋明时期这一特点显得更为突出。这样的社会风气,在江南并没有中断,相反,随着唐末宋代北方士大夫的不断南下,以及由此而来的商品消费的扩大,重文和重商的风气更为流行和加强。

三、苏、杭为什么是天堂

唐五代时期,苏州和杭州发展较快,在全国城市中占有重要的地位,影响越来越大。唐末韦庄有《菩萨蛮》说:"人人尽说江南好,游人只合江南老。春水碧于天,画船听雨眠。"①唐代人不断用诗词来描绘江南自然和人文环境的优美,向往江南舒适的生活。至南宋范成大《吴郡志》引时人的一句谚语,更是令人大吃一惊:"天上天堂,地下苏杭。"意思是指天上最

---

① 彭定求等编:《全唐诗》卷八九二,中华书局1960年版,第10075页。

美的是天堂,人间最美的是苏杭。南宋人的眼里,苏州和杭州
是江南最美丽、繁荣与富庶的两个大城市。他们的观点,其实
是有依据的。因为宋朝人另有一句谚语说:"苏湖熟,天下足。"
当然几个城市相比较,范成大认为"湖固不逮苏,杭为会府,谚犹
先苏后杭",①苏州在杭州前,两个城市都远超其他城市。

　　苏州在唐五代江南城市中,是规模最大和商业经营最为
活跃的城市,所谓"浙右列郡,吴郡为大,地广人庶"。② 苏州
处于江南运河的中段,面临太湖,北可出海,沿长江可到内地,
被称为"雄郡","东吴繁剧,首冠江淮"。③ 苏州城内商业经营
十分繁盛:"复叠江山壮,平铺井邑宽。人稠过扬府,坊闹半长
安。"④市内商人云集,"合沓臻水陆,骈阗会四方。俗繁节又
喧,雨顺物亦康"。⑤ 刘禹锡当刺史时,就说苏州的赋税"首出
诸郡",⑥综合经济实力为江南各州之首。白居易也说:"当今
国用,多出江南,江南诸州,苏最为大。"⑦杜牧说:"钱塘于江
南,繁大雅亚吴郡。"⑧意为苏州第一,杭州第二。苏州城内的
人口达数十万,特别是唐后期在一般城市人口下降的情况下,
苏州不降反升,大历年间晋升为江南唯一的雄州。因此范成
大认为"在唐时,苏之繁雄,固为浙右第一矣",⑨是江南区域

① 范成大:《吴郡志》卷五〇《杂志》,第 660 页。
② 白居易:《白居易集》卷五五《张正甫苏州刺史制》,中华书局 1979 年
　版,第 1154 页。
③ 董诰等编:《全唐文》卷六九三元锡《苏州刺史谢上表》,第 7110 页。
④ 白居易:《白居易集》卷二四《齐云楼晚望》,第 550 页。
⑤ 韦应物:《韦江州集》卷七《登重玄寺阁》,《四部丛刊初编》本,第
　3B 页。
⑥ 刘禹锡:《刘禹锡集》卷一七《苏州举韦中丞自代状》,中华书局 1990
　年版,第 204 页。
⑦ 白居易:《白居易集》卷六八《苏州刺史谢上表》,第 1434 页。
⑧ 杜牧:《樊川文集》卷一〇《杭州新造南亭子记》,第 155 页。
⑨ 范成大:《吴郡志》卷五〇《杂志》,第 660 页。

内最主要的经济中心城市。

杭州位于江南运河和钱塘江、浙东运河的交汇处，"当舟车辐辏之会，是江湖冲要之津"。[1] 唐代杭州的商业相当发达，人称"东南名郡"，"咽喉吴越，势雄江海"，"水牵卉服，陆控山夷，骈樯二十里，开肆三万室"，[2]行商坐贾，热闹繁盛。中唐时期，杭州城内户数已超过一万，是个人口超过十万的大城市。杭州是沿海的一个重要港口，从福建、岭南、浙东来的商人都得通过杭州沿运河前往北方，"盐鱼大贾所来交会"，是"通商旅之宝货"的重要贸易城市。[3] 司马光感叹杭州的经济发展较快，说钱镠筑捍海石塘后，"钱塘富庶，盛于东南"。[4]特别是杭州在唐末五代成为吴越国的都城后，"邑屋之繁会，江山之雕丽，实江南之胜概"，成为东南地区的商贸中心。宋朝王明清《玉照新志》说："杭州在唐，繁雄不及姑苏、会稽二郡，因钱氏建国始盛。"[5]如果说杭州在唐后期城市发展尚不及越州，但在钱氏建都后，其繁荣绝对是超过越州，与苏州平起平坐。柳永《望海潮》说北宋初年的杭州是"东南形胜，三吴都会"，"烟柳画桥，风帘翠幕，参差十万人家"，"市列珠玑，户盈罗绮，竞豪奢"。[6] 而欧阳修的描绘更是把杭州说成是一个东南的商业大城市："邑屋华丽，盖十万余家，环以湖山，左右

① 王昶：《金石萃编》卷一一九《镇东军墙隍庙记》，中国书店 1985年版。
② 董诰等编：《全唐文》卷三一六李华《杭州刺史厅壁记》，第 3206 页。
③ 董诰等编：《全唐文》卷三三六沈亚之《杭州场壁记》，第 7604 页。
④ 司马光：《资治通鉴》卷二六七后梁太祖开平四年八月，中华书局1956 年版，第 8726 页。
⑤ 王明清：《玉照新志》卷五，《全宋笔记》第六编第二册，大象出版社2013 年版，第 207—208 页。
⑥ 唐圭璋辑：《全宋词》第一册柳永《望海潮》，中华书局 1965 年版，第39 页。

映带,而闽商海贾,风帆浪舶,出入于江涛浩渺、烟云杳霭之间,可谓盛矣。"①

　　从这些古人的诗文描述中可知,苏州、杭州到唐五代至宋初,是江南最发达的城市。他们的发达具体体现在以下四个方面:

　　一是城市的商业比较发达,四方物资会聚。苏州城内的大街小巷,到处都是前来经营的商客。刘禹锡有诗谈到:"家家竹楼临广陌,下有连樯多估客。"②五代吴越国孙承祐请人吃饭,指着桌上的盘子对客人说:"今日坐中,南之蟳蜅,北之红羊,东之虾鱼,西之粟,无不毕备,可谓富有小四海矣。"③这并非是夸张用语,恰恰反映出杭州城的商业十分繁盛。

　　二是城市规模庞大,风景优美。苏州城周四十二里,而杭州在唐末五代多次修筑后,城垣凡七十里,是江南最大的城市。苏州城内六十坊,河道纵横,棋盘状分布,十分规整,所谓"水道脉分棹鳞次,里间棋布城册方"。④ 苏州附郭县吴县和长洲县各管三十坊,六十坊名称经《吴地记》记载都保留了下来。⑤ 苏、杭都是环境特别优美的城市,曾担任过两州刺史的白居易写下了很多赞美的诗篇。如谈到苏州:"吴中好风景,风景无朝暮。晚色万家烟,秋声八月树。"⑥谈到杭州山水,他认为江南其他城市无出其右:"知君暗数江南郡,除却余杭尽

①　欧阳修:《欧阳文忠公集》卷四〇《有美堂记》,《四部精要》第 19 册,上海古籍出版社 1992 年版,第 14 页。
②　刘禹锡:《刘禹锡集》卷二六《采菱行》,第 342 页。
③　陶谷:《清异录》卷下《馔羞门·小四海》,《全宋笔记》第一编第二册,第 106 页。
④　白居易:《白居易集》卷二一《九日宴集醉题郡楼》,第 456 页。
⑤　陆广微:《吴地记》,江苏古籍出版社 1999 年版,第 101—104 页。
⑥　白居易:《白居易集》卷二一,第 466 页。

不如。"又说："可怜风景浙东西，先数余杭次会稽。禹庙未胜
天竺寺，钱湖不羡若耶溪。"①

　　三是城市人口众多。吴融有诗云："姑苏碧瓦十万户，中
有楼台与歌舞。"②陆广微《吴地记》记载唐后期苏州有 14.3 万
多户，扣除各县的户数，推测苏州城内总人口在 20—30 万之
间。而杭州人口在其成为吴越国首都后也是猛增。后周显德
五年(958)四月，杭州城内曾发生过一场大火灾，"城南火延于
内城，官府庐舍几尽……被火毁者凡一万七千余家"。③ 这场
大火只是烧毁了杭州城的南部，我们推测其时杭州的实际住
户最起码在 3 万户以上，或许会达到 4 万户左右，因而城市总
人口在 20—27 万之间。

　　四是城市文化繁荣。由于大量园林修建，加上苏、杭两州
附近山明水秀，造就了城内人们游玩之风盛行。如苏州"风物
雄丽，为东南之冠"。④ 诗人李白、杜甫、顾况、杜牧等曾驻足
苏州，流连歌咏。杭州西湖是士女优游娱乐之所，"绿藤阴下
铺歌席，红藕花中泊妓船"，⑤是游乐者的天堂。城市内文化
活动丰富多彩，歌舞表演深受人们喜爱。张祜谈到杭州的柘
枝："舞停歌罢鼓连催，软骨仙蛾暂起来。红罨画衫缠腕出，碧
排方胯背腰来。旁收拍拍金铃摆，却踏声声锦䙱摧。看著遍

①　白居易：《白居易集》卷二三《答微之夸越州州宅》，第 502 页；《答微
　　之见寄》，第 506 页。
②　彭定求等编：《全唐诗》卷六八七吴融《风雨吟》，中华书局 1960 年
　　版，第 7901 页。
③　吴任臣：《十国春秋》卷八一《忠懿王世家上》，中华书局 1983 年版，
　　第 1157 页。
④　龚明之：《中吴纪闻》卷六，《全宋笔记》第三编第七册，大象出版社
　　2008 年版，第 280 页。
⑤　白居易：《白居易集》卷二三《西湖留别》，第 514 页。

头香袖褶,粉屏香帕又重隈。"①这种从西域传进的少数民族舞蹈,是一种半脱衣舞,舞女跳时流波送盼,含情脉脉。唐代城市正月十五日晚上一般都有放灯、观灯的习俗。白居易《正月十五日夜月》谈到杭州:"岁熟人心乐,朝游复夜游。春风来海上,明月在江头。灯火家家市,笙歌处处楼。无妨思帝里,不合厌杭州。"②而正月十五晚的苏州:"十万人家火烛光,门门开处见红妆。歌钟喧夜更漏暗,罗绮满街尘土香。"③家家户户灯火通明,妇女们自由外出观灯游玩,穿上漂亮的衣服,成群结队,信步游走于灯海人潮之中。

白居易曾说:"杭土丽且康,苏民富而庶。"④杭州在中唐以风景优美著称,苏州是以经济上的富足傲立江南。杭州远胜过浙东各州:"知君暗数江南郡,除却余杭尽不如。"⑤苏、杭两城经济繁荣、歌舞升平的局面一直维持到南宋,平江府仍是江南运河上的重要城市,而杭州成了南宋的都城,城市发展更上一个层次。在这种情况下,时人谈到杭州时说:"轻清秀丽,东南为甲;富兼华夷,余杭又为甲。百事繁庶,地上天宫也。"⑥杭州被比喻成完美的地上天宫。杭州"邑屋之繁会,江山之雕丽,实江南之胜概也"。⑦ 谈到苏州时说:"吴下全盛时,衣冠所聚,士风笃厚。""吴中自昔号繁盛,四郊无旷土,随高下悉为田。"⑧这些都是共识,是大家公认的事实。

---

① 彭定求等编:《全唐诗》卷五一一《观杭州柘枝》,第 5827 页。
② 白居易:《白居易集》卷二〇,第 450 页。
③ 彭定求等编:《全唐诗》卷四九一张萧远《观灯》,第 5554 页。
④ 白居易:《白居易集》二二《和〈三月三十日四十韵〉》,第 481 页。
⑤ 白居易:《白居易集》卷二三《答微之夸越州州宅》,第 502 页。
⑥ 陶谷:《清异录》卷上,《全宋笔记》第一编第二册,第 17 页。
⑦ 薛居正:《旧五代史》卷一三三《世袭列传二》,中华书局 1974 年版,第 1771 页。
⑧ 范成大:《吴郡志》卷二《风俗》,第 13 页。

四、江南文明是中原江南化吗

　　江南文明，是长江流域文明自身发展的产物。20 世纪 30 年代以后，在江南多地发现了新石器时代的文化：良渚文化、崧泽文化、河姆渡文化、马家浜文化，江南文化古遗址不断被发现，以一种全新的面貌展现在世人面前。良渚文化、河姆渡文化等都说明，长江流域的文化是一种以水稻种植为主的稻作农业文化，与中原地区属于两个不同类型的经济生活体。总体上，史前时代，长江流域的文化虽然也有很高的水准，但发展水平慢于中原地区。不过这一时期的文化也与其他地区的史前文化发生了频繁、密切的交流，如良渚文化受到了大汶口文化、龙山文化的影响，而中原地区也发现有良渚文化的遗物。

　　先秦时期，江南地区发展较为缓慢，人们断发文身，信鬼占卜，相传泰伯、仲雍从中原来到江南，带来了先进的技术和思想。[①] 春秋战国时期，江南先后出现吴、越两国，楚国的文化也曾传入，比起同时期的中原文化，江南的发展是落后的。秦汉时期，统一国家的政治中心在北方，江南地区虽然是国家的一部分，但发展与北方有一定的差距，其时国家的基本经济区都在中原地区。六朝时期，随着北方士族及普通百姓的大量流入，江南文化以其自身的特点向前发展着。来自北方的先进生产技术和农业管理思想，都融入南方的文化中。不过南方的发展自有特点，在一些社会制度和具体的措施上，南方优于北方，常会被北方人接受。从这一点上说，唐以前江南文

---

① 可参拙文《从模糊到生动：历史文献记载中的仲雍形象》，原载《江南文化新探》，《江南风》杂志社 2009 年版。后收入《唐代经济与社会研究》，上海交通大学出版社 2013 年版，第 298—310 页。

明并不是简单的中原江南化,而是江南文明在发展的过程中不断吸收各种文化包括北方中原文化的结果。

隋朝统一南朝后,随着有意识地消灭南北差异,江南文化与北方的差距在不断缩小。江南经济在唐前期发展迅速,但总体实力不如北方。安史之乱后,唐政府努力将江南打造为国家的财赋中心。随着北人的南迁,北方精耕细作集约化式的农业生产方式传到了南方,同时南方大力开垦荒地,使江南在国家财赋中占有举足轻重的地位。就隋唐时期而言,唐前期北方经济发展较快,江南虽也有不小发展,但速度尚不及北方。安史之乱以后,南方敞开胸怀接受了北方的生产技术和生产要求,而其时北方的发展几乎停滞不前,从这一点说,接受了北方思想的江南文明,在中唐以后发展变快,成为国家的经济命脉。

五代吴越和吴、南唐时期,江南地区不但接受北方中原文化的影响,还同时接受外国和其他少数民族文化的融入。海上丝绸之路的畅通,日本、朝鲜半岛、东南亚乃至非洲和中亚等一些国家,都与江南有着密切的商贸关系,同时又不断输出他们的文化,对江南地区产生一定的影响。一些北方的少数民族如契丹等,越过北方的中原政权,与江南保持着密切的联系。

北宋时期,江南在国家中的地位越来越重要,成为经济较为发达的地区。尤其是北宋灭亡,大量的北人南逃,很多士大夫都紧跟着皇室来到杭州附近,在嘉兴、松江、苏州等地定居,他们将北方的生活方式带到南方,并与南方传统相结合,将南北文化融合,创造出了新的江南文化。很多望族世代在江南地区居住,具有相当高的社会地位。比如松江府,大量的北人前来后,社会风气为之一变。南宋魏了翁说:"吴中族姓人物之盛,自东汉以来,有闻于时。逮魏晋而后,彬彬辈出。……

而居华亭者为尤著。盖其地负海枕江，平畴沃野，生民之资用饶衍，得以毕力于所当事，故士奋于学，民兴于仁，代生人才，以给时须。"①就是说，华亭地区历来就是士人大族居住的地方，由于这里经济比较发达，所以华亭士大夫最主要的特点是"奋于学，兴于仁"，刻苦学习，讲究仁义诚信，最后出了大量的人才，为社会作出了巨大的贡献。南来的士大夫大量修筑富于文化意境的园林，玩赏水香、烟光，把酒弄诗，悠闲自得。宋元时期来到江南地区的官宦士子数量增多，他们不但言传身教，对周围产生了影响，而且很多士大夫意识到教育对一个地区文化发展的重要性，因而尽力协助官方兴办学校，传播文化知识。大族世家一般都从小培养子弟读书，走科举登第的道路，从而进入仕途，实现自己的政治理想。南宋末年至元初，仍有部分士人望族南迁，寻找生活的新机会。

　　从这些方面而言，江南文化有独特的发展轨迹，与中原文化并不完全一致，但江南文化在前进的过程中与北方的中原文化密切相关，江南文化深受中原的影响。江南文化的核心部分实际上就是南方传统文化和中原文化的结合体。

　　（本文原刊于《近代江南与中国传统文化》，《都市文化研究》第19辑，上海三联书店2018年版。后又刊于"澎湃新闻·私家历史"2019年5月4日。本次收录，文中部分内容作了调整）

---

① 杨潜纂：《云间志》续入引《华亭县建学记》，《上海府县旧志丛书·松江县卷》，上海古籍出版社2011年版，第71页。

开天盛世时期江南经济的发展水平

　　唐玄宗开元、天宝年间,户口大量增加,经济发展快速,社会财富大量积聚,富裕程度提高,再加上社会秩序处于平稳状态,唐朝处于发展的顶峰,人称"开天盛世"。杜甫《忆昔》对这种富足有详细的描绘:"忆昔开元全盛日,小邑犹藏万家室。稻米流脂粟米白,公私仓廪俱丰实。"①这样的一种殷实富足,并不是诗人的故意夸张,而是真实的社会状况,因为在其他一些材料中我们也可以看到相仿的描写。如元结《问进士》说道:"开元、天宝之中,耕者益力,四海之内,高山绝壑,耒耜亦满。人家粮储,皆及数岁,太仓委积,陈腐不可校量。"②这些诗文中描写的开元全盛时北方的富足,而同时期的江南也是这样的富足,抑或是另一种状况?

　　开元时期江南经济发展的总面貌,可通过这条资料来呈现。《通典》卷六《食货典六·赋税下》云:"(开元二十五年令:)其江南诸州租,并回造纳布。""按天宝中天下计帐……课丁八百二十余万……约出布郡县计四百五十余万丁,庸调输布约千三十五万余端。其租:约百九十余万丁江南郡县,

---

① 杜甫著,萧涤非等校注:《杜甫全集校注》卷一一,第 3236 页。
② 董诰等编:《全唐文》卷三八〇元结《问进士》,第 1708 页。

折纳布约五百七十余万端。二百六十余万丁江北郡县,纳粟约五百二十余万石。"从开元二十五年开始,江南大部分州租折纳成布,转漕至北方。在天宝计帐中,江南的丁数,约占全国总丁数的 23.17%,是全国纳布人数的 42.2%,是全国输布总量的 55.07%。就上述数据而言,开元天宝年间江南经济,单单布这个手工业产品,就已经在全国处于十分重要的地位,全国一半的布是江南制造。

以往,我们一直认为江南的开发是安史之乱以后的事情,事实上,上面的数据告诉我们,开天盛世时的江南丁口,已占全国四分之一强;布的生产数量占全国一半还要多。开天盛世,主体的确是北方经济的发展和繁荣,但同时江南经济已经出现崛起的势头,经济在快速上升,这一点似乎是我们有意无意地忽略掉了。

那么,开天盛世下的江南经济到底如何? 我们拟从人口、水利和农业、行政区划、城市建设、手工业等几个方面进行一些观察。

一、开元、天宝时期江南的人口

一个地区劳动力的数量和质量,是经济发展的基础之一。经济的繁荣和劳动力数量成正比关系,人口数量的多少是衡量一个地区经济发展水平高低的一项重要标准。唐初,经过了动乱之后的江南地区人口稀少。我们根据《旧唐书》卷四〇《地理志》、《新唐书》卷四一《地理志五》的记载,可以看出唐代前半期江南各州户口数变动的大致情况。

先看按口数排列的唐贞观十三年(639)江南各州户口数量:

序号	州名	户　数	口　数	序号	州名	户　数	口　数
1	婺州	37 819	228 990	6	括州	12 899	101 606
2	杭州	30 571	153 720	7	湖州	14 135	76 430
3	润州	25 361	127 104	8	睦州	12 064	59 068
4	越州	25 890	124 010	9	苏州	11 859	54 471
5	常州	21 182	111 606	10	台州	6 583	35 383

　　有学者曾对贞观十三年江南道各州每平方公里人口密度作过统计，从高到低依次为杭州（18.97）、润州（16.05）、常州（13.17）、湖州（11.86）、婺州（10.81），越州、睦州、苏州、括州、台州都不到10人，最低的台州只有2.92人。[①] 从表中可以看到，杭州、越州一线的浙北地区和钱塘江流域的婺州，以及环太湖的润州、常州、湖州地区，是江南人口集中的地区。尽量这个户口数字与关中及河南、河北地区相比要低得多，但对农业生产的进一步发展来说，已经大体上具备了所需的基本劳动力。

　　当北方出现开天盛世时，北方的户口数达到了唐朝历史上的顶峰时期，充足的人口数量是农业生产快速发展的基本条件。同时期江南地区的人口是否有变化呢？

　　我们根据史书记载的天宝元年（742）江南各州的户口数量，可以发现江南也发生了巨大的变化，这种变化的幅度甚至超过了北方。

　　和贞观十三年相比较，至天宝元年，江南地区户增长率为381.2%，口增长率为538.3%；同期全国户增长率为195%，口增长率为312.7%。如果按人口密度来看，江南一些地区的

① 翁俊雄：《唐初政区与人口》，北京师范大学出版社1996年版，第96、286页。

序号	州名	户数	增长率%	口数	增长率%	密度
1	婺　州	144 086	281.0	707 152	208.8	67.4
2	常　州	102 631	384.5	690 673	518.8	81.5
3	润　州	102 033	302.3	662 706	421.4	83.7
4	苏　州	76 421	544.4	632 655	1 061.4	45.8
5	杭　州	86 258	182.2	585 963	281.2	72.3
6	越　州	90 279	248.7	529 589	327.0	57.5
7	台　州	83 868	1 174.0	489 015	1 282.0	40.2
8	湖　州	73 306	418.6	477 698	525.0	74.1
9	衢　州	68 472		440 411		41.2
10	睦　州	54 961	355.6	382 513	547.6	46.2
11	括　州	42 936	232.9	258 248	154.2	14.5
12	温　州	42 814		241 694		20.6
13	明　州	42 027		207 032		40.2

变化更是惊人。如常州每平方公里人口增长了68.3人,润州增长了67.7人,婺州增长了56.6人,杭州增长了53.3人。每平方公里的人口达50人以上,农业基本发展需要的人口数实际上已经足够。如果接近或超过100人,大体已经达到农业精耕细作的需要。而实际上在开元、天宝年间,江南不少地区的农业生产已经告别粗犷型的发展,开始向精耕细作的方式转变。

江南地区人口的增加远远超过全国的平均水平,说明江南地区的农业必然是进入了一个快速发展时期。大体也可以推测,开天时期江南经济的发展必定快于全国的平均速度。斯波义信《宋代江南经济史研究》认为天宝年间江南人口的猛增,"应是农田水利工程建设、育种史上的技术革命以及交通的发达"等原因导致的。① 反之,人口的快速增加,必然会导致经济的向前发展。这个推论应该是比较准确的。

二、开元、天宝时期江南的
水利和农业

水利是交通、城市、商业和农业发展的重要基础。一般认为,唐代前期的水利建设主要集中在北方,但中唐以后南方不少地区出现了水利建设的高潮,水利建设的重心移到了南方。如果说这是整个唐代的大致情况,应该是没有太大问题的。但具体到每个阶段,水利建设的局面还是各具特点的。我曾经对唐代浙东、浙西的水利建设进行过研究,②认为对开元、天宝时期两浙地区的水利建设应该给予足够重视。

州名	工程名称	修建时间	工程类别	工程作用
苏州	捍海塘	开元元年	海塘	百二十四里,防海潮
衢州	神塘	开元五年	塘	溉田二百顷
湖州	荻塘	开元中	塘	溉田
明州	普济湖	开元中	湖	溉田
明州	水明湖	开元中	湖	溉田
越州	防海塘	开元十年	海塘	防海潮
润州	伊娄湖埭	开元二十六年	埭	长二十五里,置斗门,漕运

---

① 斯波义信:《宋代江南经济史研究》,江苏人民出版社 2001 年版,第383 页。
② 张剑光:《关于唐代水利建设重心的一些思考——以浙东、浙西和河南、河东四道为核心》,《山西大学学报》2012 年第 4 期。

（续表）

州名	工程名称	修建时间	工程类别	工 程 作 用
明州	西湖（东钱湖）	天宝二年	湖	周回八十里，溉田五百顷
越州	诸暨湖塘	天宝中	塘	溉田二十余顷

江南地区（浙西和浙东）在唐代共有 96 项水利建设工程，其中唐前期有 21 项。唐前期有 1 项时间不详，其余 20 项中，高宗武则天时期 7 项、玄宗时期 9 项。如果与同时期北方主要的农业地区进行对比，还是可以看出一些问题的。如唐前期河南和河东地区有水利工程 46 项，其中高宗武则天时期为 15 项，玄宗时期为 11 项。当然，工程有大有小，并不能简单地用数量来说明问题，但这些数字也可以告诉我们，高宗武则天时期，南方渐渐兴起水利工程的建设。如果只拿开元、天宝这个时期进行比较，南方兴修的水利工程数量并不少于同时期的北方。我们可以推测，当北方水利工程建设达到全盛时期，南方也在快速建设。

水利建设对农业生产的影响极其重大，在此我们以盐官海塘为例。《新唐书》谈到杭州盐官"有捍海塘堤，长百二十四里，开元元年重筑"，[①]这告诉我们开元时在沿海地区修筑了海塘，不过一般认为这段海塘是浙西海塘，从杭州钱塘江口到上海金山。南宋《云间志》谈到捍海塘，说："旧瀚海塘，西南抵海盐界，东北抵松江，长一百五十里。"[②]两书谈到的捍海塘长度并不一致，肯定不是同一条，但很有可能这两条海塘是南北相连的。不过，这条旧捍海塘是哪一年修筑的，《云间志》并没

---

① 欧阳修：《新唐书》卷四一《地理五》，中华书局 1975 年版，第 1059 页。
② 杨潜纂：《云间志》卷中《堰闸》，《上海府县旧志丛书·松江县卷》，第 36 页。

有记载,只是确认了这条海塘的存在。捍海塘的修筑抵挡了海水的入侵,使海塘内的陆地成为人们生活、劳作的重要场所。明代,松江府修方志时为海塘加上了修筑时间点:"唐开元元年筑捍海塘,起杭州盐官,抵吴淞江,长一百五十里。"①明人的这个时间来源是"参前志、《唐书·地理志》",因此明人的记载显然是对《新唐书》和《云间志》的综合,各取一半。②

　　这条旧捍海塘到底修筑于何时? 虽然学术界观点并不一致,但大多数人根据明人的说法主张开元年间修筑。谭其骧先生发现了这个问题,他认为《云间志》和《舆地纪胜》都提到华亭境内的旧捍海塘,到明代的《松江府志》才说是唐开元所建,"而不著所本"。他认为开元时江南的确修了海塘,而盐官以外的地区当然也有可能同时修建。他说华亭设县始于天宝十年,为什么恰是在这个时候设县? 很有可能是开元修建海塘的缘故,因为滨海土地从此免除了咸潮倒灌之害,生齿日繁。③ 这个观点应该说是可以成立的,多年前我们在研究中也是持这种观点。④ 开元年间,后来属于华亭县的沿海地区

---

① 顾清纂:《正德松江府志》卷三《水下》,《上海府县旧志丛书·松江府卷》,第 50 页。

② 孙星衍《嘉庆松江府志》卷一二《山川志·海塘》早就发现了这个问题,认为《云间志》和《新唐书》"所载明是二条",但顾清纂《正德松江府志》和陈继儒纂《崇祯松江府志》都说是"参前志、《唐书·地理志》","是强合之也",是没有依据地缀合到一起。他认为海宁往北到今金山界长一百余里,金山北越柘林、奉贤、南汇,西折至川沙,长二百余里。又五十里抵宝山县境,又十余里抵吴淞口,因此"宁城至此统长四百一十里有奇,道里悬绝,难以强合"。(《上海府县旧志丛书·松江府卷》,第 337 页)

③ 谭其骧:《关于上海地区的成陆年代》,《文汇报》1960 年 11 月 15 日,收入《长水集》下册,人民出版社 2011 年版,第 157 页。

④ 宗菊如、周解清主编:《中国太湖史》,中华书局 1999 年版,第 217 页。其中本人撰写的隋唐五代章就是持这种观点。

当时为海盐县管辖,所修海塘延伸进今上海地区是完全有可能的。南宋嘉定十五年,浙西提举刘垕谈到盐官县东接海盐,"南濒大海,元与县治相去四十余里",后来由于海水冲刷,遂使这四十多里"尽沦为海":"近县之南,元有捍海古塘亘二十里。今东西两段,并已沦毁,侵入县两旁又各三四里,止存中间古塘十余里。"①盐官县南离海有四十余里,就宋代而言是不需要建海塘的,所以南宋人嘴里的古塘,很有可能就是唐代修建的开元捍海塘。从这一点说,《新唐书》谈到的捍海塘的确是存在的,而从海盐抵吴淞江的海塘,也可能修筑于同一时期。

　　海塘的修筑,使得海塘内的土地从此免遭咸潮的侵蚀。在淡水的不断冲刷下,大量的土地可以种植庄稼,垦田面积越来越大。在农业经济的较快发展下,人口导入比较明显,人口数量增多,从事农业和渔业者的生活能够得到保障。海塘对中唐以后江南农业的开发意义十分重大。特别是广德年间在太湖东南地区的嘉兴屯田,出现了"嘉禾在全吴之壤最腴","嘉禾一穰,江淮为之康;嘉禾一歉,江淮为之俭"的局面,前辈学者缪启愉先生认为与海塘的修筑密切相关。可以确定,中唐安史之乱后,江南之所以能迅速成为国家重要的财赋之地,与玄宗年间一系列重要的水利工程的修建密切相关。农业基础是打在开元年间,而成效显现在广德、大历年间。

　　实际上我们已经看到,开元时,江南的农业生产已经有了相当高的发展水准。玄宗开元间,中原地区粮食缺口增大,江南粮食曾被大量运往北方。裴耀卿改革漕运后,三年间从江

---

① 脱脱等:《宋史》卷九七《河渠七》,中华书局 1977 年版,第 2401—2402 页。

南运粮七百万石。以后崔希逸为转运使,每年转运一百八十万石。裴耀卿谈到江南漕运时说:"江南户口多,而无征防之役。然送租、庸、调物,以岁二月至扬州入斗门,四月已后,始渡淮入汴……江南之人,不习河事,转雇河师水手,重为劳费。其得行日少,阻滞日多。……可于河口置武牢仓,巩县置洛口仓,使江南之舟不入黄河,黄河之舟不入洛口。"①裴耀卿大谈漕运的一个前提条件,不是安史之乱以后江南农业才开始突然发展起来,而是玄宗时期江南粮食生产已经有了较高的基础,大量粮食调运北方。天宝初年,韦坚为陕郡太守、水陆转运使,在疏浚广运潭后,取小斛底船二三百只置于潭侧,各船毕"署牌表之",虽然是象征性的,但各船都是装了各州郡的特产,"船中皆有米,吴郡即三破糯米"。② 杜甫《舟中》谈到他在长江中见到"连樯并米船",③推测其中的一部分必是江南地区的。《后出塞》又云:"云帆转辽海,粳稻来东吴。"④江南的大米通过海道远销到辽东。江南粮食富裕地区主要集中在浙西和浙东的北部。

中唐以后,江南的农业当然有着大步向前发展的事实,但开元、天宝年间早已有了快速发展的态势,安史之乱以前江南农业已经有较高的发展水准。

三、开元、天宝时期江南的
行政区划析置

新析州县,从总体上看是人口的增加和经济发展的结果。

---

① 欧阳修:《新唐书》卷四三《食货三》,第 1366 页。
② 刘昫:《旧唐书》卷一〇五《韦坚传》,第 3222—3223 页。
③ 杜甫著,萧涤非等校注:《杜甫全集校注》卷一九,第 5528 页。
④ 杜甫著,萧涤非等校注:《杜甫全集校注》卷三,第 643 页。

谭其骧先生指出,县是历代地方行政区划的基本单位。县大
致与时俱增,置后少有罢并,比较稳定,"一地方至于创建县
治,大致即可以表示该地开发已臻成熟;而其设县以前所隶属
之县,又大致即为开发此县动力所自来"。① 新的县级行政单
位的析置,必然是该地域开发到一定程度的产物。地域开发
是政区变化的基础,虽然两者不是十分明确的因果关系,但地
域开发达到一定规模,行政区划必然会设立或作调整,尽管中
间的时间可能有长有短。

　　唐朝建立后,对全国的州县行政进行整顿。唐太宗贞观
元年州县并省后,江南的行政区划大体定局。

　　就州级层面而言,唐前期江南新析州共 4 个,有武德四年
(621)的台州、上元元年(674)的温州、垂拱二年(686)的衢州,
再有一个是在玄宗时期,即开元二十六年(738)析越州东部地
区设明州。明州的设立,与海路交通的发达有关。宋人谈到
明州的经济地位说:"明之为州,实越之东部,观舆地图,则僻
在一隅,虽非都会,乃海道辐凑之地,故南则闽广,东则倭人,
北则高句丽,商舶往来,物货丰衍,东出定海,有蛟门虎蹲天设
之险,亦东南之要会也。"②因此,明州的设立是符合了当时经
济发展的具体需要。

　　县级行政的析置,唐前期两浙新析数量较多,高宗时共 8
个,武则天时共 17 个,睿宗时 2 个。至玄宗时新析县 6 个,分
别是苏州的海盐、华亭,明州的奉化、慈溪、翁山,婺州的浦阳
县。玄宗时两浙相邻的宣歙地区新析 4 个,分别为宣州的宁

---

① 谭其骧:《浙江省历代行政区域——兼论浙江各地区的开发过程》,
原刊于杭州《东南日报》1947 年 10 月 4 日,后收入《长水集》上册,第
422 页。
② 张津等纂:《乾道四明图经》卷一《分野》,《宋元方志丛刊》第五册,第
4877 页。

国、太平、青阳,歙州的婺源。两者相加,玄宗时新析了 10 个县,虽较高宗武则天时少很多,但说明经济的发展应该处于同一发展时期的不同时间段,高宗武则天是初发展时期,因而设立数量较多,玄宗时期是进一步发展时期,数量略少但新析势头仍很强劲。从地区而言,高宗武则天时新析县大体在太湖南岸和钱塘江流域地区,但玄宗时新析县基本是在沿海地区,这个特点说明,江南的开发已从内陆走向沿海,开发的大体格局在玄宗时定型。

我们以华亭县的设立为例,看一下析县是江南经济发展的一个重要标志。

在华亭县设立前,太湖东部地区由于自然环境的恶劣,常受湖水浸漫,"从古为湖瀴,多风涛"。大水时期,常会淹没村落,"风波相凭以弛突,地势低洼"。[1] 唐代以前,冈身以西的部分区域有一定的开发,但深受地表径流不畅的影响而使民田被淹。而冈身以东的部分受海浪冲击,只是小部分地区有人生活,大部分地区涨潮时被淹,退潮时露出水面。一直到六朝时期,太湖东部地区农业开发的步伐仍是比较缓慢的。进入隋唐,随着京杭大运河的开凿,太湖河堤的兴建,太湖流向下游各河道的湖水被拦挡,湖水不再向四野漫泄,人们学会了修筑堤岸来保护耕地,这样原来的大片积水洼地渐渐有了耕种的可能,相继被辟为良田。随着海塘的修筑,海岸线固定了下来,海潮已基本不再威胁海塘内的农田,农业发展迅速。在这种情况下,人口大量迁入,荒地不断开垦,华亭县设县就有了可能。可以这么说,华亭县的设立是唐中期以前太湖东部地区农业开发的结果。

这一地区唐代前期在地理环境和经济条件上发生了很

---

① 范成大:《吴郡志》卷一九《水利上》,第 260 页。

多变化。苏轼曾说:"昔苏州以东,官私船舫,皆以篙行,无陆挽者。"①苏州以东地区湖泊密布,但只是篙行,说明大小湖泊和各类河道都是比较淤浅,泥沙堆积越来越严重。之所以出现这种情况,主要原因可能是海平面升高后,托顶了吴淞江河水的下泄,造成吴淞江对海沙的冲刷功能越来越小,而吴淞江自身裹带的泥沙不断堆积。这样,吴淞江就不断变狭,挟带的泥沙与长江、钱塘江的泥沙在经过漫长时间的推移后渐渐横向相连,并与大海顶托过来的海沙相交融合在一起。到了唐代前期,我们看到的不但是吴淞江在不断变狭,更重要的是,长江与钱塘江、海洋三面相汇的今上海地区,泥沙在不断堆积并渐渐露出海平面,之后堆积的泥沙面积越来越大,成陆的地区越来越广阔。这种由泥沙堆积而成的陆地一步步向东推进,连续不断,使陆地增涨的速度变得很快。因此,在海洋和江河的共同作用下,陆地面积不断扩大,海拔持续升高。因此,冈身以东的大量农田需要有人来开垦。

　　显然,江南地区的发展有着有利的条件,当全国迎来开天盛世的时候,南方的经济也在快速发展。天宝十年(751),吴郡太守赵居贞奏请朝廷,割昆山县南境、嘉兴县东境和海盐县北境,新设立华亭县。《元和郡县图志》卷二五云:"华亭县,上,西至州二百七十里。天宝十年,吴郡太守赵居贞奏割昆山、嘉兴、海盐三县置。"②华亭县设立时就是一个上县,西距苏州二百七十里。唐代的县按人口分为上、中、下等级别,六千户以上为上县,三千户以上为中县,三千户以下为下县。也就是说,从三个县中各划出一部分地区设立的华亭县,其时户

---

① 苏轼:《苏东坡全集·奏议集》卷九《进单锷〈吴中水利书〉状》,《四部精要》第19册,上海古籍出版社1993年版,第817页。
② 李吉甫:《元和郡县图志》卷二五《江南道一》,第602页。

数在六千以上。

华亭县的设立,是苏州东部地区经济重要性的体现,其开发已经达到了一定的程度。另一方面,随着有效的行政管理,华亭县的开发势必会加快步伐。华亭县设立后,经济发展加快,人口不断增加,发展迅速。尽管在苏州七县中,最初建县时华亭是经济最落后的,但至唐末五代,华亭经济水平与相邻的海盐、昆山已十分接近,户口也快速增加。在这种情况下,天宝年间设立的华亭县就十分稳固地屹立在水环山拱的吴淞江南境。

四、开元、天宝时期江南的城市修筑

隋唐嬗替,江南并没有遭受严重的战火破坏,所以州县城一般是沿用六朝及隋代的城市。由于社会比较安定,城市重新修建的必要性大为减弱。即使这样,当时还是修建了一些城市及城墙。见于记载的主要有以下这些:

城　市	时　　间	城　　墙	城　门
睦　州	开元二十六年(738)	子城城墙	
华亭县	天宝十年(751)	高一丈二尺,厚九尺五寸	
海盐县	开元五年(717)	高一丈二尺五寸,厚一丈	
诸暨县	开元中	高一丈六尺,厚一丈	天宝中建东北门
乐清县	天宝中	筑城	
浦阳县	天宝十三年(754)	周一里二百四十步,高一丈三尺,厚亦如之	

睦州城最初筑于贞观二十年(646),城内"崎岖不平,展拓

无地,置州筑城,东西南北,纵横才百余步",没有关于城墙的明确记载。开元二十六年(738),因水患,遂将州城迁至桐江口的建德县。不过睦州只有子城,"东面濠上,西面临谷,南枕新安江,北连冈阜,周回二里二百五十步"。州城是依凭自然山势建立的,城东是利用了自然河道作为护城壕的。由于谈到了子城具体的周长,应是有城墙的。

新析的县级行政单位,一般是重建城池修筑城墙的。比如华亭县:"县之有城,盖不多见。华亭邑于海壖,或者因戍守备御而有之。绍兴乙亥岁,酒务凿土,得唐燕冑妻朱氏墓碑,以咸通八年窆于华亭县城西一里,乡名修竹。是唐之置县,固有城矣。"①虽然县城大小并不可知,但应该有明确的界限。龚明之《中吴纪闻》卷四说:"华亭,旧亦为苏之属邑。……县旧有城,《古图经》云,在县东三百步,今谓之东城者是也。近岁耕者于荐严寺田中,得城砖甚多。"②说明唐代华亭县是有城墙的,应在宋代华亭县偏东三百步之处,唐宋县城基址并没有太大的变化。南宋年间的华亭县,"周回一百六十丈,高一丈二尺,厚九尺五寸"。③宋代并没有修城墙的记录,估计城墙是唐代设县时修建的。

再如海盐县设于唐开元五年(717),海盐县的县城"周回一百七十步,高一丈二尺五寸,厚一丈"。此城元朝已废,估计这里谈的城墙是唐代设县时修筑。

从表面上看,史书记载的唐代新筑州县城并不多,但实际

---

① 杨潜纂:《云间志》卷上《城社》,《上海府县旧志丛书·松江县卷》,第12页。
② 龚明之:《中吴纪闻》卷四《信义县》,《全宋笔记》第三编第七册,第243页。
③ 杨潜纂:《云间志》卷上《城社》,《上海府县旧志丛书·松江县卷》,第7页。

上这是史书记载的阙略造成的，唐朝前半期，修造县城城墙的数量总体上是比较多的。据《新唐书》卷四一《地理志五》，唐代江南地区共有 93 个县，扣除 20 个州治附郭县，江南共有县城 73 座。唐高宗至玄宗时期，江南新析县就达 30 多座，由此可知，江南县城总量的一半左右是安史之乱前渐渐设立的。玄宗时期，江南新析县有 10 座，这些逐步设立的县城，一般都是新筑城墙。

我们也曾经说过，江南州县城墙的修筑是个渐进的过程，更何况一些城市是从来没有城墙的，但不管怎么说，城市建设与商品经济的发展有一定的关联。开元、天宝年间的城市建设，无疑是十分重要的，对唐后期江南商品经济的发展会起较为重要的作用。城墙的修筑不仅是城市发展的结果，更是城市进一步走向繁荣的重要推动力，因而具有重要的积极意义，比如城墙的修筑能确定一个城市的城区范围。因此，江南城市城墙的修筑，使得江南城市的城区范围得以固定。对一个城市来说，城墙在很大程度上决定了城市的空间规模和形状大小。城区面积的大小多少能说明一个城市能容纳的人口数量，一个城市街道、桥梁、河道的布局状况，及其相应的城市工商服务行业的发展程度。城墙的修筑，使城市管理者能根据城市的大小和形状，合理地规划城市内的河流、街道、坊里建设。城市中人们的生活和生产活动，要受到城市物质条件的限制。城墙也在很大程度上决定了城市内部交通的发展，决定里坊街区的形状、街道和桥梁等城市交通建设的布局。说到底，城墙修筑后，城市的物质形态会更加完善，直接影响到城市内部人们的生存状态。城墙的修筑，城区面积的扩大，带来了人口数量的增加，使城市人口的文化结构发生较大的变化，加上商品经济的活跃，江南城市将会出现较为开放的城市文化氛围。城墙修筑的不断完备，既是江南城市发展的客观要求,同时也推动了江南城市进一步向前发展。①

五、开元、天宝年间江南
地区的手工业

在以往对江南地区手工业制造的研究中,我们发现,开元天宝年间,江南地区的手工业已经达到较高的水平,不少行业颇具特色,实际上与同时期的北方手工业相比较,已难分伯仲。

以丝织业为例。现有史料记载的唐前期江南丝织业资料,大都反映了开元、天宝年间的状况:一是江南几乎每个州都有丝织品的生产,二是江南有八州生产特殊丝织品。汪籛先生认为唐代前期主要丝织品区有三个,吴越是其中之一,当然他也指出江左的丝织品工妙犹不足与河北、巴蜀地区相比。② 毫无疑问,唐代后期江南的丝织业有更快的发展,但这种较快速发展的基础是在开元、天宝年间奠定的。

我们先来看文献中关于开元、天宝间江南丝织业的记载:

州名	《唐六典》（开元贡）	《元和郡县图志》		《通典》（天宝贡）	《旧唐书·韦坚传》（天宝折造贡）
		（开元赋）	（开元贡）		
润州	方棋、水波绫	丝	纹绫	方丈绫十匹、水文绫十匹	京口绫、衫段
常州	紫纶巾		红紫二色绵布		折造官端绫绣

---

① 张剑光、邹国慰:《城墙修筑与唐五代江南城市的发展》,《文史哲》2015年第5期。
② 汪籛:《隋唐时期丝产地之分布》,载《汪籛隋唐史论稿》,中国社会科学出版社1981年版。

(续表)

州名	《唐六典》（开元贡）	《元和郡县图志》		《通典》（天宝贡）	《旧唐书·韦坚传》（天宝折造贡）
		（开元赋）	（开元贡）		
苏州	红纶巾				方丈（文）绫
湖州			丝布		
杭州	白编		绯绫、纹纱	白编绫十匹	
睦州	交梭	丝	交梭	交梭二十匹	
越州	白编、交梭、吴绫		交梭、白绫	白编绫十匹、交梭十匹、轻调十匹	罗、吴绫、绛纱
婺州	绵			绵六百两	
衢州	绵			绵百屯	
处州	绵		绵		
温州			绵		

　　诗文和笔记小说中也有不少资料记载了开元、天宝时期江南丝织业具体的发展状况。李白谈到常州义兴县令李铭为政有方,得到老百姓的拥护:"壶浆候君来,聚舞共讴吟。农人弃蓑笠,蚕妇堕缨簪。欢笑相拜贺,则知惠爱深。"[①]李白认为李铭为令一任,得到义兴人民拥护。诗中谈到义兴男人主要从事农活,女人主要从事养蚕丝织。也就是说,常州是一个盛产丝织的地方。开元时徐延寿在钱塘江岸:"摇艇至南国,国门连大江。中洲西边岸,数步一垂杨。金钏越溪女,罗衣胡粉香。织缣春卷幔,采蕨暝提筐。"[②]开元、天宝年间,越州的绫、

---

① 李白:《李太白全集》卷一〇《赠从孙义兴宰铭》,中华书局1977年版,第533页。
② 彭定求等编:《全唐诗》卷一一四《南州行》,第1165页。

纱、罗作为地方特产上贡朝廷,而宋之问、徐延寿看到的显然是当时丝织业的真实情况。再如明州开元二十六年刚设置,但到天宝年间就能大量生产吴绫。《太平广记》卷一〇五引《广异记》"李惟燕"条谈到李惟燕天宝时从余姚郡参军任上卸职北归,"舟中有吴绫数百匹,惧为贼所得"。明州范围内有很多地方生产吴绫。曲阿人开元进士丁仙芝曾有诗云:"东邻转谷五之利,西邻贩缯日已贵。"说明当地生产的丝织品大量进入流通领域。他还谈到江宁县:"长干斜路北,近浦是儿家。有意来相访,明朝出浣纱。"①李白在江宁县时,谈到:"吴地桑叶绿,吴蚕已三眠。"②润州地区丝织业不但普及而且质量较高。

回到前面提到的开天时期江南的回造纳布,说明布纺织十分普及。《唐六典》卷二〇"太府卿"对"诸州庸调及折租等物应送京者"进行了分等,其中江南的调布等级如下:第一等:润州火麻;第二等:常州苎布;第三等:湖州苎布;第四等:苏州、越州、杭州苎布;第五等:衢州、婺州苎布;第七等:台州、括州、睦州、温州苎布。

江南各州几乎都有布作为贡和赋,只有开元年间刚成立的明州没见记载:

州名	《唐六典》		《元和郡县图志》		《通典》
	开元贡	开元赋	开元贡	开元赋	天宝贡
润州		火麻		苎布	
常州	苎布	苎	细苎	苎布	细青苎布十匹
苏州		苎		苎布	丝葛十匹

---

① 彭定求等编:《全唐诗》卷一一四《赠朱中书》《江南曲》,第 1155、1157 页。
② 李白:《李太白全集》卷一三《寄东鲁二稚子》,第 673 页。

(续表)

州名	《唐六典》		《元和郡县图志》		《通典》
	开元贡	开元赋	开元贡	开元赋	天宝贡
湖州	苎布	苎	丝布	苎布	布三十端
杭州		苎		苎布	
睦州		苎		苎布	
越州		苎			
婺州		苎		苎布	
衢州		苎		苎布	
处州		苎		苎布	
温州		苎		苎布	
台州		苎			

　　开元时江南布等级虽不是很高,但生产地区十分广泛。江南布的生产量,并不只是在《通典》中才有记录。《颜鲁公文集》附录引唐殷亮《颜鲁公行状》谈到安禄山叛乱时,颜真卿为平原郡太守,清河郡寄客李华"为郡人来乞师",他对颜真卿说:"国家旧制,江淮郡租布贮于清河,以备北军费用,为日久矣,相传为天下北库。今所贮者有江东布三百余万匹。"也就是说,江南布是作为国家军费的一个重要部分,长期贮放在清河郡。从中可以看到开天年间江南布是政府财赋的一个重要部分。

　　比如,常州是江南麻织最为发达的州之一,所产白苎布开元时列为第二等。池田温先生根据大谷文书3083、3044、3048所录《唐天宝二年交河郡市估案录文》谈到:布行:常州布壹端,上直钱伍伯文,次肆伯玖拾文,下肆伯捌拾文。杂州布壹端,上直钱肆伯伍拾文,次肆伯文,下叁伯捌拾文。火麻布壹

端,上直钱伍伯文,次肆伯玖拾文,下肆伯捌拾文。① 录文中
各州运来的布统称"杂州布",明显低于常州布的价格,其中上
等布低于常州布 10%,中等布要低 18.5%,下等布要低
20.9%,常州苎布的质量在西州特别有竞争力。当然在西州
市场上,这里的火麻布很有可能是润州生产的,与常州布一
样,价格坚挺。市估案说明了江南优质的布在西北地区很有
市场,比起同时期江南的丝绸,人们的喜爱程度很高。

　　手工业中还可看金属的开采和制造,同样能反映出开元、
天宝时江南地区已有浓厚的基础。

　　如江南铜的主要产地是睦州和相邻的宣州当涂、南陵二
县。睦州建德县铜官山及遂安县洪洞山在唐以前就有出铜的
记录。唐天宝中曾在遂安洪洞山置场,说明这个时候的产量
极高,遂安铜进入产量的高峰期。设场管理开采,主要是为了
供应宣州铸钱。唐前期,宣州当涂、南陵二县的铜矿任民开
挖。但至开元时,面对高品位的石绿和铁的诱惑,政府实在不
能无动于衷了,"自唐开元以来,立为石绿场"和法门场。② 说
明其时政府加大了开采力度。

　　江南铜开采后,主要用来铸钱。开元时政府在江南的钱
监设在润州。开元二十五年,玄宗任命监察御史罗文信充诸
道铸钱使。第二年,又在润州设立了铸钱监。《唐会要》卷八
九《泉货》云:"二十六年,于宣、润等州置钱监。"《通典》卷九
《食货典九·钱币下》谈到天宝时全国的铸钱情况:"天宝中,
诸州凡置九十九炉铸钱,绛州三十炉,扬、润、宣、鄂、蔚各十

---

① 转录自池田温先生《中国古代物价初探——关于天宝二年交河郡市
　　估案断片》,载刘俊文主编《日本学者研究中国史论著选译》第四卷,
　　中华书局 1992 年版。
② 乐史:《太平寰宇记》卷一〇五《江南西道三》,中华书局 2008 年版,
　　第 2084 页。

炉,益、邓、郴各五炉,洋州三炉,定州一炉。"江南两州在全国
的铸钱炉数量中占了五分之一。虽然与绛州相比仍有很大的
差距,但江南的铸钱数就全国而言,所占份额已经很大了。

　　玄宗时期江南的铜器铸造水平很高。宋赵希鹄《洞天清
录·古钟鼎彝器辨》云:"句容器,非古物,盖自唐天宝间至南
唐后主时,于昇州句容县置官场以铸之,故其上多有监官花
押。其轻薄漆黑款细,虽可爱,然要非古器,岁久亦有微青色
者。世所见天宝时大凤环瓶,此极品也。"这是官方铜器制造
的花瓶。此外,如华亭县天庆观的开元钟,钟声洪亮,铸造时
间为玄宗开元时期。

　　江南很多地区在唐前期产银,而且量较大,对国家经济有
重要的支撑作用。1956 年,在西安东北郊出土了银铤 4 件和
大小银盘各 1 件。4 铤银中,有 2 铤是两浙相邻的宣州生产
的,其中一铤的背面写有"宣城郡和市银壹铤五拾两",是以宣
城太守苗奉倩的名义于天宝十载四月二十九日上贡,正面写
着杨国忠进;还有一铤是江南衢州的,其背面刻有铭文"信安
郡专知山官丞(承)议郎行录事参军智庭上",该银铤应该是衢
州银矿开采后,通过简单加工,直接被地方官员送到中央,最
后也是由杨国忠献给玄宗。[1]衢州开元、天宝年间已是重要
产银区。1963 年,在长安县又发现了宣城郡制造的银铤,正
面写着天宝十三载"丁课银每锭重五十两"。[2]

　　就铜、银这两种重要金属的开采和制造来说,江南的制品

[1] 李问渠:《弥足珍贵的天宝遗物》,《文物参考资料》1957 年第 4 期;万
　　斯年:《关于西安市出土唐天宝间银铤》,《文物参考资料》1958 年第
　　5 期。
[2] 朱捷元:《长安县发现唐丁课银铤》,《文物》1964 年第 6 期;秦波:
　　《西安近年来出土的唐代银铤、银板和银饼的初步研究》,《文物》1972
　　年第 7 期。

已是国家经济命脉的重要一部分。不可否认的是,江南的金属开采和制造在唐代后期更为发达,技术更高,但我们可以看到玄宗时的江南,实际已有相当高的开采和制造水平,其技术已位于全国的前列。

手工业的其他方面,恕不再枚举,大体情形相差不大。

六、简 短 的 结 论

通过上述对玄宗开元、天宝时期江南地区人口、水利和农业、行政区划的析置、城市建造特别是城墙的修建和纺织、金属开采和制造等手工业的几个方面的分析,不难看出,正因为有了开天盛世时南方经济的快速崛起,安史之乱后,南方经济才能有力、快速地替代北方,大量粮食运向北方,成为"国用大半"的财赋中心。所谓"辇越而衣,漕吴而食"局面的形成,①没有玄宗时期奠定的发展基础,中唐以后是不可能会轻易地出现。也就是说,开天盛世时期的南方,其实已经为国家财赋重心的转移准备好了基础条件,一旦北方陷入战乱,南方在短时间内就挺身而出,支持政府的财政费用。因此,安史乱后的财赋重心南移,既是偶然的,但同时也是历史的必然。

开天盛世时期的江南,经济发展十分快速,经济发展水平已达到一定的高度,这是我们在谈论开天盛世及江南经济在中唐以后的发展时,不能忽略的一点。

（本文刊发于《浙江社会科学》2019 年第 4 期,《新华文摘》2019 年第 13 期全文转摘）

---

① 董诰等编:《全唐文》卷六三〇吕温《故太子少保赠左仆射京兆韦府君神道碑》,第 2816 页。

江南运河与唐前期
江南经济的面貌

　　研究唐代的江南经济,都会注意到中唐以后江南在唐朝经济中的重要地位,认为江南成了唐朝整个国家的经济命脉,在全国财政收入中占有不可替代的地位。这样的观点在唐人的文章中早有表达:"江东诸州……赋取所资,漕挽所出,军国大计,仰于江淮。"①说明江南稻米是唐王朝主要的粮食依靠。韩愈在《送陆歙州诗序》中更是强调:"当今赋出于天下,江南居十九。"②杜牧文中也说:"三吴者,国用半在焉。"③指江南对唐朝财政的支撑几乎达到一半。不过,人们在研究唐后半叶江南经济的重要地位时,往往疏忽江南运河在隋末开凿后对唐朝前期江南的影响,没有充分认识到江南运河对唐前期社会经济的作用,更无法了解唐代前期江南经济发展的真实面貌。本文试就上述问题进行一些探索,不当之处,请方家多提宝贵意见。

　　隋唐"江南"所指的地域概念有宽有狭,本文所指的江南主要是指唐前期江南东道的核心部分,约相当于今苏南和浙江的范围,但在具体论述时,主要以江南运河沿线的润、常、

---

① 权德舆:《权载之文集》卷四七《论江淮水灾疏》,《四部丛刊初编》本。
② 韩愈著,马其昶校注:《韩昌黎文集校注》卷四,上海古籍出版社 1986 年版,第 231 页。
③ 杜牧:《樊川文集》卷一四《赠吏部尚书崔公行状》,第 210 页。

苏、杭四州为例加以说明。

一、隋朝江南运河的开凿

　　江南运河是隋代大运河的最南一段,北起京口,南抵杭州,纵贯太湖流域,是江南北部的交通大动脉。根据前人的研究,这条运河的开凿可以上推到春秋时期的吴国。①《史记》卷二九《河渠书》云:"于吴则通渠三江、五湖……此渠皆可行舟,有余则用溉浸。"这条吴地的"渠"显然指的是运河。学者认为,苏州至吴淞江、苏州至无锡间的运道,吴国、越国的时候已经开通,而今镇江至丹阳段的水道秦时开凿。②《史记》卷六《秦始皇本纪》谈到始皇三十七年,"浮江下,观籍柯,渡海渚,过丹阳,至钱唐,临浙江",估计是从长江东至丹阳城,然后再往东南至今浙江境内。至公元一世纪前后,江南运河已基本贯通。孙权赤乌八年派陈勋带将士三万凿句容中道,清王鸣盛曰:"今水道自常州府城外经奔牛、吕城以至镇江府丹阳县城外,自此再西北,行至府治丹徒县城外入江。此道大约当吴夫差尚未有,直至孙权方凿之。……丹徒水道,入通吴、会……自今吴县舟行,过无锡、武进、丹阳,至丹徒水道,自孙氏始。"③显然,运河的北段由于地势较高,为确保运道畅通,六朝时其一直是整治的重点。隋朝建立前,在江南实际上已经有一条各个朝代分段开凿和整修的运河,不过估计河道还

---

①　魏嵩山、王文楚:《江南运河的形成及其演变过程》,《中华文史论丛》1979 年第二辑。

②　许辉:《历经沧桑的江南运河》,《运河访古》,上海人民出版社 1986 年版,第 257 页。

③　王鸣盛:《十七史商榷》卷四二《三国志四》,上海书店出版社 2005 年版,第 305—306 页。

没有完全疏通，阔狭不一，水位有高有低，想完全畅达地从长江运输货物至浙江，还不能轻易做到。

江南运河的全部疏通，是在隋炀帝时期。《资治通鉴》卷一八一记载，炀帝大业六年（610）十二月，下令开凿江南河："自京口至余杭，八百余里，广十余丈，使可通龙舟，并置驿宫、草顿，欲东巡会稽。"十二月是江南一年中最冷的时候，地冻天寒，因此真正动工肯定是要到来年的春天。关于此条材料，《隋书》没有记载，应该是唐初史官并不认为这是一件十分重要的事情，或者说工程量并不是特别大，对江南社会的影响并不严重。元末《无锡县志》卷一《津梁》谈到人市桥时说："一名通济桥，跨运河，隋大业八年二月建。"建桥以前，运河工程应该已经完成。因此最起码可以这样认为，无锡段运河大约在大业七年中已经修成，最迟不会超过大业八年二月。从唐初开始，唐代人对隋炀帝的奢侈和暴政不断进行批判。唐代后期，更是出现了《海山记》《开河记》和《迷楼记》这样的演绎小说，增添了炀帝很多情节和具体的细节，但都没有涉及炀帝开江南运河。这可以说明，江南运河开凿时动用的人员数量还是有节制的，工程是在有组织有秩序的情况下进行，人民的反感程度不是很高。

虽如上述，但并不是说隋朝开挖江南运河是不存在的，或者说只是对前代河道简单的疏浚。事实上，隋朝开江南河历代都认为是存在的，而且强调对江南交通和经济有很大的贡献。陆游《入蜀记》谈到："自京口抵钱塘，梁、陈以前不通漕，至隋炀帝始凿渠八百里，皆阔十丈，夹冈如连山，盖当时所积之土。朝廷所以能驻跸钱塘，以有此渠耳。汴与此渠皆假手隋氏，而为吾宋之利，岂亦有数邪？"[1]隋朝开挖的河道，至宋

---

① 陆游：《入蜀记》卷一，《全宋笔记》第五编第八册，第164页。

朝还有遗迹,丹阳段所挖之土堆积成山。

《通鉴》记载隋炀帝开凿的江南河"广十余丈",按隋小尺一丈合今 24.6 厘米计,十丈为 24.6 米,"十余丈"取其中以十五丈计,河面平均宽在 36—37 米左右。又元《无锡县志》卷二云:"运河……胜七百石舟。……自京口至余杭郡八百余里,水面阔十余丈。"河面能通行装载七百石的船只,相当于今数十吨重。如此的载重量,船只的吃水肯定有数米深。江南运河是为了通行炀帝的龙舟才开挖的,而《通鉴》卷一八〇大业元年八月条谈到隋炀帝所乘坐的龙舟,上下"四重,高四十五尺,长二百尺。上重有正殿、内殿、东西朝堂,中二重有百二十房,皆饰以金玉,下重内侍处之"。虽然江南运河最后没有通行龙舟,但也大致可以知道,在开挖河道的时候对河道的宽度和深度肯定是有一定要求。

作为运河的配套工程,隋代修建了驿宫和草顿。驿宫应是驿站,不过是驿站中最高级的一种,房子建造成宫殿一般,最初的考虑可能是为了炀帝上岸休息。草顿大概是临时性的简易休息场所。不过由于史料记载的缺乏,隋唐江南运河沿岸馆驿有确切建造时间的很少,明确说建于隋代的只有望亭驿。此驿位于无锡东南五十里,离苏州也约五十里。史云:"望亭,在吴县西境,吴先主所立,谓之御亭。隋开皇九年置为驿。"[1]大业间开挖运河是否对望亭驿再加以修缮,史书没有明确记载。从润州经常州、苏州至杭州,江南运河沿岸可知的唐代驿站有 30 多个,其中一半左右在唐代前期的资料中已经出现,这些驿馆中肯定有一些是建于隋代。

根据后代的一些运河配套设施来推测,学者认为江南运河疏浚时,"沿途的码头、渡口、纤道、桥梁等设施得到了进一

---

[1] 朱长文:《吴郡图经续记》卷下《往迹》,第 59 页。

步完善"。① 除了前引通济桥外,隋代在运河修成后也建了一些桥梁。如《咸淳毗陵志》卷三谈到常州武进县的陈渡桥,"在县南广化门外四里,跨西蠡河。旧传隋陈司徒建"。再如无锡县的梁溪桥,"在县西五十步,跨梁溪,通大湖,隋大业中建",应是运河的配套桥梁。江南运河疏浚后没几年,隋朝就灭亡了,因而隋朝建设的桥梁并不是很多。

关于隋炀帝开凿江南运河,还有一个问题应该探讨,炀帝是否纯是为了东巡会稽追求个人享乐而决定开河?用今天的眼光来看,开凿江南运河的动机可能不会这样简单,我们推测可能与江南地区经济、政治的发展也有关。其一,江南地区的经济发展,向炀帝提出了开凿运河的现实要求。早在南朝刘宋时就有人说:"江南之为国盛矣,……地广野丰,民勤本业,一岁或稔,则数郡忘饥。会土带海傍湖,良畴亦数十万顷,膏腴上地,亩直一金,鄠、杜之间,不能比也。荆城跨南楚之富,扬部有全吴之沃,渔盐杞梓之利,充仞八方,丝绵布帛之饶,覆衣天下。"②经过南朝的开发,南方经济在不断追赶北方。由于关中地区人口密度较高,农业生产总量有限,并不能全部解决京师的粮食供应,必须仰仗各地的漕运。隋平陈后,对江南的粮食自然不会撇置不管,炀帝不会仅以江南行政上的归属作为统治的终极目标,沟通南北经济交流可能是他最终的想法。其二,江南地区重要的政治地位也是开凿运河的一大原因。江南原是陈朝统治的中心地带,陈亡后第二年就发生了大规模的叛乱,隋朝平叛所用时间比灭陈还要长。平叛结束后,隋文帝令杨广坐镇江南达十年之久,这充分说明了隋朝统

---

① 孙忠焕主编:《杭州运河史》,中国社会科学出版社 2011 年版,第27 页。
② 沈约:《宋书》卷五四《孔季恭传》后论,中华书局 1962 年版,第1540 页。

治者对江南的重视。开运河的前一年,炀帝对给事郎蔡徵说:"自古天子有巡狩之礼,而江东诸帝多傅脂粉,坐深宫,不与百姓相见,此何理也?"蔡徵对曰:"此其所以不能长世。"①也就是说,炀帝认为一个帝王只是坐在皇宫中是不行的,必须深入到百姓之中,要到江东巡狩,才能巩固统治。尽管江南运河开凿后,炀帝没有过江,更没有到会稽,但从政治动机而言,帝王出巡对控制地方是十分有效的,会使老百姓产生强大的向心力。其三,从军事角度看,江南地区河网交织,擅长造船,一旦叛乱,水战是其特长,而且还会躲避于海上孤岛。开皇十年高智慧叛乱,与隋军战败后就逃至海上,而隋军要彻底消灭叛军,必然要用水军去对付。从平陈到杨素平叛,或从海道,或从山阳渎入扬子津来到江南,政府的水军发挥出了积极有效的作用。因此,开凿江南河实际上就是为应付以后军事不测所作的一种准备。其四,就炀帝个人来说,到江南巡游享乐是开凿江南运河的一个重要原因,这个是毋庸讳言的。炀帝刚登帝位,就"发大江之南、五岭以北奇材异石,输之洛阳"。②他"课州县送羽毛,民求捕之,网罗被水陆"。③ 他开凿大运河的其他几段,是为了自己巡狩享乐,巡幸江都时,大事铺张,极尽奢靡之能事。开江南运河,应该是延续了以前的做法,想到苏杭和会稽去巡幸,只不过国破身亡来得快了一点。

　　不过,不管隋炀帝当年是出于什么目的决定开挖江南运河,但客观上为后人留下了一笔宝贵的遗产。他为江南地区疏浚了一条十分有用的河道,这条河道既宽又长,为日后的发展奠定了坚实的基础。从一定意义上说,这条运河改变了江

① 司马光:《资治通鉴》卷一八一炀帝大业五年三月,中华书局 1956 年版,第 5644 页。
② 司马光:《资治通鉴》卷一八〇炀帝大业元年三月,第 5618 页。
③ 司马光:《资治通鉴》卷一八〇炀帝大业二年二月,第 5623 页。

南经济的走向,成就了江南历史发展的命运。

二、唐前期江南运河的
维护和修整

　　江南运河虽然在隋末通航了,但至唐初在运行过程中却出现了一些问题,为了保证全线运输顺利通畅,人们在很多方面作了努力。

　　在运河上建设堰、埭和闸,这是当时最有效的维护航道通行的方法。运河通航后,要通行数百石的大船,必须保证有一定深的水位。运河长达八百里,而从润州到常州、苏州、杭州,各地的海拔有高有低,即使同一地区内,地势起伏也会较大,这样运河各段就存在着较大的水位差。为保证各河段一定的水位标准,不使河水都往海拔低的地方流,唐代江南百姓通过在河中修筑土坝或石坝的办法拦阻河水。这种土坝或石坝当时称为堰或埭,即修筑一种横截河渠的坝基,使水从坝上漫过,因为将土或石坝修成了一定高度,就能抬高水位,控制河水的流失量。堰埭设立后,各段河道的水位有了保障,就能维持河道通航。虽然船只通过堰埭时比较麻烦,但不需要将货物全部搬上岸,经过一段陆上交通后再装船,整个航道仍能通畅无阻。这一办法并非唐朝首创,六朝就已十分盛行。早在东晋时,京口至丹阳的水道上设立了丁卯埭:“晋褚裒镇广陵,运粮出京口,为水涸,奏请立埭,以丁卯日,后人构桥,因名。”[1]唐朝因地制宜,将这种水利技术传承了下来,在江南运河上设置多个堰埭及水闸,其中最主要的有:京口埭,废亭埭,望亭堰、闸,长安闸。

---

① 乐史:《太平寰宇记》卷八九《江南东道一·润州》,第 1760 页。

　　京口埭在润州城西北京口港,距江一里左右。宋朝人认为"唐漕江淮,撤闸置堰",①意谓这里原来是闸,但为了运输更方便,唐朝改立成堰。《万历丹徒县志》卷二说此堰置于唐朝,但"莫究所始",具体建立年份不详。宋之问《登北固山》云:"京镇周天险,东南作北关。埭横江曲路,戍入海中山。"②孙逖也有《下京口埭夜行》诗。③ 因此京口埭设立于唐前期是可以肯定的。《神仙感遇传》谈到:"韩滉廉问浙西,强悍自负,常有不轨之志。一旦,有商客李顺泊舟京口堰下⋯⋯顷之复在京口堰下,既而诣衙投书韩公⋯⋯"④韩滉是唐德宗建中二年到浙西任职的,京口堰早已存在,可以推定此堰的设立必在唐代前期,而且时间较早。⑤ 庱亭埭,在丹阳县东约四十七里处,《元和郡县图志》卷二五云:"今置埭。"可知埭设立于唐朝。由于丹阳以东地势渐低,庱亭埭的设立对保证运河丹阳至润州段的水位意义十分重大。《太平广记》卷四四引《河东记》谈到贞元中已有庱亭埭,"舳舻万艘,隘于河次,堰开争路,上下众船相轧者移时",因此此堰很可能是建于唐前期。同时我们也可以看到,庱亭埭是定时开放的,可能是以水位的高低作为开放的依据,埭旁已开设了逆旅招待船主人住宿。

　　望亭堰、闸,在无锡县西四十五里,据《咸淳毗陵志》卷一

----

① 俞希鲁纂:《至顺镇江志》卷二《闸》,江苏古籍出版社 1999 年版,第 50 页。

② 彭定求等编:《全唐诗》卷八八二宋之问《登北固山》,第 9967 页。

③ 彭定求等编:《全唐诗》卷一一八,第 1193 页。

④ 卢宪纂:《嘉定镇江志》卷二一《纪异》引,《宋元方志丛刊》,第 2537 页。

⑤ 《新唐书》卷四一《地理志五》润州丹徒县下云:"(开元二十二年刺史齐澣)乃于京口埭下直趋渡江二十里,开伊娄河二十五里,渡扬子,立埭,岁利百亿,舟不漂溺。"据此,开元所立为伊娄埭,而京口埭的设立在之前。齐澣任润州刺史的时间在开元二十五年,《新唐书》这里的记载应该有误。

五《堰》记载，宋淳化元年（990）诏废望亭堰，所以此堰建于唐
五代是可以肯定的。同卷《闸》又据《风土记》谈到望亭闸："隋
文帝至德初置。"至德为陈后主叔宝的年号，有可能此堰最初
建立于陈末隋初，以后又不断加以修治。长安闸，据《咸淳临
安志》卷三九《水闸》云："长安三闸，在（盐官）县西北二十五
里，相传始于唐。"该书又云长安闸就是义亭埭。唐代在运河
南端的长安镇设闸节制水流，并疏导西湖水入运河。不过闸
设立的具体年份，史料中未见明确记载。此外，《通鉴》卷二六
一唐昭宗乾宁四年四月谈到嘉兴有驿亭埭，疑此埭是设立于
运河之上，具体建埭时间不明。《咸淳毗陵志》卷一五《堰》谈
到常州西二十七里有奔牛堰、闸，从苏东坡有"卧看古堰横奔
牛"句，此堰的设立有可能是在唐朝。无锡县城西南有梁溪，
南北长三十余里，与运河相交，为保证运河水不从梁溪中流
失，时筑有将军堰。传说是唐将军单雄信提兵路过此处，"以
枪止水为堰"，后景龙二年又在运河的北岸置闸。① 由此可
知，为保证运河顺利通航，确保一定水位，唐五代时期在运河
上设立了为数不少的堰埭和水闸，同时在与运河相交的河道
口也设堰闸，以防过多的运河水流失。

为了保证运河水位，还将其他湖泊的水源引进运河。运
河丹阳至京口段，地势较高，河面浅狭，早在唐以前人们就认
识到了这一问题，遂将河床挖深，但水流仍时常不足。这一段
运河水主要靠丹阳附近的练湖水补充水源，"官河水干浅，又
得湖水灌注，租庸转运及商旅往来，免用牛牵"。② 后人曾说：

---

① 《咸淳毗陵志》卷一五《堰》引《祥符经》，《宋元方志丛刊》，第3100页。
《无锡志》卷二《总水二之二》云："溪侧有将军堰，今构石梁于上，遗址
尚存。……《风土记》云：'唐景龙三年置堰，堰旁有梁萧将军墓，宋嘉
祐中开运河，通梁溪，取太湖水，堰遂废。'……旧有闸，今废。"
② 董诰等编：《全唐文》卷三七〇刘晏《奏禁隔断练湖状》，第1664页。

"湖水放一寸,河水涨一尺。"①这段运河依靠了练湖水才能确保通航。

此外,对江南运河还进行了疏浚和改动入江口等办法来保证运输畅通。元《无锡志》卷一《津梁》谈到无锡南市桥时说桥跨运河,"唐武德中凿运河时建"。这条资料与南宋的《咸淳毗陵志》记载相同,估计出于一源。如此看来,无锡附近的运河在武德间再次进行了疏浚,估计是在隋朝开凿的基础上进一步修整,并不是新开运河。《无锡志》卷二《总水二之二》又云:"运河……胜七百石舟……自唐武德以后至今累浚,为东南之水驿。"可知唐初武德间无锡的疏浚肯定是存在的,而且不只一次。运河的入江口隋唐前期在丹徒,而此时长江江面宽达四十里。不过随着润州段长江主泓道的变迁,上游江水挟带而下的泥沙,在运河入江口淤积越来越多。北岸扬州段江面积沙更多,沙洲不断上涨,渐渐露出水面,并渐渐与江北合拢,至开元时洲上已有百姓安居,江面变狭,仅为二十余里。开元二十五年,齐澣任润州刺史,因"润州北界隔吴江,至瓜步沙尾,纡汇六十里,船绕瓜步,多为风涛之所漂损",为减少漕船在江中迂回航行的风涛危险,"乃移其漕路,于京口塘下直渡江二十里,又开伊娄河二十五里,即达扬子县。……又立伊娄埭,官收其课,迄今利济焉"。② 这样,运河的入江口从丹徒移至京口埭。李白曾有诗歌颂这件事说:"齐公凿新河,万古流不绝。……两桥对双阁,芳树有行列。……海水落斗门,潮平见沙汭。"③新入江口的建立和江北伊娄河的开凿,使来往

---

① 董诰等编:《全唐文》卷八七一吕延桢《复练塘奏状》,第 4041 页。
② 刘昫:《旧唐书》卷一九〇中《齐澣传》,中华书局 1975 年版,第 5038 页。
③ 李白著,瞿蜕园、朱金城校注:《李白集校注》卷二五《题瓜洲新河饯族叔舍人贲》,第 1440 页。

运河的船只较之前更为方便。

因为运河是江南水上骨干通道，所以唐前期持续不断地对其进行维护和修整，说明人们已清醒地认识到了运河的作用。这种对江南运河通航能力的维护，必将对江南经济的发展带来较大的影响。

三、江南运河对唐前期
经济发展的作用

隋朝开通江南运河，唐代前期又采取不少措施保持河道通畅，这表明江南运河的通航有着充分的现实需要。那么，江南运河对唐前期江南经济的发展带来了什么效应？

唐末诗人皮日休在《汴河怀古》一诗中说："尽道隋亡为此河，至今千里赖通波。若无水殿龙舟事，共禹论功不较多。"①虽说的是汴河，但用到江南运河头上同样是十分适合的。尽管炀帝挖河的一个重要目的是为了通行龙舟，但在后人看来，他挖河的功绩比禹还要大，至唐末大家都依赖着这条河流的运输。

大体上说，江南运河对唐前期江南经济发展的作用，主要表现在以下几个方面：

1. 使江南与淮南、中原紧密地连成一片，同时拉近了闽、岭南与中原间的距离。江南运河开凿后，南可通钱塘江，江南东道的几个地区相互黏合得十分紧密；北可通过山阳渎、汴河，与淮南、中原地区连接起来。武则天时期的崔融曾描述唐代的交通："四海之广，九州之杂，关必据险路，市必凭要津。……且如天下诸津，舟航所聚，旁通巴、汉，前指闽、越，七

---

① 彭定求等编：《全唐诗》卷六一五，第 7099 页。

泽十数,三江五湖,控引河洛,兼包淮海。弘舸巨舰,千轴万艘,交贸往还,昧旦永日。"①按他的意思,唐代整个交通格局中,闽、越是其中的一部分。之所以他有这样的观念,有以下前提:经隋朝大运河沟通后,由中原经运河,在扬州过江,通过江南运河来到闽、越,这样就将淮南、中原和江南连成为一体;进而向南经钱塘江进入闽、广,又把江南和闽、广连接进了国家核心区域。

将江南与淮南、中原地区串联成一片的是运河。这种连接的需要,实际上在南朝就已经出现。永嘉以后,中原板荡,北方移民中有许多人就是沿着泗、楚、扬到达晋陵和京口地区。如祖逖"率亲党数百家避地淮泗",后"居丹徒之京口"。②隋朝灭陈时,贺若弼率领的一路大军从广陵渡江进入南徐州,在攻克建康后就挥师直下晋陵和吴州。③隋朝平陈后的第二年,陈朝旧地爆发了一场大规模的反隋运动,隋政府派杨素前往镇压,杨素率舟师自扬子津渡江进入江南,一路从晋陵、无锡、吴州镇压下去,深入东阳、乐安、永嘉,直至打到泉州平定叛乱为止。④这个时候,江南运河还没有沟通,但实际上当时的交通线路已基本上沿着运河的走向通至江南纵深。自隋朝江南运河沟通后,由此向北通过山阳渎和通济渠,可直达中原。

江南运河将江南和淮南、中原串联起来的作用,对唐政府来说,最初并未充分意识到。但随着时间的推移,江南运河的作用越来越明显,政府明白了将江南作为经略东南的重要意

---

① 刘昫:《旧唐书》卷九四《崔融传》,第 2997—2998 页。
② 房玄龄等:《晋书》卷六二《祖逖传》,第 1694 页。
③ 司马光:《资治通鉴》卷一七七隋文帝开皇九年正月条,第 5504—5505 页;《隋书》卷五二《贺若弼传》,第 1344 页。
④ 魏徵等:《隋书》卷四八《杨素传》,第 1284 页。

义。皮日休有诗谈汴河说:"万艘龙舸绿丝间,载到扬州尽不还。应是天教开汴水,一千余里地无山。"①他认为从汴河到扬州,一千余里变成为一体,将中原和淮南紧密地连接在一起。而过了长江进入江南运河,江南和淮南亦连接了起来。有人曾说:"汴水通淮利最多,生人为害亦相和。东南四十三州地,取尽脂膏是此河。"②其实就很清楚地指明了这一点。

2. 为人员往来、粮食货物的运输提供了便利。江南运河作为全国性的水上通道,是江南最主要的航道。江南运河北可进入山阳渎,中与长江相交,南与钱塘江相连,是全国水运网络的重要组成部分。

隋朝疏通江南运河,大大改善了运河的通航条件,唐朝大受其益,江南的物资大多经运河北上运往中原。江南运河沿线数州,大量的货物都是直接装船运向北方。即使是浙东地区,也是通过钱塘江、浙东运河再折入江南运河与中原地区紧密联系起来。唐朝前期,江南的粮食、赋税和其他货物,已大量通过江南运河运向北方。在洛阳含嘉仓,曾经出土了八块武则天时期的仓铭砖,内中有一块是苏州的,记有"苏州租糙米"字样,说明其时的苏州粮食已作为租米运到洛阳储存。③苏州租米的运输路线,肯定是经江南运河运向北方。开元年间曾设立了管理漕运的专门官员转运使。政府第一次设立转运使在开元二十一年(733),"拜(裴)耀卿为黄门侍郎、同中书门下平章事,兼江淮都转运使"。④ 此后为转运粮食,唐政府屡设转运使,每年漕运南方上百万石粮食至北方,而这些粮

---

① 彭定求等编:《全唐诗》卷六一五《汴河怀古二首》,第 7099 页。

② 彭定求等编:《全唐诗》卷五〇八李敬芳《汴河直进船》,第 5776 页。

③ 河南省博物馆、洛阳博物馆:《洛阳隋唐含嘉仓的发掘》,《文物》1972年第 3 期。

④ 欧阳修等:《新唐书》卷五三《食货三》,第 1366 页。

食,大部分来自江南东道,经江南运河运向北方。裴耀卿曾向玄宗提出改造漕运的办法,其疏中说:"江南户口多而无征防之役,然送租庸调物,以岁二月至扬州……入斗门。"漕船一般来说是从江南运河再过江,从扬州入山阳渎到达北方,漕米往往是在江南运河的沿岸装上船。他又说:"江南租船所在候水,始敢进发,吴人不便河漕,由是所在停留……臣请于河口置一仓,纳江东租米,便令江南船回。"①按照他的说法,江东租米装上船,由吴人运输,运粮的船叫江南船。这里他把江东、江南、吴三个概念混在一起使用,其实是差不多的意思,却使我们看到米在运河沿岸装船后,百姓沿运河往北运向中原的景象。再如天宝年间,缙云郡司法参军王元钦,"遵为纲使,统税陈留",负责押运本州的租赋到中原,但"隙驹以往,吴郡染疾,见殁睢阳……浮离县河次,在船而终"。② 处州租赋在浙江沿岸装船后顺流而下折入运河,至苏州时王元钦得病,在汴河边上的宋州睢阳郡去世。

行旅往来,经江南运河这一通道既舒适又快捷。延陵人包骤"因选,溯舟于隋河",就是曾乘船从江南河中由曲阿、润州过江赴选。③《太平广记》卷二九引《原化记》"李卫公"条云:"苏州常熟县元阳观单尊师,法名以清,大历中常住嘉兴,入船中,闻香气颇甚,疑有异人,遍目舟中客,皆贾贩之徒……"从常熟至嘉兴,所走路线当先到苏州,再沿运河南下。李翱自中原前往岭南,到达扬州后,渡过长江经润、常、苏、杭进入浙江,一直往

---

① 董诰等编:《全唐文》卷二九七裴耀卿《请缘河置仓纳运疏》,第1333 页。
② 周绍良主编:《唐代墓志汇编》天宝一三七《太原王夫人墓志铭并序》,上海古籍出版社 1992 年版,第1628 页。
③ 钟辂:《前定录》"延陵包骤"条,《全唐五代笔记》,三秦出版社 2012 年版,第924 页。

南,"自润州至杭州八百里,渠有高下,水皆不流"。意谓运河中埭堰将各段河道水位调整得高下错落,行船十分方便。① 这几条虽是唐中期的情形,但想必唐前期的通航情况已是如此,说明运河对江南人民日常生活带来的益处是难以估量的。

3. 为江南农业灌溉和农田水利建设提供了有利条件。唐文宗大和年间,白居易来到两浙地区,他描绘一路上所见时说:"平河七百里,沃壤二三州。"自注云:"自常及杭,凡三百里。"②这虽然是唐后期的景象,但他谈到的却是运河沟通后对周围地区农业的影响,自常州历苏州至杭州,沿运河往东南,一路上全是沃壤之地。正是依赖了运河,周围农田得以灌溉。

清人曾经论述到江南运河苏州段的修筑对太湖东部地区的影响:"当时开浚河道,其深阔者固无处加工,至浅狭浮涨处,其土必堆积两旁,想塘岸之基始于此。"③隋朝开凿江南运河,将挖出的泥土堆在河的两旁,成为此后太湖东部吴江塘路的基础。太湖东部本来地势较低,因此中唐以后多次修筑堤塘阻水,使太湖东部免于湖水浸泡,土地渐渐干枯,后来经过农田水利建设,成为广袤的粮田。而吴江塘路的基础,最早应该是在隋初就已奠定。

在运河的周围地区还修建了一些农田水利工程。江南地区十分重视水利建设,在唐代已是"以塘行水,以泾均水,以塍御水,以埭储水,遇淫潦可泄以去,逢旱岁可引以灌"。④ 唐代前期,伴随着一些水利工程的修建,荒芜土地逐渐得到开垦,很多农地成了旱涝保收的高产地。润州金坛县东南三十三里

---

① 李翱:《李文公集》卷一八《来南录》,《四部丛刊》本。
② 白居易:《白居易集》卷二七《想东游五十韵》,第 607 页。
③ 沈彤、倪师孟纂:《乾隆吴江县志》卷四一《治水一》,江苏古籍出版社 1991 年版,第 192 页。
④ 朱长文:《吴郡图经续记》卷下《治水》,第 51 页。

有南北谢塘,武德二年刺史谢元超在原来的基础上重新开挖,能够"溉田径千顷"。① 紧领太湖的湖州乌程县令严谋达,于开元十一年疏通荻塘,这是唐代首次在太湖东南方向筑堤浚塘,标志着运河西岸嘉兴湖荡低洼地的开发正式启动。苏州海盐县唐穆宗长庆前已"有古泾三百一",虽没有明言这些泾筑于何时,但推测有一部分开挖于唐前期是完全有可能的。盐官县还有捍海塘,"堤长一百二十四里,开元元年重筑"。② 对此,《正德松江府志》认为:"唐开元元年筑捍海塘,起杭州盐官,抵吴淞江,长一百五十里。"③照此理解,唐代修的海塘不仅包括后世说的浙西海塘,还包括一部分江南海塘。因为有运河横贯在中间,所以有条件的地区在沿运河两岸修筑水利工程,使大量农田成为水稻产区。

4. 有利于江南城市的发育成长。江南运河是沟通和加强各地区经济联系的纽带,通过航运带来繁忙,是社会生产力发展的必要条件。比如润州,其位于隋唐江南运河北端入江口,北临长江,隔江与扬州相望。处在这样重要的水陆交通路线的关节点上,润州作为两浙地区交通枢纽的地位就自然而然地显现出来。润州向北可沿运河到达中原,如由润州渡江,经扬州循运河可以到达汴州、洛阳和长安。润州向西沿长江再往南可达岭南,往北可沿汉水进入中原,西可达剑南益州。润州是江南的重要交通枢纽,是江浙地区粮食和各类物资北运的重要集散地,既是军事重镇,又是漕运的关键部位:"东口

---

① 顾祖禹:《读史方舆纪要》卷二五《江南七·镇江府》,中华书局 2005年版,第 1267 页。

② 欧阳修等:《新唐书》卷四一《地理志五》,第 1058 页。

③ 陈威纂:《正德松江府志》卷三《水下》,《上海府县旧志丛书·松江府卷》,第 50 页。

要枢,丹徒望邑,昔时江外,徒号神州,今日寰中,犹称列岳。"①润州之所以经济发展较快,政治和军事上极具重要地位,主要与江南运河有关。换言之,随着江南运河的作用日益突出,润州的地位就渐渐显现出来。

江南运河的南端是杭州。杭州向西南通过钱塘江进入岭南、福建,向东经越州、明州可与海相通。钱塘江自杭州向江南西南地区延伸,北可通江南运河,东可进入浙东运河,这样杭州就位于江南水运交织点上,连接着整个江南水运网络。《元和郡县图志》卷二五杭州钱塘县云:"浙江,在县南一十二里。……江源自歙州界东北流经界石山,又东北经州理北,又东北流入于海。"直接受益于钱塘江航道的有歙、衢、婺、睦、杭五州。因此杭州至中唐被人称为"东南名郡",是"咽喉吴越,势雄江海","水牵卉服,陆控山夷,骈樯二十里,开肆三万室"。② 杭州能取得这样一种交通枢纽地位,完全是由江南运河的重要性决定的。

唐前期江南运河交通运输的发达,渐渐促使了运河两岸一些小城市的出现。如永淳元年(682)设立的杭州新城县,垂拱二年(686)的常州武进县,垂拱四年(688)的润州金坛县、杭州临安县,天授二年(691)的湖州德清县,万岁通天元年(696)的苏州长洲县,开元五年(717)的苏州海盐县,天宝十年(751)的苏州华亭县等。县城的设立有多种原因,但与江南运河通航后促进了沿岸地区商品经济的发展有直接关系。武进县、长洲县虽然没有建新城池,县衙设在州城中,但设县管理一定程度上就是经济发展的结果。

可以这么说,江南运河的开凿促进了唐前期江南经济的

① 周绍良主编:《唐代墓志汇编》垂拱〇五二,第 765 页。
② 董诰等编:《全唐文》卷三一六李华《杭州刺史厅壁记》,第 1417 页。

发展,江南农业生产、商品经济的发展都与运河交通运输有关。《说郛》卷二四引宋代卢襄《西征记》云:"遂念隋大业间炀帝所以浚辟使达于江者,不过事游幸尔。……今则每岁漕上给于京师者数千百艘,舳舻相衔,朝暮不绝。盖有害于一时,而利于千百载之下者。天以隋为我宋王业之资也。"卢襄看到了隋代人的辛苦为宋代兴盛带来的好处,其实这条大动脉的作用,对唐前期社会的发展来说也何尝不是这样。

四、唐朝前期江南社会经济的真实面貌

通常的观点认为,江南经济是到了安史之乱以后才有明显的进步。事实是否如此?我认为,随着隋代和唐初对江南运河的开阔和疏浚,江南运河沟通了长江和钱塘江两大水系,从江南到中原的水上航行畅通无阻,这为江南农业、商业和手工业经济的发展带来了较为充足的前进动力。

1. 人口增长速度远高于全国平均水平

唐朝所处的时代,社会生产力水平仍然不是很高,作为物质基础的社会总产品,是依靠了大量使用劳动力获得的,一定数量的劳动力与一个地区经济发展水平大体是成正比关系。那么,唐代前期江南的人口状况是怎样的呢?

根据两《唐书·地理志》,可看到贞观十三年(639)江南运河沿线各州的户口数量如下:

序号	州 名	户 数	口 数	平方公里口数
1	杭 州	30 571	153 720	18.97
2	润 州	25 361	127 104	16.05

(续表)

序号	州　名	户　数	口　数	平方公里口数
3	常　州	21 182	111 606	13. 17
4	苏　州	11 859	54 471	3. 94

贞观十三年各州每平方公里的人口数量,我们参照了翁俊雄先生的研究成果,①由于各州的面积统计或有出入,人口密度仅是一个参考数字。从表格中的数字可以看到,杭、润两州人口密度较高,常州其次,苏州最低。苏州不但人口总数量较少,而且分布不均匀,太湖东部地区在唐初大多是土旷人稀的荒地,这种情况直到开元年间才有所改变。

我们可再观察天宝元年(742)江南运河沿线的各州户口数量:

序号	州名	户数	增长率(%)	口数	增长率(%)	平方公里口数
1	常　州	102 631	384. 5	690 673	518. 8	81. 5
2	润　州	102 033	302. 3	662 706	421. 4	83. 7
3	苏　州	76 421	544. 4	632 655	1 061. 4	45. 8
4	杭　州	86 258	182. 2	585 963	281. 2	72. 3

天宝元年各州每平方公里的人口数量,我们仍参照了翁俊雄先生的成果。② 天宝年间,润、常二州人口数量接近,每平方

---

① 翁俊雄:《唐初政区与人口》,北京师范大学出版社1990年版,第96、286页。

② 翁俊雄:《唐朝鼎盛时期政区与人口》,首都师范大学出版社1995年版,第204—205页。翁先生的研究认为从贞观到天宝,润州、常州、苏州的行政区划没有作过变动,而杭州从贞观时的14 366平方公里,到天宝时仅为8 104平方公里。

公里的人口密度也接近。苏州尽管人口密度不如杭州,但人口总数已超过杭州。

从贞观到天宝,全国户数和口数都在增加,其中全国户增长率为 195%,口增长率为 312.7%,而江南运河沿线四州的户增长率为 353.3%,口增长率为 570.7%,远高于全国的平均增长率。有关专家研究表明,全国人口平均密度从高到低依次是四川盆地、汾渭平原、华北平原,而江南紧接其后。天宝年间,四川盆地人口密度为每平方公里约 145 人,华北平原约为 105 人,京兆地区约为 87 人,①而江南运河沿线四州的人口密度已接近京兆地区,成为全国人口聚集的一个重要区域。

从人口增长的数字可以推测,从贞观到天宝,江南经济的发展必定快于全国的平均速度。天宝时期江南人口的猛增,应是农田水利工程建设、城市商业发展以及交通发达等综合因素导致的。人口的快速增加,必然会推动经济向前发展,需要更为发达的交通运输业。

2. 农业生产的快速发展

我曾经作过统计,唐代江南东道(中唐后分为浙西和浙东)共有 96 项水利工程,其中唐前期有 21 项,约占五分之一强。除 1 项时间不详外,其他的 20 项中,高宗武则天时期有 7 项,玄宗时期有 9 项。同样,我们以北方较为重要的河南和河东地区作参照,唐前期有水利工程 46 项,其中高宗武则天时期为 15 项,玄宗时期为 11 项。② 如果不考虑工程量的大小,单从数量上看,武则天至唐玄宗时期,江南兴修的水利工程数量与同时期的北方相比,在三分之二左右。江南运河沿线的

---

① 费省:《唐代人口地理》第四章《唐代人口分布》,西北大学出版社1996 年版,第 87、94 页。

② 张剑光:《关于唐代水利建设重心的一些思考——以浙东、浙西和河南、河东四道为核心》,《山西大学学报》2012 年第 4 期。

数州,唐前期有多项水利工程已如前述,这些工程最直接的效果是促进了江南水稻生产的发展。

在租庸调制时代,江南每年都有租赋上交政府,不过数量较少。唐代初年,"用物有节而易赡,水陆漕运,不过二十万石"。从江南运往北方的粮食还不是特别多。开元以后,中原粮食缺口增大,需要将江南粮食运往北方。裴耀卿改革漕运后,三年间从江南运粮七百万石。以后崔希逸为转运使,每年转运一百八十万石。①

唐代江南种植的水稻品种日益增多。唐孟诜在《食疗本草》卷下谈到江南有一种粳米"其赤则粒大而香",其实就是红稻,也称火稻,这种稻"宜人,温中益气,补下元",是粳稻中一个特别的品种。粳稻种植在江南十分广泛,"是时粳稻熟,西望尽田畴",②红稻是其中的精品。孟诜又说:"江南贮仓人,皆多收火稻。"③这里的"收",意谓收购,见到优质的稻谷,商人想尽办法收购谋利。作为商品,江南粮食不断外运各地。《唐国史补》卷中云:"江淮贾人积米以待踊贵,图画为人,持钱一千,买米一斗,以悬于市。"可知江南有很多米商,他们操纵着粮食的价格,赚取极高的利润。杜甫《舟中》谈到他在长江中见到"连樯并米船",推测其中的一部分必定是江南地区的。《后出塞》又云:"云帆转辽海,粳稻来东吴。"④江南的大米通过海道远销到辽东。必须明白的一个事实是,江南农业不是安史之乱以后才开始突然发展起来,而是唐前期已经有较高的技术和产量基础。

---

① 欧阳修等:《新唐书》卷五三《食货志三》,第 1365—1367 页。

② 彭定求等编:《全唐诗》卷一八九韦应物《送张侍御秘书江左觐省》,第 1929 页。

③ 孟诜著,郑金生、张同君译注:《食疗本草译注》,上海古籍出版社 1992 年版,第 206 页。

④ 彭定求等编:《全唐诗》卷二三二,第 2560 页;卷一八,第 186 页。

苏州海塘的修筑,对中唐以后江南农业生产区的拓展意义十分重大,使得太湖东部地区大量的荒地得到开辟。特别是广德年间在太湖东南地区的嘉兴屯田,出现了"嘉禾在全吴之壤最腴""嘉禾一穰,江淮为之康;嘉禾一歉,江淮为之俭"的局面。① 可以确定,中唐安史之乱后江南之所以能迅速成为国家重要的财赋之地,与武则天至玄宗年间一系列重要水利工程的修建密切相关。农业基础打在初、盛唐,而成效显现于广德、大历年间。

3. 城市建设加快了步伐

隋末唐初,由于社会动荡较少,江南城市没有出现大规模的建设热潮,不过仍有不少城市的城墙在增筑、维修。

杭州城始建于隋文帝开皇十一年(591),《太平寰宇记》卷九三《杭州》云:"十一年,复移州于柳浦西,依山筑城,即今郡是也。"杨素所创杭州城范围,《九域志》云:"隋杨素创州城,周回三十六里九十步。"②至唐初,在太湖南岸设立湖州。高祖武德四年(621),越郡王李孝恭新筑湖州城。新筑的湖州城"罗城东西一十里,南北一十四里。《统记》云:一十九里三十步,折二十四里"。③ 围绕罗城有护城河:"罗城壕周罗城外,唐武德四年李孝恭筑城时所筑。"子城也有护城河:"子城濠分霅溪支流,自两平桥人桥之西隅,有柱石存。旧可通舟楫,市鱼虾菱藕者集焉。"隋代曾将苏州迁至城西南十多里的横山,"空其旧城",④不过到了唐武德九年(626),又迁回古城,重加以整修,而城墙仍沿用六朝的苏州城。

① 董诰等编:《全唐文》卷四三○李瀚《苏州嘉兴屯田纪绩碑颂》,第1937页。
② 周淙纂:《乾道临安志》卷二《城社》,《宋元方志丛刊》,第3223页。
③ 谈钥纂:《嘉泰吴兴志》卷二《城池》,《宋元方志丛刊》,第4686页。
④ 朱长文:《吴郡图经续记》卷下《往迹》,第58页。

　　县城的修建比较多见。唐代前期,新修造的县城较多,见于记录的有十多个。如润州丹阳县,一名曲阿,武德五年曾改设简州,三年后废。丹阳城"周五百六十步,高一丈五尺,四面无壕,即古简州城"。① 因此丹阳县城修于唐初,虽武德间是作为州城,但规模不大。苏州华亭县设于天宝年间,修建了县城。南宋绍兴年间,曾"得唐燕胄妻朱氏墓碑,以咸通八年窆于华亭县城西一里,乡名修竹,是唐之置县,固有城矣"。南宋年间的华亭县,"周回一百六十丈,高一丈二尺,厚九尺五寸"。② 宋代并没有修城墙的记录,估计城墙是唐代设县时修建的。常熟县城南朝萧梁时筑,但"武德七年移县治海虞乡,城遂不存"。③ 宋朝人谈到:"县城,前志云县城周回二百四十步,高一丈,厚四尺,今不存。"④ 这里说的城墙应该是唐代移城后新修造的。海盐县设于唐开元五年(717),元人谈到海盐县城"周回一百七十步,高一丈二尺五寸,厚一丈,后废"。⑤ 此城元朝已废,估计这里的城墙是唐代设县时修筑。再如常州无锡县,修筑于前朝,但唐代多次加以修建,"旧城下筑濠,阔一丈五尺"。⑥ 无锡县城"周七百步,高一丈五尺,唐长寿改元新筑,至万岁通天中甃以砖"。⑦ 无锡县有城墙,而且外用

---

① 俞希鲁纂:《至顺镇江志》卷二《城池》,江苏古籍出版社1999年版,第10页。

② 杨潜纂:《云间志》卷上《城社》,《上海府县旧志·松江县卷》,第12页。

③ 凌万顷纂:《淳祐玉峰志》卷上《城社》,《宋元方志丛刊》,第1055页。

④ 孙应时纂:《琴川志》卷一《县城》,《宋元方志丛刊》,第1154页。

⑤ 徐硕纂:《至元嘉禾志》卷二《城社》,《宋元方志丛刊》,第4424页。

⑥ 佚名纂:《无锡志》卷一《城关一之六》,《宋元方志丛刊》,第2189页。

⑦ 卢宪纂:《嘉定镇江志》卷二《城池》,《宋元方志丛刊》,第2336页。又据《咸淳毗陵志》卷三《城郭》(第1982页)云:"无锡城周回二里十九步,高二丈七尺,四郭周回十一里二十八步,高一丈七尺,门皆有屋。"意谓无锡城有子城和罗城,各有城墙,城门上有城楼。

包砖,围绕城墙有护城河。杭州盐官县城,高宗永徽六年(655)修筑,"城周四百六十步,高二丈",城墙外有护城河,"濠阔五丈,深四尺"。① 再如盐官县有个古城,"周六百步,高八尺,隋大业十三年筑",②应是隋末至唐初的盐官县城。

唐朝江南城市大多是沿用六朝和隋朝的旧城,有的小城市甚至没有城墙,比较简陋。唐代初年尽管没有出现筑城修城的高潮,但我们仍可以看到,还是有很多城市整修了城墙和护城河系统,使城市的功能得以充分发挥。城市建设与商品经济的发展往往有一定的关联,所以唐代前期的城市建设,其实足以说明江南经济的发展程度,城市发展对唐后期江南商品经济的繁荣起了较为重要的基础作用。

4. 手工业生产特色明显

江南的手工业生产,早在六朝时期已具有自己的特色,"蚕桑麻苎,各尽其方"。③ 学者认为江南初步形成了冶炼、造船、制瓷、编织、制盐、造纸、制茶等七大手工业,已从单纯的原料型产业向制造型产业阶段发展。④ 至唐前期,江南手工业的发展达到较高的水准。

以丝织业为例,江南靠近运河的几个州都出产丝织品,而且都有特殊丝织品。可参下表:

州名	《唐六典》(开元贡)	《元和郡县图志》		《通典》(天宝贡)	《旧唐书》卷一〇五(天宝折造贡)
		(开元赋)	(开元贡)		
润州	方棋、水波绫	丝	纹绫	方丈绫十匹、水文绫十匹	京口绫、衫段

① 潜说友纂:《咸淳临安志》卷一八《城郭》,《宋元方志丛刊》,第3537页。
② 同上。
③ 沈约:《宋书》卷五《文帝纪》,中华书局1962年版,第92页。
④ 简修炜等:《六朝史稿》,华东师范大学出版社1994年版,第144页。

（续表）

州名	《唐六典》（开元贡）	《元和郡县图志》		《通典》（天宝贡）	《旧唐书》卷一〇五（天宝折造贡）
		（开元赋）	（开元贡）		
常州	紫纶巾		红紫二色绵布		折造官端绫绣
苏州	红纶巾				方丈（文）绫
杭州	白编		绯绫、纹纱	白编绫十匹	

如润州丝织业一直位居江南前列，开天时期润州已贡特殊丝织品多种。曲阿人开元进士丁仙芝曾有诗云："东邻转谷五之利，西邻贩缯日已贵。"说明普通丝织品已经进入流通领域，而这需要以产品的极大丰富作为基础。丁仙芝还谈到江宁县："长干斜路北，近浦是儿家，有意来相访，明朝出浣纱。"[①]丝织业在民间已相当普及。李白在江宁县时谈到"吴地桑叶绿，吴蚕已三眠"，[②]可知盛唐时期润州的养蚕种桑技术已达到相当高的水平。汪籛先生认为唐代前期主要丝织品区有三个，其中吴越是其一，当然他也指出江左的丝织品工妙犹不足与河北、巴蜀地区相比。[③] 汪先生指的吴越，主要是指江南东道。唐代前期，江南的丝织业已有较快的发展，唐代中期以后江南丝织业发展的基础是在唐代前期就已建立。

　　手工业中的麻布纺织，更是唐前期江南重要的手工业。《唐六典》卷二〇太府卿对"诸州庸调及折租等物应送京者"进

---

① 彭定求等编：《全唐诗》卷一一四《赠朱中书》《江南曲》，第1155、1157页。

② 李白著，瞿蜕园、朱金城校注：《李白集校注》卷一三《寄东鲁二稚子》，第858页。

③ 汪籛：《隋唐时期丝产地之分布》，载《汪籛隋唐史论稿》，第297页。

行了分等,全国的布分为九等,江南几州的调布都在中等以上,其中润州火麻为第一等,常州苎布为第二等,苏、杭的苎布列第四等。

　　这几州都有布作为贡和赋,我们可从一些资料中看出大概:

州名	《唐六典》		《元和郡县图志》		《通典》
	开元贡	开元赋	开元贡	开元赋	天宝贡
润州		火麻		苎布	
常州	苎布	苎	细苎	苎布	细青苎布十匹
苏州		苎		苎布	丝葛十匹
杭州		苎		苎布	

江南运河沿线数州不但布的等级很高,而且生产区域十分广泛,产量很大。《通典》卷六《食货典六·赋税下》云:"(开元二十五年令:)其江南诸州租,并回造纳布。"从开元二十五年开始,江南大部分州田租折纳成布,转漕至北方。杜佑又说:"按天宝中天下计帐……课丁八百二十余万……约出布郡县计四百五十余万丁,庸调输布约千三十五万余端。其租:约百九十余万丁江南郡县,折纳布约五百七十余万端。二百六十余万丁江北郡县,纳粟约五百二十余万石。"在天宝计帐中,江南的丁数约占全国总丁数的 23.17%,是全国纳布人数的 42.2%,是全国输布总量的 55.07%。虽然这个数据中杜佑说的"江南"比较宽泛,但足可说明江南在全国的重要地位。

　　从以上对唐前期江南地区人口增长、农业发展、城市建设、手工业生产几个基本方面的描述,不难看出,唐前期江南经济的基础是比较稳固的,经济总量已有很大的规模。随着江南运河的作用越来越突出,江南经济崛起的基础条件大体具备,只要有合适的时机,江南经济就会迈开快速发展的步伐。

结　　论

　　通过上述对隋末唐初江南运河历史的探讨,我们可以看到,隋朝在前人的基础上对江南运河进行了疏浚,运河的工程量不是很大,对社会产生的负面影响不是十分剧烈,因而社会对其反应很小。不过隋朝疏通、深挖、开阔了河道,对整个江南运河交通运输体系进行建设。虽然运河建在隋朝,然隋朝并没有享受到这条河流带来的益处,倒是对唐朝及以后朝代产生的作用很大。

　　唐代前期,运河沿线各州继续完善运河的功能,并对交通运输中渐渐显露的一些问题进行针对性的解决。唐朝人认识到运河的重要性,因而对运河的修缮工程不断,确保运河能发挥出越来越大的作用。运河的畅通,沟通了长江和钱塘江水系,将江南和淮南、中原连成一体,江南对全国的意义逐渐显现出来。运河在唐前期,对粮食和各种物资的运输,对各种人员的往来,对农业灌溉和水稻种植,对沿河城市的发育成长,其作用越来越直接。运河对江南经济发展的推动,直接导致了唐前期江南经济已建立起稳定的发展基础。通过我们的研究可以看到,唐前期江南经济的发展已达到一定的水准。安史之乱后,中央政府把财赋中心转移到了江南,南方大量的粮食运向北方,成为"国用大半"的财赋基地,所谓"辇越而衣,漕吴而食"局面的形成,[①]没有唐前期奠定的发展基础,中唐以

---

① 董诰等编:《全唐文》卷六三〇吕温《京兆韦府君神道碑》,第2816页。

后是不可能轻易出现的。

以往我们一直认为江南的开发是安史之乱以后的事情，而事实上，就如上面所引杜佑的数据所告诉我们，江南丁口和布纺织经济，在唐前期已占全国四分之一强，江南的经济实力在悄悄地上升。

唐前期的江南经济发展十分快速，与江南运河的促进作用密不可分。这是我们在谈论江南经济发展时，不能忽略的一点。

（本文原刊发于《中国社会经济史研究》2014 年第 4 期，后收入《流星王朝的遗辉》，苏州大学出版社 2015 年版）

隋唐五代江南造船业的发展

江南地区外濒大海,内有江湖横亘其间,河流港汊纵横交错,这种独特的地理环境,决定了江南人民很早以前就重视造船,并且在日常生活中大量地使用船只,因此船只在江南民众的社会生活中起着十分重要的作用。在唐五代南方经济崛起的年代里,造船业的发展十分显眼。

一、唐代以前江南造船业的
初步发展

三国时期的东吴专门设立典船都尉,分派到造船场地监督工匠和罪犯造船。东吴亡国时,西晋接收的吴国船只达五千余艘。至东晋、南朝,造船业在此基础上又有大大发展。东晋孙恩起义曾占据了江南八郡,后于隆安三年(399)战败,带领部众二十多万退入海岛。隆安五年,北出海盐,攻沪渎,浮海北上,进入长江口,溯江而上,直逼京口。几十万大军转战于江海,其战船数量可以想见,这些战船大多来自浙东沿海地区。萧梁末年,侯景占据建康,曾制作快船,"两边悉八十棹,棹手皆越人,去来趣袭,捷过风电"。[①] 可知建康是当时一个重要的造船中心,技术上比较多地采用了越人的一套。

---

① 姚思廉:《梁书》卷四五《王僧辩传》,中华书局 1973 年版,第 628 页。

　　隋朝,作为南方特色手工业,造船业有着较快的发展。平陈的第二年,陈朝旧地爆发了一场大规模的反隋运动,会稽人高智慧是其中最有实力的一员。他"据浙江东岸为营,周亘百余里,船舰被江",组建的叛军以水军为主,拥有大量船只。苏州人马上响应,"吴州同恶相济,舟舻亘水,旌旗不绝"。① 来护儿告诉杨素说:"吴人轻锐,利在舟楫,必死之贼,难与争锋。"②一语道出了隋政府对江南人擅长造船的担心。鉴于此,开皇十八年(598)隋文帝专门颁布诏令:"吴越之人,往承弊俗,所在之处,私造大船,因相聚结,致有侵害。其江南诸州,人间有船长三丈已上,悉括入官。"③毫无疑问,这条诏令对江南民间造船的影响是很大的,大大地遏制了造船业向前迈进的步伐。

　　隋炀帝时期,江南民间造船业虽然发展缓慢,但总体来说仍有一定规模。隋炀帝曾命杨玄感督运军粮,"玄感选运夫少壮者,得五千余人,丹阳、宣城篙梢三千余人"。④ 隋末能够在二州找到撑船者三千多人,说明二地水上交通运输业发达,推测二地仍是能够制造大船的。江南官方造船水准可能更高。大业元年(605)三月,隋炀帝遣黄门侍郎王弘、上仪同于士澄到江南伐木,造龙舟、凤舸、黄龙、赤舰、楼船等数万艘。⑤ 杜宝《大业杂记》载龙舟高 15 米,阔 16 米,长约 67 米。船身分为四层,上层有正殿、内殿和东西朝堂,中间二层有 120 个房间,"饰以丹粉,装以金碧珠翠,雕镂奇丽"。虽这些船是否全

---

① 陆心源辑:《唐文拾遗》卷一五褚亮《隋车骑将军庄元始碑铭》,上海古籍出版社 1990 年版,第 69 页。
② 司马光:《资治通鉴》卷一七七隋文帝开皇十年十一月条,第 5531 页。
③ 魏徵等:《隋书》卷二《高祖本纪下》,第 43 页。
④ 司马光:《资治通鉴》卷一八二隋炀帝大业九年六月条,第 5673 页。
⑤ 魏徵等:《隋书》卷三《炀帝本纪》,第 63 页。

在江南建造,史书未曾明言,但相信有较多的一部分建于江南,因为在江南伐木,很有可能不少船是在江南直接建造。

二、唐前期江南造船业的兴盛

唐朝前期,江南地区人们的社会政治、经济活动日益加强,活动区域不断扩大,对舟船的依赖性十分强烈,需求量大增,从而有力促进了江南造船业的发展。

唐朝继承隋朝造船业的技术水平,江南造船业日趋发展。武德七年,唐军平定江南,在攻克丹阳一役中,江南辅公祏曾派其部将冯慧亮等率舟师三万屯博望山抵抗唐军。以每艘战舰 200 人计,需战舰 150 艘。唐太宗时,新罗和高丽不和,"新罗数请援,乃下吴船四百柁输粮"。贞观十九年征伐高丽,唐太宗命张亮率"江、吴、京、洛募兵凡四万,吴艘五百,泛海趋平壤"。[①] 云吴船、吴艘,应是太湖流域的苏州等地制造。假如是一次性运兵过海,每船可运送八百人。《通鉴》卷一九八记两年后的八月,唐太宗又敕"宋州刺史王波利等发江南十二州工人造大船数百艘,欲以征高丽"。胡三省注中将十二州一一列出,即宣、润、常、苏、湖、杭、越、台、婺、括、江、洪。除江、洪二个传统造船州外,其余各州均在江南范围内。贞观二十二年,唐太宗又"敕越州都督府及婺、洪等州造海船及双舫千一百艘"。[②]

唐前期的江南以造战舰而出名,这些战舰技术含量高,载重量大,多系官方组织工人建造。由于唐朝前期特殊的政治、军事原因,建造海船赴高丽作战及抢运军需物资在当时是一

---

① 欧阳修等:《新唐书》卷二二〇《高丽传》,第 6189 页。
② 司马光:《资治通鉴》卷一九八唐太宗贞观二十二年八月条,第 6261 页。

项重要的任务,这使占据沿海地理优势的江南地区首屈一指,造船任务被轰轰烈烈地布置了下来。不难发现,随着官府强制江南地区制造战舰,江南造船业迅速发展,在经济中也占据有重要地位,分布上主要集中在长江、太湖、杭州湾钱塘江沿岸。

　　其时民间造船业也很活跃,特殊的地理环境决定了人们的生活离不开舟船。江南渔业生产比较发达,渔业捕捞使用船只十分普遍,网、钓等主要捕捞方法都要依靠船只才能进行。此外,货物运输、人员交通也常常要借助船只。1979年在今上海川杨河北蔡出土了一艘隋末唐初的木船。该古船残体结构简单,系一条独木舟,两侧装有舷板。舷板用铁钉钉接,在船底独木两侧有深5厘米的接口,接口处填有大量的油灰。[1] 该地唐代属苏州。此外江南可能还建造了大量的租船及各种上贡船只。租庸调制之下,各县要向州输纳租赋,各州要将本州租赋输向两京及配所的仓库,对江南地区来说,都要使用船只。如武则天时,“即日江南、淮南诸州租船数千艘已到巩洛,计有百余万斛”。[2] 开元时裴耀卿说:“江南租船所在候水,始敢进发,吴人不便河漕,由是所在停留,……臣请予河口置一仓,纳江东租米,便令江南船回。”[3]开元至天宝时期,每年的漕运量达二百多万石,必然是使用了大量的江南船在运送租赋。此外各地的各种特殊上贡和进献,都是征用地方上的船只。

---

① 王正书、杨宗英、黄根余:《川沙县、武进县发现重要古船——从独木舟向木板船的过渡形式》,《船舶工程》1980年第2期。该船现收藏于上海市崇明博物馆。
② 陈子昂:《陈伯玉文集》卷八《上军国机要事》,《四部丛刊》本。
③ 董诰等编:《全唐文》卷二九七《请缘河置仓纳运疏》,第1333页。

三、唐后期至五代江南
造船业的繁荣

中唐以后,随着政治、军事、经济形势的变化,江南造船业出现了飞速发展的局面,尤其是到了唐朝末期,吴越和吴、南唐争夺的白炽化,更刺激了造船业的发展。

中唐以后的江南以建造战舰最为出名。建中年间,李希烈乱,节度使韩滉"造楼船战舰三十余艘,以舟师五千人由海门扬威武,至申浦而返"。[①] 他赶造出来的楼船主要是为了显示水师实力,威慑李希烈,同时也为唐朝皇帝南迁作准备,因而所造的楼船比较庞大。按平均计,每舰载士兵达 170 人。《通典》卷一六〇《水战具》载楼船是"船上建楼三重,列女墙战格,树幡帜,开弩窗矛穴,置抛车垒石铁汁,状如城垒。忽遇暴风,人力莫能制,此也非便于事,然为水军不可不设,以成形势"。《通典》作于贞元年间,杜佑描述的楼船必定是参照了同时期如韩滉造的楼船,因此润州楼船大体上就是这样威武。

唐末五代,江南战乱不断,各方军阀的水师互相攻击,促使军舰制造业的大发展。吴越钱氏占据杭州后,大力赶造战舰。据《吴越备史》卷一《武肃王上》载,光启三年六月,钱镠出兵讨伐润州,在阳羡与润州军大战,吴越军获胜,缴"获船八百余艘"。《十国春秋》卷七九《文穆王世家》载天福三年(938),钱元瓘"大阅马步军泊�舻于碧波亭"。碧波亭在今杭州接骨桥,为吴越检阅水军之处。天福十二年、广顺三年,钱氏在碧波亭一再检阅水军,想充分显示其水军战斗力的强大。

与钱氏对立的吴和南唐倚靠长江,更是大力制造军舰。

---

① 刘昫:《旧唐书》卷一二九《韩滉传》,第 3601 页。

开平三年(909),徐温"以金陵形胜,战舰所聚,乃自以淮南行军副使领昇州刺史,留广陵,以其假子元从指挥使知诰为昇州防遏兼楼船副使,往治之"。徐知诰"治战舰于昇",大力发展造船业,而且还课农桑,将昇州治理得"制度宏丽"。① 这一时期,吴国、南唐的水军十分强盛,与吴越的狼山之战,吴国军舰质量远胜过吴越,"危樯巨舰,势若云合","(军)舰既高且巨",但最后吴越却缴获战船四百余艘。② 北宋攻克南唐,仍有"舟师八千,计百艘"。龙衮《江南野史》卷三对南唐造船业有更直接的描写:"建康城外沿江排大楼航,皆有将军之封。忽一艘且吼如人声,闻于十数里……"南唐在金陵制造的战舰吨位特别巨大。

其他一些军阀也建造了许多军舰。《新唐书》卷一九〇《张雄传》说张雄占据苏州时,"稍稍啸会,战舰千余"。《吴越备史》卷一《武肃王上》云僖宗中和二年(882)浙东刘汉宏攻打杭州,"遣弟汉容与辛约,巴立、李万敌等会温、处等州兵,泊白丁十万余众,从萧山西陵大出战船,以谋宵济"。汉宏战败,浙西兵缴获战舰五百余艘。该书卷三又说到天祐四年(907),处州刺史卢约弟卢佶列巨舟四十艘于清澳海门对付吴越部队。

沿海军阀制造的不少军舰还是适应海战的大型战船。中和四年,刘汉宏"密征水师于温州刺史朱褒,出战船习于望海"。《说郛》卷五引僧赞宁《传赞》说:"差温牧朱褒排海舰于赭山海口。"《新唐书》卷一九〇《刘汉宏传》云:"汉宏使褒治大舰习战。"可知朱褒温州水军装备的战船是能适应于海上作战的巨型舰只。

唐后期江南还制造了不少内河运粮船和商业用船,从江

---

① 司马光:《资治通鉴》卷二六七梁太祖开平三年三月条,第8708页。
② 吴任臣:《十国春秋》卷七九《文穆王世家》,第1119页。

南运送粮食和商品到北方。《唐语林》卷八云："凡东南郡邑无不通水,故天下货利,舟楫居多。""凡大船必为富商所有。"商业贩运大多是借助船只完成的,运送粮食更是倚靠船只。《奉天录》卷二载建中三年,韩滉在浙江东西买粮六百万石,组织了镇兵武装纲运,一时"江淮之间,楼船万计",护送一百多艘米船冲破叛军阻隔,输粮关中。兴元元年,他又"献罗四十担诣行在","又运米百艘以饷李晟",并派出了以配备强弩闻名的浙西士兵武装押送。

沿海各州制造了许多海运船。《太平寰宇记》卷九八云及明州贡中有"舶船",说明五代时明州的船舶制造达到了相当高的水平,因为整个江南地区贡船舶的仅明州一地。唐代曾在今舟山设立翁山县,虽后来废除了,但从大陆到翁山的交通无疑只有使用船才能解决。翁山县产盐,盐的运出也必须靠船。唐后期明州海外贸易十分发达,海船的使用十分普遍,这些商业用船肯定是在明州附近建造的。咸通间,"南蛮攻安南府,连岁用兵,馈挽不集",润州人陈磻石上书,认为应改变从江西到湖广的运粮路线,从海路运淮南、浙西米到安南比较方便。他说:"臣弟听思曾任雷州刺史,家人随海船到福建,往来大船一只,可致千石。"[1]这段话透露出唐末期润州的技术可以制造海船,而且载运量很大。

江南造船业繁盛的另一个重要标志是日常生活用船数量众多。大历十年七月,杭州大风,"海水翻潮,溺州民五千家,船千艘"。[2] 尽管被海水掀翻的千余艘船不一定全是杭州制造,但至少说明杭州商业运输的繁荣和用船、造船规模的巨大。杭人习俗于端午节在西湖竞渡,大中间,"于湖沂排列舟

---

① 王溥:《唐会要》卷八七《漕运》,第 1599 页。
② 刘昫:《旧唐书》卷一一《代宗纪》,第 308 页。

舸,结络彩槛,东西延亘,皆高数丈,为湖亭之轩饰",但由于夜
里起风,将竞渡船吹向对岸。[①] 白居易在苏州有《和梦得夏至
忆苏州呈卢宾客》诗云:"每家皆有酒,无处不过船。"《登阊门
闲望》云:"处处楼前飘管吹,家家门外泊舟舫。"阊门内的皋
桥,船只聚集。白氏还有《小舫》诗,记述了自己的这艘小船建
于苏州:"小舫一艘新造了,轻装梁柱庳安篷。深坊静岸游应
遍,浅水低桥去尽通。"1960 年考古工作者在温州市郊西山猫
儿山岭东北山脚发现了四艘独木舟,根据出土现场分析,实际
应为两艘双体独木舟。这种独木舟估计载重达三吨以上,其
宽度比单体独木舟增加近两倍,平稳性好,航行安全,必要时
可拆成单体,便于在狭窄河道或小溪上运行。专家认为这种
双体独木舟可能是当时附近窑场的水上运载工具。[②]

　　中唐以后,江南造船业主要分布在长江、太湖、钱塘江及
沿海地区,呈现出向沿海州和长江沿岸州集中的趋势,其中
润、杭、温、明和昇等州是十分重要的造船基地。除昇州造船
复兴于唐末五代外,其他各州在唐后半期就发展较快,在交通
运输和通商贸易中发挥出重要的作用。可以这么说,无论是
战舰、商船还是日常用船,江南造船能力和造船技术水平都有
了显著提高,成为东南地区的造船中心。

四、江南造船业发展的条件

　　江南造船业的兴旺发达,与以下几个条件相关。
　　一、优越的自然地理位置。大凡有江河水运的州县,大

---

① 刘崇:《金华子》卷上,《唐五代笔记小说大观》,上海古籍出版社 2000
　　年版,第 1752 页。
② 金柏东:《浙江温州市西山出土的唐代独木舟》,《考古》1990 年第
　　12 期。

都有造船工业。江南主要造船州所处的地理位置,决定了它们在军事上和交通运输上具有重要的地位。昇、润、苏、湖、杭、明、越、温等州均处于沿江、沿海或运河的边上,交通运输既方便又发达,因而从唐代后期开始,这些州商业日益兴旺,运输繁忙,为造船业的发展提出了较高的要求。江南地区的人民在日常生活中十分依赖船只,如《嘉泰吴兴志》卷一八《事物杂志》对湖州人的用船作过介绍:"郡为泽国,动须舟楫之利,大者至数百千斛,轻槛华丽,率用撑驾,小者仅进三五人,人用一楫,出没波涛,最为轻快。《旧编》云:安吉水多湍濑,舟皆刳木为之,有太古制。长兴之舟皆短后。又有贩鲜鱼小舟,不及百斛,用四五橹。"因此,生活上对船只的需要,加上客观存在的自然地理条件,为造船的兴盛提供了强劲的动力。

　　二、特殊的军事环境。唐代前期,由于发生了几次与高丽的战争,唐政府强迫江南各州造船,并抢运物资,促使了江南造船业出现轰轰烈烈的兴盛局面。而唐末,江南地区军阀混战,各方互相争夺地盘,江南河港交错,强大的水军往往是决定战争胜负的关键,所以造船发展水军是军阀都比较重视的,在一些战略重要地区造船业也就异乎寻常地发展起来了。尤其是当吴越与吴、南唐对峙局面出现,双方连年战争,导致军舰制造数量激增。《景定建康志》卷一二记载唐昭宗景福二年(893),冯宏铎为昇州刺史兼武宁军节度使,"介居宣、扬之间,常不自安,然自恃楼船之强,不事两道"。《九国志》卷二说冯宏铎"聚水军于金陵,楼船之盛,闻于天下"。替他造船的工人曾说:"冯公每一舟,必远求楩楠。既成,数十岁为用。余木性不禁水,非久必败。"冯宏铎为田頵打败后,李神福为昇州刺史,天复三年(903),"率舟师万人讨杜洪"。[①] 说明昇州的造

---

① 吴任臣:《十国春秋》卷一《太祖世家》,第 21 页。

船业并没有因冯宏铎的离开而衰落，而是继续保持了发展势头。

三、充足的木材供应。唐五代人已经清楚地知道造船最好的材料是楠木、樟木、杉木等，这类木材如果能够得到足够的供应，造船也就具备发展的条件。陆游《南唐书》卷一《烈祖本纪》谈到李璟为太子时，"欲得杉木作板障，有司以闻"，徐知诰说："杉木固有之，但欲作战舰，以竹作障可也。"说明时人都知道制约造船业发展的最大因素是木材。《太平广记》卷四六七云："唐封令祯任常州刺史，于江南溯流将木至洛造庙。"封氏约在开元初任职常州，则知开元时的常州有多余木材可以输出。昇、润两州造船所用的木材当主要来源于长江中游地区。《景定建康志》卷一九谈到："南唐保大中治宫室，取材于上江，成巨筏。"建宫殿尚且如此，造船用材更不用说了。《太平广记》卷三五四"徐彦成"云："军吏徐彦成恒业市木，丁亥岁，往信州汭口场，无木可市，泊舟久之。……居一二日，果有材木大至，良而价廉。市易既毕，往辞少年。少年复出大杉板四枚，曰：'向之木，吾所卖，今以此赠君，至吴当获善价。'彦成回，始至秦淮，会吴师姐，纳杉板为棺，以为材之尤异者，获钱数十万。"从信州出发，沿余水至彭蠡湖，折入长江，就到昇、润州了，虽说路途远了一点，但由于昇、润两州能提供优质木材，卖得好价钱，商人们乐此不疲。

因此，从唐至五代江南造船业出现的这种繁盛局面，与江南东靠大海，中有长江、钱塘江和江南运河、太湖有关，与江南河道密布、河港交叉相关联。而江南军事形势的发展，也是促成造船业兴旺局面出现的一个重要原因。充足的木材供应，为造船业奠定了物质基础。

（本文原刊于《江苏技术师院学报》2009 年第 1 期）

隋唐五代江南城市的
基本面貌与发展趋势

隋唐五代时期,江南呈现出开发速度加快的态势,城市是其中一个极为重要的方面。从江南城市的发展,可以看出当时社会的发展水平、基本特点和潜在的演变趋向。隋唐五代的城市正经历着重要的变化,城市经济和文化对全国的影响越来越大,江南社会的发展与城市的变化密切相关。那么,江南城市呈现出怎样的基本面貌? 与前代相比,江南城市出现了哪些变化与发展趋势?

一、唐五代江南城市的
数量和等级

隋唐五代,江南多层次的城市格局体系基本建立,城市建设加快了步伐。随着江南农田的开发和向丘陵山地的推进,政府不断设立新的行政机构,江南城市数量逐渐增加。政治发展的特殊性,加上唐末五代江南经济的不断发展,以及由此导致的江南地区在全国地位的不断上升,使江南城市发生了较大的变化。江南城市根据规模和行政级别,可以分成都城、州城、县城三个等级。

1. 江南的都城

在隋唐五代这个时间段中,江南区域内共出现了两个都城,分别是南唐的金陵和吴越的杭州。作为都城,两个城市在各自国家都是最为重要的政治和经济中心,成为五代时期江南最重要的城市。从城市的政治等级、经济功能和文化功能来说,五代时期,这两个都城是江南的一流城市,是江南区域内的政治、经济和文化中心。

　　唐末,江南社会动荡,润州上元县由于地理位置的重要性,渐渐成为兵家相争之地。唐昭宗大顺元年(890),在上元县设昇州。此后,在唐末军事混战中,昇州成为重要的水军基地,并在经济、文化和城市建设方面取得一定的发展。杨吴政权建立后,以扬州作为政治和经济中心。不过在徐温专权后,统治中心向昇州转移,成为吴国的第二政治中心。天祐十四年(917),经过徐知诰的兴修,金陵城市府舍甚盛,隐隐再现六朝时的繁盛。之后,徐知诰在金陵受吴禅,建立南唐,并定都于此。金陵之所以能够作为南唐的都城,固然与吴国后期特殊的政治环境有关,但与其地理位置上的优势应该有更重要的关系:北依长江,金陵可以避免来自北方军事集团的直接威胁;有长江天险可守,同时可以有效地控制经济特别发达的江南地区。而事实上,唐末至南唐建立时,先后经过四次较大的修筑,金陵已挤进江南第一流城市的规模,城市的功能和作用更加突出。成为南唐首都后,金陵不但是南唐的政治中心,而且在经济上依恃了发达的江南和淮南地区,凭藉长江交通运输的便捷,成为南唐最重要的商业和手工业中心。

　　杭州在唐代是浙西道的一个重要城市,但其政治地位不如同处江南的润州和越州,经济发展不如苏州,交通枢纽地位不如润州,因此杭州在唐代的江南还算不上一流城市。唐末混乱,后梁龙德三年(923)封钱镠为吴越国王,建立了吴越国,而杭州就成了吴越国的都城,成为吴越国的第一城市。杭州之所以成为吴越国的都城,并被建设成江南南部地区的第一大城市，与中唐以后杭州的自身发展有直接关系。唐后期的杭州周围地区农业生产发展，杭州城内手工业较为发达，丝织业、金银制造业、造船业、食品业、造纸业、印刷业等都很有特色。由于位于钱塘江边、江南运河的南端，杭州的交通地位重要，商品贸易十分兴旺。吴越国以杭州为都城，是综合考虑了杭州城的自然环境、军事地位、政治地位和经济的发达程度。钱氏割据政权以杭州为都城，标志着杭州超越了苏州、越州，正式成为两浙地区的政治中心，这对杭州的城市发展产生了巨大的推动作用。

　　2. 江南的州城

　　江南城市的第二层次是州级城市。

　　隋唐五代时期，行政区分成州、县二级。一般而言，州级城市不但政治级别高，而且城市规模大，影响力远大于县城。州城的数量一定程度上表明了城市发展的水准。隋开皇三年（583），文帝"遂废诸郡"，一改南北朝州、郡、县三级地方行政制度为州、县两级制，州直接领县。灭陈后，也同样对江南政区加以改革，全面推行两级制。据《隋书》卷三一《地理志下》，隋炀帝并省后的江南地区主要有丹阳、宣城、毗陵、吴、会稽、余杭、新安、东阳、永嘉等郡。

　　《旧唐书》云："自隋季丧乱，群盗初附，权置州县，倍于开皇、大业之间。贞观元年，悉令并省。"[①]唐太宗并省后的江南州级城市，主要有润州、常州、苏州、湖州、杭州、睦州、越州、婺州、台州、处州、宣州、歙州等。之后，高宗上元元年（674）设立温州，武周垂拱二年（686）设立衢州，玄宗开元二十六年（738）设立明州，代宗永泰元年（765）年设立池州。肃宗乾元元年（758）设立昇州，上元二年（761）废。昭宗大顺元年（890），又

────────────

① 刘昫：《旧唐书》卷三八《地理志一》，第 1384 页。

在上元县设昇州。

　　吴越国和吴、南唐的地方行政仍是以州统县,两国州城的设置几乎与唐代相同,略有变化的是天福五年(940)将苏州东部地区划出,在嘉兴县设立秀州。

　　隋唐五代时期,江南各个州级城市的发展速度并不一致,城市地位不断发生变化。唐前期,江南的中心城市实际有三个,即润州、宣州、越州。如景云时置都督府,四大都督府中江南一个也没有,但江南有两个中都督府,即润州和越州。开元八年置十道按察使,江南东道按察使设在润州,江南西道按察使设在宣州。开元二十一年,分天下为十五道,江南道分为江南东道和江南西道,其中江南东道治所在苏州。中唐以后,宣歙从江南西道中分出,江南自西至东划分为宣歙、浙西、浙东三道。宣歙观察使治所在宣州,浙西道治所在润州,浙东道治所在越州。这三州具有比一般州更高的地位,有军事和政治方面的原因,但更因为它们在经济上是江南影响力最大的城市。

　　同时,另一种城市的发展也是我们必须重视的,州级城市发挥影响不只是在政治和军事上,更是在经济上日益扩大的影响力。中唐以后,经济性能浓重的城市开始兴起,苏、杭的发展快于一般城市。《吴郡志》卷五〇《杂志》云:"唐时,苏之繁雄固为浙右第一矣。"范成大认为苏州城市的经济水平在江南应放在第一位。刘禹锡为苏州刺史时说:"伏以当州口赋,首出诸郡。"[1]这是从综合经济实力上观察,苏州比起江南其他州要更胜一筹。相比较而言,杭州的经济实力略逊于苏州,所以杜牧说:"钱塘于江南,繁大雅亚吴郡。"[2]按杜牧的意思,

---

① 刘禹锡:《刘禹锡集》卷一七《苏州举韦中丞自代状》,第204页。
② 杜牧:《樊川文集》卷一〇《杭州新造南亭子记》,第155页。

江南城市经济以苏州为第一,杭州为第二。杭州的兴起,实际上多少削弱了越州的中心地位。唐末钱镠击败董昌,越州的经济中心地位完全让给了杭州,杭州由于地处两浙中心,成了吴越的都城,变为浙东与浙西交汇处的一个经济中心。其次就润州来说,其在经济上发挥的作用更多地表现在交通货运上,而城市商业发展比不上苏州,经济上的影响力也不够。由于地理位置的重要和交通的便利,润州在唐后期表现出的政治和军事作用超过了经济上的作用,太湖北部经济中心的地位逐渐让位给苏州。宣州尽管是宣歙地区的经济中心,但随着金陵成了南唐首都,由于地理上比较靠近,宣州的经济作用有所削弱,而金陵的经济辐射力却日益加强。

我们认为,综合江南州城的实力,江南的几个经济中心城市,它们不但对本州经济有绝对的影响力,而且对相邻地区的经济也构成一定的影响,对周围城市经济有一定的经济辐射力,商业流通的范围和流通量超过一般州城。唐代前、中期,经济中心城市主要有越、润、宣。唐代后期,苏、杭经济发展较快,经济中心城市主要是苏、杭、越、宣四州。润州城市经济发展不明显,所起的作用在唐末越来越小。

江南其他的州城基本位于同一层次之中,不过城市经济的发展由于历史条件和地理环境的不同而快慢不一。发展较快、经济功能较强的几个城市,如常州、湖州及唐后期的明州、婺州等,是本州的经济中心,对本州经济的影响较大。江南此外的一些城市如睦、衢、台、温、处、歙、池等州,它们虽也是本州的经济中心和交通集散地,但经济影响力有限,经济的辐射力实际仅局限于府治周围地区。

3. 江南的县城

江南城市的第三等级为县城。

县级行政机构一般都是筑城的,政府驻扎于内,而且设立商品交换的市场。因此,县城往往是县域内的政治中心,同时也是个经济中心。县城的设立有个逐渐增加的过程,随着江南开发的深入,江南县城设置的数量越来越多,密度不断增高。

隋朝廓定江表后,曾经大量析置州县,隋炀帝即位后,进行了并省。根据《隋书》卷三一《地理下》,隋代江南的县城主要有以下这些:江都郡有句容、延陵、曲阿,丹阳郡有江宁、当涂、溧水,宣城郡有宣城、泾、南陵、秋浦、永世、绥安,毗陵郡有晋陵、江阴、无锡、义兴,吴郡有吴、常熟、昆山、乌程、长城,会稽郡有会稽、句章、剡、诸暨,余杭郡有钱唐、富阳、余杭、於潜、盐官、武康,新安郡有休宁、歙、黟,东阳郡有金华、永康、乌伤、信安,永嘉郡有括仓、永嘉、松阳、临海,遂安郡有雉山、遂安、桐庐。其时江南地区共有县 45 个,扣除郡治所在的县城 9 座,实有县城仅 34 座。从数量上说,已经低于孙权时期。不过应该了解,之所以会出现这种现象,是与隋朝平陈后的政策有很大关系。在隋朝打抑江南政治的总思路下,减少了州县设置的数量,而且由于战争对江南经济破坏很大,引起人口锐减,因而城市数量减少,很多城池遭到废弃。

唐朝初年,"权置州郡颇多",县城权置的也有很多。不过唐太宗上台后,"始命并省",取消了一部分县,并省后县的数量相对固定下来。据《新唐书》卷四一《地理志五》,唐代江南的县城主要有以下这些:润州有丹徒、丹杨、金坛、延陵,昇州有上元、句容、溧水、溧阳,常州有晋陵、武进、江阴、义兴、无锡,苏州有吴、长洲、嘉兴、昆山、常熟、海盐、华亭,湖州有乌程、武康、长城、安吉、德清,杭州有钱塘、盐官、余杭、於潜、新城、临安、唐山,睦州有建德、青溪、寿昌、桐庐、分水、遂安,越州有会稽、山阴、诸暨、余姚、剡、萧山、上虞,明州有鄞、奉化、慈溪、象山,衢州有西安、须江、常山、龙丘,处州有丽水、松阳、缙云、青田、遂昌、龙泉，婺州有金华、义乌、永康、东阳、兰溪、武成、浦阳，温州有永嘉、安固、横阳、乐成，台州有临海、唐兴、黄岩、乐安、宁海，宣州有宣城、泾、当涂、广德、南陵、太平、宁国、旌德，歙州有歙、黟、祁门、休宁、婺源、绩溪，池州有秋浦、青阳、至德、石埭。唐代江南共有 93 个县，比隋代增加了一倍。由于一些州城中两县共治，如常州、苏州、越州，因此扣除 17 县设在州城外，江南共有县城 73 座。当然，明州、池州、昇州等都是唐中期和唐末期才设立的州，我们这里的统计只是整个唐朝的大概而已。

　　总体上看，隋唐五代江南县城的数量在不断增多，为更多的农民进入商品交换领域提供了更为便利的条件，越来越多的商贾可以轻易地贩运农产品进入市场网络。县城的增多，使江南出现了许多人口聚集点，商品交换集市遍布各地，促进了江南广大地区商业的普遍发展。

二、江南城市的发展趋势

　　城市是社会发展的产物，是一定生产力条件下合经济、政治、文化、地理等因素于一体的社会实体。隋唐五代江南城市的内涵在发展变化，与农村相比较，城市日渐具有人口分布的高密度性、经济生活的多样性、人员结构的复杂性、居民文化生活的丰富性等特点。因此从江南城市的发展历史中，我们可以看出社会发展的水平、基本特点和潜在的演变趋向。

　　隋唐五代江南城市的发展过程中，无论是城市的物质结构还是社会结构，城市的生产和消费还是城市的文化生活和日常社会生活，都在发生潜移默化的变化。城市经济和文化对社会的影响越来越大，社会的发展与城市的变化密切相关。那么，我们想要知道，江南城市在形态和内容上到底是怎样的？与以前的城市相比，发生了哪些变化？

1. 江南城市的设立与规模主要受制于政治需要

隋唐五代时期，城市最重要的功能是政治上的，城市是政府行政力量的据点，所以行政级别的高低对城市的发展影响较大。行政地位高的城市，一般规模较大，经济发展速度较快，聚集的人口较多。反之，行政地位低的城市规模就小，发展速度缓慢。隋唐五代的江南城市，仍然继承了前代的传统，基本是一个个不同层级的行政治所，首都级的城市是同时代最大的城市，如吴越国的杭州、南唐的金陵。州郡级的城市一般远大于同地区的县级城市，如越州、苏州、润州等都是因为有较高的行政级别，城市规模在江南是比较大的，聚集了大量人口。可以说，凡是江南的州郡级城市，都是城市经济比较活跃的，对周围区域都有较大的经济和政治影响力。

隋唐五代时期江南州一级城市，从规模上说，以杭州和苏州最大，两城的范围远远大于一般城市。杭州城原本只有三十六里，其发展主要在唐末至吴越时期，作为都城，进行了大规模的建设。苏州城主要是沿用旧城，只是局部地区进行改造，因而城市面积很大。对江南大多数的州城来说，城市按规模大小可以分为三个层次，一是面积在二十五里左右的大城市，如南唐都城金陵、润州、常州、湖州和越州。这些是江南的大都市，前三者都是唐末五代重修的，显示出了他们地位的重要性，湖州是唐初定下的规模，越州是隋朝修筑的。二是城市规模接近二十里的，如睦州、明州、温州、台州等是中等规模的大城市。三是婺州、宣州、歙州、嘉兴、处州等规模在十里左右的城市，属第三档次。这几个城市由于地处丘陵地带，地理条件的不具备使城市面积相较其他州要小一些。特别是处州，自然条件恶劣，城市很小。衢州和池州都有唐后期至五代重修城垣的记载，但具体面积不明。秀州因为是从县城升为州城,情况比较特殊。总体上看,江南州城一般都是四边周长在二十里左右的规模。

江南州级以上城市规模表

城市	罗城长度	资料出处
金陵	25 里 44 步	《景定建康志》卷二〇《今城郭》
杭州	70 里	《十国春秋》卷七七《武肃王世家上》
润州	26 里 17 步	《嘉定镇江志》卷二《城池》
常州	27 里 37 步	《咸淳毗陵志》卷三《地理三》
苏州	42 里	《吴地记》
湖州	24 里	《嘉泰吴兴志》卷三《城池》
睦州	19 里	《淳熙严州图经》卷三《城社》
越州	24 里 250 步	《嘉泰会稽志》卷一《城郭》
明州	18 里	《宝庆四明志》卷三《城郭》
婺州	9 里 100 步	《康熙金华府志》卷二《城池》
衢州	有罗城	《吴越备史》卷一《武肃王上》
处州	792 丈(约 5 里 135 步)	何镗《括苍汇纪》
温州	18 里 10 步	《嘉靖温州府志》卷一《城池》
台州	18 里	《嘉定赤城志》卷二《城郭》
宣州	11 里 193 步	《全唐文》卷八七七韩熙载《宣州筑新城记》
歙州	9 里 7 步	《新安志》卷一《城社》
池州	有城	《全唐文》卷八二九窦潏《池州重建大厅壁记》
秀州	12 里	《至元嘉禾志》卷二《城社》

江南大多数县城的规模在一百七十步至七百步之间,相当于现在的 255 米至 1 050 米之间。超过二里的县城一般认

为是较大的县城。除少数有特殊原因外,一般的县城都远小于州城。

江南部分县级城市规模表

县　城	城市长度	资　料　出　处
杭州盐官县	460 步(原 600 步)	《咸淳临安志》卷一八《城郭》
杭州于潜县	452 步	《咸淳临安志》卷一八《城郭》
杭州余杭县	6 里 200 步	《咸淳临安志》卷一八《城郭》
杭州新城县	2 571 步(原 300 丈)	《咸淳临安志》卷一八《城郭》
杭州富阳县	600 步	《咸淳临安志》卷一八《城郭》
杭州昌化县	360 步	《咸淳临安志》卷一八《城郭》
杭州临安县	520 步(一云五里)	《咸淳临安志》卷一八《城郭》
润州丹阳县	560 步	《至顺镇江志》卷二《城池》
苏州华亭县	160 丈(320 步)	《云间志》卷上《城社》
苏州常熟县	240 步	《琴川志》卷一《县城》
苏州海盐县	170 步	《至元嘉禾志》卷二《城社》
常州江阴县	13 里	《嘉靖江阴县志》卷一《城池》
常州无锡县	700 步(一云 2 里 19 步)	《嘉定镇江志》卷二《城池》、《咸淳毗陵志》卷三《地理三》
常州金坛县	700 步	《嘉定镇江志》卷二《城池》
睦州寿昌县	1 里 20 步	《万历严州府志》卷三《城郭》
越州浦阳县	1 里 240 步	《嘉靖浦江志略》卷四《城池》
越州诸暨县	2 里 48 步	《嘉泰会稽志》卷一二《八县》
越州新昌县	10 里	《嘉泰会稽志》卷一二《八县》
越州萧山县	1 里 200 步	《嘉泰会稽志》卷一二《八县》
越州上虞县	1 里 90 步	《嘉泰会稽志》卷一二《八县》
越州剡县	12 里	《嘉泰会稽志》卷一二《八县》

（续表）

县　城	城市长度	资料出处
明州象山县	105 丈（210 步）	《宝庆四明志》卷二一《城郭》
明州定海县	450 丈（900 步）	《宝庆四明志》卷一八《城郭》
明州奉化县	648 丈（1 296 步）	《宝庆四明志》卷一四《城郭》
明州慈溪县	560 丈（1 120 步）	《宝庆四明志》卷一六《城郭》
台州仙居县	600 步	《嘉定赤城志》卷二《城郭》
台州黄岩县	450 步	《嘉定赤城志》卷二《城郭》
温州乐城县	1 里	《万历温州府志》卷一《城池》
温州乐清	1 里	《永乐乐清县志》卷六《城郭故址》
歙州祁门县	5 里 147 步	《新安志》卷四《城社》
歙州黟县	2 里 350 步	《新安志》卷五《城社》
歙州婺源县	9 里 30 步	《新安志》卷四《城社》
歙州休宁县	9 里 30 步	《新安志》卷四《休宁沿革》
歙州绩溪县	5 里	《新安志》卷五《城社》

　　六朝时期,江南有不少城市是以军事目的而设立的。但到了隋唐五代之后,随着城市军事作用的淡化,纯粹以军事意义而设立的城市大为减少。除了个别阶段外,如唐末五代初年,江南总体的社会状态比较安定,因此,纯军事意义而设立的城市越来越少。一般而言,军事意义明显时,城市中的居民以军事人员为主,非军事人员的普通居民,如商人、手工业者、服务人员,在城市中很少。军事性的城市在江南的发展大多不能持续,这种城市要么弱化军事意义变成一般城市,要么不再发展,甚至有的遭到废弃。

　　2. 江南城市空间分布的格局已基本定型

　　江南州级城市的布局,经历了漫长的阶段,至五代时大致定型。从城市数量上说,隋唐五代时期,江南增加了部分城市,城市的密度不断增高,布局渐趋合理。

州一级城市在唐五代新增了大约三分之一。浙东新设台州、温州、衢州、明州,浙西新设秀州,宣歙新设池州。这些新增的州城主要集中在沿海地区和主要水上交通线路旁,如台、温、明在沿海,衢州在钱塘江边,池州在长江边,秀州在江南运河边,城市朝沿海和重要河道方向发展的趋势特别明显。总体上看,江南城市呈带状分布的形态比较明显,浙西地区城市群雏形已经出现,州城布局既符合政治需要,同时又渐渐符合经济发展的需要。至此,江南地区州一级的城市,相对固定了下来,城市位置没有大的变化,江南大城市的分布基本格局已经定型。北宋以后的几个朝代,江南不再增设州一级的新城市,这反映了唐五代时期州级城市布局的相对合理性。美国学者施坚雅认为长江下游的城市“主要是在唐代,该区城市体系才丰满起来,并表现出迅速的发展”。① 当然,也有少部分县级城市在以后的朝代曾经提高到州、府级别,但不久又被调回,显示这些城市的影响力有限。这说明隋唐五代设立的这些州级城市,其布局是十分合理的,州级行政单位的政治、经济实力是有能力影响到辖区内的各个县城。

除前代设立的县城外,之后随着经济发展,江南地区新设立了一些县城。高宗武则天时江南新设 27 县,除山阴、武进、长洲设于州治所在地外,江南新设 24 座县城。唐玄宗时,江南新增 12 县。肃、代、德宗时,江南新增 6 县。② 也就是说,唐代江南约占总量一半左右的县城是初、盛唐之后渐渐设立的,

① 施坚雅:《中华帝国的城市发展》,载施坚雅主编《中华帝国晚期的城市》,中华书局 2000 年版,第 12 页。
② 江南新析县城的具体情况,可参看张剑光《唐五代江南工商业布局研究》,江苏古籍出版社 2003 年版,第 385—387 页。

城市的设立是一个渐进的过程。新立的这些县城,使江南城市密度大为增加。五代时期的江南分属吴越和吴、南唐控制,县城在数量上的变化不是很大。其时新设了一些县城,如开平二年(908)的越州新昌县,开平三年(909)的明州望海县、苏州吴江县,吴越天宝十二年(922)的钱江县,天福三年(938)的秀州崇德县,乾祐三年(950)的昇州铜陵县,广顺二年(952)的池州东流县。此外,南唐时还设立了芜湖县、繁昌县。五代江南新设九县,其中四县是在长江南岸,可以推测沿江商业运输的发达,导致了这些地区有设县的需要。太湖东部地区和宣歙靠近长江南岸新析多个县城,说明江南开发的继续,在深度和广度上仍在推进。政府用行政手段设立城市,决定城市的级别,实际上是地区经济自身发展的需要,虽然有一定的人为因素,但更重要的是客观因素。

唐五代时期,县级城市大量增加,浙西太湖周围及浙东沿钱塘江及沿海经济较为发达的地区县城密布,宣歙道的县城主要分布在宣州地区。江南县级城市的布局密度越来越高,随着各个地区开发的推进,新县在不断设立,同时也在不断调整行政区划。县级城市的布局相对而言是比较合理的,布局的基本特点已经形成。当然我们必须看到,在江南区域内,县城的分布并不十分均衡,北部的城市分布密度较高,而南部、西部丘陵山区城市密度相对较低。不过随着新县城的不断设立,除今浙江最南部的山区之外,江南县城的分布体系已大体形成。

3. 城市发展有较大的区位优势

江南城市设立时的区位优势,使其在隋唐五代时期,处在一个向上发展的通道中。城市设立时一般都会考虑占据便利的区域地理位置,如果占据区域门户位置或区域中心位置,就会给城市的发展带来许多机会,就能产生出商品的聚集力和对周围地区的经济辐射力。因此,城市设立时一般都会考虑交通的方便与否。

　　江南很多城市一般都占据有利的交通位置。如金陵依恃了长江,在五代成为南来北往的转运中心,成为南唐的都城;苏州、越州、杭州都是外有江海,内有水陆交通;湖州、润州、婺州等,都在太湖、长江、钱塘江及江南运河的边上。如昇州北濒长江,可以"西引蜀、汉,南下交、广,东会沧海,北达淮、泗",四面八方"无不通矣",①水路交通十分方便。再如"东吴繁剧,首冠江淮"的苏州,②商人云集,"合沓臻水陆,骈阗会四方。俗繁节又暄,雨顺物亦康"。③ 越州"弥地竟海,重山阻江,铜盐材竹之货殖,舟车包篚之委输,固已被四方而盈二都矣"。④ 唐朝新设立的台州、温州、衢州、明州、池州、秀州等六州,也有良好的区位优势。前两者靠近大海,《明一统志》卷四八《温州府》认为是"控山带海,利兼水陆";而后四州的设立与区位选择也有很大的关系。如衢州,从杭州经浙江向南进入岭南和福建,衢江是重要的水运交通要道,衢州城的设立完全是因为唐代浙东地区的西南部交通运输和商业的迅猛发展,需要有一个州级行政机构进行有效管理,所以有人称其为"浙东大郡"。⑤ 明州和秀州都靠近大海,沿海制盐业和运输业的发展,促成了这两个州的设立。尤其是中唐以后,海外贸易中心在渐渐南移,进入两浙沿海的商船增多,两州的设立成了政治和经济发展的必然。明州与日本、朝鲜等国的贸易,是这个城市商业发展最重要的方面,就如宋人总结明州城的经济功

---

① 乐史:《太平寰宇记》卷九〇《昇州》,第 1778 页。
② 董诰等编:《全唐文》卷六九三元锡《苏州刺史谢上表》,第 7110 页。
③ 韦应物:《韦江州集》卷七《登重玄寺阁》,《四部丛刊》本,第 3B 页。
④ 董诰等编:《全唐文》卷五二三崔元翰《判曹食堂壁记》,第 5321 页。
⑤ 王溥:《唐会要》卷五四《给事中》,第 937 页。

能："明之为州，实越之东部，观舆地图，则僻在一隅，虽非都会，乃海道辐凑之地，故南则闽广，东则倭人，北则高句丽，商舶往来，物货丰衍，东出定海，有蛟门虎蹲天设之险，也东南之要会也。"①池州的设立虽然带有一定的军事色彩，与当时平定农民叛乱有关，但此后池州的发展表明，这个城市的兴旺与长江交通水道密切相关。从这些州城的区位优势中我们可以看到，处在交通要道旁的江南城市，随着运输的繁忙，城市的发展速度越来越快，商品转运的数量在不断增加，聚集的人口越来越多。

润州的发展最能说明城市区位优势的作用。继承了六朝京口的重要地位，到了唐代，随着江南运河的沟通，润州位于运河的入口，处于江南北部的门户位置，既是军事重镇，又是漕运的关键部位，交通中枢地位相当突出，粮食运输十分繁忙。除粮食外，盐、铁、茶叶等转运也是经润州过江到达扬州。为方便运输，政府在江边比较安全的地方设置仓库、码头，成为南方经济产品过江的一个重要门户。如《景定建康志》卷一九谈到："下蜀港，在城东北一百里，句容县北六十里。唐世置盐铁转运使在扬州……于江南岸置仓转般。今下蜀镇北有仓城基并盐仓遗址尚存，后有河入大江，里俗呼曰官港，即古漕河也。"因而时人赞润州是"东口要枢，丹徒望邑，昔时江外，徒号神州，今日寰中，独称列岳"。② 它是"三吴之会，有盐井铜山，有豪门大贾，利之所聚"。③ 中唐以后润州是浙西道的治所，成为江南最重要的城市。凭借长江和江南运河的重要位

---

① 张津等纂：《乾道四明图经》卷一《分野》，《宋元方志丛刊》，第
　　4877 页。
② 周绍良主编：《唐代墓志汇编》垂拱〇五二(无志名)，第 765 页。
③ 李昉等编：《文苑英华》卷四〇八常衮《授李栖筠浙西观察使制》，中
　　华书局 1962 年版，第 2068 页。

置,州城内工商业发展较快。刘禹锡曾描绘润州的繁荣:"江北万人看玉节,江南千骑引金饶。""碧鸡白马回翔久,却忆朱方是乐郊。"[1]

　　不过依恃了交通位置而兴旺的城市,一旦交通优势地位丧失,城市的发展会受到很大影响。我们曾经探索过润州政治和经济地位的变化,发现润州的发展与城市区位因素密切相关。我们认为,过度依赖交通货运的经济模式是润州失去区域经济中心城市地位的主要原因。润州的交通货运业是一种依赖型的模式,它必须仰仗扬州及扬州以北运河的畅通,仰仗北方中原地区社会不出现大的动乱。唐穆宗长庆年间,窦易直为浙西观察使,"时江、淮旱,水浅,转运司钱帛委积不能漕"。[2] 前面交通水道稍有不畅,货物就全部积聚在润州。也就是说,如果北方物资需要量减少,或者有人切断交通要道线,润州的货运就失去了作用。事实也是如此,唐代后期,藩镇动乱不断,漕运线不时被切断,润州运输促经济的发展模式就受到了影响。唐末杨行密和朱温交恶,北上的线路完全被阻断,润州江南北部门户的地位受到冲击,交通中心的地位就让给金陵这一重新兴起的大城市。其次,由于润州是江南的北门户,位居军事要地,因而润州与江南各城市不一样之处是有着大量的驻军。尽管我们估计润州城内有人口 20 万左右,但由于所处的战略地位十分重要,城市中驻军占有相当的比例,这些人与商品市场并没有十分紧密的关系。《丁卯集》卷下许浑有《蒜山津观发军》诗,知渡口是浙西兵的重要驻扎地。有人对韩滉为浙西观察使时的军事状况进行研究,认为在润州不仅有镇海军的牙军,还有浙西道三个外镇军之一的丹阳

---

[1] 刘禹锡:《刘禹锡集》卷二八《重送浙西李相公》,第 371—372 页。
[2] 刘昫:《旧唐书》卷一六七《窦易直传》,第 4364 页。

军,浙西道的总兵力在三万以上。① 因此我们指出:"在唐后期至五代,润州的区域经济中心地位却渐渐地被分割,向南进入岭南、福建和向东与海外交通的中心移到了杭州,沿长江西进和向北通中原的作用随着金陵的崛起又为金陵所取代,城市商业经济的繁盛中唐以后又被苏州抢去了风头。换言之,润州江南区域经济中心城市的地位转移到了苏、杭和金陵地区。"②

当然,从总体说,江南大部分的城市都处在较为有利经济发展的区位上,给城市的发展带来了较多的机遇。

4. 多数城市进行了修建整治

江南有不少城市在六朝时就已修建,至隋唐五代仍在使用。不过由于时间久远,对城池的要求渐渐提高,不少城市必须进行翻修扩建。从现有资料来看,大部分城市都经历过修建整新。

隋初,江南出现了一次大规模的毁城行动,很多城市被废弃铲平。但同时,隋朝又对江南保留下来的一些城市进行了建设,如越、杭等州城,如於潜、盐官、长兴、武康等县城,都是修建于这一时期。唐初高祖武德年间,修复战乱中受损的城市,出现了一股建设小高潮,如湖州、潜州、丹阳、常熟、剡县等都是在这个时期得到修建。之后,城市建设的高潮应该是在高宗武则天和玄宗时期。这个阶段不仅新析了很多县城,而且对很多城池进行了修建,如武则天时修建了无锡、黄岩、宁海、仙居,玄宗时修建了睦州、华亭、海盐、诸暨、乐清、浦阳等城市。安史之乱以后,继续有一些城市兴筑、扩修了城垣,一

① 李碧妍:《唐镇海军研究》,上海大学历史系 2008 年硕士学位论文,第 54—55 页。
② 张剑光、陈巧风:《从唐至五代润州经济的发展与变化看区域经济中心的转移》,《江西社会科学》2008 年第 9 期。

些州城的子城得以加固,并且增加了城墙的厚度和高度。

规模最大的修筑风潮在唐末五代时期,其原因应与当时日益动荡的军事、政治形势有关。当时许多州县城市,或扩建,或改修,加宽加高城墙,深挖护城河。如唐末修治的有杭州、润州、昇州、常州、苏州、睦州、明州、婺州、衢州、歙州、池州、宣阳县、新城县、萧山县、上虞县等城,五代修治的有金陵、杭州、常州、苏州、温州、宣州、嘉兴州、余杭县、临安县、江阴县、定海县、新昌县、婺源县等城,有的城市是多次修建。通过下表可以大致看到当时城市的修建情况:

城市	修筑时间	修筑城墙	资料出处
金陵	乾化四年 (914)	罗城墙上阔二丈五尺,下阔三丈五尺,高二丈五尺,内卧羊城,阔四丈一尺	《景定建康志》卷二〇《今城郭》
	南唐中主李璟时	高三丈	《老学庵笔记》卷一
杭州	大顺元年 (890)	砖砌,罗城长五十里	《十国春秋》卷七七《武肃王世家上》
	景福二年 (893)	罗城墙七十里	《十国春秋》卷七七《武肃王世家上》
	天宝三年 (910)	筑子城	《十国春秋》卷七八《武肃王世家下》
润州	乾符后	罗城墙高九尺五寸	《嘉定镇江志》卷二《城池》
常州	景福元年 (892)、吴顺义中	子城墙高二丈八尺,厚二丈,外用砖包	《咸淳毗陵志》卷三《城郭》
	天祚二年 (936)	罗城墙高二丈,厚称之	《咸淳毗陵志》卷三《城郭》

（续表一）

城市	修筑时间	修筑城墙	资料出处
苏州	乾符三年（878）	重修罗城	《正德姑苏志》卷三八《宦绩》
	龙德二年（922）	砖筑，高二丈四尺，厚二丈五尺	《正德姑苏志》卷一六《城池》
睦州	中和四年（884）	高二十五尺，阔二丈五尺	《淳熙严州图经》卷一《城社》
明州	唐末昭宗	罗城	《宝庆四明志》卷三《城郭》
婺州	天复三年（903年）	高一丈五尺、厚二丈八尺	《康熙金华府志》卷二《城池》
衢州	天复元年至天祐三年间（901—906）	罗城城墙	《吴越备史》卷一《武肃王上》
温州	后梁开平初	子城墙	《嘉靖温州府志》卷一《城池》
歙州	中和三年（883）、中和五年、天祐中	罗城墙高一丈二尺	《新安志》卷一《城社》、《全唐文》卷八六七杨夔《歙州重筑新城记》
宣州	南唐末年	罗城墙	《全唐文》卷八七七韩熙载《宣州筑新城记》
池州	约广明元年（880）、杨吴时		《全唐文》卷八二九窦潏《池州重建大厅壁记》
嘉兴州	天福四年（939）	罗城墙高一丈二尺，厚一丈五尺；子城墙高一丈二尺，厚一丈二尺	《至元嘉禾志》卷二《城社》
余杭县	钱武肃王时	高一丈三尺，下广一丈五尺	《咸淳临安志》卷一八《城郭》

（续表二）

城市	修筑时间	修筑城墙	资料出处
新城县	大顺二年（891）	高二丈七尺	《咸淳临安志》卷一八《城郭》
临安县	吴越国时		《咸淳临安志》卷一八《城郭》
江阴县	天祐十年（913）		《嘉靖江阴县志》卷一《城池》
定海县	开平三年（909）		《宝庆四明志》卷一八《城郭》
萧山县	唐末五代	高一丈八尺,厚一丈一尺	《嘉泰会稽志》卷一二《八县》
上虞县	唐末五代	高一丈七尺,厚一丈	《嘉泰会稽志》卷一二《八县》
新昌县	五代	土城,高一丈,厚一丈三尺	《嘉泰会稽志》卷一二《八县》
婺源县	昇元二年（938）	高一丈八尺	《新安志》卷四《城社》
昆山度城	黄巢时		《淳祐玉峰志》卷上《城社》
富阳古城	吴越钱氏	高二丈一尺,阔二丈	《咸淳临安志》卷一八《城郭》

从这些记载来看,唐末五代时期,江南有 14 个州和 10 个县,或新建或新修了城墙。这样大规模修筑城墙的情况,在隋及唐前中期都没有过。是否这种大规模的建设城墙反映了商品经济的发展? 我们认为并不是如此。之所以有大量城市修筑城墙,将城墙筑得更厚实更高耸,完全是从军事角度考虑的,是为了更有效地防御外部军事力量的入侵。因此,这一时期修筑城墙出现高潮,尤其是州级城市城墙的修筑,与唐末五

代政局和军事形势出现的混乱局面有关,是各个政治据点自保的需要。随着这股建设高潮的出现,江南大部分的城市都筑起城墙,而没有城墙的城市并不太多见,唐末的战乱使江南城市都建起一定的防御设施。为了避免战争的侵袭,许多城市修建起高高厚厚的城墙作为防御工具。总的来说,江南州一级的大部分城市,都在这一时期新修、新建,一般是先筑子城墙,后来又筑罗城墙,有些是分多次完成的。

江南城市在唐末以前,有一些是没有城墙的,或者有的城墙比较低矮,有的是土质的,一些州城只有子城而没有外郭城,但在唐末五代的大修建中,州城基本上都建起罗城,县城大部分建起高高的城墙,土质的城墙大部分换成包砖,城市的防御功能开始健全。

5. 城市人口数量有显著增加

人是城市的主体,城市中的社会、经济、文化活动都是由人来进行的,没有人的城市也就失去了存在的意义。因此,城市人口的多少是衡量城市规模大小的一个重要指标。尽管隋唐五代时期江南城市为了保护自身的安全,筑起高高的城墙,使城市与农村的界限十分明显,但这并不影响城市人口的增加。江南城市中聚集着大量的人口,他们以自然环境为依托,以经济活动为基础,构成一个紧密联系的有机整体。

唐五代江南州级城市大多在十万人以上,也有部分达二三十万的超大城市。如苏州在唐代江南是最为发达的大城市之一,所谓"江南诸州,苏最为大,兵数不少,税额至多",[1]"甲郡标天下"。[2] 苏州七县有十万户,如杨乘《吴中书事》云:"十

---

① 白居易:《白居易集》卷六八《苏州刺史谢上表》,第 1434 页。
② 白居易:《白居易集》卷二四《自到郡斋仅经旬日方专公务未及宴游偷闲走笔题二十四韵》,第 531 页。

万人家天堑东,管弦台榭满春风。"①刘禹锡《白太守行》也说:
"苏州十万户,尽作婴儿啼。"②根据《吴地记》的记录,吴县和
长洲两县有 60 坊 60 乡,共 62 061 户。其中的 60 坊应该是两
县管辖的苏州城区部分,而 60 乡是两县管辖的农村部分。推
测吴县、长洲县 60 坊约有 26 135 户。唐玄宗天宝间苏州平均
每户为 8.27 人,如我们将每户平均 8 人作为标准,苏州城内
总人口约 209 080 人。也就是说,唐代末年,当苏州有最高记
录的户 14 万时,城内人口有 20 万左右。由于吴县和长洲县
各乡靠近州城,有部分农村人口流入城市经商或从事服务业,
加上其他的一些因素使一些人口居住在城内,因此可将城区
人口再上浮 1 万户约 8 万人,那么苏州城内的人口估计在 30
万左右。再如杭州在唐代中期,人口在 10—15 万左右,比苏
州要少得多;唐代末期至吴越时,杭州人口增加较快,有可能
达到 20—25 万左右,与苏州相仿。越州城内人数可能少则
14—15 万左右,多时或许可达 16—17 万。即使在唐代一些特
殊时期,有大量城外人口涌进州城内谋身,但估计常住总人口
无论如何是很难突破 18 万的。③ 江南一些小州,如睦州和温
州城内,约有 2.5 万人。

　　县级城市一般在万人以下。县城的人口数字,由于唐代史
料没有具体记载,无法进行推测。但我们据《嘉靖萧山县》卷三
《户口》的记载能看到越州萧山县的户数:"唐开元户部帐,户凡
二万五千八十有六。"按天宝元年,越州每户为 5.87 口,那么萧
山县有口 147 255。但这是整个萧山县的户与口数,包括了县城
和农村。《剡录》卷一《版图》记录了嵊县在南宋嘉定年间的一个

---

① 彭定求等编:《全唐诗》卷五一七,第 5908 页。
② 刘禹锡:《刘禹锡集》卷三一,第 420 页。
③ 关于越州人口的推测,可参张剑光《唐代越州城市商品经济研究》,
　《绍兴文理学院学报》2010 年第 5 期。

户丁数,对推测萧山县城内的户口数有类比意义:"县郭为户一千一百九十四,为丁一千八百九十五。嘉定以后,乡落为户三万二千,为丁五万六千八百一十八。"这则资料告诉我们,当时县郭的户数只占一县全部户数的 3.6% 左右。假如我们把这个比例用到萧山县,那么唐开元时的萧山县城内只有 903 户,约 5 301 人。这便是发达地区一个县城的人口数。

总体上说,江南城市的人口呈现出一个逐渐增加的趋势,唐五代与六朝相比,同一级别的城市中人口数量增加较大,居住在城市中的人口密度增高。而且从总量上看,唐五代城市人口的数量远远超过六朝。

城市人口的增加与城市的发展有着密切的关系,一个应引起注意的事实是大量人口涌进城市。六朝出现的政治性人口向大城市的流动,在唐五代继续存在,而且有加剧的趋势,文士聚集城市蔚然成风。同时,唐代也出现了农村人口向城市转移的倾向,越来越多的农村人口流进城市。人口集中的方向以大城市为主,一般小城市未有太明显的人口增长趋势。工商业较为发达的位于交通沿线的大城市,特别是唐代的苏州、杭州,五代的金陵,成为流动性人口的聚集中心。

城市人口流动的原因,第一是社会政治的因素。六朝时期,士族阶层中的部分精英分子喜欢向政治、经济和文化中心城市集中,到了唐代,这种集中更为快速,进入城市的士人越来越多,但凡文化人要想在个人仕途上有所作为,都来到城市寻找发展途径。韩昇先生认为唐代前期"士族迁往城市的现象主要因为任官而出现,政治因素起着最为重要的作用,这是该时期士族向城市迁徙的基本特点"。[①] 来到江南的出仕者,

---

① 韩昇:《南北朝隋唐士族向城市的迁徙和社会变迁》,《历史研究》2003 年第 3 期。

有的只是以江南城市作为跳板，想重新回到都城去，而有的在江南城市定居下来，他们习惯于江南城市的安逸生活。安史之乱以后，大量北方士人来到江南，"士君子多以家渡江东"，①"多士奔吴为人海"。② 原来习惯生活于北方城市的士人纷纷来到江南的城市，而原本从南方前往北方政治中心地区的士族也有不少回归到南方。政治上的这些变化，使越来越多的士族居住进了城市。

　　城市人口流动的第二个原因，是商品经济的发展。随着商品交换的繁盛，城市日用品消费量增大，城市周围地区越来越多的人卷入商品交换中来，许多农民进城，为城里市场提供产品，提供商品的手工业者也大量出现，人们纷纷聚居到城市，从而使城市人口结构发生较大的变化。中唐以后，江南城市变化的一个十分重要的方面就是城市人口结构改变较大，从事经济活动的人口在城市中占的比重越来越大。城市在最初形成时期，人口结构和数量一般都是以政治、军事性人口为主，随着商业、手工业和服务行业人口比重的明显加大，传统的政治、军事性人口在城市中所占的比例开始缩小。即使是这部分人，他们与商品经济和市场的关系也变得紧密起来，越来越依赖市场而生存。在这种情况下，城市经济性人口的比重越来越大是十分自然的事情。

　　城市人口流动的第三个原因，是城市文化功能的加强。城市文化功能的不断加强，吸引大批士人向城市迁徙。南方城市文化环境优越，文化的发展有其特殊性，知识阶层往往聚集到城市寻求政治发展和心灵慰藉。南方的偏安，使很多士人有时间和精力研求学问，探讨人生哲理。江南城市优越的

---

① 刘昫：《旧唐书》卷一四八《权德舆传》，第 4002 页。
② 董诰等编：《全唐文》卷五二九顾况《送宣歙李衙推八郎使东都序》，第 5370 页。

教育环境,使士人认识到接受良好教学的熏陶,在仕途上也能有所作为。士人通过科举可以博取功名,在城市可以结交政治人物从而得到提携,因此安心居于江南城市苦读的士子越来越多。如杨遗直"家世为儒,遗直客于苏州,讲学为事,因家于吴"。[1] 其子杨发、杨假、杨收、杨严四人,杨发子杨乘,杨收子杨鉴、杨钜、杨鏻,杨严子杨涉、杨注,杨涉子杨凝式,都进士及第。江南城市有一定的医疗条件,可以使士大夫们颐养身心。如李端曾任校书郎,后"移疾江南,授杭州司马而卒"。[2] 实际上他是受到南方文化和环境的吸引,才"移疾江南"的。再如元和初,有进士陆乔"好为歌诗,人颇称之。家于丹阳,所居有台沼,号为胜境。乔家富而好客"。[3] 这样的士大夫,在城市中的生活是十分优裕舒畅。

总的看来,唐五代大量人口流进江南城市,前期主要以政治性的流动为主,渐次向经济性、文化性的流动发展。再加上北方战乱导致的北方移民南来,一直持续到唐末五代初年,江南城市的人口在不断地流动,数量应该很大。城市人口的增加过程和城市人口结构的调整过程,反映出城市经济在不断向前发展。

6. 城市的经济功能显著增强

隋代和唐前期,江南城市主要属于不同层次的政治和军事中心,是各级行政机构的所在地,通常情况下工商业处于附属地位。不过,有一些城市在经济上的影响渐渐增大。江南的大城市按法律规定有市场的设立,苏州、润州、金陵、越州等都有专门的商业市场。如越州城内设市,元稹有诗提到:"暮竹寒窗影,衰杨古郡濠。鱼虾集橘市,鹤鹳起亭皋(越州宅窗

---

① 刘昫:《旧唐书》卷一七七《杨收传》,第 4595 页。
② 刘昫:《旧唐书》卷一六三《李虞仲传》,第 4266 页。
③ 李昉等编:《太平广记》卷三四三引《宣室志》"陆乔"条,第 2717 页。

户间尽见城郭)。……渔艇宜孤棹,楼船称万艘。"①据此,可知罗城外有护城河,渔船可直至城中,众多运送商品的楼船直接将货物运进城内。城中设市,市边有河道,水边有堆置货物的平地,四周是民居,市离城墙不远。江南各县都先后设立县市,专门为商人们提供经营贸易的场所。县市中心一般是个十字街,商品店铺沿街而立,通常一县一市,但事实上在江南地区常有一县两市的情况出现,这些县的商业繁荣超过了一般县,如杭州临安、常州无锡县和义兴县、歙州婺源县都有两市。江南县市的建立使广大农村地区与商品经济接上了关系,使农村集市交换网络得以渐渐建成,为更多的农民进入城市进行商品交换提供了可能,为商贾贩运销售提供了方便。

中唐以后直至五代,随着社会经济的迅猛发展和商品流通的空前活跃,城市中的商业和手工业有了更快的发展,城市纯粹的政治、军事功能发生改变。江南城市内商业逐渐繁荣,特色手工业纷纷发展起来,各种服务业兴旺,市场在时间和空间上越来越放松,经济结构多样化。其时社会上的富豪主要集中于金陵、润州、苏州、杭州等地,唐天宝中,"多金帛"的陈仲躬家居金陵;②而苏州,"衣冠所聚,士风笃厚"。③ 就连唐末温州也有衣冠居住:"隋唐阐海隅之化,而江浙尽为衣冠。"④南唐时,金陵富人更为集中。宋人云:"江南当五代后,中原衣冠趣之,以故文物典礼有尚于时,故能持国完聚一方。"⑤城市中出现

① 元稹:《元稹集》外集卷七《奉和浙西大夫李德裕述梦四十韵》,中华书局 1982 年版,第 692 页。
② 李昉等编:《太平广记》卷二三一引《博异志》"陈仲躬"条,第 1772 页。
③ 范成大:《吴郡志》卷二《风俗》,第 13 页。
④ 张孚敬纂:《嘉靖温州府志》卷一《风俗》,《天一阁藏明代方志选刊》第 17 册,第 4 页。
⑤ 董迫:《广川书跋》卷一〇《李后主蚌帖》,《丛书集成初编》本,第 114 页。

庞大的消费阶层,他们引导着城市发展的潮流,城市的商品消费功能不断增强。官员卷入商品经济者越来越多,不仅从事商业经营,而且个人消费也越来越依赖于市场。由于城市商品交易繁盛,城市往往成为商品交换的集散地,成为市场网络中的核心地区。

经济是城市的命脉,城市的发展取决于经济的活力。经济实力的大小是决定江南城市发展程度的一个重要标志。比如越州、苏州、润州、宣州、杭州等城市的丝织业,杭州、明州、温州、台州、金陵等城市的对外贸易,明州、台州、越州、苏州等城市的制盐,润州、杭州、金陵、明州等城市的交通货运,越州、婺州、温州、台州等城市的瓷器制造,宣州、润州、苏州、越州等城市的金银器制造,这些手工业和商业的发展,使城市经济效益上升,在城市的发展过程中发挥出越来越重要的作用。因此,手工业门类齐全、商业繁荣的城市比较具有生命力。一个只依靠政治权力设置的城市,如果之后没有经济发展的强劲配合,是不可能有前途的。

隋唐五代时期,江南城市的经济功能在不断增强,商品的生产和流通日趋活跃,市场活动成为城市经济的重要内容,城市的经济特性不断显现。一般来说,江南城市在区域经济体系中承担着这样几种角色:一是商品生产的中心。江南许多城市都有着自己独特的手工业特色产品,不但供应自己的城市,而且还向周围扩散。城市不再是纯粹的商品消费的据点,而变成了生产与消费结合起来的经济中心;城市不再纯粹依靠农村的农产品支撑而生存,而是依靠自身的生产和商贸而繁荣。城市对农村的经济辐射不断增强,改变了城市周围农民的种植结构,带动了农村共同发展。二是商品流通的中心。城市市场主要是满足城市居民的消费需求,但城市市场容量大,需要的产品多,城市往往是一个地区的商品集中地,成为与周边城市联系的中心,成为商品的中转地,是商品成交的集散地。可以说江南市场交换的网络已基本形成,盐、粮食、纺织品、瓷器就是这样从江南市场被运向全国各地。三是商品消费的中心。城市代表了各个时期消费生活的最高水准,各个地区的社会上层人物大多居住在城市中,他们的消费要求质高量大,他们需要通过市场来完成他们的享受。随着江南城市人口的不断增多,江南城市的消费品不但种类较多,而且数量增加,既有来自国内其他地区的产品,又有海外的产品。

7. 市的形态在发生较大变化

隋唐五代时期,江南城市大都修筑了城墙。外有护城河,甚至还有沿城墙内外两重护城河的。稍大一点的城市,不但有内城,还修建了罗城,城市被两道高墙包围着。在封闭的城区内,政府对城市内的一切活动进行严格控制,城市管理十分严密,坊间实行宵禁,商业经营在市内进行。

随着人口的增加和农村人口向城市的集中,城门外往往居住着许多百姓,市的位置也发生着一些变化,有的市由城墙内向城墙外移动,使经济活动向郊区和周边的乡村地带延伸。如湖州,新的商品交换地出现在城门外。贞元时刺史李词开拓东郭门置阛门,“以门内空闲招辑浮客,人多依之”。门前的运河上,元和时刺史辛秘建了一座人依桥。之后,随着水陆交通的方便,这儿遂“集商为市”,成了一个自发的商品经营场所。①

市集在百姓的生活区内出现。南唐时,金陵城内的居民住宅区出现了一些为人们日常生活服务的市集,这些市集大多在城南地区。《南唐近事》中提到鸡行,而宋代的《庆元建康续志》载:“鸡行街,自昔为繁富之地,南唐放进士榜于此。”此

---

① 谈钥纂:《嘉泰吴兴志》卷一九《桥梁》,《宋元方志丛刊》,第4852页。

外还有银行、花市等,戚光《金陵志》云:"银行,今金陵坊银行街,物货所集。花行,今层楼街,又呼花行街,有造花者。诸市但名存,不市其物。"①这些原来是商业店铺和手工业作坊集中的地方,以行为名,如银行主要是打制金银器的,花行是专门制作装饰用花的。可以肯定的是,州级城市中,原来政府规定设立的市仍在,但在城内外交通便利的地方却出现了许多新的市,或者说是新的商业和手工业的聚集地,在五代后期渐渐演变成一片片的商业街巷,成为城市中新出现的繁华商业区域。

至于城市一般的街道巷弄中出现商店的现象越来越多,唐后期政府并没有加以限制的具体措施。李白《寄韦南陵冰余江上乘兴访之》云:"堂上三千珠履客,瓮中百斛金陵春。"李白多次到金陵,流连于金陵的酒楼。金陵酒楼众多,杜牧《泊秦淮》有"烟笼寒水月笼沙,夜泊秦淮近酒家"句,②使我们知道唐代秦淮河边有很多酒楼,根本不在市中。

一些市的内部在发生变化。市场是商业经营的场所,市内开始有居民生活,并且建起了寺庙,市的范围和夜禁并不像唐朝都城长安那样严格。刘禹锡《采菱行》中说到苏州:"归来共到市桥步,野蔓系船萍满衣。家家竹楼临广陌,下有连樯多估客。"③市内建有大量竹木类的楼房,百姓居住在其中,楼前有河道,商客从河道中前来。这告诉了我们传统的市在发生变化,市虽是商业集中的地方,但也是百姓居住的区域。

市原本只能在白天经商的规定在江南显示出了比其他地区更高的灵活度。一方面市的存在,主要商业活动在市中进

---

① 张铉纂:《至正金陵新志》卷四《疆域志·镇市》引戚光《金陵志》,《宋元方志丛刊》,第 5513 页。
② 杜牧:《樊川文集》卷四《泊秦淮》,第 70 页。
③ 刘禹锡:《刘禹锡集》卷二六,第 342 页。

行,商业按规定在白天热闹繁荣,但另一方面江南的县市却以早市最为热闹。润州丹阳县,"早市归人语,昏亭醉客眠……夜出津头火,晴昏巷里烟"。① 大城市中,白天市场交换过后,市中的商业仍在继续,而且成为江南商业发展的传统。《稽神录》卷二云:"建康有乐人,日晚如市,见二仆云:'陆判官召。'随之而去。"乐人晚上可以入市,说明市在时间上的规定发生很大的变化,市中晚上可以随意进出。

8. 城市文化生活多样丰富

随着城市人口的增多,人口结构的复杂多样,城市居民对精神文化提出了较高的需求。唐代的苏州、杭州、越州,南唐的金陵等大城市,文化生活日益丰富,城市中的人们对文化有着各种各样的要求。

如城市内的教育,一方面,各州各县都出现了官学和私学,学校设立十分普遍,而且随着时间的推移校舍在不断翻修、扩建,学校规模不断扩大,为社会培养了大量的优秀人才,人们对教育十分重视;另一方面,城市教育与科举接轨,符合社会发展的潮流,同时教育和科举还与普通人对接,江南到京城参加科举考试的百姓子弟数量众多,平民百姓也有机会跻身官员队伍,社会阶层发生流动。在唐代笔记小说中,谈江南人到长安参加科举,特别喜欢将主人公安排为苏州的年轻人,如苏州人梅权衡,"入试不持书策";②苏州人翁彦枢,曾应进士举;③苏州人陆颙,"从本郡贡于礼部"。④ 常州、越州、金陵也是士子较多的城市。如《太平广记》卷二三一引《博异志》

---

① 孙望辑:《全唐诗补逸》卷一一张祜《丹阳新居四十韵》,载陈尚君《全唐诗补编》上册,中华书局1992年版,第218页。
② 李昉等编:《太平广记》卷二六一引《乾𦠅子》"梅权衡"条,第2044页。
③ 李昉等编:《太平广记》卷一八二引《玉泉子》"翁彦枢"条,第1359页。
④ 李昉等编:《太平广记》卷四七六引《宣室志》"陆颙"条,第3920页。

"陈仲躬"条说:"天宝中,有陈仲躬家居金陵,多金帛。仲躬好学,修词未成,乃携数千金,于洛阳清化里假居一宅。"金陵是六朝古都,文化积淀深厚。甚至处州也有士人到都城考试的,《续仙传》卷下云:"羊愔者,泰山人也。以世缘官,家于缙云。明经擢第,解褐嘉州夹江尉,罢归缙云。"

再如唐五代江南城市中民众对佛教的信仰耐人寻味,社会各个阶层几乎达到狂热的程度。佛教得到了江南地方政府的扶植和支持,地方官员与佛教界人士感情深厚。如苏州通玄寺释慧旻,"时刺史李廉、薛通、王荣等,深相器重,永崇供觐"。[①] 润州招隐寺朗然大师有道,御史中丞洪府观察使韦儇、吏部员外李华、润州刺史韩贲、湖州刺史韦损、润州刺史樊冕等先后向其请教,"皆归心奉信"。[②] 佛教在江南城市的传播,有广泛的群众基础,这是对南朝以来佛教继承的结果。唐代的佛教走进了江南城市百姓的生活,佛教的轮回、天堂地狱、因果报应等观念对普通百姓产生了较大的吸引力。乾元初,"会稽民有杨叟者,家以资产丰赡闻于郡中。一日,叟将死,卧而呻吟,且仅数月。叟有子曰宗素,以孝行称于里人。迨其父病,罄其产以求医术"。可是宗素父亲的病还是不见好转,宗素听说"独修浮屠氏法,庶可以间其疾",于是"即召僧转经,命工图铸其像,已而自赍衣粮,诣郡中佛寺饭僧"。[③] 在佛寺中设斋饭僧,通过僧人的转经,就能治好亲人的疾病,对老百姓来说,花费再多的钱也就在所不惜。老百姓除了烧香跪拜外,还和他们的官员一样,舍宅建寺。如苏州长洲县的永寿

---

① 道宣:《续高僧传》卷二三《唐苏州通玄寺释慧旻传》,上海古籍出版社 1991 年版,第 298 页。

② 赞宁:《宋高僧传》卷一五《唐润州招隐寺朗然传》,中华书局 1987 年版,第 362 页。

③ 张读:《宣室志》卷八,《唐五代笔记小说大观》,第 1051—1052 页。

教寺、常州义兴的大芦禅寺,都是老百姓捐献自己的房产作为寺庙。苏州开元寺有"金铜玄宗圣容",是富商大贾"远以财施,日或有数千缗。至于梁柱栾楹之间,皆缀珠玑,饰金玉,莲房藻井,悉皆宝玩,光明相辉,若辰象罗列也"。① 商人不计钱财,供奉佛寺,说明整个江南城市对佛教有着深深的依恋。佛教对江南城市各阶层民众的生活影响较大。如由于医疗技术的限制,女性不孕育的情况时有发生,除了求药医治外,向佛祖求子就成为人们获得幸福生活希望的一种重要方式。宝应中,越州观察使皇甫政妻陆氏,人长得漂亮却生不出小孩,"州有寺名宝林,中有魔母神堂,越中士女求男女者必报验焉。政暇日,率妻孥入寺,至魔母堂,捻香祝曰:'祈一男,请以俸钱百万贯缔构堂宇。'陆氏又曰:'傥遂所愿,亦以脂粉钱百万,别绘神仙。'既而寺中游,薄暮方还。两月余,妻孕,果生男"。②

此外,如城市的文化创作,图书的印刷、收藏,城市游乐风俗的形成,城市各类娱乐和歌舞、体育活动,这些文化活动和消费,都是与城市的蓬勃发展密切相关。城市文化内涵的丰富,说明城市的功能越来越齐全。

从以上这些方面来看,隋唐五代江南城市正在经历着一个发展变化时期,城市的内涵日益丰富。大城市的设立已基本完成,处在一个快速上升的发展阶段;小城市的设立粗略完成,但还在不断完善。城市在政治和经济上对周围地区都有较大的影响,对周围农村的辐射力在增加,城市发展呈现出蓬勃的景象。当然,江南城市的形态变化毕竟还是有限度的,城市的性质没有出现根本性的大改变。但即便如此,我们也要

---

① 朱长文:《吴郡图经续记》卷中《寺院》,第 32 页。
② 李昉等编:《太平广记》卷四一引《会昌解颐》及《河东记》"黑叟"条,第 259 页。

认清这种变化带来的积极意义和影响。隋唐五代江南地区处在一个十分重要的变化时期,城市发展的轨迹对我们研究江南社会有着十分重要的意义,可以使我们更直观地评价江南开发的步伐,认识江南的经济实力。

　　(本文原刊于《史林》2014 年 1 期,后又收入《唐代江南社会》,江苏人民出版社 2015 年版)

城墙修筑与隋唐五代
江南城市的发展

　　本文所论述的隋唐五代的江南范围，与唐代后期的浙东西、宣歙三道相当，大约指今浙江全境和苏南、皖南地区。隋唐五代时期，江南的开发呈现出较快的发展态势，城市的大量设立和建设是其中一个最为突出和极其重要的方面。这一时期，江南多层次的城市格局体系基本得以建立，江南区域内先后共出现了 18 个州级以上的城市和 70 多座县级城市。在城市总数量有所增长的同时，江南城市逐渐发生着一些重要的变化，无论是物质结构、社会结构，还是生产和消费、文化生活、日常生活，都在潜移默化地发展着。从江南城市的发展过程中，可以看出当时社会的发展水平、基本特点和潜在的演变趋向。

　　正如章生道先生所指出的："中国绝大部分城市人口集中在有城墙的城市中，无城墙型的城市中心至少在某种意义上不算正统的城市。"①中国古代的主要城市大都被城墙围绕，城墙对一个城市发展的重要性是不言而喻的。学术界普遍认为，没有城墙的城市，不算真正意义上的城市。城市的发展，往往首先是指城市物质形态的变化，其中城墙的修建就是一

---

① 章生道：《城治的形态与结构研究》，施坚雅主编：《中华帝国晚期的城市》，第 84 页。

个重要的标志。城墙修筑的完善,反过来又会对城市的繁荣产生相当显著的推动作用。因此,研究江南城市城墙修筑的情况,对研究隋唐五代江南城市的发展史,具有相当重要的意义。

本文通过收集江南地区各城市宋元以来的地方志史料,并结合其他史籍文献及考古材料,主要回答如下四个问题:隋唐五代时期,江南城市是否都修筑了城墙? 在各个时段上的分布呈现出什么特点? 这些城墙的形制大体上是怎样的? 城墙的修筑对江南城市发展的意义主要体现在哪些方面? 对上述问题的探讨,应该能够深化对隋唐五代之际江南城市发展以及隋唐五代社会经济整体发展的相关认识。

一、隋与唐前期江南城市
城墙的持续修筑

隋朝统治江南的时间不长,前后不到 30 年。大业十一年(615),隋炀帝下诏,提出天下州县要修城郭:“近代战争,居人散逸,田畴无伍,邪郭不修,遂使游惰实繁,寇攘未息。今天下平一,海内晏如,宜令人悉城居,田随近给,使强弱相容,力役兼济。”①不过这个诏书下达时,隋朝已经到了末期,并不可能很好地去执行。所以总体来说,隋代江南绝大部分州县城市,是沿用前代遗留下来的城垣。② 如阳羡初筑于东吴,本就有城墙,高、厚都在一丈二尺左右,城外有护城河。不过时间久了,城墙可能有所损坏,所以“隋大业初,路道德重修”,③估计城墙的高度和宽度不会有太大的变化。

---

① 魏徵等:《隋书》卷四《炀帝纪》,第 89 页。
② 隋唐五代以前江南城墙的修建情况,参见刘丽《六朝江南城墙的修筑和形制》(《史学集刊》2013 年第 5 期)一文中的论述。
③ 史能之纂:《咸淳毗陵志》卷三《城郭》,《宋元方志丛刊》,第 2983 页。

　　部分州城新造或改造了城垣,但数量较少。如越州,隋开皇间进行大规模的城市修缮,筑起了子城。北宋熙宁时,沈立《越州图序》载:"杨素筑子城十里。"《嘉泰会稽志》卷一《子城》记:"《旧经》云:子城周十里,东面高二丈二尺,厚四丈一尺。南面高二丈五尺,厚三丈九尺,西北二面,皆因重山以为城,不为壕堑。"这里谈到的子城,是隋朝杨素修筑。由于越州在江南的政治和军事地位十分重要,因而子城城墙很高,也很厚。又因为是因山为城,所以不筑城壕。此后,隋朝在子城之外又建罗城,"周回二十四里二百五十……今州城以步计之,八千八百二十有八,按度地法,步三百六十为一里,举今步数总归于里,亦二十有四,余步百八十八"。罗城筑有城墙,"城东面高二丈四尺,其厚三丈。西面高二丈六尺,其厚一丈八尺。南面高二丈一尺,其厚一丈八尺。北面高二丈二尺,其厚二丈六尺。故老云,后虽间有坠圮,寻复缮治,旧址尚在,不能甚圮损矣"。"城门九,东曰都赐门(有都赐埭,门之名盖久矣,南史何口传)、曰五云门,东南曰东郭门(有东郭埭)、曰稽山门,正南曰殖利门(有南埭),西南曰西偏门(有陶家埭)、曰常喜门(州城至此与子城会,门在其上,盖九城之一也),正西曰迎恩门,北曰三江门。凡城东南门有埭,皆以护湖水使不入河,西门因渠漕属于江以达行在所,北门引众水入于海"。[1] 越州子城和罗城城墙的高度大致相当,而子城城墙的厚度超过了罗城。再如,杭州州城始建于隋文帝开皇十一年(591)。《太平寰宇记》卷九三《杭州》云:"隋平陈,废(钱塘)郡,改为钱唐县,又省陈留为绥安县,割吴郡之盐官、吴兴之余杭,合四县置杭州,在余杭县,盖因其县以立名。十年,移州居钱唐县。十一年,复移州于柳浦西,依山筑城,即今郡是也。"杨素所创杭州州城范

---

① 施宿纂:《嘉泰会稽志》卷一《城郭》,《宋元方志丛刊》,第 6724 页。

围,《乾道临安志》卷二《城社》引《九域志》云:"隋杨素创州城,周回三十六里九十步。"

隋朝江南地区部分县城亦修造了城墙。如杭州於潜县城"相传隋开皇三年越国公杨素筑。今城周回四百五十二步,高一丈五尺,厚五尺,基厚一丈八尺,濠阔一丈八尺,深四尺"。[1]城墙的长度、高度和厚度都有比较明确的数字,城墙基部较厚,达一丈八尺,但到墙顶部仅厚五尺。此外,县城外常挖城壕,其宽和深度都有具体的规定。盐官县有个古城,"周六百步,高八尺,隋大业十三年筑",[2]应是隋末至唐初的盐官县城,城墙的长度超过於潜县,但高度仅八尺,是比较低矮的。湖州长兴县城,前朝时屡有迁移,"隋大业十一年又徙于吴夫概废城,距今县治二里百六十步",[3]说明是隋代重新筑城的,只是县城一些具体的数字未见记载。再如武康县城,"隋仁寿二年中使苏伦徙于汉南"。唐代宗广德二年袁晁作乱时,朱泚、沈皓"举亡命之徒以应之",他们"攻陷城垒县郭,室庐变为灰烬",看来当时是修筑城墙的。[4]

县城之外,隋朝还筑过一些其他的城市。如杜城,"在溧水州南一十二里,环四百余步,隋大业末杜伏威屯兵于此。旧有庙及战场"。[5]虽说这是杜伏威修建的军事堡垒,但从"环"字分析,应筑有城墙。

总的来说,隋朝江南州县城新修造的城墙不多,这与隋朝的江南政策有关。隋朝灭陈后,在南方实行强制性的政策,大肆改变行政区划,撤换南方地方长官,强行灌输北方的意识形

---

① 潜说友纂:《咸淳临安志》卷一八《城郭》,《宋元方志丛刊》,第 3537 页。
② 同上。
③ 谈钥纂:《嘉泰吴兴志》卷二《城池》,《宋元方志丛刊》,第 4687 页。
④ 同上书,第 4688 页。
⑤ 张铉纂:《至正金陵新志》卷一二上,《宋元方志丛刊》,第 5722 页。

态,尽力压低江南的政治和军事地位。在这种情况下,筑城防御的需要并不突出,自然没必要大规模地修筑城池。

唐代前期,城墙的作用相对隋代更为人们所重视。一些城市往往根据实际情况因地制宜,有的沿用旧城垣,有的修整旧城垣,一些原来没有城墙的城市还新筑了城垣。

隋唐嬗替,江南受到的战火破坏并不严重,所以六朝、隋朝修筑的一部分城市仍在使用。如隋越州城完好无损,入唐以后并没有重新修造。润州城"子城并东西夹城,共长十二里七十步,高三丈一尺。子城吴大帝所筑,周回六百三十步,内外固以砖,号铁瓮城",罗城"周回二十六里十七步,高九尺六寸",一般认为是吴国开始兴筑,此后多次修造,"晋宋间,城固不废"。① 唐代前期,润州城直接沿用前朝,史书未见兴修的记载。润州城上有城楼,唐代一直作为登高的地方,如:"月观,在谯楼之西,即古万岁楼也。楼亦王恭所创。至唐犹存。"②苏州城建于春秋时期的吴国,大城"周四十七里二百一十步二尺",有陆门、水门各八座,外有城郭"周六十八里六十步",内有小城"周十二里"。③ 隋代曾将苏州迁至城西南十多里的横山,"空其旧城",④不过到了唐武德九年(626),又迁回古城,重新加以整修,但城墙仍是沿用原来的。一些保存完好的县城,唐朝前期也没有修造,直接沿用。

唐代前期,根据政治和经济发展的需要,在江南地区新设立了一些州县城市,这些城市一般都筑有城墙。一些六朝以来的城市,由于新的功能性需要,增筑、修缮了城墙。

州一级城市中,湖州是新筑的大城市之一。唐武德四年

① 俞希鲁纂:《至顺镇江志》卷二《城池》,第8页。
② 俞希鲁纂:《至顺镇江志》卷一三《观》,第513页。
③ 袁康:《越绝书》卷二《吴地传》,《丛书集成初编》本,第7页。
④ 朱长文:《吴郡图经续记》卷下《往迹》,第58页。

(621),越郡王李孝恭新筑湖州城。新筑的湖州城"罗城东西一十里,南北一十四里。《统记》云:一十九里三十步,折二十四里"。① 由于子城在北宋太平兴国三年(978)已被拆毁,所以史书没有记录子城的长度。围绕罗城有护城河,"罗城壕周罗城外,唐武德四年李孝恭筑城时所筑"。子城也有护城河,"子城濠分霅溪支流,自两平桥人桥之西隅,有柱石存。旧可通舟楫,市鱼虾菱藕者集焉"。再如睦州城,最初筑于贞观二十年(646),城内"崎岖不平,展拓无地,置州筑城,东西南北,纵横才百余步",②是否有城墙史料没有明确记载。开元二十六年(738),因水患,遂将州城迁至桐江口的建德县。不过这时的睦州只有子城,"东面濠上,西面临谷,南枕新安江,北连冈阜,周回二里二百五十步"。③ 子城是依凭自然山势建造的,城东利用了自然河道作为护城壕。由于子城谈到了具体的周长,应是有城墙的。

唐代前期新修造的县城较多,见于记录的,数量达十多个。润州丹阳县,一名曲阿,武德五年曾改设简州,三年后废。丹阳城"周五百六十步,高一丈五尺,四面无壕,即古简州城"。④ 因此丹阳县城修于唐初,虽武德间是作为州城,但规模不大。苏州华亭县设于天宝年间,修建了县城。南宋绍兴年间,曾"得唐燕胄妻朱氏墓碑,以咸通八年窆于华亭县城西一里,乡名修竹,是唐之置县,固有城矣"。南宋年间的华亭县,"周回一百六十丈,高一丈二尺,厚九尺五寸"。⑤ 宋代并

---

① 谈钥纂:《嘉泰吴兴志》卷二《城池》,《宋元方志丛刊》,第 4686 页。
② 董诰等编:《全唐文》卷二〇〇沈成福《议移睦州治所疏略》,第 2027 页。
③ 刘文富:《淳熙严州图经》卷三《城社》,《宋元方志丛刊》,第 4332 页。
④ 俞希鲁纂:《至顺镇江志》卷二《城池》,第 10 页。
⑤ 杨潜纂:《云间志》卷上《城社》,《上海府县旧志丛书·松江县卷》,第 12 页。

没有修城墙的记录，估计城墙是唐代设县时修建的。常熟县城南朝萧梁时筑，但"武德七年移县治海虞乡，城遂不存"。①宋朝人谈到："县城，前志云县城周回二百四十步，高一丈，厚四尺，今不存。"②这里谈到的城墙应该是唐代移城后新修造的。海盐县设于唐开元五年（717），元人谈到海盐县城"周回一百七十步，高一丈二尺五寸，厚一丈，后废"。③ 此城元朝已废，估计这里的城墙是唐代设县时修筑的。再如常州无锡县，修筑于前朝，但唐代多次加以修建，"旧城下筑濠，阔一丈五尺"，④无锡县城"周七百步，高一丈五尺，唐长寿改元新筑，至万岁通天中甃以砖"。⑤ 无锡县城有城墙，而且外用包砖，围绕城墙有护城河。杭州盐官县城，唐永徽六年（655）修筑，"城周四百六十步，高二丈"，城墙外有护城河，"濠阔五丈，深四尺"。⑥ 湖州长兴县，唐武德七年（624）移于郡治西北七十一里，"内有子城，外有六门，东曰朝宗门，南曰长城门，西曰宜兴门，东南曰迎恩门，西南曰广德门，东北曰茹茹门"。⑦ 一个县城有六个城门，实属少见。越州诸暨县开元中县令罗元开建，城墙高一丈六尺，厚一丈。城的东北门是天宝中县令郭密之建。⑧ 剡城武德中立，"县有城池"。剡城东吴时已建，但由于武德中曾短暂以县为嵊州，估计城池是唐代重新修建的。《嘉

① 凌万顷纂：《淳祐玉峰志》卷上《城社》，《宋元方志丛刊》，第1055页。
② 孙应时纂：《琴川志》卷一《县城》，《宋元方志丛刊》，第1154页。
③ 徐硕纂：《至元嘉禾志》卷二《城社》，《宋元方志丛刊》，第4424页。
④ 佚名纂：《无锡志》卷一《城关一之六》，《宋元方志丛刊》，第2189页。
⑤ 卢宪纂：《嘉定镇江志》卷二《城池》，《宋元方志丛刊》，第2336页。又据《咸淳毗陵志》卷三《城郭》（第1982页）云："无锡城周回二里十九步，高二丈七尺，四郭周回十一里二十八步，高一丈七尺，门皆有屋。"意谓无锡城有子城和罗城，各有城墙，城门上有城楼。
⑥ 潜说友纂：《咸淳临安志》卷一八《城郭》，《宋元方志丛刊》，第3537页。
⑦ 谈钥纂：《嘉泰吴兴志》卷二《城池》，《宋元方志丛刊》，第4687页。
⑧ 施宿纂：《嘉泰会稽志》卷一二《八县》，《宋元方志丛刊》，第6932页。

泰会稽志》卷一二《八县》引《旧经》谈到"县城周一十二里,高一丈二尺,厚二丈",县城的规模远超过一般的县城,且城墙的厚度也大大超过其他县城,大概就是此时以县为州的缘故。县有四门,东曰东曦,西曰西成,南曰望仙,北曰通越。[1] 剡县城门有楼,方干《和剡县陈明府登县楼》诗写道:"郭里人家如掌上,檐前树木映窗棂。烟霞若接天台地,分野应侵婺女星。"[2] 站在城楼,可以看到整个县城。浦阳县城,天宝十三年(754)置,"周一里二百四十步,高一丈三尺,厚亦如之"。[3] 台州黄岩县,高宗上元中筑,城约四百五十步;仙居县,周回六百步,上元二年(675)修筑;[4] 宁海县,高祖"永昌元年,于废县东二十里又置,载初元年移就县东一十里",[5] 县周回六百步,"四隅旧各有门",估计都是有城墙的。[6] 乐清县城原无城墙,"惟用木栅"围圈,天宝年间始筑城,"仅周一里"。[7]

　　大体而言,县城城墙的高度在一至二丈之间,最为常见的城墙在一丈二尺至一丈五尺之间;厚度在四尺至二丈之间,最为常见的是一丈左右。护城河有的县城有,有的无,护城河的宽度不等。

　　从上面的叙述可以看到,唐前期州城城墙新筑的仅两个,但新筑县城城墙的数量激增,见于记载的超过十个,而且肯定还有一些县城城墙的修筑不见于记载,这是唐朝历史上修造

---

① 高似孙:《剡录》卷一《城景图》,《宋元方志丛刊》,第 7197 页。

② 彭定求等编:《全唐诗》卷六五一,第 7482 页。

③ 毛凤韶:《嘉靖浦江志略》卷四《城池》,《天一阁藏明代方志选刊》第19 册,第 1 页。

④ 陈耆卿纂:《嘉定赤城志》卷二《城郭》,《宋元方志丛刊》,第 7292 页。

⑤ 李吉甫:《元和郡县图志》卷二六《江南道二》,第 629 页。

⑥ 陈耆卿纂:《嘉定赤城志》卷二《城郭》,《宋元方志丛刊》,第 7292 页。

⑦ 齐召南纂:《乾隆温州府志》卷五《城池》,《中国地方志集成》(浙江府县志辑)第 58 册,上海书店 1993 年版,第 61 页。

县城城墙较多的一个时期。那么,为什么会出现这种状况的?

　　隋朝江南地区共有县 45 个,扣除郡治所在的县城 9 座,实有县城仅 34 座。唐建立后,唐朝初年,"权置州郡颇多",县城权置的也有很多。不过唐太宗上台后,"始命并省",取消了一部分县,并省后县的数量相对固定下来。随着经济发展,江南地区新设立了一些县城。高宗武则天时江南新设 27 县,除山阴、武进、长洲设于州治所在地外,共计新设了 24 座县城。唐玄宗时,江南新增 12 县。据《新唐书》卷四一《地理志五》,唐代江南地区共有 93 个县,扣除 17 县设在州城外,江南共有县城 73 座。由此可知,江南县城约占总量的一半左右是安史之乱前逐步设立的。这些逐步设立的县城,一般都新筑城墙。因此,见于史书记载的县城城墙修筑数量,就有很多。

二、中唐至五代江南城墙
修筑高潮的出现

　　安史之乱,江南并没有遭受大规模的战乱。不过之后,"江淮多盗"的现象出现,①江南地区动荡不定,一些农民"相聚山泽为群盗,州县不能制"。浙东和宣歙是以大规模的民乱为主,而浙西以兵乱为主。浙东和宣歙的叛乱时间长而且规模大,对地方经济的破坏较大;浙西的兵乱主要在平原地区,时间略短。② 在这种情况下,一些城市兴筑、扩修了城垣,一些州的子城得以加固,增加了城墙的厚度和高度。

　　明州在唐后期新筑了子城。明州于开元二十六年(738)设立,州治在鄮县。大历六年(771),州、县治均移至今三江

---

① 刘昫:《旧唐书》卷一九二《隐逸·吴筠传》,第 5129 页。
② 刘丽、张剑光:《唐代后期江南户数新论》,《上海师范大学学报》2011年第 2 期。

口。长庆元年(821),刺史韩察征发民众修筑子城,周长四百
二十丈,"环以水",①南端建谯楼,北端建州衙,老百姓居子城
外,"岁久,民居跨濠造浮栅,直抵城址"。② 宋代明州子城有
三门,分别为东、南、西门,估计唐代也是如此。明州罗城是没
有城墙的,《宝庆四明志》卷三《城郭》云:"按《通鉴》大中十三
年,贼裘甫攻陷象山,明州城门昼闭。咸通元年,甫分兵掠明
州,州民相与谋曰:'贼若入城,妻子皆为菹醢,况货财能保之
乎?'乃相率出财募勇士,治器械,树栅浚沟,断桥为固守之备,
然则虽有子城而无罗郭,备御所以难也。"再如,歙州设立于隋
朝,但筑城是在唐代后期。唐大中九年(855),歙州新修建了
子城,"周一里四十二步,高一丈八尺,广一丈三尺五寸"。③

　　一些州对城墙设施进行了规模大小不一的维修和加固。
湖州城是唐武德四年时修筑,但中唐以后对城墙和城门、护城
河进行了多次整修。如放生池边的闾门是湖州城门之一,贞
元十五年(799)刺史李词修建,有城楼:"《统记》载东闾门楼
云:正元十五年李词造跨河楼三间,挟楼三间,下有颜真卿放
生池碑。"武宗会昌三年(843),张文规再次改造闾门,"开拓东
向一百五十步,仍建造"。湖州城北有奉胜门,也有门楼:"《统
记》云:宝历中刺史崔元亮改旧栅造门楼一间两厦,跨路门屋
一间。《旧编》云正元十五年误矣,楼今不存。"湖州罗城的护
城河武德四年开挖,"广德四年刺史独孤问俗重开。北壕自清
源门沿城至迎禧门,又至奉胜门,又至临湖门,自古苕水入太
湖之溪也。阔数十丈,深不可测,实为天险。西壕自定安门至
清源门。南壕自迎春门至定安门,北壕自临湖门至迎春门,或

---

① 张津等纂:《乾道四明图经》卷一《城池》,《宋元方志丛刊》,第4878页。
② 方万里、罗濬纂:《宝庆四明志》卷三《公宇》,《宋元方志丛刊》,第
　　5023页。
③ 罗愿纂:《新安志》卷一《城社》,《宋元方志丛刊》,第7607页。

假人力开凿。然西壕受西南诸山之水,南壕受余不众溪之水,东壕兼受运河之水,皆成溪泽,而东壕又为二重,曰外壕,曰里壕"。① 护城河有的是人工开挖,有的则借助天然河道,而城东的护城河有内外两重,是城市防御中的一种重要手段。润州子城周长仅十二里左右,中间或许进行过扩建。唐文宗大和六年至八年间,王璠为润州刺史,"在浙西,缮城壕,役人掘得方石"。②《万历丹徒县志》卷一《城池》谈到王璠所修建的城隍"深数尺"。看来这次主要是维修护城河,进行加宽、深挖。

唐后期也有一些县城修筑了城墙。如湖州武康县筑于隋朝,中唐战乱中"城垒县郭"被攻占,县城被毁。唐代宗永泰元年(765)平乱后,左卫兵曹参军庆澄兼武康、德清二县令,"舆瓦砾,伐榛莽,复于溪北古城筑之,铜岘之水三面环绕,浚为壕堑,今之县城是也","有四门"。③ 新筑的武康县城三面有护城河,并且有四座城门,推测是有完备的城墙系统。富阳县城周回六百步,城墙高一丈,护城壕阔一丈五尺,相传是唐末咸通十年(869)县令赵讷修筑。总体而言,江南新修筑的县城数量有限,一些城市只是对城门、城墙、护城河进行修缮。

安史之乱后,江南许多城市虽然常有城墙的修筑,但并没有迎来一个全面兴修的热潮,因为江南总体上没有出现大的社会动荡,修筑城墙的迫切性没有体现出来。一些城市在局部动乱中遭到破坏,或者有的城市在唐后期的军事格局中占据重要地位,所以才出现了修筑城墙的举动,但毕竟在江南这类城市的数量还很有限。

唐僖宗乾符二年(875),以王仙芝、黄巢领导的唐末农民

---

① 谈钥纂:《嘉泰吴兴志》卷二《城池》,《宋元方志丛刊》,第 4687 页。
② 刘昫:《旧唐书》卷一六九《王璠传》,第 4408 页。
③ 谈钥纂:《嘉泰吴兴志》卷二《城池》,《宋元方志丛刊》,第 4688 页。

起义爆发。二年后,义军自北方来到南方,对江南的社会生活带来很大的影响。我们发现,从这个时候开始,直到五代时期,江南有大量城市新筑了城墙,或对已有城墙进行加固。而且随着战事的变化,有的城市多次对城墙增高增厚,特别强调城墙在军事防御中的作用。

唐末五代,江南大量州城修筑城墙,这是一个值得引起注意的问题,是江南城市建设中的重要一点。据史料记载,共有金陵、杭州、常州、润州、苏州、睦州、明州、婺州、温州、宣州、歙州、池州、秀州(嘉兴)、越州、湖州等十多个城市修筑过城墙。

金陵城原本只是个县城,至唐末升格为昇州,州城是以县城为基础的,所以比较狭小。冯弘铎为昇州刺史(892—902)时,曾"遂增版筑,大其城为战守之备"。① 虽不见得真对城墙作全面改造,但为了防守而重新修整应该是可能的。这种情况在徐知诰为刺史时发生了变化,后梁乾化四年(914),他"始城昇州"。二年后"城成,(徐)温来观,喜其制度宏丽,徙治焉"。② 其时的昇州"城隍浚整,楼堞完固",③四周城墙"周二十五里四十四步,上阔二丈五尺,下阔三丈五尺,高二丈五尺,内卧羊城,阔四丈一尺,皆伪吴顺义中所筑也","夹淮带江,以尽地利",④利用自然山水作为屏障,但城墙的高度和宽度均超过一般的州城。金陵水陆共有八个城门:"由尊贤坊东出曰东门,镇淮桥南出曰南门,由武卫桥西出曰西门,由清化市而

---

① 路振:《九国志》卷二《冯宏铎传》,齐鲁书社 1998 年版,第 23 页。

② 吴任臣:《十国春秋》卷一五《南唐烈祖本纪》,第 185 页。不过各书记述建城的时间略有不同,如《景定建康志》卷一二(第 1467 页)云贞明二年始建,徐温来时仍未建成,贞明六年(920)十一月"吴金陵城成,陈彦谦上费用之籍"。

③ 史虚白:《钓矶立谈》,《全宋笔记》第一编第四册,第 216 页。

④ 周应合纂:《景定建康志》卷二〇《今城郭》,《宋元方志丛刊》,第 1629 页。

北曰北门,由武定桥溯秦淮而东曰上水门,由饮虹桥沿秦淮而西出折柳亭前曰下水门,由斗门桥西出曰龙光门,由崇道桥西出曰栅寨门。"①至南唐,金陵城是都城,对城墙更有所加固和扩展。陆游曾说:"建康城,李景所作。其高三丈,因江山为险固。其受敌惟东北两面,而壕堑重复,皆可坚守。至绍兴间,已二百余年,所损不及十之一。"②中主李璟时曾加高城墙,从原来的二丈五尺改成三丈。陆游看到的城墙有学者认为是金陵城墙的西段及南段。南唐的金陵城有完整的护城河系统。《景定建康志》卷一五《桥》云:"长干桥,在城南门外,五代杨溥城金陵,凿濠引秦淮水绕城西入大江,遂立此桥。"说明城墙外有壕,壕上建桥以便交通。南唐还建设了环卫宫城的河道,史称护龙河。护龙河是利用一段青溪故道作为其东段,又利用一段运渎作为其西段,而青溪、运渎连接的一段成为南段。清甘熙《白下琐言》卷一谈到护龙河的西段时说:"南唐护龙河……其地有河身一段,长十余丈,宽二三丈,清水一泓,资以灌溉,两旁石岸犹存,乃西护龙旧址也。"

杭州是吴越国的都城,在唐末五代进行了多次修筑和扩建。吴越王钱镠曾于唐昭宗大顺元年(890)闰九月,修筑新城,城垣"环包氏山泊秦望山而回,凡五十余里,皆穿林架险而版筑焉"。③ 城墙可能全部是用砖砌的,全长有五十里。时设城门二,一曰龙山门,一曰西关门。这次修筑主要是扩建了杭州城的西南部。景福二年(893)钱镠再次进行扩建,"新筑罗城",城垣"自秦望山由夹城亘江干",凡"七十里"。这次是对

① 周应合纂:《景定建康志》卷二〇《门阙》,《宋元方志丛刊》,第1634页。
② 陆游:《老学庵笔记》卷一,《全宋笔记》第五编八册,第7页。不过《十国春秋》卷一一五《拾遗》(第1700页)认为这次修城是李后主时期:"李后主重筑建康城,高三丈。"
③ 吴任臣:《十国春秋》卷七七《武肃王世家上》,第1051页。

隋代的杭州城全方位的扩建。扩建杭州罗城的时候建起十座城门,即朝天门、龙山门、竹车门、新门、南土门、北土门、盐桥门、西关门、北关门、宝德门。① 如朝天门,"规石为门,上架危楼,楼基叠石,高四仞有四尺,东西五十六步,南北半之。中为通道,横架交梁,承以藻井,牙柱壁立三十有四,东西阅门对辟,名曰武台,夷敞可容兵士百许。武台左右北转,登石级两曲,达于楼上。楼之高,六仞有四尺,连基而会,十有一仞。贮鼓钟以司漏刻"。② 其后又陆续兴建涌金门、天宗水门、余杭水门、保安水门等,并设置了相应的关闸。吴越天宝三年(910),钱氏又对杭州城进行第三次大规模的扩建:"是岁,广杭州城,大修台馆,筑子城,南曰通越门,北曰只门。"③既扩大了罗城,又修筑了子城。

润州是浙西观察使的治所。唐僖宗乾符六年(879),周宝为浙西观察使,对润州城进行扩建,"筑罗城二十余里"。④ 宋人见到的润州"罗城周回二十六里十七步,高九尺五寸",但已颓圮,"旧有十一门。东二门,北曰新开,南曰青阳。南三门,东曰德化,正南曰仁和,西曰鹤林。西二门,南曰奉天,北曰朝京。北三门,西曰来远,东曰利涉,次东曰定波"。⑤《万历丹徒县志》卷一谈到南唐时刺史林仁肇重修了子城。⑥

常州城在唐末修筑了子城和罗城。子城周回七里三十步,高二丈八尺,厚二丈,外用砖包城墙。先是景福元年

① 吴任臣:《十国春秋》卷七七《武肃王世家上》,第 1053—1054 页。
② 田汝成:《西湖游览志》卷一三,浙江人民出版社 1980 年版,第 157 页。
③ 吴任臣:《十国春秋》卷七八《武肃王世家下》,第 1087 页。
④ 司马光:《资治通鉴》卷二五六唐僖宗光启三年三月,第 8345 页。
⑤ 卢宪纂:《嘉定镇江志》卷二《城池》,《宋元方志丛刊》,第 2334 页。
⑥ 董诰等编:《全唐文》卷八七七韩熙载《宣州筑新城记》(第 9172 页)云:"公前在京口日,浚沟池,崇壁垒。"据此,林仁肇不但整修子城的城墙,还深挖子城的护城河。

(892),淮南节度使杨行密遣节衙检校兵部尚书唐彦随权领州事重修,"立祠天王祠、鼓角楼、白橹屋",之后吴国顺义中,刺史张伯惊增筑,号金斗城。子城有四门,西迎秋,南金斗,北北极,"外缭以池",应是在城门外有护城湖泊。常州的罗城周回二十七里三十七步,高二丈,厚称之,吴国天祚二年(936)刺史徐景迈筑。罗城有九座城门,"东通吴,次东怀德,南德安,次南广化,西南南水,西朝京,北青山,次北和政,东北东钦"。城门外皆有池,估计罗城四周都是有护城河。唐末的常州处于吴和吴越国的战场前沿,军事形势决定了修筑城墙的目的是为了防御,因而城墙的高和宽都达二丈以上,此外还有许多附属建筑都是为了战争的需要。北宋太宗太平兴国初年,战争结束,"诏撤御敌楼、白露屋,惟留城隍、天王二祠,鼓角楼。后移城隍祠于金斗门内之西偏"。①

　　唐末乾符二年(875)王郢攻占苏州后,苏州内外城都受到一定程度的破坏。之后刺史李绘曾对子城进行修整。罗城城墙是在乾符三年由继任的刺史张搏加以修葺。②《吴地记后集》云:"自唐王郢叛乱,市邑废毁,刺史张搏重修罗城。"唐末十数年间,苏州成为战场。钱氏占有苏州后,在梁龙德二年(922)又将城墙加砖筑,"高二丈四尺,厚二丈五尺,里外有壕"。③ 城墙不但变高,而且砖砌后更加坚固。城墙内外有两条护城河环绕,使苏州城更容易防守。

　　睦州城唐前期只有子城,未见罗城。唐末中和四年

---

① 史能之纂:《咸淳毗陵志》卷三《城郭》,《宋元方志丛刊》,第 2982 页。子城的高度,该书一云二丈一尺;子城的周长,一云"口里三百一十八步",略有不同。

② 王鏊纂:《正德姑苏志》卷三八《宦绩》,《天一阁藏明代方志选刊续编》第 13 册,上海书店 1990 年版,第 394 页。

③ 王鏊纂:《正德姑苏志》卷一六《城池》,《天一阁藏明代方志选刊续编》第 12 册,第 2 页。

(884)，陈晟占领睦州，修筑罗城："按《旧经》周回十九里，高二十五尺，阔二丈五尺。"北宋徽宗宣和三年（1121）平方腊后重筑睦州，"旧有复城，出溪湖雨间，相传为凤凰嘴，即重筑，悉平之，塞为城隅"。这里说的"复城"，当是子城外还有罗城。[①]据万历《续修严州府志》卷三《城郭》唐城十九里，而北宋末年修的宋城只十二里。[②]

　　明州唐穆宗长庆元年修建的是子城城墙，而罗城一直是没有城墙的。唐末昭宗时，刺史黄晟修筑了罗城。明州罗城周回二千五百二十七丈，计一十八里。黄晟墓碑说："此郡先无罗郭，民苦野居，晟筑金汤，壮其海峤，绝外寇窥觎之患，保一州生聚之安。"[③]说明因为唐末战乱，明州才修筑罗城的城墙。罗城利用自然河道作为护城河，"四面阻水，其东北则汇三江之险，以达于海，重门击柝之防，视他郡宜尤密"。[④] 宋代明州罗城有十座城门，西为望京门，南为雨水门，东南为鄞江门，东为灵桥门、来安门、东渡门，东北为渔浦门，北面为盐昌门、达信门，西北为郑堰门，推测这些门的建筑是始于唐末。1997年，宁波文物考古研究所对唐宋明州子城进行了考古发掘，发现唐代明州子城筑城的填土全部是异地搬运来的，在夯筑的城墙外全用砖包砌，在砌法上大多错缝并加上泥浆粘合，经包砌的墙面十分平整。[⑤] 因此推测罗城的城墙与子城大致

----

① 刘文富：《淳熙严州图经》卷一《城社》，《宋元方志丛刊》，第 4278 页。
② 佚名纂：《万历严州府志》卷三《城郭》（《日本藏中国罕见地方志丛刊》，书目文献出版社 1990 年版，第 73 页）云："严州府城，建德县附，西南临水，东北倚山，唐中和间刺史陈晟筑，城十九里。"
③ 方万里、罗濬纂：《宝庆四明志》卷三《城郭》，《宋元方志丛刊》，第 5020 页。
④ 梅应发纂：《开庆四明续志》卷一《城郭》，《宋元方志丛刊》，第 5929 页。
⑤ 宁波市文物考古研究所：《浙江宁波市唐宋子城遗址》，《考古》2002 年第 3 期。

是相似的。

婺州城新建于唐昭宗天复三年（903）四月。沈麟趾《康熙金华府志》卷二《城池》谈到城周长九里一百步，城墙高一丈五尺，厚二丈八尺，开设四个城门。衢州城在吴越国时修建了城墙。《吴越备史》卷一《武肃王上》云："初，王命（陈）璋城衢州，工毕，以图献之。"陈璋修的衢州城有多大，史书没有记载，但从"城衢州"三字推测，当时是修建了城墙。衢州也是分成罗城和子城两重，史云："钱镠潜遣衢州罗城使叶让杀刺史陈璋。"①罗城使当主要是巡查罗城城墙的军官。

再如温州，"后梁开平初，钱氏增筑，内外城周围一十八里一十步，旁通壕堑"。② 显然温州有外城和内城两重，筑有城墙，墙外有护城河。不过钱氏增筑的是内城，据《十国春秋》所云，"温州子城，周三里十五步"。③ 温州筑于东晋，此后城址没有发生变化。后人认为，环绕温州外城的护城河是钱氏修筑的，"东濠长五百七十六丈，南临大河为濠五百丈，西濠长六百七十丈五尺，北临大江为濠长五百七十一丈"。④

歙州子城修于大中九年，至唐僖宗中和三年（883）又修罗城。新修的歙州"罗城周四里二步，高一丈二尺，子城周一里四十二步，高一丈八尺，广一丈三尺五寸"。中和五年（885）"增广"州城，"城之南北总之为九里七步"，应是罗城城墙扩筑了一倍多。懿宗咸通间在城的西北曾筑堤御水进入城区，昭宗光化时干脆"因堤筑为城，命曰新城"，城市区域进一步扩

① 司马光：《资治通鉴》卷二六五唐昭宗天祐元年十二月，第8638页。
② 张孚敬纂：《嘉靖温州府志》卷一《城池》，《天一阁藏明代方志选刊》第17册，第3页。
③ 吴任臣：《十国春秋》卷七七《武肃王世家上》，第1079页。
④ 王棻纂：《光绪永嘉县志》卷三《城池》，《中国地方志集成》（浙江府县志辑）第60册，第59页。

大。"源于东北,抱城而转至西南而下"的城溪,①则成为天然的护城河。天祐中,新城为水淹没,遂重建新城。②

南唐末年,宣州刺史林仁肇在宣州老城的基础上修筑了宣州新城。据《全唐文》卷八七七韩熙载《宣州筑新城记》云:"自金光门西北转至旧城崇德门东北角,长五里三百三十三步,从崇德门以南转至金光门东,长四里三百三十步。"这次修建后,宣州新老城相加,周回达十里一百九十三步。《十国春秋》卷二五《张易传》云:"前刺史方筑州城,役徒数万,一切罢工遣之。"说明工程量很大。从有城门名称,有城周长的具体数字米推测,宣州是有完整城墙的。

池州也有城墙,但城墙的具体长度与高、厚度史料记载不是十分清晰。《全唐文》卷八二九窦滂《池州重建大厅壁记》谈到黄巢掠过池州,"郡人有廨宇城壁之请。既城壁焉,则人得以避寇;即廨署焉,则物得以营帑"。黄巢攻打池州在僖宗广明元年(880),可知这年或稍前池州修筑了城墙。又《嘉靖池州府志》卷三《城池》云:"自五代杨吴徙秋浦于贵池后即有城,但经始岁月,文献无征。"吴国池州迁址后也建有城墙。

唐代苏州嘉兴县是否有城墙,宋元方志中没有太具体的史料记载。《崇祯嘉兴县志》谈到嘉兴"子城周围二里十步,高一丈二尺,厚一丈二尺。《图经》云三国吴黄龙时筑,有正门一,楼曰丽谯……现存子城者,即子墙,唐之县治,宋之军州,元之路衙,今之府治墙也"。明代人认为县治是有城墙的。唐僖宗文德元年吴越武肃王钱镠命制置使阮结筑嘉兴县城,推测唐代嘉兴县有城墙,在唐末城墙十分完整。五代时嘉兴升

① 罗愿纂:《新安志》卷一《城社》,《宋元方志丛刊》,第7607页。
② 董诰等编:《全唐文》卷八六七杨夔《歙州重筑新城记》,第9082页。

格为州,吴越王钱元瓘于晋天福四年(939)"拓为州城",史云:"晋天福四年吴越文穆王元瓘拓罗城,周围一十二里,高一丈二尺,厚倍,高三尺,明年二月升为州。"①《至元嘉禾志》谈到:"按《旧经》云:罗城周回一十二里,高一丈二尺,厚一丈五尺。子城周回二里十步,高一丈二尺,厚一丈二尺。"②由于北宋宣和年间知州宋昭年曾经更筑州城,所以这里《旧经》谈到的州城城墙的长、高和厚度,应是五代至北宋时的嘉兴州城。嘉兴城有四门,"门各置水旱,上各有楼门,外各置吊桥,跨隍池,以通往来。东门旧曰青龙,后改春波,西门旧曰永安,后改通越,南门旧曰广济,后改澄海,北门旧曰望京,后改望云,续改望吴"。③

一些原有完整城墙系统的大城市,在唐后期城墙也进行了整修。如越州城修筑于隋代,罗城、子城都有城墙。唐末钱镠击败董昌后,对受到战争破坏的城市进行"重修"。④ 再如唐末昭宗景福二年(893),刺史李师悦对湖州城再次进行整修,"重加版干之功"。⑤

中唐以后,县级城市修建城墙越来越多。比如杭州余杭县城,唐五代的大部分时间是在溪南,周回六里二百步。至北宋雍熙初"再徙溪北,周五百四十三(丈)〔步〕,高一丈三尺,下广一丈五尺",县城有护城河,"濠阔二丈五尺,钱武肃王又修广之"。县城有四座城门,"曰荣春、湖光、迎波、永丰"。到南

---

① 黄承昊等纂:《崇祯嘉兴县志》卷二《城池》,《日本藏中国罕见地方志丛刊》,第 73 页。

② 徐硕等纂:《至元嘉禾志》卷二《城社》,《宋元方志丛刊》,第 4423 页。

③ 黄承昊等纂:《崇祯嘉兴县志》卷二《城池》,《日本藏中国罕见地方志丛刊》,第 73 页。

④ 张淏纂:《宝庆会稽续志》卷一《城郭》,《宋元方志丛刊》,第 7093 页。

⑤ 谈钥纂:《嘉泰吴兴志》卷二《城池》,《宋元方志丛刊》,第 4686 页。

宋时,人们仍能看到唐代的县城,"旧城今间有存者"。① 虽然
没有关于唐县城城墙的记载,但唐县城范围更广。新城县是
"因山为城",应是城内有山,所以县城范围较大,城周二千五
百七十一步,城墙高为二丈七尺。城是唐末大顺二年(891)吴
越杜棱修筑。城有四门,东曰熙春,南曰太平,西曰顺城,北曰
宁海,城外修筑城壕。罗隐《东安镇新筑罗城记》谈到城修后
没几年,吴军来攻,吴越"军凭其城,毙贼将于城下者其数盈
千,濠塞堑堙,自是群寇不复有图南之意",②城墙的威力显示
了出来。昌化县城周回三百六十步,护城濠阔一丈五尺。虽
史书没说城墙具体的宽和高,但至南宋时"古木环城基",说明
唐代是有城墙的。临安县周回五百二十步,"池在东北",有护
城河。考虑其在吴越国的特殊地位,城墙肯定是修筑的。③
又,清人谈到临安县:"周五里,门四,有濠。唐末吴越依太庙
山筑,号衣锦城。"④可以肯定临安是有城墙的。

常州江阴县城始筑于萧梁,"隋陈唐皆因其旧"。不过进
入五代,吴国杨行密时进行了改造:"《祥符图经》云周回一十
三里,天祐十年筑,建门四,曰延庆、钦明、通津、朝宗。"⑤县城
应是新建了城墙和城门。由于杨行密仍用唐代的年号,所以
天祐十年实是朱梁末帝乾化三年(913)。南唐时江阴改县为
军,城市地位升高,北宋时才增筑子城,也有四门。

明州定海县城"世传钱氏开邑时置",应是修筑于吴越国

<hr>

① 潜说友纂:《咸淳临安志》卷一八《城郭》,《宋元方志丛刊》,第 3536 页。
② 董诰等编:《全唐文》卷八九五,第 4143—4144 页。
③ 潜说友纂:《咸淳临安志》卷一八《城郭》,《宋元方志丛刊》,第 3537 页。
④ 四库馆臣纂:《大清一统志》卷二一六《杭州府》,文渊阁《四库全书》
　 第 479 册,台湾商务印书馆 1986 年版,第 6 页。
⑤ 张衮纂:《嘉靖江阴县志》卷一《城池》,《天一阁藏明代方志选刊》第
　 13 册,第 3 页。

设县之时的后梁开平三年。县城周长四百五十丈,"壕三百余丈",①推测是有城墙的。

《嘉泰会稽志》引《旧经》谈到越州的萧山县城周一里二百步,高一丈八尺,厚一丈一尺;上虞县城周一里九十步,高一丈七尺,厚一丈;新昌县城周一十里,高一丈,厚一丈三尺。② 新昌县是后梁开平年间钱镠析剡东鄙十三乡设置的,因此估计这些县城的城墙在唐末五代已经存在。新昌县城的城墙是土质的,《万历新昌县志》卷一《城池》谈到:"尝考《会稽郡志》,新昌旧有土城,高二丈,厚一丈二尺,周十里。"城墙的高度书中稍后又谈到"高十尺",与《嘉泰会稽志》的"一丈"一致,应是。

歙州婺源县开元二十八年(740)置。唐末咸通年间,在县境内置弦高、五福二镇,后于弦高立婺源都镇。至天祐三年(906),由于政治形势发生变化,别置新县,县城设在弦高镇,"自是不复还旧县"。南唐昇元二年(938),刘津为都制置使,乃集所辖四县,增筑新城。刘津为建城作记,说"城周环十里","雉堞皆新,启昇元二门,建东南两市"。因此《新安志》谈到"县城周九里三十步,高一丈八尺",③应是刘津建造的县城规模。

唐末战争期间,江南还有一些以驻军为目的而修建的军事性城市。如昆山东南七十里的度城,"相传黄巢时所筑,今

① 方万里、罗濬纂:《宝庆四明志》卷一八《城郭》,《宋元方志丛刊》,第5229页。《浙江通志》卷二三《城池上》引嘉靖《定海县志》谈到:"高二丈四尺,址广一尺,面八尺,周围一千二百八十八丈,延袤九里,辟五门,东曰镇远,南曰南薰,又南曰清川,西曰武宁,又西曰向辰。门各有楼。"显然这是明代改造后的城墙,不能作为唐代的数据来使用。
② 施宿纂:《嘉泰会稽志》卷一二《八县》,《宋元方志丛刊》,第6935、6939、6940页。
③ 罗愿纂:《新安志》卷四《城社》,《宋元方志丛刊》,第7660页。

城虽不存,犹有城濠及掘地间得城砖"。① 说明度城是有砖砌的城墙,城外有护城河。有的城市规模很大,甚至大于一般的县城。如富阳县东南有一古城,"周十二里,高二丈一尺,阔二丈,有屋七百一十九间,楼十二间。五代时城在县东南,钱氏以地逼江,乃垒砖砾为之,略存封邑"。② 又高又厚的砖砌城墙内是一个有数百间房屋的城市。

从这些记载来看,唐末五代时,江南有 15 个州和 10 个县,或新建或新修了城墙。这种大规模修筑城墙的情况在隋及唐前、后期都没有过。我们认为之所以有大量城市修筑城墙,将城墙筑得更厚实更高耸,主要还是从军事角度考虑的,是为了更有效地防御外部军事力量的入侵。因此,这一时期修筑城墙出现高潮,尤其是几乎每个州级城市的城墙都经过了修筑,与唐末五代政局和军事形势出现的混乱局面有关,是各个重要政治据点自保的需要。

三、江南城市城墙修筑的渐进性

现存的资料不可能对江南每一个州县城的城墙修筑情况都有详细记载。如台州,唐初武德年间设立,州城的兴修没有具体时间。《嘉定赤城志》卷二《地理门·城郭》:"按《旧经》周回一十八里,始筑时不可考。太平兴国三年吴越归版图,隳其城,示不设备,所存惟缭墙,后再筑。"说明台州城是有城墙的,吴越归并宋王朝,才毁城以示不设备。台州子城"按《旧经》周回四里,始筑时不可考","其门有三,南曰谯门,上有楼,不名,

---

① 凌万顷纂:《淳祐玉峰志》卷上《城社》,《宋元方志丛刊》,第 1055 页。
② 潜说友纂:《咸淳临安志》卷一八《城郭》,《宋元方志丛刊》,第 3537 页。

东曰顺政门,楼名东山,西曰延庆门,楼名迎春"。① 这些没有详细记载修筑时间的城市同样是有城墙的。

隋唐五代时期,大部分江南城市的城墙都经历了一个修筑的过程。从上面我们的描述来看,州一级的城市,部分是沿用六朝以前保存下来的城市,如苏州、润州、越州,但这些城市在隋以后,都是经过或大或小的维修和扩建,因而城墙系统十分完整。大部分的州城,都是在这一时期新建的,一般是先筑子城墙,后来又筑罗城墙,而且建筑是分多次完成,当然也有子城和罗城墙一起修筑的。至于县城的城墙,我们列举了一部分当时的修建情况,但史料记载的阙失,一些可能有城墙修建的县城今天已无法知晓。可以初步得出结论,至唐末五代时期,州级城市基本上都是有城墙的;相当数量的县城,特别是地处平原地区的县城,都是筑有城墙。

隋唐五代之际,江南城市城墙的修筑是一个渐进的过程。就州城来说,沿用前代的城市,大多是有城墙,但时间久了就得维修;新设立的城市往往需要修筑城墙,这就形成了隋朝、安史之乱前、安史之乱后几个阶段都有数个州城在修筑城墙。而到了唐代末年,州城军事地位的重要,州城的防御形势严峻,导致几乎每个州城都在修筑城墙,或加筑罗城,或将墙体增高增厚,或修补城门,或疏浚深挖护城河。就县城而言,同样有沿用前朝城池的情况,一般会对修建较久的城墙略加维修。至高宗、玄宗时期,大量县城新设,所以修筑县城城墙出现了一股热潮。唐代末年,新设县城对城墙的需要,加上一些县城军事防御上的需要,县城城墙修筑又出现一波热潮。

---

① 陈耆卿纂:《嘉定赤城志》卷二《城郭》,《宋元方志丛刊》,第 7290、7292 页。

　　此外，我们还应看到，城墙并不是构成一个城市的必要条件。实际上，唐代前期，有不少城市是没有城墙的，包括个别州城。鲁西奇、马剑认为，唐代有很多城市是没有城墙的。他们用了日本学者爱宕元的研究成果，认为爱宕元的《唐代州县城郭一览》中，共有164个州县城郭注明了筑城年代，其中有90个是唐天宝以后（不含天宝年间）所筑，这些天宝以后方修筑城郭的州县治所，在天宝以前，也就是在唐前中期100多年里，并未修筑城垣；而在唐前中期，可能有一半以上的州县治所，并未修筑城垣。① 这个观点应该说是可信的，因为事实上，六朝至隋朝设立的城市中，可能的确有一部分是没有城墙的，而且这种情况在江南也同样存在，尽管没有修城墙的城市比例可能没有那样高。修筑于六朝而在唐代仍在使用的城市，除了唐代有所修筑外，那些没有修筑记录的城市，可能是没有城墙的。我们发现，中唐以后，浙东一旦出现战事，叛乱者攻陷城镇易如反掌。如宝应元年（762），袁晁起事台州，刺史落荒而逃。不久又攻占温州、明州。贞元间，处州有"山贼栗锽诱山越为乱，陷浙东郡县"，②还处死了明州刺史卢云。叛乱者能轻易地攻下城市，某种程度上可以说明其中有一部分城市可能是没有城墙的，或者说城墙设施十分不完备。再如处州城，齐抗为刺史时，"先是山越寇攘，荡覆城寺"，③估计是没有城墙，才被人一攻就破。《元和郡县图志》卷二六云："贞元六年，刺史齐抗以旧州湫隘，屡有水灾，北移四里就高

---

① 鲁西奇、马剑：《城墙内的城市？——中国古代治所城市形态的再认识》，《中国社会经济史研究》2009年第2期。所据爱宕元文，即《唐代州县城郭的规模与构造》，《第一届国际唐代学术会议论文集》，（台北）学生书局1989年版，第647页。

② 刘昫：《旧唐书》卷一七七《裴休传》，第4593页。

③ 权德舆：《权载之文集》卷一四《唐齐成公神道碑铭》，《四部丛刊》本，第2A页。

原上。"原来的处州城范围很小,而齐抗只北移四里就建城,估计新城的规模不会很大。至于是否有城墙,未见明确记载。

从目前已知的情况来看,至唐末五代时期,没有城墙的城市在江南城市中所占的比例不算太高,不过仍能看到有一些县城是没有城墙的。如湖州安吉县"南面大溪,望天目浮玉群峰,直去五十余里",位于大溪大山的包围中,地形上比较封闭,"县无城郭,有六门,惟西、北二门有名,余皆无名,西曰齐云门,北曰迎恩门"。① 有城门而无城墙,而且有的城门没有名字,说明城门制度不太完善。因为地处山区,人烟稀少,所以才出现这样的局面。如遂安县,"唐武德四年徙今治,然未有城"。② 直到明清时期,睦州清溪县、桐庐县、分水县仍没有筑城,仅"垒石为四门"。③ 再如婺州永康县,到清代仍未筑城,只是建有东西二门,"叠石为楼,北倚栅,南阻水为固",④以自然山水作为天然城墙。处州下辖数县,估计都没有筑城。至清代,缙云、松阳、遂昌、龙泉都是"无城",一般只是设"关门"。而青田县城是明嘉靖三十五年才筑,估计之前也是没有城墙的。⑤

之所以一些城市没有城墙,我们发现他们有一个共同特点,和地处山区这样的自然环境有关。睦州、处州位于山丘地

---

① 谈钥纂:《嘉泰吴兴志》卷二《城池》,《宋元方志丛刊》,第 4688 页。
② 佚名纂:《万历严州府志》卷三《城郭》,第 74 页。然雍正《浙江通志》卷二四引《严陵志》云唐武德四年建,周二里二步,不知何据。
③ 四库馆臣纂:《大清一统志》卷二三四《严州府》,文渊阁《四库全书》第 479 册,第 365 页。
④ 四库馆臣纂:《大清一统志》卷二三一《金华府》,文渊阁《四库全书》第 479 册,第 304 页。
⑤ 四库馆臣纂:《大清一统志》卷二三六《处州府》,文渊阁《四库全书》第 479 册,第 417 页。

带,县城往往背倚大山和溪水,有天然屏障可以凭借,而且由于人口不多,流动性又少,没有外来的兵火到达,对城墙的建设并没有迫切的需要,因而这些县城到清代仍未建城墙。不过,从总体情况看,随着唐末五代江南许多城市的不断建设,江南大部分的城市都筑起了城墙,而没有城墙的城市数量并不太多,唐末的战乱使江南许多城市都建起了一定的防御设施。为了避免战争的侵袭,许多城市被迫修建起高高厚厚的城墙作为防御工具。

四、隋唐五代时期江南城墙的形制

从城墙的构架上看,隋唐之际不少州城只有子城而无罗城。由于百姓都是居住在子城之外,一旦有战乱发生,缺少有效的保护措施,所以罗城的建设渐渐被重视。唐代后期至五代,经过修筑,州一级城市大多有罗城和子城两重。一般的州城都是先修筑子城,之后根据财力和军事形势的需要,再修筑罗城,使州城处于两道城墙的守护中。县级城市除个别有两重城墙外,一般都是一重城墙。

城墙的保护作用能否有效体现,主要看修成多少高和宽。决定城墙高和宽的标准,主要有两个因素,一是城市的政治地位。城市的行政级别高,其城墙也修得高。二是军事的需要。城墙实际上是一种军事防卫手段,所以地处战略地位的城市城墙修得既高又厚,反之战略地位不太重要的城市城墙的标准就比较低。从已有记载来看,罗城城墙最高的是南唐都城金陵,曾被加高至三丈,而一般的州城,除润州仅为九尺五寸比较特殊外,大多在一丈二尺至二丈八尺之间。除这两城外,新修的州罗城城墙高度有记录的共有七城,超过二丈的有四城,三城在浙西,一城在浙东。子城城墙的高度已知的有五城,其中润州子城高三丈一,远高过罗城的九尺六,而常州子城城墙比罗城高八尺,歙州高六尺,越州、嘉兴州子城墙和罗城墙大体相同。唐末期与唐前期相比,城墙的高度一般平均增高了五尺左右。县城中城墙最高的新城县为二丈七尺,富阳县的一古城为二丈一尺,而一般的县城大多在一丈至一丈八尺之间,县城城墙高度唐前期和唐末五代时期相差不多。城墙的厚度,从总体来看,也是与政治地位的重要程度、是否地处战争前线有关。金陵作为首都,城墙很厚;其他一般的州级城市城墙厚度均超过二丈,低于二丈的仅有歙州和嘉兴两州;县城城墙的厚度在一丈五尺至一丈之间。唐前期一般城市城墙的厚度在一丈左右,而唐末期仅见上虞一县为一丈,县一级城市的城墙厚度大多在一丈三尺至一丈五尺左右。唐末城墙的高度和厚度均超过唐前期,当然是与唐末五代军事形势有关。战争频现,为了守卫城市,只能用建造又高又厚的城墙来规避。

其次,一些资料表明,城墙是下宽上窄的。如隋代於潜县,城墙基厚一丈八尺,厚五尺;唐初的潜州,基厚一丈八尺,厚九尺;唐末的昇州,下阔三丈五尺,上阔二丈五尺;余杭县,城墙下厚一丈五尺。显然,城墙的下部两面都是做成侧脚的。由于必须考虑城墙的牢固度,建造城墙时非常注意基础部分,夯土层是上阔上窄,渐渐收缩,这样的地基比较牢固。而且城墙越高,底部基础需要更宽。问题是,大部分的资料描述城墙时只有一个厚度数字,并没有谈到上下有所不同,是否意味着这些城墙的地基和上部是一样宽而没有侧脚的? 今天我们无法简单回答是还是否,但推测其中的一些城市城墙是下宽上窄的,因为从建筑技术而言,这样的建造更加实用,对城市的安全更加有利。

筑有城墙的城市,城墙是封闭的,形成一个城市的保护圈。城墙的材质,隋唐五代时期,城墙一般是夯土筑成,有的外部采用以砖包土的形式。有学者认为,这一时期大部分城市是局部用砖或石材建造城墙,一般而言多用在城门附近、城墙转角等重要或易损的部位,[①]城门的基址用砖或石的最为多见。如唐代的苏州城墙人们认为是版筑土质,到五代梁龙德二年(922)才改建为砖城。[②] 再如五代时修的杭州朝天门,"规石为门","楼基叠石",城门从底部开始全是用石头筑成。富阳县某五代古城的城墙用"垒砖砾为之",采用砖和石修筑。这种纯粹是砖和石质的城墙当然比用砖包城墙更为牢固,但代价更大,修筑时用工量也更大。

与传统相一致,为了城市的安全,江南大多数的城市不但修筑城墙,而且在城墙外开挖护城河。护城河有的是利用天然河流,而更多的是人工挖掘而成。如金陵"濠堑重复",徐知诰修金陵后,"凿濠引秦淮水绕城西入大江",于是在城南门外的秦淮河上建长干桥以方便行旅来往。一般州城都有完备的护城河系统,如越、润、常、苏、明、温州都有护城河。湖州、苏州和明州的子城和罗城外,环绕两重城墙有两道河流,"子城环以水",同时"罗城四面阻水"。县城一般也有护城河系统,无锡县的护城河阔有一丈五尺,余杭县为二丈五尺,富阳和昌化都为一丈五尺。盐官县的护城河宽五丈,深四尺,在县城中是最宽的。护城河宽窄不等,如果是利用自然河道作为护城河的,一般就比较宽,如湖州的护城河阔数十丈,而一般城市的护城河在数丈之间,如盐官县阔五丈,余杭县润二丈五尺。较窄的如富阳、昌化、於潜等县的护城河,都在一丈五尺至一丈八尺之间。护城河的深度各不相同,自然河道的湖州护城

---

① 贾亭立:《中国古代城墙包砖》,《南方建筑》2010 年第 6 期。
② 苏州市文物管理委员会、苏州博物馆:《苏州古胥门调查与瓮城遗址发掘报告》,《东南文化》2001 年第 11 期。

河"深不可测",而人工开挖的如润州的护城河,深达数尺;盐官、於潜等县的护城河都是深四尺。江南得天独厚的自然优势,使得大多数城市都有条件设置护城河。

在城墙和护城河的双重卫护下,人们在城市内生活和生产。不过,孤立而不和外界接触的城市是不可能存在的,城市内外必然会有紧密的联系。城市向外联系的通道是城门,通常城墙会辟有数个城门,城门的数目并不一致,有多有少,要根据道路交通、军事防御和城市所处的地理环境决定是否开城门。一般而言,州郡级城市由于城市范围较大,所以城门较多,如隋代修的越州有九门,唐初的湖州有七门,杭州罗城有十门,润州罗城有十一门,常州子城四门、罗城九门,南唐都城金陵有八门。但并不是州郡级城市一定比县城城门更多,还要考虑各个城市的安全和交通方便,有的州城规模较小,只有四门,如婺州、嘉兴等。县城一般以四门最为多见,如余杭、新城、武康、江阴都是四门,但如湖州长兴县有六门,并不多见。唐末偶也会有少于四门的,如婺源仅两门。

江南城市的城门一般设有城楼。高高的城楼既是一个城市的重要建筑,使远道而来的人可以看到城门的具体位置,同时对城市里的人来说,也可以观察和控制人员的进出,窥探远处的敌情,以便能及时向城内发警戒信号。如湖州阊门贞元十五年修建,有城楼,"造跨河楼三间,挟楼三间"。至武宗会昌三年,再次改造阊门,"开拓东向一百五十步,仍建造"。湖州城北有奉胜门,也有门楼,"造门楼一间两厦,跨路门屋一间"。润州城楼较高,所以常常吸引了士大夫们登高望远,如刘长卿、李中等人曾来到润州城楼,只见"江田漠漠全吴地",[1]"水

---

[1] 彭定求等编:《全唐诗》卷一五一刘长卿《和樊使君登润州城楼》,第1564 页。

接海门铺远色,稻连京口发秋香".①《稽神录》卷五记载:"周宝为浙西节度使,治城隍。至鹤林门,得古冢,……宝即命改葬之,其輀声乐以送。宝与僚属登城望之。"这里提到润州鹤林门是有城楼的。

　　除城门高楼外,城墙上常建角楼,角楼建在城墙转角处。由于城墙的作用主要是用来防御的,角楼建在城墙转角处,其作用主要是可以观察城墙两个方向的情况。由于城墙的一面较长,虽然中间会建一或两个城门,但在晚上从城门上瞭望到城墙的转角处仍然是十分困难的,于是通过建角楼的办法来弥补。由于角楼一般都是建得比较高,所以登高望远的作用十分明显。如润州城上有角楼,《至顺镇江志》卷一三《观》:"月观,在谯楼之西,即古万岁楼也。楼亦王恭所创。至唐犹存。"李德裕为浙西观察使时,曾登万岁楼,说明谯楼瞭望是发挥着作用的。长庆元年韩察修筑明州子城后,在城的南端建谯楼。《咸淳毗陵志》卷三《城郭》谈到唐景福元年杨行密遣唐彦随权领常州事时重修子城,立"鼓角楼、白櫓屋"。由于上举数例均为州级城市,县城是否有角楼我们并不能肯定,通常认为城市建角楼应与城市的规模大小、城市的形状、城市所处的地理位置、当时的军事形势等因素有关。

五、城墙修筑对江南
城市发展的影响

　　隋唐五代时期,江南城墙的修筑是一个渐进的过程。它既是江南城市发展的结果,同时也是江南城市得以继续发展的一个重要推动力。

---

① 彭定求等编:《全唐诗》卷七四八李中《秋日登润州城楼》,第 8520 页。

　　唐末五代许多城市城墙的修筑和不断加固,最直接的意义,是在战争动乱时期保护了城市的安全,使很多城市少遭或免遭战火的破坏,保存了江南城市的发展基础。江南很多城市城墙修建的目的,最初常是从军事上考虑的。如昭宗大顺元年(890)在上元县设昇州后,"遂增版筑,大其城为战守之备",①开始扩修城池。天祐六年(909),徐温遣养子徐知诰治理金陵,兴建金陵城。此后经过徐知诰的多次兴修,金陵城府舍甚盛,"城隍浚整,楼堞完固,府署中外肃肃,咸有条理"。②金陵能够成为南唐首都,出现"四方之所聚,百货之所交,物盛人众,为一都会"的局面,③与完善的城墙体系大有关联。再如钱镠驻扎杭州后,多次扩建杭州城池。景福二年(893),钱镠筑新罗城后,使杭州城墙周围达七十里,建有十座城门。这种对杭州城墙的建设,确保了杭州几乎没有受到战争的影响。时人谈到杭州时说:"轻清秀丽,东南为甲;富兼华夷,余杭又为甲。百事繁庶,地上天宫也。"④把杭州比喻成完美的地上天宫。五代时的杭州,"邑屋之繁会,江山之雕丽,实江南之胜概也"。⑤ 至宋初,杭州成为"东南形胜,三吴都会,钱塘自古繁华。烟柳画桥,风帘翠幕,参差十万人家。……市列珠玑,户盈罗绮,竞豪奢"。⑥ 达到这种富庶,与城墙建设的完善,使城市少遭或免遭战火的侵袭,是有一定关联的。

　　除了军事上的防护外,城墙的修筑,对江南城市的发展是否还有其他助益? 我们认为,隋唐五代之际的江南,城墙的修

① 路振:《九国志》卷二《冯宏铎传》,齐鲁书社1998年版,第23页。
② 史虚白:《钓矶立谈》,《全宋笔记》第一编第四册,第216页。
③ 欧阳修:《欧阳修全集》卷四〇《有美堂记》,第585页。
④ 陶谷:《清异录》卷上,《全宋笔记》第一编第二册,第17页。
⑤ 薛居正:《旧五代史》卷一三三《世袭列传二》,中华书局1974年版,第1771页。
⑥ 唐圭璋等编:《全宋词》第一册柳永《望海潮》,第39页。

筑不仅是城市发展的结果，更是城市进一步走向繁荣的重要推动力，因而具有重要的积极意义。城墙的修筑对江南城市发展具体的推动作用，大体来说可以表现在如下五个方面。

1. 城墙的修筑，能确定一个城市的城区范围。因此，江南城市城墙的修筑，既使江南城市的城区范围得以固定，同时一些城市数次修筑城墙，也是城区面积不断扩大的过程。对一个城市来说，城墙在很大程度上决定了城市的空间规模和形状大小。

城区面积的大小，并不是衡量一个城市商品经济和文化繁荣的标准，但城区面积的大小多少能说明一个城市能容纳的人口数量，一个城市街道、桥梁、河道的布局状况，及其相应的城市工商服务行业的发展程度。修筑城墙后，江南州县城市的区域范围大体上固定下来。其中，州一级城市以杭州和苏州规模最大，两城市的范围远远超过一般州级城市。如唐代杭州城始建于隋朝开皇十一年(591)，其范围据《乾道临安志》卷二《城社》引《九域志》谈到是周回三十六里九十步。唐末，杭州成了吴越国的都城，至五代多次修筑扩建，杭州城区包括了一些山丘和湖泊，周回七十里。苏州城主要是沿用了旧城，只是多次对旧城局部地区进行了改造，因而城市面积很大。唐末乾符二年苏州刺史张搏重筑罗城后，"其城南北长十二里，东西九里"，[1]四周合计四十二里。

对大多数江南州城来说，城市面积基本可以分为三个类型，一是城墙在二十五里左右的大城市，如南唐都城金陵、润州、常州、湖州和越州。这些是江南的大都市，前三者都是唐末五代重修的，湖州是唐初定下的规模，越州是隋朝修筑。第二类是城墙在二十里左右的城市，如睦州、明州、温州、台州，

---

[1]　陆广微：《吴地记》，第 111 页。

这些可以算作中等规模的大城市,对一个地区的发展来说,这些城市是极为重要的。第三类城市的城墙在十里左右,如婺州、宣州、歙州、嘉兴、处州等城市。嘉兴是五代升为州的,显示出了城市地位上升的趋势。这一类的几个城市,由于地处丘陵地带,平原面积较小,这样的地理条件使城市面积比其他州要小一些。特别是处州,山地高低不平,自然条件恶劣,城区面积很小。衢州和池州在唐后期至五代都有修建城市的记载,但具体面积不明。总体上看,随着江南各州城墙的修建,州城四边周长在二十里至二十五里左右的规模是最为常见的。

隋唐五代之际,大部分县城的范围都不是很大。江南县城根据原有的基础设施、自然地理环境、经济条件是否允许、实际的需要等进行修筑,大多数的城市在一百七十步至七百步之间,相当于现在的 255 米至 1 050 米之间。城墙超过二里的县城,一般认为是较大的县城。

江南地形地貌十分复杂,要修建城墙,将城区的范围固定下来,在当时的科技条件下并不是十分容易的事情。如杭州经吴越国的多次修筑后,为了避开山丘,罗城形成了南北修长、东西狭窄的不规则的矩形。乾宁三年(896),杨行密打算率军攻打杭州,派僧人祖肩到杭州侦察。祖肩回去后说:"是腰鼓城也,击之终不可得。"①越州在隋开皇年间进行了大规模的城市修建,扩建后的越州城垣有别于一般的城市。为适应地形,以自然河道作为护城河,还考虑河水流向和水流缓急,使城墙建造成曲折形。越州城的东南部成正方,城墙相交成一直角,西北部大致成一菱形状,城墙的走势并不呈一直线,城内有多座小山丘。再如歙州,据《新安志》卷一《城社》说:"城壁之设,因山溪以为险,山起于东北至南而止,故因而

---

① 吴任臣:《十国春秋》卷一四《僧祖肩传》,第 177 页。

续之以为城溪,亦源于东北,抱城而转至西南而下,故假之以为隍,乃穿九井,使阴相灌输,上通铜井,下通釜底,皆溪流之深为潭都也。"根据溪水走向来修筑城市。歙州城的西北部,"咸通六年,即城之西北为堤以御水。光化中,因堤筑为城,命曰新城"。歙州城形状大体呈圆形,城墙弯弯曲曲,沿山而建,而且不断扩展。

在没有修筑城墙之前,城市的发展是无序和杂乱的,城区是不固定的,一些城市主要是倚靠了子城而向外呈散状弥漫式发展。但一旦修筑了城墙,就将城区范围硬性确定下来,城市就会在一定的区域内发展。尽管城市各区域的发展有快有慢,但都属于城市的一个组成部分,与城墙外的区域存在着很大的不同。

2. 城墙的修筑,使城市管理者能根据城市的大小和形状,合理地规划城市内的河流、街道、坊里建设。城市中人们的生产和生产活动,要受到城市物质条件的限制。对一个城市来说,城墙在很大程度上决定了城市内部交通的发展,决定里坊街区的形状、街道和桥梁等城市交通建设的布局。说到底,城墙修筑后,城市的物质形态会更加完善,直接影响到城市内部人们的生存状态。

修筑了城墙的城市,需要有四通八达的道路供人们来往。从城市的中心区域向四周城门的通行,决定了修筑道路的宽窄和方向,既要考虑不会占去过多的城市空间,又要考虑能方便人们进出,便于物资的运送和行车的通畅。修筑城墙时,根据地形特点,江南城市往往在四面修筑数量不等的城门。城门外接重要的交通线路,内和城内的街道相通,城内外的交通联系就会紧密结合在一起。城墙一边有两门时,城门到城墙拐角处的距离几乎是相等的,城内道路的规划大多是纵横垂直交叉,形成的街区也是方形的,道路笔直通畅。白居易笔下

的苏州:"半酣凭槛起四顾,七堰八门六十坊。远近高低寺间
出,东西南北桥相望。水道脉分棹鳞次,里闾棋布城册方。人
烟树色无隙罅,十里一片青茫茫。"①苏州城的形状似亚字形,
所以道路规划严整,大多数干道南北、东西交叉,构成一个个
方形的坊里。受河道和山丘的影响,不少城市的形状呈不规
整,所以城市道路也就做不到正对南北、东西。比如歙州,城
内有山,城外也有山,除正北、正西方向有两城门外,其他的三
个城门建在东南、东北、西北方向,这就决定了城内的道路也
会呈现出弯弯曲曲的形状,有的道路呈半圆形,有的道路呈斜
形。道路要避让山丘,决定了歙州城内很难建成笔直的路。

　　围绕着城门而布置的城市交通,大小道路建成一个网络
状的系统。一般而言,江南城市都会建主干道,这是全城的交
通枢纽,路面较为宽阔,方向是正南北或正东西,通向主要的
城门。城市都有一至数条主干道,即使较小的县城可能都有
南北或东西的主干道,或者两条主干道交叉,形成十字形,而
道路的尽头都与城门相通。城市范围较大的,与主干道相连
的是一些次要的街道,这些路一般也是比较笔直,很少弯曲,
方向都是正东西或正南北,与主干道连接处会形成十字形或
丁字形路口。与这些次要街道相连的是深入坊里的小街小
巷。齐己曾有诗云:"城中古巷寻诗客,桥上残阳背酒楼。"②
但也有一些城市道路不是正东西或正南北向的,道路有所弯
曲,城市内水道纵横,冈阜隐现,就可能限制城市内部整齐的
规划,城内的里坊就可能是不规则的。

　　对城墙包围中的城市进行合理规划,苏州可以说是最有
代表性,其主要道路都连接八道陆门和八道水门,这些水陆交

---

① 白居易:《白居易集》卷二一《九日宴集醉题郡楼兼呈周殷二判官》,
　　第 457 页。
② 彭定求等编:《全唐诗》卷八四五齐己《寄吴国知旧》,第 9559 页。

通线构成进出城市的重要通道。刘禹锡云："二八城门开道路，五千兵马引旌旗。"①意谓从城门进出的道路很方便，部队行军十分畅通。唐代在苏州城内修筑了大量的道路，"城中有大河，三横四直"，三横四直的河道是重要的水路交通线。苏州六十坊，坊与坊之间道路相接，"郡郭三百余巷"，②坊内的道路称巷，而三百余巷是各坊连接主要水陆交通线的小路，说明道路建设呈方形的网格状联接，道路建设深入到城市的各个角落。这种方形的网格状的街巷制道路，构成了苏州城市道路布局的主要形式。

由此可知，城墙的修筑对城区内的建设有较大的影响，城市道路安排的走向和宽狭程度，都以连通城门作为重要的考量因素，而道路走向又影响到坊里的大小和形状。

3. 城墙的修筑，既保证了城市的安全，又使进入城市的人口越来越多。城市人口密度增加，相应地使城市工商服务行业迅猛兴起，城墙中的人们财富快速聚积。江南城市的高高城墙，使城市与农村的界限清晰起来。城市不但比农村更安全，而且和政治机构相依偎，有更多的政治和经济机会，这大大促进了人口向城市涌入，使江南城市人口不断增加。

唐五代江南州级城市大多有十万以上的人口，更有部分达二三十万。如苏州在唐五代江南是最为发达的大城市之一，所谓"江南诸州，苏最为大，兵数不少，税额至多"，③"甲郡摽天下"。④ 苏州城内的人口合理地估计在 30 万左右。杭州

---

① 刘禹锡：《刘禹锡集》卷三一《白舍人曹长寄新诗有游宴之盛因以献酬》，第 419 页。

② 陆广微：《吴地记》，第 111 页。

③ 白居易：《白居易集》卷六八《苏州刺史谢上表》，第 1434 页。

④ 白居易：《白居易集》卷二四《自到郡斋仅经旬日方专公务未及宴游偷闲走笔题二十四韵》，第 531 页。

在唐代中期,人口仅 10—15 万左右,比苏州要少;但唐代末期至吴越时,随着吴越国的建立,杭州人口增加较快,有可能达到 20—25 万左右,与苏州相仿。[①] 越州城内人数可能少则 14—15 万左右,多时或许可达 16—18 万。[②] 江南一些小州,如睦州和温州城内,约有 2.5 万人。县级城市,一般在万人以下。总体上说,同一级别的江南城市,唐五代的人口比六朝要多,[③]城市中的人口密度有较大增加。就整个隋唐五代时段来说,人口呈现出一个渐渐增加的趋势。

城市人口的增加与城市物质形态的变化有着密切的关系。随着城墙的修筑,城区面积有所扩大,有的城市郭城原本没有明确界限,这时都以城墙为限,使城市的空间有了拓展的可能,所以一个应引起注意的事实是大量人口涌进城市。六朝时期,部分政治性人口向大城市流动,但也有相当一部分人是居住在大城市郊区。到了唐五代,政治性人口继续向各级城市流动,而且这种流动有加剧的趋势,住在城市外的政治性人口比较少见,文士迁居城市亦蔚然成风。同时,农村人口也出现向城市转移的趋势,越来越多的农村人口流进城市,从事城市服务业。江南城市人口集中的方向以大城市为主,一般小城市未见太明显的人口增长趋势。工商业较为发达的、位

[①] 苏、杭两州城市人口的推测,可参张剑光《唐五代江南工商业布局研究》,第 348—358 页。

[②] 越州人口的推测,可参张剑光《唐代越州城市商品经济研究》,《绍兴文理学院学报》2010 年第 5 期。

[③] 如东吴前期都城吴郡,城内人口仅约有 10 万。东吴县城中的人口,一般不会超过两三千;郡城内的人口,在数千至 1 万左右。除都城建康是个特例外,东晋一般郡城内的人口在 1 万左右,大的郡城能达到 2 万。南朝京口城内的人数在 4—5 万左右,会稽城有 10—11 万。南朝一些小县城中的人口仅 1 千多。见张剑光、邹国慰《六朝江南人口数量的探测》,《上海师范大学学报》2014 年第 3 期。

于交通沿线的大城市,特别是唐代的苏州、杭州、越州,五代的金陵,成为流动性人口的聚集中心。

被城墙包围着的城市内,居住着众多不同层面、不同职业的人口。唐末五代时的杭州、南唐的金陵,曾经作为吴越和南唐的都城,成为政府所在地,因而在这两个城市中居住着皇帝、宗室、外戚和官员等特权阶层,他们是城市的上流阶层,是城市真正的掌控者。而各地的州、县城都是政府的统治据点,也有很多官员,在城里过着优裕的生活,有着较好的经济条件。江南城市还吸引了众多退职官员和文人学士。安史之乱发生后,北方居民多避乱南奔,"天下衣冠士庶,避地东吴,永嘉南迁,未盛于此"。① 北方大量的文人寓居江南各城市,流连于江南的山水美景之中。

城市人口的增加,为商业和手工业的发展带来了契机,城市服务业以前所未有的面貌在江南各大城市迅猛发展。这些人中,以经商为职业的在城市人口中占有相当大的比重。其中有的是往来于各地,甚或远涉海外,他们将江南地区的商品运向各地,又将各地的商品运到江南。有的开设了各种店铺、茶楼、酒楼、馆舍,集中在市内经商。城市手工业发达,从业人员众多,无论是官方手工业者还是民间私人手工业者,在江南城市中都有一定的数量。昭宗天复二年(902),徐绾在杭州发动叛乱,时杭州城中有锦工 200 多人在替钱氏织造,而这些锦工都是润州人,可以确定润州在战乱前已有数百人的织锦队伍。② 官手工业者外,还有大量民间的私手工业者。唐末皮日休《吴中苦雨因书一百韵寄鲁望》诗云:"吴中铜臭户,七万沸如蝗。"皮氏夸张性地描述出苏州城内工商业者数量极多,

---

① 李白著,瞿蜕园校注:《李白集校注》卷二六《为宋中丞请都金陵表》,第 1514 页。
② 吴任臣:《十国春秋》卷八三《钱传瑛传》,第 1194 页。

同时也告诉了我们城内有一定数量的铜器制作工匠。

4. 城墙的修筑,促使城市商业经营模式发生着一定的变化,促进了江南城市商业的发展。比如江南城市中的市,在设市地点、市的形制上显现出了一定的灵活性。

唐代江南城市实行市制,苏州、润州、金陵、越州等都有专门的商业市。但一些城市中的市场设立地点,与城门的位置、道路和河道的走向有关。如越州城内的市场,据元稹诗云:"暮竹寒窗影,衰杨古郡濠。鱼虾集橘市,鹤鹚起亭皋(越州宅窗户间尽见城郭)。……渔艇宜孤棹,楼船称万艘。"①知罗城外有护城河,渔船可直至城中,众多运送商品的楼船直接将货物运进城内。城中设市,市边有河道,水边有堆置货物的平地,四周是民居,市离城墙不远,市场与城墙有一定的联系。再如池州祁门县市,据明人说:"(唐)置县时街分田字,历(五代宋元)及(国朝)因之,时加修治,平坦如旧。"②祁门连接四城门的是两条大街,相交之处就是县市的中心,商品店铺沿街而立。

城墙修筑后,城区面积有所扩大,人口数量增加,因而迫使市场的规模也要更加庞大,以保证城市生活用品的供应。但市场不可能无限制地扩大规模,所以新的小规模的商业市场开始在有些城市不断出现。如歙州婺源县城原设在清化镇,杨吴大和年间,在弦高镇重筑新城,"启昇元二门,建东西两市"。③ 五代时的婺源有两市,设立的原因史书虽未明言,但恐怕主要是"茶货实多,兵甲且众,甚殷户口"。两市主要靠

---

① 元稹:《元稹集》外集卷七《奉和浙西大夫李德裕述梦四十韵》,中华书局 1982 年版,第 692 页。
② 彭泽、汪舜民纂:《弘治徽州府志》卷一《坊市》,《天一阁藏明代方志选刊》第 21 册,第 48 页。
③ 董诰等编:《全唐文》卷八七一刘津《婺源诸县都制置新城记》,第 926 页。

近两个城门。市场的设立,与城门以及城墙建造后的主要街道、河道的规划,都是紧密相关。

在江南的州级大城市中,原有的市场一般在市中心,而且在子城附近。苏州子城西门上的西楼叫"望市楼",登临楼上,可见全市容貌。元稹诗曾说:"弄涛船更曾观否,望市楼还有会无。"注云:"望市楼,苏之胜地也。"①官员只要在子城城楼上就能观察市中动静。但固定的市场经营模式,越来越不能满足城市居民生活的需要,人们需要更多离家较近的市场,为生活带来方便。而城墙修筑后,在一些主要街道,或者城门内外,以及居民聚居区,会出现一些经商场所。如贞元时,湖州刺史李词开拓东郭门置闉门,"以门内空闲招辑浮客,人多依之"。门前的运河上,元和时刺史辛祕建了一座人依桥。之后,随着水陆交通的方便,这儿遂"集商为市",成了一个自发的商品经营场所。② 吴国处士吴亮居住在金陵杨某的家里,"初吴以金陵为州,筑城西临江,东至潮沟,处士指城西荒芜之地,劝杨市之。及建为都邑,所市地正值繁会之处,遂制层楼为酒肆焉"。③ 城外地在修筑城墙后变成了城内热闹场所,成了大力发展商业的地方。南唐时,金陵城内的居民住宅区域出现了一些为人们日常生活服务的市集,这些市集大多在城南地区。《南唐近事》中提到鸡行,而宋代的《庆元建康续志》载:"鸡行街,自昔为繁富之地,南唐放进士榜于此。"此外还有银行、花市等,戚光《金陵志》云:"银行,今金陵坊银行街,物货所集。花行,今层楼街,又呼花行街,有造花者。诸市但名存,

---

① 元稹:《元稹集》卷二二《戏赠乐天复言》,第 246 页。
② 谈钥纂:《嘉泰吴兴志》卷一九《桥梁》,《宋元方志丛刊》,第 4852 页;嵇曾筠等修:《浙江通志》卷三五《关梁三》引《万历湖州府志》,文渊阁《四库全书》第 520 册,第 39 页。
③ 吴任臣:《十国春秋》卷一二《钱亮传》引《江淮异人录》,第 158 页。

不市其物。"①这些原来是商业店铺和手工业作坊的地方,以行为名,估计银行主要是打制金银器的,花行是专门制作装饰用花的。可以肯定的是,在城内外交通便利的地方,出现了许多新的市集,或者说是新的商业和手工业的聚散地,在五代后期渐渐演变成一片片的商业街巷,成为城市中新出现的繁华商业区域。

修筑了城墙的城市,街坊布置比较密集,纵横交错的街道巷弄系统越来越完善。随着居民的增多,街道巷弄中出现的商店越来越多。李白多次到金陵,流连于金陵的酒楼。他在《金陵酒肆留别》中说:"风吹柳花满店香,吴姬压酒唤客尝。金陵子弟来相送,欲行不行各尽觞。"他的《玩月》诗题曰:"金陵城西孙楚酒楼,达曙歌吹,日晚乘醉着紫绮裘、乌纱巾,与酒客数人棹歌秦淮,往石头访崔四侍御。"②金陵酒楼众多,杜牧《泊秦淮》有"烟笼寒水月笼沙,夜泊秦淮近酒家"句,③使我们知道唐代秦淮河边有很多酒楼。不少商店开设在离城墙不远处,而且生意红火。《金华子杂编》卷下谈到邑人出售货物后,"每抵晚归时,犹见(张)祜巾褐杖履相玩酒市,已则劲步出郭,夜回县下,及过祜门,则又先归矣"。这位邑人出售货物应该是在市内,张祜喝酒的地方离城郭不远处。

我们并不是说城市一旦修筑了城墙,就会明显地带来商业的繁荣。因为一个城市商业的繁荣,是很多条件共同促成的,但我们也得承认,城墙的修筑,在当时的社会环境之下,对商业的繁荣有一定的促进作用。城墙修筑后,城市物质形态

---

① 张铉纂:《至正金陵新志》卷四《疆域志·镇市》,《宋元方志丛刊》,第5513页。

② 李白著,瞿蜕园等校注:《李白集校注》卷一五、卷一九,第928、1122页。

③ 杜牧:《樊川文集》卷四《泊秦淮》,第70页。

的变化,人口的增加,会促使城市商业市场和店铺沿主要街道、河道,甚至城门扩散。因此,江南城市中商业发生的一些新变化,与城墙的修筑或多或少存在有一定的关联。

5. 城墙的修筑,为城市文化生活提供了更为宽阔的活动空间。城墙上往往建有高楼,便于官员闲暇赋诗吟对,极目远眺。城市内,众多园林分布于一些重要街区,州衙、权贵豪宅、寺院等都会建起大小不等的园林。城市的权贵们凭着自己的人文眼光,将州衙、庭园、寺院建成一个个大园林,厅斋堂宇、亭榭楼阁,疏密相间,高低错落有致。

园林建筑是城市物质形态的一部分,标志着城市建设达到了一定的水准。唐代苏州新建了很多园林。《吴郡志》卷九《古迹》云:"临顿,旧为吴中胜地。陆龟蒙居之,不出郛郭,旷若郊墅。今城东北有临顿桥,皮、陆皆有诗。"用现在的眼光来看,城墙包围着的城区并不全是街道和房子,很多地方仍是空地和农田。于是,一些富裕者在城市内开始建设园林,临顿即是一处具有田园风光的园林,其具体地点可能在今拙政园一带。皮日休有《临顿为吴中偏胜之地陆鲁望居之》,①描写临顿四周全是竹林和树木,有小池塘,景色以幽静著称,俊雅秀丽,精巧玲珑。苏州子城上,齐云楼高耸雄伟。白居易"半日凭栏干",看到了苏州城"复叠江山壮,平铺井邑宽。人稠过杨府,坊闹半长安"的景象。② 湖州城内登高的场所有销暑、会景、清风等"四楼",以销暑楼最为著名。《嘉泰吴兴志》卷一三《宫室》曰:"销暑楼在谯门东,唐贞元十五年李词建,有诗四韵,给事中韦某等诗六首。开成中刺史杨汉公重修,毕工在中秋日,有诗四首。"销暑楼高耸入云,官员们以登楼作为附弄风

---

① 彭定求等编:《全唐诗》卷六一二,第 7060 页。
② 白居易:《白居易集》卷二四《齐云楼晚望偶题十韵》,第 550 页。

雅之举。高斋在杭州州宅东,临大溪,紧依山麓,因建筑单体
高大,在城墙上,可俯瞰城内景象,吸引了很多人去登高远眺。
严维《九日登高》云:"诗家九日怜芳菊,迟客高斋瞰浙江。汉
浦浪花摇素壁,西陵树色入秋窗。"①

　　城墙修筑后,城区面积扩大,为富豪高官建造园林提供了
便利条件。时人曾描绘金陵的园林修建情况云:"有唐再造,
俗厚政和,人多暇豫,物亦茂遂,名园胜概,隐辚相望。至于东
田之馆,西州之墅,娄湖张侯之宅,东山谢公之游,青溪赋诗之
曲,白杨饮酒之路,风流人物,高视昔贤。京城坤隅,爰有别
馆,百亩之地,芳华一新。"②金陵城私人园林众多,有财有势
者想方设法在自己的住宅中建楼造园。如司徒徐玠家里的池
亭苑圃十分出名:"亭榭跨池塘,泓澄入座凉。扶疏皆竹柏,冷
淡似潇湘。萍嫩铺波面,苔深锁岸傍。朝回游不厌,僧到赏难
忘。"③园中有亭榭等建筑,有水面很广的池塘,种植了很多竹
子和树木,给人幽静淡雅的感觉。

　　城墙的修筑,城区面积的扩大,带来了人口数量的增加,
使城市人口的文化结构发生了较大的变化,加上商品经济的
活跃,江南城市出现了较为开放的城市文化氛围,一些新型的
民众文化生活开始显现。如江南的官宦和文人学士流行饮酒
作乐,他们以游玩山水为风雅,江南的一些城市渐渐成为他们
的游览地。日渐发展的江南城市经济,使江南地区日渐富庶
强盛起来,造就了"江外优佚,暇日多纵饮博"的景象。④ 饮
酒、游山玩水是中唐以后官员和文人学者在江南城市中休闲

---

① 彭定求等编:《全唐诗》卷二三六,第 2922 页。
② 彭定求等编:《全唐文》卷八八三徐铉《毗陵郡公南原亭馆记》,第
　9225 页。
③ 彭定求等编:《全唐诗》卷七四七李中《徐司徒池亭》,第 8506 页。
④ 李昉等编:《太平广记》卷二五一"冯衮"条,第 1591 页。

活动的主旋律。如德宗贞元四年（788）秋，韦应物被任命为苏州刺史，他来到重玄寺，眺望整个苏州城，写下了《登重玄寺阁》："时暇陟云构，晨霁澄景光。始见吴都大，十里郁苍苍。山川表明丽，湖海吞大荒。合沓臻水陆，骈阗会四方。俗繁节又暄，雨顺物亦康。禽鱼各翔泳，草木遍芬芳。"①江南城内的普通居民也十分热衷游览，或出城，或在城内，俨然形成一种社会风尚。常常见到人们在日常闲暇的时候，或携妻女，或与乡邻，呼朋唤友一起出游。特别是在一些节日期间，普通居民四处游览十分普遍。杭州城内，一派游玩景象，西湖已是士女优游娱乐之所，"绿藤荫下铺歌席，红藕花中泊妓船"，②是游玩者的天堂。

　　总体来说，隋唐五代时期，城市最重要的功能是政治上的，其次才是经济上和军事上的。大多数江南城市是政府行政力量的据点，所以行政级别的高低对城市的发展影响较大。行政地位高的城市，规模一般较大，经济发展速度较快，聚集的人口较多。反之，行政地位低的城市规模就小，发展速度缓慢。隋唐五代的江南城市，仍然继承了前代的传统，基本是一个个被城墙包围着的不同层级的行政治所。州级城市一般远大于同地区的县级城市，如越州、苏州、润州、金陵、杭州等都是因为有较高的行政级别，城市规模在江南是比较大的，聚集了大量人口。州级城市城墙的修筑十分完备，城市的规模、人口数量、城市工商业的发展就超出一般的县级城市。平原地区发展较快的县城，大多筑起了城墙，城市的发展有很大的潜力。山区中的县城，有一些是没有城墙的，城市规模较小，人

---

① 韦应物：《韦江州集》卷七，《四部丛刊》本，第 3B 页。
② 白居易：《白居易集》卷二三《西湖留别》，第 514 页。

口不多,工商业发展有限。从这一意义上说,城墙修筑是隋唐五代江南城市发展的一个重要标志。城墙修筑的不断完备,既是江南城市发展的客观要求,同时也推动了江南城市进一步向前发展。

　　(本文与邹国慰合作,发表于《文史哲》2015 年第 5 期,《新华文摘》2016 年第 4 期全文转摘)

六朝唐五代江南
城市中的产业研究

产业状况是衡量一个城市经济发展水平的重要标志。对城市中的产业发展进行探索,是对六朝唐五代时期城市进行研究的一个重要侧面,必将更加深入地认识城市经济的发展程度。因此,本文选取江南城市经济产业进行研究,必然有助于对江南城市的整体研究。

一、愈益兴盛的商业活动

商业兴盛是江南城市经济发展的突出表现。尽管六朝以来的江南城市商业常常被限定于一定的区域之内,但商业的繁盛是各个城市的共同特点,而且商业渐渐在向城市的各个角落推进,来到了城门附近,来到了交通便利的河边桥头。

六朝隋唐江南城市的商业从其所有者的性质来说,可以分成官营商业和私营商业两大部分,但由于江南远离唐代的政治中心,官营商业主要局限在政府控制的商品种类的经营中,如食盐、酒类等官榷商品的交易。比如唐代说浙西地区"有盐井铜山,有豪门大贾,利之所聚"。① 浙东的台州,苏颋

---

① 董诰等编:《全唐文》卷四一三常衮《授李栖筠浙西观察使制》,第4231页。

曾有"向悟海盐客"句,①说明城市里盐商经营十分兴盛。元和十二年至长庆元年(817—821),薛戎为越州刺史,"仍以御史中丞观察团练浙东、西。所部郡皆禁酒,官自为垆。以酒禁坐死者,每岁不知数。而产生祠祀之家,受酒于官,皆醨伪滓坏,不宜复进于杯棬者,公即日奏罢之"。② 也就是说,浙东各州官制官销,城市中出售的酒当然是官营的。浙西各州情况也是如此:"榷酒钱旧皆随两税征众户,自贞元已来,有土者竞为进奉,故上言百姓困弊,输纳不充,请置官坊酤酒以代之。既得请,则严设酒法,闾阎之人举手触禁而官收厚利以济其私,为害日久矣。及李应奏罢,议者谓宰臣能因湖州之请推为天下之法,则其弊革矣。"李应上奏的实质是要将官制官酤改成私制私酤交榷钱,他认为一旦改过来,将大大有利于江南酿酒生产的发展。次年,浙西观察使窦易直又上奏要求在浙西六州都推行这样的政策,穆宗同意了,说:"不酤官酒,有益疲人。管内六州,皆合一例。宜并准湖州敕处分。"③在相当长一段时间内,江南各城市都是官坊酤酒,政府实际控制了酒的销售。

江南城市中的商业大部分是民营性质,这是城市商业中的主体部分。民营商业的个体规模有大有小,有的是专职的商业从业者,有的则是官员或城市居民、农民等人员的短期经营。民营商业分布于城市的各个市场,经营着城市居民所需要的各类物品,满足着城市从上层人物的奢侈品到一般人的日常需要品,是构成城市商业网络最主要的方面。

城市民营商业的经营者大多数是城市的普通居民,卷入

---

① 彭定求等编:《全唐诗》卷七三《蜀城哭台州乐安少府》,第 798 页。
② 元稹:《元稹集》卷五三《薛公神道碑文铭》,第 572 页。
③ 王钦若等编:《册府元龟》卷五〇四《邦计部・榷酤》,中华书局 1960 年版,第 6043 页。

商业活动的居民相当多。《傅子·检商贾》云："都有专市之贾，邑有倾世之商，商贾富乎公室。"商人们"乘时射利，货丰巨万。竞其区宇，则并疆兼巷。矜其宴居，则珠服玉馔"。再如东晋应詹曾上表云："军兴以来，征战运漕，朝廷宗庙，百官用度，既已殷广，下及工商流寓僮仆不亲农桑而游食者，以十万计。"①说明当时有很多百姓在从事贩卖经商，就连社会底层的僮仆奴隶也不事农桑，而从事起轻便能赚钱的商业。商人是否真有十万，也许应詹有所夸大，但他的意思是经商人数众多。梁朝周石珍，"建康之厮隶也，世以贩绢为业"。②周石珍的社会地位不高，但以贩卖纺织品为生，是一个处于商品交换过程末段的零售商人。商人经商很容易发财致富，而且还与官方权力相结合，扩大和保护自己的经济利益。如梁吴郡陆验"少而贫苦，落魄无行。邑人郁吉卿者甚富，验倾身事之。吉卿贷以钱米，验借以商贩，遂致千金。因出都下，散资以事权贵"。陆验与大权在握的朱异勾搭上，"苛刻为务，百贾畏之"。③

农民弃本从商的人也有很多，南朝时这种现象十分常见。沈约说南朝前期"稼人去而从商，商子事逸，末业流而浸广"，④显然是指有不少农民进入城市从事商业活动，因而城市里的商人越来越多。也有不少官员经营商业。南朝贵族官僚经商之风盛行，"在朝勋要，多事产业"。⑤宋孔觊"弟道存，从弟徽，颇营产业。二弟请假东还，觊出渚迎之，辎重十余船，皆是绵绢纸席之属"。⑥有时官员自己不出面，让他们的仆人

---

① 房玄龄等：《晋书》卷二六《食货志》，第 791 页。
② 李延寿：《南史》卷七七《恩倖传》，中华书局 1973 年版，第 1935 页。
③ 同上书，第 1936 页。
④ 沈约：《宋书》卷五六《孔琳之传》"史臣曰"，中华书局 1962 年版，第 1565 页。
⑤ 沈约：《宋书》卷七七《柳元景传》，第 1990 页。
⑥ 沈约：《宋书》卷八四《孔觊传》，第 2155 页。

经营商业。如宋明帝时,晋安王刘子勋长史邓琬"使婢仆出市道贩卖";① 陈朝大臣徐度"世居京师","恒使僮仆屠酤为事"。②

　　城市妇女也往往会投入到商业经营中去。如东晋时的吴中风俗,"衣冠之人,多有数妇,暴面市廛,竞分铢以给其夫"。③ 衣冠士人家里的女性常于市肆抛头露面,从事经营活动,帮助丈夫一起赚钱。南朝王僧孺幼年家境贫寒,"其母鬻纱布以自业,尝携僧孺至市",④为生活所迫,女性只能入市经营。南朝宋明帝曾经令刘休"于宅后开小店,使王氏亲卖皂荚扫帚"。⑤ 刘宋末,傅琰为山阴令,曾处理卖针卖糖商妇的纠纷:"卖针卖糖老姥争团丝,来诣琰,琰不辨核,缚团丝于柱鞭之,密视有铁屑,乃罚卖糖者。"⑥至于唐代妇女经商的就更多见了。李白《金陵酒肆留别》云:"风吹柳花满店香,吴姬压酒唤客尝。金陵子弟来相送,欲行不行各尽觞。"⑦妇女开设酒店,在经营上有着一定优势。

　　江南城市商业,从大的方面来说,主要是贩运和店铺零售两种形式,后代专门从事批发性质的商业也已经存在,但不是太多。

　　江南城市中的贩运贸易是指商人利用水陆交通路线,将产品从其他地方运输到江南地区。商人们利用物品的地区差价,在经过远距离运输之后,牟取价格落差。六朝隋唐间,江

① 沈约:《宋书》卷八四《邓琬传》,第 2135 页。
② 姚思廉:《陈书》卷一二《徐度传》,中华书局 1973 年版,第 188—189 页。
③ 魏徵等:《隋书》卷三一《地理志下》,第 887 页。
④ 李延寿:《南史》卷五九《王僧孺传》,第 1461 页。
⑤ 李延寿:《南史》卷四七《刘休传》,第 1180 页。
⑥ 萧子显:《南齐书》卷五三《傅琰传》,中华书局 1972 年版,第 914 页。
⑦ 李白著,瞿蜕园等校注:《李白集校注》卷一五,第 928 页。

南参与贩运贸易的商人数量众多。从商人们贩运的商品来看，品种丰富，既有大量城市上层人物需要的奢侈品，又有大量农副产品、地方特产及手工业品。大宗农产品作为贩运的主要物品，是城市贩运贸易的一个特点。建康周石珍以"贩绢为业"，估计是从城市周边地区将纺织品运到建康。刘宋大明八年，孝武帝曾诏："东境去岁不稔，宜广商货，远近贩鬻米粟者，可停道中杂税。"[①]商人将粮食贩运到江南地区。到了隋唐五代，贩运业更为兴盛。如隋代的丹阳郡"人物本盛，小人率多商贩"。唐代的江宁县城附近，"暮潮声落草光沉，贾客来帆宿岸阴"。[②] 杭州"南派巨流，走闽禺瓯越之宾货，而盐鱼大贾所来交会"，"通商旅之宝货"。[③] 明州更是"海道辐凑之地，故南则闽广，东则倭人，北则高句丽，商舶往来，物货丰衍"。[④] 商人的贩运，使宣州"鱼盐满市井，布帛如云烟"，"物产珍奇，倾神州之韫椟，东南之巨丽"。[⑤] 明州象山县和台州宁海县交界处的祚圣庙，"唐贞观中，有会稽人金林数往台州买贩，每经过庙下，祈祷牲醴如法，获利数倍"。[⑥]

城市中商业经营的主要方式是店铺零售，一般商人都在市肆中拥有肆店或商铺。如南齐柳世隆"在州立邸治生"。[⑦] 唐末建康江宁县廨之后有酤酒王氏，经营"以平直称"。后来

---

① 沈约：《宋书》卷六《孝武帝纪》，第 134 页。

② 彭定求等编：《全唐诗》卷七四三沈彬《金陵杂题》，第 8456 页。

③ 董诰等编：《全唐文》卷七三六沈亚之《杭州场壁记》，第 7604 页；李昉：《文苑英华》卷八一一罗隐《杭州罗城记》，第 4287 页。

④ 张津等纂：《乾道四明图经》卷一《分野》，《宋元方志丛刊》，第 4877 页。

⑤ 李白著，瞿蜕园等校注：《李白集校注》卷一二《赠宣城宇文太守兼呈崔侍御》，第 780 页；李昉：《文苑英华》卷八五五李峤《宣州大云寺碑》，第 4513 页。

⑥ 张津等纂：《乾道四明图经》卷六《祠庙》，《宋元方志丛刊》，第 4899 页。

⑦ 萧子显：《南齐书》卷二四《柳世隆传》，第 452 页。

江宁大火，"此店四邻皆为煨烬，而王氏独免"。① 王氏开设的酒店以诚信、价格公道著称。唐代杭州人称"骈樯二十里，开肆三万室"，②虽不见得店肆真有三万家，但说城内商店众多还是可信的。

从总体上看，江南城市的商业活动越来越活跃。随着贩运商贸的发展，各个城市之间、城市和农村之间都有一定的联系。如剡县袁根常往来临海贩羊贸物，③而南齐吴兴连年荒歉时，不少商人到山阴市上大量收购粮食运到乌程销售。④这使我们看到，江南许多大城市的商业活动已不再局限于本州郡或本县范围内简单的互通有无，而是在整个江南地区形成市场销售网络。虽然这个网络还是简单粗疏的，但江南每个城市往往成为整个商业体系中的一个有机组成部分。

江南城市商业在经营方式上也有一定的变化发展。⑤ 如每个城市都有一个或两个市场，市场上的商品列肆交易，分类很细，但同时零售的商业店铺又往往开设在市场之处的居民生活区。尤其是到了唐代后期，一些城市的新市场在不断增加，而居民生活区的店铺渐渐增多，城市的商业渐趋繁盛。

二、新兴的生活服务业

随着城市商品经济的发展，生活服务业依托了城市发展

---

① 徐铉：《稽神录》卷六"酤酒王氏"条，中华书局 1996 年版，第 101—102 页。

② 董诰等编：《全唐文》卷三一六李华《杭州刺史厅壁记》，第 3206 页。

③ 陈耆卿纂：《嘉定赤城志》卷三五《人物门》，《宋元方志丛刊》，第 7555 页。

④ 萧子显：《南齐书》卷四六《顾宪之传》，第 807 页。

⑤ 可参拙文《六朝唐五代江南城市市场的形制与变化》，载《唐史论丛》第十五辑，陕西师范大学出版总社有限公司 2012 年版。

而兴起，从传统商业中分离出来。服务业是城市商业经济发展到一定程度的产物，其发展水平标志着中国古代城市经济的发展程度。服务业在城市经济中占的比重越大，说明城市经济的发展水平越高。

　　在江南的一些大城市中，由于城市人口增多，城市居民的衣食住行需要各个行业大量的手工业工人来为他们服务，所以城区内生活着大量的手工业工人。如城市建筑需要木工，日常生活家具也需要有人来制造，于是大量的木匠就出现在城市各坊里中。如温州城内有木工李彦等人在劳作，建康城内也有木工在做家具。有人送给建康人杜鲁宾三根木棒，杜"命工人剖之"。① 大城市内已有专门的清洁工，《金华子杂编》卷下载"咸通中，金陵秦淮河中有小民棹扁舟业以淘河者"，可能就是保养河道的工人。南唐周则年轻时专以制造雨伞为业，李后主曾问及其事，周则说："臣急于米盐，日造二伞货之，惟淫雨连月，则道大亨。"② 皮日休谈到苏州城内有大量制造金银器的工人："吴中铜臭户，七万沸如蝗。"③ 城市还需要大量的简单劳动力，于是就出现了劳动力雇佣市场。浮梁县令张某秩满到京师，在华阴碰到了一个黄衫吏，对他说："吾姓钟，生为宣城县脚力，亡于华阴，遂为幽冥所录。"④ 这个脚力就是宣州的自由劳动力。而在延陵县，陈生欲"求人负担药

① 吴任臣：《十国春秋》卷七七《武肃王世家上》，第 1072 页；徐铉：《稽神录》卷五"破木有肉"条，第 91 页；《稽神录》拾遗"杜鲁宾"条，第 120 页。
② 陶谷：《清异录》卷下《器具门·高密侯》，《全宋笔记》第一编第二册，第 86—87 页。
③ 彭定求等编：《全唐诗》卷六〇八《吴中苦雨因书一百韵寄鲁望》，第 7027 页。
④ 李昉等编：《太平广记》卷三五〇引《纂异记》"浮梁张令"条，第 2775 页。

物",到佣作坊中寻找人帮忙,①想来这样的劳动力市场在大城市中都是存在的。

　　服务性商业的兴盛是城市经济功能增强的重要标志。六朝至隋唐,城市服务业在整个商业中所占比重明显增加,行业种类繁多。江南城市中,服务性商业主要有饮食业、服装业、房产业、旅店业、租赁业、修补业等。东晋末会稽王司马道子辅政,于府中苑内穿池筑山,"山池之间处处有肆,使婢酤卖酒肉于其中。道子将见幸,乘舸至酒肆,辄携入肆,买酒肉,状如市廛,以为笑乐"。② 皇宫里模仿坊市中的酒肆进行买卖,酒肆中提供酒和肉,说明这种店肆在六朝城市中十分多见。唐朝富人贾三折,"夜以方囊盛金钱于腰间,微行市中买酒,呼秦声女置宴"。③ 百姓夜间可进入市中,还可以购买东西,看来在一些比较发达的城市中,夜间经商是官府允许的,只是限于照明条件,夜晚做生意总不如白天来得兴盛。大城市中酒店特别多,杜牧曾谈到润州市中酒楼:"青苔寺里无马迹,绿水桥边多酒楼。"④ 金陵地处南北冲要,酒楼最为多见。李白云:"朝沽金陵酒,歌吹孙楚楼。"孙楚酒楼在金陵城西,秦淮河边。⑤ 苏州酒楼特别多,有街巷以酒店闻名,"唐时有富人修第其间,植花浚池,建水槛风亭,酿美酒,以延宾旅。其酒价颇高,故号大酒巷"。⑥ 白居易云:"皋桥夜沽酒,灯火是谁家。"⑦

---

① 李昉等编:《太平广记》卷七四引《逸史》"陈生"条,第 464 页。
② 李昉等编:《太平御览》卷八二八《资产部·酤》引《晋中兴征祥记》,中华书局 1960 年版,第 3631 页。
③ 冯贽:《云仙杂记》卷七"方囊盛金钱"条,《全唐五代笔记》,三秦出版社 2012 年版,第 3461 页。
④ 杜牧:《樊川文集》卷三《润州》,第 43 页。
⑤ 李白著,瞿蜕园等校注:《李白集校注》卷一九《玩月》,第 1122 页。
⑥ 朱长文:《吴郡图经续记》卷下《往迹》,第 60 页。
⑦ 白居易:《白居易集》卷二四《夜归》,第 541 页。

苏州皋桥边白天商业活动兴盛,但到晚上仍有酒店在营业。杭州同样有酒楼在夜间经营,"高楼酒夜谁家笛,一曲《凉州》梦里残"。① 湖州出名酒,市内有大量酒楼,杜牧曾云:"金钗有几只,抽当酒家钱。"②明州、宣州城内均有不少酒肆。

各种饮食摊店遍布江南城市。吴县朱自劝死后,其女入寺为尼,大历三年(768),"令往市买胡饼,充斋馔物",③可知市内有专门出售饼类的商店。鲊是用盐腌制的鱼、肉食品,是人们特别喜爱而在市场上常见供应的一种食品,"池州民杨氏以卖鲊为业,尝烹鲤鱼十枚,令儿守之"。④ 湖州仪凤桥南有鱼脯楼,吴越国时在此专门曝鱼脯上贡,但"春月尤多,作以供盘钉","今乡土鱼脯甚美",上贡用不了这么多,就用来出售,因此鱼脯楼十分有名。⑤

江南各城市中出现了许多有名的食品。吴越杭州"有一种玲珑牡丹鲊,以鱼叶斗成牡丹状。既熟,出盎中,微红,如初开牡丹"。湖州有"吴兴连带鲊","不发缸",被收进韦巨源《家食帐》。吴兴人"敛牛乳为龙华饭","设客以吴兴裔团糟"。南唐金陵,北方士大夫大量涌至,讲究饮食之风大盛,金陵面点制作有"建康七妙",如䬻可照面、馄饨汤可注砚、饼可映字、饭可打擦擦台、湿面可穿结带、饼可作劝盏等名品。⑥

城市中服装鞋帽的制造和销售,是服务性商业的一个重

---

① 张祜:《登杭州龙兴寺三门楼》,《全唐诗补编》第二编,中华书局 1992 年版,第 193 页。

② 杜牧:《樊川文集》卷三《代吴兴妓春初寄薛军事》,第 54 页。

③ 李昉等编:《太平广记》卷三三八引《广异集》"朱自劝"条,第 2686 页。

④ 徐铉:《稽神录》卷三"池州民"条,中华书局 1996 年版,第 56 页。

⑤ 谈钥纂:《嘉泰吴兴志》卷一八《食用故事》,《宋元方志丛刊》,第 4842 页。

⑥ 陶谷:《清异录》卷下《馔羞门·建康七妙》,《全宋笔记》第一编第二册,第 107 页。

要组成部分。在金陵、杭州、越州、宣州有各种各样的裁衣肆,专门为城市居民制造衣服和鞋帽。同时,在大城市中也出现了销售衣帽的行业。刘茂忠为刺史时,有一女养在金陵,及金陵"城陷,为兵人所掠在师,茂忠使女仆入诸营部,托鬻衣而窃求之",①可知出售衣服在城市内是比较常见的。

城市内有大量公私逆旅供外地人住宿。官方有馆驿,但一般老百姓是没办法入住的,对普通人来说,他们可以入住民间开设的各种逆旅客舍。武则天时,杭州临安尉薛震将债主"于客舍遂饮之醉",最后把他杀死。② 客舍大多开设在州县城市里。黎燧于贞元十五年"终于乌程县之旅舍",③有可能这是一个民间开设的旅馆。大历中,洛阳人刘贯词和蔡霞在苏州认识后互相照顾,蔡霞对刘说:"逆旅中遽蒙周念,既无形迹,辄露心诚。"④说明两人都是借住在逆旅中。苏州这样的大城市,逆旅决不仅一两个。前钦州刺史李汉雄天祐丙子岁游杭州,住宿在"逆旅"中,⑤说明杭州城内的客舍数量应该很多。交通发达,人们的商品意识较强,商品经济总体发展水平较高,人员流动量大,因而在城市中开设私人客舍十分多见。

江南城市中房屋买卖十分普遍,还有中间人居间撮合。南齐崔慰祖"卖宅四十五万,买者云:'宁有减不?'答曰:'诚惭韩伯休,何容二价。'买者又曰:'君但责四十六万,一万见与。'

---

① 龙衮:《江南野史》卷一〇《刘茂忠传》,《全宋笔记》第一编第三册,第224页。
② 张鷟:《朝野金载》卷二,《唐五代笔记小说大观》,第19页。
③ 周绍良主编:《唐代墓志汇编》开成〇〇七《黎公墓志铭并序》,第2173页。
④ 李复言:《续玄怪录》卷三"苏州客"条,上海古籍出版社1985年版,第180页。
⑤ 徐弦:《稽神录》补遗"李汉雄"条,第122页。

慰祖曰：'是即同君欺人，岂是我心乎？'"①这里的买者，实为中间人，他在中间想赚一万的好处费。梁代徐陵说："吾市徐枢宅，为钱四万，任人市估，文券历然。"②如果外地人要长久住在江南，许多人想到了购置、求租房产的办法，因此江南大城市中房产出租、买卖比较盛行。苏州华亭令曹朗官秩将满，来到苏州"置一宅，又买小青衣，名曰花红，……后逼冬至，朗缘新堂修理未毕，堂内西间，贮炭二百斤，东间窗下有一榻，新设茵席，其上有修车细芦席十领。东行，南厦。西廊之北一房，充库，一房即花红及乳母，一间充厨"。③ 从曹县令在苏州购房居住，同时添置了大量日常生活用品可以看出，城市房屋的买卖，对促进城市经济繁荣的作用是相当大的。再如唐天宝年间，苏州吴县百姓汪凤，"宅在通津，往往怪异起焉"，于是打算出售房子，"因货之同邑盛忠。忠居未五六岁，其亲戚凋陨，又复无几。忠大忧惧，则损其价而摽货焉。吴人皆知其故，久不能售。邑胥张励者，家富于财，群从强大，为邑中之蠹横。居与忠同里，……因诣忠，请以百缗而交关焉。寻徙入，复晨望，其气不衰"。④ 房子被多次转手。房屋可以出租，虔化县令王瞻罢任归金陵，"自出僦舍"，租借房子居住。⑤

　　药材业是比较常见的一个行业，为城市居民的身体健康作出了很大贡献。上引《续仙传》谈到苏州人王可交在明州卖药，而金陵人杜鲁宾"以卖药为事"，开有一个药肆，有豫章客

---

① 萧子显：《南齐书》卷五二《崔慰祖传》，第 901 页。
② 徐陵：《徐孝穆集》卷五《与顾记室书》，《四部丛刊》本，第 1B 页。
③ 李昉等编：《太平广记》卷三六六引《乾膜子》"曹朗"条，第 2906 页。
④ 李昉等编：《太平广记》卷一四〇引《集异记》"汪凤"条，第 1010 页。
⑤ 徐铉：《稽神录》卷一"王瞻"条，第 19 页。

人"恒来市药"。① 湖州僧道闲善药术,刺史崔玄亮向他求药,道闲"乃遣崔市汞一斤入瓦锅,纳一紫丸",②汞应该是放在药铺中出售的。

衣帽鞋制造业主要在会稽、杭州、宣城、金陵、苏州等一些较大的城市中出现。天宝时,会稽主簿季攸"乃为外甥女造作衣裳、帷帐"。③ 季主簿不可能自己动手做,肯定是找了裁衣铺中的工人缝制。白居易谈到自己在杭州为太守时,命工人做了两件衣服给萧、殷二协律:"余杭邑客多羁贫,其间甚者萧与殷。……此时太守自惭愧,重衣复袭有余温。因命染人与针女,先制两裘赠二君。吴绵细软桂布密,柔如狐腋白似云。劳将诗书投赠我,如此小惠何足论。我有大裘君未见,宽广和暖如阳春,此裘非缯也非矿,裁以法度絮以仁。"④毫无疑问,染人和针女是杭州城内专门为显贵官僚们染色和做衣服的手工工人,估计人数不少。陶谷《清异录》卷下谈到"宣城裁衣肆",说明城市中成衣制造越来越为人们所接受。同书又说:"韩熙载在江南造轻纱帽,匠帽者谓为韩君轻格。"韩氏为南唐高官,后期主要活动在金陵,因此制帽匠当在金陵城内。《资暇集》卷下《席帽》云:"永贞以前,组藤为盖,曰席帽,取其轻也。……会昌以来,吴人炫巧,抑有结丝帽若网,其巧之淫者,织花鸟相侧焉。"唐后期苏州的制帽业工艺技术非同一般,用蚕丝织成帽子,而且两面还有花鸟图案。

江南城市的服务业总体上说六朝时已初步崭露头角,到了唐代渐渐在大城市中有较为发达的表现。服务业经营内容

---

① 徐铉:《稽神录》拾遗"杜鲁宾"条,第 119 页。
② 李昉等编:《太平广记》卷七三引《唐年补录》"崔玄亮"条,第 460 页。
③ 李昉等编:《太平广记》卷三三三引《纪闻》"季攸"条,第 2645 页。
④ 白居易:《白居易集》卷一二《醉后狂言,酬赠萧、殷二协律》,第 244 页。

与项目已扩大到城市居民生活的各个方面,只要有利润可以赚取,服务业就会往那个方面发展。服务性行业的经营方式更加灵活多样,有的是白天经营,有的是全天候经营。与城市生活休戚相关的方面,应该还有众多城市服务业,如剔粪业、修理业、拾荒业、器物租赁业等,只是限于史料的记载,我们无法作详细的介绍。服务业的发展,既适应了城市发展过程中城市民众不同的生活需求,同时也为城市经济的发展带来了新的增长点,优化了城市的经济结构,提供了更多的就业机会,使城市人口不断增加,直接促进了城市消费。

三、门类众多的手工业生产

手工业生产水平是衡量六朝隋唐江南城市经济的一个重要标准。与商业发展一样,城市手工业有官营和民营两部分组成。由于六朝和南唐的中央政府在江南,因而城市手工业中官营的那部分所占份量较重。

官营手工业集中在大中城市和部分小城市中,主要有纺织、造纸、金银器制造、兵器制造、铸钱、造船等产业。六朝都城建康城里有众多的官营手工业工人。孙权时"诸织络,数不满百"。吴景帝孙休永安年间,交趾郡太守"科郡上手工千余人送建业",[1]将这部分手工业工人充实到孙吴官营作坊中来。吴幼帝、景帝时,"织络及诸徒坐,乃有千数"。[2] 吴国的葛、麻纺织品生产在当时有较高的技术水平。东晋末年,大将刘裕率军灭后秦,迁关中"百工"于江南,在建康设立了专门的

---

[1] 陈寿:《三国志》卷四八《吴书·三嗣主传》,中华书局 1962 年版,第 1161 页。

[2] 陈寿:《三国志》卷六一《吴书·陆凯传》,第 1402 页。

织锦机构——斗场锦署。[1] 外地大量熟练的纺织工人来到江南城市，使南方丝织业获得长足的发展。南齐时，芮芮虏（即柔然）使臣曾向南朝政府求赐锦工，南齐以“织成锦工并女人，不堪涉远”为由加以拒绝。[2] 唐末润州的锦工享有盛名，天复二年（902）润州人徐绾在杭州发动叛乱，城中有 200 余锦工，全是润州人，钱镠长子元瑛怕他们参与徐绾叛乱，宣布“百工悉免今日工作”。[3] 由此可以确定润州在战乱前有数百人的织锦队伍。至南唐，官府里设有作坊，生产物品种类众多，数量很大。《南唐近事》卷一云：“昇元初，许文武百僚观内藏，随意取金帛，尽重载而去。”国库藏量巨大，充分反映出官作坊的生产量是十分惊人的。

南朝官手工业造纸技术相当高超。《文房四谱》卷四《纸谱》引《丹阳记》称，南朝建康城内有“纸官署，齐高帝于此造纸之所也。尝送凝光纸赠王僧虔”。唐《元和郡县图志》卷二六载婺州开元贡藤纸，元和贡白藤细纸。《册府元龟》卷七一九《幕府部·清廉》云：“杜暹为婺州参军，秩满将归，州吏以纸三万余张以赠之，暹唯受一百，余悉还之。时州僚别者见而叹曰：‘昔清吏受一文钱，复何异也。’”以纸三万余张相赠，可见当地的生产量是很大的。

六朝官营造船业，在江南城市中也蓬勃发展。孙权曾说：“秣陵有小江百余里，可以安大船，吾方理水军，当移据之。”[4] 孙权定都建业，为了操练水军，在小江（今秦淮河）设立修船和

---

① 李昉等编《太平御览》卷八一五《布帛部二·锦》引山谦之《丹阳记》（中华书局 1960 年版，第 3624 页）：“斗场锦署，平关右迁其百工也。”

② 萧子显：《南齐书》卷五九《芮芮虏传》，第 1025 页。

③ 吴任臣：《十国春秋》卷八三《钱传瑛传》，第 1194 页。

④ 陈寿：《三国志》卷五三《吴书·张纮传》注引《献帝春秋》，第 1246 页。

造船基地。唐德宗建中年间,韩滉镇润州,时李希烈作乱,韩滉"造楼船战舰三十余艘,以舟师五千人由海门扬威武,至申浦而返"。唐昭宗景福二年(893),冯宏铎为昇州刺史兼武宁军节度使,"冯宏铎介居宣、扬之间,常不自安,然自恃楼船之强,不事两道"。①《九国志》卷二说冯宏铎"聚水军于金陵,楼船之盛,闻于天下"。替他造船的工人曾说:"冯公每一舟,必远求梗楠。既成,数十岁为用。余木性不禁水,非久必败。"②冯宏铎为田頵打败后,李神福为昇州刺史,天复三年(903),"率舟师万人以讨杜洪"。③ 说明昇州的造船业并没有因冯宏铎的离开而衰落,而是继续保持了发展势头。

六朝墓葬中出土的很多金银器,反映了当时金银冶铸技术的进步。罗宗真先生对南京附近有金银器随葬的 18 座六朝墓统计,共出土金银器 411 件,其中金器即达 363 件,金器中饰件又达 232 件,说明当时金器主要用来装饰或作馈赠的礼品。这些金银装饰品制作得非常精细,且提炼十分纯正,含纯金达 95% 以上,足可说明建康和南徐州的金银器制造水平之高。④ 到了唐朝,江南城市中的官手工业继续保持着金银器制作的高水准。如敬宗即位后不久,诏浙西造银盝子妆具 20 事进内。时任润州刺史的李德裕说:"金银不出当州,皆须外处回市。去(年)二月中奉宣令进盝子,计用银九千四百余两。其时贮备,都无二三百两,乃诸头收市,方获制造上供。昨又奉宣旨,令进妆具二十件,计用银一万三千两,金一百三十两。寻令并合四节进奉金银,造成两具进纳讫。今差人于

---

① 周应合纂:《景定建康志》卷一二,《宋元方志丛刊》,第 1466 页。
② 路振纂:《九国志》卷三,《宛委别藏》第 43 册,第 2 页。
③ 吴任臣:《十国春秋》卷一《太祖世家》,第 21 页。
④ 罗宗真:《探索历史的真相》,江苏古籍出版社 2002 年版,第 12 页。

淮南收买,旋到旋造,星夜不辍,虽力营求,深忧不迨。"①敬宗
要浙西贡金银造妆具,证明润州所造产品由于工艺水平较高,
很合皇室胃口。1962年,在西安北郊坑底村出土了唐代金花
双凤纹银盘1件,盘底刻有铭文:"浙东道都团练观察处置等
使大中大夫守越州刺史兼御史大夫上柱国赐紫金鱼袋臣裴肃
进。"②裴肃为越州刺史在贞元十四至十八年(798—802)之
间,该金花银盘应该大致上是这一时期制造的。唐代末期,
越州官手工业中金银器制造继续存在着。乾宁元年(894)
十月,董昌向朝廷贡献,"每旬发一纲,金万两,银五千铤"。③
越州是浙东最为重要的一个工商业城市,制造金银器的能力
较强。

　　官营手工业一般采用工场化的生产方式,规模较大。唐
代常州义兴茶叶进贡约在永泰至大历间李栖筠为常州刺史
时,相邻的湖州进贡约在大历五年(770)。由于义兴造茶数量
太多,所以唐代宗"遂命长兴均贡,自大历五年始分山析造"。
两州制茶主要采用的是官手工业的方式,"风有定额,鬻有禁
令",民间不得擅自私制,由二州刺史各负责自己一州的生产,
浙西观察使全面领导。二州分别建造了制茶工场。义兴县最
初建在洞灵观,规模不是最大,贞元间韦夏卿任刺史时搬到了
庵画溪边。湖州长兴县的贡茶院在虎头岩后,"旧于顾渚源建
茶舍三十余间"。后来至"正元十七年,刺史李词以院宇隘陋,
造寺一所,移武康吉祥额置焉。以东廊三十间为贡茶院,两行

---

① 刘昫:《旧唐书》卷一七四《李德裕传》,第4512页。
② 李长庆:《西安北郊发现唐代金花银盘》,《文物》1963年第10期;朱
　　捷元:《西安北郊出土唐金花银盘铭文的校勘》,《文物》1964年第
　　7期。
③ 司马光主编:《资治通鉴》卷二五九唐昭宗乾宁元年十二月条,第
　　8460页。

置茶碓,又焙百余所,工匠千余人,引顾渚泉亘其间,烹炙涤濯皆用之"。① 所用工人人数,义兴不见记载,长兴为千余人,而《元和郡县图志》卷二五又说"役工三万人,累月方毕"。不同时期,生产规模不一,使用的工人数相差了十数倍。虽然,制造茶叶的地点并不是在城市内,但我们可以看到官手工业工场的一些特点,比如工场规模较大,工作人数众多,技术上比较有保证,生产量很大。官手工业主要是为皇室和官府服务的,生产物一般不投放到市场,因而不是商品化生产。不过在官手工业中有不少技术高超的工人,而且其时常常会采用和雇的方式招募他们,因而官营手工业的发达,一定程度上为城市民众提供了一些就业机会。

民营手工业是六朝至唐五代江南城市手工业的主体,民营手工业的发展伴随着城市商业的繁荣而兴旺起来。民营手工业的发展有这样一些方面值得引起我们注意:

第一,手工业门类众多。学者指出,六朝手工业形成了冶炼、造船、制瓷、纺织、制盐、造纸、制茶等七大手工业部门。②不过从实际来看,冶炼、制瓷、制盐、制茶等一般是在城市外的,真正在城市里的手工业估计主要是造船、纺织,此外还有铜器制造、制酒等。如六朝京口出好水,因而京口酒的质量很高。曲阿县的新丰酒和曲阿酒也很有名。《魏书》卷七〇《刘藻传》谈到北魏南侵,魏孝文帝与将军刘藻辞别,相约于石头城相见刘藻说:"臣虽才非古人,庶亦不留贼房而遗陛下,辄当酾曲阿之酒以待百官。"孝文帝大笑说:"今未至曲阿,且以河东数石赐卿。"说明江南的曲阿酒名播北方。京口地区铜器制作及造船业十分出名。新中国成立后从镇江地区的六朝墓葬

① 谈钥纂:《嘉泰吴兴志》卷一八《食用故事》,《宋元方志丛刊》,第 4841 页。

② 简修炜等:《六朝史稿》,华东师范大学出版社 1994 年版,第 144 页。

中出土不少铜器、铜钱,在镇江市区北固山前峰西侧山坡下,发现有六朝时的造船工场遗存,出土了船及木作铁工具。①至唐五代,手工业的种类就更加繁多,如纺织业(丝纺、麻纺、刺绣)、金银器和铜器制造、造船、漆器制造、食品制造(制酒、制糖、副食品)、服装、文具制造、印刷等等。《南唐近事》卷二记载:"元宗幼学之年,冯权常给使左右,上深所亲幸,每曰:'我富贵之日,为你置银靴焉。'保大初……语及前事,即日赐银十勔以代银靴。权遂命工锻靴穿焉,人皆哂之。"城市里有专门制靴的工匠,因为是要锻银制靴,所以这个工匠又是个金银匠。慈溪县东三十五里的香山智度寺,"咸通十四年,有途人负漆器五百入寺,曰:'汤和尚于浙西丐缘,先遣至此,和尚濯足溪边随至矣。'"②时浙西节度驻地在润州,文中的"浙西"应该指的是润州,说明润州是漆器的重要生产地。

　　第二,江南城市民营手工业的地方特色比较明显。江南城市手工业的门类在不断增多,大中小城市都有不少手工业,不过各城市的手工业发展水平并不一致。如丝绸业,在一些城市出产的特殊织品很多,技术比较先进,而有的城市丝织技术比较落后,生产不出新产品。东晋南朝时,江南蚕茧生产有突破性进展,如据左思《吴都赋》称,吴郡出现了"乡贡八蚕之绵",即实现了一年蚕多熟。南齐萧子良曾说:"伏寻三吴内地,……民庶凋流,日有困殆,蚕农罕获,饥寒尤甚,……机杼勤苦,匹裁三百。"③说明南朝时太湖周围地区丝绸纺织已比较普遍。《隋书》对唐以前江南丝织业作过概括:"一年蚕四五熟,勤于纺绩,亦有夜浣纱而旦成布者,

———————

① 严其林:《镇江史要》,苏州大学出版社 2007 年版,第 50 页。
② 方万里纂:《宝庆四明志》卷一七《寺院》,《宋元方志丛刊》,第 5217 页。
③ 萧子显:《南齐书》卷二六《王敬则传》,第 482 页。

俗呼为鸡鸣布。"①唐代宋之问任越州长史时,曾这样描述越州的情形:"妾住越城南,离居不自堪。采花惊曙鸟,摘叶喂春蚕。"②开元时徐延寿见到的越州:"金钏越溪女,罗衣胡粉香。织缣春卷幔,采蕨暝提筐。"③天宝时,越州的绫、纱、罗作为地方特产上贡朝廷,证实能够生产的精美织品越来越多。越州绫有白编、交梭、吴绫、越绫、十样花纹等品种,名目繁多,体现了织法和纹饰的多样性。尤其是吴绫,有一般吴绫及异文吴绫、花鼓歇、单丝吴绫等品种。施肩吾云:"卿卿买得越人丝,贪弄金梭懒画眉。女伴能来看新蹙,鸳鸯正欲上花枝。"④这儿织成的图案是花枝上的鸳鸯。绫的质量上乘,价格很贵,只有富人、贵族才能穿得起。苏、润、宣、常、杭等城市都是丝织品生产较为发达的城市,但睦、婺、衢、处、温、州、歙、池等城市丝纺技术比较低。再比如金属制造和加工,润、苏、衢、杭、宣、越等城市发展较有特色,而其他城市加工水准就较低。铁器制造,睦、台等城市发展很有特点。由于各城市手工业门类在不断增多,生产技术经常在改进,但同时各城市有自己的发展特点,所以江南手工业以太湖周围及浙北的一些城市最为发达,而南部城市手工业发展速度较慢。随着手工业的不断发展,这种差距在唐后期表现得尤为明显。

　　第三,城市周围原料的支撑是江南城市民营手工业生产发展的重要原因。无论是丝绸、麻织类纺织工业,还是制茶、制酒类的食品工业,以及造纸、制衣等,都是由于城市四郊的农村提供了丰富的原材料,城市才能进行技术上的加工。因

① 魏徵等:《隋书》卷三一《地理志下》,第 887 页。
② 彭定求等编:《全唐诗》卷五二《江南曲》,第 634 页。
③ 彭定求等编:《全唐诗》卷一一四《南州行》,第 1165 页。
④ 彭定求等编:《全唐诗》卷四九四《江南织绫词》,第 5605 页。

此,江南城市手工业是依赖了农村的原材料生产才发展兴旺的。当然也有一些手工业原材料的供应并不是本地的,如江南城市的漆器制造比较发达,但漆器材料并不全是本地的;沿江沿海城市是重要的造船中心,但使用的木材往往是其他地方的材料,如金陵使用的是江西木材;金属制造所用矿产一般而言是本地开采的,但江南不产金,如润州的金银器制造技术较高,而原材料却是从淮南收购而来,苏州的情况也基本相同。不过从总体上看,江南各城市手工业的发展特色,与各地原材料的供应有着直接的关系。

第四,江南城市手工业产品有相当部分是进入商品市场的。由于六朝至隋唐社会的特殊性,民营手工业的生产物有一部分并不进入流通领域。比如宣州泾县城中丝织业生产十分普遍,"寻街听茧缫",到处都是织机的声音。[①]《元和郡县图志》谈到宣州贞元时期上贡五色线毯,《新唐书》称丝头红毯,这是一种以染色丝线织造的地毯,白居易《红绣毯》诗有详尽描写:"宣城太守加样织,自谓为臣能竭力。百夫同担进宫中,线厚丝多卷不得。"[②]这样的民营手工产品其实不是商品,而是作为贡品献给了朝廷。不过,江南的手工业产品大部分仍是能进入商品市场的。比如温州别驾豆卢荣妻母金河公主随婿居住在温州多年,宝应初,"时江东米贵,唯温州米贱,公主令人置吴绫数千匹",[③]这些吴绫可能是温州本地生产的,是温州市场上的商品。常州是江南麻织最为发达的州之一,所产白苎布开元时列为全国第二等。池田温先生根据大谷文书 3083、3044、3048 所录《唐天宝二年交河郡市估案录文》,谈

① 彭定求等编:《全唐诗》卷五八八李濒《送许棠归泾县作尉》,第6823 页。

② 白居易:《白居易集》卷四,第 78 页。

③ 李昉等编:《太平广记》卷二八〇引《广异记》"豆卢荣"条,第 2230 页。

到布行中:"常州布壹端,上直钱伍伯文,次肆伯玖拾文,下肆
伯捌拾文。杂州布壹端,上直钱肆伯伍拾文,次肆伯文,下叁
伯捌拾文。"①录文中各州来的布统称"杂州布",明显低于常
州布的价格,其中上等布低于常州布 10%,中等布要低
18.5%,下等布要低 20.9%,常州苎布的质量在西州特别有竞
争力。《咸淳毗陵志》卷一三谈到常州在北宋时上贡苎十匹,
并说"郡下武进县买充",说明唐宋以来,常州布在市场交易中
是十分受欢迎的。李白《赠宣城宇文太守兼呈崔侍御》说宣州
是"鱼盐满市井,布帛如云烟",②可知宣州城内的手工业品大
量供应市场。罗隐《绣》诗云:"一片丝罗轻似水,洞房西室女
工劳。花随玉指添春色,鸟逐金针长羽毛。蜀锦谩夸声自贵,
越绫虚说价犹高。可中用作鸳鸯被,红叶枝枝不碍刀。"③罗
隐主要生活在唐末五代初年的杭州,越绫和他看到的绣品,都
是市场上价格较高的珍贵商品。

　　第五,民营手工业生产规模小,一般都是以家庭作坊或个
体生产为主。个体生产的技术有不少世代相传。如诸葛笔是
宣州最有名的笔,《白孔六帖》卷一四《笔砚》云:"宣州诸葛氏
能作笔,柳公权求之,先与三管,语其子曰:'柳学士如能书,当
留此笔,不尔退还,即以常笔与之。'未几,柳以不入用,别求
笔,遂以常笔与之。先与者三管,非右军不能诸葛笔也。"传说
从晋朝开始,诸葛氏世代制笔,唐五代更是代出名手。大历
十才子之一耿湋有《咏宣州笔》云:"影端缘守直,心劲懒藏
锋。落纸惊风起,摇空见露浓。"皮日休云:"宣毫利若风,剡

---

① 转录自池田温《中国古代物价初探——关于天宝二年交河郡市估案
　　断片》,文载刘俊文主编《日本学者研究中国史论著选译》第四卷,第
　　454 页。
② 李白著,瞿蜕园等校注:《李白集校注》卷一二,第 780 页。
③ 陈尚君辑:《全唐诗续拾》卷四五,《全唐诗补编》下册,第 1408 页。

纸光与月。"①五代宣州笔特别受到宫廷宗室的喜爱。南唐宜
春王"喜书札,学晋二王楷法,用宣城诸葛笔一枝,酬以十金,
劲妙甲当时,号为翘轩宝帚,士人往往呼为宝帚"。② 南唐后
主昭惠后周氏"所用笔曰点青螺,宣城诸葛氏所造"。③ 宣州
的笔应该都是家庭手工业生产的。《清异录》卷下云:"唐世举
子将入场,嗜利者争卖健豪圆锋笔,其价十倍,号'定名笔'。
笔工每卖一枝则录姓名,俟其荣捷,则诣门求阿堵,俗呼谢
笔。"笔工就是个体手工者,制笔的技术精湛,讲求质量。再如
苏州草鞋编织历史久远,上可推到晋朝。《说郛》卷四三引唐
王献《炙毂子杂录》云:"靸鞋舄,……西晋永嘉元年,始尚用黄
麻为之。……梁天监中,武帝以丝为之,名解脱履。至陈隋
间,吴越大行,而模样差多。及大历中,进五朵草履子。至建
中元年,进百合草履子,至今其样转多差异。"苏州蒲鞋远销越
州,特别博得城里女孩子的喜爱,绣上花朵以后,甚至可作为
定情之物。唐末诗人刘章《咏蒲鞋》云:"吴江浪浸白蒲春,越
女初挑一样新。才自绣窗离玉指,便随罗袜上香尘。石榴花
下从容乐,玳瑁筵前整顿频。今日高楼鸳瓦上,不知掷果是何
人。"④《正德姑苏志》卷二四云:"蒲鞋,吴人以蒲为鞋,草为
屦。杜荀鹤诗云:'草屦随船买。'"虽然是个体生产,但编织者
众多,鞋子的产量不小。民营手工业也常以作坊的形式出现
在江南城市中。唐文宗开成时宰相李珏曾谈到南方的铜器铸

---

① 彭定求等编:《全唐诗》卷二六八《咏宣州笔》,第 2980 页;卷六〇九
　《二游诗》,第 7028 页。谢德萍、孙敦秀先生认为"这样的笔,只有'价
　如金贵'装潢雅致的宣笔才能匹配",意即考场所卖是宣州笔,见《文
　房四宝纵横谈》,文津出版社 1990 年版,第 49 页。
② 陶谷:《清异录》卷下《文用门·宝帚》,《全宋笔记》第一编第二册,第
　90 页。
③ 吴任臣:《十国春秋》卷一一五《拾遗》,第 1682 页。
④ 彭定求等编:《全唐诗》卷七六二,第 8658 页。

造："今江淮已南,铜器成肆,市井逐利者,销钱一缗,可为数器,售利三四倍。"[1]他说铜器制造成肆成列,显然都是一个个作坊在销钱。苏州市内有金银行:"吴泰伯庙,在东阊门之西,每春秋季,市肆皆率其党,合牢醴祈福于三让王,多图善马彩舆女子以献之。非其月,亦无虚日。乙丑春,有金银行首纠合其徒,以绡画美人,……"[2]可知苏州城内有一定数量的手工作坊在从事金银器的铸造。

相较于官营手工业,民营手工业的生产都是小规模的,不过商品的总量往往超过官营手工业。私营手工业有时会和官营手工业生产相同的商品,但更多的时候往往会生产官营手工业不愿生产的产品。如《清异录》卷上云:"时戢为青阳丞,洁己勤民,肉味不给,日市豆腐数个,邑人呼豆腐为小宰羊。"豆腐的制作由来已久,而州县城内官营手工业是不屑于生产这种小商品,而民营手工业就填补了空白,满足了商品经营的需要,因而民营手工业有着广阔的发展空间。

四、日趋活跃的外贸业

随着商品经济的兴盛,江南地区的外贸业开始出现。东吴黄武五年(226),吴国交趾太守将来到交趾的大秦商人秦论送到建业,孙权曾亲自接见。时亶洲商贩常到会稽来贩布,而会稽人也有漂洋过海到亶洲的,反映出东吴和海外地区已有贸易往来。日本的一些古墓中曾经出土过一些吴镜,应该是日本和东吴往来者携带的。在日本的一些古墓中还出土了许多三角缘神兽镜,这些神兽镜虽生产于日本,但与中国会稽郡

---

① 刘昫:《旧唐书》卷一七六《杨嗣复传》,第 4557 页。
② 李昉等编:《太平广记》卷二八〇"刘景复"条,第 2235 页。

的吴镜有不少关联，有关专家认为"这意味着它们是中国的吴国工匠东渡日本，在日本制作的"。① 东晋时期，江南城市与日本、朝鲜、南海诸国的来往更为密切，民间贸易出现。如《晋书》卷九七《林邑传》载："徼外诸国尝赍宝物自海路来贸货。"南朝时期，与南海诸国的交往更趋活跃，一些国家如林邑、扶南等国遣使建康贡献礼物。《梁书》卷五四《扶南传》记载了天监年间扶南王遣使献佛像、火齐珠、郁金、苏合等香；《丹丹传》谈到中大通二年（530）时曾献牙像及塔、火齐珠、古贝、杂香药，大同元年（535）献金、银、琉璃、杂宝、香药。其时南朝也遣使往南海，带去了很多东西，如铠仗、袍袄、马匹等。双方互赠的都是上层人物喜爱的奢侈品，实际上是一种变相的特殊贸易。

唐五代，江南与海外之间的贸易比较常见。我们以前曾作过研究，发现唐五代江南地区有大量的少数民族商人和外国商人在活动，来自朝鲜、日本、阿拉伯、波斯、印度、渤海国、契丹、西域等国家和地区，主要经营珠宝、香药、火油等各类奢侈品和茶叶、粮食、丝绸等商品的买卖，还有一部分从事酒店业的经营。②

随着经济的发展，江南靠近江海的一些大城市成了对外贸易港口。浙东沿海地区的一些城市由于占有优越的自然条件，外国来船众多，而国内船只也常从这些地区起航赴国外贸易。如明州是江南与日本等国商业运输和人员往来最重要的港口。唐末从明州出发到日本的船有六只，日本到达明州的船有一只。宋人称明州是"海道辐凑之地"，"南接闽广，东则矮人国，北控高丽，商舶往来，物货丰衍"，是"东南之要会

---

① 王仲殊：《日本三角缘神兽镜综论》，《考古》1984 年第 5 期。
② 张剑光：《唐五代江南的外商》，《史林》2006 年第 3 期。

也"。① 而实际上这种状况在唐末五代就已存在。台州是江南与日本、高丽等国海上商船来往的重要城市之一。宋代台州有新罗屿,"在(临海)县东南三十里,昔有新罗贾人舣舟于此,故名"。新罗商人的活动时间可能就是在唐五代时期。临海还有高丽头山,"在县东南二百八十里,自此山下分路入高丽国。其峰突立,宛如人立,故名"。② 浙江南部地区的瓷器出口,一般认为是直接从台州出口的。有学者认为台州地区对外进行瓷器贸易时,"从临近的海门港、楚门港和松门港出口,远销日本、菲律宾和南洋群岛",这大致上是可信的。③ 温州也是日本船只靠岸的重要地区。唐人有诗谈到温州的海运:"永嘉东南尽,口祖皆可究。帆引沧海风,舟沿缙云溜。"④温州向南的船只经南海可直通印度、阿拉伯。越州也是外国商人上岸的一个港口。日本岛东面海中有岛屿邪古、波邪、多尼等,"北距新罗,西北百济,西南直越州,有丝絮、怪珍云"。⑤可知这些岛屿航行到江南的船大多以越州为目的地。吴越时期的杭州,前来的外国人更多,高丽人和日本人最为常见。高丽国王听说灵隐寺僧延寿名声,"常投书问道,执弟子礼",还遣 36 人前来"亲承印证,相继归国,各化一方"。至于商人的往来就更多了,僧契盈陪侍忠懿王游碧波亭,"时潮水初满,舟

---

① 祝穆:《方舆胜览》卷七《庆元府》,中华书局 2003 年版,第 121 页。
② 陈耆卿纂:《嘉定赤城志》卷一九《山》,《宋元方志丛刊》,第 7427、7430、7428 页。
③ 台州地区文管会、温岭文化局:《浙江温岭青瓷窑址调查》(金祖明执笔),《考古》1991 年第 7 期。
④ 郭密之:《永嘉怀古》,载《全唐诗补编》第二编,中华书局 1992 年版,第 139 页。
⑤ 欧阳修等:《新唐书》卷二二〇《日本传》,第 6209 页。

楫辐凑,望之不见其首尾"。① 吴越军曾用火油焚烧吴军战舰,"火油得之海南大食国,以铁筒发之,水沃其焰弥盛"。② 可知杭州与大食国之间有着直接的海上往来。谭其骧先生认为杭州是唐五代重要的通商口岸,他引述了杜甫诗"商胡离别下扬州,忆上西陵故驿楼",认为西陵是当时海舶出入杭州的必经之地,"唐代西陵之所以时有商胡踪迹,其目的地亦必在杭州"。③

沿长江的各大城市也不时有外国船只前来。五代时的金陵是江南的重要港口之一,金陵城内居住着一定数量的外国商人,曾有大食国使者前来进贡龙脑油,南唐元宗爱惜异常。郑文宝《耿先生传》云:"南海常贡奇物,有蔷薇水、龙脑浆。上实宝之,以龙脑调酒服,香气连日,也以赐近臣。"④王贞白《娼楼行》云:"龙脑香调水,教人染退红。"⑤看来大食国带来的龙脑油数量不少,连一般的娼楼中也在大量使用。沈彬《金陵杂题二首》云:"暮潮声落草光沉,贾客来帆宿岸阴。"⑥可证金陵是当时重要的商港。润州常见外国船只,许棠《题金山寺》云:"刹碍长空鸟,船通外国人。房房皆叠石,风扫永无尘。"⑦李栖筠为常州刺史,城下"海夷浮舶,弦发望至"。鉴真和尚东渡日本时,"发自崇福寺,至扬州新河,乘舟下至常州界[狼]山"

---

① 吴任臣:《十国春秋》卷八九《延寿传》《契盈传》,第 1287、1290—1291 页。
② 钱俨:《吴越备史》卷三《文穆王》,文渊阁《四库全书》第 464 册,第 544 页。
③ 谭其骧:《杭州都市发展之经过》,《长水集》上册,第 438 页。
④ 吴任臣:《十国春秋》卷三四《耿先生传》,第 479 页。
⑤ 童养年辑:《全唐诗续补遗》卷一一,载《全唐诗补编》第三编,第 465 页。
⑥ 彭定求等编:《全唐诗》卷七四三,第 8456 页。
⑦ 彭定求等编:《全唐诗》卷六〇三,第 5973 页。

出海，①到常州城来贸易的中外海船必定不少。杨琟任常州司户参军时，"海税孔殷"，②说明地方政府向前来商贸的外国商人征取一定比例的商税。就连池州也有外国商船前来交易。唐人曾有诗云："苍茫空泛日，四顾绝人烟。半浸中华岸，旁通异域船。岛间知有国，波外恐无天。欲作乘槎客，翻然去隔年。"③

江南对外贸易的城市主要集中在沿海和长江沿岸，其中当以明州、台州、杭州、金陵等城市的对外贸易最为兴旺。频繁的交易，意味着大量的货物相互往来。从当时的实际情况来看，江南运出的货物往往是本地区的特殊产品。日本自奈良朝以后，对唐朝的物品极其嗜好，每每以拥有某种唐货互相夸耀。如光孝仁和元年（885），日本政府下令大宰府司，禁止王臣家使及管内吏民私自以高价抢购舶来品，说明唐朝货物在日本十分受欢迎。④

江南内陆腹地较为广阔，各地生产的货物先集中于各大城市，再输向国外。运向城市的货物主要有以下数种：

一是瓷器。江南各地生产的瓷器大多运往明州，再向外输出。1973年，在宁波遵义路唐宋时代的城门渔浦门遗址的清理中，在唐代城墙墙基下出土了700多件唐代瓷器，其中绝大部分是越州窑瓷，而釉下彩绘奔鹿壶和脉枕为长沙窑产品。林士民先生认为唐代的明州北面紧临余姚江水路，东南是余

---

① 真人元开：《唐大和上东征传》，中华书局2000年版，第62页。
② 周绍良主编：《唐代墓志汇编》开元一一〇《大唐故杨府君墓志铭》，第1230页。
③ 王崇纂：《嘉靖池州府志》卷八周繇《登望江峰海望一首》，《天一阁藏明代方志选刊》，第11页。
④ 木宫泰彦：《日中文化交流史》引《三代实录》，商务印书馆1980年版，第115页。

姚江、奉化江和甬江汇合的地方,"设有海运码头,是对外贸易的重要集散地",应该说是比较真实地描绘了当时的情况。①这些瓷器,显然系外销的一部分,而长沙窑瓷器是从长江水道运抵后在明州中转的。

二是丝绸。丝绸是江南较有特色的一种手工业产品。后周广顺三年(953),吴越商人蒋承勋代表吴越王钱弘俶向日本送上锦帛,而日本右大臣藤原师辅托蒋承勋带回到吴越的信中说:"抑人臣之道,交不出境,锦绮珍货,奈国宪何。"由此估计蒋承勋所运货物中有不少丝绸织品。木宫泰彦认为:"客商等输入的商品虽属不详,但可能和前代一样,以香药和锦绮等织物为主,而日本方面用来做交易的似乎以沙金等物为主。"②

三是香药、中药和家禽、牲畜动物等。《三代实录》载清和贞观十六年(874)六月,大宰府令大神己进、多治安江等人入唐求香药。三年后,多治安江从台州回国,带回货物众多,估计主要是香药类商品。《扶桑纪略》载延喜三年(903),唐朝商人景球到达日本,献羊1头,白鹅5只。其时北方战争不断,景球或许也是江南商人,有可能销往日本的货物中一部分是家禽、牲畜。长元元年(909),唐商经大宰府少典进献日本唐物和孔雀。延喜二十年(919),日本交易唐物使向朝廷进献唐朝商人鲍置求所献的孔雀。天庆元年(938),吴越商人蒋承勋向日本大臣进献羊2头。

从这些输出的产品来看,货物一般不是城市自己生产的,大多是来自周围农村地区。不过城市作为运输的关节点,将这些产品运向国外,其所起的重要作用不可忽视。

---

① 林士民:《浙江宁波市出土一批唐代瓷器》,《文物》1976年第7期。
② 木宫泰彦:《日中文化交流史》,第226页。

五、其 他 产 业

除商业、服务业、手工业、外贸业外,江南城市还有一些其他产业,对城市经济同样也产生着一定的影响。

城市中有一部分较为富裕的人从事高利贷业。作为城市金融业的一种,高利贷是六朝至唐五代江南城市常见的一种赚钱方式,从事的人数也有一定的数量。吴郡人陆验"少而贫苦,落魄无行。邑人郁吉卿者甚富,验倾身事之。吉卿贷以钱米,验借以商贩,遂致千金"。[1] 陆验通过经商致富,但最初的资金是向郁吉卿借贷的。虽然这里并没有明说他是通过高利率借钱给陆验,但利益追逐的本性决定了陆验的借贷不会是无息的。在江南城市,放贷的人还真不少。南朝宋明帝时,"会土全实,民物殷阜,王公妃主,邸舍相望,桡乱在所,大为民患,子息滋长,督责无穷"。[2] 放高利贷带来的利润,吸引了王公妃主。梁临川王萧宏在"都下有数十邸出悬钱立券,每以田宅邸店悬上文券,期迄便驱券主,夺其宅。都下东土百姓,失业非一"。[3] 他是举放高利贷,以田宅邸店为抵押,逾期不还,所押不动产即被没收。

城市中还有少量的种植业。如有的豪族在京都为官,赐田就在都城建业附近。东吴名将潘璋死,其"妻居建业,赐田宅,复客五十家"。[4] 复客应是依附农民,是一种区别于编户的奴仆,所以推测建业城内应该是有农田的,这部分复客是城市居民,主要生活来源是靠农业劳作。建康城北地区在六朝

---

① 李延寿:《南史》卷七七《恩幸传》,第 1936 页。
② 沈约:《宋书》卷五七《蔡兴宗传》,第 1583 页。
③ 李延寿:《南史》卷五一《梁临川王宏传》,第 1278 页。
④ 陈寿:《三国志》卷五五《吴书·潘璋传》,第 1300 页。

以前人烟荒芜,当时为了安置北方移民,曾在此地设郡县,结果城北地区人口增多。杨吴筑城时,将这些地区划至城外。城北地区人口相对较少,与城内的交通也不如城南繁忙,故仅开一个城门出入。这些地区的居民利用玄武湖,发展养殖业,获利甚丰。南唐时,玄武湖中"每岁菱藕罟网之利不下数十千"。① 由于城北地区面积广大,尚不具备发展工商业的条件,所以即使到了南唐,金陵城周围仍有很广大的农业区,居民也以农业人口为主。

运输业也是重要的产业之一。吴都建业时,就已"楼船举帆而过肆",市肆中的商品靠远道运输而来,时"州郡吏民及诸营兵,多违此业,皆浮船长江,贾作上下"。② 刘宋大明八年(464),孝武帝诏曰:"东境去岁不稔,宜广商货,远近贩鬻米粟者,可停道中杂税。"③作为商品的粮食,全是通过运输后再贩卖。《唐国史补》卷下云:"凡东南郡邑无不通水,故天下货利,舟楫居多,……扬子、钱塘二江,则乘两潮发棹。舟船之盛,尽于江西,编蒲为帆,大者八十余幅。"江南城市的商品都得靠运输,所以长江运输就极为繁盛,长江一线成为当时的主要航路。《中吴纪闻》卷四云:"夜航船,唯浙西有之,然其名旧矣。古乐府有《夜航船》之曲。皮日休答陆龟蒙诗云:'明朝有物充君信,榨酒三瓶寄夜航。'"皮日休诗收在《全唐诗》卷六一四。江南重水上航运,客货运输以船运为主,所以从很早以前就发明了夜间航行的船只,可以日夜兼程地赶路。开元时,张九龄在江宁县,见到长江中间"万井缘津渚,千艘咽渡头。渔商多末事,耕稼少良畴"。④ 想必这些商船中很多就是专门跑运输

---

① 郑文宝:《南唐近事》卷一,《全宋笔记》第一编第二册,第210页。
② 陈寿:《三国志》卷四八《吴书·孙休传》,第1158页。
③ 沈约:《宋书》卷六《孝武帝纪》,第134页。
④ 彭定求等编:《全唐诗》卷四九《候使登石头驿楼作》,第604页。

的。开元时,长城县尉陈利宾从会稽出发,沿浙江回东阳,"会天久雨,江水弥漫,宾与其徒二十余船同发,乘风挂帆。须臾,天色昧暗,风势益壮。至界石窦上,水拥阒众流而下,波涛冲击,势不得泊。其前辈二十余舟,皆至窦口而败。舟人惧"。① 这些都是以交通运输作为谋生手段。咸通三年(862),陈甘节修祁门县阊门溪后,"贾客巨艘,居民业舟,往复无阻,自春徂秋,亦足以劝六乡之人业于茗者",大量的茶叶通过这条通道向外运出。② 这里的"居民业舟",应该有很多人专门跑运输,以替人运货为生。此外,运送货物除用船或用车辆外,还有靠人力的。茅山陈生,"偶至延陵,到佣作坊,求人负担药物,却归山居。以价贱,多不肯"。③ 佣作坊就是专门雇人的区域,通过人力挑担运输货物。

高利贷业、城市农业、运输业,对江南城市的经济也会产生一定的影响,他们的存在完善了城市的经济结构,推动了城市经济产业的多样化、多层次化发展,使城市的经济功能更为完备。

余论:江南城市产业的特点

城市产业是城市经济发展水平的反映。六朝以来的江南城市经济,以商业为主,手工业为辅。到唐代,城市服务业开始兴盛,成为城市经济的重要组成部分,这在经济结构上呈现出消费性和生产性、服务性并存的特点,并且随着时间的推

---

① 李昉等编:《太平广记》卷一〇四引《广异记》"陈利宾"条,第705—706页。
② 董诰等编:《全唐文》卷八〇二张途《祁门县新修阊门溪记》,第8431页。
③ 李昉等编:《太平广记》卷七四"陈生"条,第464页。

移,手工业和服务业的比重不断加重,城市的产业结构在不断调整,产业特色渐趋丰富的局面。

六朝隋唐五代江南城市经济产业,大体而言,有以下一些特征:

第一,江南城市产业结构基本合理。江南城市的经济功能逐渐显现,这主要归功于城市经济的发展。商业的长足发展,使其不再作为政治性城市的依附,而有了自身独立的发展体系,商业不断展现出一些新现象。城市手工业技术要求不高,还是比较粗放的,但手工业门类在增多,利用有利的原材料供应,手工业发展越来越有特点。城市服务业是城市商业发展到一定程度的产物,是为人口增多的城市居民生活服务的一个新兴产业,它直接辐射到周围广大的农村地区,使更多的城郊农村卷入到商品交换中来。对外贸易等行业虽然在整个城市经济中所占比重不算太高,但在完善城市经济结构体系上的作用不可忽视。江南城市创造出的经济实力,通过水陆交通线路,与相邻地区的城市,乃至于中原地区的城市,构成巨大的经济网络,大大有利于全国经济的发展。

我们认为六朝隋唐五代江南城市产业结构基本合理,可以大体满足一个城市发展对经济的需要,符合城市发展的实际情况。当然,这些产业还是比较粗疏和简单,与宋朝以后城市经济产业的发展不能相提并论。不过,宋朝以后城市产业发展的色调在六朝唐五代已经显现,只不过宋朝以后更加浓重而已。

第二,江南城市产业地域性明显,不同城市形成各自的产业特色。比如江南城市商业的发展,在大城市发展较快,而小城市特别是县城,商业的发展比较缓慢。处于江南运河沿岸、长江沿岸、钱塘江沿岸的城市由于依恃了交通业的发展,商业和城市服务业发展较快。六朝的建康、山阴,唐中期以后的苏州、杭州、越州、润州，唐末五代的金陵、杭州，这些城市规模较大，城市经济的内涵比较丰富，影响力较大。手工业的发展，更是与各地的原材料提供密切相关，如金银器制造主要分布在润州、苏州、宣州等地；沿海、沿江城市的造船业比较发达，而内陆城市没有发展造船业的条件。外贸业的发展主要在明州、台州、温州、杭州、金陵等一些有港口的城市中。

总体上说，苏州、建康（金陵）、杭州等大城市的产业门类比较齐全，商业和城市服务业发展比较兴盛，而沿海、沿江的城市发展交通运输、外贸业等具有得天独厚的条件，有自然资源的城市手工业发展具有地域特色。

第三，江南城市产业分工与城市发展相适应。城市产业分工与城市的规模比较一致，当城市规模达到一定程度时，城市中的产业分工就越来越细化。城市人口增多，城市中既居住着贵族官僚、部队、各种政府服务人员，同时又居住着大量的普通居民，这时多层次的各色商业服务就会应运而生，以满足对不同质量和档次的手工业品的需求。官员及其子女、士族子弟，他们对商业服务和手工业品的需求，与城市中的各种从业人员，如出卖体力者、巫医卜相、娼伎、奴婢、官户、杂户、乐户及太常音声人、僧尼道士等，肯定各不相同。因此，城市居民数量、阶层的不同，会直接关系到商业、手工业、服务业和外贸业的发展起落。

六朝唐五代江南城市的发展，出现了一些新的特点和现象，表现在产业结构上，服务业和外贸业快速发展，这与同时期其他城市的发展有较大不同，这是江南城市发展过程中的一个重要特色，是我们在评论江南城市发展时不应忽略的。不过从总体上说，我们也不应夸大城市经济生产的作用，因为江南城市主要是消费性的，并不是生产型的。无论是商业、手工业，还是外贸、服务业及其他一些产业，最主要的是为了满足城市中日益增长的消费。城市中有些部门的生产力的确是超过了城市本身的需要,但这种生产局限于一定的领域,生产能力还很有限。这是我们正确认识六朝唐五代江南城市产业时应该注意的一点。

　　(本文原刊于《上海师范大学学报》2016 年第 1 期,《中国社会科学文摘》2016 年第 5 期摘录,《人大复印资料·经济史》2016 年第 3 期转载)

六朝隋唐五代江南城市的
市政和社会管理

随着越来越多的人口聚集、生活在城市这一空间之中，城市基础设施、公共设施、城市建筑环境，以及城市经济环境、生活环境、文化环境，都需要政府进行适当的管理，以使城市在基础硬件设施和社会环境上有一个合理、科学的安排，满足人们对城市理想居住环境的追求。随着六朝至唐五代南方经济的开发和发展，南方人口渐渐增多，城市的数量越来越多，规模越来越大，居住在城市中的民众数量激增，城市社会状况变得复杂起来，这就需要各级政府对城市进行有效的管理，才能使城市成为人们理想中的生活乐园。因此，城市管理的质量，直接影响到城市的发展状态。那么，六朝至隋唐五代，江南城市有哪些具体的管理措施呢？

一、江南城市市政管理

江南城市城墙、城门、道路的修建，政府都有具体的建设和管理措施，城市建设必须按建筑标准来实施，用严格的要求来规范工程的质量。

沿袭汉代的传统，东吴王朝着眼于军事和政治的考虑，奉行筑城政策。赤乌三年（240），孙权下诏："诸郡县治城郭，起谯楼,穿堑发渠。"①东吴在江南各地新建的城市,普遍兴筑城垣,城墙上要筑谯楼,城外要挖护城河。建业城中的皇宫太初宫,由孙权建造,"方三百丈",四面有周长三百丈的墙体围绕。不过,建业都城是有篱门而没有城墙的,以堆土作为城垣。东晋时,都城的城墙仍是用竹篱编成,城门是用茅草做顶。南朝都城在城墙的建设上有了重大的变化,齐建元二年(480)改土墙篱门为砖墙木门,"自晋以来,建康宫之外唯设竹篱,而有六门",到这时才"命改立都墙",一般认为具体做法是内夯土、外包砖壁。②

东吴以后在各地新建造的城市,一般都是有城墙的。《咸淳毗陵志》卷三《地理三》谈到孙权为阳羡长时,于赤乌六年(243)"筑城周回一里九十步,高一丈二尺,厚称之,壕阔三丈五尺"。阳羡城虽然不大,但城墙的高度和宽度在一丈二尺(约 2.9 米)左右,四周有护城河,宽三丈五尺(约 8.5 米)。南朝不少郡县城都有城墙、城楼、壕池,城墙、壕池等是军事防御和防洪排涝工程的统一体。再如常熟县城,萧梁时建立,"因筑城,高一丈,厚四尺,周回二百二十步"。③ 一般县城的城墙高度应该在一丈左右。

至隋朝,部分州县治所新筑或改筑了城垣。如越州子城,隋开皇间进行了大规模的修建。《嘉泰会稽志》卷一《子城》记:"《旧经》云:子城周十里,东面高二丈二尺,厚四丈一尺。南面高二丈五尺,厚三丈九尺,西北二面,皆因重山以为城,不为壕堑。"子城之外又建罗城,"周回二十四里二百五十……今

---

① 陈寿:《三国志》卷四七《吴书·吴主传二》,第 1144 页。
② 卢海鸣:《六朝都城》,南京出版社 2002 年版,第 29 页;贺云翱:《六朝瓦当与六朝都城》,文物出版社 2005 年版,第 123 页。
③ 凌万顷、边实纂:《淳祐玉峰志》卷上《城社》,《宋元方志丛刊》,第 1055 页。

州城以步计之八千八百二十有八,按度地法,步三百六十为一里,举今步数总归于里,亦二十有四,余步百八十八"。罗城筑有城墙,"城东面高二丈四尺,其厚三丈。西面高二丈六尺,其厚一丈八尺。南面高二丈一尺,其厚一丈八尺。北面高二丈二尺,其厚二丈六尺"。[①] 杭州城始建于隋朝开皇十一年(591),《乾道临安志》卷二《城社》引《九域志》云:"隋杨素创州城,周回三十六里九十步。"

隋唐五代时期,江南地区对修筑城墙更加重视,但从具体情况来看,各个城市往往是根据本城的实际情况因地制宜,有的沿用旧城垣,有的新筑、增筑城垣,当然也有一些城市仍然是没有城垣的。中唐安史之乱后,江南各地兴筑、增修或扩修城垣的现象增多,一些州治城市的子城进行了加固,城墙加厚加高,而且这些城市还普遍修筑了罗城。尤其是到了晚唐五代,大部分州县治所都筑起城郭,用高高的城墙护卫着城区。当时的城墙是下宽上窄,如唐末昇州,城墙下阔三丈五尺,上阔二丈五尺;余杭县,城墙下阔一丈五尺。显然,城墙的下部两面都是做成侧脚。由于必须考虑城墙的牢固度,建造城墙时非常注意基础部分,夯土层是下阔上窄,渐渐收缩,这样的地基比较牢固。城墙越高,底部基础需要更宽。相对而言,城市级别高,城墙就比较高、比较厚,护城河更宽。

在城墙和护城河的双重护卫下,人们在城市内生活和生产。不过,孤立而不和外界接触的城市是不可能有的,城市内外必然会有紧密的联系。城市向外联系的通道是城门,通常城墙会辟数个城门,城门的数目并不一致,有多有少,要根据道路交通、军事防御和城市所处的地理环境决定是否开城门。不少城市为方形或近似方形的,但根据地势辟门,所以有的方

---

① 施宿纂:《嘉泰会稽志》卷一《城郭》,《宋元方志丛刊》,第6724页。

向是没门的。如吴国时的铁瓮城仅有南、西二门,而西州城是扬州所在地,西晋永嘉年间修筑,东、南、西各有一门,北垣有学者推测可能有小门。一般而言,州郡级城市由于城市范围较大,所以城门较多,如隋代修的越州有 9 门,唐初的湖州有 7 门,杭州罗城城门有 10 座,润州罗城有 11 门,常州罗城 9 门,南唐金陵有 8 门。县城一般以 4 门最为多见,如余杭、新城、武康、江阴都是 4 门。

城门外接重要的交通线路,内与城内的街道相通,城内外的交通紧密结合在一起。城市内的道路交通流量有大有小,道路的重要性就会不同,这就决定了路的宽窄也是不同的。一般而言,每个城市都会建主干道,这是全城的交通命脉,代表着全城的气魄。主干道路面较为宽阔,方向是正南北或正东西。比如六朝时期的都城建康,城内主要道路有二横四纵。南北向的道路最主要的是御街(道),它是全城的主轴线。两横四纵的道路,构成了都城中的交通脉络。一般的城市都有一至数条的主干道,即使较小的县城可能都有南北或东北的主干道,有的两条主干道交叉,形成十字形,而道路的各头都与城门相通。

六朝至唐五代,江南城市十分注重城市道路的管理。环济《吴纪》谈到:"天纪二年,卫尉岑昏表修百府。自宫门至朱雀桥,夹路作府舍;又开大道,使男女异行。夹路皆筑高墙、瓦覆,或作竹藩。"[1]孙皓天纪二年(278),吴国在建业城内大规模兴修府舍,分布于朱雀大街的两侧。同时我们可以看到,最初建业城内的街道有着严格的管理措施,大道上行走的男女是分开的。从当时的实际情况来看,要么街道上有一定的标志将男女分开,要么街道上有许多管理人员,监督着男女各走

---

[1] 徐坚:《初学记》卷二四《道路》,京华出版社 2000 年版,第 319 页。

一边。至于这里说的夹路，最主要是与帝王有关，建高墙，上覆以瓦片，或建竹篱，主要是为了使夹路中行走的人不被普通人看到。

六朝城市道路除了男女分道外，官民之间也得分道。宋文帝元嘉十三年(436)七月，有司奏："御史中丞刘式之议：'每至出行，未知制与何官分道，应有旧科。法唯称中丞专道，传诏荷信，诏唤众官，应诏者行，……谓皇太子正议东储，不宜与众同例，中丞应与分道。扬州刺史、丹阳尹、建康令，并是京辇土地之主，或检校非违，或赴救水火，事应神速，不宜稽驻，亦合分道。又寻六门则为行马之内，且禁卫非违，并由二卫及领军，未详京尹、建康令门内之徒及公事，亦得与中丞分道与不？其准参旧仪。告报参详所宜分道。'听如台所上，其六门内，既非州郡县部界，则不合依门外。其尚书令、二仆射所应分道，亦悉与中丞同。"①这里刘式之提出的是御史中丞、京师地方行政长官和百官之间的分道出行如何规范和管理，可以推论出官员和百姓行走时更会分道，只是具体的管理措施今天无法知道而已。

城市注重对道路的卫生保洁。吕僧珍被征为领军将军，"直秘书省如先，常以私车辇水洒御路"。②据此，领军将军的一部分职责有可能是养护道路。吕僧珍用车装了水在御道上洒水，但其他一般的道路就不一定都是洒水的，而且吕僧珍用的是私车而不是公家的车，这显然是一种非常规做法，应该是个人的临时行为，不过我们至少可以推测对道路的保养和环卫是得到社会的普遍认同。吕僧珍"有大勋，任总心膂，恩遇隆密，莫与为比"，而且这个人"性甚恭慎"，因而他往御路上洒

---

① 沈约：《宋书》卷一五《礼志二》，第 411 页。
② 李延寿：《南史》卷五六《吕僧珍传》，第 1396 页。

水显然是有做好事的成分,可以说明六朝江南城市中道路保
洁是城市市政管理的一个重要部分。而事实上,江南城市道
路的确是有专人打扫。王敬则任吴兴太守时,"又录得一偷,
召其亲属于前鞭之。令偷身长扫街路,久之,乃令偷举旧偷自
代"。① 惩罚小偷的一个办法是让他们打扫街道,这虽然是吴
兴郡的特殊做法,但城市街道通常有人打扫却是不争的事实。
即使是市场,也有专门人员清扫,而且为了保持清洁,市场中
间通常有水沟,或引入小溪,以保证用水卫生。王僧孺母"尝
携僧孺至市,道遇中丞卤簿,驱迫坠沟中"。② 六朝建康市场
中有沟渠,既能满足市场用水,更能方便打扫。地方郡县市中
也有沟渠。萧齐明帝建武中乐预为永世令,"人怀其德,卒官。
时有一媪年可六七十,担槲薪叶造市货之,闻预亡大泣,弃溪
中,……市人亦皆泣"。③ 市中有溪水,可以随时用来打扫卫
生。一些城市河道也有卫生保洁的具体管理举措。如金陵城
内,可能就有专门的河道保洁。《金华子杂编》卷下谈到:"咸
通中,金陵秦淮河中有小民棹扁舟业以淘河者。"应该说这个
淘河者是秦淮河的河道保洁工。

　　城市有专门的官员管理供排水。《宋书》卷九五《索虏传》
云:"皇太子出戍石头城,前将军徐湛之守石头仓城,都水使者
乐询、尚书水部郎刘渊之并以装治失旨,付建康。"皇太子出守
石头城,两位与水有关的官员因"装治"失职,估计其"失旨"的
内容是与水有关。由此我们可以看到,在六朝都城,尚书省水
部郎和都水台的长官都水使者的职责是掌管城市供排水和舟
船、漕运。

　　城市内的房屋都是在官员的管理下有秩序地兴建,如六

<hr />

① 李延寿:《南史》卷四五《王敬则传》,第 1129 页。
② 李延寿:《南史》卷五九《王僧孺传》,第 1461 页。
③ 李延寿:《南史》卷七三《乐颐之传附乐预传》,第 1827 页。

朝时起部是主管兴修官方建筑物的。刘宋时王玄谟曾以金紫光禄大夫领起部尚书,主要负责兴建明堂。[①] 陈永定二年(558)沈众"兼起部尚书,监起太极殿"。[②] 起部是西晋时设置,以尚书为正长官,郎为副长官,主要监管兴建官方建筑,一般可能是负责工期协调。和起部一起负责房屋兴建的还有将作。陈宣帝太建四年(572)十二月丁卯颁诏曰:"梁氏之季,兵火荐臻,承华(殿)焚荡,顿无遗构。宝命惟新,迄将二纪,频事戎旅,未遑修缮。今工役差闲,椽楹有拟,来岁开肇,创筑东宫,可权置起部尚书、将作大匠,用主监作。"[③]将作大匠和起部尚书是共同负责官方建筑兴建。不过将作大匠在六朝并不是常设的官员,有事设置,没有工程就撤省。

官方建筑材料是由材官将军负责采办供应。《宋书》卷三九《百官志》谈到:"材官将军,一人;司马,一人,主工匠土木之事。"显然,政府修建房屋所需的木材、砖瓦和各种装饰用材,都是由材官将军负责从各地采办。由于材官主管官方房屋建筑,因而官员家的房屋有时也由材官出面兴建。如南齐王延之家"居宇穿漏。褚渊往候之,见其如此,具启明帝,帝即敕材官为起三闲斋屋"。[④] 类似的事情在梁朝也能见到。谢朏到京师,梁武帝萧衍"敕材官起府于旧宅,高祖临轩,遣谒者于府拜授,诏停诸公事及朔望朝谒"。[⑤] 除了房屋建筑,材官还负责城市内的其他土木建筑工程。如齐明帝曾派沈瑀筑赤山塘,"所费减材官所量数十万",[⑥]说明水利工程的用料数量和

---

① 沈约:《宋书》卷七六《王玄谟传》,第 1975 页。
② 姚思廉:《陈书》卷一八《沈众传》,第 244 页。
③ 姚思廉:《陈书》卷五《宣帝纪》,第 83 页。
④ 萧子显:《南齐书》卷三二《王延之传》,第 585 页。
⑤ 姚思廉:《梁书》卷一五《谢朏传》,中华书局 1973 年版,第 264 页。
⑥ 姚思廉:《梁书》卷五三《沈瑀传》,第 768 页。

用料的筹措是由材官负责的。赤山塘位于秦淮河的上游，汇集了赤山周围的来水注入秦淮，而如果是城里的河塘建筑，工程用料肯定是在材官的负责范围之内。

　　房屋建造要按等级来进行，不能僭越。刘宋荀伯子弟昶为晋陵太守，"坐于郡立华林阁，置主书、主衣，下狱免"。① 因为建造的房子超越了规定，官员就要下狱。这一点即使是帝王宗室也不能逾制，包括皇太子。齐武帝文惠太子长懋，"永明中，二宫兵力全实，太子使宫中将吏更番筑役，营城包巷，制度之盛，观者倾都。上性虽严，太子所为，无敢启者。后上幸豫章王宅，还过太子东田，见其弥亘华远，壮丽极目，于是大怒，收监作主帅，太子惧，皆藏之，由是见责"。② 由于建造的房子过于辉煌，超过了应有的规制，所以齐武帝要将监作主帅收进大牢中。政府对建筑的管理条规是比较多的，如萧齐规定建康城内诸王不得在住宅内建高楼，其原因主要是为了避免"临瞰宫掖"。③ 哪怕是官府修建房屋，修缮时都要"馆宇藩篱墉壁皆应准绳"，④ 只能在政府规定的具体细则中进行。

　　唐代江南各城市的市政建设一般是由各行政区划内的主要长官负责。州刺史就要管理"兴造之便宜"，即对市政建设要有所考虑。比如唐中期于頔为苏州刺史，"浚沟渎，整街衢，至今赖之"。应该是在他的策划下，整治了苏州城内的河道，重修街衢，方便了交通。元和年间王仲舒为苏州刺史，"堤松江为路，变屋瓦，绝火灾"。⑤ 城市建筑是由刺史总负责的。

---

① 沈约：《宋书》卷六〇《荀伯子传》，第 1629 页。
② 李延寿：《南史》卷四四《齐武帝诸子传》，第 1100 页。
③ 萧子显：《南齐书》卷二二《豫章王嶷传》，第 417 页。
④ 李延寿：《南史》卷五八《韦睿传》，第 1427 页。
⑤ 欧阳修等：《新唐书》卷一六一《王仲舒传》，第 4985 页。

二、江南城市治安、救灾管理

城市的治安、救灾,一般是由长官总负责。宋文帝元嘉十三年(436)七月,御史中丞刘式之谈到京师建康的治安、救灾:"扬州刺史、丹阳尹、建康令,并是京辇土地之主,或检校非违,或赴救水火,事应神速,不宜稽驻,亦合分道。"[①]建康城的检校非违和救水火灾害,是由这些刺史、尹、县令负责。萧思话曾为中书令、丹杨尹,"时京邑多有劫掠,二旬中十七发,引咎陈逊,不许"。[②] 因为案件发生太多,丹杨尹又无法稳定社会秩序,只能引咎辞职。这种地方长官的总负责制,具体落实到各个城市,同样也是如此。各个郡县,治安的责任主要由地方最高行政长官来负责。《南史》卷三四《颜延之传》谈到:"南郡王义宣、臧质等反,……义宣、质诸子藏匿建康、秣陵、湖熟、江宁县界,孝武大怒,免丹阳尹褚湛之官,收四县官长。"地方上藏匿要犯,而行政长官没有觉察,就要负起刑事责任。

城市的治安、救灾只靠行政力量还不够,往往要靠部队来稳定局势。六朝时,中护军掌外军,负责京师地区整个外部环境的安全,而中领军主要负责宫城禁卫,承担宫城保卫及殿省宿卫的任务。如上引刘式之又云:"又寻六门则为行马之内,且禁卫非违,并由二卫及领军。"[③]这里的六门,可能主要是指宫城门,其禁卫非违主要由二卫及领军将军负责。领军将军是刘宋禁军军职中的高级将领之一,其职责的重要一点是守卫宫城各门,防止非法事件的出现。六朝的领军将军"掌天下兵要,监局事多",因此他有权指挥京城地区所有的武装力量,

---

① 沈约:《宋书》卷一五《礼志二》,第 411 页。
② 沈约:《宋书》卷七八《萧思话传》,第 2016 页。
③ 沈约:《宋书》卷一五《礼志二》,第 411 页。

必要时还可调动中护军的外军。如宋文帝元嘉年间,赵伯符为领军将军,"总领义徒,以居宫城北。每火起及有劫盗,辄身贯甲胄,助郡县赴讨"。①《南史》卷五六《张弘册传》谈到:"时东昏余党……至夜烧神兽门、总章观,入卫尉府,……又进烧尚书省及阁道云龙门,前军司马吕僧珍直殿省,帅羽林兵邀击不能却。上戎服御前殿,谓僧珍曰:'贼夜来是众少,晓则走矣。'命打五鼓,贼谓已晓,乃散。"前军将军有责任率领禁军平定动乱。由于领军将军的职责是维持都城治安,所以有些刑事案件发生后会送到领军将军处,由其定夺。梁武帝大同十一年(545),何敬容"坐妾弟费慧明为导仓丞,夜盗官米,为禁司所执,送领军府。时河东王誉为领军将军,敬容以书解慧明,誉即封书以奏。高祖大怒,付南司推劾"。② 费慧明夜盗官米,被治安部门抓住,于是被解送到领军将军府。

六朝都城建康的治安是个系统工程,所以治安的防备从城外四周重要地点就已开始,对想进入都城的人员从外围进行查验:"自东晋至陈,都西有石头津,东有方山津,各置津主一人,贼曹一人,直水五人,以检察禁物及亡叛者。"③城外重要地点设立关卡,主要是为了治安需要,除津主外,还设置专职的防贼官员。

六朝时期建康宫城出入管理制度较为严格,百官进出都有专门的管理制度,时称案籍制度。如建康宫城有五门,南面正中为大司马门,"世所谓章门,拜章者伏于此门待报"。④ 宫城出入都有严格的检查制度。《宋书》卷四〇《百官志下》"殿

---

① 李延寿:《南史》卷一八《赵伦之传》,第494页。
② 姚思廉:《梁书》卷三七《何敬容传》,第532页。
③ 杜佑:《通典》卷一一《食货典·杂税》,第250页。
④ 许嵩:《建康实录》卷七《显宗皇帝》引《修宫苑记》,中华书局1986年版,第181页。

中将军"条谈到:"晋武帝时,殿内宿卫,号曰三部司马,置此二官,分隶左右二卫。江右初,员十人。朝会宴飨,则将军戎服,直侍左右,夜开城诸门,则执白虎幡监之。"也就是说,夜间出入宫城,要由殿中将军盘查,而且要手执白虎幡。即使皇帝车驾出入,也要有一定的出入证明。宋文帝元嘉四年(427),"车驾出北堂,尝使三更竟开广莫门。南台云:'应须白虎幡、银字棨。'不肯开门"。尚书左丞羊玄保认为御史中丞傅隆以下官员无罪,做得对。王昙首也道:"既无墨敕,又阙幡棨,虽称上旨,不异单刺。元嘉元年、二年,虽有再开门例,此乃前事之违。今之守旧,未为非礼。"就是说,夜间出入宫门须有白虎幡、银字棨。① 这样的事情史书记录过多次,如宋孝武帝大明五年(461),皇帝夜还,敕开门,前军将军谢庄居守,"以棨信或虚,执不奉旨,须墨诏乃开"。② 可知宫城的治安守卫是十分严格的,有严密的制度。

　　宫城内的护卫毕竟和广大城市居民关系不大,而宫城外以及广大的都城区域的治安,主要由卫尉和城门校尉负责防守和巡察。两晋时期,卫尉时设时省。南朝刘宋孝武帝时,重设卫尉卿,掌宫城及京城各城门的戍守、启闭,而且还得巡夜。梁朝嗣王萧范为卫尉,"夜中行城,常因风便鞭棰宿卫"。后来萧修任此职,也是"夜必再巡"。③ 至于城门校尉,吴国已经设立,负责京师城门的守卫和城内治安管理。都城和宫城到了晚上,城门都要关闭,"朱异极震内外,归饮私第,虑日晚台门闭,令卤簿自家列至城门,门者遂不敢闭"。④ 这里所谓的"门

① 沈约:《宋书》卷六三《王昙首传》,第 1679 页。
② 沈约:《宋书》卷八五《谢庄传》,第 2176 页。
③ 李延寿:《南史》卷五二《鄱阳王恢传》,第 1299 页。
④ 赵翼著,王树民校证:《廿二史札记校证》卷八《南朝多以寒人掌机要》,中华书局 1984 年版,第 173 页。

者"，应该就是城门校尉手底下的守门士兵。《宋书》卷一八《礼志五》谈到南朝城门校尉的礼仪，与领军将军、护军将军等相同，说明宫城内的治安官和都城的治安官其地位都是十分重要的。

各大小城市均有相应的治安官员。比如县城，一般具体负责治安的是县尉。东晋时，"周嵩嫁女，门生断道解庐，斫伤二人，建康左尉赴变"。① 既有左尉，说明县尉的设置为两人以上，具体处理城市中发生的治安案件。六朝时的城市实行宵禁，夜间是不能行走的。齐武帝和人夜间行走时，还在担心："今夜行，无使为尉司所呵也。"②夜间在城内行走，县尉是要呵叱禁止的。由于京师所在地的建康、秣陵二县具有特殊的地位，所以南朝时各设都官从事一人，"司水、火、劫、盗"，③这同样也是地方层面的治安负责人。《宋书》卷五〇《刘康祖传》说刘康祖"在闾里不治士业，以浮荡蒱酒为事。每犯法，为郡县所录，辄越屋逾墙，莫之能禽"。说明郡县都有专门负责捕捉罪犯的官员。康祖"夜入人家，为有司所围守，康祖突围而去，并莫敢追。因夜还京口，半夕便至。明旦，守门诣府州要职。俄而建康移书录之，府州执事者并证康祖其夕在京口，遂见无恙"。说明府州在夜间捕捉罪犯是重要的职责。而这里谈到的"府州执事者"，应该就是负责治安的官员。

城市治安管理有许多具体措施，如设立障碍物，加强瞭望相互警戒。吴国赤乌三年四月，孙权下诏命令郡县城市为了防止强盗的来临，应该挖护城河，起谯楼瞭望。《晋中兴书》谈到东晋简文帝刚即位时，政局不稳，于是京师戒严，大司马桓

① 房玄龄等：《晋书》卷六九《刘隗传》，第 1837 页。
② 李延寿：《南史》卷四二《齐高帝诸子传上》，第 1065 页。
③ 李延寿：《南史》卷二《宋本纪中》，第 60 页。

温"屯中堂,夜吹警角"。① 警角应该是一种可以发声的号角,一旦发现情况,吹响后可以提醒士兵巡查。

　　资料的阙略,使我们对唐代城市管理的具体情况缺乏进一步的了解。通常情况下,唐朝州级城市治安管理的大权在刺史手中,"若狱讼之枉疑,兵甲之片遣",都要上奏。州兵曹、司兵参军掌门户管钥、烽候传驿之事,应该是协助刺史管理城市大门、治安防盗的。州有法曹、司法参军,职掌"鞫狱定刑,督捕盗贼,纠逖奸非之事,以究其情伪",②抓捕到犯人要据法审理。《酉阳杂俎》续集卷四云:"韩晋公滉在润州,夜与从事登万岁楼,方酣,置杯不悦,语左右曰:'汝听妇人哭乎,当近何所?'对:'在某街。'诘朝,命吏捕哭者讯之,信宿狱不具。吏惧罪,守于尸侧。忽有大青蝇集其首,因发髻验之,果妇私于邻,醉其夫而钉杀之。吏以为神,吏问晋公,晋公云:'吾察其哭声疾而不悼,若强而惧者。……'"润州城的治安显然是由韩滉总负责,下有吏胥具体承办。唐代城市中的治安管理,应该是有严格制度的,人员配备较为充沛,分层级地落实责任。唐末昭宗龙纪年间,"有士人柳鹏举,游杭州,避雨于伍相庙,见一女子抱五弦,云是钱大夫家女仆。鹏举悦之,遂诱而奔,藏于舟中,为厢吏所捕,其女仆自缢而死"。③ 厢吏应当是街区中的具体治安工作人员。

　　县级城市中,县令的职责之一就是管防盗贼,县丞是其副手,但具体的工作应该由县尉主管。如史书谈到:"铜陵县尉某,懦不能事,嗜酒善狂,尝与同官会饮江上,忽见贼艘鸣鼓弄兵,沿流而下,尉乘醉仗剑驱市人而袭之,贼皆就缚

① 徐坚:《初学记》卷一二《御史中丞》,第 449 页。
② 李林甫等:《唐六典》卷三〇,中华书局 1992 年版,第 747—749 页。
③ 孙光宪:《北梦琐言》卷九"柳鹏举诱五弦妓"条,《全宋笔记》第一编第一册,第 110 页。

焉。事闻,后主嘉之,赐以章服,除本县令。"①见到强贼侵袭城市,县尉必须挺身而出。这个铜陵尉更是指挥了全城居民一起抵抗。

由于各城市的行政长官可以抓捕犯罪分子,并据法审讯,关进州县监狱,因此唐代各州均有法曹。上州有司法参军事二人,佐四人,史八人;典狱十四人,问事八人。下州有司法参军事一人,佐二人,史四人;典狱八人,问事四人。这样的司法人员配备在各县中也有对应的人员,如各州的上县,均有司法佐四人、史八人;典狱十人,问事四人。下县有司法佐二人,史四人;典狱六人,问事四人。说明各州县都有一套完备的司法机构,以关押罪犯。唐中期杭州富阳狱吏名叫凌华,"华为吏酷暴,每有缧绁者,必扼喉撞心,以取贿赂。元和初病,一夕而死"。② 县有监狱,其中的狱吏十分残暴。

碰到水火灾害,江南城市有专门的人员主管救灾。吴越国时,虽然没有专业的消防队伍,但一旦发生火灾,政府迅即派兵扑救,并用设置隔离带等方法来灭火。而南唐各城市的防火措施可能比吴越国做得更为具体,有专人指挥救火。卢文进为润州节度使,"润州市大火,文进使马步使救之,益炽,文进怒,自出府门斩马步使,传声而火止"。③ 马步使应该是具体负责指挥救火的将军。又,周业为南唐左街使,与刘姓禁帅"素有隙"。刘帅为"长公主婿",因而时时想找他的麻烦。昇元中,"金陵告灾,业方潜饮人家,醉不能起。有闻上者,上顾亲信施仁望曰:'率卫士十人诣灾所,见其驰求则释,不然就

---

① 佚名:《江南余载》卷上,《全宋笔记》第一编第二册,第 240 页。

② 李昉等编:《太平广记》卷三〇七引《集异记》"凌华"条,中华书局 1982 年版,第 2436 页。

③ 陆游:《南唐书》卷九《卢文进传》,《丛书集成初编》本,中华书局 1985 年版,第 197—198 页。

戮于床。'仁望既往,亟使召业家语之"。① 救火是左街使的重要职责之一。

　　灾害发生,各级政府会采取相应的救助措施来减少灾害带来的损失,同时对城市安全采取一些预防措施。如灾后政府常派出人员临时性地给予粮食和生活用品以救济灾民。水灾之后,屋舍被水冲走,生活用品全部没有了,这时政府就得想办法进行救助。如元嘉五年(428)六月,建康水灾后,朝廷"遣使检行赈赡"。② 所谓"检行",应当是先察看受灾后的损失情况,再加以救济。大明元年(457),京师雨灾后,宋孝武帝"遣使检行,赐以樵米"。永明十一年六月壬午,又诏:"霖雨既过,遣中书舍人、二县官长赈赐京邑居民。"③政府一般是派出中央政府的一些中层官员或地方政府长官代表皇帝到各地察看灾情,对一些特别穷的人,不但给粮,而且还收治,给衣给粮。从派出的官员来看,以中书舍人和二县官长最为多见,说明政府是有固定人员负责水灾救助。唐文宗《赈恤诸道百姓德音》中说:"淮南、浙西两道,委长吏以常平义仓粟赈赐。应诸道有饥疫处,除出军粮积蓄之外,其属度户部斛斗,并令减价出粜,以济贫人。"④中央虽然不调拨粮食到疫区,但打开了常平仓和义仓进行赈济。义仓本来就是为了预防自然灾害而设立,在这个时候使用是适得其所。

　　江南城市疫病流行,由于人口密度较高,死亡率十分惊人,所以政府马上派出使者为疫区送医送药,尽可能救治病人。刘宋元嘉二十四年六月,由于"京邑疫疠",所以"使郡县

---

① 郑文宝:《南唐近事》卷二,《全宋笔记》第二编第二册,第220页。
② 沈约:《宋书》卷五《文帝纪》,第77页。
③ 萧子显:《南齐书》卷三《武帝纪》,第61页。
④ 董诰等编:《全唐文》卷七五,第786页。

及营署部司，普加履行，给以医药"，①救助京师感染疫病的百
姓。再如唐文宗大和六年(832)二月疫病开始流行，到五月庚
申日，唐文宗就颁诏："其疫未定处，并委长吏差官巡抚，量给
医药，询问救疗之术，各加拯济，事毕条疏奏来。"②从"长吏差
官巡抚"句，可知中央主要是要求各级地方政府来执行为疫
区送医送药的任务。唐代州一级的地方政府所在地有一定
数量的医务人员和医学生，当发生疫情时，他们能够担负起
医疗救治的任务。地方官员也尽力做到用医药救治。三国
初年，吴郡人朱桓为余姚长，"往遇疫疠，谷食荒贵，桓分部
良吏，隐亲医药，餐粥相继，士民感戴之"。③不但施粥，而且
还送医送药。

　　政府还着力建立有效的预防措施。如储备充足的水源，
预防火灾。六朝时期，城市里提倡建池蓄水，以预防火灾。
《乾道四明图经》卷一《州城内古迹七》载："清澜池在州衙前，
直奉国军之门，钱恭惠王在镇日，尝浚之以为御火备。太守李
夷庚复浚之，以其泥益镇明岭之卑，薄壮内案山之势。"显然，
建筑设计上已考虑到建池蓄水以防火灾。一旦发生火灾，马
上击鼓求救，以便人们奔向火场齐心协力相救。王俭尝问陆
澄曰："崇礼门有鼓而未尝鸣，其义安在?"答曰："江左草创，崇
礼闼皆是茅茨，故设鼓，有火则叩以集众，相传至今。"因为是
茅草屋顶，很容易引起火灾，所以听到鼓声大家就要出来救
火，可知城市中设鼓救火是一种传统。④

　　再如政府采取措施消灭传染源，控制疫情蔓延。刘宋元

①　沈约:《宋书》卷五《文帝纪》，第 95 页。
②　董诰等编:《全唐文》卷七二唐文宗《拯恤疾疫诏》，第 757 页。
③　陈寿:《三国志》卷五六《吴书·朱桓传》，第 1312 页。
④　李延寿:《南史》卷四八《陆澄传》，第 1188 页。

嘉四年五月京师疾疫后，对因疫病而死的，"若无家属，赐以棺器"。① 帮助病家尽快掩埋尸体，杜绝转相传染病菌的可能。宋孝武帝大明元年四月，京城疾疫流行，皇帝"遣使按行，……死而无收敛者，官为敛埋"。② 到了唐代，随着医学知识的传播，政府更清楚尸体是重要的传染源，暴露的尸体特别容易将疾病传给活人，因此反复强调要掩埋尸体，并且要求地方官员负责。宝应元年（762）江南大疫后，代宗下令："其有死绝家无人收葬，仍令州县埋瘗。"③ 大和六年（832）大疫后，文宗谈到："疾疫之家，有一门尽殁者，官给凶具，随事瘗藏。一家如有口累，疫死一半者，量事与本户税钱三分中减一分，死一半已上者，与减一半本户税。"按照文宗的意思，如果人全部死亡的，政府出面埋葬；如果没全死但一半死了，或一半以下死了，就减轻户税，主要是让病家用这笔钱来安葬死者。

再如兴修水利工程，筑堤以挡洪水，疏浚河道以畅排水，避免城市被水淹没。如六朝京师建康常会有长江水涌入城内，或江水倒灌入淮水，使淮水两岸居民受灾极为严重。为了防止江水涌入淮水，东吴时就在淮水两岸筑堤立栅："横塘，按《实录》注在淮水南，近陶家渚，缘江筑长堤，谓之横塘，淮在北，接栅塘。事迹：《宫苑记》：吴大帝时，自江口沿淮筑堤，谓之横塘。"④ 沿淮水筑堤，主要还是担心淮水发水时对京师造成影响。这些堤塘以后各代都有增高加固，如梁天监九年（510），"新作缘淮塘，北岸起石头迄东冶，南岸起后渚篱门迄三桥"。⑤ 刘宋元嘉十三年（436）"东土饥"，宋文帝派扬州治

---

① 沈约：《宋书》卷五《文帝纪》，第 76 页。
② 沈约：《宋书》卷六《孝武帝纪》，第 119 页。
③ 董诰等编：《全唐文》卷四八代宗《恤民敕》，第 528 页。
④ 周应合纂：《景定建康志》卷一九《池塘》，《宋元方志丛刊》，第 1604 页。
⑤ 姚思廉：《梁书》卷二《武帝纪中》，第 49 页。

中从事沈演之巡视各地。沈演之后来在上表中说钱塘令刘真道、余杭令刘道锡"皆奉公恤民","灾水之初,余杭高堤崩溃,洪流迅激,势不可量。道锡躬先吏民,亲执板筑,塘既还立,县邑获全。经历诸县,访核名实,并为二邦之首最,治民之良宰"。① 他提到钱塘令、余杭令修筑堤塘,保全了县城。唐宪宗元和九年(814)徐放为衢州刺史,下辖的龙丘县"有簿里溪,自南而来,百里而远。每岁山水暴涨,凑于县郛,漂泛居人,人多愁苦",徐放"周视再三,乃建石堤。爰开水道,遏奔注,远邑居。度工计财,所费盖寡。千古之患,一朝而除"。② 武宗会昌末年,李播为杭州刺史,三次上书朝廷,因为"涛坏人居不一",钱塘江水冲毁了江边的民居,所以朝廷下诏"与钱二千万,筑长堤,以为数十年计,人益安喜"。③ 吴越国时,"钱塘江旧日海潮逼州城",吴越王钱镠于开平四年(910)八月"始筑捍海塘","复建候潮、通江等城门","城基始定。其重濠累堑、通衢广陌亦由是而成焉"。④ 正是因为修建海塘后,杭州城才得以不断发展,城市规模不断拓展。

　　上述这些政府主动实施的措施,虽然有的是灾后救助,是应急性的,但也有很多是主动的干预,如修筑水利工程,或筑塘堤、海堤,都是主动性的预防措施,对保障城市安全所起作用较大,影响深远。

---

① 沈约:《宋书》卷四七《刘怀肃传附刘真道传》,第1405页。
② 吴钢主编:《全唐文补遗》(千唐志斋新藏专辑)元佑《唐故朝散大夫守衢州刺史上柱国徐君墓志铭并序》,三秦出版社2006年版,第328页。
③ 杜牧:《樊川文集》卷一〇《杭州新造南亭子记》,第155页。
④ 欧阳修:《旧五代史》卷一三三《钱镠传》,第1770页;钱俨:《吴越备史》卷二《武肃王下》,文渊阁《四库全书》第464册,第529页。

三、城市公共事务管理

城市公共事务的各个方面，政府都要进行管理。政府在行政、民政等方面，要统计户口、编写户籍、断定户等、征收赋税、征派徭役、规范市场经营、提升学校教育质量、限制宗教信仰。各级行政长官都有相应的职责范围。

经济是一个城市的发展基础，因而政府常会主动出面进行干预，如征收过境税和商税，就是进行经济管理的重要内容。六朝时，在建康城外的重要地点征收杂税："西有石头津，东有方山津，各主津主一人，……以检察禁物及亡叛者，获炭鱼薪之类出津者，并十分税一以入官。"①城市的经济活动对外有较大的辐射作用，各种商品物资从外地运进，或者从城市中运出，在主要的运输通道关口设立专门的官员征收杂税，是政府管理城市经济的重要一环。这种对城市经济的管理，后代也有延续。唐代州城中的士曹、司士参军，"掌津梁、舟车、舍宅、百工众艺之事，启塞必从其时，役使不夺其力。……致瑰异之货以备国用，是以官无禁利，人无稽市"。② 士曹主管一州内的津梁山泽，主管着城市四周的经济。再如苏轼《东坡志林》卷二《寿禅师放生》称，延寿任杭州北郭税务专知官时，"每见鱼虾，辄买放生，以是破家，后遂盗官钱为放生之用"。延寿在杭州北郭为税务专知官，其征收的可能也是关津税，应当与六朝大体相似。

政府要出面管理城市的物资供应。江南各地的粮食要供应京师，地方守宰将粮食征调、集中，部分就地存储，部分运输

---

① 杜佑：《通典》卷一一《食货典·杂税》，第 250 页。
② 李林甫等：《唐六典》卷三〇，第 749 页。

到京师。六朝时往建康运,而唐朝往中原和关中地区运送。国家设置专门人员负责催督租调,经办上供中央的赋税。一般而言,中央政府所在地消费的粮食数量较大,比如六朝的都城建康,因为是全国的政治经济中心,聚集了大量的人口,必须大量积聚粮食,因而赋税由县转送到州郡,再运到建康。《陈书》卷二一《孔奂传》:"齐遣东方老、萧轨等来寇,军至后湖,都邑骚扰,又四方壅隔,粮运不继,三军取给,唯在京师,乃除奂为贞威将军、建康令。"如果地方粮食无法运送到建康,粮食供应就不能保证。

京师和州郡一般都设有仓库。如孙吴曾在太初宫东北的建平园内设粮仓,亦称仓城。州郡将粮食布帛等物资集中,再往中央传送。各郡县都有官仓,如余姚县仓有米近十万斛,"仓督监耗盗官米,动以万计,……近检校诸县,无不皆尔。余姚近十万斛,重敛以资奸吏,令国用空乏,良可叹也"。①东晋太和年间(366—371),会稽郡城火灾,烧数千家,延及山阴仓米数百万斛,炎烟蔽天,一时无法扑灭。说明郡城中有仓库,郡政府都设仓储备粮食。再如南朝刘宋时,吴喜军至义乡,吴兴太守王昙生等人焚烧仓库,东奔钱唐,不过后来"喜至吴兴,顿置郡城,仓廪遇雨不然,无所损失"。②钱唐县的钱唐仓是都城建康之外用以储备粮食的三大粮仓之一:"在外有豫章仓、钓矶仓、钱唐仓,并是大贮备之处。自余诸州郡台传,亦各有仓。"③如果地方郡县城内缺少粮食,有时会从京师调拨。东晋"元帝太兴二年六月,吴郡米庑无故自坏",④这里的米庑,就是米仓。至于唐代,地方上也有仓库。如《唐六典》卷三

---

① 房玄龄等:《晋书》卷八〇《王羲之传》,第 2096 页。
② 沈约:《宋书》卷八四《孔觊传》,第 2160 页。
③ 魏徵等:《隋书》卷二四《食货志》,第 674 页。
④ 房玄龄等:《晋书》卷二七《五行志上》,第 829 页。

○"府州官仓曹司仓参军"条云:"每岁据青苗征税,亩别二升,以为义仓,以备凶年。"当时规定:"诸州水旱,皆待奏报,然后赈给。"①江南各州郡县仓库里的粮食,有相当一部分会流入城市中。如刘宋文帝元嘉二十年(443),"诸州郡水旱伤稼,人大饥,遣使开仓赈恤"。宋孝武大明元年(457)春正月庚午,"都下雨水。辛未,遣使检行,赐以樵米"。七年,"浙江东诸郡大旱,遣使开仓赈恤"。② 设在各州郡的仓库,赈恤救灾时,会将一部分粮食分发给城市中的灾民。

政府明白城市粮食全靠官方调拨是解决不了问题的,所以对粮食的商业流通总是想尽各种办法加以保护,希望能保障粮食供应。宋文帝元嘉中,三吴水潦,谷贵人饥,彭城王义康让大家讨论怎样解决。刘亮认为:"东土灾荒,民凋谷踊,富民蓄米,日成其价。宜班下所在,隐其虚实,令积蓄之家,听留一年储,余皆勒使粜货,为制平价,此所谓常道行于百世,权宜用于一时也。又缘淮岁丰,邑富地穰,麦既已登,黍粟行就,可析其估赋,仍就交市,三吴饥民,即以贷给,使强壮转运,以赡老弱。"③他强调政府要采取强有力的手段,保证粮食正常交易。一些富商乘机囤积居奇,政府应下令"积蓄之家"出卖余粮,以平抑物价。如果"交市"顺畅,三吴饥民就不会再受饥荒之苦。有的地方发生灾荒缺粮,政府就要设法保障商路畅通。宋大明八年(464)发生旱灾,宋孝武帝下诏说:"东境去岁不稔,宜广商货。远近贩鬻米粟者,可停道中杂税。其以杖自防,悉忽禁。"④通过减免粮食商运过程中的税收,对粮商给予政策性的照顾,以保证粮食流通。同时政府同意商人拿起武

① 王溥:《唐会要》卷八八《仓》,第 1914 页。
② 李延寿:《南史》卷二《宋本纪》,第 48—67 页。
③ 沈约:《宋书》卷一〇〇《刘亮传》,第 2450 页。
④ 沈约:《宋书》卷六《孝武帝纪》,第 134 页。

器自我保护。实际上政府已认识到由官私共同努力才能确保粮食供应。

米价下跌,政府甚至会从市场上购买粮食,使粮价不至于大跌。如齐武帝永明中,天下米谷布帛贱,政府遂打算设立常平仓,"市积为储"。永明六年(488),"诏出上库钱五千万,于京师市米,买丝绵纹绢布。扬州出钱千九百一十万,南徐州二百万,各于郡所市籴"。① 这其实是政府出手干涉粮食市场的一种举措,由政府出面保护市场。宣州出产大米,但宣州生产的粮食不够,必需仰仗相邻的州县。唐元和初年,路应为宣歙池观察使,"至则出仓米,下其估半以廪饥人",说明宣州市场上一度无米可售,只能用平时囤在仓库里的租米半价卖给百姓。卢坦任职宣州后,"江淮大旱,米价日长,或说节其价以救人,坦曰:'宣州地狭谷不足,皆他州来,若制其价,则商不来矣。价虽贱,如无谷何?'后米斗及二百,商人舟米以来者相望,坦乃借兵食,多出市以平其直,人赖以生"。② 这儿的他州米船,可能既有来自浙西苏、常、润地区的,又有来自江西道和淮南道的。

政府也有许多举措对城市文化进行管理。如政府对城市发展教育有较为深刻的认识,孙吴在中央设博士祭酒主管全国教育,景帝孙休在永安元年(258)下诏说:"古者建国,教学为先,所以道世治性,为时养器也。"又说:"其案古置学官,立五经博士,核取应选,加其宠禄。科见吏之中及将吏子弟有志好者,各令就业。"他下令将吏子弟入学,一年一考核,学习成绩优秀的,"差其品第,加以位赏"。③ 江南素来是没有官方教

① 杜佑:《通典》卷一二《食货典一二·轻重》,第 288 页。
② 李翱:《李文公集》卷一二《故东川节度使卢公传》,《四部丛刊》本,第 102B 页。
③ 陈寿:《三国志》卷四八《吴书三·三嗣主传》,第 1158 页。

育的,此时起建立了系统的学校制度。东晋中央选拔官秩达
二千石的公卿子弟百人为学生,并建造校舍 155 间。① 太元十
年(385)二月,又立国子学。刘宋立国后,刘裕于永初三年
(422)颁布兴学诏,广延胄子,选备儒官。元嘉二十七年
(450),因战争罢国子学。至孝武帝大明五年(461),下令"来
岁可修葺庠序,旌延国胄"。② 齐朝建立后,萧道成建元四年
(482)正月下诏立国学,学生员额为 150 人。③ 齐武帝时又下
诏办学,《南齐书》卷九《礼志上》云:"永明三年正月,诏立学,
创立堂宇,召公卿子弟下及员外郎之胤,凡置生二百人。"以尚
书令王俭为国子祭酒,"由是家寻礼教,人诵儒书,执卷欣欣,
此焉弥盛"。梁天监七年(508),武帝下令兴修国子学,设国子
博士。他下诏说:"建国君民,立教为首。……宜大启庠斆,博
延胄子,务彼十伦,弘此三德。"④陈朝天嘉元年(560),吴兴人
沈不害上书,说:"立人建国,莫尚于尊儒;成俗化民,必崇于教
学。"他提出"选公卿门子,皆入于学",使"助教博士,朝夕讲
肄","如切如磋",讲授儒教。这一建议为陈文帝接受,下诏书
"依事施行",并且迁沈不害为国子博士。⑤

　东晋以后,江南城市中都有官办的各级学校,大多是由各
地太守和名士们兴办的。地方学校并无定制,一般都由各级
长官个人创办。东晋在州级机关设典学从事、劝学从事,郡国
置文学掾,县设校官掾。江南城市中有不少官办的学校,如范
汪为东阳太守,"在郡大兴学校,甚有惠政"。⑥ 再如东晋太宁

---

① 沈约:《宋书》卷一四《礼志》,第 365 页。
② 沈约:《宋书》卷六《孝武帝纪》,第 128 页。
③ 萧子显:《南齐书》卷二《高帝纪》、卷九《礼志上》,第 38、143 页。
④ 姚思廉:《梁书》卷四八《儒林传》,第 662 页。
⑤ 姚思廉:《陈书》卷三三《沈不害传》,第 446—448 页。
⑥ 房玄龄等:《晋书》卷七五《范汪传》,第 1983 页。

初，"立永嘉郡学于华盖山麓"。① 东晋义熙八年（412），孔靖为会稽内史，"修饰学校，督课诵习"，②东晋多位永嘉太守，均以"助人伦、成教化"作为施政的最高追求。如以文辞优美见长的丘迟，在永嘉任太守期间著有《永嘉郡教》一篇，③对之前永嘉不重教育进行批评，反过来亦可见其对永嘉教育十分重视，同时透露出官员对永嘉城内学校教学的关注。

江南部分县城中的学校，都是地方官员兴办的结果。范宁出任余杭县令，在县府所在地设立学校："在县兴学校，养生徒，洁己修礼，志行之士莫不宗之。期年之后，风化大行。自中兴已来，崇学敦教，未有如宁者也。"④他主张办学应当"精加督励，严其师训，举善黜违"，从而来改变"国学开建，弥历年载，讲诵之音靡闻，考课之绩不著"的局面。⑤ 从隋朝开始，江南有部分县开始设立学校。唐初以后，县城中设立学校的日渐增多，并不断扩大办学规模，具有了固定的学校制度。唐代中期，曾在润州的江宁县设学，《唐语林》卷二载："韩晋公治《左氏》，浙江东西道制节，……在军中撰《左氏通例》一卷，刻石于金陵府学。"韩滉唐德宗建中年间任浙江东西道观察使，这里指称的金陵府学其实就是江宁县学。由于建中年间已有县学，估计学校设立的时间可能较早。此外如润州句容县学

---

① 胡宗宪等纂：《嘉靖浙江通志》卷一六《建置志》，《天一阁藏明代方志选刊续编》第 24 册，第 25B 页。
② 李延寿：《南史》卷二七《孔靖传》，第 726 页。
③ 严可均：《全上古三代秦汉三国六朝文·全梁文》卷五六，第 3283 页。
④ 房玄龄等：《晋书》卷七五《范汪传附范宁传》，第 1985 页。
⑤ 李昉：《太平御览》卷六三四《治道部·急假》引范宁《启国子生假故事》，第 2844 页。

设立于开元十一年(723),地点在县衙之东。① 苏州昆山县建于梁大同年间,隋初被废。原在县府东南七十五步的文宣王庙,庙堂的后半部就是教室。唐代宗大历九年(774),太原人王纲以大理司直兼县令来到昆山上任,开始兴修县学。学校开学后,远近儿童少年前来学习的不计其数,"如归市焉"。从此以后,昆山地区的老百姓都争着将子女送到学校学习,"其不被儒服而行莫不耻焉"。② 也就是说,社会风气随着学校的恢复和发展大有改观。昆山县学唐末黄巢之乱被废,至北宋雍熙间才重又建立。③

　　政府对城市民众的宗教信仰,也常有措施加以引导和管理。如南朝永初二年(421),宋武帝谈到江南淫祀时说:"淫祠惑民惠财,前典所绝,可并下在所,除诸房庙,其先贤及以勋德立祠者,不在此例。"④淫祀就是国家不认可的众神信仰,因为不符合国家的宗教政策,所祀的对象在国家所认可的祭祀者之外。陈后主太建十四年(582),亦有诏书称:"僧尼道士,挟邪左道,不依经律,民间淫祀妖书诸珍怪事,详为条制,并皆禁绝。"⑤政府力求改变这种现状。到了唐代中期,有两位江南地方官员对淫祀进行打击。德宗贞元间,于頔为苏州刺史,"吴俗事鬼,頔疾其淫祀废生业,神宇皆撤去,唯吴太伯、伍员等三数庙存焉"。⑥ 穆宗时李德裕为浙西观察使,"凡旧俗之害民者,悉革其弊。江、岭之间信巫祝,惑鬼怪,……属郡祠庙,按方志前

---

① 周应合纂:《景定建康志》卷三〇《置县学》,《宋元方志丛刊》,第1835—1836 页。

② 董诰等编:《全唐文》卷五一九梁肃《昆山县学记》,第 5275 页。

③ 凌万顷、边实纂:《淳祐玉峰志》卷上《学校》,《宋元方志丛刊》,第1062 页。

④ 沈约:《宋书》卷三《武帝纪》,第 57 页。

⑤ 姚思廉:《陈书》卷六《后主纪》,第 108 页。

⑥ 刘昫:《旧唐书》卷四五六《于頔传》,第 4129 页。

代名臣贤后则祠之,四郡之内,除淫祠一千一十所"。①

　　唐五代江南城市中的佛教兴衰,可以肯定是和六朝隋唐政府推行的佛教政策有一定的关系。六朝以后,帝王、官员们凭藉着他们的权力,常常拨款维修、兴建寺庙。吏部侍郎齐澣采访江东,见丹徒天乡寺"殿宇倾圮","率同心愿善缮理",进行维修。② 大历年间,湖州刺史萧定"创建佛室,造三世佛及诸功德等铭"。③ 不过政府也会实施抑制佛教发展的政策,如唐德宗建中二年(781),韩滉为浙江东西都团练观察使和镇海军节度使,他曾"毁撤上元县佛寺道观四十余所",并"以佛殿材于石头城缮置馆第数十"。④ 韩滉毁拆寺庙,在江南地区造成一定影响。贞元六年(790),杭州法钦禅师从长安回来后,"州牧王颜请出州治龙兴寺净院安置,婉避韩滉之废毁山房也"。⑤ 尽管法钦在京师时,相国裴度、陈少游等执弟子之礼,但权掌一方的韩滉在自己的辖区内实行抑佛,韩滉的下属王颜不想和自己的长官意见相左,只能采取变通的办法。再如会昌五年灭佛,唐武宗规定各州不得有寺,并派御史巡行天下,检查灭佛工作,"御史乘驿未出关,天下寺至于屋基耕而刓之"。⑥ 江南地区忠实地执行政府命令,杭州拆毁了许多寺庙,用所拆建筑材料建造南亭。湖州乌程县法华寺,"会昌中诏毁佛寺,此寺随废"。⑦ 常州修善寺、宝云寺、开法寺,无锡

---

① 刘昫:《旧唐书》卷一七四《李德裕传》,第4511页。
② 董诰等编:《全唐文》卷三二〇李华《润州天乡寺故大德云禅师碑》,第3244页。
③ 陈思辑:《宝刻丛编》卷一四引《复斋碑录》,《丛书集成初编》本,第375页。
④ 刘昫:《旧唐书》卷一二九《韩滉传》,第3601页。
⑤ 赞宁:《宋高僧传》卷九《唐杭州径山法钦传》,第211页。
⑥ 杜牧:《樊川文集》卷一〇《杭州新造南亭子记》,第153页。
⑦ 董诰等编:《全唐文》卷八六七杨夔《乌程县修东亭记》,第9078页。

的慧山寺、祇陀寺、静教寺,义兴县的法藏寺、善卷寺、慧明寺等,均在会昌中拆毁。宣宗即位后,一反会昌之政,继续扶持佛教,江南地区开始恢复佛教事业。大中六年(853),杭州刺史刘彦"首命剃染,重盛禅林"。[1] 宗彻禅师到杭州,刘彦"慕其道,立精舍于府西,号罗汉院"。[2]

余　　论

以上通过对六朝至唐五代政府在市政、治安和救灾、公共事务等数方面管理举措的考察可以看出,政府对各级城市的管理是十分严格的。这些管理措施,对城市的发展有很多有利的因素,如城市的形制、治安、救灾措施、市场商贸、城市物资供应、城市文化和宗教的发展等方面,使得城市规范有序,确保城市向前发展,成为一地的政治和经济、文化中心。不过同时也应看到,政府过多的管理措施,使城市严格地按照政府允许的尺度进行调整,由此导致江南城市的发展幅度十分有限,自六朝至唐朝,城市并没有发生根本性的变化,城市的发展是缓慢的、渐进式的。政府对江南城市的管理,既有值得肯定的一面,同时也应该看到其在某种程度上抑制了江南城市的发展。

(本文与邹国慰合作,刊于《江汉论坛》2013 年第 2 期,《新华文摘》2013 年第 8 期转摘,《人大复印资料·魏晋南北朝隋唐史》2013 年第 3 期转载。本次收录,文中部分内容作了调整)

---

[1] 赞宁:《宋高僧传》卷一二《唐杭州大慈山寰中传》,第 273 页。
[2] 道元:《景德传灯录》卷一二《杭州罗汉院宗彻禅师传》,海南出版社 2011 年版,第 320 页。

六朝唐五代江南城市
市场的形制与变化

城市中的工商业历来是划定区域的,政府既不想让工商业的发展超出一定的度,也不会让工商业萎缩而影响到城市中人们的生活水准。划定区域经营工商业的好处,一来可以维护市场经济秩序,有助于维持城市社会治安,二来能有效地收取租税。

中国古代市的出现,大部分情况下是和城连在一起的。傅筑夫先生认为:"市的形成,不是经济发展的自然结果。其次城内市场只是一个临时聚合的交易地点,并且是一种有时间限制的定期市——'日中为市'。交易的人不是定居在市内的,到了交易时间,人们才从四面八方聚来,罢市之后,又都各自散去。"①汉代以后,每日开场的市,一般设立在县城以上的政府所在地。因为建城之后,随着人口的增加,有了对商品的需要,立市也就有了意义。这一点为六朝隋唐五代所继承,市也渐渐发展为一个城市的工商业中心。

一、江南城市的普遍设市

六朝以后,县级以上城市至少都有一个商业市场用来进

---

① 傅筑夫:《中国经济史论丛》上,三联书店 1980 年版,第 346—347 页。

行商品交换,满足城市民众的生活需要。市的设立,一定程度上标志着城市商业的发展程度。

1. 六朝城市中的市场

六朝时期,县级以上的城市都有市,市是官府设置的商业活动的主要场所。

在都城建业,东吴开始就有较为完备的市。① 孙权时期,便在建业建有两个大型市场,即建康大市、建康东市。孙休在位时,又加建了北市。山谦之《丹阳记》说:"京师四市,建康大市,孙权所立;建康东市,同时立。建康北市,永安中立。秣陵斗场市,隆安中发乐营人交易,因成市也。"②东吴的三个市场,应是综合性集贸市场,商品种类齐全,市场人数较多,成了城市中最繁荣的地方。左思在《吴都赋》中赞誉道:"开市朝而并纳,横阛阓而流溢。混品物而同廛,并都鄙而为一。士女伫眙,商贾骈坒,纻衣絺服,杂沓从萃。轻舆按辔以经隧,楼船举帆而过肆。果布辐凑而常然,致远流离与珂珬。⋯⋯交贸相竞,喧哗蝗呷。"我们看到都城中的市场规模较大,市旁有河道可以装载货物,楼船举帆穿过。建康大市的位置,在建初寺之前,距宫城七里。史云:"吴大帝立大市,在建初寺前,其寺亦名大寺市。"③刘淑芬认为大市在秦淮河南岸,孙吴的宫城在秦淮河北岸,④市场在宫城之南。

东晋新设斗场市,加上东吴的三个市场,建康共有四个主要的市。南朝集市贸易,多袭东晋旧制。刘宋将东晋的斗场

---

① 关于建康的市场,卢海鸣先生有《六朝建康的商市》(《东南文化》1992年第 5 期)进行过专门的研究。

② 李昉:《太平御览》卷八二七《资产七·市》,第 3688 页。

③ 周应合纂:《景定建康志》卷一六引《宫苑记》,《宋元方志丛刊》,第 1529 页。

④ 刘淑芬:《六朝的城市与社会》,学生书局 1992 年版,第 142 页。

市改称为东市:"宋又立南市,在三桥篱门外斗场村内,亦名东市。"①斗场市在秦淮河南岸,应该在大市以南,可能在建康东市的偏东,所以称它为南市或东市。

《通典》卷一一《食货典·杂税》说:"淮水北有大市,自余小市十余所。"就是说除了政府设立的几个大市外,还有很多小市。估计大市是政府设立的综合性市场,小市是民间为了生活方便设立的日常用品类的小市场,没有得到政府的正式承认,市场中的商品可能比较单一。小市很多是以商品命名的:"又有小市、牛马市、谷市、蚬市、纱市等一十所,皆边淮列肆稗贩焉。"宋元徽二年(474),刘休范反,"张敬儿等破贼于宣阳门、庄严寺、小市,进平东府城"。② 说明小市位于宣阳门至东府城的中间,离庄严寺不远,估计也是在秦淮河的附近。纱市"在城西北耆阇寺前,又有苑市在广莫门内路东,盐市在朱雀门西,今银行、花行、鸡行、镇淮桥、新桥、笪桥、清化市皆市也"。③ 牛马市、谷市、蚬市都是在秦淮河边。此外,秦淮河北有盐市,广莫门内有苑市。至于上述以商品命名的市场,是否市中只有一种商品,我们认为这倒未必,但以某一种商品为特色而且数量较多,这是很有可能的。因为建康城市的规模庞大,人口众多,城市布局比较疏散,因而市的设立往往与居民区比较紧密。

建康以外,其他州郡级的大城市都可以见到市。如吕僧珍在广陵任南兖州刺史,"从父兄子以贩葱为业,僧珍既至,乃弃业欲求州官。僧珍曰:'吾荷国重恩,无以报效,汝等自有常分,岂可妄求叨越,但当速反葱肆耳。'"④吕僧珍原先的房子

---

① 周应合纂:《景定建康志》卷一六,第1529页。
② 沈约:《宋书》卷九《后废帝纪》,第182页。
③ 周应合纂:《景定建康志》卷一六,第1529页。
④ 姚思廉:《梁书》卷一一《吕僧珍传》,第213页。

"在市北,前有督邮廨,乡人咸劝徙廨以益其宅"。南兖州设有市,而且与有关官府机构相邻,刺史的家就在市北不远处。南徐州的市可能范围较大。梁武帝"普通五年,(萧纶)以西中郎将权摄南徐州事。在州轻险躁虐,喜怒不恒,车服僭拟,肆行非法。遨游市里,杂于厮隶。尝问卖鳝者曰:'刺史何如?'对者言其躁虐。纶怒,令吞鳝以死"。[1] 他能混迹于市不为商人们知道,说明市场里来往的人肯定很多。吴郡一直设市,《墉城集仙录》卷五云:"婴母者,姓谌氏,字曰婴,不知何许人也。西晋之时,丹阳郡黄堂观居焉,潜修至道……因入吴市。"直接将吴郡的市称为"吴市"。丹徒即刘宋时的东海郯郡,是王僧孺的老家,"僧孺幼贫,其母鬻纱布以自业,尝携僧孺至市,道遇中丞卤簿,驱迫沟中"。[2] 会稽郡也是有市的,东晋时王彪之因为市肆错乱,出面予以整治。萧齐时会稽陈氏三女,"相率于西湖采菱莼,更日至市货卖,未尝亏怠"。[3] 再如吴兴郡也设市。南朝萧齐时,吴兴太守王敬则"入乌程,从市过,见屠肉枅,叹曰:'吴兴昔无此枅,是我少时在此所作也。'"[4]这里的"屠肉枅"是指市中屠家专门称肉用的挂秤衡木。

　　六朝江南县级城也设市,如丹阳县市,市中住人:"晋王珣宅,在县市中,后舍为朝阳寺,即今普宁寺是也。"[5]市中有官员的住宅,应该说规模不小。

　　2. 唐五代的州市

　　唐代,州一级的大城市与前代一样,在专门经营商业的地方设市。市制同样也推行到江南的大城市中,苏州、润州、金

① 李延寿:《南史》卷五三《梁武帝诸子传》,第 1322 页。
② 姚思廉:《梁书》卷三三《王僧孺传》,第 470 页。
③ 萧子显:《南齐书》卷五五《孝义传》,第 959 页。
④ 李延寿:《南史》卷四五《王敬则传》,第 1129 页。
⑤ 俞希鲁纂:《至顺镇江志》卷一二《居宅》,第 487 页。

陵、越州等都有专门的商业市。

　　苏州子城西门上的西楼叫"望市楼"，登临楼上，可见全市容貌。元稹《戏赠乐天复言》诗说："弄涛船更曾观否，望市楼还有会无。"注云："望市楼，苏之胜地也。"①说明苏州市就在西楼之西，官员只要在子城城楼上就能观察市中动静。宣宗大中末，柳条青"乞食于苏市，尝击筇踏歌，得钱辄饮。……因大雪冻死于市，市人具棺瘗于齐门之左"。② 冻死人一般可能发生在夜里，这说明唐末苏州的市已不再关闭清场，市内有人居住。

　　润州城同样有商业经营的市。五代时，卢文进为润州节度使，"润州市大火，文进使马步使救之，益炽，文进怒，自出府门斩马步使，传声而火止"。③ 从前后文意看，润州的市就在子城附近，并按政府规定设立市令等官员。唐代中期，路随为润州参军时，与观察使李锜不合，李锜"使知市事，随翛然坐市中"。④ 润州市中开设了很多酒楼，杜牧说："青苔寺里无马迹，绿水桥边多酒楼。"⑤润州紧逼长江，市中货物通过船只运送。

　　越州城内设有市。元稹有诗云："暮竹寒窗影，衰杨古郡濠。鱼虾集橘市，鹳鹊起亭皋（越州宅窗户间尽见城郭）。……渔艇宜孤棹，楼船称万艘。"⑥据此，可知罗城外有

---

① 元稹：《元稹集》卷二二，第 246 页。
② 王鏊纂：《正德姑苏志》卷五八《人物二十二》，《天一阁明代方志选刊续编》第 14 册，第 879 页。
③ 陆游：《南唐书》卷九《卢文进传》，《丛书集成初编》本，第 197—198 页。
④ 王钦若等编：《册府元龟》卷七二九《幕府部·辟署四》，第 8673 页。
⑤ 杜牧：《樊川文集》卷三《润州》，第 43 页。
⑥ 元稹：《元稹集》外集卷七《奉和浙西大夫李德裕述梦四十韵》，第 692 页。

护城河,渔船可直至城中,众多运送商品的楼船直接将货物运进城内。城中设市,市边有河道,水边有堆置货物的平地,四周是民居,市离城墙不远。尽管我们无法确切知道越州市的具体位置,但可以了解到,越州和一般城市一样,在城内专门设市进行商品交换。

其他州城也都设市,只不过资料比较零散。如常州,《咸淳毗陵志》卷三《坊市》云:"大市在罗城东南二里。"再如中唐设立的池州有市:"池阳人胡澄……偶至市,见列肆卖首饰者,熟视之,乃妻送葬物也。问其人,云一妇人寄于此,约某日来取。"①市内有列肆,商业很兴盛。《续仙传》卷中"王可交"条谈到王可交曾在"明州卖药酒,得钱但施于人,时言:'药则壶公所授,酒则余杭阿母相传。药极祛疾,酒甚醉人。'明州里巷皆言:'王仙人药酒,世间不及。'"王可交卖药酒的地方,可能就在里巷附近的市中。

3. 唐五代的县市

唐代政府在县城设市。唐中宗景龙元年(707),"敕诸非州县之所,不得置市"。言下之意市只能设立在县级政府所在地,县市是政府同意设立的最基层的商业市场。遵照政府的法令,江南各县都先后设立县市,专门为商人们提供经营贸易的场所。如富阳县县市,"旧在县西一里二百步,其地湫隘,唐万岁登封元年县令李浚徙于西北隅一百步"。② 其后市屡有改建,如顾昇庠开元十年建市,柳锡贞元十二年建市。③ 这两次不可能是另外新建市,应该视作对原有市的重新建设。盐官县市"在县西北百步,唐贞观四年置,开元十一年令路宣远

---

① 徐铉:《稽神录》卷三"胡澄"条,第 48 页。

② 潜说友纂:《咸淳临安志》卷一九《市》,《宋元方志丛刊》,第 3550 页。

③ 潜说友纂:《咸淳临安志》卷五一《秩官九》,《宋元方志丛刊》,第 3809 页。

徙于县西南二百五十步"。① 两县市均建于初唐,尽管屡有迁徙,但都设在县城中。池州祁门县市,据明人说:"(唐)置县时街分田字,历(五代宋元)及(国朝)因之,时加修治,平坦如旧。"②说明市的设立历代一脉相承,不断加以修缮。市中心是一个十字街,商品店铺沿街而立。池州青阳县,唐后期曾受到江贼的骚扰,"劫池州青阳县市,凡杀六人"。③ 县市中堆积了大量的货物,江贼才会前去光顾。

　　一般情况下一县一市,但事实上在江南地区常有一县两市的情况出现,这些县的商业繁荣超过了一般的县。杭州临安县有西市等两市。《全唐文》卷八九九有程仁绍《请蠲免夫役状》一文,这是程氏请求有关部门免除夫役的诉状,内中两次自称是"衣锦兴国军安国县西市看守宏圣王大丘陵客程仁绍"。临安县五代时改称安国县,从上面程氏诉状中可知临安有西市,必有对应方位的另一个市。《浙江通志》卷三九《古迹一》云:"唐临安县旧治,《嘉靖临安县志》'县治旧在西市'。"如此,西市是后建的,设在原临安县的县衙之地,那么在西市未建之前临安县必定还有另一个县市。由于临安是吴越钱氏的老家,临安设立两市是完全有可能的。歙州婺源县也设有两市。婺源县城原设在清化镇,自唐中和二年镇将汪武开始至弦高镇判事,此后地方长官不再回到县城办公。五代杨吴大和年间,升婺源为都制,在弦高镇重筑新城,"启昇、元二门,建东、西两市"。④ 五代时的婺源有两市,设立的原因史虽未明言,但恐怕主要是"茶货实多,兵甲且众,甚殷户口"。常州义

① 潜说友纂:《咸淳临安志》卷一九《市》,第3550页。
② 彭泽纂:《弘治徽州府志》卷一《坊市》,《天一阁藏明代方志选刊》第21册,第48页。
③ 杜牧:《樊川文集》卷一一《上李太尉论江贼书》,第169页。
④ 董诰等编:《全唐文》卷八七一刘津《婺源诸县都制置新城记》,第926页。

兴县也有两市。《咸淳毗陵志》卷三《坊市》:"(义兴)市一在县南十步,东入蛟川坊,西入招德坊,(一)在长桥南。"李郢《阳羡春歌》云:"长桥新晴好天气,两市儿郎擢船戏。"①义兴的县市设立在河道旁,位于桥梁边,是交通便利之处,商品主要通过船运进入市场。苏州昆山县有县市。《神仙感遇传》卷二"王可交"条谈到,"咸通十年十一月,(王)可交自市还家,于河上见大舫一艘",这里的市指的就是昆山的市。昆山有可能是一县两市,《淳祐玉峰志》云:"邑旧有坊四,曰光化、平乐、招贤、永昌,有市二,曰都场、永安,皆《旧经》所载,今莫详其所。"②南宋凌万顷编此书时已无法辨明二市所在地点,只是从"旧经"中转抄下市的名称。北宋时商品交易已不再局限于市中,市的概念或许就已模糊,因此二市很有可能是唐五代时期的名称。

江南县市与州市一样,一般设立在河道旁和桥梁边的交通便利之处。常州无锡县县东二百步跨运河有大市桥,隋大业八年建。无锡县南一里有南市桥,唐武德中建,桥横跨运河。③ 由此可知无锡有两市,一为县东的大市,一为南市。两市均建在县城的主要河道边,有桥梁与对岸相通,水陆交通运输十分方便。睦州分水县的天目溪南可通浙江,唐宋时"可胜百斛舟,若於潜,若昌化,旧航粟浙江,胥此焉入,故客艘辐凑于县后",一旦航道不通,"县市亦萧条矣"。④ 但处在山区的

---

① 彭定求等编:《全唐诗》卷五九〇,第 6846 页。
② 凌万顷、边实纂:《淳祐玉峰志》卷上《坊陌桥梁》,《宋元方志丛刊》,第 1063 页。
③ 史能之纂:《咸淳毗陵志》卷三《桥梁》,《宋元方志丛刊》,第 2990 页;佚名纂:《无锡志》卷一《津梁》,《宋元方志丛刊》,第 2197 页。
④ 郑瑶纂:《景定严州续志》卷九《水》,《宋元方志丛刊》,第 4407 页。这儿郑瑶等所谈虽是宋朝情况,但唐宋自然条件基本一致,县市所处位置不会有太大变化。

一些县城也有例外。如润州句容县地处山区，"介万山中，虽曰滨江而去江实远……仅与秦淮接，舟楫不通，无富商大贾出于其涂"，而四周农民"趋日中之市者率仗车以任负"，只能用车辆装载了货物入市交易。[①]

　　唐代江南只要有县城就会设市，这是可以肯定的一个事实，所以江南大量设置新县，实际上是大量县市设置的过程。《至元嘉禾志》卷一《沿革》云："明皇开元五年，苏州刺史、前黄门侍郎张廷珪奏，是年五月敕置郡于旧海盐县吴御越城西北，立定集而置县，今县治也。"开元年间新设海盐县，同时还"立定集"，就是设立了县市，建县与设市同步进行，这在当时恐怕都是如此。《江南余载》卷上云："铜陵县尉某懦不能事，嗜酒善狂……尉乘醉仗剑驱市人而袭之，贼皆就缚焉。"铜陵县设立于五代末年，但县市也已建立。

　　可以清楚地看到，江南县市的建立使江南广大农村与商品经济接上了关系，使农村集市交换网络得以渐渐建成。众多新县的析置，使唐五代县市设置的密度大幅度增高，为更多的农民进入城市进行商品交换提供了可能，为更多的商贾贩运销售提供了方便。

二、市的形制与管理

　　城市中的市场是怎样的，市场管理制度如何，这是我们在

[①] 程文纂：《弘治句容县志》卷九《县治碑刻》引张榘《砌街记》，《天一阁藏明代方志选刊》第 11 册，第 9 页。张氏为南宋人，但在文中谈到县市"街衢之砖若石，每坏于轮毂之交驰。俗尚简陋，不知随时修治，积岁久，破碎硗确，殆类山间之蹊，行者病焉"。县市砖石受到破坏非一朝一夕所能，张氏谈论县市商业的言语实际上是指长期以来的情况，非特指南宋一代。

讨论江南城市中的市场时特别想弄清的问题。

1. 市的形制

市在城市中的位置,按《周礼·考工记》,原则上是"前朝后市",即市应在政府治所的北部,历代的确有不少城市按照这种格局布局的。不过六朝以后江南城市的市场位置并没有多少规律可寻,比如建康有多个市在宫城之南,苏州的市在子城的西面,常州的市在子城的东南。县市也是如此,富阳县市在县府的西面,盐官县市先在县府西南后迁到西北,临安在县府的西面,而婺源东与西各一市,义兴县市在县南,无锡县市一在南一在东。市在政府治所北面的并不多见,说明城市建设时传统的约束很少,市的方位是没有太多限制的。

左思《吴都赋》谈到建业大市时说:"轻舆按辔以经隧,楼船举帆而过肆。"言下之意,大市设在水陆交通便利处,既可以通车,又有船运。东晋以后,建康很多市都设在淮水的两岸,考虑货物的运输便利应该是主要原因。其次,建康市的一个重要特性是市场往往在寺院之前,[1]如建康大市在长干里和横塘之间的建初寺前,斗场市在斗场寺前,北市在归善寺前,纱市在耆阇寺前。江总说:"前望则红尘四合,见三市之盈虚;后睇则紫阁九重,连双阙之耸峭。"[2]寺前有三市,刘淑芬认为其中一个就是庄严寺小市。唐代的州县市有很多都是设在交通便利处,如润州、越州市中的货物运输都是以船运为主,无锡县、义兴县、分水县的市也都处于水路航道旁。由这个特征,我们推测当时的市不可能是很规则的长方形或正方形,而是随着河流或桥梁要道而变化。江南市的修筑,首先考虑的是货物运输的方便。

---

① 刘淑芬:《六朝的城市与社会》,第 145 页。
② 严可均:《全上古三代秦汉三国六朝文·全隋文》卷一一江总《大庄严寺碑》,第 4077 页。

一般而言,市场在城中,与住人的坊相邻,我们常称为里市。但也有市不在城中的,《咸淳毗陵志》卷三《坊市》:"大市在罗城东南二里……诸关城外皆有小市。"意谓常州除城内的大市外,各城门外还有不少小市。至于为什么要设在城关外,主要还是考虑交通的方便。不过这种小市,外部形状可能会呈正方或长方形,但因为不是在城内,所以市的范围、大小可能是不固定的。

关于江南城中市的规模,由于文献没有详细记载,故其具体情形我们所知不多。《咸淳临安志》卷一九《市》:"(富阳)县市,……唐万岁登封元年县令李浚徙于西北隅一百步,周回二里五十步。"按这条资料,县市的平均边长为192步多,据此推算整个县城的规模,应该达到十分惊人的庞大地步,因此我认为这个数字并不可信。又同书卷一八《城郭》云:"(富阳县)周六百步,高一丈,濠阔一丈五尺。旧传咸通十年县令赵讷修筑。"按这里说县城一共周长不到二里,因此富阳县是根本容不下一个周回二里五十步的县市。所以前面谈到的县市周长,可能是县城的周长,前人在文献征引时出现了错误。不过,我们认为,城市中市场的规模,一般而言是由城市的规模和人数来决定的。城市区域面积比较大,人口数量较大,市场的规模肯定就较为庞大,因为它必须保证城市生活中商品的供应。但市场不可能无限制扩大下去,所以有的城市就会有数市,需要设置数个市场来满足人们的生活需要。

江南的市与北方的市大体一致,有市门、市墙,将市与里分隔开来,这样有利于对市场进行管理,从管理的角度来说可以减少治安案件的出现。《吴都赋》:"开市朝而并纳,横阛阓而溢流。"阛阓是指市的围墙与市门。《初学记》卷二四引颜延之《纂要》云:"市巷谓之阛,市门谓之阓。"齐高帝赠王俭诗云:"汝家在市门,我家在南郭;汝家饶宾侣,我家多鸟雀。"意谓王俭家在市门口,家里宾客成群。又王籍"及为中散大夫,弥忽忽不乐,乃至徒行市道"。① 说明市中有各种道路,市道对着市门。唐末金陵市有门,如韦楚是李宗闵的门生,辞官后"寄居金陵。常跨驴策杖经阛中过,布袍貌古,群稚随而笑之"。② 但也有市是没有门的,对此我们也应注意,如东晋廷尉张闿"住在小市,将夺左右近宅以广其居,乃私作都门,早闭晏开,人多患之,讼于州府,皆不见省"。③ 建康的这个小市是没有门的,张闿私作的"都门"其实就是市门,但由于门的开关控制权在他的家里,早闭晏开,给其他出入市的人造成不便,于是不少人就到州府告他。

汉代市中建亭,作为市吏治所,又名为旗亭、市楼。④ 六朝至隋唐的市中是否有旗亭,我们并不能十分肯定,但有一部分市还是继承了这种传统。陈张正见有《日中市朝满诗》云:"云阁绮霞生,旗亭丽日明。尘飞三市路,盖入九重城。"⑤这里可能指的是建康城内的大市,可知市内仍是有旗亭的。陈宣帝太建十一年曾说:"旗亭关市,税敛繁多。"⑥以旗亭指市场,说明旗亭是一个市场的标志性建筑。

市内道路的两旁是各种店铺,叫店肆、市肆。肆依商品的类别陈列货物,而店是存放货物的。一般而言,一市之内的货物,由于品种十分丰富,往往是采用大分散、小集中的方式经营,同一种类的商品相对集中于各自的固定位置。六朝至唐代的市场都是同类商品的铺面排列成行,称为"列肆"或"市

① 李延寿:《南史》卷二一《王弘传》,第581页。
② 刘崇远:《金华子杂编》卷下,《唐五代笔记小说大观》,第1763页。
③ 房玄龄等:《晋书》卷六八《贺循传》,第1827页。
④ 周长山:《汉代城市研究》,人民出版社2001年版,第178页。
⑤ 徐坚:《初学记》卷二四《居处部·市》,第324页。
⑥ 姚思廉:《陈书》卷五《宣帝纪》,第95—96页。

列"，所以当时有帽肆、酒肆、葱肆等称法。在市内开店列肆的经营者，一般是有市籍的，就是我们通常说的坐贾。其时有"家贫近店肆""登店卖三葛，郎来买丈余"等句，[1]指的就是市内的商店和摊肆。其时山阴市内的商贾一度违背规定，经营的店肆杂乱无章，官府就出面干预。《初学记》卷二四《市》有《晋王彪之整市教》说："近检校山阴市，多不如法，或店肆错乱，或商估没漏，假冒豪强之名，拥护贸易之利，凌践平弱之人，专固要害之处。属城承宽，亦皆如之。"王彪之整理山阴市的一个原因是"店肆错乱"，估计是原本应排列整齐的店肆有点乱，破坏了市容市貌。

各地远道前来交易的商人不可能每天售完货物都回家，有的可能数天或数十天的时间才能销售完毕，因而他需要住宿和堆放货物的地方，邸舍就在这样的情况下产生了。市中的邸舍一般以外来商人为服务对象，供商人住宿饮食，同时也能堆放货物。邸舍在六朝商业较为发达的环境下，是较能有保障赚取利润的，所以从事邸舍经营者往往是有权势的王公妃主和高官。如刘宋时，蔡兴宗"以王公妃主多立邸舍，子息滋长，督责无穷"，于是"启罢省之，并陈原诸逋负，解遣杂役，并见从"。[2]又山阴人吕文度有宠于齐武帝，"于余姚立邸，颇纵横。宪之至郡，即表除之"。[3]

市内主要是安置商业店铺，但也有不少手工作坊。天宝时会稽主簿季攸"乃为外甥女造作衣裳、帏帐"，季主簿不可能自己动手缝制衣裳，裁衣铺在越州市中应是比较多见的。[4]

① 郭茂倩：《乐府诗集》卷四六《读曲歌》，上海古籍出版社1998年版，第523、525页。
② 李延寿：《南史》卷二九《蔡兴宗传》，第772页。
③ 姚思廉：《梁书》卷五二《顾宪之传》，第759页。
④ 李昉等编：《太平广记》卷三三三引《纪闻》"季攸"条，第2645页。

《清异录》卷下谈到："宣城裁衣肆,用一石镇,紫而润,予以谓堪为砚材,买之。"这种裁衣肆就是开设在市内的,店铺和手工作坊实际上是合二为一。

市内一般是不能居住人的。《太平御览》卷八二八引《晋令》规定:"坐垆肆者,皆不得宿肆上。"意谓在市内开店者,不能在市内的店肆中住宿。这样的规定主要是为了维护市内的治安,因为市内人员较杂,治安维持比较困难,所以到了晚上要清市。对本地居民来说,晚上可以回到里中居住,因此商人不能留宿市内。不过随着商品经济的发展,市场上的货物交易量不断增大,进入市场的人数越来越多,《晋令》的规定不一定真的很严格地在执行。前述东晋"廷尉张闿住在小市",似乎市与里的界限划分得并不是很严格,官员都可以居住在市中,而且还想好好地建设一番自己的房屋。再如"晋王珣宅,在县市中,后舍为朝阳寺,即今普宁寺是也"。[1] 这里指的是丹阳县市,县市中有居民住宅,有寺庙。再如南朝齐梁之间,吕僧珍的姐姐嫁给了于氏,家在市西,却"小屋临路,与列肆杂。僧珍常导从卤簿到其宅,不以为耻"。[2] "住市西",应该是在市的西部,否则吕僧珍来时也不用"不以为耻"。于此我们看到,有不少人已居住在市中,店肆就开在家门口,江南城市中市与里的界限并不是特别严格。市的确是专门划定的商业经营区域,但这个区域中有人居住,甚至包括官员,因而晚上要清场恐怕是做不到的。

市内的经商者以开设店肆的坐商为基本人员,不过市内常有农民进入设摊交易,这种人亦农亦商,经商是暂时的,因而人员的流动性较大。如刘宋郭世道"家贫无产业","与人共

① 俞希鲁纂:《至顺镇江志》卷一二《居宅》,第487页。
② 李延寿:《南史》卷五六《吕僧珍传》,第1396页。

于山阴市货物"。其子郭原平"每出市卖物","又以种瓜为业"。① 会稽人陈氏有三女,家庭比较困难,碰到饥荒,"三女相率于西湖采菱莼,更日至市货卖,未尝亏怠"。②

市内还活跃着中介商人。南齐崔慰祖"卖宅须四十五万,买者云:'宁有减不?'答曰:'诚惭韩伯休,何容二价。'买者又曰:'君但责四十六万,一万见与。'慰祖曰:'是即同君欺人,岂是我心乎?'"③这里的买者其实是个中介商人,并不是他自己要买房子,而是想在交易的过程中赚取差价。这种中介商人到了唐五代就是市侩。《稽神录》补遗"海陵夏氏"条说:"戊戌岁(晋天福三年)城海陵县为郡,侵人冢墓。有市侩夏氏,其先尝为盐商,墓在城西。夏改葬其祖,百一十年矣。"海陵县市有市侩,想必江南一般县城应该也是有这种中间商的。

2. 市的管理

市场是城市的一个重要组成部分。市场从设立开始,就有相应的市场管理机构,并在城市的发展过程中渐渐趋于完善。六朝的市场管理,基本上继承了秦汉以来有关的法令法规,并有所改造。六朝至唐五代,作为州、郡、县城中地方最高行政长官的刺史、郡守、县令,他们是城市的最高管理者,必须对市场的运行负责,要关注市场的繁荣,维护商品经营的正常秩序。其次,县一级的官员中,负责治安的县尉也常常会进入市场指导治安工作。

孙吴在建业设立市,为加强对商业的管理,设立了司市中郎将具体负责市场。如凤皇二年(273),陈声为司市中郎将,"(孙)皓爱妾或使人至市劫夺百姓财物,司市中郎将陈声,素

---

① 沈约:《宋书》卷九一《郭世道传》,第2243—2245页。
② 萧子显:《南齐书》卷五五《孝义传》,第959页。
③ 萧子显:《南齐书》卷五二《崔慰祖传》,第901页。

皓幸臣也,恃皓宠遇,绳之以法"。① 孙皓爱妾派人到市场上抢夺百姓财物,结果被陈声杀了,因为陈声要维持市场秩序。此外,维持市场治安的另一官员叫市刺奸,孙权时潘璋曾任"吴大市刺奸,盗贼断绝,由是知名"。②

各个时期的政府都设有专门的官员管理市场。东晋南朝,管理市场的官员为市令,有时也称市长。③ 如南齐东昏侯萧宝卷曾"苑中立市,太官每旦进酒肉杂肴,使宫人屠酤,潘氏为市令,帝为市魁,执罚,争者就潘氏决叛"。④ 市令是市场的管理者,主管交易上的纠纷。市令下有市吏、录事等官员。由于传统社会对商业的偏见,市令地位历来较低。如陈朝阳惠朗为太市令,虽"有吏能",但"家本小吏"。陈后主即位,"朝廷以(章)华素无伐阅,竞排诋之,乃除大市令"。⑤ 建康的大市管理者就是大市令,由于章华不是出身门阀,所以担任的是一般士人都不太愿意担任的市令。⑥ 不过市场管理有较大的难度,市令还是要有相当高的能力:"司市之要,自昔所难。顷来此役,不由才举,并条其重资,许以贾衒。前人增估求侠,后人加税请代,如此轮回,终何纪极?"⑦

---

① 陈寿:《三国志》卷四八《吴书·孙皓传》,第 1170 页。
② 陈寿:《三国志》卷五五《吴书·潘璋传》,第 1299 页。
③ 徐坚:《初学记》卷二四《居处部·市》有晋成公绥《市长箴》,第 325 页。
④ 萧子显:《南齐书》卷七《东昏侯传》,第 104 页。《南史》卷五《齐本纪》(第 155 页)同条谈到:"又于苑中立店肆,模大市,日游市中,杂所货物,与宫人阉竖共为裨贩。以潘妃为市令,自为市吏录事,将斗者就潘妃罚之。"如此,市令下有市吏、录事等官员。
⑤ 姚思廉:《陈书》卷三〇《章华传》,第 406 页。
⑥ 沈约《宋书》卷五九《张畅传》(第 1600 页)谈到刘宋时,彭城有小市门队主,又称防城队主,应是守卫市门的士兵小队长,这是战时的一种体制,至于江南城市,并不见得每个市都设这种官职。
⑦ 萧子显:《南齐书》卷四〇《竟陵王子良传》,第 697 页。

　　唐代州县市均设有专门的管理官员。上州有"市令一人，从九品上。丞一人，佐一人，史二人，帅三人，仓督二人"。中州和下州人数略减。县市也有相应的官员，如上县"市令一人，佐、史各一人，帅一人"。① 文宗大中五年颁敕："中县户满三千已上，置市令一人，史二人。其不满三千户已上者，并不得置市官。若要路须置，旧来交易繁者，听依三千户法置，仍申省。诸县在州郭下，并置市官。"②政府对市令的人选还有一定的规范，如县市令要"州选"，"县市令不得用当县人"，③以免营私舞弊。天宝初，"会稽主簿季攸有女二人，……市胥吏姓杨，大族子也，家甚富"，④据此知道越州市内是有专门官员进行商业管理的，而且从这个杨姓市吏是大族子且家里十分富裕来看，当时管理市场的官员可能多是经济比较富裕者。路随为润州参军时，与观察使李錡不合，李錡"使知市事"。⑤

　　市场官员的主要职责应该是维持市场秩序，保证商业贸易的正常进行。东晋时，会稽内史王彪之对山阴市进行检校，发现"多不如法，或店肆错乱，或商估没漏。假冒豪强之名，拥护贸易之利，凌践平弱之人，专固要害之处"，⑥于是对市场进行管理。从这段话看，王彪之从以下几个方面着眼管理的：一是店肆排列错乱，不够整齐；二是故意偷逃税款，少报经营货物的数量；三是强卖强买，欺负贫弱百姓。晋简文帝《移市教》说："日中总会，交贸迁移，虽樊无外取，要得所求，而旗亭旧体，自有常处，不容近违孔奋，远逐曹参，正恐旧肆盈虚，或

① 刘昫：《旧唐书》卷四四《职官三》，第 1918—1921 页。
② 王钦若等编：《册府元龟》卷五〇四《邦计部·关市》，第 6052 页。
③ 李林甫等修：《唐六典》卷三〇，中华书局 1992 年版，第 748 页。
④ 李昉等编：《太平广记》卷三三三引《纪闻》"季攸"条，第 2645 页。
⑤ 王钦若等编：《册府元龟》卷七二九《幕府部·辟署四》，第 8673 页。
⑥ 严可均：《全上古三代秦汉三国六朝文·全晋文》卷二一王彪之《整市教》，第 1575 页。

成雕废。"①他解释移市的原因,是因为"旧肆盈虚,或成雕废",既然店肆出了问题,没有办法正常交易,就只能移市。

市场官员管理市场的第二个方面是将市场置于严密的控制之下,严格按政府规定的开市、罢市时间决定市场的经营时间。大都市的商业活动理论上必须在白天进行,"市当以午时击鼓二百下而众大会,日入前七刻击钲三百下散"。② 不过,一般的州县市不一定非得遵守日中为市的规定,因为《周礼》说过:"大市,日中而市,百族为主。朝市,朝时而市,商贾为主。夕市,夕时而市,贩夫贩贾为主。"要看经营的货物内容,如果纯粹是柴米油盐酱醋、蔬菜之类的,一般是早市,而买卖高档奢侈品可能有太阳的时候比较合适,能观察得更为仔细。对江南广大地区来说,市场肯定是从早晨就已开启。《太平御览》卷七三九引《风俗通》云:"俗说市买者当清旦而行,日中交易所有,夕时便罢。"意谓一清早就能到市场去看货。当然,人们不可能真的会等到日中才交易,看货并不需要半天的时间,因此我们认为当时开市的时间似乎应该就是开启城门后的不久。六朝以后,江南早市比较流行,进入市场的人数较多,货流量也大,交易活动在中午达到顶峰,故又称为日市。萧梁时庾肩吾《看放市诗》云:"旗亭出御道,游目暂回车。既非随舞鹤,聊思索枯鱼。悬龟识季主,榜酒见相如。日中人已合,黄昏故未疏。"③这个建康的市,在中午时入市者人头济济,一直到黄昏还没有散去的意思。武则天久视元年(700),越州有祖录事,"早出,见担鹅向市中者"。④ 越州市早晨就已开市。

市场的官员还要管理交易的价格和货物重量。南齐时,

---

① 严可均:《全上古三代秦汉三国六朝文·全梁文》卷九,第3001页。
② 王溥:《唐会要》卷八六《市》,第1874页。
③ 徐坚:《初学记》卷二四《居处部·市》,第324页。
④ 张鷟:《朝野佥载》卷四,第100页。

少府卿是一个重要的官职，"掌管市易，与民交关，有吏能者皆更此职"，是政府采购的实际负责者。毛惠素为少府卿时，齐武帝"敕市铜官碧青一千二百斤供御画，用钱六十万。有谗惠素纳利者，世祖怒，敕尚书评贾，贵二十八万余，有司奏之，伏诛"。① 市场上的价格有高低，但毛惠素所购的价格与市场价可能相去太远，所以断定他贪污了二十万。这里告诉了我们市场上的价格是相对稳定的，应该与政府对交易商品的价格限定有一定的关系。另外，由于市场上存在着弄虚作假、短斤缺两的现象，设置标准衡器，为买卖双方提供一个重量标准，是维持商业秩序十分必要的措施，是调解市场纠纷的有效方法。宋朝的《天工开物》中，有南朝画家张僧繇所绘的《执秤图》，是迄今所见最早的杆秤形象。此图系后人临摹，可能与原图有一定的差异，但其所反映的南朝市场交易的实际情况还是可信的。从图上人物的服饰来看，执秤者很可能是官府的官员，起着断定商品重量的角色，所执的秤是当时的标准衡器。南朝齐时，吴兴太守王敬则"入乌程，从市过，见屠肉枡"，②即屠家秤肉用的挂秤衡木，这种秤应是经过市场官员检查，符合标准的。

市场官员的另一重要职责是征税。六朝时，政府在南市、北市、大市等市场向商人收税。市场征税，是否从设市之初就已开始，还很难说，但东晋时的确已经征收。③ 宋武帝永初元

---

① 萧子显：《南齐书》卷五三《沈宪传》《李圭之传》，第 920—922 页。
② 李延寿：《南史》卷四五《王敬则传》，第 1129 页。
③ 六朝的估税大概始于东晋。《隋书》卷二四《食货志》（第 689 页）云："晋自过江，凡货卖奴婢、马牛、田宅，有文券，率钱一万，输估四百入官，卖者三百，买者一百。无文券者，随物所堪，亦百分收四，名曰散估。历宋齐梁陈，如此以为常。"说明从东晋开始，市内交易有重税，买卖双方都要交税，有券和无券都要交百分之四。

年(420)七月,"以市税繁苦,优量减降"。① 也就是说,南朝建立前,东晋的市税就已经比较繁重,宋武帝不过是在东晋的基础上减少而已。文帝元嘉十七年(440)诏曰:"又州郡估税,所在市调,多有烦刻。……自今咸依法令,务尽优允。"②在征税的过程中,梁朝市场管理部门过于刻剥:"顷市司驱扇,租估过刻,吹毛求瑕,廉察相继,被以小罪,责以重备。"③陈武帝太建五年(573)十一月说:"有无交货,不责市估。"他提出不收市税,不过是根本做不到的。陈朝"以旧制军人士人,二品清官,并无关市之税。(陈)后主盛修宫室,穷极耳目,府库空虚,有所兴造,恒苦不给。(沈)客卿每立异端,唯以刻削百姓为事,奏请不问士庶,并责关市之估,而又增重其旧。于是以阳惠朗为太市令,暨慧景为尚书金、仓都令史。二人家本小吏,考校簿领,毫厘不差,纠谪严急,百姓嗟怨。而客卿居舍人,总以督之,每岁所入,过于常格数十倍"。④ 可知士人、军人以及二品清官经商免税,一般商人是要纳税的,市令具体负责税额。

市场官员的再一个职责,是维持刑场秩序。市在中国古代常被作为刑场,一来市往往就在政府机构的附近,二是因为市内人多,斩首示众,能起到威吓和教育人心的作用。如齐末孙文明作乱,为官军打败,"官军捕文明斩于东市"。⑤ 行刑时的秩序,应该与市场官员有关。如《宋书》云:"申坦坐法当弃市,群臣为请莫得,将行刑,始兴公沈庆之入市抱坦恸哭,曰:'卿无罪,为朝廷所枉诛,我入市亦当不久!'市官以白上,乃原

① 沈约:《宋书》卷三《武帝纪下》,第 54 页。
② 沈约:《宋书》卷五《文帝纪》,第 87 页。
③ 萧子显:《南齐书》卷四〇《竟陵王子良传》,第 698 页。
④ 李延寿:《南史》卷七七《沈客卿传》,第 1940 页。
⑤ 李延寿:《南史》卷五六《张弘策传》,第 1383 页。

生命,系上方,寻被宥。"①刑场上发生什么问题,市官须向上
级报告。

三、市制的变化与发展

江南城市中的市,从其出现开始,就没有像政府规定的那
样,在交易时间和设市地点、市的形制上受到严格限制,反而
显现出了市在设立和管理上的种种灵活性,使江南城市商业
的发展有着独特的个性。

六朝时期,市的交易时间没有像北方那样严格,"市买者
当清旦而行",一清早就能到市场去看货。日常生活的菜蔬、
水产品、肉食,早晨入市,早晨就会交易,这样既符合小商小贩
经营的习惯,又不至于让这些蔬菜鱼肉之类的食用品变质或
变得不新鲜。萧梁时庾肩吾《看放市诗》说:"日中人已合,黄
昏故未疏。"日中时当然商人众多,但到了黄昏,人依然不见减
少,市场中还是熙熙攘攘。这些都可以说明江南市的经营时
间比较长,早、中、晚都可能开放市场经营。当然,这也有可能
是个别市场的情况,是在一定阶段内出现的,但可以看出江南
市场的规定其实并不严格,六朝时就有松动的迹象。

对市场交易时间的放松,使六朝时期江南的市无法做到
晚上清场,天黑后市内还是有人。尤其令人不解的是,江南的
市中有居民住宅。在传统的重农抑商政策下,除了管理市场
的官员外,其他官员是不能进入市场的,因为这有违社会等级
观念,然而我们却看到六朝官员的家竟然就在市中,坊、市并
没有完全割裂开来。市场管理上要求商品分门别类,以不同
类别按肆陈列,这对管理来说是比较清晰有序的,但对人们的

---

① 李昉等编:《太平御览》卷八二七引《宋书》,第 3686 页。

买卖交易来说，并不见得十分方便。于是像山阴市，"或店肆错乱，或商估漏没"，商人为了追求利益，不按肆陈列货物，虽然政府最后进行了干预，但实际上反映出市在发展上的一种倾向，即商业交换欲突破传统的规定，呈自由发展的态势。

江南市场的设立，在建康并不只是固定于某一规定的城市区域，而是由着商业发展的本性沿秦淮河排列，与传统的市呈方正形状的规划有很大不同。六朝市场多在淮水之北，冶城之东，"皆边淮列肆裨贩焉"。也就是说，建康的市场在不断增多，商业交易的固定地点在增加，逐步深入到居民住宅较为集中的地方。其次，市以外，一般的街坊中是允许开设小店的，刘宋时明帝曾令刘休"于宅后开小店，使（妻）王氏亲卖扫帚皂荚以辱之"，①这类小店经营的是日用品。六朝政府设市但并不禁止在居民住宅区中开设店铺，实际上为商品经济在市场以外地区的发展提供了可能，同时也为市场制度的破坏设置了一种可能性，因为一旦市外商业发展过度繁盛，必然会影响到市场内部商品的经营。

六朝市场建设出现的这些新情况，在一定程度上预示了未来城市商品交换市场的发展方向。一旦时机成熟，商品市场的发展就会出现一种新局面。至唐五代，江南城市中的市出现了更多的变化，一些新情况更值得注意。

市的设立规定越来越放松，城市中新的小规模的商品市场不断出现。江南有多个县城中有两个市，这其实并不是政府许可的举动。理论上，一县有两市，政府指派的市令等官员人数就要增加，而事实上我们在文献中并没有看到这种增加的记载，这就说明政府仍是以一县一市配制官员人数，而新增加的一市其实并不是政府规定可以设立的。

---

① 萧子显：《南齐书》卷三四《刘休传》，第 612 页。

　　在江南的州级大城市中，一城一市的模式肯定不能满足城市居民的日常生活，他们需要有更多离家较近的市场，为他们的生活带来方便。唐代中期以后，州级城市中新经商场所一再出现。如湖州贞元时刺史李词开拓东郭门置闉门，"以门内空闲招辑浮客，人多依之"。门前的运河上，元和时刺史辛祕建了一座人依桥。之后，随着水陆交通的方便，这里遂"集商为市"，成了一个自发的商品经营场所，而这一切都与官员的努力有关。① 越州靠近海边，"暮雪连峰近，春江海市长"，②这个海市的形成主要与海上运输的便利和海上渔业生产有关，估计位于越州城附近。润州紧逼长江，所谓"淮船分蚁点，江市聚蝇声"，③指的就是江边就近交易的市场，这应该不是政府设立的市。船只数量极多，贸易兴旺。南唐时，金陵城内的居民住宅区出现了一些为人们日常生活服务的市集，这些市集大多在城南地区。《南唐近事》中提到鸡行，而宋代的《庆元建康续志》载："鸡行街，自昔为繁富之地，南唐放进士榜于此。"④此外还有银行、花市等，戚光《金陵志》云："银行，今金陵坊银行街，物货所集。花行，今层楼街，又呼花行街，有造花者。诸市但名存，不市其物。"⑤这些商业店铺和手工业作坊集中的地方，以行为名，如银行主要是打制金银器的，花行是专门制作装饰用花的。可以肯定的是，州级城市中，原来政府

① 谈钥纂：《嘉泰吴兴志》卷一九《桥梁》，《宋元方志丛刊》，第 4852 页；嵇曾筠纂：《浙江通志》卷三五《关梁三》引《万历湖州府志》，文渊阁《四库全书》第 520 册，第 39 页。

② 彭定求等编：《全唐诗》卷二四四韩翃《送张渚赴越州》，第 2746 页。

③ 郑文宝：《江表志》卷一，《全宋笔记》第一编第二册，第 261 页。

④ 张铉纂：《至正金陵新志》卷四《疆域志·镇市》，《宋元方志丛刊》，第 5513 页。

⑤ 张铉纂：《至正金陵新志》卷四《疆域志·镇市》引戚光《金陵志》，《宋元方志丛刊》，第 5513 页。

规定设立的市仍在，但在城内外交通便利的地方却出现了许多新的市，或者说是新的商业和手工业的聚集地，在五代后期渐渐演变成一片片的商业街巷，成为城市中新出现的繁华商业区域。

城市的街道巷弄中出现的商店越来越多，但唐后期政府没有进行限制的具体措施。李白《寄韦南陵冰余江上乘兴访之》云："堂上三千珠履客，瓮中百斛金陵春。"李白多次到金陵，流连于金陵的酒楼。他在《金陵酒肆留别》中说："风吹柳花满店香，吴姬压酒唤客尝。金陵子弟来相送，欲行不行各尽觞。"他的《玩月》诗题曰："金陵城西孙楚酒楼，达曙歌吹，日晚乘醉着紫绮裘、乌纱巾，与酒客数人棹歌秦淮，往石头访崔四侍御。"① 金陵酒楼众多，杜牧《泊秦淮》有"烟笼寒水月笼沙，夜泊秦淮近酒家"句，② 使我们知道唐代秦淮河边有很多酒楼，而这些酒楼根本不在市中。徐知谔在润州时，"作列肆于牙城西，躬自贸易"。③ 这些"列肆"并不在市中，而在牙城西人口聚集的居住区。建康江宁县廨之后有酤酒王氏，"以平直称"，④ 也不是开在市中。由于不少商店开设在市外，所以夜间经商就不受限制，而且生意红火。《金华子杂编》卷下谈到邑人出售货物后，"每抵晚归时，犹见（张）祜巾褐杖履相玩酒市，已则劲步出郭，夜回县下，及过祜门，则又已先归矣"。这位邑人出售货物应该是在市内，但到达离城郭不远处的酒市，已是傍晚了，看到张祜在里面喝酒。

---

① 李白著，瞿蜕园等校注：《李白集校注》卷一三、卷一五、卷一九，第854、928、1122 页。
② 杜牧：《樊川文集》卷四《泊秦淮》，第 70 页。
③ 司马光主编：《资治通鉴》卷二七九后唐潞王清泰二年七月条，第9132 页。
④ 徐铉：《稽神录》卷六"酤酒王氏"条，第 101 页。

　　商品还可以在城市中流动出售。杜荀鹤谈到苏州"草履随船卖,绫梭隔水鸣",①不少出售商品的商贩可以走街串巷,不必一定要在专门的店铺中。再如后唐宫人"或网获蜻蜓,爱其翠薄,遂以描金笔涂翅,作小折枝花子,金线笼贮养之。尔后上元卖花者,取象为之,售于游女"。② 卖花卉者"售于游女",意谓沿街销售给游玩的爱美女性。

　　市原本只能在白天经商的规定在江南显示出了比其他地区更高的灵活度。一方面市的存在,主要商业活动在市中进行,按规定市场在白天热闹繁荣,但江南的县市却以早市最为热闹。润州丹阳县,"早市归人语,昏亭醉客眠……夜出津头火,晴昏巷里烟"。③ 大城市中,白天的市场交换过后,市中的商业仍在继续,而且成为江南商业发展的传统。杜荀鹤云:"君到姑苏见,人家尽枕河。古宫闲地少,水港小桥多。夜市卖菱藕,春船载绮罗。"又云:"夜市桥边火,春风寺外船。"④苏州市周边的河道,商品运输繁忙,夜间张灯交易。白居易《正月十五日夜月》谈到杭州的夜市:"岁熟人心乐,朝游复夜游。春风来海上,明月在江头。灯火家家市,笙歌处处楼。无妨思帝里,不合厌杭州。"⑤夜市说明了商业的发展终于突破了夜禁制度,而这种突破又反映了城市管理的变革,也即城市经济功能的加强。

───────────

① 杜荀鹤:《唐风集》卷一《送人宰吴县》,文渊阁《四库全书》第 1083 册,第 594 页。
② 陶谷:《清异录》卷上《百虫门·涂金折枝蜻蜓》,《全宋笔记》第一编第二册,第 60 页。
③ 孙望辑:《全唐诗补逸》卷一一张祜《丹阳新居四十韵》,载《全唐诗补编》上册,第 218 页。
④ 杜荀鹤:《唐风集》卷一《送人游吴》《送友游吴越》,文渊阁《四库全书》第 1083 册,第 585、586 页。
⑤ 白居易:《白居易集》卷二〇,第 450 页。

　　市的内部也在发生变化。刘禹锡《采菱行》中说到苏州：
"笑语哇咬顾晚晖，蓼花缘岸扣舷归。归来共到市桥步，野蔓
系船苹满衣。家家竹楼临广陌，下有连樯多估客。"①市内建
有大量竹木类的楼房，百姓居住在其中，楼前有河道，商客从
河道中前来。这里告诉我们传统的市在渐渐发生变化，市是
商业集中的地方，但也是百姓居住的区域。也许市制最后的
瓦解，与大量百姓迁入有关。《稽神录》卷二云："建康有乐人，
日晚如市，见二仆云：'陆判官召。'随之而去。"乐人晚上可以
入市，说明市突破了以往在时间上的规定，晚上也可以随意
进出。

　　六朝至唐五代江南城市中市场的发展过程出现了很多新
的因素，使得市在城市商品交换中的作用更加突出，各州郡市
在商业交换上日渐繁荣，成为城市商品经济的主要交换场所。
而且市也是广大农村经济作物和手工业品的集中销售地，有
力带动了农村商品经济的发展。从当时的基本面看，州郡一
级的城市都是政治中心，其市场对附近经济的辐射力十分强
劲。州郡市的商品交换促成了商品贸易网络的出现，使江南
商品经济融入全国的大市场中。五代刘崇远到丹阳访问张祐
的旧事，听到"邑人往售物于府城，每抵晚归时，……夜回县
下"，而从县至府约七十里。② 州级城市商业对周围地区的影
响很大，有农民走七十里路将商品运进州城，而不是到附近的
县市，说明州市的商业影响范围远远超过县城。

　　县市的作用也应引起足够重视，因为县市担当起了农村
基层商品集散中心的功能。农民与市场、商业的联系，最主要
的部分是靠县市来完成。如南朝郭原平"以种瓜为业……往

---

① 刘禹锡：《刘禹锡集》卷二六，第 342 页。
② 刘崇远：《金华子杂编》卷下，第 1763 页。

钱塘货卖"。① 郭原平种植的有可能是商品瓜,他将瓜运至钱塘出卖,说明县市对农民商品性种植的吸引力很大。县市在建置上比较稳定,时间上持续连贯,吸引了本县的大宗物品及特色产品进入交换领域,影响波及县城周围及更远的广大农村,实际上是农村的中心集市。常州江阴县市上交换的物品,以水产品为多,早在唐朝前期就已"海鱼朝满市,江鸟夜喧城"。② 因江阴北靠长江,东北便是大海,渔业经济特别发达,大量的水产品进入流通领域。实际上,不仅仅是江阴县市,其他县市的水产品也很丰富。如润州金坛县,"县郭舟人饮,津亭渔者歌"。③ 江南地区水网交织,渔民及农闲时从事捕捞的农民众多,大量的鱼虾必然要进入市场来换取生活必需品,这就使鱼产品成了江南县市中的大宗商品。常州无锡县市以酒店众多著称,时人云:"毗陵嘉景太湖边,才子经游称少年。风弄青帘沽酒市,月明红袖采莲船。"④婺州东阳县,"路绝豺狼,折狱止讼,聚货通商,其俗则泰",⑤足见中唐东阳县市吸引了大量的商人前来交易,对农村经济的影响十分重大,推动了农业经济的变化,改变了传统农作物的种植结构。

　　(本文原刊于《唐史论丛》第十五辑,陕西师范大学出版总社有限公司 2012 年版)

---

① 沈约:《宋书》卷九一《郭世道传》,第 2245 页。

② 彭定求等编:《全唐诗》卷九九张循之《送王汶宰江阴》,第 1066 页。同书卷二〇八包何诗中也列该诗,第 2171 页。

③ 彭定求等编:《全唐诗》卷一三四李顾《送刘主簿归金坛》,第 1364 页。

④ 彭定求等编:《全唐诗》卷七五〇李中《送姚端秀才游毗陵》,第 8547 页。

⑤ 董诰等编:《全唐文》卷五一〇陆长源《唐东阳令戴公去思颂》,第 5186 页。

六朝江南城市人口
数量的探索

    城市是人口聚集、人口密度较高的区域。城市是一个地区的政治中心，因而官员和军人众多，为官府劳作的各色服役人员也很多。城市生活的安逸，吸引很多人到城市中居住，这些人或是为了寻找个好职业和好生计，或是跟随家人到城市定居，或是到城市里追求奢侈生活。无论是都城还是州郡城、县城，都是人们追求舒适生活的好去处，因而六朝江南城市的人口越来越多。

    对城市人口有一个准确的估量，将有助于正确认识城市的发展水平，有益于地区经济的研究。以往的研究一般注重整个地区的人口数量，而缺乏对城市人口的推测，因而要么对城市人口数量估计过高，拔高了对城市的认识，要么不太注意城市人口的数量，而将一郡或一县的人口当成整个郡城或县城的人口。那么，六朝江南地区的城市人口到底有多少？

    本文所说的江南，指六朝扬州的东部地区，大致以丹阳、宣城、吴、吴兴、会稽、东阳、新安、临海、永嘉、义兴、晋陵等郡为研究范围。

一、东吴城市人口数量的探测

    东汉末年，战乱不断，人口数量急剧下降。江南地区动荡不定,居住在城市中的普通百姓数量减少。比如一些郡城中的人口数量,最多只有万余人。孙坚季弟孙静子孙瑜初领兵时,"宾客诸将多江西人,瑜虚心绥抚,得其欢心。建安九年,领丹杨太守,为众所附,至万余人"。① 这里的江西人,实指长江以北的人士。汉末,丹杨郡的人口有万余人,但这万余人恐怕不太会全部居住在郡城中,有些人可能居住在郡城周围的农村地区。

　　东吴建立,政局稳定后居住在城市中的大族和普通百姓开始增多。比如江东土著大族和南来的北方大族,有不少人住进了城市中。陆机《吴趋行》说:"属城咸有士,吴邑最为多。八族未足侈,四姓实名家。"②吴郡在东吴前期曾作为都城,因而是人口较多的一个城市。根据陆机的说法,吴郡所属各城,几乎都有大族生活,当然吴郡城里的人最多,除通常所说的顾、陆、朱、张四大姓外,还有陈、桓、吕、窦、公孙、司马、徐、傅所谓的八族。这些大族在孙吴政权中担任高官,如顾雍、陆逊曾贵为丞相。除本地大族和百姓进入城市外,东吴初期十分注重人口的增加,想尽办法进行招徕。如孙策时,周瑜攻破皖城,把原属袁术的"百工及鼓吹、部曲三万余人"掠回江东。③这些百工、鼓吹,估计全部是为官方服务的,被安排在城内居住。因为吴郡其时为首都,这批人中的绝大部分应该是定居于吴郡城内的。其次,战乱导致了大量北方人口来到江南,不少中原士大夫的生活习惯也乐于在江南定居下来,孙吴政权中的大臣张昭等就是由北方带了家族迁入吴地的,其中有相当一部分人定居于城内。当然,吴郡城内究竟有多少人口,今

---

① 陈寿:《三国志》卷五一《宗室·孙瑜传》,第 1206 页。
② 逯钦立辑校:《先秦汉魏晋南北朝诗·晋诗》卷五,中华书局 1958 年版,第 664 页。
③ 陈寿:《三国志》卷四六《吴书·孙策传》注引《江表传》,第 1108 页。

天恐怕很难准确推算出来，但一城有近 10 万人还是可信的。

再如稍后东吴迁都建业，都城建业的人口也是一个相当大的数目。孙皓建衡二年(270)，建业"大火烧万余家，死者七百人"。① 按一家 5 口人计，一场火灾建业城内受灾的人就达 5 万人左右。当然，这万余家肯定不是当时居民的全部，整个城区内的居民肯定会有数个万余家。

县城人口数量，东吴应和汉代相差不多，或者更少。汉制，万户以上设令，不满万户设长，大县设尉 2 人，小县 1 人。西汉时丹徒县是东南地区的大县，户口应在万户以上。1980 年在丹徒镇医院附近金家山西汉墓葬中出土一方"丹徒右尉"铜印，证明汉时丹徒县设置了左、右两尉，属万户以上的大县。② 不过这里说的一万户，并不全在丹徒城内。东吴建立后，县仍分为大小二等，江南大县较少，一般都是小县。大县有山阴、乌程及后来从小县升为大县的上虞、剡县等，而如钱唐、海盐、富春、永兴、诸暨、余姚、太末、永宁、松阳等，皆为小县。

孙权赤乌五年(242)，有 523 000 户、男女 240 万口。③ 西晋灭东吴时，"领州四，郡四十三，县三百一十三，户五十二万三千，吏三万二千，兵二十三万，男女口二百三十万，……后宫五千余人"。④ 根据平均计，每郡有 12 163 户、53 488 口，每县有 1 671 户、7 348 口。按这个数字推算，江南的县大多是不过万人的小县。至于居住在县城中的人口，按平均计算，估计不会超过二三千人。其时每郡有县 7 个左右，就算郡城所在县人口最多，但一郡才 5 万多人口，郡城所在县也无非就

① 陈寿：《三国志》卷四八《吴书·孙皓传》，第 1167 页。
② 严其林：《镇江史要》，苏州大学出版社 2007 年版，第 21 页。
③ 房玄龄：《晋书》卷一四《地理志上》，第 414 页。
④ 陈寿：《三国志》卷四八《吴书·孙皓传》引《晋阳秋》，第 1177 页。

是一两万人。至于郡城内的人口,估计也就数千人至 1 万人
左右。

不过也有学者认为当时州、郡、县户口一般就是城市的户
口:"由于本时期的社会状况,我认为这些数字所代表的主要
应为城市的人口。"①笔者认为当时的农业人口有不少确是居
住在城市中或城市周围,但认为农业人口全部居住于城市,可
能性并不是很大。如汉末贺齐守剡县长,县吏斯从为奸,贺齐
斩从。斯从"族党相纠合,众千余人,举兵攻县",贺齐率吏民
击破之。可知斯从一人在县城为吏,而全族千余人都住在农
村。再如建安十六年(211),吴郡"余杭民郎稚合宗起贼,复数
千人",贺齐出讨,"即复破稚"。② 这数千名的越贼,就是居住
在余杭城外的农民。钱唐人全琮,"经过钱唐,修祭坟墓……
请全邑人平生知旧、宗族六亲,施散惠与,千有余万,本土以为
荣"。③ 全琮人在外面为官,全族居住于农村。从这些史料来
看,当时的一些官员是以农村为根据地的,政治上如遇颠簸或
退职,就回到农村老家,城市并不是终身养老的地方,他们的
家人大都是从事农业的。从这种意义上说,将一县或一郡的
户口都算作城市户口,是不符合实际情况的。即使将户口数
的一半算作城市户口,可能就已是很高的估算了。

东吴时期,州、郡、县的人口数量很难有个明确的数字,人
口数量时常发生变动。由于人口流动频繁,使江南部分郡、县
的人口数量起伏较大。北方迁过来的很多人会住进城市,比
如会稽郡、吴郡是当时较为热门的城市,城市居民的数量上升
较快。东汉末年,"时天下新定,道路未通,避乱江南者皆未还

---

① 任重等:《魏晋南北朝城市管理研究》,中国社会科学出版社 2003 年
版,第 42 页。

② 陈寿:《三国志》卷六〇《吴书·贺齐传》,第 1379 页。

③ 陈寿:《三国志》卷六〇《吴书·全琮传》注引《江表传》,第 1382 页。

中土,会稽颇称多士"。① 东汉末年社会动乱,北方人避难来
到南方,会稽地区是较为集中的居住地。王朗任会稽太守时,
为孙策攻逼,"虽流移穷困,朝不谋夕,而收恤亲旧,分多割少,
行义甚著"。② 史书谈到许靖曾南依扬州刺史陈祎,后来祎
死,"吴郡都尉许贡、会稽太守王朗素与靖有旧,故往保焉。靖
收恤亲里,经纪振赡,出于仁厚"。③ 许靖在江南的活动路线,
是先到扬州,然后到达吴郡,再到达会稽,而且他是和整个家
族的"亲里"们一起来到南方的,人数不少。再如桓晔"到吴
郡,扬州刺史刘繇振给谷食衣服所乏者,悉不受。后东适会
稽,住止山阴县故鲁相钟离意舍,太守王朗饷给粮食、布帛、牛
羊,一无所留"。④ 由此可以看出,许多北方人都是将扬州、吴
郡和会稽作为重要的避难地,他们往往是举族从扬州迁到吴
郡和会稽。王朗和许贡、刘繇振等收容的北方亲旧,一般而言
是跟随了他们居住在城内,也有可能居住在城市的周围,一旦
发生战争,可以马上撤进城内获得保护。就连一些县城中,也
来了不少北方人。如鲁肃带了族人300余人随周瑜来到江
东,留家曲阿,一个小小的县城,一下子人气十足。大量北方
人迁入,固然使城市人口数量变动较大,而他们后来的迁出同
样会使城市人口数量起伏不定。如北方迁到吴郡和会稽的人
中,有一些后来返回了北方,有的迁到其他地方。如桓晔后来从
会稽"浮海客交趾",许靖也是"走交州以避其难,靖身坐岸边,先
载附从,疏亲悉发,乃从后去"。因此,郡县人口的流动性极大,

① 范晔:《后汉书》卷七六《循吏·任延传》,中华书局1965年版,第
　2460—2461页。
② 陈寿:《三国志》卷一三《魏书·王朗传》,第407页。
③ 陈寿:《三国志》卷三八《蜀书·许靖传》,第963页。
④ 范晔:《后汉书》卷三七《桓荣传附桓晔传》注引《东观记》,第
　1260页。

后代很难有一个较为固定的数字,只能作大致的估算。

二、东晋南朝建康人口
数量的探测

　　东晋南朝时期,关于城市人口数量的记载多了起来,为我们弄清江南人口的实际情况提供了很多方便。作为东晋、南朝的都城,建康无疑是江南最大的城市。建康城内究竟有多少人口,一直是学术界比较感兴趣的问题,而且在具体的表述中也各不相同。

　　关于建康人口最直接的资料一般认为是《通鉴》卷一六二梁武帝太清三年胡三省引《金陵记》中的一段话:"梁都之时,城中二十八万余户,西至石头城,东至倪塘,南至石子岗,北国蒋山,东西南北各四十里。"其实稍早的《太平寰宇记》卷九〇《昇州》也引用了这段话,所以该书的确是记载了梁代都城中有 28 万余户。以这条资料为准,学术界推算出了建康城的口数。不少学者认为建康城的人口应该在 140 万左右。如罗宗真认为:"以建康为代表的商业城市的兴起,其周围有许多市场,贸易来往,舟船车辆云集,人口集中,最盛时达一百四十万左右。"①再如许辉等认为:"按一户 5 口计,梁时建康人口超过140 万,不仅是南方最大城市,而且也是世界上第一个确切人口数逾百万的大城市。"②刘淑芬也持这种观点。③ 同样以每

---

① 罗宗真:《探索历史的真相——江苏地区考古、历史研究文集》,江苏古籍出版社 2002 年版,第 10 页。另第 27 页也云:"那时 140 万的京师人口,每月至少需粮 42 万斤。"
② 许辉、蒋福亚主编:《六朝经济史》,江苏古籍出版社 1993 年版,第367 页。
③ 刘淑芬:《六朝的城市与社会》,学生书局 1992 年版,第 135 页。

户 5 口计,任重等认为建康的总人口为 120 万。① 更有人认为总人口近 200 万。②

今天,我们已无法知道唐代方德远《金陵记》记载的这个 28 万户的数字来自何处,有多少可信度,我们对这个数字多少是有点半信半疑的。比如,据《宋书·州郡志》记载的南朝宋大明八年(464)各州郡户口数字,其时扬州 10 郡 80 县共有 143 296 户、1 455 685 口,南徐州 17 郡 63 县,共有 72 472 户、420 640 口。这 187 万人口分布的地区,实际已经超过了本文谈论的"江南"范围。建康所在的丹阳一郡 8 县,只 41 010 户、237 341 口。所以如果单单以一个建康城计,是否真有 28 万余户,可能还需新材料的发现。其实,已有学者注意到这种现象:建康城东晋初年只有四万户左右,而梁代急增至 28 万,短短 200 年左右的时间里增长了六倍。而同时期北方最大的都会洛阳的人口不过 10.9 万余户,尚不及建康的一半。③ 从宋大明八年到梁太清三年(549),85 年的时间人口这样突飞猛增,尽管存在一些其他的人口增加的因素,但我们多少还是有点疑虑的,在推测建康户口时可能应有所保留,毕竟单凭唐代《金陵记》一条资料来说明问题还是不够的。

不过,六朝首都建康的确是江南第一大城市,城内户口众多,我们从以下这些资料中可以窥视一斑。东晋安帝元兴三年(404)"二月庚寅夜,涛水入石头。是时贡使商旅,方舟万

---

① 任重等:《魏晋南北朝城市管理研究》,第 42 页。
② 蔡震:《南京市发现建康城壕,千古"台城"之谜渐渐揭开》(《扬子晚报》2007 年 11 月 5 日)认为:"史载建康城鼎盛时期有 28 万户,近 200 万人口,街市热闹繁华,整个城市规整而实用。"200 万的推测不知何据。
③ 简修炜等:《六朝史稿》,第 167 页。

计,漂败流断,骸骼相望。江左虽有涛变,未有若斯之甚"。①
按这里的说法,单单贡使商旅的船只就有"万计",虽不一定能
够以实计算,但假如一船以 8—10 人计,江边的使者和商人就
有近 10 万人。史云建康居民中,"小人率多商贩,君子资于官
禄,市廛列肆,埒于二京,人杂五方,故俗颇相类",②商人数量
众多,应该是事实。

再如太清二年(548)侯景之乱时,叛军渡江攻破建康,进
围台城,前后相持 130 余天。台城被围之初,城内男女 10 余
万人,甲士 2 万多人,米 40 万斛。至城破时,战死及饥饿疾疫
而死者十之八九,"横尸满路,不可瘗埋"。③ 台城只是梁朝的
宫城部分,其中的人口是整个建康城的一小部分。对建康城
来说,经过侯景之乱,"道路隔绝,数月之间,人至相食,犹不免
饿死,存者百无一二"。那些"贵戚、豪族皆自出采稆,填委沟
壑,不可胜纪"。《金陵记》说陈都建康时,"中外人物不迨宋、
齐之半"。从这些话来推断,梁朝建康城内有数十万人是不为
过的,退守台城的 10 万男女可能只是当时的士大夫和贵族,
属于城市居民中的上层,一般的城市居民在侯景攻进建康时
早就作鸟兽散状,各自往他处逃难避祸了。

建康城内还有许多不计算在户籍中的人。如郭祖深向梁
武帝上书说:"都下佛寺五百余所,穷极宏丽。僧尼十余万,资
产丰沃。所在郡县,不可胜言。道人又有白徒,尼皆畜养女,
皆不贯人籍,天下户口几亡甚半。"④关于梁朝寺庙,张承宗先
生引沈曾植《南朝寺考序》引《释迦氏谱》,说梁朝有寺 2 846

---

① 沈约:《宋书》卷三三《五行志四》,第 956 页。
② 魏徵等:《隋书》卷三一《地理志下》,第 887 页。
③ 司马光主编:《资治通鉴》卷一六二梁武帝太清三年条,第 5008 页。
④ 李延寿:《南史》卷七〇《郭祖深传》,第 1721—1722 页。

所,而建康都城地区有七百寺。① 郭祖深的话为了说明佛教对社会的危害,难免夸大其实,说户口的一半"不贯人籍",并不见得能据实统计,但他说的寺庙数量和"僧民十余万",应该还是可信的。

　　因此,今天我们虽然无法准确地推测出建康城的人口数量,但从泊在江中的商人十万、僧尼十万、台城有十二万等数字来讨论,说六朝都城建康最高峰时人口有近百万,恐怕并不为过。

三、东晋南朝州郡城
人口数量的探测

　　两晋时期,江南地区位于扬州管辖范围之内。不过扬州在都城建康附近,从扬州的规模来看,扬州的户口不是很多,城内主要是官方的行政人员。扬州辖丹阳、宣城、毗陵、吴郡、吴兴、会稽、东阳、新安、临海等郡。从西晋太康元年(280)的户口统计来看,各郡一般在数万户左右,如丹阳 51 500 户,宣城 23 500 户,毗陵 12 000 户,吴郡 25 000 户,吴兴 24 000 户,会稽 30 000 户,东阳 12 000 户,新安 5 000 户,临海 18 000 户。除了丹阳和新安两郡较高或较低外,一般都是在 30 000—12 000 户之间,20 000 多户的占了多数。倘按每户 5 口计,每郡人口在 10 万左右。不过这个数字不是郡城内的口数,因为一般郡都有 10 县左右,扣除各县的平均数,郡城所在地的县就算户口最多,也不过只有数千户。因此从两晋时各郡的户口数字推测,一般郡城内的户口也就万人左右,大的郡城估计不会超过两万。

---

① 张承宗等主编:《六朝史》,第 99 页。

东晋孝武帝时范宁疏云:"今荒小郡县,皆宜并合,不满五千户,不得为郡;不满千户,不得为县。"①因为其时郡县出现了滥置的现象,所以胡阿祥先生认为:"按事实上五千户之郡、千户之县,在当时已属大郡大县。"②至南朝,政区划分开始变得繁杂参差。《通鉴》卷一三五建元二年胡注曰:"有寄治者,有新置者,有俚郡、獠郡、荒郡、左郡、无属县者,有或荒无民户者。郡县之建置虽多,而名存实亡。"侨州郡县大量出现,"上淆辰纪,下乱畿甸",③他们一般都是"散居无实土,官长无廨舍,寄止民村"。④ 其时江南地区在扬州和南徐州的行政辖区内,其中扬州辖区内江南有丹阳、会稽、吴郡、吴兴、宣城、东阳、临海、永嘉、新安九郡,南徐州辖区内江南有南东海、晋陵、义兴、南兰陵等四郡。宋大明八年(464),上述各郡户数相差较大,其中满两万户的有丹阳(41 010)、会稽(52 228)、吴郡(50 488)、吴兴(49 609),超一万户的有宣城(10 120)、东阳(16 022)、新安(12 058)、晋陵(15 382)、义兴(13 496),不满一万户的有临海(3 961)、永嘉(6 250)、南东海(5 342)、南兰陵(1 593)。与西晋太康年间相比较,户数一般都翻了一倍。因此从郡城的角度来说,户数估计也是翻了一倍。不过江南各郡由于户数相差很大,必然会造成郡城内的居民数量也相差很大。如超过两万户的数郡,郡城内人口超过二三万是有可能的。户数在1万户左右的郡城,估计郡城内万人左右的规模,至于不满万户的数郡,郡城内也就数千人而已。我们以几个州郡为例来说明当时江南大城市中容纳的人口数量。

① 房玄龄:《晋书》卷七五《范宁传》,第 1986 页。
② 胡阿祥:《六朝政区增置滥置述论》,《中国历史地理论丛》1993 年第 3 期。
③ 沈约:《宋书》卷八二《周朗传》,第 2098 页。
④ 萧子显:《南齐书》卷一四《州郡志》,第 256 页。

南徐州的州治在京口。汉末建安十四年（209），孙权自吴郡迁到丹徒，称城为"京城"。建安十六年（211）迁都建业后，这里改为京口镇，"吴时或称京城，或称徐陵，或称丹徒，其实一也"。永嘉之乱后，北方人过江，"多侨居此处，吴、晋以后，皆为重镇"。晋咸和中，这里成为侨徐州的理所，后改为南徐州。① 原来的一个县城，至东晋南朝时，城市地位大大提高，变成了一个州城，成为建康以东的地区性政治中心。

京口的户口数从东晋开始剧增。郗鉴平定苏峻叛乱后，"遂城京口"，被政府封"都督扬州之晋陵、吴郡诸军事"，②京口的战略地位特别重要起来。其时北方移民大量来到京口城，如祖逖率亲党数百家南渡后，居京口。③ 徐邈率子弟并闾里士庶千余家，南渡江，家于京口。④ 政府曾在南徐州和南兖州两地侨民中招募兵士，称为北府兵，如祖籍徐州彭城、侨居京口的刘牢之，后来成为北府兵大将。晋安帝元兴三年（404），刘裕在京口联合一批北府兵下级军官，如刘毅、何无忌、魏泳之、刘穆之、孟昶等人，及从者百余人在京口起兵，说明京口驻扎着大量的军队。这批起兵的将领，大多是侨居京口的北方人，如刘裕家在丹徒县京口里。南朝时，南徐州成为北方南下移民的主要集中地。元嘉二十七年（450），宋文帝来到丹徒，在《幸丹徒谒京陵诏》中，他称赞道："京口肇祥自古，著符近代，衿带江山，表里华甸，经涂四达，利尽淮海，城邑高明，士风淳壹，苞总形胜，实唯名都。"他又谈到"顷年岳牧迁回，军民徙散，廛里庐宇，不逮往日"，人口数量比东晋时有所

---

① 李吉甫纂：《元和郡县图志》卷二五《江南道一》，第 589—590 页。
② 房玄龄：《晋书》卷六七《郗鉴传》，第 1800 页。
③ 房玄龄：《晋书》卷六二《祖逖传》，第 1694 页。
④ 房玄龄：《晋书》卷九一《徐邈传》，第 2356 页。

下降,所以"可募诸州乐移者数千家,给以田宅,并蠲复"。①他下令迁百姓到京口落户,充实刘宋皇室的桑梓故里。这数千家的百姓,应该有二三万的人口数量。萧子显说南徐州:"宋氏以来,桑梓帝宅,江左流寓,多出膏腴。"②南徐州之人才多聚于京口,如檀道济、刘粹、孟怀玉、刘康祖、诸葛璩等都是北方人,皆侨居京口。

　　罗宗真先生认为至刘宋时期,北方南迁人口达 90 万,"其中在江苏省最多,侨民约有二十六万,仅南徐州就有二十二万,占侨民总数的十分之九。而当时南徐州总人口才四十二万余,侨民就比本土旧民超出了二万多"。③ 这个观点实际上见诸谭其骧先生对当时移民的估计。谭先生认为永嘉乱后至刘宋初,南迁流民为 90 万人,占刘宋全境人口的六分之一。其中江苏接纳移民最多,达 26 万,南徐州有侨口 22 万余,几乎占全省侨口的十分之九,并且超过了当地人口,"所接受之移民最杂,最多,而其后南朝杰出人才,亦多产于是区,则品质又最精"。④ 至于北方人有多少定居于京口城内,我们还是可以从宋大明八年的户口数中进行分析。南徐州 42 万人中,以郡为单位,晋陵和义兴的户口最多,丹徒县所在的南东海郡,共有 33 658 口。南东海郡有六县,就算人口的一半是丹徒县的,城内的居民数量恐怕不到两万人。也就是说,当时大量的移民实际上并不全是聚集在京口城内,而是定居于南徐州太湖西北部沿长江一线的广大区域。

---

① 沈约:《宋书》卷五《文帝纪》,第 97 页。

② 萧子显:《南齐书》卷一四《州郡志》,第 256 页。

③ 罗宗真:《探索历史的真相——江苏地区考古、历史研究文集》,第 6 页。

④ 谭其骧:《晋永嘉丧乱后之民族迁徙》,原载《燕京学报》1934 年第 15 期。又收入《长水集》上册,第 225—226 页。

不过,说京口城内只有两万不到的居民,也是有问题的。因为城内有大量的军队,有州、郡、县三级官方行政人员,如东晋精锐的北府兵就驻扎于此。太元四年(379)二月,东晋曾派万余北府兵援救彭城,抵挡前秦的进攻。六月,谢玄与田洛帅北府兵五万败秦军于盱眙。太元八年(382)淝水之战,东晋用于淝水之战的军队共计 8 500 人,其中有胡彬水军、谢琰"台兵"、桓伊西府兵,还有桓温部将檀玄所部,实际参战北府兵有 5 万左右。① 也就是说,我们看到的北府兵,兵力最盛时有士兵 5 万多人。不过这里有两个问题值得注意,一是北府兵在战争中,有可能有其他军队的加盟,二是即使这支 5 万余人的部队平时驻扎在京口,也不见得所有人都住在城内。据此,我们认为,如果以这支部队的一半是驻在城内,一半驻在城外作为估计,再加上其他的一些因素,京口城内的人数在 4—5 万左右。

会稽郡是扬州境内户数最多、口数第二的大郡,是当时人口密度最高的地区之一。会稽郡治在山阴县,所以习惯上说的山阴县户口是包括了郡城和山阴县的农村两个部分。关于会稽郡城的户口数,我们通过资料也可以作一些大致的了解。如史称:"海西公太和中,郗愔为会稽太守。六月大旱灾,火烧数千家,延及山阴仓米数百万斛,炎烟蔽天,不可扑灭。"②会稽城遭受火灾,烧毁居民数千家,说明火势很猛,烧毁的民户数量很大。但同时也说明这数千家根本不是会稽城内居民的全部,只是一部分,所以会稽城内的居民有一两万户完全是有可能的。

东晋南朝时大量北人南迁,会稽郡由于自然环境比较优

---

① 杨德炳:《关于北府兵的兵数与兵将来源》,《魏晋南北朝隋唐史资料》第五期,1983 年。
② 房玄龄等:《晋书》卷二七《五行志》,第 806 页。

越,得到北方人的青睐,成了移民的重要居住地。西晋太康元年,会稽 30 000 户,在江南是除都城建康所在的丹阳郡以外的第二大郡。① 此后 100 多年间,会稽人口一直呈上升之势。到刘宋时,会稽有 55 228 户,超过丹阳郡。我们从会稽郡治所山阴县的户口中,也可以大致推测出郡城内的户口。元嘉十七年(440),山阴县"民户三万",②一县的户数已等于西晋整个会稽郡的户数。刘宋时会稽平均每户为 6.66 口,那么 3 万户就是 199 800 口。假如人口的一半居住在郡城,估计会稽城内有居民 10 万人。加上郡城内的官员、军队和流动人口,会稽城有 10—11 万人应该说是比较保守的估计了。

四、东晋南朝县城人口数量的探测

西晋建立后,曾规定"县千户以上,州、郡治五百户以上为令",不满此数的为长。县有大小,大者满千户,小者不到千户。东晋孝武帝宁康年间,任余杭县令的范宁在陈时政时曾指出:"今荒小郡县,皆宜并合,不满五千户,不得为郡,不满千户,不得为县。"③按照他的说法,当时满千户的县应该是大部分。

南朝宋大明八年,扬州和南徐州位于江南地区的各郡,平均统计,县均户数不满一千的只有临海(792)、南东海(890)、南兰陵(797)。后两郡因与当时的侨置有关,所以户数并不能很好地反映当地的实际情况,真正县平均不到一千户的只有临海郡。江南各郡所属县的平均口数,丹阳为 29 680 口,会稽

---

① 房玄龄等:《晋书》卷一五《地理志下》,第 461 页。
② 沈约:《宋书》卷八一《顾恺之传》,第 207 页。
③ 房玄龄等:《晋书》卷七五《范宁传》,第 1986 页。

为 34 784 口,吴郡为 35 384 口,吴兴为 31 601 口,宣城为 4 797 口,东阳为 11 999 口,临海为 4 848 口,永嘉为 7 337 口,新安为 7 331 口,南东海为 5 609 口,晋陵为 13 357 口,义兴为 17 896 口,南兰陵为 5 321 口。考虑到我们统计郡城人数时是以总人口的一半来计算的,县城集聚的人口在总人口中的比例可能要低,假如我们以一县人口的四成作为县城人口数,那么江南大县县城中的口数,如吴郡各县平均为 14 153 口,会稽各县为 13 914 口,吴兴各县为 12 640 口,江南小县县城中的口数,如宣城各县平均为 1 919 口,临海各县平均为 1 939 口。由于一郡中各县的口数实际上不是一样多的,所以一些大县的人口应该更多,如吴郡、会稽、吴兴等郡可能有的县城会达到两万人,一些小县县城中的人口数会更低,宣城、临海有的县城可能连 1 500 人也不到。同样是在江南,县城人口数量差别是很大的。

会稽余姚县,按郡平均数计,西晋太康年间有 3 000 户,估计口数约在 1.5—2 万之间;南朝刘宋大明年间,有 34 784 口。不过,要判定余姚城内户数的实际情况,可能比较复杂。早在东晋咸康初,山遐作余姚县令,"时江左初基,法禁宽弛,豪族多挟藏户口,以为私附"。[①] 他到任 80 天,查出私附一万余人,虞氏豪门竟占三分之一。[②] 私附的情况,可能在农村地区比较厉害,城内也会有,但可能比较少。同时也可以知道,由于城市提供百姓就业的机会不是很多,所以一般的民众是居住于农村,或依附于大族,聚居在城市的四周。《梁书》卷五三《沈瑀传》谈到余姚虞氏大族千余家,"县南又有豪族数百家,子弟纵横,递相庇荫,厚自封植,百姓甚患之"。这上百数千的

---

① 房玄龄等:《晋书》卷四三《山遐传》,第 1230 页。
② 乐承耀:《宁波古代史纲》,宁波出版社 1995 年版,第 54 页。

大族,人数很多,估计不会少于一万,但这些人同样不是全部居住在县城内。虞氏家族"世贵盛,多开第宅",在县北筑城而居,后代沿称"虞氏城",遗址至今犹存。《嘉泰会稽志》卷三《余姚县》说:"沈瑀,字伯瑜,武康人,为余姚令。县大姓虞氏千余家,请谒如市,瑀以法绳之。又县南豪族子弟纵横,瑀召其老者为石头仓监,小者补县佣,权右屏迹。"这些人中有相当一部分是在县城里当差,可能居住于城南的郊区。对大族来说,居住在城市边,可以到城内当差出仕,经营商业也方便,战时可入城,平时过着依山傍水的生活。因此,我们认为像余姚这种大族较多地居住在县城的周围,并且与县城内的政治、经济密切相关的情况下,总人口的一半左右居住在城内大体是有可能的,换句话说,南朝余姚城内的人口,大约在 1.5—2 万之间。

　　不过,江南大多数县城中的人口是达不到余姚这样的规模。如东晋时何琦为宣城泾县令,"及丁母忧,⋯⋯停柩在殡,为邻火所逼,烟焰已交,家乏僮使,计无从出,乃匍匐抚棺号哭。俄而风止火息,堂屋一间免烧"。[1] 县城里人员稀少,县令即将被大火焚烧,也不见有人来扑救。县衙即使被烧,这里也说只是堂屋一间,所以整个县城给人十分冷落的感觉。再如新安郡建德县,"旧经载,晋太康户三百四十七,宋志户五百七十而不载"。[2] 就按 570 户计,按平均每户 6 人,也只 3 420 人,更何况这 3 000 余人不可能全部居住在县城中。倘按一半计,建德县的人口仅 1 700 人左右。如清溪县,"旧经载,晋太康户六百二十六而不载"。[3] 也同样按一户 6 人计,清溪县(即始新县)仅 3 756 口。也以一半居民在城内计,清溪县城的

① 房玄龄:《晋书》卷八八《何琦传》,第 2292 页。
② 刘文富纂:《淳熙严州图经》卷二《户口》,《宋元方志丛刊》,第 4319 页。
③ 刘文富纂:《淳熙严州图经》卷三《户口》,《宋元方志丛刊》,第 4334 页。

人口不到 2 000。

显然,六朝时期江南各个县城,人口数量的差别很大。城内居民多的达到一两万人,少的只有一两千人。

五、六朝城市人口数量
增加的原因

总的来说,从东吴至两晋南朝,江南各城市人口呈不断增加的态势。随着城市规模的扩大,城市功能的完善,城市中的人口不断增多。六朝江南既有人口近百万的都城建康,又有人口数万至 10 万左右的京口、会稽等州郡城。城市人口不断增加,恐怕主要有以下几方面的原因:

第一,政府会用行政手段将人口迁入城市,从而使城市人口急剧增加。如宋文帝元嘉二十六年幸丹徒,谒金陵,大赦。三月乙丑,诏曰:"京口形胜,实为名郡。顷年岳牧迁回,军民徙散,廛里庐宇,不逮往日。皇基旧乡,地兼蕃重,宜令殷阜,式崇形望。可募诸州乐移者数千家,给以田宅,并蠲复。"①一道命令,将数千家老百姓迁到了京口城中。

第二,城市经济的不断发展,城市经济功能的增强,为老百姓提供了很多就业的机会,加速了农业人口向城市人口的转化。六朝江南城市商业活动越来越活跃,随着贩运商贸的发展,各个城市之间、城市和农村之间都有一定的联系。江南许多大城市的商业活动已不再局限于本州郡或本县范围内简单的互通有无,而是在整个江南地区初步形成了市场销售网络。随着城市商品经济的发展,生活服务业依托了城市发展而兴起,从传统的商业中分离出来。服务业是城市商业经济

---

① 俞希鲁纂:《至顺镇江志》卷二〇《杂录·郡事》,第 838 页。

发展到一定程度的产物,标志着中国古代城市经济的发展程度。手工业与商业的发展一样,呈现出繁盛的景象,城市手工业种类众多,造船、纺织、铜器制造、制酒等各具特色。由于六朝中央政府在江南,因而城市手工业中官营的那部分所占份量较重。此外如外贸业、高利贷业、运输业等,对江南城市经济产生了较大的影响,他们在一定程度上完善了城市的经济结构,推动城市经济产业的多样化、多层次,使城市的经济功能不断加强,为城市百姓提供了大量的就业机会。

第三,北方人口大量迁入江南城市。从汉代开始,北方人迁入江南的渐渐增多。孙策占据扬州时,“四方贤士大夫避地江南者甚众,皆出其下,人人望风”。① 建安十四年(209),曹操“欲徙淮南民”至谯,消息传出,“江、淮间十余万众,皆惊走吴”。② 避乱到江东的人中大多是官僚或豪强地主,他们的迁徙往往携带大批部曲、奴婢和百姓随行。《三国志·吴书》及裴松之注中,北方人来到吴地并且有北方籍贯记载的有 70 人左右。西晋以后,江南地区曾有多次大规模接纳北方流民的高潮,“中州士女避乱江左者十六七”。③ 如永嘉之乱后,北方流民相率过江,不少人在京口、晋陵境内定居。如东莞姑幕人徐澄,“率弟子及闾里士庶千余家,南渡江,家于京口”。④ 此后如晋成帝时,苏峻、祖约之乱引起北人南侵,“民南度江者转多,乃在江南侨立淮南郡及诸县”。⑤ 东晋及南朝设侨州郡县来管辖南来人口,其中以京口和晋陵最多,两地有侨置的郡 16 个,县 60 个。江南其他地区,如太湖周围的吴兴、吴以及浙东

---

① 陈寿:《三国志》卷一三《华歆传》注,第 402 页。
② 陈寿:《三国志》卷一四《蒋济传》,第 450 页。
③ 房玄龄等:《晋书》卷六五《王导传》,第 1746 页。
④ 房玄龄等:《晋书》卷九一《儒林传》,第 3356 页。
⑤ 沈约:《宋书》卷三五《州郡一》,第 1034 页。

五郡,没有侨置,但也吸纳了大量的北方移民,这些北方移民主要分布在会稽、吴兴和吴郡的余杭、钱唐、海盐、由拳等地。流寓会稽的北方士人,大多趁到会稽任官之机,举家迁居。如以会稽太守身份到会稽的许归和庾琛,寓居于郡治所在地。东晋以后,大量的文化名流来到会稽,高僧名士云集。再如吴兴郡云集了许多江淮流人,如郭文在王导西园居住七年后,逃归临安,结庐于山中,临安令万宠迎至府中。东晋隆安年间(397—401),谢邈为吴兴太守,侄儿谢方明跟着来到吴兴,邈舅子长乐人冯嗣之及北方学士冯翊、仇玄达也俱往吴兴投邈。北方人大量来到南方,一部分分布在江南的农村地区,但也有很多居住在城市内,使得江南城市的人口激增。

　　第四,城市中或者城市周围常出现聚族而居的现象,使得城市人口的流动性增加。如宣城边洪,后来发狂,"绞杀两子,并杀妇,又斫父妾二人,皆被创,因出亡走。明日,其宗族往收殡亡者"。[①] 同族人家出了事情,族人会相互帮忙处理。南朝刘宋刘怀慎迁护军将军,"禄赐班于宗族,家无余财"。[②] 刘怀慎为官时,与同宗族人关系密切。南齐崔慰祖"家财千万,散与家族"。[③] 整个家族和他可能一起居住在城市中或城市周围。城市和农村关系紧密,不少人就将从城市中得到的经济收益转移到农村,要么分给同宗,要么购买土地。魏晋前期,一般人常常是聚族居住在城市的周围,所以城内和城外的人关系紧密。宗族中的杰出人物随时会到城内任职,退职就回到农村。东晋王敦叛乱,王含、沈充等攻逼京城,虞潭"遂于本县(会稽余姚)招合宗人,及郡中大姓,共起义军,众以万数"。[④] 在

---

① 房玄龄等:《晋书》卷九五《韩友传》,第 2477 页。
② 沈约:《宋书》卷四五《刘怀慎传》,第 1375 页。
③ 萧子显:《南齐书》卷五二《崔慰祖传》,第 901 页。
④ 房玄龄等:《晋书》卷七六《虞潭传》,第 2013 页。

这种情况下,人们往往会根据自身的需要选择到城市居住还是回到农村。聚族而居的习惯,使一部分人一段时间进入城市,一段时间又回到农村,城市和农村之间的人口流动变得十分普遍。

　　当然,六朝江南城市人口不是直线增加,由于受到战乱等因素的影响,也常会发生一些户口减少的状况。如孙恩起义结束后,"三吴大饥,户口减半,会稽减什三四,临海、永嘉殆尽,富室皆衣罗纨,怀金玉,闭门相守饿死"。① 不过总体上来讲,城市户口恢复较快,呈总量越来越多的趋势。

　　(本文与邹国慰合作,原刊于《上海师范大学学报》2014年第 3 期)

---

① 司马光主编:《资治通鉴》卷一一二晋安帝元兴元年四月条,第3542 页。

唐五代温台地区的海洋经济

　　浙江温、台二州地处环东海地带,自然地理条件基本相似,在唐五代时期,经济发展水平大致相当。唐朝建立后,于武德四年(621)在括州之临海地区设台州;上元元年(674),以括州之安固、永嘉两县设温州。随着唐政府南方政策的逐渐变化,温、台二州经济逐步呈现上升的趋势,但与两浙地区的杭、越等州相比,尚属初步开发阶段,总体经济实力有一定的差距。不过,温、台二州的经济发展有着明显的区域特点,因为有着优越的自然条件,有漫长的海岸线,经济发展的海洋特色表现得特别显著。

　　唐五代温、台二州海洋经济的发展,具体表现在哪些方面?本文将围绕这一主题,试作一些初步的讨论,如有不当,敬请大家指正。

一、政府控制下的海洋制盐业

　　中唐以前,浙东沿海各州都生产食盐,不过政府没有从食盐生产中强制性地获取利益,所以史书很少记载。唐代中期以后,政府在盐业上实行垄断,控制食盐的生产和销售,在南方产盐区设立了监、场生产体系,以严格控制食盐的生产数量和质量,温、台二州是政府加强生产的重点地区。

　　《新唐书》卷四一《地理志五》谈到温州有永嘉监,专门负责食盐生产,说明这个盐监机构是设在永嘉县。顾况《释祀篇》云："龙在甲寅，永嘉大水，损盐田，……翼日雨止，盐人复本，泉货充府。"①甲寅年即唐代宗大历九年，永嘉盐田已有相当规模，但由于海水涨潮，盐田损坏。不过后来恢复生产，政府获利丰赡，当然温州很多百姓的生活也主要靠了食盐生产来维持。至于温州其他沿海县是否也产盐，由于史料缺乏，我们不能遽然断定，不过根据北宋温州有天富监，有永嘉、平阳、瑞安、乐清四场来看，北宋的沿海各县均有盐场，那么其在唐五代的情况或许是与温州相差无几的。

　　台州沿海是食盐的重要产地，台州管辖的三县都生产食盐。苏颋有诗谈到台州时云："向悟海盐客，已而梁木摧。"②证实北方人谈到台州，首先的一个印象，台州是著名的食盐生产地。《新唐书》卷四一《地理志五》谈到唐后期台州黄岩、宁海二县生产食盐。台州地区管理食盐生产的是新亭监。《吴越备史》卷四《大元帅吴越国王》谈到五代吴越国时，元德昭知台州新亭监。③ 关于这个新亭监，《嘉定赤城志》卷七《场务》谈到："新亭监，在县东南六十里，今废。"自注云："按《武烈帝庙记》：乾符二年，新亭监给官莫从易重建堂宇。又《九国志》亦载元德昭知台州新亭监。"这里的县所指为临海县，盐监在临海县城东南六十里的海边。④ 刘晏变革盐法时，江淮的十监中就有新亭监，⑤说明中唐时就已设立，是台州各场食盐生产的管理机构。台州有哪些食盐生产场？《嘉定赤城志》卷三六《风土门》谈到北宋时台州设二场，即于浦场和杜渎场："属于浦者成于上，属杜渎者漉

---

① 董诰等编：《全唐文》卷五二九，第 2380—2381 页。
② 彭定求等编：《全唐诗》卷七三《蜀城哭台州乐安少府》，第 798 页。
③ 也可参吴任臣《十国春秋》卷八七《元德昭传》，第 1255 页。
④ 《新唐书》卷四一云新亭监与临平监俱属杭州，有误，并为相当一部分学者引用。
⑤ 欧阳修等：《新唐书》卷五四《食货志四》，第 1378 页。

于沙。"于浦在黄岩县东南七十里,杜渎直到清代仍设盐场署,即今天临海的杜桥镇。关于这两个盐场,虽然史书中谈的是北宋时的情况,但设场制盐恐怕在唐后期五代就已开始。

中唐以后,温、台二州每年的食盐生产量,可据一些史料作大致推断。《嘉泰会稽志》卷一七谈到兰亭监每年配课食盐约四十万六千七十四石一斗。又云:"(北宋)元丰中,卢秉提点两浙刑狱,会朝廷议盐法,秉谓自钱塘县汤村场上流睦、歙等州,与越州钱清场等水势清淡,以六分为额;汤村下接仁和县,汤村场为七分,盐官场为八分;并海而东为越州余姚县石堰场、明州慈溪县鸣鹤场,皆九分;至岱山、昌国,又东南为温州双穟、南天富、北天富,十分,著为定数。"①由于海水咸淡不一,宋人认为浙东沿海出盐率是自南向北渐渐下降,温州、明州最能出盐,其次是越州,最后是杭州。将这条宋人资料作为参考,唐五代浙东沿海最能出盐的当是永嘉监和明州富都监,台州的地理位置优于明州,新亭监的生产量绝不会低于富都监。因此,我们大致推测永嘉及新亭二监产量应该与越州兰亭监持平,每年每监产量也在 40 万石左右。

二、品种丰富的海洋捕捞业

唐代浙东沿海造船业十分发达,近海捕捞业已有相当规模。由于渔船吨位相当大,航程较远,能捕捞到的海产品种类十分丰富。《元和郡县图志》卷二六谈到台州开元贡有鲛鱼皮,元和贡有鲛鱼皮 100 张;温州开元贡有鲛鱼皮 30 张,元和贡有鲛鱼皮(30 张)。《新唐书》卷四一《地理志五》说台州和温州长庆贡有蛟革。《太平寰宇记》卷九八谈到台州的土物,

---

① 施宿纂:《嘉泰令会稽志》卷一七《盐》,《宋元方志丛刊》,第 7046 页。

有望潮鱼(一名海和尚)、鲛鱼皮、海物。卷九九谈到温州的土物有鲛鱼和西施舌,"似车螯而扁,生海泥中,常吐肉寸余,类舌,俗甘其味,因名"。此外,《元和郡县图志》谈到台州相邻的明州元和贡有渔肘子、红虾米、红虾鲊、乌鲗骨。《新唐书》说明州贡海味,《太平寰宇记》卷九八谈明州贡紫菜、淡菜、鲔、蚶、青鲫、红虾鲊、大虾米、石首鱼、海物。贡物是地方进贡到中央的著名产品,大多是有地方特色,深受人们喜爱,质量较高。由于受到保鲜技术的限制,鲜活的海产品是很难及时进贡到中原,即使有,也是一些不太易坏的水产品。从这些记载来看,温、台二州能够捕捞到大量的鲛鱼,即今天指的鲨鱼,朝廷想得到鱼皮,而温、台二州进贡的鱼皮是质量较高的。由于有具体的上贡鱼皮数量,可知当时能捕到的鲨鱼数量众多。另外,与台州相邻的明州进贡的海产品特别多,主要是明州至中原的交通相对比较方便,所以进贡的品种比台、温两州要多。不过我们可以推测,温、台二州与明州沿海主要的海产品应是大致相同的,都是能够从近海滩涂及深海中捕捞到各种各样的鱼类、贝类和藻类产品。

唐五代浙东沿海的海洋捕捞业已具有相当高的技术。《酉阳杂俎》前集卷一七云:"异鱼,东海渔人言近获鱼,长五六尺。"估计这里的东海渔人是指浙东沿海的渔民,他们在近海捕鱼,常会发现人们还不认识的鱼类。海鱼产品进入市场,通常是以活鲜鱼的形式出现。但问题是活鲜鱼易死亡,一旦变质,无论是渔民还是商人都要蒙受经济上的损失,因而唐代沿海地区的商人和渔民对鱼产品进行了技术加工,用制成咸鱼的方法把商品抛向市场,避免了经济上的损失。《岭表录异》卷下云:"彭蜞吴呼为彭越,盖语讹也。足上无毛,堪食,吴越间多以异盐藏,货于市。"渔民将新鲜彭越用盐腌制后,就不再会变质,便可投放到市场上销售,不受时间长短的限制。这里所指的"吴越间",应当也包括浙东的温、台二州。

　　唐前期的孟诜有《食疗本草》一书,在卷中,他提到了人们日常所食鱼类的药用功效、食用功效和禁忌,并一一进行了分析。如谈到乌贼鱼,说:"食之少有益髓。骨:主小儿、大人下痢,炙令黄,去皮细研成粉,粥中调服之良。其骨能销目中一切浮翳。细研和蜜点之妙。又,骨末治眼中热泪。又,点马眼热泪甚良。久食之,主绝嗣无子,益精。"谈到牡蛎时说:"火上炙,令沸。去壳食之,甚美。令人细润肌肤,美颜色。又,药家比来取左顾者,若食之,即不拣左右也。可长服之。海族之中,惟此物最贵。北人不识,不能表其味尔。"谈到蚶时说:"温,主心腹冷气,腰脊冷风;利五藏,建胃,令人能食。每食了,以饭压之,不尔令人口干。又云,温中,消食,起阳,时最重。出海中,壳如瓦屋。又云,蚶:主心腹腰肾冷风,可火上暖之,令沸,空腹食十数个,以饮压之,大妙。又云,无毒,益血色。"谈到蛏时说:"味甘,温,无毒。补虚,主冷利。煮食之,主妇人产后虚损。生海泥中,长二三寸,大如指,两头开。主胸中邪热、烦闷气。与服丹石人相宜。天行病后不可食,切忌之。"书中谈到的水产品有牡蛎、龟甲、魁蛤、鳢鱼、鲫鱼、鳝鱼、鲤鱼、鲟鱼、鳖、乌贼鱼、鳗鲡鱼、鼍、鼋、鲛鱼、白鱼、鳜鱼、青鱼、石首鱼、嘉鱼、鲈鱼、鲨、时鱼、黄赖鱼、比目鱼、鲚鱼、鲥鲵鱼、鲸鱼、黄鱼、鲂鱼、蚌、蚶、蛏、淡菜、虾、田螺等 30 多种,其中一半左右是海产品,既可以看到当时食用的海产品种类之多,又能看到唐人对海产品食用功效的认识。孟诜在武则天时期曾被贬为台州司马,所以对浙东地区海产品的认识较为全面,罗列的品种特别丰富,所以他知道有的是南方产品,"北人不识"。如淡菜,"北人多不识,虽形状不典,而甚益人"。①

---

① 孟诜著,郑金生等译注:《食疗本草译注》,上海古籍出版社 1993 年版,第 197—203 页。

因而我们推测他在书里的提到这些海产品，实际上大多是产自台州地区，可以反映出台州海洋捕捞业的真实水平。

三、航路纵横交错的海洋交通业

温、台二州海上交通十分发达。《元和郡县图志》卷二六台州条云："东至大海一百八十里。"温州条又云："东至大海八十里。"从二州城往东都有水道直通大海，城市物资可以通过海路源源不断运输而来，二州在海上有纵横交错的交通网络。

整个温台地区有丰富的内河水系通向大海。台州州城可以通过临海江到达大海，《元和郡县图志》卷二六云："临海江，有二水合成一水，一自始丰溪，一自乐安溪，至州城西北一十三里合。"二溪一通唐兴县，一通乐安县，至州城汇合，直通大海，流经地区较广，台州地区的水上交通主要是以这条江来进行的。《嘉定赤城志》卷二三《水》云："唐许浑有《陪郑使君泛舟晚归》诗云：'南郭望归处，郡楼高卷帘。平桥低皂盖，曲岸转彤襜。'如此，则郡通舟楫，唐时已然。"许浑诗真实地反映了台州城附近通舟楫的情况。温州最大的自然水道是永嘉江，其次是安固县的安固江。温州至大海约八十里，《全唐诗》卷一六〇孟浩然《宿永嘉江寄山阴崔少府国辅》云："我行穷水国，君使入京华。相去日千里，孤帆天一涯。卧闻海潮至，起视江月斜。借问同舟客，何时到永嘉。"所云当是从大海到温州的这一段江面。从温州上溯到处州的这段江面，同样是当时的交通要道。

沿海的县城，也有水路通向大海。台州宁海县没有水路通大海，所以吴越时曾修建了一条从县城通向海边的运河。《嘉定赤城志》卷二五《水》详细谈论了这一工程："淮河源在县东一百步桃源桥北，经桐山罗坑凑黄墈三十里入海。周显德

　　三年,令祖孝杰用水工黄允德言,谓县北地坦夷,宜凿渠通海,引舟入渠,以通百货,遂弃田七顷,发民丁六万浚之。既而渠成,视其势反卑于县,虽距海一舍而为堰者九重,以两山水暴涨啮荡,堰闸遂止不浚。时岁饥且寒,役人多死,或云今县北千人坑,盖其时丛冢也。”宁海县城离海边有数十里,修建一条通向大海的河道以便直接出海很有必要。动用了六万劳力修建的这条河道及其为平衡水位设置的六个闸门,由于河道低而海平面高,最后船只还是无法出海,所以这条河道并没有为当时的水上交通带来实际效果。

　　台、温二州地处浙东沿海,海上交通运输十分发达。天宝二年(743),“当时海贼大动繁多,台州、温州、明州海边,并被其害,海路湮塞,公私断行”。[1] 说明在唐前期这些地区的人们就常常利用海上交通运输货物和人员往来。从温州、台州出发的航线众多。孟浩然《宿天台桐柏观》云:“海行信风帆,夕宿逗云岛。”《寻天台山》云:“歇马凭云宿,扬帆截海行。”[2]江南各地进入台州,比较方便的路线就是走海路。《大清一统志》卷二三五《温州府》云:“帆游山,在瑞安县北四十五里,东接大罗山,与永嘉县分界,为舟楫要冲。《永嘉记》:‘地昔为海,多过舟,故山以名。’唐张又新诗:‘涨海尝从此地流,平帆飞过碧山头。’”[3]台、温两州之间通过海道相互往来十分频繁。唐代宗广德二年(764),“临海县贼袁晁寇永嘉,其船遇风,东漂数千里。……因便扬帆,数日至临海。船上沙涂不得

---

[1] 元开著,汪向荣校注:《唐大和上东征传》,中华书局 2000 年版,第43 页。

[2] 彭定求等编:《全唐诗》卷一五九、一六〇,第 1623、1644 页。

[3] 可参《明一统志》卷四八《温州府》“帆游山”条,引张又新诗文字略有不同。此诗《全唐诗》卷四七九题云《帆游山》,曰:“涨海常从此地流,千帆飞过碧山头。君看深谷为陵后,翻覆人间未肯休。”(第 5453 页)

下,为官军格死,唯妇人六七人获存"。① 唐僖宗中和四年
(884),刘汉宏"密征水师于温州刺史朱褒,出战船习于望
海",②水师就是在浙东海面上活动。可知两州之间,海路对
运输和商贸所起的作用十分重大。

温、台二州沿东海南下,可至福建、岭南等地。从海路进
入福建地区,是浙东最为重要的海上交通线路。《元和郡县图
志》卷二六温州条云:"西南至福州水陆路相兼一千八百里。"
从温州出发,沿海岸线航行可至福州。裘甫起义时,有人对他
说:"遣刘从简以万人循海而南,袭取福建,如此,则国家贡赋
之地尽入于我矣。"③时裘甫占据着明、台地区,可知台州通过
海道与福建紧密相连。胡三省谈到福建王氏自海上入贡中原
时的路线云:"自福州洋过温州洋,取台州洋过天门山入明州
象山洋,过涔江,掠浙港……"④从胡注中可以看出,浙东沿海
各州与福建间的航道是十分畅通的,所走路线大多是沿近海
而行。

温、台二州的地理位置,决定了有优越的海上航行条件,
能与海外地区相通。

从台州、温州出发,有海路直航日本。木宫泰彦据《三代
实录》云乾符四年(877),崔铎等 63 人从台州出发前往日本筑
前国。孙光圻记有从台州出发赴日本的船只有中和三年
(883)等共三次。台州南面的温州,也是日本船只靠岸的重要
地区。《安祥寺惠运传》云 842 年,李处人的船从值嘉岛开往

① 李昉等编:《太平广记》卷三九引《广异记》"慈心仙人"条,第 249 页。
② 钱俨:《吴越备史》卷一《武肃王上》,《五代史书汇编》,第 6174 页。
③ 司马光主编:《资治通鉴》卷二五〇唐懿宗咸通元年三月条,第
　8083 页。
④ 司马光主编:《资治通鉴》卷二六七后梁太祖开平三年九月条胡注,
　第 8717 页。

唐朝,"得正东风六个日夜,法着大唐温州乐城县玉留镇府前头"。①

台州和温州的船只也能直航印度次大陆,或到达更远的非洲和阿拉伯地区。唐代中期,泾源裨将严怀志随浑瑊与吐蕃会盟。由于吐蕃背弃盟约,怀志陷没吐蕃十数年。后往西逃"至天竺占波国,泛海而归。贞元十四年,始至温州,征诣京师"。② 严怀志在海上可以从印度逃到温州,说明两地之间必定有时人熟知的航路。吴越国时,印度有海船前来:"钱氏时,有西竺僧转智者,附海舶归。"③尽管我们无法证实浙东与印度船只来往的频繁程度,但浙东沿海有航路与印度次大陆相通,将浙东与阿拉伯、非洲连在一起。

温、台二州海上交通业的发达,与当地的造船业是分不开的。贞观二十一年八月,唐太宗敕:"宋州刺史王波利等发江南十二州工人造大船数百艘,欲以征高丽。"④《通鉴》胡三省注中,将十二州一一列出,其中就有台州。其时温州还没设立,所以十二州中不见温州。这一次建造的全部是跨海大船,主要是为了隔海征伐高丽。唐高宗时,又令各地大造船舫准备攻打辽东,至龙朔三年(663),他对大臣谈到"造船诸州,辛苦更甚",随即颁诏说:"前令三十六州造船已备东行者,即宜并停。"⑤究竟是哪三十六州,史书并未明言,但台州肯定是包括其中的。温州建立后,也常造海船用于运输和军事。中和

---

① 转引自木宫泰彦《日中文化交流史》,第 121 页。
② 王钦若等编:《册府元龟》卷一八一《帝王部·疑忌》,第 2178 页。
③ 田汝成:《西湖游览志》卷六《南山胜迹》,浙江人民出版社 1980 年版,第 61 页。
④ 司马光主编:《资治通鉴》卷一九八,第 6249 页。
⑤ 王钦若等编:《册府元龟》卷一四二《帝王部·弭兵》,第 1724 页;宋敏求编:《唐大诏令集》卷一一一《罢三十六州造船安抚百姓诏》,中华书局 2008 年版,第 578 页。

二年(882),刘汉宏在西陵排列的数百艘战舰中,就有温州制造的。中和四年,刘汉宏"密征水师于温州刺史朱褒,出战船习于望海,以史惠、施坚实、韩公玟领之,复图水陆并进"。①这件事《说郛》卷五引僧赞宁《传赞》是这样说的:"差温牧朱褒排海舰于赭山海口。"《新唐书》卷一九〇《刘汉宏传》云:"汉宏使褒治大舰习战。"可知朱褒温州水军装备的战船是能适应于海上作战的巨型舰只,这是温州造船业发达的成果,说明温州具备了制造大型海船的技术。

四、以瓷器为核心的海洋贸易

地处海洋周边,前来的外国商人众多,使温、台二州沿海百姓看到了商业的巨大利润,他们自然会采用走出去的办法来发展本地区的海洋贸易。

温州和台州在唐后期至五代,是沿海对外的两个重要港口,"控山带海,利兼水陆,实东南沃壤,一巨都会"。② 二州的对外贸易,对商品经济的发展和农村经济作物的种植,都产生了一定的影响。

台州作为中国商人对外贸易的重要港口,在唐以前已有史料记载。《嘉定赤城志》卷三一《祠庙》谈到黄岩县东南一百里的穿石庙"隋末时建。旧传有一商舟以风涛簸岩侧,其势危甚,欲登岩而水急不可靡。商恚,奋拳穴石,将以缆舟,舟竟覆,众遂神事之。庙址旧为海涂,后以潮淤筑其上"。同卷又谈及江亭庙,"在县北一里永宁江侧,舟上下必乞灵焉,商于海者事之尤盛"。平水王庙祭祀西晋周清,"俗传清以行贾往来

---

① 钱俨:《吴越备史》卷一《武肃王上》,第 6174、6175 页。
② 李贤等纂:《明一统志》卷四八《温州府》,文渊阁《四库全书》本。

温、台"。可见唐以前商人出海远航的事例有很多,而在台州沿海地区出现的大量庙宇,是商人们乞求神灵保佑他们商业活动平安的具体表现,证实了当地对外贸易的兴盛。

台州与日本、高丽等国海上商船来往十分频繁。《嘉定赤城志》卷一九云:"新罗屿,在(临海)县东南三十里,昔有新罗贾人舣舟于此,故名。"新罗商人的活动时间可能就是在唐末五代时期。又云:"高丽头山,在县东南二百八十里,自此山下分路入高丽国。其峰突立,宛如人立,故名。"该书卷二〇云:"东镇山,在(黄岩)县东二百四十里。《临海记》云:'洋山东百里有东镇大山,去岸二百七十里,生昆布、海藻、甲香、矾等物。又有金漆木,用涂器物,与黄金不殊。永昌元年,州司马孟诜以闻。'……山上望海中突出一石,舟之往高丽者,必视以为准焉。"从这些新罗、高丽的名称来看,国家到台州的商船众多,而台州前往朝鲜半岛的船只也不少,到近海时以观察岩石作为航标。温州是日本船只经常靠岸的一个港口。唐人有诗谈到温州的海运:"永嘉东南尽,□袒皆可究。帆引沧海风,舟沿缙云熘。"[1]温州向南的商船能经南海直通印度次大陆和阿拉伯地区。

那么来往温、台二州的商船,主要经营些什么货物呢? 一般认为中国商船向外运输,或外国商船前来交易,最大宗的商品是瓷器。

学者根据日本的研究材料和考古报告,搜集到日本发现中国瓷器的遗址有 188 处。[2] 其中明确断定为越窑系的有 48 处,以青瓷为主。这些越窑系产品中就有台州温岭窑等地的产

---

① 郭密之:《永嘉怀古》,孙望辑:《全唐诗补逸》卷五,载陈尚君编《全唐诗补编》上册。

② 芪岚:《中国唐五代时期外销日本的陶瓷》,《唐研究》第四卷,北京大学出版社 1998 年版,第 461 页。

品。鸿胪馆第三次调查出土的青瓷合子、平安京出土的青瓷灯盏及青瓷合子可能是温岭的产品；京都七条唐桥西出土的青瓷灯盏、阿苏郡南小国町千光寺佛县田遗址出土的青釉宝塔形盖执壶、熊本县出土的青瓷双鱼碟及鱼藻纹碗等也是温岭窑产品。① 这些台州窑的产品集中在9世纪中叶到10世纪前期。

　　温台地区是传统的瓷器产地。早在唐五代以前，临海的五孔岙、永嘉夏甓山、西山一带就发现了魏晋南朝以来的大量瓷窑遗址，温州窑以"缥瓷"著称。② 入唐以后，温台地区的窑址继续被大量发现。从已公布的考古报告来看，主要有临海县五孔岙窑，③黄岩县沙埠街窑群、今温岭山市下园山、今温岭冠城乡等三处窑群，④永嘉县坦头窑、西山窑等十处，⑤安固县今瑞安下寺前窑等三处，横阳县今苍南盛陶、泰顺玉塔村六处。⑥ 温州地区的瓷窑主要集中在瓯江流域，尤以下游地区即今天的温州、乐清、永嘉、瑞安为中心，后渐向温州的泰顺及处州扩展。台州地区的瓷器生产区处于临海江下游的今黄岩、临海、温岭等地，先后共发现了数十个窑址，是浙东沿海地区瓷器生产的一个中心。

　　温州的瓷器在技术上有很大的改进，生产的青瓷和越窑瓷

---

① 台州地区文管会、温岭文化局：《浙江温岭青瓷窑址调查》（金祖明执笔），载《考古》1991年第7期。
② 冯先铭：《新中国陶瓷考古的主要收获》，《文物》1965年第12期。
③ 冯先铭：《新中国陶瓷考古的主要收获》引朱伯谦《龙泉青瓷发展简史》，《文物》1965年第12期。
④ 浙江文物管理委员会：《浙江黄岩古代青瓷窑址调查记》，《考古通讯》1958年第8期；台州地区文管会、温岭文化局：《浙江温岭青瓷窑址调查》，《考古》1991年第7期。
⑤ 浙江省文物管理委员会：《温州地区古窑址调查纪略》，《文物》1965年第11期。
⑥ 同上；王同军：《东瓯窑瓷器烧成工艺的初步探讨》，《东南文化》1992年第5期。

器在造型特点上并没有多少差别,但在胎质、釉色和纹饰方面有较大不同。瓯窑大多素面,釉色都为粉青色,胎色浅白。在烧制中采用了匣钵技术,避免了因坯件叠烧而留下的泥点痕迹。[①]台州窑产品的釉色主要以青黄、青灰、褐色为多,就风格而言,既区别于越窑,又区别于瓯窑,它的乳浊釉产品风格又与婺窑相近。所以有学者认为:"从器物特征看,其形制、装饰风格、釉质色调与时代地域有机地构成系统的独具特色的'台州窑系'。"[②]

浙东中部沿海地区的瓷器出口,一般认为不可能舍近求远到明州,而是直接从台州出口的,因为至今在明州未发现有温岭窑产品。有学者认为台州地区的瓷器对外贸易时,"从临近的海门港、楚门港和松门港出口,远销日本、菲律宾和南洋群岛",这大致上是可信的。[③]台州作为江南对外的一个重要港口应是毫无疑问的。

唐代,沿海地区的外商一般是输入珠宝、香药、火油等奢侈品,而中国商人运送到外国的主要是丝绸、麻布、药材、金银器、皮毛和动物等。[④]由于未见温、台二州具体的对外贸易资料,所以我们只能凭大概猜测二州与南方沿海地区一样,都是经营着这些商品。

五、沿海地区的商品性农业经济

温、台二州沿海地区的农业经济,是带有明显的海岸型经

---

① 王同军:《东瓯窑瓷器烧成工艺的初步探讨》,《东南文化》1992 年第 5 期。
② 台州地区文管会、温岭文化局:《浙江温岭青瓷窑址调查》(金祖明执笔),《考古》1991 年第 7 期。
③ 同上。
④ 参拙文《唐五代江南的外商》,《史林》2006 年第 3 期。

济特征，这是基于海洋的特点，自海岸线向陆地延伸一定距离
的区域农业经济。温、台二州的绝大部分都分布在由南向北
的一狭长地带上，其农业经济带有一定的海岸型区域特色。

　　台州沿海的一些岛屿在唐五代时已经有所开发，并设立
了行政机构。如南田岛隶属宁海县，在岛上设立了依仁乡。①
刘长卿有诗句云："火种山田薄，星居海岛寒。"②虽然这里说
的是明州地区的海岛，但可以推测相邻的台、温二州的一些重
要海岛也可能有人居住，设立了地方行政机构，经济发展以海
洋为特色。

　　温、台二州的沿海多山，农业的发展模式与一般州不同。
华林甫先生曾谈到浙东的水稻生产主要集中在越州附近，而
如温、台等州则不甚发达，③水稻种植面积有限。广德初，袁
晁在浙东沿海起兵，时为永嘉令的薛万石对妻子说："后十日
家内食尽，食尽时我亦当死，米谷荒贵，为之奈何？"其时"永嘉
米贵，斗至万钱，万石于录事已下求米有差"。④ 虽说是特殊
时期，但县令家仅余粮十日，似不全是与战争有直接关系。从
总体上看，永嘉粮食生产较少，农业发展主要体现在经济作
物上。

　　温、台二州的经济作物主要有水果、茶叶、金漆等。

　　温、台二州的橘子十分著名，北宋初年，有人谈到永嘉的
橘子品种时说："按开宝中陈藏器《补神农本草》书，柑类则有
朱柑、乳柑、黄柑、石柑、沙柑，今永嘉所产，实具数品，且增多

① 符永才等：《浙江南田海岛发现唐宋遗物》，《考古》1990 年第 11 期。
② 刘长卿：《刘随州文集》卷一《送州人孙沅自本州却归句章新营所
　居》，《四部丛刊》本。
③ 华林甫：《唐代水稻生产的地理布局及其变迁初探》，《中国农史》
　1992 年第 2 期。
④ 李昉等编：《太平广记》卷三三七引《广异记》"薛万石"条，第
　2673 页。

其目,但名少异耳。"①开宝年间,吴越国还没有归降宋朝,因此这里所说永嘉柑橘的品种,实际是五代时的情况。在《新唐书》中,台州、温州等都有质量上乘的橘子作为贡品上供给帝王,橘子作为大宗农副产品销往全国各地。

温、台二州多山,推广种植茶叶有着优越的自然条件。陆羽《茶经》卷下《八之出》曰:"台州(始)丰县生赤城者,与歙州同。"始丰县即后来的唐兴县,肃宗上元二年改名,赤城山在县北六里。除赤城山外,县城北面十一里的天台山也产茶。《天台记》云:"丹丘出大茗,服之羽化。"所以皎然有诗云:"丹丘羽人轻玉食,采茶饮之生羽翼。"②景福院,在县西二十五里,"周显德七年建,俗呼茶院"。③ 可见唐兴县西至越、婺州边界的山区都产茶。黄岩县五代时已见茶叶生产。《浙江通志》卷四六《古迹八》云:"于履宅,《台州府志》:后唐于履隐居不仕,居黄岩叶茶寮山,自号药林。"之后,黄岩茶叶生产发展较快,紫高山所产茶在宋代十分出名,《嘉定赤城志》认为"昔以为在日铸之上者也"。临海县盖竹山,在临海县南三十里,"有仙翁茶园,旧传葛元植茗于此"。④ 葛玄,三国时东吴人。关于他种植茶树之事,的确还很难说,但盖竹山在唐五代时已有茶叶出产,应该是比较有可能的。

《唐六典》卷三户部员外郎条中说台州贡金漆,证明开元时台州金漆已为朝廷青睐。《临海记》说黄岩县东二百四十里东镇山"有金漆木,用涂器物,与黄金不殊。永昌元年,州司马

---

① 陶宗仪:《说郛》卷七五引韩彦直《橘录》,中国书店 1980 年版,第 8A 页。

② 彭定求等编:《全唐诗》卷八二一《饮茶歌送郑容》,第 9262 页。

③ 陈耆卿纂:《嘉定赤城志》卷二八《寺院》,《宋元方志丛刊》,第 7501 页。

④ 陈耆卿纂:《嘉定赤城志》卷一九《山》,《宋元方志丛刊》,第 7425 页。

孟诜以闻"。① 武则天时(689年)孟诜发现了金漆的价值,至开元间已作为地方特产上贡。《通典》云天宝间台州供金漆五升三合,似乎数量不是很大。《新唐书》卷四一谈到长庆中台州继续进贡金漆。宋朝《元丰九域志》谈到台州供金漆三十斤,数量上较唐代大增。可知,自唐、五代至宋,台州一直在上贡金漆,数量也在渐渐增加。所谓金漆,其实是一种天然的树脂,《嘉定赤城志》卷三六《风土门》云:"金漆,其木似樗,延蔓成林。种法,以根之欲老者为苗,每根折为三四,长数寸许,先布于地,一年而发,则分而植之,其种欲疏不欲密。二年而成,五年而收。收时,每截竹管,锐其首,以刃先斫木寸余,入管。旧传,东镇山产之,以色黄,故曰金漆云。"虽然这里谈的金漆树的种植是宋代的情况,但唐五代的情况应该大致相仿。

余　　论

温、台二州面向大海的自然条件,使其经济的发展与两浙地区的其他州有很大的不同。

在经济结构上,温、台二州的经济呈多元化的发展态势,与海洋有较多紧密关系,海洋制盐、捕捞、对外贸易成了二州重要的经济发展支柱。温、台二州也有其他的手工业,如少量的纺织业、金属矿冶业、食品加工业(制糖、制酒)、造纸等,但这些手工业的技术发展水平较低,与两浙其他州相比差距很大。然而,温、台二州的经济有着自身的发展特点,其制盐、捕捞、对外贸易都是走在两浙地区前列的产业。总体上说,温、台的城市建设、商业与两浙其他州有一定的差距,但在海洋运输、海洋贸易以及与海洋相关手工业的发展上,二州的表现十

---

① 陈耆卿纂:《嘉定赤城志》卷二〇《山》,《宋元方志丛刊》,第7433页。

分出色,因而奠定了他们在两浙经济发展史上的地位。

　　紧邻海洋的特点,使温、台二州的农业发展轨迹与两浙其他州差异很大。唐五代两浙地区各州粮食作物的种植较为发达,一般都以水稻种植为主,经济作物种植为辅,是粮食的重要生产地。而温、台二州水利兴修相对其他各州而言数量较少,粮食作物种植不发达,农业主要以经济作物种植为主。海洋交通运输业的发展,使温、台二州的农业与商品生产紧密结合起来,促进了广大农村商品意识的增强。海路的发达,温、台二州货物运输较为便利,粮食的运入和农副产品的外运都比较便捷,这些因素对农民选择作物种植带来了较大的影响。

　　总之,海洋型经济的发展特点,使温、台二州的手工业、农业生产与商品经济的关系十分紧密。

　　(本文原刊于《环东海研究》第一辑,中国社会科学出版社2015年版)

下　编

教育·文化

远迩趋慕:隋唐五代江南城市中的教育发展面貌

　　北宋朱长文在《吴郡图经续纪》卷上谈到唐代的苏州地区"人尚文",所以"吴人多儒学"。朱氏认为以苏州为核心的吴地社会风气在唐代以后发生了较大的改变,重教育风气开始形成,钻研儒家学术的习俗已经出现。[①] 其实,重视教育的风气在江南并不只限于苏州一地,其他各个城市亦是如此。一般而言,城市是一个地区的文化教育中心,隋唐时期的江南,城市中的教育功能愈益浓烈,城市普遍设立了学校,而且还具有一定的规模。这一时期无论是政府还是民间,对文化建设的重视并没有因为政局的变化而松懈,从朝廷到地方,文人学者都顽强执着地从事教育建设的种种基础性工作,并取得了重要的成就和进展。由于对教育的重视,学校中学生人数众多,改变了城市的面貌,使城市的文化生活更加丰富多彩。

　　以往学者研究唐代的教育,一般不太注意各地区之间存在的差别。自 20 世纪 90 年代以后,随着区域史研究的推进,学术界渐渐重视各地教育发展的特点。如顾向明以太湖地区为研究范围,发表了《唐代太湖地区家学初探》《唐代太湖地区

---

① 张剑光:《唐宋之际吴地学校教育的创新发展》,载《吴文化与创新文化》,凤凰出版社 2009 年版,第 292—300 页。

官学考析》《试论唐代江南旧士族及其家学渊源》等文,①从不同角度研究了太湖地区的官学、私学和家学。景遐东在《江南文化与唐代文学研究》一书中,②专辟第四章《私学兴盛与江南家族诗人群体》,具体研究江南的官学和私学对江南诗人群体的影响。笔者亦曾对太湖五州的教育进行研究,华志栋主编《太湖教育史》第一章第五节《隋唐五代时期太湖地区的教育》就是笔者撰写的,③后经修改和增补资料,以《六朝隋唐时期太湖地区的教育》为题发表于严耀中主编的《论史传经》。④由于原来的论述尚不够深入,研究的地域范围较狭,并不能全面看出江南教育发展的特点,而且城市和农村教育的发展水平相差很大,而随着资料的进一步挖掘,研究的过程和结论仍有较大的推进空间。

本文所说的江南,主要指唐后期的浙东和浙西,相当于今浙江全省和江苏的长江以南地区。作为江南城市文化研究的一部分,本文主要涉及的是城市教育,力图以较为新颖的阐述和探讨,补充以前隋唐城市教育研究的不足。

一、江南州城中的官学

为躲避战乱,六朝时期北方的衣冠士族纷纷南渡,将文化精华和学术传统带到了南方,其中江南是北方士大夫集中居

---

① 顾向明:《唐代太湖地区家学初探》,《历史教学问题》1991 年第 5 期;《唐代太湖地区官学考析》,《临沂师范学院学报》2003 年第 1 期;《试论唐代江南旧士族及其家学渊源》,《山东师范大学学报》2003 年第 4 期。

② 景遐东:《江南文化与唐代文学研究》,人民文学出版社 2005 年版。

③ 华志栋主编:《太湖教育史》,中华书局 2000 年版。

④ 张剑光:《六朝隋唐时期太湖地区的教育》,载严耀中主编《论史传经》,上海古籍出版社 2004 年版。

住的地区之一。北人南来之后，江南的社会风俗大有改观，"道教隆洽"，士大夫阶层以崇尚礼仪相标榜，而普通百姓敦厚淳朴，社会上形成了"慕文儒，勤农务"的良好风气。① 这种崇尚文儒风气的出现，实际上表明江南的各级政府和百姓对教育格外重视。

隋朝地方行政实行州县二级制，各州县设有学校。隋文帝时，曾要求天下州县普遍设置博士。隋炀帝大业初年，再度发展州县学。从现有资料记载来看，隋朝江南一些州城中已有系统的学校制度。

隋代江南的州学主要有这样几所。一是苏州州学，隋朝时建立。吴郡人潘徽擅三史，为时所重。陈亡，他被辟为州博士，应是州学的教师。② 第二所是湖州州学，我们推测该学校可能设立于隋代。湖州州学在州治西一里，据《嘉泰吴兴志》卷一一《学校》说，湖州府儒学"唐前在子城内。武德中李孝恭筑罗城，徙庙霅溪之南，而学附焉"。说明武德时已有州学，估计最初设立于隋代。此外，常州州学也有可能设立于隋代。义兴有一位僧人叫善伏，在俗家时以学问渊博闻名。唐初贞观三年，刺史听说其名声后，"追充州学"。③ 贞观初年常州州学已经设立，对师资在学术上有一定的要求，猜测有可能也是设立于隋代。

唐承隋制，在地方广泛设立州县学。唐朝规定上州设经学博士 1 人，助教 2 人，学生 60 人；医学博士 1 人，助教 1 人，学生 15 人。江南东道的苏州、湖州、常州均为上州，所以每州都有两所学校：一是迎合科举制使学生接受封建正统思想的儒学，其教师为经学博士，"掌《五经》教授诸生"；另一是地位

---

① 魏徵：《隋书》卷三一《地理志下》，第 887 页。
② 魏徵：《隋书》卷七六《潘徽传》，第 1743 页。
③ 道宣：《续高僧传》卷二〇《唐衡岳沙门释善伏传》，第 280 页。

稍次的医学,其教师为医药博士,"以百药救民疾病"。每州的学校有专门的官员进行管理,司功参军是主要负责者:"功曹、司功掌官吏考课、祭祀、祯祥、道佛、学校、表疏、医药、陈设之事。"①

唐贞观以后,江南各州县普遍设立孔庙,称文宣王庙,祭礼儒家圣贤。因为孔庙常常与州县学相连,当时出现了"庙以崇先圣,学以明人伦,郡邑庙学大备于唐"的景象。② 也就是说,随着江南孔庙的设立,州学大量建立了起来。

现有资料记载的州学主要有这样几所。

常州州学从唐初设立后,至中唐有了发展的景象。代宗永泰年间,李栖筠任常州刺史,"大起学校",在夫子庙西建起了州学。李栖筠命人在学校教室里画了《孝友传》来教育学生,并举行乡饮酒礼,"登歌降饮,人人知劝",使得学校教育深入人心,从此常州教育兴旺了起来,"文治焕如也"。③ 大历八年,刺史独孤及又大兴儒学,"俾儒者陈生以《鲁论》二十篇于郡学之中,率先讲授。乃季冬月朔,公既视政,与二三宾客躬往观焉"。常州州学的教育水平,在江南是比较出色的。

苏州州学在中唐也有快速的发展。唐代宗大历三年(768),李栖筠拜为浙西都团练观察使,来到苏州上任。在苏州,他扩大州学规模,"又增学庐",延聘名师前来执教。河南褚冲等人都是名气较响、威望很高的大儒,李栖筠委任他们为学官的老师,自己碰到读书不懂的地方亲自前去咨询,一时间从上至下,人们的学习风气浓厚起来,"远迩趋慕",学生竟有

---

① 刘昫:《旧唐书》卷四四《职官志三》,第 1919 页。

② 单庆纂:《至元嘉禾志》卷七《学校》,《宋元方志丛刊》,第 4459 页。

③ 欧阳修等:《新唐书》卷一四六《李栖筠传》,第 4736 页;孙仁纂:《成化重修毗陵志》卷一三,《天一阁藏明代方志选刊续编》第 21 册,第910 页。

数百人。① 根据政府的规定，上州只应有学生 60 人，而此时的苏州学生人数翻了几倍，可见李栖筠为江南地区打开了兴办教育的优良风气。

湖州唐初有孔子庙，州学设在庙内。武德间李孝恭筑罗城，将孔庙迁至霅溪之南。学校根据唐政府的要求，置经学博士、助教，有生员 60 名。《嘉泰吴兴志》卷一一《学校》载："天宝中，州助教、博士及学徒会食师资，诏废，惟留州补助教一人、学生二人，备春秋二社岁赋乡饮酒而已。大历五年，刺史萧定加助教二人，学生二十员，又废。"说明湖州州学学生人数时多时少，办学规模是有反复的。据《酉阳杂俎》前集卷五云："众言石旻有奇术，在扬州，成式数年不隔旬与之相见……盛传宝历中，石随钱徽尚书至湖州，尝在学院，子弟皆文丈呼之。于钱氏兄弟求兔汤饼。时暑月，猎师数日方获，因与子弟共食。"州学中的学生和教师似乎都是住宿的，而且学校还提供饭食。

浙西的杭州和睦州，在唐代也是可能有州学的。据《咸淳临安志》卷五五谈到杭州州学："旧有先圣庙在通越门外。"这里的"旧有"，估计所指为唐后期或吴越国时期。睦州州学应该是建于唐代。《万历严州府志》卷三《学校》云："按前志，文庙旧在府治东南隅，宋雍熙二年知州田锡迁府治西北隅。"雍熙二年是 985 年，北宋占领睦州不到十年，所以睦州的文庙估计是唐后期至吴越国时期建立的。

浙东各州普遍设立了州学。如越州州学设立于唐代，唐末五代遭到了破坏。《嘉泰会稽志》卷一《学》说："宋兴，学校之制皆因前代，惟州郡自唐末五代丧乱学官尽废，有司庙祭先圣而已，犹有废而不举者。"清雍正《浙江通志》卷二七引《於越

---

① 欧阳修等：《新唐书》卷一四六《李栖筠传》，第 4736 页。

新编》记载，越州州学唐时置于城北，"至五代而废"。

明州唐开元间才从越州析出，旋即设立州学。《乾道四明图经》卷九引宋郑耕老《重修州学记》云："考唐开元封文宣王，太和七年始立石，纪所封遗制。庙经寇毁，贞元四年刺史琅琊公重建刊石，文有追赞明皇者。太和四年修庙，六年亦志于石。今《登科记》述天禧中李侯夷庚崇痒序，父老传移学于州治东北，即李也。"明州成立后就建有文庙，虽没有直接的立学记载，但北宋天禧时已"移学"，说明之前明州已设立学校，估计是建于唐代。稍后编著的《宝庆四明志》卷二《学校》记载更为详细："唐州县皆有学，开元二十六年明始置州，学宜随州立矣。宝应、广德间州毁于袁晁之乱，王密谓裴儆殿邦而茨塾兴，岂兵革抢攘之后，姑以茨屋为学乎？贞元四年，守王沐始建夫子庙，大和七年守于季友以开元褒封文宣王册王刻之石。圣朝天禧二年，守李夷庚移于子城之东北一里半。"动乱以后，校舍是茅草屋顶，虽然不太规范，但建有州学是可以推断的。

浙东的其他几州亦有州学。如《嘉靖温州府志》卷一《学校》云："温州府儒学，唐庙学在州治东，宋天禧初迁于九星宫故址。"说明自唐入宋，温州的学校教学是一直存在的。衢州州学，《嘉靖浙江通志》卷一五载在州治西，唐时建。处州州学，该书卷八载在丽水樗山之巅，唐李泌建。

从上述这些记载来看，江南州学一般都设在文宣王庙内，教学的内容以儒家经典为主。江南的州学一般都有重建、扩建的记载。州学的发展并不是一帆风顺，其兴衰起伏受社会环境变化的影响。尤其是在唐末动乱中，州学遭到了较为严重的破坏，《通鉴》云："自唐末以来，所在学校废绝。"[1]江南的情况和全国基本一致。不过局势一旦稳定，重建学校被提了

---

[1]　司马光主编：《资治通鉴》卷二九一广顺三年五月条，第 9495 页。

出来。南唐昇元二年（938），南唐政府在金陵城内开设太学，而后各级学校纷纷兴建。马令描述南唐兴学盛况道："南唐跨有江淮，鸠集坟典，特置学官，滨秦淮开国子监，复有'庐山国学'，其徒各不下数百，所统州县往往有学。"[①]应该说不少州学又得到恢复。

二、江南县城中的官学

江南州城中大多设官学，而县城中学校的发展是怎样的一副面貌呢？

隋文帝、炀帝都提出全国各地要设立县学，江南部分县就设有学校。不过目前有资料记载的，隋朝大概只有苏州昆山县学。

苏州昆山县建于梁大同年间，隋初废，开皇十八年复置。隋末有一支农民起义军的领导人朱燮，在起兵前本是昆山博士，说明隋朝昆山已有县学。[②] 昆山县学原在县府东南七十五步的文宣王庙，庙堂的后半部就是教室。县学建于何时，史无明文记载，但中唐以前"以兵火废"，"兵馑荐臻，堂宇大坏，方郡县多故，未遑缮完。其后长民者或因而葺之，以民尚未泰，故讲习之事设而未备"。[③]

唐朝建国后，继承了隋朝的做法，在各县普遍设立学校。唐前期规定上县设博士 1 人，助教 1 人，学生 40 人；中县有博

---

① 马令：《南唐书》卷二三《朱弼传》，《丛书集成初编》本，第 154 页。
② 凌万顷、边实纂《淳祐玉峰志》卷下《古迹》谈到大业九年刘元进起兵，"吴郡朱燮时昆山博士，知天下将乱，谋起兵，赴者如归"。朱燮"涉猎经史，微知兵略"（第 1081 页）。杨譓纂《至正昆山郡志》卷六《古迹》载吴郡朱燮"时为昆山博士，知天下将乱，谋于学而起兵"（第 1141 页）。
③ 凌万顷、边实纂：《淳祐玉峰志》卷上《学校》，《宋元方志丛刊》，第 1062 页。

士1人,助教1人,学生25人。① 江南诸县等级大多在中县以上,师生的数量应该是按上述标准配置的。随着江南县城中学校的日渐增多,逐步发展出固定的学校制度。

润州江宁县在唐代中期设学。《唐语林》卷二载:"韩晋公治《左氏》,浙江东西道制节,……在军中撰《左氏通例》一卷,刻石于金陵府学。"韩滉于德宗建中年间任浙江东西道观察使,这里指称的金陵府学其实就是江宁县学。由于建中年间已有县学,估计学校设立的时间比较早。此外如润州句容县学设立于开元十一年,地点在县衙之东。② 苏州嘉兴县学,按《祥符图经》,开元二十七年(739)在县治东天星湖前孔庙后置一学室,供当地学子攻读经术,"立博士,处教生徒"。唐末乾符中兵乱,学废,庙被烧毁。吴越国将嘉兴升县为州,"钱氏守臣虽崇庙貌,而学制未立",一直没有恢复。③ 后人谈到嘉兴的学校,说"大备于唐中,废于五代",直到北宋庆历年间才重新设学。④

湖州长兴县隋末唐初设立了县学,而且县学的老师要通过考试方能任职。钱元修在唐太宗贞观五年(631)时经策试通经补长兴县博士,成绩合格后才有资格上岗,说明对老师学养的要求比较严格。⑤ 德清县"旧学在德清县南一百二十步,至圣文宣王殿在县学",虽没有指出这个"旧"字是否就是唐代,但推测在全国大建县学的时机,德清县于唐末五代建学,是很有可能的。《嘉靖武康县志》卷四《学校志》谈到武康县

---

① 刘昫:《旧唐书》卷四四《职官志三》,第1921页。
② 周应合纂:《景定建康志》卷三〇《置县学》,《宋元方志丛刊》,第1835—1836页。
③ 黄承昊纂:《崇祯嘉兴县志》卷二《庠序》,《天一阁藏明代方志选刊》,第89页。
④ 单庆纂:《至元嘉禾志》卷七《学校》,《宋元方志丛刊》,第4459页。
⑤ 董诰等编:《全唐文》卷八九七罗隐《钱氏大宗谱列传·扬威将军钱公列传》,第9367页。

学："县学旧在县治东二十步，宋天圣四年县令何湜迁于县治东南一里余英溪南。"宋代大规模兴学是在仁宗庆历年间，既然真宗天圣四年以前武康县就有学校，推测武康县学最迟应建立于吴越国时，有可能出现于更早的唐代后期。

杭州富阳县学，据《咸淳临安志》卷五六记载，在县治东，武德七年建。同书还记新城县学在县东三十步，唐长寿中置。此外，《雍正浙江通志》卷二五记载昌化县唐代亦是设有县学。《嘉泰会稽志》卷一《县学》中谈到越州诸暨县，"旧县西有夫子庙，天宝中令郭密之迁于长山下，晋天福庚子，令赵湜移县东一里"，因此估计中唐以后是有县学的，只是史料没有详细记载罢了。由于战争的原因，吴越国时期的学校制度可能不够健全，诸暨县是关于这一时期的记载中比较明确的一所学校。据《雍正浙江通志》卷二七引《弘治绍兴府志》记载，余姚县学唐时在县西。《嘉泰会稽志》卷一还记载剡县县学唐时在县东南一百步。

中唐以后，北方爆发安史之乱，南方亦受到一定的影响，"方郡县多故"，地方官员无心教育，所以很长时间没有修缮学校，堂宇毁坏，成了危房，教育设备短缺，学校几乎要办不下去。唐代宗大历九年（774），太原人王纲以大理司直兼县令到昆山上任，开始兴修县学。王纲认为化民成俗，应该以教学育人为本，必须推行教育，教育直接影响到对政事的治理，因此他在文庙的右侧围墙旁兴修学校。本地人沈嗣宗擅长经学，所以王纲以他为博士，教授《五经》。学校开学后，远近前来学习的不计其数，"如归市焉"。从此以后，昆山老百姓都争着将子女送到学校，"其不被儒服而行莫不耻焉"，不进校学习就被人瞧不起。① 昆山县学直到唐末黄巢之乱才

① 董诰等编：《全唐文》卷五一九梁肃《昆山县学记》，第 5275 页。

废,北宋雍熙间重建。①

　　关于浙东县学的记载尽管没有浙西丰富,但还是可以看到当时也是有县学设立的。明州鄞县的县学,据《宝庆四明志》卷一二《学校》云:"唐元和九年,学建于县之东。"前引书卷一四《学校》谈到奉化县治东北三百步建有夫子庙,估计亦是建有县学。象山县学建于会昌年间,前引书卷二一《学校》云:"至圣文宣王庙与学,同建于唐会昌六年,在县东南一百步。"明州可能有个别县在唐五代还没有建立学校,如不少人认为慈溪县是到了北宋雍熙元年才建学。②

　　由于宋代方志的缺乏,关于婺州各县学的记载不多。《嘉靖浙江通志》卷一五认为宋以前金华县学附于州学,也就是说婺州州学和县学各自建立,但两校是合在一起兴办的。处州的缙云县,据前引书卷七一的记载,唐上元元年县令李阳冰修孔子庙于县治东,县学应该同时设立。另据清《浙江通志》卷二九记载,在松阳县治东南,唐武德中建立了县学。温州乐清县庙学,《嘉靖温州府志》卷一《学校》谈到"在县望来桥东南一十步"。唐代的县学估计规模不是最大,所以"宋治平间县令焦千之增堂庑为学舍"。③ 不过温州其他县唐代是否有学校,该书没有记载。

　　今天,史料记载的不完整,导致我们很难详细描述唐代江南各县办学的具体情况,但从列举的这些县学来看,江南各县

----

① 凌万顷、边实纂:《淳祐玉峰志》卷上《学校》,《宋元方志丛刊》,第1062页。另据龚明之《中吴纪闻》卷一"昆山夫子庙"条(《全宋笔记》第三编第七册,第221页)云:"唐制,郡邑皆得置夫子庙。自黄巢之乱,存者无几。昆山之庙,更五代五六十年不建。自本朝太平兴国三年,钱氏纳土请吏,朝廷始除守以治之。"

② 胡矩纂:《宝庆四明志》卷一六《学校》,《宋元方志丛刊》,第5204页。

③ 郑源铺纂:《永乐乐清县志》卷四《乐清县儒学》,《天一阁藏明代方志选刊》。

基本都设立了学校制度，而且随着时间的推移，校舍也在不断翻修、扩建，无不说明了江南人民对教育十分重视。州、县两级学校的设立，学校规模的不断扩大，为社会培养了大量的优秀人才。

三、江南城市中的私学

唐玄宗开元时期曾下诏："许百姓任立私学，欲其寄州县受业者，亦听。"①由于政府认为私学是官学的补充，因而从政策上给予支持，使得私学十分活跃。私学不仅仅出现在农村、山林地区，江南的城市中也有不少私学的存在。

对隋唐时期的私学，学界已有较丰赡的研究，如认为江南的私学类型主要有三种，即人对人的私相传授方式、小型的学校、家庭启蒙的家学。② 这种分类基本符合隋唐时期江南的实际情况。

隋唐私人授学较多，在儒学上有一定成就的学者、文人，以及一些学术造诣较高的官员，常常会指导一些年轻的文人士子学习。求教者一般都是儒学的初学者，或者在学术上希望有所长进的年轻人。如贞观时弘文馆学士朱子奢，年轻时跟顾彪学《左氏春秋》，"善文辞"。③ 陆德明师从名儒周弘正和张高。潘徽"少受《礼》于郑灼，受《毛诗》于施公，受《书》于张冲，讲《庄》《老》于张讥，并通大义"。④ 丹徒人马怀素年轻时为了学习，"客江都，师事李善"，认真苦读，后来博通经史，

---

① 王溥：《唐会要》卷三五，第 635 页。
② 景遐东：《江南文化与唐代文学研究》，人民文学出版社 2005 年版，第 145 页。
③ 欧阳修等：《新唐书》卷一九八《儒学上》，第 5647 页。
④ 魏徵：《隋书》卷七六《潘徽传》，第 1743 页。

考中进士。① 中唐时啖助曾任官台州、润州,"秩满因家焉",住在丹阳城内,"陋巷狭居"。啖助以研究《春秋》出名,所以赵匡、陆质都跟随他学习,是他的"高弟"。② 陆质曾说赵匡大历时"宦于宣歙之使府,因往还浙中,途过丹阳,诣室而访之"。③ 诗文写作水平和技巧的提高,与能不能找到一个名师指点有重要关系。如大历时曾为常州刺史的独孤及,曾受到众多年轻文人的仰慕,纷纷前来门下学习,如梁肃、朱巨川、权德舆、高参、赵憬、崔元翰、陈京、唐次、齐抗等。《全唐文》卷五二二梁肃《常州刺史独孤公行状》曰:"艺文之士,遭公发扬,咸名比肩于朝廷。"亦就是说,在独孤及的指点下,这些人后来在政事和学术上发挥了重要作用。在江南,成名诗人奖掖年轻诗人,向他们讲解诗歌写作技巧者众多,景遐东先生曾有过深入研究,罗列出如萧颖士和刘太冲、刘太真、戴叔伦,严维和章八元、灵澈,张籍和朱庆余、项斯等很多例子,从中可以看出江南从师学诗之风盛行。

　　江南城市中的私人学校,由于资料的关系,记载不是太具体,关于学校规模、教育内容、学校结构和教学制度等,没有明确记载,我们只能依稀看到一些私学的影子。《旧唐书》卷一七七《杨收传》谈到同州人杨遗直家世为儒,后"客于苏州,讲学为事,遂定于吴"。从语句上看,似不是一般性的辅导,而是在家专事讲学,可能建有小型私塾类的学校。一些学校可能办于佛寺之中,吸引了许多官员和士人子弟前去学习。《太平广记》卷三三九引《广异记》"李元平"条云:"李元平者,睦州刺史伯成之子,以大历五年客于东阳精舍。读书岁余暮际,忽有

---

① 欧阳修等:《新唐书》卷一九九,第 5680 页。
② 欧阳修等:《新唐书》卷二〇〇《儒学传》,第 5706 页。
③ 董诰等编:《全唐文》卷六一八陆质《春秋例统序》,第 2764 页。

一美女服红罗裙襦，容色甚丽，有青衣婢随来，入元平所居院他僧房中，平悦而趋之，问以所适及其姓氏。"睦州刺史的儿子到相邻州的东阳精舍学习，应该说这所寺学是很有特点的。戴山戒珠寺在越州城内，赵璘进士考试以前就在这所寺庙内学习，40 年后他任衢州刺史时仍念念不忘在寺庙中学习的经历。①

　　江南是大族的聚集地，隋唐以来，大族家门内学术代相传承。如苏州顾氏是南朝至唐代的一个大族，唐代的一些名臣年青时曾随顾氏学习儒家经典。如虞世南"少于兄世基受学于吴郡顾野王，经十余年，精思不倦"，后来成为唐初名臣。② 唐初的太常博士陆士季，"从同郡顾野王学《左氏春秋》《司马史》《班氏汉书》"。③ 江南城市中的世家大族，虽然他们在政治上不一定像六朝时一样能呼风唤雨，但仍然保持着家庭的文化特性，十分注重家庭的文化教学。大族们希望后代能够"以文承祖，以经传代"，④通过他们的文采和熟读儒学经典来重振家族的荣耀，以保证他们能有较高的社会地位和政治地位。因为大族比较重视自己后代的教育，往往会让他们到那些在学术上有相当造诣的学者和文士那里学习，得到后者的亲授。比如陈国子博士张冲，著有《春秋义略》《孝经义》《论语义》等著作，其子张后胤入唐后就成了唐太宗的老师。后代继承前代的文学、经学，大多是通过家庭内部的教学来达到的。

　　在江南城市中从事教育活动的有不少是北方南迁的士

① 《全唐文》卷七九一赵璘《书戒珠寺》云："长庆中始冠，将为进士生，寓此肄业。"
② 刘昫：《旧唐书》卷七二《虞世南传》，第 2565 页。
③ 刘昫：《旧唐书》卷一八八《陆南金传》，第 5583 页。
④ 董诰等编：《全唐文》卷三九五李纾《故中书舍人吴郡朱府君神道碑》，第 1779 页。

人,他们经过颠沛流离的生活后,一旦在江南城市安定下来,就会转入学术研究和文化传播的活动中。中唐以后,无论是转辗到达江南的一般士族,还是牧守一方的政府官员,不少人秉承其先人的传统,担负起学术传承人的责任,在条件适合的情况下,埋首坟籍,讲经论典,教书授徒,传播文化。由于这些人满腹经纶,财富学赡,江南年轻人多从其受业。如丹徒人戴叔伦就师从萧颖士习业。有的在任官员熟读经书,江南士人多以师事之,传其衣钵。如京兆长安人周昉,能书善画,作品独具一格。大历时任越州长史,收越州人程修己为徒。朱景玄《唐朝名画录》中谈到程修己师事周昉:"凡二十年中师其画。至六十,画中有数十病,既皆一一口授,以传其妙诀。"在周昉的悉心教导下,程修己的画艺有了长足的进步,被文宗召入宫,随侍君王几十年。

隋唐江南家学教育出现了一些新的现象。家学不仅仅是世家大族的传统,而且"更多的是普通家族甚至是平民家庭"。[①] 在江南的城市中,一些普通家庭尽管并不富裕,但仍投入了相当的财力物力到教育上,以培养自己的年轻一代日后能出人头地。如《太平广记》卷三八八引《纂异记》"齐君房"条谈到:"齐君房者,家于吴。自幼苦贫,虽勤于学,而寡记性。及壮有篇咏,则不甚清新。常为冻馁所驱,役役于吴楚间。以四五六七言干谒,多不遇侯伯礼接。虽时所获,未尝积一金。"像齐君房这种出自一般平民家庭的子弟,能认真学习,作诗弄文,反映出教育得到江南普通百姓的重视。江南城市经济功能的不断加强,在城市中生活的家庭越来越多,城市平民阶层出现,他们需要自己的子弟有较高的文化素养,以跻身社会上层,尽管他们的家境并不全是十分宽裕,但他们

---

① 景遐东:《江南文化与唐代文学研究》,第 155 页。

十分注重子弟的诗书文化教育，这是唐代江南城市整体教育水平的体现。

景遐东先生认为江南私学教育的一个重要特点是"中晚唐江南私学教育明显盛于初盛唐"，①我比较赞同这个观点。不过景先生认为，出现私学"这种前期少中后期多的情形，实际上反映了整个唐代教育的整体发展状况，即唐初官学教育发达，后来私学教育逐渐超过官学成为士人子弟教育主要的方式，唐代后期江南文化的蓬勃发展以及普通士人家族大量增加就是建立在这一基础之上的"，可能还有进一步拓展认识的余地。中晚唐江南私学教育之所以超过唐前期，恐怕并不在于唐初的官学教育发达，而在于江南的社会环境发生了一定的变化，与中晚唐江南经济实力增强和城市发展、大量北方官员和士人的到来有一定的关系。随着城市社会人文环境的变化，江南文化的复兴，人们对教育更加重视，而官学的发展并不能完全满足人们对教育的需求，在这种情况下，民间的私人授学大量出现也就不足为怪了。

四、科举对江南城市教育的影响

影响江南城市教育发展的因素众多，如城市人口数量、人口结构、北人南迁、城市经济等等，但影响江南城市教育最重要的因素应该说是科举制。

隋唐改革了前代选拔人才的制度，采用以考试为主的科举制。隋朝虽然开创了科举制，不过开科取士数量极少。唐朝初年，一方面大力发展教育，另一方面又通过科举取士来网罗人才，学校教育和科举考试并重。唐朝参加科举考试的主

---

① 景遐东：《江南文化与唐代文学研究》，第155页。

要有生徒和乡贡两个来源。在各级官学校学习成绩合格而参加考试的叫生徒,不经过官学学习而由州县解送参加考试的叫乡贡,乡贡往往是在乡塾和私学中学有所成者。由此可知,科举制与学校教育关系密切,它将学校教育和考试做官紧密糅合到了一起。学校培养学生是为了参加科举考试,之后通过吏部铨选就能做官,这样迫使教育方法和教育内容安排必须围绕科举来进行。科举制的实行,对教育产生了深远影响,科举是学校教育的目的,学校是科举的前提和基础。

对教育的重视,其实质是对科举的重视,是为了有朝一日能步入仕途。江南城市文化的一个重要传统是十分重视子弟的科举考试,人们往往投入大量的财力和物力,鼓励自己的子弟到首都参考。《太平广记》卷四八四引《异闻集》"李娃传"条谈到天宝中,"有常州刺史荥阳公者,略其名氏,不书,时望甚崇,家徒甚殷。知命之年,有一子,始弱冠矣。隽朗有词藻,迥然不群,深为时辈推伏。其父爱而器之,曰:'此吾家千里驹也。'应乡赋秀才举,将行,乃盛其服玩车马之饰,计其京师薪储之费,谓之曰:'吾观尔之才,当一战而霸。今备二载之用,且丰尔之给,将为其志也。'生亦自负,视上第如指掌。自毗陵发,月余抵长安,居于布政里。尝游东市还,自平康东门入,将访友于西南"。这位常州刺史特别重视自己儿子的前途,鼓励他到长安考试,而且提供充足的财力支持,让他集中心思参加考试。再如苏州人吴全素,"举孝廉,五上不第。元和十二年,寓居长安永兴里",[1]亦是一个长年在都城考试的士子,只不过运气不好,五次考试仍不中第。

在唐代的笔记小说中,记录江南人到京城参加科举考试

---

① 牛僧孺:《幽怪录》卷三"吴全素"条,上海古籍出版社1985年版,第102页。

的年轻士人数量很多，而且特别喜欢将主人公安排为苏州的年轻人。如苏州人梅权衡，"入试不持书策"；①苏州人翁彦枢，曾应进士举；②苏州人陆颛，"从本郡贡于礼部"；③开元中，有一位吴郡人应明经举；④元和初，长乐冯生居住在吴，"以明经调选于天官氏"。⑤从士子家庭居住的城市来看，除前述苏州、常州外，还有越州、金陵等地。如《太平广记》卷二三一引《博异志》"陈仲躬"条说："天宝中，有陈仲躬家居金陵，多金帛。仲躬好学，修词未成，乃携数千金，于洛阳清化里假居一宅。"金陵是六朝古都，尽管遭到隋唐的政治打压，但文化的积淀在唐代中期依然存在。《续仙传》卷上谈到："玄真子，姓张，名志和，会稽山阴人也。博学能文，进士擢第，善画，饮酒三斗不醉。"甚至处州亦有士人到都城考试的，《续仙传》卷下云："羊愔者，泰山人也。以世缘官，家于缙云。明经擢第，解褐嘉州夹江尉，罢归缙云。"

　　参加科举考试的，一般都是富裕家庭的子弟，有的来自世家大族，有的出身官宦之家，但《太平广记》卷七二《原化记》

---

① 《太平广记》卷二六一"梅权衡"条云："唐梅权衡，吴人也，入试不持书策，人皆谓奇才。及府题出《青玉案赋》，以'油然易直子谅之心'为韵，场中兢讲论如何押'谅'字。权衡于庭树下，以短棰画地起草。日晡，权衡诗赋成。"

② 李昉等编：《太平广记》卷一八二引《玉泉子》"翁彦枢"条。云："翁彦枢，苏州人，应进士举，有僧与彦枢同乡里，出入故相公裴公坦门下。"

③ 《太平广记》卷四七六引《宣室志》"陆颛"条云："吴郡陆颛，家于长城，其世以明经仕。颛自幼嗜面，为食愈多而质愈瘦。及长，从本郡贡于礼部，即下第，遂为生太学中。"

④ 《太平广记》卷一九三引《原化记》"车中女子"条云："唐开元中，吴郡人入京应明经举。至京，因闲步坊曲，忽逢二少年……"

⑤ 《太平广记》卷九七引《宣室志》"鉴师"条云："唐元和初，有长乐冯生者，家于吴，以明经调选于天官氏。是岁，见黜于有司，因侨居长安中。"

"陆生"条为我们提供了另一种讯息:"唐开元中,有吴人陆生,贡明经举在京。贫无仆从,常早就识,自驾其驴。"这位陆生显然既不是富裕大族,亦不是官宦子弟,他家里经济条件比较困难,有可能出身普通家庭。又《酉阳杂俎》续集卷三"卢冉"条说:"越州有卢冉者,时举秀才,家贫未及入京,因之顾头堰。"《太平广记》卷七四引《纂异记》"陈季卿"条说:"陈季卿者,家于江南。辞家十年,举进士,志不能无成归。羁栖辇下,鬻书判给衣食。"卢冉和陈季卿同样来自一般家庭,没有充裕的经济实力可以提供。从这些例子中,我们可以看到整个江南社会对科举的重视,教育和科举并不是上层社会的专利。

当然,江南人参加科举考试,成功的例子很多。常州在唐代中进士、明经的有数十人,比如明经蒋俨,进士高智周、许景周、蒋洌、蒋涣、李绅、蒋伸、施肩吾,许景周连中手笔俊拔、茂才异等科。[①] 他们中有很多人在文学上占有一席之地,而散文家萧颖士是常州历史上第一个状元。润州丹徒县,据不完全统计,在唐代出了进士 7 人,他们是马怀素、陶翰、申堂构、包佶、包何、刘太冲、李绅等。[②] 再比如据《万历严州府志》,浙西最落后的睦州亦有不少士子登第,其中进士有神龙中淳安吴少微、开元中淳安吴巩、大历六年桐庐章八元、元和中淳安皇浦湜、元和十四年桐庐章孝标、元和十五年分水施肩吾、大中七年桐庐陈毅、大中八年寿昌李频、光启三年寿昌翁洮,皇浦湜还曾中贤良方正第一。[③] 苏州在江南各州中考取的进

---

① 史能之纂:《咸淳毗陵志》卷一一《科目》,《宋元方志丛刊》,第 3044—3045 页。

② 何世学纂:《万历丹徒县志》卷三,《天一阁藏明代方志选刊》。

③ 李德恢纂:《万历严州府志》卷一一《选举志》,《天一阁藏明代方志选刊》。上列各书在统计上有所误差,如《咸淳毗陵志》和《万历丹徒县志》中都有李绅,《咸淳毗陵志》和本书中都有施肩吾,其原因是方志编写时把名人争抢列入本地区所致。

士、明经、诸科人数最多。据明朝《正德姑苏志》记录，有唐一代苏州共取进士 52 人、明经 1 人、诸科 10 人。一人既中进士，又制举及第的，统计在进士数内。由于明人统计的局限，实际上苏州科举及第者远远不止这个数字，因为该书连一些状元都没有罗列进去。苏州文人参加科举考试，在唐末曾连出 7 位状元，如唐懿宗咸通十年（869）的归仁绍、咸通十五年的归仁泽、景福元年（892）的归黯、乾宁元年（894）的苏检、光化四年（901）的归佾、天祐二年（905）的归系等。

　　浙东各州也有许多学子中举。李志庭在《浙江通史》（隋唐五代卷）中对浙江中举者进行过详细统计，发现隋唐五代时期浙江举秀才有 3 人；中明经的有 11 人；举进士的太宗贞观时有 4 人，高宗时有 3 人，武则天时有 2 人，中宗时有 1 人，玄宗时有 5 人，肃宗时有 2 人，代宗时有 4 人，德宗进 8 人，宪宗时有 18 人，穆宗时有 4 人，敬宗时有 4 人，文宗时有 2 人，武宗时有 6 人，宣宗时有 6 人，懿宗时有 3 人，僖宗时有 6 人，昭宗时有 9 人，年份无考的有 6 人。他对这个数字进行了分析："以上进士共 92 人，占唐朝 6 427 名进士总数的 1.4%。虽然人数不算很多，但是地域分布很广，唐朝浙江 11 州（含苏州）58 县当中，10 州（含苏州）25 县有进士。尤其是婺州东阳县，由于冯氏、舒氏的频频入第，进士人数竟达 15 人之多，成为浙江唐时进士最多的县。时间分布上前期少而中后期多，显示出逐渐发展的趋势。"[①]从中我们可以看到唐代两浙地区学子参加科举取得成绩的大致情况。即使像温州乐清这样的边远地方，亦有人通过学习去考取科名。北宋治平年间，县令焦千之就谈到"独乐清之邑，举进士者无数人"，但"百年之间

① 李志庭：《浙江通史·隋唐五代卷》第五章之《科举制度在浙江的影响》，浙江人民出版社 2005 年版，第 209—211 页。

未有登第者"。宋人认为之所以出现这种情况,与学校规模太小有关,"其风俗之陋,不已甚乎"。① 不过在我们看来,治平往前推一百多年,就是指吴越国时期,乐清因为有学校教育,所以读书人不少,不过质量不是最高,在科举场上还没有成功的例子。

江南城市中的一些大族十分看重科举。据《旧唐书》卷一四九、《新唐书》卷一六四《归崇敬传》,归氏自天宝末以后先后有四代八人科举出身,具体是归崇敬、归登、归融、归仁晦、归仁翰、归仁宪、归仁召、归仁泽,加上唐末的归黯、归俗和归系,归氏共有 11 人科举中第。至唐末,受家学熏陶,归家连出父子、兄弟状元。② 再比如《旧唐书》卷一七七《杨收传》,苏州杨氏一门共有 11 人为进士,分别为杨发、杨假、杨收、杨严、杨乘、杨鉴、杨钜、杨鏻、杨涉、杨注和杨凝式。据唐代《登科记》记载,常州蒋挺的儿子蒋洌、蒋涣,挺弟播,播子準,洌子餗,"一家父子孙六人,并进士及第"。③ 一族能有数人或十多人中进士,说明江南既重视官方的学校教育,同时亦重视家庭教育,注重家学的流传和学术文化的保存。毫无疑问,江南城市中崇尚文化教育,注意提高百姓素质,是造成江南人才辈出的主要原因。

可见,由于以科举为旨归和导向,学校教育具有相当的功利性,教育的目的是为了培养年轻士子们能参加科考,步入仕途。因此,科举制对江南城市教育的发展影响巨大。

隋唐五代时期,江南地处东南一隅,并不是政治中心,学

---

① 郑源铺:《永乐乐清县志》卷四《碑刻》引《宋邑令焦千之初建学记》,《天一阁藏明代方志选刊》。
② 乐史:《广卓异记》卷一九,《全宋笔记》第一编第三册,第 135 页。
③ 同上书,第 134 页。

校的发展自然是不能与中原和关中地区相比的。不过，随着城市的发展，随着唐后期江南政治和经济发展的变化，江南城市中已基本有了系统的学校教育制度的建立，而且私人教育理念也在发生变化，民间各个阶层都有了培养子弟学习文化的意识。隋唐五代时期的江南教育基本上已呈现出制度化的趋势，各州县都设立了学校，私学亦比较兴盛，学校形式多种多样。随着科举制度的兴起，通过科举可以任官的吸引力，使江南城市中的教育内容益发迎合科举考试，以飞快的速度发展，为北宋江南城市教育的快速发展奠定了基础。

（本文原刊于《江南社会历史评论》第十期，商务印书馆2017年版）

唐宋之际吴地学校
教育的创新发展

　　吴地教育事业自春秋战国以后受到中原影响,在教育形式、教育内容和教育思想上,都努力向北方学习,推崇北方的先进文化。① 秦汉统一帝国的建立,北方的教育制度在南方推广开来,全国各地实行相同的政策,"立学校官"。不过由于吴地在经济上比较落后,加以一些传统因素,导致教育事业发展比较缓慢。如丹阳郡太守李忠就认为"越俗不好学,嫁娶礼仪,衰于中国",于是他"乃起学校,习礼容,春秋乡饮,选用明经,郡中向慕之"。② 吴地也有一些士人从汉朝的太学学习后回来,设立精舍、学塾讲学,③但与北方相比,整个教育发展水平还有较大的差距,这直接导致了吴地士人在中央和地方机构中任职的人数有限,政治影响力不是很大。

　　随着六朝政权在江南的崛起,吴地作为统治核心地区之一,学校教育制度开始系统地建立起来。一些政府官员已经意识到教育可以"敦王化","隆风俗",不但有利于统治,而且

---

① 本文指的"吴地",主要指环太湖周边地区的州县,大体相当于唐代的湖州、常州、苏州等范围。

② 范晔:《后汉书》卷二二《李忠传》,第756页。

③ 《后汉书》卷七九下《儒林列传·包咸》说会稽曲阿人"少为诸生,受业长安,师事博士右师细君"。之后回到家乡立精舍讲学。会稽太守黄说署为户曹史,想召他到郡府教授其儿子。包咸说:"礼有来学,而无往教。"于是黄说就让儿子上门向包咸学习。

还能改善社会环境。如南朝吴兴人沈不害曾说："立人建国，莫尚于尊儒；成俗化民，必崇于教学。"①一些官员在自己的辖区内建起了学校，如东晋余杭县令范宁"在县兴学校，养生徒，洁己修礼，志行之士莫不宗之。期年之后，风化大行。自中兴已来，崇学敦教，未有如宁者也"。② 那些在政治和经济上有较高地位的士人认识到教育的重要性，他们自然想让自己的孩子得到良好的教育，因此大办教育就有了一定的社会基础和条件。可以这么说，吴地已经初步形成了"慕文儒，勤农务"的社会风气。

不过六朝时学校教育还比较有局限性，一方面由于战乱频仍，另一方面重视程度还不是很够，学校规范性不强，时办时停，教育普及率实际上仍是很低的，进学校的人数不多。唐人说："逮江左草创，日不暇给，以迄宋、齐，国学时或开置，而劝课未博，建之不能十年，盖取文具而已。是时乡里莫或开馆，公卿罕通经术，朝廷大儒，独学而弗肯养众，后生孤陋，拥经而无所讲习，大道之郁也久矣乎。"这样的描写，恐怕是吴地学校教育事业真实发展面貌的写照。③

然当历史翻到唐宋这一页时，情况发生了较大的变化，吴地教育事业出现了一个发展高潮，在学校教育制度、学校教育管理以及教育理念等方面充满了强烈的创新意识。

一、唐宋吴地学校教育 制度的确立

隋唐五代时期，学校教育迅猛发展，许多帝王都特别重视

---

① 姚思廉：《陈书》卷三三《沈不害传》，第 446 页。
② 房玄龄等：《晋书》卷七五《范宁传》，第 1985 页。
③ 李延寿：《南史》卷七一《儒林传》，第 1730 页。

学校建设,因而教学管理开始规范化、制度化。隋朝的州、县两级都设有学校,隋文帝开皇四年,"诏天下劝学行礼",设立州县学。[①] 炀帝大业初年再度发展州县学,"复开庠序,国子郡县之学,盛于开皇之初"。[②] 唐承隋制,高祖武德七年,下诏全国各州县及乡立学,明确设立学校的范围到乡一级。当时规定的州县学主要有两种:一种是为国家和地方培养人才而学习正统儒家思想的州、县经学,一般州官学学生人数在40—60人,县学为20—40人;另一种是为地方培养医务人员的州医学,学生人数在15人左右。[③] 唐玄宗开元二十六年正月,唐玄宗诏天下州县每一乡之内,各设立一所学校,有关部门要为学校挑选师资,让他们好好教学。说明当时已经意识到学校教育的目标不仅仅只是士大夫的子弟,一般乡村有钱人的子弟亦是受教育的对象。

从这时起,吴地的州、县两级政府都认真设立了学校。《资治通鉴》卷一八二隋炀帝大业九年八月条谈到,有一支农民起义队伍的领导人是昆山博士朱燮。当时规定州县学的老师是博士或助教,朱燮应是昆山县学的教师。隋唐州学的老师要求较高,要经过政府考试资格审查后才能担任。湖州州学唐初设于子城内的孔庙里,武德中李孝恭筑罗城,孔庙迁走,学校也跟着一起迁到子城南一百一十一步的地方。德清县"旧学在德清县南一百二十步,至圣文宣王殿在县学"。[④]《景定建康志》卷三〇中记载宋时县府内还存有一残碑,里面记载了唐代县令柳均兴建学校教授生徒的内容。从上述这些

---

① 魏徵:《隋书》卷一《高祖纪上》,第19页。
② 魏徵:《隋书》卷七五《儒林传》,第1707页。
③ 刘昫:《旧唐书》卷四四《选举志上》,第1164页。
④ 谈钥纂:《嘉泰吴兴志》卷一一《学校》,《宋元方志丛刊》,第4731、4733页。

情况来看,隋代和唐初,吴地的州县普遍设立了学校,已有一套完整的教育制度。

　　吴地不单单将学校设立了起来,而且在唐代中期以后经过整顿学校规模有了较大的扩展。例如苏州州学,李栖筠为浙西都团练观察使时,"又增学庐",扩大规模,并延聘名师执教,河南的褚冲等大儒从北方前来任教,将不同的学术观点带到了学校,使学术争鸣和探讨有了条件。苏州州学按规定只能有学生 60 人左右,结果"远迩趋慕",学生达数百人,是中央政府规定人数的几倍。之前,李栖筠在常州就有大办教育的举措了。代宗永泰年间他任常州刺史,在夫子庙西"大起学校",估计也是扩大了校舍,多招了学生,①因而我们看到唐代中期的常州是"文治熠如也"。不过常州的学校到了五代末年遭到"兵毁"。② 苏州府嘉兴县开元二十七年在天星湖前的孔庙后设立了教室,设博士弟子讲学其间。这所学校直到唐末依然存在,乾符年间才被战火烧毁。昆山县学本来建在孔庙后面,中唐安史之乱以后,地方政府无力把心思放在教育上,很长时间没有好好维修学校。代宗大历九年,县令王纲决定重建学校,他令人在文庙的右侧围墙旁新盖了教室,延聘学有所长的沈嗣宗为教师,一时远近儿童纷纷前来,络绎不绝。③

　　总的来说,唐代吴地各州县都建立起了学校制度,但实事求是地说,各地方的州县学发展规模一般,政府没有更多的系统发展措施,我们上面所列举的这些例子,也是一些有作为的地方官看到了教育的重要性,而在一州一地或者说在一个时段内的兴学,尽管这已经对吴地社会重教风气的形成产生了

① 欧阳修:《新唐书》卷一四六《李栖筠传》,第 4736 页。
② 朱昱纂:《成化重修毗陵志》卷一三《学校》,《天一阁藏明代方志选刊》,第 910 页。
③ 董诰等编:《全唐文》卷五一九梁肃《昆山县学记》,第 2335—2336 页。

较大的影响,但吴地总体上的教育普及和学校发展还是有限的。

北宋时期,在全国大办教育的大背景下,吴地教育有了较快的发展。宋真宗大中祥符二年(1009)下令设立州学,但推行力度不够。范仲淹庆历新政制定了具体的兴学措施,州县皆办学养士,学校经费、教官、学生管理等制度都得以建立,"时州将邑长,人人以教育为己职",①《宋会要辑稿·崇儒》二之三认为"州郡不置学者鲜矣"。北宋徽宗崇宁元年(1102),州学推行三舍法,县学生只要在学一年,经考试优秀就能升补州学,州学生每三年就能升贡太学,诸州贡举名额的三分之一是专给太学上舍生预备的,从中可以选优秀者入仕。② 这一前所未有的学生升级制度,以及成绩优秀者直通官位的制度,是我国教育史上的一大创举。

在宋代重视地方教育政策的指引下,吴地的学校教育迅速发展起来,除了对原有学校不断进行修缮、扩建外,一些在唐代未见有学校的地方也创办了官学,学校设立十分普遍。吴地州学一般规模较大,如湖州府学,宋宝元二年(1039)知州滕宗谅请于朝,改建于州治西一里,有屋舍 120 间,由胡瑗主持州学,作"堂规"。南宋时屡有扩建,如乾道间知湖州府王十朋特别重视教育,拿出自己的俸禄建造贡院,"于时湖学之盛闻四方"。③ 苏州的府学始于北宋景祐二年(1035),其时知苏州的范仲淹"奏请立学",并延请胡瑗主持,"后之继守者,莫不

---

① 曾枣庄、刘琳主编:《全宋文》卷八九一曾宏《元氏新建县学记》第 41 册,第 319 页。

② 顾宏义:《教育政策与宋代两浙教育》,湖北教育出版社 2003 年版,第 35 页。

③ 胡宗宪纂:《嘉靖浙江通志》卷一四《建置志》,《天一阁藏明代方志选刊》,第 756 页。

接踵兴起,增饰学舍,廪稍食以养之,收经籍以教之"。至元祐中,"生徒日众"。建炎年间府学为金兵焚毁,后渐次修复,至淳祐六年修葺后,有屋 213 间,是太湖地区规模最大的学校。常州府学建于太平兴国四年(979),景祐三年进行修葺和扩建,嘉祐六年知州孙襄增建书阁、讲堂,学生最多时达千人以上。秀州府学建于太平兴国二年(977),学址在孔庙右侧,大中祥符二年迁至望云门内。南宋初遭兵火焚毁。绍兴年间在通越门内新建殿堂斋舍 73 间,为孔庙和州学用房。庆元年间州学改为府学,嘉定中再次缮修。江阴军学始于北宋景祐中,崇宁时大加修饰。绍兴五年时,知军王棠加以修葺,学校渐具规模,有校舍 70 多间。乾道、绍定中又进行扩建。①

　　吴地的州学一般都建于庆历兴学以前,北宋的几次兴学推动了这些州学规模不断扩大,教育质量不断提高。苏州、湖州州学在大教育家胡瑗主持的时候特别兴盛,闻名海内。

　　县学的设立也十分普遍。如吴县县学建于景祐年间,开始时在县署东南,绍定元年迁至县西南宾兴坊,规模较前扩大。长洲县学建于咸淳元年,在县治东北。昆山县学原在县治东,后迁至县西南,绍兴年间程沂为昆山令,重修学。② 吴江县学原在城西隅,后改建于县治东南。常熟县学约建于至和年间,南宋时一再修建。无锡县学庆历中设立,嘉祐三年(1058)知县张诜创建县学于城南,学生数在 150 人左右,绍兴、淳熙时大修。③ 常州县学附于州学内。宜兴县学建于景德四年,皇祐初迁建,南宋多次重修。④ 金坛县学原在县治东

① 华志栋:《太湖教育史》,中华书局 2000 年版,第 39 页。
② 范成大:《吴郡志》卷四《县学记》,第 37 页。
③ 佚名纂:《无锡志》卷四中引王相《常州无锡县崇宁增建学记》,《宋元方志丛刊》,第 2288 页。
④ 史能之纂:《咸淳毗陵志》卷四中《学校》,《宋元方志丛刊》,第 3043 页。

南百步,学校设在夫子庙内,绍熙年间县令李熙加以重建。①
溧阳县学建于北宋淳化年间,此后屡加修葺。华亭县学创于
元丰七年,元祐中初具规模,自此缮葺不辍。嘉定县学建于嘉
定十二年,知县高衍孙建。长兴县学仁宗宝元中建,知县林概
"辟庠序,置生员,身为海饰,讲论经籍"。德清县学真宗大中
祥符年间建,位于县城西南隅。安吉县学建于北宋,知县曾崇
翻修学舍,"延俊秀,劝以向道艺"。海盐县学太平兴国时始
建,此后不断扩修。

从我们列举的这些县学可以看出,吴地各县基本都设立
了学校,而且随着时间的推移,校舍在不断翻修、扩建,说明吴
地人民一直对教育十分重视。州、县两级学校的设立和规模
的不断扩大,为吴地培养了大量的优秀人才。神宗时以农自
业的朱莹认为:"庆历中,仁宗皇帝以善养天下,开设学校,申
敕学者去浮华,而师道盛于东南,士子多吴越之秀。"于是他
"知改向",十分紧迫地要求长子:"学,吾志也。吾方耕且养,
明数矣,二者不得兼,当戬其成吾志。"②欧阳修在《丁君墓表》
也说:"庆历中,诏天下大兴学校,东南多学者,而湖、杭尤盛。"
丁宝臣"为教授,以其素所学问而自修于乡里者,教其徒,久而
学者多所成就"。③ 大量兴办学校,使得吴地人才辈出,文化
素质得到提高,吴地的办学传统至宋代可以说彻底确定
下来。

除了上述这些官办的州县官学外,宋代在学校制度上的
另一创新是兴办了州县小学。较早的小学设立于北宋中期,
如宋仁宗时湖州立小学于州学之东南隅;嘉祐八年(1063)海

---

① 俞希鲁纂:《至顺镇江志》卷一一《学校》,第457页。
② 曾枣庄、刘琳主编:《全宋文》卷二二一〇陆佃《朱府君墓志铭》第101
册,第246页。
③ 欧阳修:《欧阳修全集》卷二五《集贤校理丁君墓表》,第391页。

盐县也设小学于西庑。北宋末年,州县学普遍设立。崇宁元年(1102)政府下令州、县皆置小学,10 岁以上者入小学就读。小学一般附设于州县学中,入小学的儿童经一段时间的学习,考试合格后方可入州县学就读。这样的学校教育形式,实际上是儿童、少年、青年一贯制的教育方式,保证了教学内容的连续性。除上述所举两小学外,我们在史料中还见到常州府、嘉兴府、江阴军、常熟县、华亭县等都有小学的设立。

二、唐宋吴地学校管理的创新

唐宋之际,吴地教育管理制度发生了较大的变化,这些变化使得学校建设越来越兴盛,办学更加正规有序,学生人数不断增加。在教育管理上的许多创新之举,值得后人加以思索。

唐代各州管理学校的是司功参军,"功曹、司功掌官吏考课、祭祀、祯祥、道佛、学校、表疏、医药、陈设之事"。① 不过这个参军掌管的范围实在太大,学校管理只是他工作的一小部分。宋代,政府设提举学事司以掌管地方学政,学政是专职管理学校教育的官员,他的工作重点就是管理本州范围内学校的发展。这种专人专职管理教育,必然会使学校的建设上一个台阶。学政最初是由诸州长官选用的,至熙宁四年(1071)王安石变法时开始由中央直接派官员至各地任职,说明中央政府进一步认识到地方教育的重要性。

在学校办学经费方面,宋代在唐代的基础上,不但经费来源众多,而且还设立了学田制,使教育经费有了稳定的来源。关于唐代吴地州县的办学经费,史料中未见明确的记载,但当

---

① 刘昫:《旧唐书》卷四四《职官志三》,第 1919 页。

时不少学校常常出现举步维艰的局面,而在一些热心教育的地方官的努力下学校重又兴盛,学校经费可能主要由地方官划拨。学校办得好坏实际上没有制度上的保障,全与地方官员个人对教育的衷情和兴趣有关。至宋代,这种局面出现了变化,学校的经费有了充足的保障。从已有资料来看,有学者认为吴地学校的经费主要有三种来源,即政府拨款、地方长吏筹集、民间捐款或摊派。[①] 宋代政府除直接拨经费外,主要是拨赐学田。仁宗时大兴州县之学,一般州学赐田 5—10 顷。关于吴地各州学田的记载,散见于《吴郡志》《嘉靖浙江通志》《成化重修毗陵志》等宋、明方志中,资料十分丰富。如仁宗宝元二年知州滕宗谅请求朝廷赐田 500 亩给州学,南宋时运使沈洗拨田 200 余亩给湖州小学。嘉兴府学庆历中设学田,乾道五年赐田 5 顷,淳熙四年当时的知州又拨学田 500 余亩,新旧学田共 1 020 亩,每年可收租米 613 石,租银 141.45 两。华亭县学北宋时有学田 3 000 亩,每年可收稻 700 余斛,至理宗时学田达 14 400 亩。常熟县原有学田 1 690 亩,常熟县端平二年新增学田 400 多亩,加上原有学田达 2 000 亩左右。昆山县学庆元时有田 7 顷,绍定时有良田近 70 亩。常州州学景祐四年赐学田 5 顷。宜兴县绍熙五年增学田 5 000 亩。学田一般是政府从国有土地中直接划拨,当然也有富裕百姓捐钱买来的。如绍定时昆山县学用老百姓的钱购得积善乡良田 69 亩作为学田;常熟县学用孔子学生言偃后代的捐款购得土地 380 亩作为学田。毫无疑问,学田的设立,使宋代的州县学有了固定的收入,可以保证学校的日常运作,可以作为教学经费来使用,这为学校的持续发展提供了必要的保证。

---

① 顾宏义:《教育政策与宋代两浙教育》,第 94 页。

　　唐宋州县学有严格的教师管理制度。唐代的法令规定,上州州学设经学博士1人和助教2人,医学博士1人和助教1人;中州和下州设经学博士1人和助教1人,医药博士1人和助教1人。各县学设博士1人,助教1人。[①] 学校办得好不好,教师水平是一个十分重要的因素,州县的官员都十分明白这个道理。所以我们看到吴地学校聘用的教师,有的是经过考试认为确是学有所长的,有的是在某一方面有突出成绩的。如唐太宗贞观五年,钱元修经过策试通经才补聘上长兴县学博士,显然是成绩合格后上岗当教师的。[②] 唐初常州义兴僧人善伏未出家前以学问渊博闻名,常州刺史听说后想让他担任州学教师,于是"追充州学"。苏州县学的褚冲和吴何员等人因治学有成而名声在外,所以才有资格当老师。此后刺史李栖筠碰到不懂的问题都要前去咨询,说明这些老师都是货真价实的。梁肃《昆山县学记》中谈到昆山县学的老师沈嗣宗被聘为县学博士,也是因为擅长经学研究,所以他上课时最擅长教授《五经》。对教师的学术水平有严格的考核管理制度,这在前代也是没有的。

　　在教学内容上,政府规定州县官学的教师要"掌《五经》教授诸生",也就是说主要教授内容是儒家经典,因而众多学校设于孔庙内也是十分自然的事情。州县的官学是以培养政治接班人来要求学生的,学校要将培养的学生或送到国子学之类的学校继续深造,或学成后参加科举考试,成为对国家有用的人才,因此在教学中特别重视经学知识的传授,同时也重视这种知识的应试。不过吴地的学校常有创新之举,如李栖筠在常州州学,命人在教室里画了《孝友传》来教育学生,并举行

① 刘昫:《旧唐书》卷四四《职官志三》,第1918、1921页。
② 董诰等编:《全唐文》卷八九七罗隐《钱氏大宗谱列传·扬威将军钱公列传》,第4153页。

乡饮酒礼,"登歌降饮,人人知劝"。他将教学的内容从经书扩大到了整个礼仪道德规范,以培养、提高学生的素养作为学校追求的目标。宋代州县学的课程设置一般以科举考试为目的,所以朝廷认定要考试的儒家经典就成了州县学必须学习的核心内容。

在学生的学习管理上,宋代也有相当多的创新举措。范仲淹庆历新政规定士子须于学校就学一定时日方可应举,即"听读日限"。从这时起,地方学校教育和科举制度的关系得到了调整,学校的作用凸显出来,学生在个人的前途上有了更宽广的希望。庆历四年三月,宋仁宗颁行了《颁贡举条制敕》,"其令州若县皆立学,本道使者选部属官为教授,员不足,取于乡里宿学有道业者"。① 尽管这条措施不久就因为遭到反对而停罢,但其意义却是非凡的。王安石变法时,于熙宁三年(1071)开始实行三舍法,规定州学优秀生可以直升太学,县学生可试补州学生,进入太学的优秀生可以直接授官,这必然导致学校对学生的学业特别重视,学生自己也刻苦上进。事实上,吴地学生受到了这样的政策激励,学习比较认真,因考试成绩优秀,曾得到过朝廷的表扬。如大观元年学校考试后,"独常州中选者多,州守若教授俱迁一官"。② 学生成绩好,与主管教育的官员和教师密切相关,常州的官员和教师得到表彰也是应该的。南宋时虽已停用三舍法,但吴地的州县学依然采用"月书而季考,厘积而分累"的考试法,用不断考试的方法来追求学习效果。

唐宋之际,教育理念也发生了较大的变化。历来认为教育的目的在于培养品学兼优的君子,应该以儒家的德行道义

---

① 脱脱等:《宋史》卷一五七《选举志三》,第 3659 页。
② 同上书,第 3668 页。

为教育宗旨。然而在宋代出现了王安石功利主义的教育倾向,他讲求富国强兵,提出教育应培养通经致用的人才。这一点对吴地学校教育影响很大。唐代除州学外,还有培养医疗的州县医学。州县医学在教学上比较重视实践环节,当时规定州县医药学校的教师要"以百药救民疾病",显然他们的职责不但要教学生医药知识,还要重实践教学,让学生在治病中提高自己的水准。因此,不同的学校对教学的要求也是不同的,真正做到灵活管理。在功利主义和实用思想的指导下,政府下令地方兴办一些专科学校,以解决地方相关人才缺乏的现象。北宋时除了继续兴办医学外,州县还兴办了武学、道学等学校。

三、唐宋学校教育创新的效用

唐宋吴地教育上的种种创新之举,使得社会风气发生了较大的变化。昆山县学经王纲重建后,对昆山地区的影响极大,人们纷纷将自己的孩子送到学校学习,而且还以"不被儒服而行莫不耻焉",不到学校学习要被人瞧不起。唐代以前,"吴好剑客"、"好剑轻死",但宋朝朱长文在《吴郡图经续纪》卷上谈到唐代的苏州地区"人尚文",所以"吴人多儒学",说明吴地的社会风气从唐代以后发生了较大的改变,重教育的社会风气开始形成,以苏州为核心的环太湖地区钻研儒家学术的好学之风开始形成。

吴地重视教育风气的形成,直接导致了唐宋时期读书人在科举考试中较为成功,取得不俗的成绩。重视教育,所以文人士子的文化素养普遍较高,如唐代的科举考试中吴地中进士和明经的人数特别多,远远高出一般地区。如常州在唐代中进士和明经的有近十人,蒋俨、高智周、许景周、蒋洌、蒋涣、

蒋伸、施肩吾等是其中比较著名的。[①] 苏州是吴地科举考试
最成功的地方,笔者对明《正德姑苏志》卷五《科第志上》的记
录进行了统计,唐代进士有 52 人,诸科 10 人。明人的记载十
分粗疏,有不少遗漏,因而实际考取的人数可能远超过这个
数字。

　　大量士人考中科举,一方面说明吴地的教育取得了较大
的成效,人们的文化水准普遍较高,另一方面说明吴地人参加
科举考试已成为一种风尚,科举中第是以后任官参政的重要
途径。在中唐以后苏州考中进士的人员中,我们发现如唐懿
宗咸通十年(869)归仁绍状元及第,其大哥归仁晦为开元三年
(838)进士,二哥归仁翰为大中十一年(857)进士,弟归仁泽为
咸通十五年状元。景福元年(892),归仁泽的儿子归黯状元及
第,光化四年(901)归仁绍的儿子归佾状元及第,后人称他们
为"父子状元及第"。[②] 此后,天祐二年(905),归佾的弟弟归
系又状元及第,成了父子三状元。归家的子孙在科举上取得
的辉煌成绩绝对不是偶然的,是教育的必然结果。归仁泽的
曾祖父归崇敬特别"注礼家学,多识容典",曾举明经,天宝中
又举博通坟典科,对策第一。祖父归登代宗大历中举孝廉高
第,德宗贞元元年又是贤良方正能直言极谏科及第。父亲归
融宪宗元和七年进士及第,文宗朝为翰林学士。归家六七代
人都在科举上取得了较高的成就,原因自然是受家学或学校
教育的熏陶,是祖辈的要求。这种教育的成功,归家是最为突
出的,但不是唯一的例子。再如据唐代《登科记》记载,常州蒋
挺的儿子洌、涣,挺弟播,播子准,洌子餗,"一家父子孙六人,
并进士及第"。[③] 苏州的顾少连和顾少邕也是父子进士,沈传

---

① 史能之纂:《咸淳毗陵志》卷一一《科目》,《宋元方志丛刊》,第 3044 页。
② 乐史:《广卓异记》卷一九,《全宋笔记》第一编第三册,第 135 页。
③ 同上书,第 134 页。

师和儿子沈枢、沈洵是父子三人举进士,张籍和张黯也是父子进士,常州的蒋伸和蒋俨是兄弟进士,这些均可以说明的是,吴地较为注重学校教育,同时又特别注重家学的流传和学术文化的保存,其结果必然是吴地的人们更崇尚文化教育,普遍提高了文化素养,造就了人才辈出的局面。

　　宋朝时,吴地州县学的学生比唐代更多,如北宋崇宁年间,无锡县学"宜增给百人,以百五十人为率"。[①] 宋徽宗崇宁五年,常州州学实行三舍法后,廪士多至千人。宋朝州县学生数量大增的原因是,入学的学生不再讲求家庭身份等级,因而只要经济允许就会入学,接受正规的学校教育。众多学生接受良好教育,直接的效果是中进士的人数增加。顾宏义先生据《丛书集成初编》本收录的绍兴十八年(1148)的《题名录》和宝祐四年(1256)的《登科录》,统计出了这两年吴地中进士的人数。如绍兴十八年,嘉兴府中进士 3 人,平江府 7 人,常州府 13 人,湖州府 7 人,江阴军 1 人,如再加上镇江府的 2 人,吴地共中进士 33 人。是年全国共登科进士 330 人,吴地占了全国的 10%。宝祐四年嘉兴府中 5 人,平江府中 2 人,常州府中 5 人,湖州府中 3 人,江阴军中 1 人,镇江府中 1 人,吴地共中进士 17 人。是年全国共登科 601 人,吴地占了全国的2.8%。他又据《文献通考》卷三二《选举考五》等材料统计出北宋时期,平江府出状元 1 人,常州府 2 人,湖州府 1 人,南宋时平江府出状元 3 人,常州府 1 人,共计 8 人。在全国共 118 位状元中,吴地占了 6.8%左右。[②] 这些都足以说明吴地教育事业的发达。当然,出了这么多的人才,与书院教育和私学等也密切相关,但应该说官学教育是最主体的部分,科举考试中

---

① 佚名纂:《无锡志》卷四中引王相《常州无锡县崇宁增建学记》,《宋元方志丛刊》,第 2288 页。
② 顾宏义:《教育政策与宋代两浙教育》,第 225—227 页。

取得的成就主要是宋代学校教育创新改革的成果。

　　唐宋时期吴地完备的教育体系,有效地发挥了学校教育在教化育民、化民成俗方面的政治功能。学校制度的完备,为政府提供了大量的官吏,同时也有效地解决了读书人的出路前途问题。自古以来,江南社会风俗是以勇猛善战而著名的,班固说:"吴、越之君皆好勇,故其民至今好用剑,轻死易发。"①这里说的是东汉时期的传统。之后,人们一直认为"吴阻长江,旧俗轻悍","吴人轻锐,难安易动"。② 但到了唐宋,吴地却成了"俗好儒术,罕尚武艺"的文化之邦,"东南多文士"的说法也于这时正式形成。南宋绍兴年间,许克昌曾经谈到松江的教育:"华亭剧邑也……然衣冠之盛,亦为江浙诸县之最。虽佃家中人,衣食才足,则喜教子弟以读书为士,四方之俊,历聘而来,受业者云集。其中秀民才士,往往起家为达官。由是竞劝于学,弦歌之声相闻,居官者不必以击断鸷猛为治,亦要以礼义驯服也。"③毫无疑问,唐宋之际学校制度上的创新和发展,造就了吴地尚文风气的形成。

　　(本文原刊于《吴文化与创新文化》,凤凰出版社 2009 年版)

---

① 班固:《汉书》卷二八下《地理志下》,第 1667 页。
② 房玄龄等:《晋书》卷五二《华谭传》,第 1450 页。
③ 顾清纂:《正德松江府志》卷一二《学校上》引许克昌《修学记》,《上海府县旧志丛书·松江府卷》,第 177 页。

六朝至唐五代江南
城市中的饮食习尚

　　江南城市的发展水平体现到民众的身上,就是他们的日常生活质量。随着城市的扩大和增多,越来越多的人涌进城市,他们衣食住行的质量,不但与社会等级有关,更与城市经济发展程度有紧密的关系。了解江南城市居民日常生活中的衣食住行,便于我们更好地从多个角度观察江南城市的方方面面。因此,本文选取江南城市饮食风尚进行研究,应该有助于对江南城市的整体认识。

　　江南地区自古以来物产丰富,烹饪的原料呈现多样性的特点。加上人员南北交流十分频繁,北方民众大量南迁,对南方饮食影响较大,因而六朝至五代江南城市居民的饮食既丰富,又融合了南北的风格,且处于不断变化发展中。

　　本文所谈及的江南,大致上相当于六朝扬州的东部地区,包括丹阳、宣城、吴、吴兴、会稽、东阳、新安、临海、永嘉、义兴、晋陵等郡,在唐中期以后主要是浙东、浙西、宣歙三道的范围,约为今浙江全部和苏南、皖南地区。

一、以米饭为主的传统主食

　　六朝至唐五代江南城市居民的主食是饭,根据其原料,细分为稻米饭、麦饭、粟饭、雕胡饭等。此外粥、饼也是经常食用的。

对江南城市中的大多数人而言，主食是稻米饭。在江南的平原地区，水稻是大面积种植的。太和六年（371），"丹阳、晋陵、吴郡、吴兴、临海五郡又大水，稻稼荡没，黎庶饥馑"。[1]说明从太湖流域至浙东沿海，水稻种植十分普遍。新安太守任昉死时，家有桃花米 20 石，而这种米长期在歙县一带种植。[2] 到了唐代，苏州城外，杜牧见到"罢亚百顷稻，西风吹半黄"。[3] 婺州的稻田一望无际："绿波春浪满前陂，极目连云䆉稏肥。"[4]宣歙道靠近长江的地区，成片的稻米种植，"近海鱼盐富，濒海粟麦饶"。《全唐文》卷九八五《对盗稻橘判》说："会稽杨真种稻二十亩，县人张辨盗，将令访知，收辨科罪。"显然，由于长期以来大量种植水稻，江南城市中居民的主食以稻米饭为主。南唐末年，"建康受围二岁，斗米千钱，死者相藉，人无叛志"，说明建康城中主要食用的是稻米。[5]

三国以后，北方人口大量南迁，麦、粟、黍、稷等开始在南方大量种植。东晋元帝时，政府曾推广种麦。太兴元年（318）下诏说："徐、扬二州土宜三麦，可督令燠地，投秋下种，至夏而熟，继新故之交，于以周济，所益甚大。"[6]刘宋元嘉二十一年（444），政府重申"自今悉督种麦"。[7] 政府的推广很有成效，如郭文在余杭大辟山中"区种菽麦"。[8] 其他北方主要粮食作物在江南也有一定的种植。如《述异记》言："宋高祖之初年，

① 房玄龄等：《晋书》卷二七《五行志》，第 816 页。
② 乐史：《太平寰宇记》卷一〇四《江南东道》，第 2062 页。
③ 杜牧：《樊川文集》卷一《郡斋独酌》，第 7 页。
④ 彭定求等编：《全唐诗》卷六九七韦庄《稻田》，第 8027 页。
⑤ 郑文宝：《江表志》卷下，《全宋笔记》第一编第二册，第 274 页。
⑥ 房玄龄等：《晋书》卷二六《食货志》，第 791 页。
⑦ 沈约：《宋书》卷五《文帝纪》，第 92 页。
⑧ 房玄龄等：《晋书》卷九四《郭文传》，第 2440 页。

当晋末饥馑之后，即位以来，江表二千余里野粟生焉。"梁代陶弘景言："粟，江南西间所种皆是。其粒细于粱，熟舂令白，亦当白粱，呼为白粱粟，或呼为粢米。"又曰："陈粟乃三五年者尤解烦闷，服食家亦将食之。"① 梁代秦郡（今江苏六合北）人吴明彻在家乡务农，侯景之乱时有"粟麦三千余斛"，用以周济邻里乡亲。显然粟类旱作物也被长江下游两岸人民普遍食用。② 到了隋唐五代，依然种植麦类作物，人称"竹外麦烟愁漠漠"。③ 华林甫先生认为江南种植麦子的地区主要在太湖流域的润州、苏州、湖州，而睦州、台州及其以南地区，麦子分布比较稀疏。④ 越州、宣州等地都大量种麦。⑤ 因此，麦、粟等亦是江南重要的主粮，虽然不能与稻米相比，但其重要性不容忽视。

　　江南城市中也吃麦饭。从其时人们的认识来看，麦饭是粗粝食物，比米饭差一个档次。南朝刘宋时，何子平"事母至孝。扬州辟从事史，月俸得白米，辄货市粟麦。人或问曰：'所利无几，何足为烦？'子平曰：'尊老在东，不办常得生米，何心独飨白粲。'"意谓他想到远在会稽的母亲不能与他共享白米饭，于心不甘，就把白米拿到市场换成粟麦。陈永定二年（558），武康人沈众兼任起部尚书，负责建造太极殿，因生性吝

---

① 陈梦雷编：《古今图书集成》之《博物汇编·草木典》卷三一，中华书局、巴蜀书社 1985 年版，第 65201、65202 页。
② 姚思廉：《陈书》卷九《吴明彻传》，第 160 页。
③ 陆龟蒙：《甫里先生文集》卷一二《春思》，《四部丛刊》本，第 13B 页。
④ 华林甫：《唐代粟、麦生产的地域布局初探》（续），《中国农史》1990 年第 3 期。
⑤ 彭定求等编：《全唐诗》卷五一五朱庆馀《镜湖西岛言事》（第 5894 页）说："偶因药酒欺梅雨，却著寒衣过麦秋。"赵璘《因话录》卷四（《唐五代笔记小说大观》，第 857 页）谈到宣歙地区，"丰岁多麦，傍有滞穗"。

啬,"又囊麦饭餠以啖之,朝士咸共诮其所为"。① 餠是一种饼,这里说的是他食用麦饭做成的饼,在大多数人的眼里这是装穷的一种表现。正常情况下,官僚士大夫食用麦饭,是被当成为官清廉的举动。如萧齐齐郡太守刘怀慰,"民有饷其新米一斛者,怀慰出其所食麦饭示之,曰:'旦食有余,幸不烦此。'"②一些孝子在居丧守墓时,以食麦表示哀思。萧衍于父死后在京都守孝,"服内不复尝米,惟资大麦,日止二溢"。③ 南朝后期,麦类种植更广,麦饭往往成了部队用粮。梁末,北齐来寇,陈霸先命孔奂为建康令,"克日决战,乃令奂多营麦饭,以荷叶裹之,一宿之间,得数万裹。军人旦食讫,弃其余,因而决战,遂大破贼"。④ 很明显,建康人是比较习惯食用麦饭的。

江南城市居民常喝粥。粥的原料与饭差不多,有稻米粥、麦粥、粟米粥、菰米粥。白粥就是大米粥,在南方上至士族高门、下至庶民百姓都经常食用。东晋时郗超夏天到谢安家中,看见谢安正在吃热白粥。不过,一般情况下,食粥是粮食紧张情况下的无奈之举。东吴时朱桓为余姚县长,上任便"往遇疫疠,谷食荒贵。桓分部良吏,隐亲医药,殚粥相继,士民感戴之"。⑤ 食粥亦成了官员过分节约的举动。宋何子平"冬不衣絮,暑避清凉,日以数合米为粥,不进盐菜"。⑥ 梁天监元年(502),王志出任丹阳尹,"时年饥,每旦为粥于郡门,以赋百姓,民称之不容口"。⑦因为粮食较少,所以早晨都喝粥。六朝人常用停止正常饮食

① 李延寿:《南史》卷五七《沈众传》,第 1415 页。
② 萧子显:《南齐书》卷五三《刘怀慰传》,第 918 页。
③ 姚思廉:《梁书》卷三《武帝纪》,第 96 页。
④ 姚思廉:《陈书》卷二一《孔奂传》,第 284 页。
⑤ 陈寿:《三国志》卷五六《吴志·朱桓传》,第 1312 页。
⑥ 沈约:《宋书》卷九一《何子平传》,第 2758 页。
⑦ 姚思廉:《梁书》卷二一《王志传》,第 319 页。

的办法,专门喝粥,以表示自己是在尽孝。张弘策"幼以孝闻。母尝有疾,五日不食,弘策亦不食。母强为进粥,乃食母所余"。① 麦粥比米粥口味要差,所以喝麦粥表示出的孝思更浓烈。昭明太子在服母丧期间,"日进麦粥一升"。② 陈朝张昭的父亲去世后,张昭兄弟都"不衣绵帛,不食盐醋,日唯食一升麦屑粥而已"。③ 菰米,即雕胡,可以作羹,味道十分鲜美。梁代沈约《咏菰》诗称赞说:"匹彼露葵羹,可以留上客。"④秣陵人朱绪之母生病,"忽思菰羹",朱绪妻便至市买菰作羹。⑤

　　江南城市居民常食用各种面粉和米粉制成的饼。将小麦磨成面粉,或用白米磨成米粉,制成的面制品当时都称为饼。梁武帝萧衍"尝设大臣饼,(蔡)撙在坐。帝频呼姓名,撙竟不答,食饼如故"。⑥ 皇帝招待大臣饼,说明当时的饼做得很有特色,是上好的食品。胡饼在六朝至隋唐五代食用非常广泛。东晋初郗鉴派使者到琅琊王氏家中挑选女婿,王氏诸子都修饰整齐,只有王羲之祖腹东床,神态自若地大吃胡饼,遂被郗鉴选中。⑦ 唐吴县朱自劝死后,其女入寺为尼,大历三年(768),"令往市买胡饼,充斋馔物"。⑧ 水引饼大约与今天的面条相似,其做法是"挼如箸大,一尺一断,盘中盛水浸,宜以手临铛上,挼令薄如韭叶,逐汤煮"。⑨ 南朝萧齐开国皇帝萧

① 姚思廉:《梁书》卷一一《张弘策传》,第 205 页。
② 姚思廉:《梁书》卷八《昭明太子传》,第 167 页。
③ 姚思廉:《陈书》卷三二《张昭传》,第 430 页。
④ 欧阳询等编:《艺文类聚》卷八二,上海古籍出版社 1982 年版,第 1409 页。
⑤ 李延寿:《南史》卷六三《萧睿明传》,第 1815 页。
⑥ 李延寿:《南史》卷二九《蔡廓传附蔡撙传》,第 775 页。
⑦ 李昉主编:《太平御览》卷八六○《饼》引王隐《晋书》,第 3818 页。
⑧ 李昉等编:《太平广记》卷三三八引《广异集》"朱自劝"条,第 2686 页。
⑨ 李昉主编:《太平御览》卷八六○《饼》引弘君举《食檄》,第 3818 页。

道成喜好吃水引饼,他在任领军时,常到司徒左长史何戢家中,"上好水引饼,戢令妇女躬自执事以设上焉"。① 面条也有蒸熟的。《清异录》卷上云:"道忠行化余杭,一钱不遗,专供灵隐海众,月设一斋延僧,广备蒸作。人人喜曰:'来日赴忠道者蒸雪会。'忠之化人,惟曰买面,故称'面忠'。"② 汤饼可能也与今日面条相似。天台慈感庙是为了纪念唐初二烈女而建。二女生于隋大业末,"家鬻汤饼"。③ 五代时,有一个唐都长安的御厨逃到了南唐,皇宫中的"御膳宴设赖之,略有中朝承平遗风。其食味有鹭鸶饼、天书饼、驼蹄飲、春分飲、密云饼、铛糟炙、珑璁飲、红头签、五色馄饨、子母馒头诸法,一时称为精绝"。④ 这位御厨特别会作饼,将北方制饼的技术带到了南方。

江南城市居民的主食,随着商品经济的活跃,被人们不断创新开发出许多新品种。如南唐都城建康的一些士大夫家,有许多种具有地域特点的主食,被称为建康七妙:"金陵士大夫渊薮,家家事鼎铛,有七妙:齑可照面,馄饨汤可注砚,饼可映字,饭可打擦擦台,湿面可穿结带,饼可作劝盏,寒具嚼着惊动十里人。"⑤ 特色食品名闻四方,与城市经济的发展密切相关。

二、以肉食和鱼产品为主的菜肴

与饭、粥等主食相伴的是菜肴。六朝至隋唐五代,江南城

---

① 萧子显:《南齐书》卷三二《何戢传》,第 583 页。
② 陶谷:《清异录》卷上《释族门·面忠蒸雪会》,《全宋笔记》第一编第二册,第 30 页。
③ 陈耆卿纂:《嘉定赤城志》卷三一《祠庙门》,《宋元方志丛刊》,第7524 页。
④ 吴任臣:《十国春秋》卷二三《御厨传》,第 459 页。
⑤ 陶谷:《清异录》卷下《馔羞门·建康七妙》,《全宋笔记》第一编第二册,第 107 页。

市居民的菜肴大致可以分成肉类制品、鱼类水产品、蔬菜和豆制品等几类。

1. 猪肉和鸡鸭等小家禽为主的肉食体系

我国自古以来是一个以农业种植为主的国家,肉食在饮食中所占的比重很小。作为副食中比较高档的肉食,除社会上层统治者或家庭富裕者外,普通百姓能在节庆日吃上一次肉就十分难得。六朝至隋唐五代,在城市居民的饮食生活中,肉食的比重并没有明显的增加,但由于城市中居住着大量的官宦士大夫和商人,因而肉食的消费量、需求量还是很大的。

官方在招待客人时,一般都提供肉食。东晋时太尉记室参军褚裒投宿钱塘驿亭,正巧钱塘县令沈充也来住宿,沈充于是"修刺诣公。更宰杀为馔,具于公前,鞭挞亭吏,欲以谢惭",然而褚"与之酣宴,言色无异,状如不觉"。① 这里沈充让人"宰杀"的,一般而言是易于烧熟的鸡、鸭之类的小家禽。《南史》卷八〇《贼臣传》谈到侯景反叛时,"城中围逼既久,膙味顿绝,简文上厨仅有一肉之膳。军士煮弩熏鼠捕雀食之"。帝王是经常食肉的,而军士因为饿了,连老鼠和麻雀都吃,这些在平时肯定是不食用的。

江南城市肉食较为常见的是猪肉。西晋末,琅琊王司马睿出镇建业,当时"公私窘罄,每得一豚,以为珍膳,项上一脔尤美,辄以荐帝,群下未尝敢食"。② 唐浙江四明山下有张老庄,"其家富,多养豕",显然养猪是为了将来出售到城市。③ 而歙州刺史邢思泫"嗜彘肉,日再食",必定有专人为其提供鲜肉。④

---

① 刘义庆著,余嘉锡笺疏:《世说新语笺疏》中卷上《雅量》,上海古籍出版社 1993 年版,第 359 页。
② 房玄龄等:《晋书》卷七九《谢安传附孙谢混传》,第 2079 页。
③ 李昉等编:《太平广记》卷四三九引《集异记》"李汾"条,第 3581 页。
④ 杜牧:《樊川文集》卷八《唐故歙州刺史邢君墓志铭》,第 133 页。

南唐都城金陵城内,官员经常食用猪肉:"伪唐陈乔食蒸肫,曰:
'此糟糠氏,面目殊乖,而风味不浅也。'"①蒸猪肉风味特别佳。

羊肉和牛肉亦是重要的肉食类产品。孟诜《食疗本草》
称,北方的河西羊最佳,河东羊亦好,但"江浙羊都少味而发
疾",说明羊肉在南方的肉食中占有一定比重。他说南方羊
"都不与盐食之,多在山中吃野草,或食毒草。若北羊,一二年
间也不可食,食必病生尔。为其来南地食毒草故也"。② 如南
朝士族王肃降魏后,开始"不食羊肉及酪浆等物,常饭鲫鱼
羹",数年以后,也开始"食羊肉酪浆甚多"。③ 朗州道士罗少
微在茅山紫阳观寄泊,"有丁秀才者亦同寓于观中"。冬天的
夜晚,"二三道士围炉,有肥羜美酝之羡"。丁秀才外出一次,
"蒙雪而回,提一银榼酒,熟羊一足,云浙帅厨中物"。④ 这里
虽然讲述的是一个故事,但可使我们看到茅山地区是食用羊
肉的。当然,南方食用羊肉的数量毕竟是不能和北方相比的。

牛肉是人们喜爱的肉类产品之一,不过由于牛对农耕特
别重要,所以自六朝开始,政府一再颁布禁止宰杀耕牛的诏
令,违者要予以严惩。如梁武帝时期士族谢谖"坐杀牛废
黜"。⑤ 大臣傅昭"性尤笃慎",他的儿媳娘家"尝得家饷牛肉
以进,昭召其子曰:'食之则犯法,告之则不可,取而埋之。'其
居身行己,不负暗室"。⑥ 说明城市里的人是喜欢吃牛肉的,

---

① 陶谷:《清异录》卷上《兽名门·糟糠氏》,《全宋笔记》第一编第二册,
   第 58 页。
② 孟诜著,郑金生等译注:《食疗本草译注》卷中,第 188 页。
③ 杨衒之著,范祥雍校注:《洛阳伽蓝记校注》卷三《城南·正觉寺》,上
   海古籍出版社 1982 年版,第 147 页。
④ 孙光宪:《北梦琐言》佚文二"丁秀才奇术致物",《全宋笔记》第一编
   第一册,第 226 页。
⑤ 李延寿:《南史》卷二〇《谢朓传附谢谖传》,第 560 页。
⑥ 姚思廉:《梁书》卷二六《傅昭传》,第 294 页。

只不过政府的法律限制,让大家无法尽情享用。到了唐五代,食用牛肉不再受到禁止。吴越胡进思年轻时以屠牛为业,后"民有杀牛者,吏按之,引入所市肉千斤"。忠逊王问胡进思一般大牛杀后可得多少肉,进思说:"不过三百斤。"忠逊王也因此知道了官吏在瞎糊弄。① 严昇期摄侍御史,"于江南巡察,性嗜牛肉,所至州县,烹宰极多"。②

狗肉亦是六朝以后城市居民喜欢的一种肉食。南朝萧齐王敬则少时"屠狗商贩,遍于三吴"。吴兴郡城市中称肉有专门挂秤的衡木,是王敬则当年在此贩卖狗肉时树立的:"仍入乌程,从市过,见屠肉枡,叹曰:'吴兴昔无此枡,是我少时在此所作也。'"③

家养的小动物、小家禽,因为价格不贵,受到很多人的喜爱。如家养的鸽子常被食用,《清异录》卷上"人日鸟"条,记录了金陵城内食用鸽子的情况:"南唐王建封,不识文义,族子有《动植疏》,俾吏录之。其载鸽事,以传写讹谬,分一字为三,变而为'人日鸟'矣。建封信之,每人日开筵,必首进此味。"④鸡鸭的豢养最为常见,所以食用量就比较大,经常摆上城市居民的餐桌。李白在南陵县见到:"白酒新熟山中归,黄鸡啄黍秋正肥。呼童烹鸡酌白酒,儿女嬉笑牵人衣。"⑤南唐程员举进士,逼近考试,人变得紧张起来。夜里做梦,"理服驰马诣省门,见杨遂、张观、曾颛立街中",几人对程员说:"榜在鸡行,何

---

① 吴任臣:《十国春秋》卷八八《胡进思传》,第 1277—1278 页。
② 张鷟:《朝野佥载》卷三,《唐五代笔记小说大观》,第 46 页。
③ 李延寿:《南史》卷四五《王敬则传》,第 1129 页。
④ 陶谷:《清异录》卷上《禽名门·人日鸟》,《全宋笔记》第一编第二册,第 56 页。
⑤ 李白著,瞿蜕园等校注:《李白集校注》卷一五《南陵别儿童入京》,第 947 页。

忽至此?"①可知金陵城内有专门出售鸡的鸡行,因为地处热闹之地,所以科举的榜就张贴在那里。久视元年(700),"越州有祖录事,不得名,早出,见担鹅向市中者,鹅见录事,频顾而鸣,祖乃以钱赎之"。②既是"担鹅",说明这位农民饲养的鹅数量不少,肩挑手提运鹅进市场,供应城内居民的需求。这些鸡鸭鹅小家禽,大多靠城市周围农民养殖后提供给市场。鸭子有众多品种。唐宣宗大中十二年,李远为杭州刺史,"嗜啖绿头鸭。贵客经过,无他馈饷,相厚者乃绿头鸭一对而已"。③这种绿头鸭的肉应该比较有特点,所以李远才会特别喜欢。白居易在苏州吃到的鹅更是妙不可言,他念念不忘"炙脆子鹅鲜"。④《至顺镇江志》卷四《畜》云:"金坛县子鹅肥美,特异他处,初生无百日即可食。罗隐《京口送杨子蒙东归诗》云:'东吴逸客楼船后,抛掷子鹅离京口。'"金坛县的子鹅闻名远近。可见,为了满足城市不断扩大的物质需求,相当一部分农民渐渐将养殖与市场紧密地联系到了一起。在长江流域及其以南地区,食用鹅肉十分多见。到了宋朝,总体上鹅南多北少的局面未见改变,"今自淮而北,极难得鹅",⑤鹅仍主要在南方养殖,因而在南方人的肉食中比较多见。

　　一些野生的动物因为味鲜肉美,为人们喜爱。《酉阳杂俎》前集卷五云:"众言石旻有奇术,在扬州,成式数年不隔旬与之相见……盛传宝历中,石随钱徽尚书至湖州,尝在学院,子弟皆文

① 郑文宝:《南唐近事》卷二,《全宋笔记》第一编第二册,第 224 页。
② 李昉等编:《太平广记》卷四六二"祖录事"条,第 3789 页。
③ 王谠:《唐语林》佚文,《全宋笔记》第三编第二册,第 300 页。
④ 白居易:《白居易集》外集卷上《和梦得夏至忆苏州呈卢宾客》,第 1517 页。
⑤ 赵叔问:《肯綮录》"晋宋前南方鹅贵",《全宋笔记》第三编第六册,第 140 页。

丈呼之。于钱氏兄弟求兔汤饼。时暑月，猎师数日方获，因与子弟共食，笑曰：‘可留兔皮，聊志一事。’遂钉皮于地。"唐代中期，学校官员因为石旻的特殊需要，捕野兔给他食用。南唐冯延巳"若脑中痛，数日不减"，太医令吴廷绍问厨师："相公平日嗜何等？"厨师回答说："多食山鸡、鹧鸪。"因为山鸡等经常食用乌头、半夏，所以引起冯延巳头痛不止。① 江南自然环境比较优越，树木比较茂盛，丘陵众多，所以捕捉野生动物并不困难。

社会经济的发展，百姓生活的富裕，城市规模的扩大，人口的增加，这些都会对饮食风气产生一定的影响。社会各阶层大量食肉，而且食用的品种较多，这些必然与动物的大量养殖、捕捉和销售管道通畅有关。

2. 质优量大的鱼类产品

江南东部是大海，北部依恃长江，中有钱塘江贯通，湖泊密布，因而人们的饮食和水产品关系密切。唐前期的崔融曾说："江南诸州，乃以鱼为命。""一朝禁止，倍生劳弊，富者未革，贫者难堪。"说明江南的百姓以鱼为命，与渔业生产结下了不解之缘。唐中宗景龙元年，李乂上疏，谈到江南人民的生产习惯时说："江南水乡，采捕为业，龟鳖之利，黎元所资。"② 因此，鱼类产品被大量地运进城市中的市场，如杭州成为"鱼盐聚为市"，越州是"沙边贾客喧鱼市"，宣州则"鱼盐满市井"，常州武进"津市半渔商"。③ 水产品的交易地点往往是人们都很熟悉的水边渡口。如越州卢冉"在堰尝凭吏求鱼……复睹所

---

① 吴任臣：《十国春秋》卷三二《吴廷绍传》，第 458 页。

② 王溥：《唐会要》卷四一《断屠钓》，第 731—732 页。

③ 白居易：《白居易集》卷二〇《东楼南望八韵》，第 444 页；彭定求等编：《全唐诗》卷六五一方干《越中言事》，第 7475 页；李白著，瞿蜕园等校注：《李白集校注》卷一二《赠宣城宇文太守兼呈崔侍御》，第 780 页；彭定求等编：《全唐诗》卷二三七钱起《送武进韦明府》，第 2636 页。

凭吏就潭商价"。①《宣室志》卷四云:"宣城郡当涂民有刘成、李晖者,俱不识农事,常以巨舫载鱼蟹鬻于吴越间。天宝十三年春三月,成与晖自新安江载往丹阳郡,行至下查浦,去宣城四十里,会天暮泊舟,二人俱登陆。……俄闻舫中万鱼俱跃,呼佛声动地……"也就是说,在江南区域内,水产品的销售有一个市场网络,调接各地有无。

六朝南方人喜欢吃鱼,这个特点连北方人都知道。北齐卢思道出使陈朝,陈主令朝贵设酒食与思道宴会,联句作诗。有一南方人先唱,讥刺北人云:"榆生欲饱汉,草长正肥驴。"因为"北人食榆,兼吴地无驴,故有此句"。卢思道援笔即续之曰:"共甑分炊米,同铛各煮鱼。"②将南方人喜欢吃鱼的习俗表达得十分明白。

居住在江南城市中的官员、贵族等社会上层人物,都很喜欢吃鱼。如王羲之有帖云:"蚶三斛、厉二斛,前示啖蚶得味,今旨送此,想啖之,故以为佳。比来食日几许,得味不? 具示。"③梁武帝之弟萧宏宠幸的江无畏,"好食鲫鱼头,常日进三百,其它珍膳盈溢,后房食之不尽,弃诸道路"。④南朝士族王肃即使后来投降了北魏,也是"常饮鲫鱼羹"。⑤唐末吴越王钱镠时,"应西湖之捕鱼者必日纳数斤,谓之使宅鱼。有终日不及其数者,必市为供之,民颇怨叹"。⑥钱镠喜欢吃鱼,因而在西湖捕鱼的渔民每天一定要送几斤到宫内,成了变相的

---

① 段成式:《酉阳杂俎》续集卷三,《唐五代笔记小说大观》,第731页。
② 李昉等编:《太平广记》卷二四七引《谭薮》,第1915页。
③ 张彦远:《法书要录》卷一○,《丛书集成初编》本,第170页。
④ 李延寿:《南史》卷五一《萧宏传》,第1277页。
⑤ 杨衒之著,范祥雍校注:《洛阳伽蓝记校注》卷三《城南·正觉寺》,第147页。
⑥ 陶宗仪:《说郛》卷一四引苏耆《闲谈录》,第8A页。

渔税。南唐紫微郎韩熙载,酷好鳗鲹,庖人私相语曰:"韩中书一命二鳗鲹。"①陶谷《清异录》卷上谈到:"水族加恩簿　吴越功德判官毛胜,多雅戏,以地产鱼虾海物,四方所无,因造水族加恩簿,品叙精奇。"他将各种水产品都配给一个官位,虽是游戏笑谈,但列出了众多时人食用的海产品名单。这些水产品,按书中的先后次序有:江瑶、章举、车螯、蚶菜、虾魁、蠘、蟳蛑、蟹、彭越、蛤蝼、文、鲈、鲋、鲛、鼋、鳖、鲨、石首、石决明、乌贼、龟、水母、真珠、玳瑁、牡蛎、梵响、砑光螺、珂、螺蛳、蛙、鰒鲯、江豚、鳜、鲤、鲫、白鱼、鳊、鲟鳇、鳝、葱管、东崇、崇连、河豚、鰕、蚬。② 这些水产品中,超过一半以上的是海产品,说明人们对海产品的食用数量在增加,分类更加细化。同书卷下《馔羞门·小四海》又云:"孙承祐在浙右,尝馔客,指其盘筵曰:'今日坐中,南之蟳蛑,北之红羊,东之虾鱼,西之粟,无不毕备,可谓富有小四海矣。"以南方的蟳蛑(即青蟹)和江南的虾、鱼招等客人,认为是最高的档次。

　　城市中的普通百姓亦喜食鱼。南朝刘宋时王弘之在上虞江边钓鱼,收获颇丰,"日夕载鱼入上虞郭,经亲故门,各以一两头置门内而去"。③ 陈时吴郡人张昭的父亲患了消渴症,一直想吃新鲜鱼,张昭于是自己结网去捕鱼。④ 鱼有不同的品种,味道相差很大。唐张志和诗云:"西塞山前白鹭飞,桃花流水鳜鱼肥。"⑤对肥美的鳜鱼念念不忘。在长江下游地区,鳜鱼、鲈鱼、鲂鱼等都是自古以来十分受人称道的名鱼。如陆龟

① 陶谷:《清异录》卷上《鱼门·一命鳗鲹》,《全宋笔记》第一编第二册,第 61 页。
② 陶谷:《清异录》卷上《鱼门·水族加恩簿》,《全宋笔记》第一编第二册,第 62—66 页。
③ 沈约:《宋书》卷九三《王弘之传》,第 2282 页。
④ 姚思廉:《陈书》卷三二《张昭传》,第 430 页。
⑤ 彭定求等编:《全唐诗》卷二九张志和《渔父歌》,第 418 页。

蒙云："蜀酒时倾瓨，吴虾遍发柈。"①他认为京口的虾是当地的著名河鲜。蟹的鲜味为人称颂，所以不少人特别爱吃蟹。不过一直到唐代末年，杭州农村不食蟹，"时有农夫田彦升者，家于半道红，幼性至孝，其母嗜蟹，彦升虑邻比窥笑，常远市于苏、湖间，熟之，以布囊负归"。②从这条史料看，苏、湖一带是食蟹成风的，所以田彦升能够去购买烧熟后的蟹带回家给母亲食用。不过前已谈到孙承祐以南方的蝤蛑招待客人，估计杭州城里人也是吃蟹的。居住在金陵的卢纯特别喜欢吃蟹。《清异录》说："卢绛从弟纯，以蟹肉为'一品膏'。尝曰：'四方之味，当许含黄伯为第一。'后因食二螯笑伤其舌，血流盈襟，绛自是戏纯：'蟹为笑舌虫。'"③

　　鱼产品中，江南城市的消费量以淡水鱼为主，但海产品的消费量亦是很大。东晋余姚人虞啸虎官至侍中，与孝武帝关系很亲热，"尝侍饮宴，帝从容问曰：'卿在门下，初不闻有所献替邪？'啸父家近海，谓帝有所求，对曰：'天时尚温，鲗鱼虾鲊未可致，寻当有所上献。'帝大笑，因饮大醉"。④余姚靠海，所以孝武帝直白地对虞啸虎说你为什么不送点海产品给我啊！唐穆宗长庆三年（823），元稹为浙东观察使，时"明州岁进海物，其淡蚶非礼之味，尤速坏，课其程，日驰数百里。公至越，未下车，趋奏罢。自越抵京师，邮夫获息肩者万计，道路歌舞之"。⑤明州岁进海物肯定在穆宗之前，既然淡蚶的味道这样

① 陆龟蒙：《甫里先生文集》卷四《京口与友生话别》，《四部丛刊》本，第45A页。
② 嵇曾筠纂：《浙江通志》卷一八三《孝友》，文渊阁《四库全书》第524册，第95页。
③ 陶谷：《清异录》卷上《鱼门·笑舌虫》，《全宋笔记》第一编第二册，第62页。
④ 房玄龄等：《晋书》卷七六《虞潭传附虞啸父传》，第2014页。
⑤ 白居易：《白居易集》卷七〇《河南元公墓志铭》，第1467—1468页。

著名,必定是时人特别喜爱食用的。江南地区的海产品被人们不断认识,分为贝类、鱼类、虾类、海洋植物几种。曾在台州任司马的孟诜《食疗本草》中,谈到的贝类有牡蛎、龟甲、魁蛤、蚌、蚶、蛏、淡菜等,鱼类有鲛鱼、石首鱼、嘉鱼、鲨、时鱼、黄赖鱼、比目鱼、鲚鱼、鳑鲏鱼、鲸鱼、黄鱼、鲂鱼等。各地的土贡中的一些海产品,孟诜并没有记载,说明当时人们食用的品种远远超过孟诜的记录。如《太平寰宇记》卷九九谈到温州土产中有西施舌,孟书里也是没有的:"似车螯而扁,生海泥中,常吐肉寸余,类舌,俗甘其味,因名。"这是蛤的一种,是比较特殊的贝壳类产品。

江南地区的一些海鱼十分著名。吴曾谈到两浙沿海的石首鱼云:"两浙有鱼,名石首,云自明州来。问人以石首之名,皆不能言。予偶读张勃《吴录·地理志》载:'吴娄县有石首鱼,至秋化为凫,言头中有石。'又《太平广记》云:'石首鱼,至秋化为冠凫,冠凫头中有石也。'"[1]说明江南长期以来一直食用石首鱼,而且认为明州产的鱼质量最高。再如江南的乌贼鱼也很有名气,是江南沿海各地消费较多的一种鱼,"江东人或取墨书契以脱人财物,书迹如淡墨"。[2] 比目鱼,"南人谓之鞋底鱼,江淮谓之拖沙鱼,亦谓之箬叶鱼","状如牛脾,细鳞,紫色,一面一目,两片相合乃行"。[3] 比目鱼从南海一直到东海,都是大家喜爱吃的。

由于城市居民对鱼产品特别喜爱,因而市场上有大量的鱼类产品供应。当时在饮食行业中,一些人以制作精美的鱼菜而出名,其中以脍较有特点。唐末吴兴的吴昭德,

---

① 吴曾:《能改斋漫录》卷一五"石首鱼",《全宋笔记》第五编第四册,第168页。
② 段成式:《酉阳杂俎》前集卷一七,《唐五代笔记小说大观》,第684页。
③ 刘恂:《岭表录异》卷下,《全唐五代笔记》,第2620页。

善造鲈脍,时人嘲之曰:"鲈若值吴,缕细花铺;若非遇吴,费醋及葫。"①一般人用醋烧鲈鱼,但吴昭德精工细作,将鲈鱼脍用刀割出细花,形状非同一般。做鲙一般要用鲜活鱼,时人云:"去骨鲜鱼鲙,兼皮熟肉脍。"②此外,水产品还被制成炙、脯、鲊、羹臛等菜肴,如天脔炙、蛤蜊炙、蝤蛑炙、蚌肉脯、各种鱼羹、虾羹、蛤蜊羹、鳜鱼臛(白龙臛)、自然羹、凤凰胎、乳酿鱼、加料盐花鱼屑等。鱼鲊的制作方法追求精制,讲究形状。王羲之有帖云:"今付北方……吴兴鲊二器。"③《清异录》卷下《馔羞门·玲珑牡丹鲊》云:"吴越有一种玲珑牡丹鲊,以鱼叶斗成牡丹状。即熟,出盎中,微红如初开牡丹。"再如"池州民杨氏以卖鲊为业。尝烹鲤鱼十头,令儿守之"。④ 江南许多城市靠近江湖,水产品深加工制成的腌、糟类产品成了当地的特产。湖州仪凤桥南有鱼脯楼,吴越国时在此专门曝鱼脯上贡,"春月尤多,作以供盘飣","今乡土鱼脯甚美"。上贡用不了这么多,就在城里出售,因此鱼脯楼十分有名。⑤

鱼产品进入城市,通常是以活鲜鱼的形式销售。但问题是活鲜鱼易死亡,一旦变质,无论是渔民还是商人都要蒙受经济上的损失,因而唐代沿海地区的商人和渔民对鱼进行了技术加工,用制成咸鱼和鱼干的方法把商品抛向市场,避免了经济上的损失。做成干鱼的技术,早在隋代就已见到。隋大业年间,"吴郡献松江鲈鱼干脍四瓶,瓶容一斗"。⑥ 做成干鱼,

① 董斯张:《吴兴备志》卷二六《方物纪》,文渊阁《四库全书》第494册,第530页。
② 彭定求等编:《全唐诗》卷八〇六寒山《诗三百三首》,第9088页。
③ 张彦远:《法书要录》卷一〇,《丛书集成初编》本,第159页。
④ 徐铉:《稽神录》卷三"池州民",第56页。
⑤ 谈钥纂:《嘉泰吴兴志》卷一八《食用故事》,《宋元方志丛刊》,第4842页。
⑥ 李昉等编:《太平广记》卷二三四引《大业拾遗记》"吴馔"条,第1790页。

便于存放和保证质量,因为要送到北方,延长了保存时间。"彭蜎吴呼为彭越,盖语讹也。足上无毛,堪食,吴越间多以异盐藏,货于市".① 吴越地区的渔民将新鲜彭越用盐腌制后,就不再会变质,便可投放到市场上销售,不受时间长短的限制。唐代人还将新鲜鱼制成鱼干,深受人们的欢迎。

3. 品种繁多的蔬菜瓜果

城市普通民众的日常饮食是饭菜搭配,而他们食用的鱼、肉类还做不到每顿都有,一般来说是以蔬菜为基础。普通家庭平日的饮食以素食为主。如吴国大臣是仪"服不精细,食不重膳,拯赡贫困,家无储蓄。(孙)权闻之,幸仪舍,求视蔬饭,亲尝之,对之叹息".② 谢灵运在《山居赋》中提到了蓼、蕺、荠、蓯、苏、姜、葵、蘘、葱等十多种蔬菜,说明南方种植的蔬菜品种比较丰富。王羲之有帖说:"今付北方……蒜条四千二百."③南朝沈众做了高官,常弄出一副穷相,去上班时"携干鱼蔬菜饭独唉之,朝士共诮其所为".④ 也就是说,当时一般的穷人是吃干鱼、蔬菜过日子。

我们也看到在六朝江南的城市中,有专门供人贩卖蔬菜的市场,而且分类很细,说明人们日常食用的蔬菜基本上是来自市场。梁朝吕僧珍的从父兄子"先以贩葱为业",后来向僧珍要官做。僧珍曰:"吾荷国重恩,无以报效,汝等自有常分,岂可妄求叨越,但当速反葱肆耳."⑤南朝齐文惠太子问常年食素的周颙:"菜食何味最胜?"周说:"春初早韭,秋末晚

---

① 刘恂:《岭表录异》卷下,《全唐五代笔记》,第 21 页。
② 陈寿:《三国志》卷六二《吴书·是仪传》,第 1413 页。
③ 张彦远:《法书要录》卷一○,《丛书集成初编》本,第 159 页。
④ 姚思廉:《陈书》卷一八《沈众传》,第 244 页。
⑤ 姚思廉:《梁书》卷一一《吕僧珍传》,第 213 页。

菘。"①意谓当时蔬菜中味道最好的是早春的韭菜和晚秋的菘菜。钱塘人范元琰"家贫,唯以园蔬为业。尝出行,见人盗其菘,元琰遽退走。母问其故,具以实答。母问盗者为谁,答曰:'向所以退,畏其愧耻。今启其名,愿不泄也。'于是母子秘之。或有涉沟盗其笋者,元琰因伐木为桥以渡之。自是盗者大惭,一乡无复草窃"。② 范元琰家在钱塘城内,以园中种蔬为业,靠将种植的蔬菜和竹笋出售到市场上维持生计。

一些城市居民的蔬菜是自己种植的,因为其时城市中的空地仍有不少,利用宅前屋后的地皮种植可以部分满足自己的需要。如南朝刘宋时大臣柳元景,有数十亩菜园,守园人卖掉蔬菜后得到了两万钱,柳元景非常不高兴,说:"我立此园种菜,以供家中啖尔。乃复卖菜以取钱,夺百姓之利邪。"③这条资料一方面说了柳元景家的蔬菜是自己种植的,另一方面从看园人卖掉蔬菜可以知道,城市百姓平时食用的蔬菜主要是从市场中购得。梁蔡撙任吴兴太守时,"斋前自种白苋紫茄,以为常饵",④即日常吃的蔬菜有部分是来自房前空地上的收获物。

隋唐五代时期,江南蔬菜种植更加普遍,"移蔬通远水","十亩春蔬一藜杖"。⑤ 蔬菜种类较多,如白菜类的叶菜有"牛肚菘,叶最大厚,味甘;紫菘,叶薄细,味少苦;白菘,似蔓菁"。马湘从永康县"又南行,时方春,见一家好菘菜"。吴越时,文

① 萧子显:《南齐书》卷四一《周颙传》,第 732 页。
② 姚思廉:《梁书》卷五一《范元琰传》,第 746 页。
③ 沈约:《宋书》卷七七《柳元景传》,第 1990 页。
④ 李延寿:《南史》卷二九《蔡廓传附蔡撙传》,第 775 页。
⑤ 彭定求等编:《全唐诗》卷五二八许浑《村舍》,第 6043 页;陆龟蒙:《甫里先生文集》卷一二《江边》,《四部丛刊》本,第 14B 页。

穆王第二子弘僎镇永嘉，"每食不过鲍鱼、莼菜"。① 水生植物类菜蔬主要有茭白、莼菜、藕莲、菱芡等。茭白又称菰菜，隋大业间苏州每年上贡二百斤。② 莼菜在晋朝已十分出名，湖州莼菜到了唐代就作为贡品进献给皇帝。江南湖泊密布，菱藕是水乡的特产，如"苏州进藕，其最上者名曰伤荷藕"。③ 江南菱有四角、三角、两角的，苏州的折腰菱"唐甚贵之，今名腰菱，有野菱、家菱二种"。④ 其他蔬菜还有很多，如贞元间，卢顼在钱塘，听到窗外有声音，"视之，帛裹干茄子"。⑤ 杜甫有诗句"黄独无苗山雪盛"，唐人注《本草》云："黄独，肉白皮黄，巴汉人蒸食之，江东谓之土芋。"⑥说明江东芋头十分著名。《新唐书》卷四一《地理志五》提到杭州贡蜜姜、干姜。唐人有诗谈到江南"桑柘绕村姜芋肥""姜蔗傍湖田"，⑦可知姜的普遍种植。江南还有外国蔬菜，据《清异录》说："石发，吴越亦有之，然以

---

① 中国农业科学院、南京农业大学中国农业遗产研究室太湖地区农业史研究课题组：《太湖地区农业史稿》，农业出版社 1990 年版，第 261 页；李昉等编：《太平广记》卷三三引《续仙传》"马自然"条，第 212 页；吴任臣：《十国春秋》卷八三《钱弘僎传》，第 1203 页。

② 朱长文：《吴郡图经续记》卷下《杂录》，第 81 页。

③ 李昉等编：《太平广记》卷四〇九"藕"，第 3323 页。

④ 范成大：《吴郡志》卷三〇《土物下》，第 443 页。江南各地产菱藕十分普遍，如《全唐诗》卷二六七顾况《临平湖》（第 2961 页）云："采藕平湖上，藕泥封藕节。船影入荷香，莫冲莲柄折。"金坛县也产菱藕，《全唐诗》卷一三九储光羲《同武平一员外游湖五首》（第 1419 页）中有句为"浦口回船惜芰荷""芰荷覆水船难进"等，类此诗句不胜枚举。

⑤ 李昉等编：《太平广记》卷三四〇引《通幽录》"卢顼"，第 2696 页。

⑥ 江少虞辑：《宋朝事实类苑》卷五九《广知博识·杜子美》，上海古籍出版社 1981 年版，第 777 页。

⑦ 彭定求等编：《全唐诗》卷五四八薛逢《题独孤处士村居》，第 6332 页；韦应物：《韦江州集》卷四《送唐明府赴溧水》，《四部丛刊》本，第 3A 页。

新罗者为上,彼国呼为'金毛菜'。"①江南人家多竹园,喜欢吃春笋。孟诜《食疗本草》卷上不但谈到竹子的不同品种,而且还说:"越有芦及箭笋,新者稍可食,陈者不可食。其淡竹及中母笋虽美,然发背闷脚气。"对怎样吃竹笋有一套医学上的看法。《清异录》卷上《蔬菜门·笋奴菌妾》云:"江右多菘菜,鬻笋者恶之,骂曰:'心子菜。'盖笋奴菌妾也。"菘菜和竹笋是市场上受欢迎的两种蔬菜。

江南瓜果品种较多,时常可见规模种植。如湖州有一种瓜十分有名,叫雪上瓜,吴越王钱氏子弟避暑时人取一瓜,"各言子之的数,言定,剖视",当时称为"瓜战"。② 越州山阴移风乡所产"嘉瓜",为浙东观察使进贡到朝廷中。③《唐诗纪事》卷三九引中唐陈润的诗,说江南"更喜瓜田好,令人忆邵平",可见种瓜是有一定规模。《全唐文》卷九八五《对盗瓜判》中说:"常州申称钱客每以种瓜为业,遂被伶人洪崖盗食其瓜并尽。"既然以种瓜为业,不可能种植的瓜全是为了自己食用,相信大部分是要运进城市的。

城市中还有豆制品,虽然史书记载不多,但其为普通百姓的日常菜肴用料。《清异录》"小宰羊"条云:"时戢为青阳丞,洁己勤民,肉味不给,日市豆腐数个。邑人呼豆腐为小宰羊。"④不吃肉,用豆腐代替。

---

① 陶谷:《清异录》卷上《蔬菜门·金毛菜》,《全宋笔记》第一编第二册,第47页。
② 吴任臣:《十国春秋》卷八三《钱郁传》,第1210页。
③ 柳宗元:《柳河东集》卷三七《礼部贺嘉瓜表》,上海人民出版社1974年版,第597页。
④ 陶谷:《清异录》卷上《官志门·小宰羊》,《全宋笔记》第一编第二册,第21页。

三、日渐风行的饮酒、饮茶习俗

承继了传统，城市居民饮酒十分普遍，酒在饮食生活中占有重要地位。同时随着茶叶种植的兴起，饮茶之风开始蔓延，成为饮食生活中的重要内容。

1. 性嗜酒的江南风尚

江南人喜喝酒，孙吴时就已饮酒成风。顾雍不饮酒，孙权等人就觉得这个人没趣，"至宴饮欢乐之际，左右恐有酒失而雍必见之，是以不敢肆情"。孙权说："顾公在坐，使人不乐。"孙权嫁女儿给顾家，顾潭参加了孙权举行的婚宴，他在席上"醉酒，三起舞，舞不知止"。①孙权常常"会诸将，大为酾乐"。②孙权的将领中，"性嗜酒"的人很多，如潘璋、胡综、郑泉等。东吴末年孙皓以嗜酒著称，"每宴会群臣，无不咸令沉醉"。史书说孙皓"每飨宴，无不竟日，坐席无能否率以七升为限，虽不悉入口，皆浇灌取尽"。有大臣因酒后"误犯皓讳，辄见收缚，至于诛戮"。③可知，东吴时，社会上对饮酒有较高的热情。④

晋朝以后，社会上层饮酒之风继续盛行。王羲之《兰亭集序》问世后，上巳日"曲水流觞"的饮酒方式在文人墨客间广泛流传。周顗"在中朝时，能饮一石，及过江，虽日醉，每称无对"。⑤后来有他昔年的对手从北方南来，"相得欣然，乃出二斛酒共饮之"。喝醉之后，他睡着了。醒后，问别人一起饮酒

---

① 陈寿：《三国志》卷五二《吴书·顾雍传》，第 1226 页。

② 陈寿：《三国志》卷五五《吴书·周泰传》，第 1288 页。

③ 陈寿：《三国志》卷六五《吴书·韦曜传》，第 1462 页。

④ 关于东吴统治者的酗酒，可参王永平《孙吴政治与文化史论》，上海古籍出版社 2005 年版，第 22—24 页。

⑤ 房玄龄等：《晋书》卷六九《周顗传》，第 1851 页。

的人哪里去了。他出任尚书右仆射,终日沉溺于醉乡,"只有姐丧三日醒,姑丧三日醒,大损资望"。① 王导曾因为晋元帝司马睿喜好饮酒而流泪苦谏,"帝乃令左右进觞,饮而覆之,自是遂不复饮"。② 南朝刘宋时刘穆之少时家贫,嗜酒食。③ 而刘义真守丧期间吃酒肉,"会(刘)湛入,因命臛酒炙车螯,湛正色曰:'公当今不宜有此设。'义真曰:'旦甚寒,一碗酒亦何伤。长史事同一家,望不为异。'"④由于酿酒要浪费很多粮食,故六朝政权常会在灾荒之年颁布禁酒的法令,有时极其严厉。虽然这种措施无法禁断整个社会喝酒,但多少使喝酒的人数会有所减少。王羲之曾有帖谈到晋朝某郡断酒的好处时说:"此郡断酒一年,所省百余万斛米,乃过于租,此救民命,当可胜言。"⑤说明晋朝饮酒成风,制酒需要的粮食数量极大。

隋唐五代时期,江南城市中的酒店特别多。杜牧曾谈到润州市中酒楼:"青苔寺里无马迹,绿水桥边多酒楼。"⑥金陵地处南北冲要,酒楼最为多见,李白云:"风吹柳花满店香,吴姬压酒唤客尝。"又云:"朝沽金陵酒,歌吹孙楚楼。"孙楚酒楼在金陵城西,秦淮河边。⑦《稽神录》卷六云:"建康江宁县廨之后有酤酒王氏,以平直称。……居一日,江宁大火,朱雀桥西至凤台山居人焚之殆尽,此店四邻皆为煨烬,而王氏独免。"酒店开到了县治的边上。酒楼一般均开在城市内的热闹地

① 裴启:《裴子语林》卷上,《笔记小说大观》十九编第一册,第 30 页。
② 刘义庆著,余嘉锡笺疏:《世说新语笺疏》中卷下《规箴》,上海古籍出版社 1993 年版,第 560 页。
③ 沈约:《宋书》卷四二《刘穆之传》,第 1306 页。
④ 沈约:《宋书》卷六九《刘湛传》,第 1816 页。
⑤ 张彦远:《法书要录》卷一〇,《丛书集成初编》本,第 168 页。
⑥ 杜牧:《樊川文集》卷三《润州》,第 43 页。
⑦ 李白著,瞿蜕园校注:《李白集校注》卷一五《金陵酒肆留别》,第 928 页;卷一九《玩月》,第 1122 页。

段,如金陵杨某原先所购之地"正值繁会之处,遂制层楼为酒肆",酒楼分上下两层。① 苏州酒楼特别多,有人曾云:"城中古巷寻诗客,桥上残阳背酒楼。"②有酒店以周围环境吸引人,如大酒巷环境极佳,酒价很高,经营者"植花浚池,建水槛、风亭,酿美酒经延宾旅"。③ 广德初,范俶于苏州开酒肆,"日晚,有妇人从门过,色态甚异,俶留宿",酒店还提供住宿的业务。④ 杭州有夜间经营的酒楼,"高楼酒夜谁家笛,一曲《凉州》梦里残"。⑤ 湖州出名酒,市内有大量酒楼,杜牧曾云:"金钗有几只,抽当酒家钱。"⑥明州、宣州、歙州等城内均有不少酒肆。就连不少县城也有酒楼,李白《猛虎行》有"溧阳酒楼三月春,杨花茫茫愁杀人"句,⑦说明溧阳县城中也开设有酒楼。

　　喜欢饮酒的习俗,让人们找到很多饮酒的场所。如苏州子城的西城墙,唐朝建楼其上,名"观风"。北宋范仲淹曾作诗说:"高压郡西城,观风不浪名。山川千里色,语笑万家声。碧寺烟中静,红桥柳际明。登临岂刘白,满目是诗情。"意为刘禹锡、白居易等唐代官员在观风楼喝过酒,主要是能登高望远,苏州城的寺庙、各种建筑及远处的山川景色都收于眼中。白居易有《西楼命宴》诗,就是指在城楼上喝酒。⑧ 唐末御史中丞萧某为杭州刺史,与方干等"会宴于城楼饮",⑨主要也是城

---

① 吴任臣:《十国春秋》卷一二《钱亮传》引《江淮异人录》,第158页。
② 彭定求等编:《全唐诗》卷八四五齐己《寄吴国知旧》,第9559页。
③ 朱长文:《吴郡图经续记》卷下《往迹》,第60页。
④ 李昉等编:《太平广记》卷三三七引《广异记》"范俶"条,第2674页。
⑤ 张祜:《登杭州龙兴寺三门楼》,《全唐诗补编》上册,第193页。
⑥ 杜牧:《樊川文集》卷三《代吴兴妓春初寄薛军事》,第54页。
⑦ 李白著,瞿蜕园校注:《李白集校注》卷六,第463页。
⑧ 龚明之:《中吴纪闻》卷三"观风楼",《全宋笔记》第三编第七册,第211页。
⑨ 王谠:《唐语林》卷七"补遗",《全宋笔记》第三编第二册,第267页。

楼上能高瞻远瞩，风景特别好的缘故，才摆酒开宴。

　　还有乘了船在江面上喝酒的。唐后期崔涓为杭州刺史，"湖上饮饯"，酒宴设在西湖的一条船上。后来中使先走，"解舟而去"，[1]说明如果喝酒的人要上下，必须另外准备条小船。五代时有位铜陵县尉某，"嗜酒善狂。尝与同官会饮江上"。[2]这种会饮江上，纯粹是为了追求江面上不拘一格的风景，是附庸风雅的一种表现。南唐潘扆尝过江来到金陵，泊舟秦淮口，有一老父，请求他帮忙搭载过江。潘一看是个老人，就允许了。"时大雪，扆市酒与同饮。及江中流，酒已尽，扆甚恨其少，不得醉"。[3] 在船上喝酒，可以看两岸风景，风吹树动，船动景动，十分风雅，这是官员们特别喜欢的饮酒场景。甚至还有人在寺院开喝的。兵部员外郎李约至金陵，见到李锜，"屡赞招隐寺之美"。有一天，"锜宴于寺中"，第二天对李约说："十郎常夸招隐寺，昨游宴细看，何殊州中？"[4]李锜因为是浙西观察使，所以他可以在寺院中宴客，相信一般人是不太会被允许的。

　　有这么多的酒楼开出，以及人们找到的各种喝酒的场所，说明江南城市中的居民有喜欢饮酒的习俗。如玄真子张志和，"博学能文，进士擢第，善画，饮酒三斗不醉。……其后真卿东游平望驿，志和酒酣，为水戏，铺席于水上独坐，饮酌啸咏"。[5] 李白有《金陵酒肆留别》云："金陵子弟来相送，欲行不行各尽觞。"[6]一般男性居民或多或少都喜欢喝酒。《续仙传》

---

① 王谠：《唐语林》卷三"夙慧"，《全宋笔记》第三编第二册，第 125 页。
② 佚名：《江南余载》卷上，《全宋笔记》第一编第二册，第 240 页。
③ 吴淑：《江淮异人录》"潘扆"，《全宋笔记》第八编第七册，第 148 页。
④ 王谠：《唐语林》卷六"补遗"，《全宋笔记》第三编第二册，第 225 页。
⑤ 沈汾：《续仙传》卷上"玄真子"条，文渊阁《四库全书》第 1059 册，第 585 页。
⑥ 李白著，瞿蜕园校注：《李白集校注》卷一五《金陵酒肆留别》，第 928 页。

卷下"殷文祥"条："(殷)七七偶到官僚家,适值宾会次,主与宾趋而迎奉之。有佐酒倡优共轻侮之。"招待客人一般都有酒。因为喜爱酒,也有人因饮酒过度而醉死。大历四年(769),"处士卢仲海与从叔缵客于吴。夜就主人饮,欢甚,大醉。郡属皆散,而缵大吐,甚困。更深无救者,独仲海侍之。仲海性孝友,悉箧中之物药以护之。半夜缵亡,仲海悲惶,伺其心尚暖,计无所出"。① 至五代,吴越和南唐的许多人仍很好酒。朱业为宣州刺史,"好酒凌人,性复威厉,饮后恣意斩决,无复见者"。②

　　唐五代江南制酒业比较发达,一些带有浓厚地方酿造工艺特色的酒得到了人们的喜爱。从地理分布来说,江南产酒地分布广泛,各州各县城几乎都有酿酒。不少地区继承了传统技术生产出若干名酒,为江南城市居民饮酒带来了方便。如润州丹阳县出好酒:"曲阿出名酒者,皆云后湖水所酿,故醇烈也。"③后湖即练湖,好水出好酒,曲阿新丰酒从南朝就已十分出名,李白《叙旧赠江阳宰陆调》云:"多酤新丰醁,满载剡溪船。"④州城所在的丹徒县产名酒:"晋桓温云北府酒可饮,谢元度曾莅此镇,与亲旧书,称京口酒美可饮。《舆地志》:京口出酒,号曰京清,埒于曲阿。"⑤《清异录》卷下《馔羞门·寒消粉》谈到:"张弥守镇江,一日会客,作加酥油光酒及酥夹生。副戎许荍,苍梧人,不谙北馔,甚嗜之。"说明从六朝至唐末五代,京口酒一直在酿制。苏州城内几乎家家户户都能酿酒。

① 李昉等编:《太平广记》卷三三八《通幽记》"卢仲海"条,第 2680 页。
② 郑文宝:《南唐近事》佚文,《全宋笔记》第一编第二册,第 227 页。
③ 卢宪纂:《嘉定镇江志》卷六《湖》引《舆地志》,《宋元方志丛刊》,第 2368 页。
④ 李白著,瞿蜕园等校注:《李白集校注》卷一〇,第 684 页。另《全唐诗》卷三一一陈存《丹阳作》有句云:"暂入新丰市,犹闻旧酒香。"
⑤ 俞希鲁纂:《至顺镇江志》卷四《饮食》,第 2653 页。

白居易曾云:"忆在苏州日,……每家皆有酒。"①苏州地区生产一种糯米,这种糯米的主要特点是可以酿酒:"金钗糯,粒长,酿酒最佳。刘梦得诗:'酒法得传吴米好。'"②苏州有许多名酒,如蒲黄酒,白居易说:"自叹花时北窗下,蒲黄酒对病眠人。"该诗自注云:"时马坠损腰,正劝蒲黄酒。"③再如五酘酒,唐中期十分受人欢迎,"白居易守洛时,有《谢李苏州寄五酘酒》诗。今里人酿酒,曲米与浆水已入瓮。翌日,又以米投之,有至一再投者,谓之酘。其酒则清洌异常,今谓之五酘,是米五投之耶!"④五代时当涂县的快活汤酒比较有特色:"当涂一种酒曲,皆发散药,见风即消,既不久醉,又无肠腹滞之患,人号曰快活汤,士大夫呼君子觞。"⑤这样的酒自然特别得到人们的喜爱。其他各州都有名酒酿制,限于篇幅不再一一枚举。

2. "嗜好尤切"的饮茶习俗

六朝不同阶层都渐渐有了饮茶的习惯。其时人们认识到茶叶有不少特殊功效,对改善身体健康比较有效,因此各阶层渐渐以茶叶为贵。

六朝早期,就有人饮茶。东吴韦曜"素饮酒不过二升,初见礼异时,常为裁减,或密赐茶荈以当酒"。⑥ 原来饮酒量很大,此后用饮茶来代替饮酒,这也可说明饮茶已开始成为社会

---

① 白居易:《白居易集》外集卷上《和梦得夏至忆苏州呈卢宾客》,第1517页。

② 许治纂:《乾隆元和县志》卷一六《物产》,载《中国地方志集成·江苏府县志辑》,第200页。

③ 白居易:《白居易集》卷二四《夜闻贾常州崔湖州茶山境会想羡欢宴因寄此诗》,第542页。

④ 范成大:《吴郡志》卷二九《土物上》,第429页。

⑤ 陶谷:《清异录》卷下《酒浆门·快活汤》,《全宋笔记》第一编第二册,第95页。

⑥ 陈寿:《三国志》卷六五《吴书·韦曜传》,第1462页。

时尚,风靡于上层社会。一些贵族士大夫和官僚为了表示自己清廉不俗的操守,倡导节俭之风,用品茗来代替饮酒。《晋中兴书》说谢安到吴兴太守陆纳家,陆纳招待客人,"所设唯茶果而已"。不过他的兄子"俶遂陈盛馔,珍羞必具。及安去,纳杖俶四十,云:'汝既不能光益叔父,奈何秽吾素业?'"①招待人只用茶,被认为是节俭的表现。扬州牧桓温,"性俭,每燕惟下七奠柈茶果而已"。② 齐武帝为了标榜自己廉洁的品德,在遗诏中说:"我灵上慎勿以牲为祭,唯设饼、茶饮、干饭、酒脯而已。天下贵贱,咸同此制。"③茶叶因为价格低廉,被用来作为俭朴的标志,与奢靡之风形成对比,在魏晋的社会上层开始得到认可。说明饮茶已基本上成为一种生活习惯。

　　几乎同时,饮茶习俗从社会上层传入到了民间。茶叶因为价格低廉,在普通百姓中普及较快。《广陵耆老传》记载:"晋元帝时,有老姬每旦独提一器茗,往市鬻之,市人竞买。"④说明至迟在东晋时,江南城市居民已普遍有饮茶的习俗。左思的《娇女诗》说:"心为茶荈剧,吹嘘成对鼎。"他指的是一般百姓真心喜欢茶,感觉着茶的清新自然,对饮茶有点迫不及待。南朝士族王肃降魏逃到北方后,"不食羊肉及酪浆等物,常饮鲫鱼羹,渴饮茗汁"。数年以后,他食"酪浆甚多",孝文帝就问他:"茗饮何如酪浆?"⑤说明南北喝的饮料差别很大,北方人一般认为南方人中流行的饮料是茶叶。

　　六朝江南出产茶叶的地区很多。《桐君录》云:"西阳、武

---

① 以上各书所引均见《太平御览》卷八六七《饮食二五》,第 2843 页。
② 房玄龄等:《晋书》卷九八《桓温传》,第 2576 页。
③ 萧子显:《南齐书》卷三《武帝本纪》,第 62 页。
④ 刘纬毅:《汉唐方志辑佚》,北京图书馆出版社 1997 年版,第 100 页。
⑤ 杨衒之著,范祥雍校注:《洛阳伽蓝记校注》卷三《城南·正觉寺》,第 147 页。

昌、晋陵皆出好茗，巴东别有真香茗，煎饮，令人不眠。"可知六朝时晋陵郡已出产好茶，得到人们的喜爱。① 与晋陵相邻的吴兴也有茶。《吴兴记》云："乌程县西温山出御荈。"陆羽《茶经》卷下《七之事》引《释道该说·续名僧传》云："宋释法瑶，姓杨氏，河东人。永嘉中过江，遇沈台真，请真君武康小山寺。年垂悬车，饭所饮茶。"紧邻浙西的宣城也出产茶叶，陆羽引《续搜神记》云："晋武帝时，宣城人秦精，常去武昌山采茗。"浙东会稽的茶叶生产已经较具规模。《异苑》云："剡县陈务妻，少与二子寡居。好饮茶茗。"《神异记》云："余姚人虞洪，入山采茗，遇一道士牵三青牛，引洪至瀑布山，曰：'予，丹丘子也。闻子善具饮，常思见惠。山中有大茗可以相给。……'因立奠祀，后常令家人入山，获大茗焉。"可知会稽的剡县与余姚二县出茶。从总体上看，六朝江南各地的茶叶以野生茶的采摘和制造为主。

江南城市居民普遍嗜好茶叶，应该是在唐代。有人曾说过："茶为食物，无异米盐，于人所资，远近同俗。既祛竭乏，难舍斯须，田间之间，嗜好尤切。"②这一时期江南的茶叶生产有一定规模，许多地区都有制茶业。陆羽的《茶经》详细记述了唐朝茶叶的生产分布、制作、消费的具体情况，从中可以看到茶叶受到人们追捧的程度。

唐代，江南各州几乎都有茶叶生产。中唐以后，江南的茶叶远销全国各地，作为江南重要的经济作物，数量很大。封演说到茶叶，认为："南人好饮之，北人初不多饮。"说明饮茶习俗

① 马宏伟《中国饮食文化》(内蒙古人民出版社 1992 年版，第 265 页)云："据史载，汉王曾到江苏宜兴茗岭'课童艺茶'，其时已有讲授种茶、饮茶的学校。"认为此事发生在六朝以前，然明周高起《洞山岕茶系》云："相传古有汉王者，栖迟茗岭之阳，课童学艺，踵卢仝幽致。"知传说中的汉王在唐朝以后，非六朝以前，该书有误。
② 欧阳修等：《旧唐书》卷一七三《李珏传》，第 4504 页。

首先在江南开始，饮用成风，再渐渐在全国流行，"人自怀挟，到处煮饮，从此转相仿效，遂成风俗"。①

唐代江南城市中，无论是社会上层还是一般老百姓，都喜欢喝茶。据《嘉泰会稽志》卷一四《严维传》及卷一八《拾遗》，大历中，严维、吕渭等人在云门的松花坛曾举行茶宴，士大夫附庸风雅，喝茶作诗吟对。婺州参军王贾"以事到东阳，令有女，病魅数年，医不能愈，令邀贾到宅，置茗馔而不敢有言"。②州参军王贾和县令碰面，官员之间是用茶来招待的。一些僧人与官员的关系十分紧密，他们特别喜欢茶叶，传说江南的贡茶就是僧人和官员一起饮用进而想到上贡给朝廷的。《唐义兴县重修茶舍记》云："义兴贡茶非旧也，前此故御史大夫李栖筠实典是邦，僧有献佳茗者，会客尝之。野人陆羽以为芬香甘辣，冠于他境，可荐于上，栖筠从之，始进万两，此其滥觞也。"③贡茶的起因是否真是这样，我们不必去深究，但江南城市中官员们饮茶已成习俗是可以肯定的。

江南城市中的民众都喝茶。顾况《送陆羽归惠山》云："千峰待逋客，香茗复丛生。采摘知深处，烟霞羡独行。"④民间招待客人，都是用香茗。一二知己休息聊天，沏上清茶一壶，是当时常见的民间风气："夜思琴语切，昼情茶味新。……郢唱一声发，吴花千片春。"⑤说明茶叶离不开城市居民平时的生

① 封演撰，赵贞信校注：《封氏闻见记校注》卷六《饮茶》，中华书局 2005 年版，第 51 页。
② 李昉等编：《太平广记》卷三二引《纪闻》"王贾"条，第 204 页。
③ 谈钥纂：《嘉泰吴兴志》卷一八《食用故事》，《宋元方志丛刊》，第 4840—4841 页。
④ 佚名纂：《无锡县志》卷四上《咏歌四之一》，《宋元方志丛刊》，第 2262 页。
⑤ 孟郊：《孟东野诗集》卷五《题韦承总吴王故城下幽居》，人民文学出版社 1959 年版，第 48 页。

活。《太平广记》卷六七引《通幽记》"妙女"条云："唐贞元元年五月,宣州旌德县崔氏婢名妙女,年可十三四,……及瘥,不复食,食辄呕吐,唯饵蜀葵花及盐、茶。"茶俨然成了生活中的必需品。

　　不少人不仅喜欢喝,还常到城外采茶自制。皇甫冉《送陆鸿渐栖霞寺采茶》云："采茶非采菉,远远上层崖。布叶春风暖,盈筐白日斜。旧知山寺路,时宿野人家。借问王孙草,何时泛碗花。"①齐己说："柳岸晴缘十里来,水边精舍绝尘埃。煮茶尝摘兴何极,直至残阳未欲回。"②描写的是唐末在京口地区摘茶、煮茶的过程,说明人们对茶叶特别喜爱。顾况《焙茶坞》云："新茶已上焙,旧架忧生醭。旋旋续新烟,呼儿劈寒木。"③此诗是《临平湖杂题十四首》之一,作于盐官,茶叶应是产自临平湖畔。

　　江南生产很多名茶,江南城市民众喝茶有得天独厚的优势。《说郛》卷八一引唐张又新《煎茶水记》云："吴楚山谷间气清地灵,若俊颖挺,多孕茶荈,为人采拾。大率古以武夷者为白乳,甲于吴兴者为紫笋,产禹穴者以天章显,茂钱塘者以径山稀。"湖州紫笋、越州天章、杭州径山茶是江南最有名气的三种茶叶。其实江南的好茶叶远不只这三种,湖州、常州和睦州都有贡茶生产,每年有大量的精制茶叶送到长安。苏州的洞庭山茶,杭州的天目山茶,湖州的明月峡茶、研膏茶,睦州的细茶、鸠坑茶、研膏茶,越州的瀑布岭仙茗、剡茶,婺州的东白茶、举岩茶、方茶,宣州的雅山茶,歙州的婺源方茶、婺源含膏、祁门方茶、牛轭岭茶,池州的方片茶、厚片茶、仙人掌茶,等等,都是十分有名的茶叶。

---

①　彭定求等编:《全唐诗》卷二四九,第 2808 页。
②　彭定求等编:《全唐诗》卷八四七《与节供奉大德游京口寺留题》,第 9593 页。
③　彭定求等编:《全唐诗》卷二六七,第 2960 页。

余　　论

城市是社会上层人物生活的场所,因而从饮食生活上看,六朝至隋唐五代江南城市从总体上说,很多人还是比较奢侈的。如华核给孙皓上疏时说:"民贫而俗奢,百工作无用之器,妇人为绮靡之饰,不勤麻枲,并绣黼黻,转相仿效,耻独无有。兵民之家,犹复逐俗,内无儋石之储,而出有绫绮之服。至于富贾商贩之家,重以金银,奢恣尤甚。"①无论这里说到的妇人、兵民之家,还是富贾商贩,虽然生活不一定都富裕,但都喜欢追求奢侈,跟随流行的步伐。葛洪曾经批评南方城市妇女生活比较懒散,比较安逸,只知游玩宴饮:"而今俗妇女,……或宿于他门,或冒夜而反。游戏佛寺,观视畋渔。登高临水,出境庆吊。开车塞帏,周章城邑。杯觞路酌,弦歌行奏。转相高尚,习非成俗。"②陈朝城市中的"贵公子骄蹇游逸,好狗马,乐驰骋,靡衣婾食"。③ 日常饮食生活中的这种状态,不仅仅只存在于社会上层,而且对社会下层也会带来影响。

城市饮食奢侈生活的出现,带动者必然是上层的贵族和官员。南朝刘宋时的幸臣阮佃夫家中经常准备数十人的宴席,出门遇到客人,一同返回,"就席,便命施设,一时珍羞,莫不毕备。凡诸火剂,并皆始熟,如此者数十种。佃夫尝作数十人馔,以待宾客,故造次便办,类皆如此"。④ 到了唐代,城市中的官员们宴饮游玩,乐此不疲,享受着城市生活的快乐。如"韩

① 陈寿:《三国志》卷六五《吴书·华核传》,第 1468 页。
② 葛洪:《抱朴子》外篇卷二五《疾谬》,《四部丛刊》本,第 5B—6A 页。
③ 姚思廉:《陈书》卷八《周宝安传》,第 142 页。
④ 沈约:《宋书》卷九四《恩幸·阮佃夫传》,第 2314 页。

晋公滉在润州,夜与从事登万岁楼,方酣,置杯不悦,……"①再如李尚书讷"夜登越城楼,闻歌曰:'雁门山上雁初飞。'其声激切。召至,曰:'去籍之妓盛小丛也。'曰:'汝歌何善乎?'曰:'小丛是梨园供奉南不嫌女甥也。所唱之音,乃不嫌之授也。今色将衰,歌当废矣!'时察院崔侍御元范,自幕府而拜,即赴阙庭,李公连夕钱崔君于镜湖光候亭。屡命小丛歌钱,在座各为一绝句赠送之。亚相为首唱矣,崔下句云:'独向栢台为老吏。'……杨、封、卢、高数篇,亦其次也。"②

城市中有很多普通人的生活处于小康富足的状态,如陶渊明的后代陶岘,"开元中,家于昆山,富有田业,……自制三舟,备极空巧。一舟自载,一舟致宾,一舟贮饮馔。客有前进士孟彦深、进士孟云卿、布衣焦遂,各置仆妾共载。而岘有女乐一部,常奏清商曲。逢其山泉,则穷其境物,乘兴春行。岘且名闻朝廷,又值天下无事,经过郡邑,无不招延"。③ 杜光庭《神仙感遇传》卷二谈到苏州昆山人王可交,咸通间"自市还家","于河上见大舫一艘,络以金彩,饰以珠翠,张乐而游。……遂奏乐饮酒"。故事虽有神化的痕迹,却是现实饮食生活的真实反映。

因此,总体上说,六朝至唐五代江南城市居民在饮食上是有所追求的,从中反映出了城市社会生活的一个重要侧面。

（本文原刊于《传统中国研究集刊》第十五辑,上海社会科学院出版社 2016 年版）

---

① 段成式:《酉阳杂俎》续集卷四,《唐五代笔记小说大观》,第 740 页。
② 范摅:《云溪友议》卷上"钱歌序",《唐五代笔记小说大观》,第 1727 页。
③ 李昉等编:《太平广记》卷四二○"陶岘"条,第 3421—3422 页。

歌声舞节,桃花绿水之间

——六朝唐五代江南城市的歌舞活动

六朝至唐五代,江南城市歌舞活动盛行,与城市社会生活密切相关。歌舞音乐提供的是一种雅致的、有修养的娱乐形式,充盈着文化气息,通过愉悦、松弛的审美享受来积蓄精神素养和活力。江南城市在其发展过程中,城市文化生活渐趋丰富。随着人口的增多,城市人口结构的复杂多样,城市居民对精神文化提出了较高的需求,各类歌舞和娱乐活动成为城市文化活动和消费的一部分,与城市的蓬勃发展密切相关。城市文化的丰富,是城市功能齐全的标志。本文拟对江南城市中的歌舞活动进行分析,并且探讨歌舞活动盛行的原因。

一、六朝江南城市的歌舞活动

六朝城市歌舞的发展,首先和建立在江南的几个王朝的宫廷音乐的发展和影响有关。也就是说,六朝帝王的个人喜好推动了歌舞的发展,从而使宫廷音乐向民间传播。

历代帝王立国,都要制礼作乐。《宋书》卷一四《礼志四》云:"夫有国有家者,礼仪之用尚矣。然而历代损益,每有不同,非务相改,随时之宜故也。"在继承传统的基础上,与社会政治环境相结合,六朝祭祀音乐的发展可以说与时俱进。其时各个王朝都重视宫廷祭祀和仪典朝会之乐,如吴主孙休薨,葬明陵,其子孙皓拜庙荐祭,以《神弦乐》施于宗庙,"比七日三祭,倡技昼夜娱乐"。① 而接连七日、每日三祭的乐舞活动,除了表演百戏及南方民间祭祀乐舞《神弦乐》之外,可能还有郊庙雅乐。

宫廷宴飨要奏乐。《乐府诗集》云:"凡正飨,食则在庙,燕则在寝,所以仁宾客也。"②六朝宴飨活动中所用音乐既包括雅颂乐、鼓吹乐,还包括以相和歌、清商乐为代表的俗乐百戏等内容。礼仪教化类的宴飨活动主要是通过饮食之礼、宾射之礼、飨燕之礼的用乐仪式制度起到礼仪性或教化性作用。娱乐类宴飨乐舞,诸如皇室庆典、皇室内宴、宴飨臣僚等仪典中的音乐活动,虽有仪式性,但主要是满足帝王的声色之娱。由于六朝皇宫享乐成风,奢华成性,清商女乐成为皇室宴飨娱乐活动的主要对象。③

六朝帝王无论是碰到正式的国家大事,还是个人小事,只要心里高兴,就会奏乐,大肆铺张歌舞活动。如孙登"每升堂宴饮,酒酣乐作,登辄降意与同欢乐"。④ 皇帝与群臣宴饮娱乐要奏乐,范晔"善弹琵琶,能为新声。上欲闻之,屡讽以微旨,晔伪若不晓,终不肯为上弹。上尝宴饮欢适,谓晔曰:'我欲歌,卿可弹。'晔乃奉旨。上歌既毕,晔亦止弦"。⑤ 帝王的热衷,致使大臣以习乐弹奏为时尚,几乎每个朝廷臣子都会乐器。《南齐书》卷二三《王俭传》载:"上(宋高帝)曲宴群臣数人,各使效伎艺。褚渊弹琵琶,王僧虔弹琴,沈文季歌《子夜》,

---

① 陈寿:《三国志》卷五九《吴书·孙和传》,第 1371 页。
② 郭茂倩:《乐府诗集》卷一三《燕谢歌辞》,上海古籍出版社 1998 年版,第 163 页。
③ 韩启超:《六朝宫廷音乐活动类型考》,《艺术百家》2006 年第 5 期。
④ 陈寿:《三国志》卷五二裴松之注引《吴书》,第 1225 页。
⑤ 沈约:《宋书》卷六九《范晔传》,第 1820 页。

张敬儿舞，王敬则拍张。俭曰：'臣无所解，唯知诵书。'"六朝末期，陈叔宝继位，与妃子们常在后宫游宴、赋诗，有的还能配曲，并选宫伎数百人歌唱。《陈书》卷七《张贵妃传》后史臣云："后主每引宾客对贵妃等游宴，则使诸贵人及女学士与狎客共赋新诗，互相赠答。采其尤艳丽者以为曲词，被以新声。选宫女有容色者以千百数，令习而歌之，分部迭进，持以相乐。其曲有《玉树后庭花》《临春乐》等，大指所归，皆美张贵妃、孔贵嫔之容色也。"随着朝廷音乐演出的增多，在宴飨娱乐风气的影响下，丝竹女乐大盛，蔚然成风。《梁书》卷三《武帝纪下》载："（中大通）二年秋八月庚戌，舆驾幸德阳堂，设丝竹会，祖送魏主元悦。"又云："（太清元年）五月丁酉，舆驾幸德阳堂，宴群臣，设丝竹乐。"宫廷宴享已变成了丝竹音乐会。《南史》卷五《齐本纪下》谈到东昏侯永元三年（501），"合夕，便击金鼓吹角，令左右数百人叫，杂以羌胡横吹诸伎"。音乐内容在发生变化，引进了很多外来音乐的元素。

　　乐舞看得兴起，皇帝还通过文字把观赏的感受写下来。如简文帝《舞赋》对一位跳舞者的身材和动作、表情描写得十分细致："信身轻而钗重，亦腰羸而带急；响玉砌而迟前，度金扉而斜入。似断霞之照彩，若飞燕之相及；……于是徐鸣娇节，薄动轻金；奏巴渝之丽曲，唱碣石之清音。扇才移而动步，鞸轻宣而遂吟。尔乃优游容与，顾眄徘徊；强纤颜而未笑，乍杂怨而成猜。"他另有《咏舞诗》说："戚里多妖丽，重娉蔑燕余。逐节工新舞，娇态似凌虚。纳花承褶襵，垂翠逐珰舒。扇开衫影乱，巾度履行疏。徙劳交甫忆，自愧专城居。"[1]乐舞要求轻松愉悦，要展现出女子轻曼柔软而又灵活多变的身姿。

　　六朝帝王音乐种类繁多，涉及宫廷生活的方方面面，形成

---

[1]　徐坚：《初学记》卷一五《乐部上·舞第五》，第592—593页。

各种固定的仪制。宫廷音乐活动内容丰富,演出乐曲种类庞杂。各朝宫廷音乐活动有庞大的规模和繁复的仪式,在多样的音乐活动中演出的音乐种类,十分丰富。① 据《南齐书》卷二八《崔祖思传》记载,刘宋后废帝时,"户口不能百万,而太乐雅郑,元徽时校试,千有余人。后堂杂伎,不在其数"。当宫廷音乐机构招收音乐人才时,竟有上千人前来参加"校试",可见宫廷音乐教育规模之巨大。

其次,六朝歌舞的盛行,与士大夫阶层对音乐的普遍喜爱有关。六朝时期的士大夫对歌舞都十分爱好,很多人都会弹奏乐器。②

六朝江南城市中,士大夫阶层居住的高门深院之中,到处都有笙歌燕舞,随时可以听到丝竹婉转。对士大夫来说,音乐是身份的象征,是有较高文化素质的标志。如羊侃原为北魏的将领,后率领部众南归梁朝,来到建康。史云:"侃性豪侈,善音律,自造《采莲》《棹歌》两曲,甚有新致。姬妾侍列,穷极奢靡。有弹筝人陆太喜,著鹿角爪长七寸。舞人张净琬,腰围一尺六寸,时人咸推能掌中舞。又有孙荆玉,能反腰帖地,衔得席上玉簪。敕赉歌人王娥儿,东宫亦赉歌者屈偶之,并妙尽奇曲,一时无对。"他不但自己能作曲,而且家里养了许多音乐人,有的能演奏器乐,有的是舞蹈高手,有的是歌唱名家。蓄养这些艺人在家里,既是为了音乐上的探讨,也是为了满足自己对音乐的享受。羊侃在家中摆宴,有三组女乐为其整夜演奏:"奏三部女乐,至夕,侍婢百余人,俱执金花烛。"③当然,像羊侃这样家里有很多乐人,可能并不是每个士大夫都能做到,

---

① 韩启超:《六朝宫廷音乐活动类型考》,《艺术百家》2006 年第 5 期。
② 可参考韩启超《六朝世家大族乐舞生活考》,《交响(西安音乐学院学报)》2008 年第 4 期。
③ 姚思廉:《梁书》卷三九《羊侃传》,第 561—562 页。

但对一般官员而言，家里有一批乐人还是可以办到的。不少官员由于喜爱音乐，家里会养些歌伎。如刘宋杜幼文官为散骑常侍，但"所莅贪横，家累千金，女伎数十人，丝竹昼夜不绝"。① 仆射颜师伯"家产丰积，伎妾声乐，尽天下之选，园池第宅，冠绝当时"。② 南齐太子洗马到㧑"资籍豪富，厚自奉养，宅宇山池，京师第一，妓妾姿艺，皆穷上品"。③ 陈朝高官孙瑒"其自居处，颇失于奢豪，庭院穿筑，极林泉之致，歌钟舞女，当世罕俦，宾客填门，轩盖不绝"。④ 陈大将章昭达，"每饮会，必盛设女伎杂乐，备尽羌胡之声，音律姿容，并一时之妙，虽临对寇敌，旗鼓相望，弗之废也"。⑤ 即使像夏侯亶是以"性俭率"和"不事华侈"著称，却也喜好音乐，晚年"有妓妾十数人，并无被服姿容。每有客，常隔帘奏之时谓帘为夏侯妓衣"。⑥ 可以这样说，六朝世家大族、官僚豪富的竞相蓄妓，是六朝音乐繁荣的一个重要条件。而当时一般女妓大都以音乐歌舞为专业特长，终日奏乐歌舞以满足主人娱乐及享受的需要。在崇尚奢侈的六朝，士大夫阶层陷入了无节制的追求声色享乐之中。

　　六朝皇帝经常赐乐给官员，而对官员来说这也是十分荣耀的事情。所以不少官员出行时，常常高调奏乐，来显示自己和家族的社会地位，如吴国士燮兄弟成为一州之长后，"威尊无上。出入鸣钟磬，备具威仪，茄萧鼓吹"。⑦ 再如吕蒙得到

---

① 沈约：《宋书》卷六五《杜骥传》，第 1722 页。
② 沈约：《宋书》卷七七《颜师伯传》，第 1995 页。
③ 萧子显：《南齐书》卷三七《到㧑传》，第 647 页。
④ 姚思廉：《陈书》卷二五《孙瑒传》，第 321 页。
⑤ 姚思廉：《陈书》卷一一《章昭达传》，第 184 页。
⑥ 李延寿：《南史》卷五五《夏侯亶传》，第 1361 页。
⑦ 陈寿：《三国志》卷四九《吴书四·士燮传》，第 1192 页。

孙权赐给的部骑鼓吹后，遂"兵马导从，前后鼓吹，光耀于路"。① 官员游览山泉和园林时，常常喜欢弹琴唱歌，显示自己的优雅。如南齐武将张欣泰效仿士人游园，"下直辄游园池，著鹿皮冠，纳衣锡杖，挟素琴"，典型的附庸风雅。② 文人、官僚喜欢选择优美之地聚众宴客，以诗、乐、酒相互交流。晋人谢尚擅长音乐舞蹈，在一次宴会上，司徒王导对他说："闻君能作鸲鹆舞，一坐倾想，宁有此理不？"谢尚便穿着衣帻而舞，王导令观看者"抚掌击节，尚俯仰在中，傍若无人"，十分投入。③ 宋衡阳王刘义季镇守京口时，长史张邵与戴颙"姻通，迎来止黄鹄山。山北有竹林精舍，林涧甚美。颙憩于此涧，义季亟从之游，……为义季鼓琴，并新声变曲，其三调《游弦》《广陵》《止息》之流，皆与世异"。戴颙是音乐世家，其父亲就"善琴书，颙并传之，凡诸音律，皆能挥手。"他与兄戴勃，"并受琴于父。父没，所传之声，不忍复奏，各造新弄，勃五部，颙十五部。颙又制长弄一部，并传于世"。④ 至于官员的公务宴乐，更是大量使用音乐歌舞，不过乐比私人更为规范，演出比较有系统，更显精彩。如萧齐豫章王萧嶷北宅后堂集会，"文季与渊并善琵琶，酒阑，渊取乐器，为《明君曲》。文季便下席大唱曰：'沈文季不能作伎儿。'……渊颜色无异，曲终而止"。⑤ 从上面这些例子中可以看出，六朝的士大夫和官员们在游玩宴享中，常有音乐舞蹈相伴，这种风尚流行于上层社会，即使被人耻笑为乐伎也无所谓。

　　六朝总体而言是家伎比较盛行的时代，不仅王侯、贵族会

---

① 陈寿：《三国志》卷五四《吴书九·吕蒙传》，第1280页。
② 萧子显：《南齐书》卷五一《张欣泰传》，第881页。
③ 房玄龄：《晋书》卷七九《谢尚传》，第2069页。
④ 沈约：《宋书》卷九三《戴颙传》，第2276页。
⑤ 萧子显：《南齐书》卷四四《沈文季传》，第776页。

操演乐曲,一般官员和士大夫家里大多也有伎乐活动,说明相对通俗的音乐歌舞在豪门世族以及达官贵人的私宅园林中十分盛行。其时士大夫蓄伎的主要目的,一般是为了自娱、娱人以及夸耀,广畜伎乐是他们权势财富的重要象征。不仅社会上层蓄妓,稍微有一点钱的官员,都想在家里养几个歌舞妓女。梁朝贺琛说:"又歌姬舞女,本有品制,二八之锡,良待和戎。今畜妓之夫,无有等秩,虽复庶贱微人,皆盛姬姜,务在贪污,争饰罗绮。故为吏牧民者,竞为剥削,虽致赀巨亿,罢归之日,不支数年,便已消散。盖由宴醑所费,既破数家之产;歌谣之具,必俟千金之资。所费事等丘山,为欢止在俄顷。"①不管自己是什么级别,也不管自己有没有实力,很多官员就是想追求一时的享受,家里蓄养歌姬舞女。这就不难看出,私家伎乐盛行,是整个社会女乐歌舞风行的体现,是俗乐繁荣的明证。

帝王和士大夫阶层对音乐歌舞的热衷,必然会对整个社会产生比较重大的影响。在六朝江南城市中,音乐和人们平日的生活紧密相连在一起,民众对音乐歌舞呈现出一种狂热。沈约描述刘宋元嘉年间的情况时说:"凡百户之乡,有市之邑,歌谣舞蹈,触处成群。"②南齐武帝时"都邑之盛,士女富逸,歌声舞节,袨服华妆,桃花绿水之间,秋月春风之下,盖以百数"。③城市中的人们业余生活相对空闲,他们对歌谣舞蹈的喜爱发自内心,他们对音乐歌舞的好尚成为一种普遍现象。当时不但士大夫家里有歌伎,民间也有不少擅长歌舞的倡伎。如《乐府广题》说:"苏小小,钱塘名倡也,盖南齐时人。西陵在钱塘江之西,歌云'西陵松柏下'是也。"城市中这些歌舞演出人员来自哪里? 史云:"湖州德清县南前溪村,前朝教乐舞之

① 姚思廉:《梁书》卷三八《贺琛传》,第 544 页。
② 沈约:《宋书》卷九二《良吏序》,第 2261 页。
③ 萧子显:《南齐书》卷五三《良政传》序,第 913 页。

地。今尚有数百家,尽习乐,江南声妓多自此出,所谓'舞出前溪'者也。"①相信湖州德清培养出的这些声妓有的会唱,有的会舞,这种情况一直到唐代仍是如此。

二、隋唐江南城市的歌舞活动

隋唐北方宫廷音乐部乐中有一种清商,据史书称是来自于江南。《旧唐书》云:"清乐者,南朝旧乐也。永嘉之乱,五都沦覆,遗声旧制,散落江左。宋、梁之间,南朝文物,号为最盛。人谣国俗,亦世有新声。后魏孝文、宣武,用师淮、汉,收其所获南音,谓之清商乐。隋平陈,因置清商署,总谓之清乐。遭梁、陈亡乱,所存盖鲜。隋室已来,日益沦缺。武太后之时,犹有六十三曲。今其辞存者,惟有《白雪》……《白纻》《子夜》《吴声四时歌》《前溪》《阿子》……《乌夜啼》《石城》《莫愁》……等三十二曲。"②前列这些曲名大多来自江南,如《白纻》"本吴地所出,疑是吴舞也";《前溪》源于浙江德清县南前溪村,南朝乐舞艺人多出于此。既然唐代清商乐的形成和发展与江南音乐密切相关,是吸收了江南音乐才得以形成的,那么我们更可以看到,唐代的江南地区,六朝音乐曲舞的流传有着良好的社会文化环境,这些歌曲肯定仍在被弹奏演唱。

隋唐的江南城市,虽然远离北方的中央政治中心,受朝廷音乐的影响较小,不过宫中的音乐通过一些艺人或官员仍会传播开来,并在江南城市扎下根。比如李謩,"开元中吹笛为第一部,近代无比"。有一次,他"自教坊请假至越州",因为是宫中的音乐高手,于是"公私更宴,以观其妙"。越州的文人举

---

① 佚名:《大唐传载》,《唐五代笔记小说大观》,第893页。
② 刘昫:《旧唐书》卷二九《音乐志二》,第1062—1063页。

子对音乐十分热情，所以纷纷邀他一起吃饭，实是想听他的笛声："时州客举进士者十人，皆有资业，乃醵二千文，同会镜湖，欲邀李生湖上吹之，想其风韵，尤敬人神。以费多人少，遂相约各召一客。会中有一人，以日晚方记得，不遑他请。其邻居有独孤生者，年老，久处田野，人事不知，茅屋数间，举呼为独孤丈。至是遂以应命。到会所，澄波万顷，景物皆奇。李生拂笛，渐移舟于湖心。时轻云蒙笼，微风拂浪，波澜陡起。李生捧笛，其声始发之后，昏曀齐开，水木森然，仿佛如有鬼神之来。坐客皆更赞咏之，以为钧天之乐不如也。……良久，又静思作一曲，更加妙绝，无不赏骇。"①李暮的笛子是在宫廷演奏的，技巧之高，不是一般民间乐人所能比拟，而越州的文人也有机会聆听，相信江南的乐人听后会大受启发，吸收进南方音乐之中。《唐国史补》卷下谈到有一位"吹笛天下第一"的李牟，估计就是李暮。这位李牟，"月夜泛江，维舟吹之，寥亮逸发，上彻云表"。某次他来到南方，"秋夜吹笛于瓜洲，舟楫甚隘。初发调，群动皆息。及数奏，微风飒然而至。又俄顷，舟人贾客，皆怨叹悲泣之声"。白居易在杭州时曾作《与微之唱和，来去常以竹筒贮诗，陈协律美而成篇，因以此答》，题中"协律"是校正乐律的官员，白居易与他的关系十分密切，有多首诗提到他。白有《醉戏诸妓》诗："席上争飞使君酒，歌中多唱舍人诗。不知明日休官后，逐我东山去是谁。"②白居易肯定会大受这位协律的影响。这些足够说明北方音乐高手常会到南方活动，增加了江南城市见识同时代音乐最高演奏水平的机会。

唐代江南城市中的音乐与中原地区一样，会受到西域外

① 李昉等编：《太平广记》卷二〇四"李暮"条，第 1552—1553 页。
② 两诗见《白居易集》卷二三，第 510 页。

国音乐的影响。韦应物为苏州刺史时，"有属官因建中乱，得国工康昆仑琵琶，至是送官，表奏入内"。① 这位康昆仑是在宫中演奏的，但从其名字来看，必是一位胡人无异，战乱后他流落到苏州，赖以为生的琵琶丢失，其时被人发现，马上送入宫。当他在苏州的这段时间，肯定为人演奏过。吹笛"近代无比"的李謩在越州表演时，听众中有一位当地的音乐高手独孤生。独孤生对他说："公试吹《凉州》。"演奏至曲终，独孤生又说："公亦甚能妙，然声调杂夷乐，得无有龟兹之侣乎？"李謩大骇，起拜曰："丈人神绝！某亦不自知，本师实龟兹人也。"独孤生又曰："第十三叠误入《水调》，足下知之乎？"李謩曰："某顽蒙，实不觉。"于是"独孤生乃取吹之"。从这段两人的音乐交流中可以看出，越州的独孤生对西域音乐有深入的研究，哪段乐曲来自西域，他一听便知。这就说明江南城市中的歌舞一方面继承了六朝的曲调，同时也吸收了当时流行的西域元素，城市生活与歌唱舞蹈紧密相连，音乐艺术不断发展，乐曲更加通俗化。

　　比如江南城市流行柘枝舞，这是一种从西域传入的少数民族舞蹈，舞女表演时流波送盼，含情脉脉。舞至曲终，"例须半袒其衣"，唐人所谓的"罗衫半脱肩"，实际上是一种半脱衣舞。② 跳这种舞蹈的舞女，在江南城市中有很多。如白居易诗中谈到常州柘枝妓云："莫惜新衣舞柘枝，也从尘污汗沾垂。"又云："平铺一合锦筵开，连击三声画鼓催。红蜡烛移桃叶起，紫罗衫动柘枝来。带垂钿胯花腰重，帽转金铃雪面回。看即曲终留不住，云飘雨送向阳台。"③张祜看到了杭州的柘

① 李肇：《唐国史补》卷中，《唐五代笔记小说大观》，第 177 页。
② 向达：《唐代长安与西域文明》，三联书店 1987 年版，第 65—67 页。
③ 白居易：《白居易集》卷二三《看常州柘枝赠贾使君》《柘枝妓》，第 515、512 页。

枝，有《观杭州柘枝》云："舞停歌罢鼓连催，软骨仙蛾暂起来。红罨画衫缠腕出，碧排方胯背腰来。旁收拍拍金铃摆，却踏声声锦袎摧。看著遍头香袖褶，粉屏香帕又重限。"张祜谈到柘枝的诗有多首，如《周员外席上观柘枝》云："画鼓拖环锦臂攘，小娥双换舞衣裳。金丝蹙雾红衫薄，银蔓垂花紫带长。鸾影乍回头并举，凤声初歇翅齐张。一时欻腕招残拍，斜敛轻身拜玉郎。"《观杨瑗柘枝》云："促叠蛮鼍引柘枝，卷帘虚帽带交垂。紫罗衫宛蹲身处，红锦靴柔踏节时。微动翠蛾抛旧态，缓遮檀口唱新词。看看舞罢轻云起，却赴襄王梦里期。"①说明江南的大城市中这种舞女可能比较多见。从上述描写来看，柘枝舞女的姿态十分优美，矫健有力，节奏多变，大多以鼓伴奏，边舞边唱。舞女的服装很有特色，身穿紫罗衫，上镶有金丝，帽上有金铃，旋转时发出声音，脚穿红锦靴。一般这种舞是单人跳的，但有时也会出现双人共舞的现象，张祜的"小娥双换舞衣裳"，大概是指双人舞。这种从西域传进的舞蹈，不仅西域舞女在江南城市中演出，一些汉族舞女学习后也在跳。《云溪友议》卷上《舞娥异》条说："李八座翱，潭州席上有舞柘枝者，匪疾而颜色忧悴。殷尧藩侍御当筵而赠诗曰：'姑苏太守青蛾女，流落长沙舞柘枝。满座绣衣皆不识，可怜红脸泪双垂。'明府诘其事，乃故苏台韦中丞爱姬所生之女也。曰：'妾以昆弟夭丧，无以从人，委身于乐部，耻辱先人。'言讫涕咽，情不能堪。亚卿为之吁叹曰：'吾与韦族，其姻旧矣。'速命更其舞服，饰以袿襦，延与韩夫人相见。顾其言语清楚，宛有冠盖风仪，抚念如其所媵，遂于宾榻中选士而嫁之也。"这位苏州韦刺史爱姬所生的女儿，"委身于乐部"，在长沙跳柘枝，舞蹈有可能

① 彭定求等编：《全唐诗》卷五一一，第5827页。此外还有《感王将军柘枝妓殁》等诗。

是在江南学习的。

　　参军戏其实是百戏中的一种,是由问答方式演绎的戏剧,演出者要配合表情动作,有时也会杂入歌舞,有乐器配乐。宋人认为这种戏始自汉代,不过在唐代出现是开元间的事情:"俳优弄参军,段安节云:始自后汉馆陶令石耽,有赃犯,孝和帝惜其才,免罪,每宴乐,即令白衣夹衫,命优伶戏弄辱之,经年乃放,后为参军㧓。唐开元中有李仙鹤善此戏,明年特授韶州同正参军。"①参军戏大都是俳优演的,主要是一方对另一方的取乐,其中一方要穿白衣夹衫,相当于今天的滑稽表演。薛能《吴姬》云:"楼台重叠满天云,殷殷鸣鼍世上闻。此日杨花初似雪,女儿弦管弄参军。"②诗题"吴姬",意谓江南女性是特别能演参军戏的。《云溪友议》卷下谈到元稹"廉问浙东,……乃有俳优周季南、季崇及妻刘采春,自淮甸而来。善弄《陆参军》,歌声彻云,篇韵虽不及(薛)涛,容华莫之比也。元公似忘薛涛,而赠采春诗曰:'新妆巧样画双蛾,幔裹恒州透额罗。正面偷轮光滑笏,缓行轻踏皱文靴。言词雅措风流足,举止低回秀媚多。更有恼人肠断处,选词能唱《望夫歌》。'《望夫歌》者,即《罗嗊》之曲也。金陵有罗嗊楼,即陈后主所建。采春所唱一百二十首,皆当代才子所作。其词五、六、七言,皆可和矣"。周季南等人演参军戏,是从北方来到江南,演出的剧目很多,有100多首。演员演出时要化妆,服装有讲究,能唱能演。

　　江南城市中活跃着众多擅长歌舞演唱的妓女,在各种公私场合都能看到她们的身影。比如各道、州的衙门中,有不少能歌善舞的妓女。《本事诗》谈到韩滉为浙西观察使时,戎昱

---

① 杨彦龄:《杨公笔录》,《全宋笔记》第一编第十册,第 140 页。
② 彭定求等编:《全唐诗》卷五六一,第 6520 页。

是浙西的一位刺史,"郡有酒妓,善歌,色亦媚妙,昱情属甚厚。浙西乐将闻其能,白晋公,召置籍中。昱不敢留,饯于湖上,为歌词以赠之"。① 显然道和州都有专门的乐籍,可以配备数量多少不等的歌妓,专为地方长官服务。再如李讷夜登越州城楼,听到有人在唱"雁门山上雁初飞",歌唱人"其声激切",使李讷听了很有感触,于是把人召来。来的女子说:"去籍之妓盛小丛也。"李讷说:"汝歌何善乎?"对方回答说:"小丛是梨园供奉南不嫌女甥也。所唱之音,乃不嫌之授也。今色将衰,歌当废矣。"李讷正好要设宴招待远道来的崔元范,于是在镜湖光候亭摆了个酒桌,"屡命小丛歌饯,在座各为一绝句赠之"。② 白居易任杭州刺史时,有《醉歌示妓人商玲珑》诗:"罢胡琴,掩秦瑟,玲珑再拜歌初毕。谁道使君不解歌,听唱黄鸡与白日。黄鸡催晓丑时鸣,白日催年酉时没。腰间红绶系未稳,镜里朱颜看已失。玲珑玲珑奈老何?使君歌了汝更歌。"③妓人专为刺史个人唱歌弹琴。杜牧《池州李使君殁后十一日,处州新命始到,后见归妓感而成诗》云:"缙云新命诏初行,才是孤魂寿器成。黄壤不知新雨露,粉书空换旧铭旌。巨卿哭处云空断,阿鹜归来月正明。多少四年遗爱事,乡间生子李为名。"④杜牧感叹的是旧官去,新官到,原来感情很好的妓女却要和新官去周旋了。

官员调动工作,会带了歌伎一起上任,前提是要办好"手续"。杜牧《张好好诗》序曰:"牧大和三年,佐故吏部沈公江西幕,好好年十三,始以善歌来乐籍中。后一岁,公移镇宣城,复

---

① 孟棨:《本事诗·情感第一》,《唐五代笔记小说大观》,第 1240 页。
② 范摅:《云溪友议》卷上,《唐五代笔记小说大观》,第 1272 页。
③ 白居易:《白居易集》卷一二,第 244 页。
④ 杜牧:《樊川文集》卷三,第 48 页。

置好好于宣城籍中。"①因为歌唱得好听,所以就带了一起到宣城上任。

官员的宴会聚集中,常有妓女相陪。白居易在杭州时,有《闻歌妓唱严郎中诗,因以绝句寄之》诗云:"已留旧政布中和,又付新词与艳歌。但是人家有遗爱,就中苏小感恩多。"②《闲夜咏怀,因招周协律,刘、薛二秀才》云:"若厌雅吟须俗饮,妓筵勉力为君铺。"③又《饮散夜归赠诸客》云:"回鞭招饮妓,分火送归人。"④当他为苏州刺史时,有《代诸妓赠送周判官》:"妓筵今夜别姑苏,客棹明朝向镜湖。莫泛扁舟寻范蠡,且随五马觅罗敷。兰亭月破能回否,娃馆秋凉却到无?好与使君为老伴,归来休染白髭须。"⑤政事之余,官员常携妓与诗友出游饮酒赋诗,在他们的众多诗歌中,常有以"歌妓""舞妓""饮妓"为题的诗,如白居易《清明日观妓舞听客诗》《代卖薪女赠诸妓》《湖上醉中代诸妓寄严郎中》等。

城市商业的繁荣和发展,刺激了城市娱乐、服务业的发展。江南地区的各个州级城市中,酒楼、妓馆大量存在,官僚士人、富商大贾出游聚会,往往观赏歌舞以助兴,因而江南城市中的歌舞活动十分盛行。如杭州,"境牵吟咏真诗国,兴人笙歌好醉乡",⑥到处都是音乐歌舞之声。一到节日,更是"灯火家家市,笙歌处处楼"。⑦

---

① 杜牧:《樊川文集》卷一,第 8 页。
② 白居易:《白居易集》卷二三,第 511 页。
③ 白居易:《白居易集》卷二〇,第 435 页。
④ 同上书,第 443 页。
⑤ 白居易:《白居易集》卷二四,第 533 页。
⑥ 白居易:《白居易集》卷二六《见殷尧藩侍御忆江南诗三十首》,第 586 页。
⑦ 白居易:《白居易集》卷二〇《正月十五日夜月》,第 450 页。

三、五代江南城市的歌舞活动

唐末五代，历经短暂的混乱之后，江南城市经济重又兴盛起来，城市里的歌声再次响起。

吴末及南唐初年，在都城金陵，政府的乐伎制度全面建立。如南唐于开国之初即设置教坊，以专掌乐事。马令《南唐书》卷二五《申渐高传》称："昇元初，案籍编括，渐高以善音律为部长。"大概乐部就建于这个时候。陆游《南唐书》卷一八《高丽传》载，昇元二年（938）六月，高丽遣广评侍郎柳勋律贡方物于南唐，"烈祖御武功殿，设仪仗见其使。自言代主朝觐，拜舞甚恭。宴于崇英殿，出龟兹乐，作番戏，召学士承旨孙晟侍宴"。为宴请外国使节而用乐，想必是用乐部来主持演出的。《江南余载》卷上云："元宗宴于别殿，宋齐丘已下皆会。酒酣，出内宫声乐以佐欢。齐丘醉狂，手抚内人于上前，众为之悚慄，而上殊不介意，尽兴而罢。"这里的"内宫声乐"估计就是宫内的乐伎。又《江表志》卷上云："种氏者，乐部中之官伎也，有宠于永陵。"李后主娶了周后，"颇留心于声乐"，时为监察御史的张宪上疏言："闻有诏以户部侍郎孟拱辰宅与教坊使袁承进居止。昔高祖欲以舞人为散骑常侍，举朝非笑。今承进教坊使耳，以侍郎宅居之，亦近之矣。"[①]南唐宫中乐舞妓人的增加与声色时尚的形成，在嗣主李璟即位以后达到顶峰。如南唐乐部头是李家明："李家明，世为庐州西昌人。嗣主时为乐部头，有学。"平建州后，"俘延政及百官入建康，寻封王，遂命王公宰僚之属燕其第，时遣家明率乐部往，延政啬于贿赂，家明怒其寡而讥之，曰：'贱工无伎，大王优赐，不敢奉命。

---

① 佚名：《江南余载》卷上，《全宋笔记》第一编第二册，第239页。

然告大王，乞取一物。'延政曰：'吾家所有，唯汝之命。'家明曰：'大王平天冠今且无用，家明敢请之。'延政默然，惭恨而罢。"①李璟宠幸的乐伎不少，"常乘醉命乐工杨花飞奏《水调词》进酒"。② 南唐画家周文矩曾作《合乐图》，主题是皇家庭院里欣赏女乐演奏的情况。画卷左半部是欣赏音乐的男女皇室人员和侍从。乐队分左右两侧，对称排列。左侧女乐所奏乐器为琵琶、竖箜篌、筝、方响、笙、细腰鼓、横笛、筚篥、拍板。周文矩另有《宫中图卷》和《吕乐图》，都是反映南唐宫中乐伎演奏的画面。

　　建都在杭州的吴越国，皇室中也有不少人喜欢乐舞。文穆王钱元瓘的恭懿夫人吴氏"幼以婉淑"，后来"善鼓琴"，③说明这种技能是在宫里教授的。吴越国的宫中有妓乐制度。钱元瓘仁惠夫人许氏，"雅善音律，文穆王后庭乐部悉命夫人掌焉"。④ 钱元瓘第十一子钱弘仪，"晓音律，能造新声，尤工琵琶，妙绝当世。忠懿王常宴集兄弟，欲使仪弹，而难于面命，乃别设一榻，置七宝琵琶于上，覆以黄锦，酒酣，仪果白王曰：'此非忽雷乎？愿奏一曲为王寿。'时王叔元珣亦知音，王命之拍，曲终，王大悦，赐仪北绫五千段"。⑤ 不但建起了宫廷乐部，还常常与大臣一起欣赏乐曲。

　　政府中能歌善舞的称乐工，或教坊伶人，女乐工其实就是官妓。《江南余载》卷上云："徐知询在宣州，聚敛苛暴，百姓苦之。入觐侍宴，伶人戏作绿衣大面若鬼神者。傍一人问谁何，

① 龙衮：《江南野史》卷七《李家明》，《全宋笔记》第一编第三册，第202—204页。
② 郑文宝：《南唐近事》卷二，《全宋笔记》第一编第二册，第220页。
③ 吴任臣：《十国春秋》卷八三《恭懿夫人吴氏传》，第1189页。
④ 吴任臣：《十国春秋》卷八三《仁惠夫人许氏传》，第1190页。
⑤ 吴任臣：《十国春秋》卷八三《钱弘仪传》，第1206页。

对曰：'我宣州土地神也。吾主人觐，和地皮掘来，故得至
此。'"这里所谓"伶人"者，应该是吴国的官妓，以演戏讽刺徐
知询的残暴。再如王感化，"善讴歌，声韵悠扬，清振林木"。
初隶光山乐籍，后入金陵，"系乐部为歌板色"。① 南唐杨名
高，也是一位乐工。李冠，"散乐也，善吹洞箫，悲壮入云。元
宗将召隶教坊"。② 宋齐丘《陪华林园试小妓羯鼓》诗云："因
逢淑景开佳宴，为出花妓奏雅音。掌底轻璁孤鹊噪，枝头干快
乱蝉吟"。③原注："时李琢璟为诸衙将军。"诗中小妓当为官
妓，以善操羯鼓而见宠。

　　随着社会的稳定，贵族家里的歌舞开始大量出现。保存
至今的顾闳中《韩熙载夜宴图》，真实地描绘出政治上不得志
的韩熙载纵情声色的夜生活，刻画出韩熙载当时复杂的心境，
同时也使我们一睹南唐高官家里的乐舞表演。图分五段，每
一段画面以屏风相隔。其中第一段右侧床上长须、戴高冠者
是韩熙载，他和宾客正聚精会神地倾听教坊使李家明妹妹的
琵琶独奏。第三段击鼓歌舞《六幺》。六幺属于软舞系列，多
由女子独舞，舞姿优美，轻盈飘逸。画中，韩熙载手里拿着鼓
槌在击鼓，为家妓王屋山表演六幺舞伴奏。画中的王屋山小
巧玲珑，着蓝色长袍、窄袖，双手在背后成半圆形。她的右侧
有一人击拍板，左右两侧有两人拍掌击节。另一段是五名女
伎的合奏，两人吹横笛，三人吹筚篥，另有一人击拍板。此画
是贵族人家夜宴和乐舞表演的真实反映。

　　南唐士大夫家里往往有很多歌舞乐人演奏音乐。如宰相
游简言与徐锴喝酒时，"徐出妓佐酒，叠唱歌辞，皆锴所制，锴

---

① 吴任臣：《十国春秋》卷三二《王感化传》，第 461 页。
② 吴任臣：《十国春秋》卷三二《杨飞花传》《李冠传》，第 459、461 页。
③ 彭定求等编：《全唐诗》卷七三八，第 8415 页。

乃大喜起谢".① 这位佐酒的妓女,能够一首连一首地唱歌。柴再用"按家乐于后园,有左右人窃于其门隙观之。柴知,乃召至后园,使观按习"。② 南唐偏安江左,士大夫生活比较奢靡,家妓数量很多。《南唐近事》卷一载:"严续相公歌姬,唐镐给事通犀带,皆一代之尤物也。唐有慕姬之色,严有欲带之心,因雨夜相第有呼卢之会,唐适预焉。严命出妓解带,较胜于一掷,举座屏气观其得失。六骰数巡,唐彩大胜。唐乃酌酒,命美人歌一曲,以别相君。宴罢,拉而偕去,相君怅然遣之。"《旧五代史》卷一三一《孙晟传》亦云:"晟以家妓甚众,每食不设食几,令众妓各执一食器,周侍于其侧,谓之'肉台盘'。"严续与孙晨皆元宗时名相,他们家里有歌妓,作为一种风尚,必然会引得其他士大夫争相仿效。如马令《南唐书》卷二二《刘承勋传》,谈到刘承勋"家畜妓乐,迨百数人,每置一妓,费数百缗,而珠金服饰,亦各称此"。陶谷奉使到南唐,韩熙载命妓秦弱兰"诈为驿卒女,每日弊衣持帚扫地,陶悦之与狎,因赠一词名《风光好》云:'好因缘,恶因缘,只得邮亭一夜眠。别神仙,琵琶拨尽相思调,知音少。待得鸾胶续断弦,是何年?'"③从词中可以看到,秦弱兰是会弹琵琶的,陶谷喜欢她可能就是因为能弹能唱的缘故。由此可见,在短暂的社会安定中,士大夫们对音乐歌舞的热情追求。

有学者指出南唐"以教坊伶工和豪门家妓为主体的乐舞艺人,不仅在追忆旧谱中演绎出许多变调词曲,也将不少新创曲调奉献于歌宴舞席之上,为士大夫倚曲填词提供了更加丰富的选择余地"。因此"以宫廷和宅第为主要场所的创作环

---

① 佚名:《江南余载》卷上,《全宋笔记》第一编第二册,第 243 页。
② 郑文宝:《江表志》卷上,《全宋笔记》第一编第二册,第 262 页。
③ 郑文宝:《南唐近事》卷二,《全宋笔记》第一编第二册,第 225 页。

境,在很大程度上也制约着文人词的艺术品位,君臣欢会、朋僚宴集,词涉倡风,总非所宜"。① 南唐的歌舞音乐的确是以教坊伶工和士大夫贵族家里的家伎表演为主,他们的表演主要是在宫廷和贵族的家里,为他们喝酒助兴,这种表演形式对五代词的发展产生了十分重要的影响。

当然,其时市井中也有乐妓。吴顺义六年(926)史虚白自后唐奔吴,宋齐丘欲试其技能,"乃命僚属宴之以倡乐,试之以笺翰,使女奴索讽弄,多方扰之"。② 这里的"倡乐",应该就是市井倡优之乐也,是宋齐丘故意派人带了史虚白去的,目的是为了干扰他,从语义看"倡乐"是带有贬义的,是不登大雅之堂的。陶谷《清异录》卷上云:"李煜在国,微行娼家,遇一僧张席,煜遂为不速之客。僧酒令、讴吟、吹弹莫不高了,见煜明俊酝藉,契合相爱重。煜乘醉大书右壁,曰:'浅斟低唱,偎红倚翠,大师鸳鸯寺主,传持风流教法。'久之,僧拥妓入屏帷,煜徐步而出,僧人、妓竟不知煜为谁也。"③这位妓女既卖身,又能唱歌。总体而言,其时江南市井中的乐妓已经出现,数量大概不少,但就吴越和南唐而言,歌伎乐工可能主要是存在于宫廷和贵族的家里。

四、江南城市歌舞活动
盛行的原因

六朝至唐五代,江南城市中歌舞活动如此盛行,其原因是

① 张兴武:《乱世江南著雅音——南唐妓乐与南唐词》,《西北师大学报》2001年第1期。
② 龙衮:《江南野史》卷八《史虚白》,《全宋笔记》第一编第三册,第208页。
③ 陶谷:《清异录》卷上,《全宋笔记》第一编第二册,第31页。

什么？我们认为这应该是多种因素造成的，如与江南城市特殊的政治地位、城市规模的扩大、城市经济的发展和南方的民风民俗等，都有一定的关系。但最主要的原因，恐怕是与江南城市的人口结构有着直接的关联。六朝至唐五代，江南城市居民社会地位并不完全一致，各城市政治等级不同，城市居民的实际文化素质和经济富裕程度有很大差别，他们对文化的追求是不同的。六朝以后，江南城市中文化层次较高的人口越来越多，直接决定了这些人对歌舞音乐的追求比较狂热。

　　江南六朝时的建业与建康、唐末五代时的杭州、南唐的金陵，曾经作为都城，成为南方几个中央政府的所在地，因而在这些城市中居住着皇帝、宗室和外戚等政治和经济上的特权阶层。从孙权开始，到六朝结束，先后有 40 多个皇帝在建康即位，过着君临天下的奢侈生活。这些皇帝、宗室和外戚是城市里地位最高者，从魏晋到吴越、南唐，他们是江南最高层的统治阶级。如五代时的吴越国钱镠，是吴越地区最高统治者。《通鉴》卷二七二后唐同光元年二月条称："镠始建国，仪卫名称多如天子之制，谓所居曰宫殿，府署曰朝廷，教令下统内曰制敕，将吏皆称臣，惟不改元，表疏首称吴越国而不言军。以清海节度使兼侍中传瓘为镇海、镇江留后，总军府事。置百官，有丞相、侍郎、郎中、员外郎、客省等使。"一副正宗皇帝的架势，中央政府的规模全都具备。① 南唐是禅吴而来的一个王朝，有自己的国号、年号，三代帝王建立了完整的中央政权体制，设立了三省六部和御史台、翰林院等政府职能部门。庞大的皇室人员盘踞在江南的大城市中，他们追求着歌舞音乐，使宫廷音乐代代相继。

　　其次，江南城市中居住着大量的贵族，他们掌握着社会的

① 欧阳修：《新五代史》卷六七《吴越世家》，第 841 页。

文化导向。六朝时期，江南各城市贵族豪门都是以城市作为
发展的政治和经济基地，他们居住在城市中，控制着城市的发
展。东吴周氏、陆氏、顾氏家族居所在苏州，葑门外曹巷村有
吴丞相顾雍宅，周瑜宅在"今郡庙址，故井犹存，内有古柏，瑜
手所植"。① 顾雍为孙吴政权中举足轻重的人物，为吴相十九
年，孙权曾亲自拜访顾雍的母亲，以期望能得到顾雍这一世族
大家的支持。梁武康人沈瑀任余姚县令，发现"县大姓虞氏千
余家，请谒如市，前后令长莫能绝。……县南又有豪族数百
家，子弟纵横，递相庇荫，厚自封植，百姓甚患之"。② 北方南
迁的士族，更是有很多人留在了大城市之中。如祖冲之是南
朝最著名的天文学家和数学家，祖姓为名门著姓，居范阳一
带，西晋末永嘉南迁时，祖冲之先祖居丹徒之京口。门阀大族
都是文化士族，礼法伦理是维系大族世代相传的纽带。士族
中的很多人往往"有词采"，善音乐。他们南迁的过程中，将北
方的音乐带到了江南。

　　江南城市的上流阶层中，官员是人数较多的一个群体。
虽然从高官到底层官员，社会地位差距很大，但他们在城市内
有统治权，是城市真正的掌控者。京城有中央政府的各级衙
门机构，估计一个政府的全部官员数量不会少于数千人。而
各地的州郡和县都是政府的统治据点，也有很多官员。唐朝
州长官有刺史，此外还有一套庞大的官员队伍，别驾、长史、司
马称为上佐，司功等为判司，此外还有录事参军事、参军等官。
唐代中期以后，在润州、越州、宣州设观察使，观察使的幕职有
副使、支使、判官、掌书记、推官、巡官等。吴越和南唐的道、
州、县制度大体是从唐朝演变而来，名称虽然不同，但统治的

---

① 顾展涛：《吴门表隐》卷三，江苏古籍出版社 1999 年版，第 31 页；卷
　四，第 44 页。
② 姚思廉：《梁书》卷五三《沈瑀传》，第 768—769 页。

实质大体一致。城市级别越高,城市官员的数量越多,官员队伍就更庞大。官员在城里往往过着优裕的生活,有着较好的经济条件,衣食住行引领着城市的风尚。如陈朝余姚人虞荔为大著作,"母随荔入台,卒于台内。寻而城陷,情理不申,由是终身蔬食布衣,不听音乐,虽任遇隆重,而居止俭素,淡然无营"。① 也就是说,一般的官员都是喜欢音乐的。吴越高官孙承祐"恣为奢侈,每一燕会,杀物命千数,家食亦数十器方下箸,设十银镬,构火以次荐之。……又用龙脑煎酥制小样骊山,复千金市石绿一枚,治为博山香炉峰,……其豪贵如此"。② 官员在城市中大兴土木建造园林别墅和各类住宅。大部分的官员都具有较高的文化素质,琴棋书画样样在行,对音乐歌舞的追求热情高于常人。

官员子弟及家眷也常会随着官员的上任生活在江南城市中。陈朝陆琼是陆云公的儿子,"幼聪惠有思理,六岁为五言诗,颇有词采。大同末,云公受梁武帝诏校定《棋品》,……琼时年八岁,于客前覆局,由是京师号曰神童"。③ 到了唐代,官员带家眷上任更是普遍。杨发为润州从事,把家安在金陵,其弟杨收等都到南方来了。④ 唐中期豆卢荣为温州别驾,他的妻子就是金河公主的女儿,所以"公主随在州数年"。后来袁晁乱起,"江东米贵,唯温州米贱,公主令人置吴绫数千匹,故恋而不去"。⑤ 南唐昭武军节度使刁彦能对润州比较有好感,"乐其风土",遂定居在京口。⑥ 外地官员在江南任期结束后,

① 姚思廉:《陈书》卷一九《虞荔传》,第 257 页。
② 吴任臣:《十国春秋》卷八七《孙承祐传》,第 1263 页。
③ 姚思廉:《陈书》卷三〇《陆琼传》,第 396 页。
④ 王钦若等编:《册府元龟》卷七二九《幕府部·辟置四》,第 2557 页。
⑤ 李昉等编:《太平广记》卷二八〇引《广异记》"豆卢荣"条,第 2229—2230 页。
⑥ 佚名:《京口耆旧传》卷三,文渊阁《四库全书》第 451 册,第 121 页。

有很多人留在江南,而他们的家属子弟也跟着一块儿定居下来,金陵、苏州、常州、杭州是他们居住的几个重要城市。乐安刘夫人"先世因官江南,遂徙家于金陵,乃为县人矣"。① 官员子弟及家眷往往也是有文化的一批人,对音乐歌舞有着一定的嗜好。

　　江南城市中聚集了很多文人学士。安史之乱发生后,北方居民多避乱南奔,李白说:"三川北虏乱如麻,四海南奔似永嘉。"②又云:"天下衣冠士庶,避地东吴,永嘉南迁,未盛于此。"③北方有大量的文人寓居江南各城市。刘邺父刘三复尝为李德裕浙西从事,后"以文章客游江浙"。④ 泉州人儒学康仁杰"易儒服至金陵"。南唐开科举,举子云集金陵,宣城士人舒雅"保大时随计金陵,悄所业献于吏部侍郎韩熙载"。邱旭"随计金陵,凡九举而曳白者六七"。文士大量集中在江南,对江南城市文化带来了较大的影响。皎然《诗式》卷四指出:"大历中,词人多在江外。皇甫冉、严维、张继、刘长卿、李嘉祐、朱放,窃占青山白云、春风芳草以为己有。……迄今余波尚寝,后生相效,没溺者多。"东晋兰亭文人集会开创了江南文人诗酒文会的滥觞,江南文人从南朝齐武帝时的竟陵王萧子良招集文士,到唐代的一些诗会,如永泰间的宣州诗会,大历间的会稽诗会、湖州诗会、常州诗会等,贞元间的浙西诗会、苏杭诗会,长庆至大中间的杭州、越州与苏州诗会,⑤虽然其中很多

---

① 周绍良主编:《唐代墓志汇编》咸通〇八一《唐故乐安戎处士故夫人墓志铭并序》,第 2442 页。

② 李白著,瞿蜕园校注:《李白集校注》卷八《永王东巡歌十一首(其二)》,第 547 页。

③ 李白著,瞿蜕园校注:《李白集校注》卷二六《为宋中丞请都金陵表》,第 1514 页。

④ 王钦若等编:《册府元龟》卷七二九《幕府部·辟置四》,第 8676 页。

⑤ 景遐东:《江南文化与唐代文学研究》,第 190—201 页。

人既是文人又是地方官,但也纠集了不少普通文人、诗僧。这些文人举子,对音乐歌辞都有着特殊的喜爱。

歌舞活动的盛行,和江南城市中居住着大量的乐人、娼妓有关。娼妓有官私之分。官妓中为皇宫服务的叫宫妓,为一般官府服务的官妓也称营妓。官妓主要为各级官僚陪酒侍宴,唱歌跳舞,身属乐籍,衣粮官给,实际上受皇室和各级地方官的支配,官员可以据为己有,也可以转赠他人。东吴孙皓即位后,追谥父亲孙休为文皇帝,"比七日三祭,倡技昼夜娱乐"。① 这些宫廷内的"倡技",属皇宫所有。东晋孝武帝的安德陈太后出身于倡家,其"父广,以倡进,……后以美色能歌弹,入宫为淑媛,生安、恭二帝"。② 由于倡是以色美和善歌能弹见长,所以与乐人有很多相近的地方,有时乐人和倡会很难区分。南朝官伎仍很普遍,刘宋元嘉十三年(436),"司徒彭城王义康于东府正会,依旧给伎。总章工冯大列:'相承给诸王伎十四种,其舞伎三十六人。'"太常傅隆以为应该减少诸王使用倡伎的人数,而宋文帝并未采纳。③ 郁林王萧昭业"大敛始毕,乃悉呼武帝诸伎,备奏众乐,诸伎虽畏威从事,莫不哽咽流涕"。④ 他即位后,还为阉人徐龙驹"置嫔御妓乐"。⑤ 梁朝宫中仍大量使用倡伎。如昭明太子萧统,"出宫二十余年,不畜声乐。少时,敕赐太乐女妓一部"。⑥ 普通末,梁武帝"自算择后宫《吴声》《西曲》女妓各一部,并华少,赉(徐)勉"。⑦ 皇帝为了表示对大臣的优渥,将宫中女妓转赠大臣。唐代,江南城

---

① 陈寿:《三国志》卷五九《吴书·孙和传》,第 1371 页。

② 房玄龄等:《晋书》卷三二《陈太后传》,第 983 页。

③ 沈约:《宋书》卷一九《乐志一》,第 547 页。

④ 李延寿:《南史》卷五《废帝郁林王纪》,第 136 页。

⑤ 李延寿:《南史》卷七七《杜文谦传》,第 1931 页。

⑥ 姚思廉:《梁书》卷八《昭明太子传》,第 168 页。

⑦ 李延寿:《南史》卷六〇《徐勉传》,第 1485 页。

市中仍活跃着很多官伎，有的供文官娱乐，有的供军士娱乐。根据服务于镇、州、县的不同，有"府娼""郡娼""官使妇人""官使女子""乐营妓人""乐营子女"等等不同称法。白居易在杭州刺史任上有《湖上招客送春泛舟》云："欲送残春招酒伴，客中谁最有风情。两瓶箬下新求得，一曲霓裳初教成。排比管弦行翠袖，指麾船舫点红旌。慢牵好向湖心去，恰似菱花镜上行。"自注说："时崔湖州寄新箬下酒来，乐妓教《霓裳羽衣曲》初毕。"①这儿的乐妓就是官妓。韩滉镇浙西，"郡有酒妓，善歌，色亦媚妙，……召置籍中"，②这位酒妓应是隶属州政府的。地方官调动工作时，官伎是不能带走的。唐末镇海节度使周宝年"八十三，筋力尤壮，女妓百数，盖得（殷）七七之术"。③ 是否真是如此，尚不得而知，但周宝的"女妓百数"，当属于官妓。

　　江南城市中居住着大量有音乐天赋的私伎。六朝至唐五代时期，私伎实际上分为两大类，一类是专属于富人的家伎，另一类是服务于城市大众的市伎。家伎在六朝最为多见，唐五代略少，而市伎六朝较少，到了唐朝以后就比较多见。市伎是城市商品经济发展到一定程度的产物，是城市内出现的一种特殊的消费关系。

　　六朝时期，高官大族家里都有家伎。家伎长相比较漂亮，能歌善舞，擅长演奏乐器。史书虽常"伎妾"连用，但伎和妾还是有所区别的，伎需要具有长相和艺术上的素养。东晋明帝崩，"时国丧未期，而尚书梅陶私奏女妓"，御史中丞钟雅劾奏曰："陶无大臣忠慕之节，家庭侈靡，声妓纷葩，丝竹之音，流闻

---

① 白居易：《白居易集》卷二〇，第452页。
② 孟棨：《本事诗·情感第一》，《唐五代笔记小说大观》，第1240页。
③ 沈汾：《续仙传》卷下"殷文祥"条，文渊阁《四库全书》第1059册，第614页。

衢路,宜加放黜,以整王宪。"①东晋末年,桓玄篡位,后刘裕举义旗起兵,"扫定京都。诛之。玄之宫女及逆党之家子女妓妾悉为军赏"。②将桓玄逆党家里的女伎全部赏给自己的部队,成了将士们的家妓。至南朝,王公贵族争相聚妾蓄妓,"妓乐之妙,冠绝一时"。③刘宋大将沈庆之家有"妓妾数十人,并美容工艺",④长相漂亮,能歌能舞。⑤范晔家里"乐器服玩,并皆珍丽,妓妾亦盛饰"。⑥梁吴郡张率,"其父侍妓数十人,善讴者有色貌"。⑦有一定经济实力的官员,往往家有伎数十人,甚至有的多达数百人,可以组成一支庞大的乐队。唐五代以后,家伎仍然存在,不过数量较少,也不像六朝的贵族官僚那样张扬。如白居易有"姬人樊素,善歌,妓人小蛮,善舞,尝为诗曰:'樱桃樊素口,杨柳小蛮腰。'年既高迈,而小蛮方丰艳,因为杨柳之词以托意"。⑧

　　城市中开始出现市伎。南朝后期,随着城市商品经济的发展,为满足居民奢侈消费的需要,城市中出现了以才艺声色谋生的私妓,南齐名妓苏小小就是其中的一个典型。《苏小小歌》云:"妾乘油壁车,郎骑青骢马。何处结同心,西陵松柏下。"⑨《乐府广题》曰:"苏小小,钱塘名倡也。盖南齐时人。"梁简文帝的《乌栖曲》也反映了这种情况:"青牛丹毂七香车,可怜今夜宿娼家。娼家高树鸟欲栖,罗帷翠

---

① 房玄龄等:《晋书》卷七〇《钟雅传》,第 1877—1878 页。
② 房玄龄等:《晋书》卷二八《五行中》,第 848 页。
③ 沈约:《宋书》卷七一《徐湛之传》,第 1844 页。
④ 沈约:《宋书》卷七七《宋庆之传》,第 2003 页。
⑤ 李延寿:《南史》卷三七《沈庆之附攸之传》,第 966 页。
⑥ 沈约:《宋书》卷六九《范晔传》,第 1829 页。
⑦ 姚思廉:《梁书》卷三三《张率传》,第 478 页。
⑧ 孟棨:《本事诗·事感第二》,《唐五代笔记小说大观》,第 1245 页。
⑨ 逯钦立辑校:《先秦汉魏晋南北朝诗·齐诗》卷六,第 1480 页。

帐向君低。"①唐朝以后,市妓日益多见,如时人吟诵:"娼楼两岸悬水栅,夜唱《竹枝》留北客。"②南唐金陵城内,道士章齐一因为"滑稽无度,善于嘲毁,娼里乐籍多称其词"。③ 所谓娼里,大概是指城市中娼妓集中居住和营业的地方。市妓的出现与城市社会的发展息息相关,是商品经济繁荣而发生的社会新变化。

不难发现,江南城市中歌舞活动的盛行,除了音乐歌舞自身内涵的发展和演奏技巧的变化外,最主要的是城市里居住有大量欣赏音乐歌舞的人员,他们追逐并且享受着歌舞活动带来的快乐,以了解和掌握音乐演奏而自诩,显示出自己文化素养上的高雅。同时,江南城市中居住着大量从事音乐歌舞活动的人员,他们以演出作为谋生手段,他们丰富和发展了音乐歌舞的表演技术。

总体上说,江南城市的歌舞音乐以官方活动为主,主要在上层社会中流行和传承,但同时,我们也可以看到这种歌舞活动在不断地向社会中下层转移。社会上对歌舞音乐的需要,使得这种活动更多地从官方走向了民间,歌舞音乐有着更为广阔的发展空间。

（本文原刊于《传统中国研究集刊》第十二、十三合辑,上海社会科学院出版社 2015 年版）

---

① 欧阳询主编:《艺文类聚》卷四二《乐部二·乐府》,上海古籍出版社1982 年版,第 763 页。
② 彭定求等编:《全唐诗》卷三八二张籍《江南曲》,第 4288—4289 页。
③ 郑文宝:《南唐近事》卷二,《全宋笔记》第一编第二册,第 221 页。

唐五代江南城市的
园林建设及其特点探析

　　唐五代时期,江南大多数城市特别注重在城市内外修造园林,成为改善城市居住环境的重要手段。从一定程度上说,建造园林是城市民众提高生活质量的需要,同时也是在有了一定的经济实力和物质条件之后,城市民众对自然的回归。长期居住在城市中的人们,用贴近自然或直接营建小自然的方式,来保持与自然的关联,求得内心的安适。

　　唐五代江南城市的园林建设情况,以往的研究并不重视。已有的成果主要局限于个别城市的园林建设,如魏嘉瓒先生的《苏州古典园林史》,[①]有专章谈到唐五代的苏州园林建设。一些造园史和城市史的著作中,并没有将园林作为江南城市建设中的一个重要元素进行考量,更缺乏对江南城市园林特色和园林建设的社会条件进行分析。因此本文对江南城市园林的探析,无论是在城市史研究还是在园林建筑史研究方面,都具有一定的学术意义。

　　本文指的江南,主要指唐中期的浙西、浙东地区,相当于今江苏长江以南和浙江的全部。

---

① 魏嘉瓒:《苏州古典园林史》,上海三联书店 2005 年版,第 97—122 页。

一、江南城市的园林建设

　　唐五代时期的江南城市内，分布着众多园林。这些园林建筑是城市物质形态的一部分，标志着城市建设达到了一定的水准。同时，凭借了城市周围的自然山水，也建设了许多园林，使民众不但在城市内有很多可以游乐的幽静之处，而且在城市周围地区，也能找到自然和人文景观结合完美的风景。

　　1. 江南城市内的园林

　　江南城市内的园林分布于一些重要街区，如州衙、权贵豪宅、寺院等，这些地方都会建起大小不等的园林。城市建筑除了实用外，还特别讲究美化环境的功能。此外，州级城市子城的城墙上往往建有高楼，便于官员闲暇时极目远眺。城市的权贵们凭着自己的人文眼光，将州衙、庭园、寺院建成一个个大园林，厅斋堂宇，亭榭楼阁，疏密相间，高低错落有致。

　　江南城市内的园林以苏州城最有特色，不但数量多，而且园林的建造技艺高。六朝的几个著名园林到了唐代仍然存在，而且在不断维修。如西晋的辟疆园，"池馆林木之胜"，[①]在苏州号称第一，园中的绿竹、假山在唐代依然受人追捧。唐代苏州新建了很多园林。《吴郡志》卷九《古迹》："临顿，旧为吴中胜地。陆龟蒙居之，不出郛郭，旷若郊墅。今城东北有临顿桥，皮陆皆有诗。"用现在的眼光来看，这是一处具有田园风光的园林，其具体地点可能在今拙政园一带。皮日休有《临顿为吴中偏胜之地陆鲁望居之》，[②]描写临顿四周全是竹林和树木，有小池塘，景色以幽静著称，俊雅秀丽，精巧玲珑。曾为泾

----

① 龚明之：《中吴纪闻》卷一《辟疆园》，《全宋笔记》第三编第七册，第174页。

② 彭定求等编：《全唐诗》卷六一二，第7060页。

县令的任晦,晚唐归吴后专注园圃。范成大说园池"深林曲沼,危亭幽砌",池中又为岛屿,修篁嘉木,掩映隈奥。① 苏州的一些豪贵修造住宅时,也会考虑将庭园建造成一个小型花园。大酒巷是一个失却名姓的唐朝富人修建的,他在巷内建造府第,同时"植花浚池,建水槛风亭,酝美酒以延宾旅,其酒价颇高,故号大酒巷"。② 苏州子城上,齐云楼高耸雄伟,白居易"半日凭栏干",看到了苏州城"复叠江山壮,平铺井邑宽。人稠过杨府,坊闹半长安"的景象。③ 五代时期,处于吴越国统治下的苏州城相对比较安定。自乾化三年(913)钱元璙迁苏州刺史,前后在苏州长达30年,特别注重园林的修建。《吴郡图经续记》卷下《园第》引《九国志》说:"元璙治苏州,颇以园池花木为意,创南园、东圃及诸别第,奇卉异木,名品千万。今其遗迹多在居人之家,其崇冈清也,茂林珍木,或犹有存者。"

　　湖州、杭州、金陵、越州等城市都修筑了大量的园林,使城市环境大为改观。

　　湖州城内最大的园林在白蘋洲。宋人曾说:"吴兴山水清远,城据其会,骚人墨客状其景者,曰水晶宫,曰水云乡,曰极乐城。……一城之内,触处见山,触处可以引溪流,故凡为苑囿,必景物幽雅,虽近市如在近云岩江邨,所以为贵也。唐开成中白蘋洲有三园,钱氏时清源门内有芳菲园,……自白蘋洲外,俱不可见。乡老寓公多为芳圃,亭宇相望,沼沚旁联,花木翁茂,游者争眩,物故不能两盛也。"④白蘋洲在州城东南二百步,原为一片荒泽,大历十一年(776)颜真卿为刺史,剪除野草,引导溪水,兴建八角亭。不久,因水灾受淹,亭子被冲垮,

① 范成大:《吴郡志》卷二五《人物》,第358页。
② 朱长文:《吴郡图经续记》卷下《往迹》,第60页。
③ 白居易:《白居易集》卷二四《齐云楼晚望偶题十韵》,第550页。
④ 谈钥纂:《嘉泰吴兴志》卷一三《苑囿》,《宋元方志丛刊》,第4739页。

淤泥堆积。《嘉泰吴兴志》卷一三《亭》:"八角亭,唐大历史刺史颜真卿始剪榛棘,疏溪流以建,茅亭亦颜公建,书柳恽《江南曲》于上。复杨汉公作五亭,有记,因列茅亭及旧址于碑。"开成三年(838),刺史杨汉公重新疏导四条渠道,疏浚二片池塘,修建三个园,构筑了五个亭子,使游览区成了"卉木荷竹,舟桥廊室,泊游宴息宿之具,靡不备焉"的胜境,具备了现代休闲度假区的许多特征。每至"洒风春溪月、秋花繁鸟啼之旦,莲开水香之夕,宾友集,歌吹作,舟棹徐动,觞咏半酣,飘然恍然",景区中游人如织,纷纷为美丽的景色所陶醉,不知是人间还是方外。① 湖州城内登高的场所有销暑、会景、清风等"四楼",以销暑楼最为著名。《嘉泰吴兴志》卷一三《宫室》曰:"销暑楼在谯门东,唐贞元十五年李词建,有诗四韵,给事中韦某等诗六首。开成中刺史杨汉公重修,毕工在中秋日,有诗四首。"销暑楼高耸入云,官员们以登楼作为附弄风雅之举。

　　杭州城内也有不少园林。虚白堂面江倚山,凭栏可以看钱塘江潮,天气晴好时能远眺高山。南亭在杭州城"东南隅,宏大焕显",在亭上可以看到钱塘江,所以杜牧说:"江平入天,越峰如髻,越树如发,孤帆白鸟,点尽上凝。在半夜酒余,倚老松,坐怪石,殷殷潮声,起于月外。"②亭边有古松,有怪石,官员文人常在这里登楼倚轩,饮酒作诗。清辉楼在州治内,应是元和年间刺史严休复改建。白居易谈到此楼说:"严十八郎中在郡日,改制东南楼,因名清辉,未立标榜,征归郎署。予既到郡,性爱楼居,宴游其间,颇有幽致。"③五代时,杭州成了吴越国的首都,在凤凰山麓改建隋唐杭州城为王城,"以山阜为宫

---

① 白居易:《白居易集》卷七一《白蘋洲五亭记》,第1495页。
② 杜牧:《樊川文集》卷一《杭州新造南亭子记》,第156页。
③ 白居易:《白居易集》卷八《严十八郎中在郡日》,第159页。

室"，修建了握发殿、都会堂、八会堂、阅礼堂、功臣堂、天宠堂、仙居堂、天册堂、恩政堂、武功堂、大庆堂、瑶台院、义和院、天长楼、叠雪楼、青史楼等殿堂楼院，此外还建有不少假山莲池、曲水亭阁的园林。《全唐文》卷六六四罗隐有《虚白堂前牡丹相传云太傅手植在钱塘》，指昔日虚白堂前牡丹花名闻远近，眼下吴越国改名为都会堂，仍然是赏景宴乐的去处，因而大加赞扬："莫背栏干便相笑，与君俱受主人恩。"

　　金陵作为南唐的都城，皇宫内建起多个园林，如西苑、小蓬莱池苑、饮香亭、后圃等。李建勋罢相时，元宗李璟在西苑内的天全阁设宴招待，李建勋作诗进曰："御苑赐房令待诏，此身殊胜到蓬瀛。"① 苑内有建筑，有树木花草，景色如仙境。小蓬莱池苑比较小巧玲珑，"凿地广一顷，池心叠石，象三神山，号小蓬莱"。② 饮香亭以种植兰花出名，③亭内兰香四溢。宫城中的后圃是个种植了许多花草树木的花园，李后主"常春日与妃侍游宫中后圃，妃侍睹桃花烂开，意欲折而条高，小黄门取彩梯献"。④ 大量的桃树到了春天，鲜花烂漫。

　　江南城市中大量园林的出现，一方面与各地的经济发展有关，官府的财赋收入足够他们有实力来建造这些楼台亭阁，另一方面又与刺史们的文化修养和兴趣嗜好分不开。中唐以后，江南很多刺史都是著名的文学家，他们对园林特别爱好，这些文化官员追求自然胜景，需要有一个雅致的工作环境。不少官员喜欢招集文人一起过一把诗瘾，他们对自然的追求

---

① 佚名：《江南余载》卷下，《全宋笔记》第一编第二册，第249页。
② 陶谷：《清异录》卷上《地理门·小蓬莱》，《全宋笔记》第一编第二册，第17页。
③ 陶谷：《清异录》卷上《草木门·馨列侯》，《全宋笔记》第一编第二册，第34页。
④ 陶谷：《清异录》卷上《兽名门·绿耳梯》，《全宋笔记》第一编第二册，第59页。

直接促发了他们在城市中建设园林的热情。

2. 江南城市周围的园林

　　城市内部毕竟空间狭窄，所以人们利用城市四周的自然地势，在城市附近建起了众多园林。由于是利用自然山水做景，规模更大。

　　杭州凤凰山下，武德中建有望海楼，又名东楼，楼高十丈。白居易曾有诗描绘在望海楼上四顾周围优美景色："东楼胜事我偏知，气象多随昏旦移。湖卷衣裳白重叠，山张屏障绿参差。"又云："不厌东南望，江楼对海门。……郡中登眺处，无胜此东轩。"①西湖在隋代还是一片葑草，唐代前期，西湖园林名胜主要集中在灵隐、天竺及钱塘江一带，以灵隐、天竺等寺庙园林著称。不少刺史认为西湖的自然环境很有幽雅韵味，因而纷纷筑亭。大历中，相里造筑虚白亭。贞元年间，贾全也建一亭，后人称为贾公亭。② 韩皋为刺史，建候仙亭。元和初年，裴常棣作观风亭，卢元辅作见山亭。西湖中间的孤山寺，"始以元和十二年严休复为刺史时惠皎萌厥心，卒以长庆四年白居易为刺史时成厥事"，③也成为西湖景区的一部分，"楼阁参差，弥布椒麓"。张祜有诗描写孤山寺："楼台耸碧岑，一径入湖心。"④白居易有诗说："谁开湖寺西南路，草绿裙腰一道斜。"⑤就连白居易也不知湖中的长堤是谁造的。灵隐寺西南隔飞来峰下的冷泉亭，是白居易的前任元𩣱兴建，"高不倍寻，广不累丈，而撮奇得要，地搜胜概，物天遁形"。白居易曾盛赞

---

① 白居易：《白居易集》卷二三《重题别东楼》、卷二〇《东楼南望八韵》，第514、444页。

② 王谠著，周勋初校证：《唐语林校证》卷六，中华书局1987年版，第532页。

③ 元稹：《元稹集》卷五一《永福寺石壁法华经记》，第557页。

④ 彭定求等编：《全唐诗》卷五一〇《题杭州孤山寺》，第5818页。

⑤ 白居易：《白居易集》卷二〇《杭州春望》，第443页。

亭四周草薰薰、木欣欣、风泠泠,"山树为盖,岩石为屏,云从栋生,水与阶平",其建筑华美精巧,顺乎自然山水。① 在白居易等官员的努力下,西湖一步步得以建设,成为迷人的风景胜地。

吴越钱氏大力治理西湖,大修台馆。吴越国专设撩清卒治理西湖,使西湖恢复了唐代中后期的风貌。西湖周围群山得到进一步开发。吴山不仅有众多佛寺道观,还修建了秾华园、江湖亭等亭园,遍植梅树。钱镠有《百花亭梅题二道》云:"秾华园里万株梅,含蕊经霜待雪催。莫讶玉颜无粉态,百花中最我先开","吴山越岫种寒梅,玉律含芳待候催。为应阳和呈雪貌,游蜂唯觉我先开。"②江湖亭在吴山之巅,"左江右湖,故为登览之胜"。③ 嘉会门外的瑞莘园是吴越名园之一,忠献王钱弘佐的故园,重柳修竹,半山纡径,闲田绿野,溪流潺潺,是一个自然式的园林。钱塘门外有钱弘俶次子钱惟演的别墅,"有白莲、绿野等堂,碧玉、四观、披灏等轩,南漪、迎薰、澄心、涵碧、玉壶、雪氍毹等亭",④是个以众多堂、轩、亭组成的一个园林。

金陵城外,南唐的官私园林一个连着一个。北苑在城北,徐铉《北苑侍燕杂咏》有五首,按竹、松、水、风、菊五个题目作应制诗,说明苑中竹林挺立,花香鸟语。开宝七年(973),"金陵苑中鹿作人语",南唐气数已尽,"苑囿荒凉"。⑤ 城外有很多私人园林。如徐景运的原亭馆,"却据峻岭,俯瞰长江,北弥

---

① 白居易:《白居易集》卷四三《冷泉亭记》,第 944 页。
② 童养年辑:《全唐诗续补遗》卷一二,《全唐诗补编》,第 478 页。
③ 潜说友纂:《淳祐临安志》卷五《旧治古迹》,《宋元方志丛刊》,第 3262 页。
④ 田汝成:《西湖游览志》卷八《北山胜迹》,第 84 页。
⑤ 吴任臣:《十国春秋》卷一七《后主本纪》,第 250 页。

临沧之观,南接新林之戍","建高望之亭,肆游目之观","倚层崖而筑室,就积石以为阶","虚楹显敞,清风爽气袭其间;碕岸萦回,红药翠苔藻其涘。至于芳草嘉禾,修竹茂林,纷敷翳蔚,不可殚记"。[①]亭馆在金陵城西南,有山有水,山上建堂,花草修竹嘉木,令人陶醉。

在常州东郊有东山风景区,这是中唐开发修建的崇丘峻壑式的自然景区,"密林修竹,森蔚其间;白云丹霞,照耀其上"。大历间独孤及为刺史,开始兴修。先在山顶上建一草亭子,"出云木之高标,视河山如屏障"。接着又疏浚南池,兴筑西馆。贞元年间,韦夏卿出任常州刺史,"芰荟翳而松桂出,夷坎窭而溪谷通,不改池台,惟杂风月,东山之堂,实中兴哉"。于是在山上又接连修了四个亭子,"植山松以作门,树官柳以界道"。[②]在热闹的城市周围,开拓、兴修了一块幽静胜景。

越州城外,也有不少园林建筑。《嘉泰会稽志》卷一三《园池》:"王逸少有书堂在山阴,兰亭、鹅池、墨池亦在焉……后人追怀风流,于是葺为流觞曲水,此必皆其旧也。"王羲之当年活动的地方,到了唐代已成为追怀先人的活动场所。该书又云:"王子敬山亭在云门,唐永淳元年春王勃尝修禊于此亭,今显圣寺后有子敬笔仓,疑距其地不远也。"这是一个文人集会作诗的场所。

一些县级城市的周围也常常建有园林。如余杭县南五里的南湖中,唐县令卢鹏建鼋亭,"以为游赏之处"。《咸淳临安志》卷八六《园亭》云:"鼋亭:晏元献公《舆地志》云:在县南五里,唐贞元初县令卢鹏建以为游赏之地,在南湖中山上,故曰鼋。"常州无锡县的惠山地区,在唐代是个重要的园林景区。

---

① 董诰等编:《全唐文》卷八八三徐铉《毗陵郡公南原亭馆记》,第9225页。

② 董诰等编:《全唐文》卷四三八韦夏卿《东山记》,第4473页。

望湖阁坐落在惠山寺北,在阁内可以眺望芙蓉湖。李公书堂在惠山,是李绅年轻时的读书之处。敬澄为无锡县令时,"疏泉引瀑,以增胜惠山",[①]对惠山风景区进行全面整理,疏导泉源,使惠山有了动态的瀑布。义兴县的荆溪是常州的又一风景区,吸引了大批文人墨客前去游玩。唐代修筑的阳羡馆坐落在荆溪河畔,而水榭建在溪北,杜牧在此居住了很长时间。

二、江南城市园林建设的特色

唐五代时期,江南城市建设过程中对园林因素的日益重视,到园林中游览作为人们休闲生活的重要部分,展现出城市建设的新境界。城市内外园林的大量建造,使城市布局出现较大变化,增加了城市的居住和生活功能,或多或少会引发人们思想观念和文化意识的变化。

从园林和城市的关系来观察,江南城市的园林建设大体来说有以下一些特色:

其一,城市核心区域的建筑呈现园林化的趋势。不论是作为都城的南唐金陵、吴越杭州,还是州级城市的子城,帝王居住的宫城和州郡长官居住的官署建设,明显地体现出统治者在政治、生活方面的需求,他们在自己的治所大量建造楼台馆阁亭轩,布置园囿,叠山理池,植树种草,把自己的衙门和生活场所打扮成一个舒适优美的园林。如杭州的州衙,既有供官员登高远眺的亭台楼阁,又有以茂密的草树、精致的假山和波光潋滟的水池组成的园林,为官员的工作和生活提供了舒适的环境。杭州刺史白居易有诗谈到虚白堂说:"况有虚白

---

① 朱昱纂:《成化重修毗陵志》卷一一,《天一阁藏明代方志选刊续编》,第 822 页。

亭,坐见海门山。潮来一凭槛,宾至一开筵。终朝对云水,有时听管弦。持此聊过日,非忙亦非闲。山林太寂寞,朝阙空喧烦。唯兹郡阁内,嚣静得中间。"①高斋在州宅东,临大溪,紧依山麓,因建筑单体高大,在城墙上,可俯瞰城内景象,吸引很多人去登高远眺。严维《九日登高》云:"诗家九日怜芳菊,迟客高斋瞰浙江。汉浦浪花摇素壁,西陵树色入秋窗。"②再如苏州州衙中大量种植木兰花,据《吴郡志》卷六引《岚斋录》说,张搏为苏州刺史,当花盛开时,宴集郡中诗客,即席赋诗。苏州郡治的后面有北轩,东庑名听雨,西庑名爱莲。东斋、西斋在郡治之东,斋前有花石小圃。州宅正北是州圃。《吴郡志》又云:"郡圃,在州宅正北,前临池光亭大池,后抵齐云楼城下,甚广袤。案:唐有西园,旧木兰堂基,正在郡圃之西。其前隙地,今为教场,俗呼后设场,疑即古西园之地。郡治旧有齐云、初阳及东、西四楼、木兰堂、东西二亭、北轩、东斋等处,今复立者,惟齐云、西楼、东斋尔,余皆兵火后一时创立,非复能如旧闻。"③整个州衙简直就是一个环境优美的园林。

　　江南城市的这些变化,说明城市建设者的意识在发生变化,城市的核心区域慢慢地变成了官员生活和休闲的场所。在城市的核心区域能够追求到山水的清静,这使得城市已从具有浓厚军事和政治色彩的地方,变成具有舒适生活气息的场所。官衙从平面、单调的建筑,变成了庭院、长廊、园圃、楼阁的结合体,建筑样式也是自然而多变。

　　其二,私人园林建设表现出强劲的发展前景。唐五代时期,江南各州城的园林,除了官式园林建筑外,出现了大量的私人园林。六朝时期,都城建康的皇家园林规模较大,气势恢

① 白居易:《白居易集》卷八《郡亭》,第155页。
② 彭定求等编:《全唐诗》卷二三六,第2922页。
③ 范成大:《吴郡志》卷六《官宇》,第51页。

宏,建筑类型齐全,装饰华丽,所用植物多为名贵品种,垒山的石头都是珍稀石材,形成一种特殊的皇家气派。不过到了唐代,虽然政治中心在北方,但江南建造园林的传统仍在,所以如苏州、越州、杭州、常州、湖州等州级政府都建起了很多园林。除了地方政府建造的园林外,还出现了大量私人的园林。私人园林规模小巧,构造精致,造园方法从皇家园林单纯地模拟自然山水变成写实与写意相结合,转变为对自然加以概括和抽象,体现了这一时代以自然美为核心的美学思潮。私家园林六朝已见,但唐五代在数量上大大增加,分布更为广泛,不仅州级城市有,不少县级城市也已出现。有学者指出江南的园林"重要的是在内容上产生了源于自然而又高于自然的飞跃,奠定了古代私家园林以描摹和再创自然山水为中心的建园思想,形成了自身的类型特征"。①

　　如南唐首都金陵富豪高官众多,对建造园林十分热衷。时人对这种情况描绘云:"有唐再造,俗厚政和,人多暇豫,物亦茂遂,名园胜概,隐鳞相望。至于东田之馆,西州之墅,娄湖张侯之宅,东山谢公之游,青溪赋诗之曲,白杨饮酒之路,风流人物,高视昔贤。京城坤隅,爰有别馆,百亩之地,芳华一新。"②金陵城私人园林众多,有财有势者想方设法在自己的住宅中建楼造园。如司徒徐玠家里的池亭园苑十分出名:"亭榭跨池塘,泓澄入座凉。扶疏皆竹柏,冷淡似潇湘。萍嫩铺波面,苔深锁岸傍。朝回游不厌,僧到赏难忘。"园中有亭榭等建筑,有面积很广的池塘,种植了很多竹子和树木,给人幽静淡雅的感觉。吴越国苏州孙承祐池馆是大臣孙承祐的私人园林,"积水弥数十亩,旁有小山,高下曲折,与水相萦带","既积

① 张承宗:《六朝时期的江南园林》,《苏州大学学报》2004 年第 3 期。
② 董诰等编:《全唐文》卷八八三徐铉《毗陵郡公南原亭馆记》,第 9225 页。

土为山,因以潴水"。① 越州城内,据《嘉泰会稽志》卷一三《园
池》谈到:"严长史园林颇名于唐,大历中有联句者六人,其宅
诗云'落木泰山近,衡门镜水通',园诗云'杖策山横绿野,乘舟
水入衡门',皆维自句,可以想见其处也。"园中树木花草茂盛,
有河道与镜水相通,文人学士都集中在园林中作诗弄文,欣赏
美景。城市近郊也建有私人园林。越州镜湖周围,有"皇甫秀
才山亭,……唐人因依镜湖以为胜趣"。由于镜湖水面宽阔,
景致秀丽,官员、文人经常在这里造房建园。南唐都城金陵有
卫氏林亭,在建康西北十里,面积上百亩,"前有方塘曲沼之
胜,后有鲜原峻岭之奇,表以虚堂累榭,饰以怪石珍木",②令
人赏心悦目。皇甫继勋的园苑在近郊,"植花构亭,珠翠环列,
拟于王室"。③《全唐诗》卷七四七李中《徐司徒池亭》《题柴司
徒亭假山》《柴司徒宅牡丹》,卷七五〇《题徐五教池亭》等诗
中,谈到了柴司徒亭园和徐五教池亭,两个官员家里的园林叠
石引泉成瀑布,池塘里养着鸥鹭,湖里有鱼虾,"涨痕山雨过,
翠积岸苔铺",十分优美。

　　值得注意的是,私家园林的大量出现,反映了江南城市的
内涵已发生实质性的变化,标志着城市生活功能的增强。城
市中一部分人因政治或经济地位的变化,成为生活富裕者,他
们的个体意识在不断增强,把个人的生活观念和思想通过其
修筑园林,渗透进了城市建设的空间中。这不但导致了城市
物质空间的多样性,又拓展了江南城市社会空间。

　　其三,城市园林集中体现了隋唐五代江南上层社会的价
值观念,园林中假山池塘成为他们追求自身价值实现的场所。

---

① 范成大:《吴郡志》卷一四《园亭》,第 187 页。
② 董诰等编:《全唐文》卷八八二徐铉《游卫氏林亭序》,第 9218—
　 9219 页。
③ 陆游:《南唐书》卷一〇《皇甫继勋传》,《丛书集成初编》,第 41 页。

自古以来,江南社会风俗是以勇猛善战而著名,班固在《汉书·地理志下》说:"吴、粤之君皆好勇,故其民至今好用剑,轻死易发。"但六朝以后,由于政治和军事形势发生变化,江南大多数士人都有着偏安东南一隅的想法。六朝战乱时期,北方士人南下,他们的到来将南方的世风由尚武转向了崇文,厌战情绪成为主流,文人学士归隐山林者增多,园林的出现实际上是这种思想的体现。到了唐代前期,江南是落魄文人和贬谪官员的乐土。当他们到达江南以后,要么沉醉于宗教的超脱和清虚中,要么为了个人理想而追求情感上的幽静和惬意。唐代以后,南方开始了"人尚文""多儒学"的时代,再加上科举和教育制度,进一步促进人们习文之风的滋长,社会中弥漫着书卷气。随着城市生活的发展,人们崇尚自然和追求奢华的价值观念就不断体现在园林建筑的修建上。为了让人们达到既能纵情游乐,享受到城市的舒适生活,又能在闹处寻幽,不失高雅,获得思想上、灵魂上的享受,江南营造园林大多是开池垒山。如苏州郡治内的西园,姚合有诗说:"西园春欲尽,芳草径难分。静语唯幽鸟,闲眠独使君。密林生雨气,古石带潮文。"①密林、草径、古石,是一个仿自然的幽静庭园。再如五代时的东墅,位于今葑门内,范成大说此园造了三十年,"极园池之赏"。园内"奇卉异木及其身,见皆成合抱,又累土为山,亦成岩谷",刺史钱文奉"缓步花径,或泛舟池中"。②

为创造出富于自然气息的山林景观,六朝园林常常以假山为中心,以石构景,与周围的建筑、池塘和植物相互映衬,通过叠山凿石的造景手法来表达人们理念上的追求。到了唐代,这种造园的方式依然得以延续。如苏州报恩寺的寺院中,

① 彭定求等编:《全唐诗》卷五〇〇姚合《郡中西园》,第 5689 页。
② 范成大:《吴郡志》卷一四《园亭》,第 191 页。

用太湖石垒成峰峦奇山,"寺多太湖石,有峰峦奇状者",李绅诗有"数仞峰峦閟月扉"和"坐隅陋尺窥岩壑"句,①寺庙用太湖石叠山,峰峦岩壑。五代钱氏在苏州造的南园,据《吴郡图经续记》卷上《南园》说:"酾流以为沼,积土以为山,岛屿峰峦,出于巧思。求致异木,名品甚多,比及积岁,皆为合抱。亭宇台榭,值景而造。""流水奇石,参错其间。"这是一个有大量亭阁楼台建筑的大园林,在叠山、理水、花木上很有特点,园中有池有山,异木怪石顺自然地势堆积,构思十分精巧。这种假山或用石叠砌,或用土堆筑,其实都是想模拟自然的山林环境,是人们心灵和理想的一种追求。由于江南城市一般处于平地,所以大部分假山都是用土垒筑,其泥土来自于周围池沼的挖掘,所挖池沼与假山相互构景,平清的湖水旁和湖中小岛上耸立着小山,山上种植草木,山脚下堆着各式各样的石头。可以这么说,唐五代江南城市的园林大多是有园必有山,有山就有池。这种以土山、水池为园景的造园风格,是江南园林最主要的建筑特色。

三、江南城市园林建设的
社会环境

至此,我们不禁要问,隋唐五代江南城市内外为什么会出现大量的亭台楼阁、园林和自然景观? 这和当时的社会环境有些什么关系?

现有研究表明,江南城市园林的出现与社会现实密切相关。六朝时期社会离乱,士大夫们彷徨困惑的心灵从老庄那里得到安顿,人们的审美情趣、价值观念都以老庄学说为理论

---

① 彭定求等编:《全唐诗》卷四八一李绅《开元寺》,第 5484 页。

依据。在士大夫的精神世界中,山水自然占据了越来越重要的地位,山林是陶冶性情、逍遥自得的所在。他们爱好林数,向往自然,成为一种时代风尚。六朝特定的时代精神、社会思潮及时代流风,人们对于山水自然的审美心理逐渐成熟,通过建造园林表现自然美的艺术技巧成为时尚。在这样的情景下,六朝江南城市中开始兴建园林。至唐五代,六朝风尚对唐五代的江南仍有很大的影响,决定了州县城内外园林的大量出现。唐五代文人学士喜欢饮酒作乐,以游玩山水为风雅,而江南城市优美玲珑的自然景色适应了一大批文人的欣赏视角。日益发展的经济,使江南城市富庶繁荣,为文人们的醉梦奠定了经济基础,因此"江外优侠,暇日多纵饮博"。① 饮酒、游山玩水是这一时期文人学者在江南地区活动的主旋律。贞元初年,韦应物为苏州刺史,房孺复为杭州刺史,前者喜爱召集文人游玩做诗,后者喜欢邀众豪饮,而这一醉一咏的"风流雅韵"竟为大批文人羡慕不已,称他们为"诗酒仙"。② 白居易因为自己年少位卑,不能与他俩游宴,叹息不已。等到他为苏、杭刺史时,"两地江山蹋得遍,五年风月咏将残",③在杭州他踏遍了西湖,在苏州他游遍了太湖。五代时期,广陵王元璙父子聚集了一大批文人在苏州玩乐饮酒,《嘉泰吴兴志》卷一三《苑囿》指出:"都有苑囿,所以为郡侯燕衎、邦人游息之地也。士大夫从官,自公鞅掌之余,亦欲舒豫,乃人之至情。方春百卉敷腴,居人士女竞出游赏,亦四方风土所同也。故郡必有苑囿,与民同乐。囿为亭观,又欲使燕者款,行者憩也,故亭堂楼台之在园囿者,宜附见焉。"不可否认,唐五代江南开山凿池,大量兴造园林亭阁,是当时社会风尚的需要,是人们游赏的需要。

---

① 李昉等编:《太平广记》卷二五一"冯衮"条,第 1951 页。
② 朱长文:《吴郡图经续记》卷下《事志》,第 77 页。
③ 白居易:《白居易集》卷二四《咏怀》,第 547 页。

　　佛、道在江南城市的发展直接促成了寺观园林的产生。宋朝朱长文有一段对苏州佛教发展概括性的记载："自佛教被于中土,旁及东南。吴赤乌中,已立寺于吴矣。其后梁武帝事佛,吴中名山胜境,多立精舍。因于陈隋,浸盛于唐。唐武宗一旦毁之,已而,宣宗稍复之。唐季盗起,吴门之内,寺宇多遭焚剽。钱氏帅吴,崇向尤至。于是,修旧图新,百堵皆作,竭其力以趋之,唯恐不及。郡之内外,胜刹相望,故其流风余俗,久而不衰。民莫不喜蠲财以施僧,华屋邃庑,斋馔丰洁,四方莫能及也。寺院凡百三十九,其名已列《图经》。……又有寺名见于传记,而今莫知其处者,如晋何点兄弟居吴之波若寺。又故传唐有乾元寺,戴逵之宅也。宴坐寺,张融之宅也。又有龙华、禅房、唐慈、崇福、慈悲、陆乡数寺,皆建于六朝之间。"①苏州的佛教发展如此,江南其他各州也大体相仿。从中可以看到,寺院的大量建立,庙宇规模的日益扩大,社会布施给宗教的钱财越来越多,使得寺庙道观有足够的经济实力建造庭园,讲求对自然山水的追求。在这种背景之下,以苏州为代表的城市寺观受到民间园林的影响,也大兴土木,兴造寺院中的庭园,使得寺院既是人们拜佛求道的所在,同是又是公共游憩游览的场所。这种将宗教和园林相结合的建筑形式,是寺院僧众对自然野趣的追求,对民众也具有相当大的吸引力。

　　众多造园大师出现,能工巧匠们具备的高超造园技术,是城市园林建筑技术不断进步的动力。城市园林建造的目的就是为了不出城郭而享山林之怡,所以园林若无山石,就不能算作好园林,而江南园林在建造过程中就是具备了这种技术上的能力。唐五代,苏州建筑豪华壮丽,以郡治官署为例,就有四楼、十堂、五斋、十一厅、三阁、五轩、十九亭、一庵、三池、三

---

① 朱长文:《吴郡图经续记》卷中《寺院》,第30页。

园林以及假山多处,庑榭及花石小圃则难计其数。苏州的工匠能够以技术支撑建造如此种类繁杂的建筑,说明整个江南城市都有这种水准来进行城市建设。江南城市的很多园林都挖池造山,这是园林建设的重要内容。如白居易就是一个堆叠石山的高手,他在《太湖石记》中关于太湖石的描述,完全是自己对太湖石情有独钟,被认为是我国赏石理论的奠基作品,对后世园林山石审美有开山之功。如他说太湖石的形状,“有盘拗秀出如灵丘鲜云者,有端俨挺立如真官神人者,有缜润削成如珪瓒者,有廉棱锐刿如剑戟者。又有如虬如凤,若跧若动,将翔将踊,如鬼如兽,若行若骤,将攫将斗者”。① 对太湖石有如此详而深的认识,必然能以独特的眼光在堆石造山上给以指导。

江南园林的大量出现,和江南雄厚的经济实力是分不开的。早在六朝时期,建康园林的大量兴建,与地处都城的位置有关。各朝帝王都是集全国之力兴建园林,当然会将这些园林建造成富丽堂皇。到了唐五代,园林主要集中在太湖周围地区和浙东的越州等地,由于这些地区政治相对安定,经济较为发展,“三吴者,国用半在焉”,②“江东诸州,……赋取所资,漕挽所出,军国大计,仰于江淮”。③ 有了雄厚的经济基础,造园也就有了物质的保证。换句话说,江南城市园林的大量出现,是江南经济发展的标志。因此,江南城市园林的大量建设,真实地反映出了江南城市建设的水准。

（本文和张天启、邹国慰合作,原刊于《江西社会科学》2014 年第 4 期）

---

① 白居易:《白居易集》外集卷下,第 1544 页。
② 杜牧:《樊川文集》卷一四《礼部侍郎崔公行状》,第 210 页。
③ 权德舆:《权载之文集》卷四七《论江淮水灾疏》,《四部丛刊》本,第 1A 页。

六朝至唐代江南城市游览
风尚的变化及其原因

唐代的江南城市,由于人口数量的增加,城市人口的文化结构发生了较大的变化,加上商品经济的活跃,营造出了较为开放的城市文化氛围。在这一情形之下,城市渐渐酝酿出一些新型的民众文化生活模式。江南城市新型的文化景象,构筑出城市在文化生活方面即将迎来缤纷发展的气象。在本文中,我们主要对六朝至唐代江南城市民众文化生活的一个侧面,即城市的游览风尚及其变化特点进行探索,希望对江南城市史的研究有所裨益。文中论述如有不妥,敬请方家指正。

一、六朝江南城市的游览活动

六朝时期的江南城市中,世家大族、高官和文人士大夫盛行到山水美景中游览。春秋两季,是江南城市中的民众游览山水欣赏大自然美景之时,人们纷纷出游,在娱心悦目的同时,文人们也留下了许多优美的出游诗。

东晋的会稽城内及城郊集中了许多南来士人,他们对江南的山水特别感兴趣。《晋书》卷八〇《王羲之传》云:"会稽有佳山水,名士多居之,谢安未仕时亦居焉。孙绰、李充、许询、支遁等皆以文义冠世,并筑室东土,与王羲之同好。"因为会稽山水特别漂亮,所以北方来的士大夫们就在会稽居住下来,常常在会稽郊外到处游览。王羲之偕同谢安、孙绰等人,来到会稽山阴的兰亭,春游宴乐,流觞赋诗。东晋贵族孙绰,"居于会稽,游放山水,十有余年"。① 都城内的士人也有玩赏山水的风气,名臣纪瞻"厚自奉养,立宅于乌衣巷,馆宇崇丽,园池竹木,有足赏玩焉"。②

这种在一部分东晋士大夫中形成的风气,到了南朝,有了进一步扩散的趋势,士人游玩于山水之间的方式弥漫盛行。梁沈约《咏春初诗》云:"扶道觅阳春,相将共携手。草色犹自腓,林中都未有。无事逐梅花,空交信杨柳。且复归去来,含情寄杯酒。"③春天是出城游览最好的季节,阳光、绿树、花朵,很容易使文人产生相思的情愫。刘宋宗室刘义恭"游行或二三百里,孝武恣其所之。车至吴郡,登虎丘山,又登无锡县乌山以望太湖"。④ 顾协幼孤,随母养于外祖父张永家,"张永尝携内外孙侄游虎丘山,协年数岁,永抚之曰:'儿欲何戏?'协曰:'儿正欲枕石漱流。'永叹息曰:'顾氏兴于此子。'"⑤吴郡城内的百姓喜欢到城郊游览,顾协虽然年少,却说出大人们"枕石漱流"的人生旨趣,反映出士大夫普遍崇尚的目标。

谢灵运是晋末宋初最著名的人物。永初三年(422)七月他出任永嘉太守,任职仅一年便托病回故乡始宁隐居。不过在任太守这段时间内,他"肆意游遨,遍历诸县",⑥踏遍了永嘉郡各县的山山水水,北至乐清雁荡,南至平阳的岭门山,西至青田的石门洞。

① 房玄龄等:《晋书》卷五六《孙绰传》,第 1544 页。
② 房玄龄等:《晋书》卷六八《纪瞻传》,第 1824 页。
③ 欧阳询:《艺文类聚》卷三《岁时部·春》,第 43 页。
④ 李延寿:《南史》卷一三《刘义恭传》,第 373 页。
⑤ 李延寿:《南史》卷六二《顾协传》,第 1519 页。
⑥ 沈约:《宋书》卷六七《谢灵运传》,第 1753 页。

　　除了大自然中的真山真水,南朝士大夫还喜欢到城市及城市周围的园林中游览,在园林中饮宴、游乐、雅集,享受自然山水带来的享受。齐文惠太子萧长懋"开拓玄圃园与台城北堑等,其中起土山池阁楼观塔宇,穷奇极丽,费以千万。多聚异石,妙极山水"。① 齐太祖曾"召诸王公以下于玄圃园为家宴,致醉乃还"。② 梁朝昭明太子萧统"性爱山水,于玄圃穿筑,更立亭馆,与朝士名素者游其中。尝泛舟后池,番禺侯轨盛称此中宜奏女乐。太子不答,诵左思《招隐诗》:'何必丝与竹,山水有清音。'轨惭而止"。③ 一起参与游宴的大多是文学之士,如王筠、刘孝绰、陆捶、到洽、殷芸等人。南朝文人喜欢结伴而游,众多文人名士聚集在一起游山玩水,做诗吟诗十分流行。文人雅士聚集于山林水泽,诗文唱和以还,怡养性情,物我两融。《世说新语》谈到:"许侍中、顾司空(和)俱作丞相从事,尔时已被遇,游宴集聚,略无不同。"④说明顾和与玄学名士相处融洽。站在城楼上远眺山水也是当时游览的一种方式。南齐时,永明体诗人谢朓的《宣城郡内登望诗》描绘了宣城当时桑树成荫的盛况:"借问下车日,匪直望舒圆。寒城一以眺,平楚正苍然。山积陵阳阻,溪流春谷泉。威纡距遥甸,巉岩带远天。切切阴风暮,桑柘起寒烟。"⑤从宣城城楼上远望,只见"桑柘起寒烟",表明自宣城到陵阳、繁昌,"良畴美柘",已连成一片。

　　南朝世家大族积聚了大量财富,所以常在城内营建私家园林。刘宋时戴颙从桐庐来到苏州,修建的住宅几乎就是一

① 李延寿:《南史》卷四四《文惠太子传》,第1100页。
② 萧子显:《南齐书》卷三一《荀伯玉传》,第573页。
③ 李延寿:《南史》卷五三《昭明太子传》,第1310页。
④ 刘义庆著,余嘉锡笺疏:《世说新语笺疏》中卷上《雅量》,第357页。
⑤ 逯钦立:《先秦汉魏晋南北朝诗·齐诗》卷三,第1432页。

个园林。《南史》卷七五《隐逸传上》云："吴下士人共为筑室，聚石引水，植林开涧，少时繁密，有若自然。"宅和园结合成一体，是较早的苏州私家花园，虽然没有构山，但却聚石，水从石缝中流出，石边种植树木，疏密有度，讲求意境，十分精致。再如谢举于梁大同三年(537)为吴郡太守，他将"宅内山斋舍以为寺，泉石之美，殆若自然"。① 小巧玲珑的庭园，讲究泉石的布置。这种造园，固然是时代风尚，但也反映了士大夫们身居闹市同时追求林泉茂竹的生活方式和思想情趣。因为那个时期，喜欢山水被认作是一种有修养的表现，因而城里建造园林并且大家在一起游宴唱和，社会就会认同其修养，士大夫就能获得一个风流旷达的名声，心理上能达到一定的满足和超脱。

南朝后期，江南城市的游览风气在士大夫阶层中普遍流行。随着欣赏山水美景这一雅举的盛行，城市普通老百姓也有所感染："(南齐)永明之世，十许年中，百姓无鸡鸣犬吠之警，都邑之盛，士女富逸，歌声舞节，炫服华妆，桃花绿水之间，秋月春风之下，盖以百数。"②老百姓也渐渐受到影响，接受这种做法，城市中一部分富裕者也钟情起"桃花绿水之间"的优美景色。《太平御览》引刘宋孙诜《临海记》，谈到了九月九日登高风俗："郡北四十里有湖山，山形平正，可容数百人坐。民俗极重九日，每菊酒之辰，宴会于此山者，常至三四百人。登之见邑屋悉委，江海分明。"又引《齐人月令》曰："重阳之日，必以糕、酒登高眺远，为时宴之游赏，以畅秋志。酒必采茱萸、甘菊以泛之，既醉而还。"重阳日人们要登高爬山，这种习俗不只是在士大夫中流行，普通百姓也有这种风尚。《续搜神记》曰："有一书生居吴，自称胡博士，以经传教授，假借诸书经传，涉

---

① 李延寿：《南史》卷二〇《谢弘微传附谢举传》，第564页。
② 萧子显：《南齐书》卷五三《良政传》序，第913页。

载忽不复见,后九日人相与登山游观,但闻讲诵声。"①说明逢节日要登山游观的习俗在吴郡是人所皆知。不过从总的情况来看,游览风气还没有完全被城市一般平民接受,城市普通民众中还没有形成出城游览的社会风尚,只是偶尔为之。

二、唐代城市上流阶层的
游览活动

　　继承了六朝官宦士大夫忘情山水的传统,唐代前期,官员文人对江南城市及其周围的山水亦是流连忘返。江南的官宦和文人学士流行饮酒作乐,以游玩山水为风雅,而江南地区优美玲珑的自然景色适应了一大批官宦和文人的欣赏视角。如苏州是诗人们感兴趣的城市,王昌龄、李白、杜甫等先后前去赋诗饮酒。润州地处南北水陆要道,紧靠长江,唐代前期,骆宾王、孟浩然、李白、王昌龄等先后前来,游览州城附近的山水风光。如玄宗时诗人王湾到达润州后,有《次北固山下》诗,云:"客路青山外,行舟绿水前。潮平两岸阔,风正一帆悬。海日生残夜,江春入旧年。乡书何处达,归雁洛阳边。"②而孟浩然远望京口,作《扬子津望京口》诗:"北固临京口,夷山近海滨。江风白浪起,愁杀渡头人。"③再如地处江南运河最南端的杭州山水,同样也引起文人们的注意。如宋之问在中宗景龙三年路经杭州游灵隐寺,有《灵隐寺》诗,说:"楼观沧海日,门对浙江潮。"④着重突出景观的壮丽。李白天宝年间来到杭州,有《与从侄杭州刺史良游天竺寺》诗,谈到:"挂席凌蓬丘,

① 李昉等编:《太平御览》卷三二《时序部十六·九月九日》,第 154 页。
② 彭定求等编:《全唐诗》卷一一五,第 1170 页。
③ 彭定求等编:《全唐诗》卷一六〇,第 1667 页。
④ 彭定求等编:《全唐诗》卷五三,第 653 页。

观涛憩樟楼。"①江南东南部的温州,本来是比较落后的地区,但自从谢灵运写了很多歌咏永嘉山水的诗篇以后,慕名而来的文人很多,唐前期,李白、沈佺期和孟浩然都曾到过温州游历。李白写了多首诗赞美石门和孤屿的诗,如《石门留题诗》《赠魏万游石门》及《孤屿诗》等。

不过,与六朝时期有很大区别的是,六朝文人士大夫出外游览的目的地,主要是远离城市的自然山水,但随着社会的进步和城市经济的发展,到了唐代,城市渐渐成为重要的游览地,人们的游览活动既显现出规模大、行程远,同时也出现了向城市聚集和流动的特点。尤其是在中唐以后,这种变化愈益明显。唐代水陆交通畅达,江南城市经济繁华,人口众多,商贸繁盛,到各大城市旅游成为一种风尚,城市及城市周围的风景名胜成了文人士大夫的游玩之地。城市游览分化了传统游览的去向,士大夫们既浪迹山林,也游走于城市之间,甚至还有人只对城市情有独钟。苏州的太湖、润州的京口江边、金陵秦淮河、杭州西湖等,是江南闻名天下的旅游名胜。日渐发展的江南城市经济,使江南地区日渐富庶强盛起来,这为文人们的醉梦造就了外部条件,因此"江外优佚,暇日多纵饮博"。② 饮酒、游山玩水是中唐以后官员和文人学者在江南地区休闲活动的主旋律。

如中唐以后,来到苏州的文人士大夫急剧增多,社会风气为之改观。苏州"自刘、白、韦为太守时,风物雄丽,为东南之冠",③韦应物、白居易、刘禹锡这些名人先后做过苏州刺史,张继、顾况、杜牧、杜荀鹤、罗隐等曾驻足苏州,流连歌咏。韦

---

① 彭定求等编:《全唐诗》卷一七九,第 1824 页。
② 李昉等编:《太平广记》卷二五一"冯衮"条,第 1591 页。
③ 龚明之:《中吴纪闻》卷六,《全宋笔记》第三编第七册,第 280 页。

应物等刺史文化素养很高,是大文学家,热衷于与吴中文士相互酬唱,交流感受,切磋诗歌创作理论。韦应物与很多诗人有密切交往,如刘太真、顾况、孟郊、皎然等。宝历元年(825)白居易任苏州刺史,他喜欢苏州的自然风光,大街小巷都留下了他的足迹。他造了一艘游船,游遍州城,并作诗云:"深坊静岸游应遍,浅水低桥去尽通。黄柳影笼随棹月,白蘋香起打头风。慢牵欲傍樱桃泊,借问谁家花最红。"①刘禹锡是大和六年(832)出任苏州刺史的,他和白居易过从甚密,时相唱和,留下了《题报恩寺》《虎丘寺路宴》《姑苏台》等诗作。

润州山水雄秀,中唐以后是浙西观察使的驻地,为浙西道的政治中心,吸引了大批文人学士、达官游宦流连忘返,他们既想寻求仕途上的出路,同时又对润州城内外的山水充满好奇。刘长卿、孟郊、顾况、张籍、刘禹锡、李涉、张祜、杜牧、贾岛、罗隐、李翱等,大量诗人来到润州,写下了众多出色的篇章。如张祜有《题金陵渡》诗,谈到渡口风景:"金陵津渡小山楼,一宿行人自可愁。潮落夜江残月里,两三星火是瓜洲。"②成了描写金陵渡最有特色的一首诗。

大量的官员、学者、文人墨客通过运河来到杭州。他们有的长久停留在杭州城内,有的从杭州中转到浙东、江西、岭南等地区。白居易在杭州任刺史三年,遍访杭州山水,杭州的许多景致因白居易的诗篇而享誉全国。西湖的美丽山水,晴雨晦明,花晨月夕,四时佳趣,借了白居易之笔而声名远播。白居易的诗友元稹时任越州刺史,两人诗信交往,各自赞美本郡山水之美。白居易以为杭州的山水名胜在江南无出其右,他对元稹说:"知君暗数江南郡,除却余杭尽不如。"又说:"可怜

---

① 白居易:《白居易集》卷二四《小舫》,第 541 页。
② 彭定求等编:《全唐诗》卷五一一,第 5846 页。

风景浙东西,先数余杭次会稽。禹庙未胜天竺寺,钱湖不羡若耶溪。"①他还有不少诗提到了杭州城内的美丽,如"大屋檐多装雁齿,小航船亦画龙头"。②白居易赞美杭州山水,没有别的原因,只是杭州山水与他的心灵世界十分默契。他饱含浓郁人文色彩的诗篇,将西湖风光描绘个遍。

衢州城周围的自然山水,中唐后倍受诗人的瞩目。孟郊曾有描写烂柯山的《烂柯石》:"仙界一日内,人间千载穷。双棋未遍局,万物皆为空。"③此诗脍炙人口,成为描写烂柯山的千古绝唱。顾况、刘禹锡等,先后都在衢州留下足迹和名篇。白居易有《江郎山》《轻肥》等与衢州有关的诗歌。中唐以后,方干、顾况、张又新、杜荀鹤、郭密之、邱丹、崔道融、罗隐等也先后到温州,他们追寻谢灵运的足迹,历游温州的山山水水,写下了众多诗篇。如方干有《题仙岩瀑布诗》。张又新从乐清到乐成,游历了雁荡山、白石山等地,留有《常云峰》《丹霞山》《白石》《照胆》等诗。《全唐诗》卷四七九共收张又新诗17首,其中写温州的有12首。

城市内外的佛寺成了文人们游玩的重要景致。如苏州洞庭、杭州兴德寺,唐人认为是最值得去游览的。太尉房绾曾说:"不游兴德、洞庭,未见山水。"④德宗贞元四年(788)秋,韦应物被任命为苏州刺史,他来到重玄寺,写有《登重玄寺阁》诗:"时暇陟云构,晨霁澄景光。始见吴都大,十里郁苍苍。山川表明丽,湖海吞大荒。合沓臻水陆,骈阗会四方。俗繁节又

① 白居易:《白居易集》卷二三《答微之夸越州州宅》《答微之见寄》,第502、506页。
② 白居易:《白居易集》卷二四《答客问杭州》,第532页。
③ 孟郊:《孟东野诗集》卷九,人民文学出版社1959年版,第164页。
④ 佚名:《大唐传载》,《唐五代笔记小说大观》,第887页。

暄,雨顺物亦康。禽鱼各翔泳,草木遍芬芳。"①苏州武丘寺,
人称"山嵚崟,石林玲珑,绿云窈窕,入者忘归",②由于离城很
近,深受城里人喜欢,是踏青的首选之地。润州城西北长江中
的金山寺,依山而建,楼阁层叠,十分壮观,寺建于六朝,唐朝
前期还比较荒僻。中唐以后,金山寺成为文人学士揽胜及歌
咏的对象,如张祜、李翱、李建勋、杜荀鹤等都有诗谈及金山寺
的美景。甘露寺亦是吸引人的寺院,"道士范可保,夏月独游
浙西甘露寺。出殿后门,将登北轩"。③ 张祜有《题润州甘露
寺》,周朴有《题甘露寺》,④两人游览后对寺庙大加赞美。润
州夹城外寿丘山巅的慈和寺,始建于南朝,与北固山前峰州衙
遥对,唐诗人许浑、张祜都写有慈和寺诗。张祜说:"楼影半连
深岸水,钟声寒彻远林烟。"⑤许浑说:"高寺移清宴,渔舟系绿
萝。潮平秋水阔,云敛暮山多。"⑥寺的规模虽不是很大,但却
是学子士人寻幽探胜的好去处。元和八年(813)春,李公佐罢
江西从事,"扁舟东下,淹泊建业。登瓦官寺阁",游览这所建
于六朝的著名古寺。⑦ 枚皋曾对文宗时任华亭令的进士曹朗
说:"吾元和初游上元瓦棺阁,第二层西隅壁上题诗一首。"⑧
说明金陵瓦棺寺是唐后期热门的游览胜地。

佛寺除了所处地理位置较好外,能吸引游人的主要还是
寺中的法物和种植的树木、花卉。润州鹤林寺,在唐末成了人
气很足的地方,究其原因,与寺内的花卉有关。《续仙传》卷下

① 韦应物:《韦江州集》卷七,《四部丛刊》本,第 3B 页。
② 李昉等编:《太平广记》卷三三八引《通幽记》"武丘寺"条,第 2682 页。
③ 徐铉:《稽神录》卷一,第 8 页。
④ 彭定求等编:《全唐诗》卷五一〇、卷六七三,第 5818、7696 页。
⑤ 彭定求等编:《全唐诗》卷五一一《秋夜登润州慈和寺上方》,第 5829 页。
⑥ 彭定求等编:《全唐诗》卷五二九《赴慈和寺移宴》,第 6048 页。
⑦ 李昉等编:《太平广记》卷四九一"谢小娥传"条,第 4030 页。
⑧ 李昉等编:《太平广记》卷三六六引《乾馔子》"曹朗"条,第 2906 页。

"殷文祥"条:"鹤林寺杜鹃高丈余,每春末花烂熳。寺僧相传,言贞元年中,有外国僧自天台钵盂中以药养其根来种之。自后构饰,花院锁闭。人或窥见女子,红裳艳丽,游于树下。有辄采花折枝者必为所祟。俗传女子花神也。是以人共保惜,故繁盛异于常花。其花欲开,探报分数,节使、宾僚、官属继日赏玩。其后,一城士庶,四方之人,无不酒乐游从。连春入夏,自旦及昏,闾里之间殆于废业。(周)宝一日谓(殷)七七曰:'鹤林之花,天下奇花。常闻能开顷刻花,此花可开否?'七七曰:'可也。'宝曰:'今重九将近,能副此日乎?'七七乃前二日往鹤林宿焉。……来日晨起,寺僧忽讶花渐折蕊。及九日,烂熳如春,乃以闻宝与一城士庶惊异之,游赏复如春夏间。数日,花俄不见,亦无花落在地。"①寺院的花卉成了官民到此一游的重要资源。再如钱塘开元寺,以牡丹花吸引了众人前去寻芳探幽。《云溪友议》卷中"钱塘论"云:"致仕尚书白舍人,初到钱塘,令访牡丹花。独开元寺僧惠澄,近于京师得此花栽,始植于庭,栏圈甚密,他处未之有也。时春景方深,惠澄设油幕以覆其上。牡丹自此东越分而种之也。会稽徐凝自富春来,未识白公,先题诗曰:'此花南地知难种,惭愧僧闲用意栽。海燕解怜频睥睨,胡蜂未识更徘徊。虚生芍药徒劳妒,羞杀玫瑰不敢开。唯有数苞红蝶在,含芳只待舍人来。'白寻至寺看花,乃命徐生同醉而归。时张祜榜舟而至,甚若疏诞。"②寺院有独特的花卉,就能引得文人学士纷至沓来。

中唐以后,江南城市游览风尚最积极的推动者是南来的官员和文人士大夫,他们是较有活力的群体,是时代潮流的引领者。来到江南的官员很多本来就是科举出身,具有很高的

---

① 沈汾:《续仙传》,文渊阁《四库全书》本。
② 范摅:《云溪友议》卷中,《唐五代笔记小说大观》,第1282页。

学养,平素已经十分钦慕江南山水,现在有机会到江南,在任职的间隙,遍游周围山水,写下了许多诗文作品。如独孤及在常州,韦应物在苏州,白居易在杭州、苏州,刘禹锡在苏州,颜真卿在湖州,杜牧在睦州、池州、湖州,姚合在杭州,元稹在越州,李绅在越州,段成式在处州,李德裕在苏州、润州,等等。他们游历江南山水后,都写作了众多的诗文。如刘长卿上巳日曾与同僚游若耶溪,作诗曰:"兰桡缦转傍汀沙,应接云峰到若耶。旧浦满来移渡口,垂杨深处有人家。……君见渔船时借问,前洲几路入烟花。"①由于这些人在文坛上比较有名,因而他们的诗文很容易传播开来,使江南山水名闻全国。

其次,唐代的不少文人为了科举功名,或是为了寻找仕进机会,来到江南,想结识朋友,干谒一些有名的官员或士人,从而激扬名声,为建功立业打基础,顺便可以增长自己的见识和阅历,饱览江南风光,因此北方士人和低级官员到江南游览就十分多见。这种现象,在开元天宝年间已经出现,很多人把游览江南名城和山水,作为纯粹的精神享受和心灵洗涤。② 唐代著名文人大多数曾经到江南游览过,文人学子游览江南蔚然成风。据傅璇琮主编的《唐五代文学编年史》可知,孟浩然于玄宗开元十七年(729)之后来到润州、杭州、婺州、越州、温州等地,游览了天台、剡溪、镜湖、若耶溪等名胜。王维在开元年间到达江南,他游历了润、常、苏、宣、越等州,写下了《下京口埭夜行》《夜到润州》等作品。李白在开元和天宝年间两次来到金陵、宣州游览,安史之乱起又避居浙东,晚年主要生活于宣州、金陵等地,留下了《登金陵凤凰台》《金陵城西楼月下

---

① 刘长卿:《刘随州文集》卷九《上巳日越中与鲍侍郎泛舟耶溪》,《四部丛刊》本。
② 可参景遐东《江南文化与唐代文学研究》第六章第二节,第217—221页。

吟《金陵酒肆留别》《宣城见杜鹃花》等作品。杜甫开元年间游历江南,先至江宁,后至苏州、越州等地,游览了姑苏台、虎丘、镜湖、剡溪等名胜,前后在江南停留的时间超过了三年。其他如崔颢开元中曾游江南,綦毋潜天宝初游江南,李嘉祐天宝十五载避乱经润州至越州,包佶与皇甫冉天宝末年避乱到越州,李贺在元和间至江南。

　　安史之乱以后,来到南方的文士更多了。张继于肃宗年间在会稽、丹阳、苏州等地游历,创作了《会稽郡楼雪霁》《题严陵钓台》《枫桥夜泊》等作品。其《会稽秋晚奉呈于太宗》谈到了他在越州的游览:"禹穴探书罢,天台作赋游。云浮将越客,岁晚共淹留。"再如张祜"性爱山水,多游名寺,如杭之灵隐、天竺,苏之灵岩、楞伽,常之惠山、善权,润之甘露、招隐,往往题咏唱绝",游览了江南的山山水水。① 会昌五年(845)李播为杭州刺史,他认为:"吴、越古今多文士,来吾郡游,登楼倚轩,莫不飘然而增思。"当时武宗灭佛,大量佛寺被毁,李播盘算:"今不取其寺材立亭胜地,以彰圣人之功,使文士歌诗之,后必有指吾而骂者。"在社会风尚的推动下,李播顺应形势发展,在杭州城东南造南亭。② 显然,会宴城楼亭阁,泛游洞庭太湖,成了文人学士在江南地区必不可少的活动。地方长官也常常以游玩来招待外地来的同僚、亲属、部下。如颍川人邓元佐,"游学于吴。好寻山水,凡有胜境,无不历览。因谒长城宰,延挹托旧,畅饮而别。将抵姑苏,误入一径,甚险阻纡曲,凡十数里"。③ 朱冲和曾经游览杭州,"临安监吏有姓朱者,兄呼冲

---

① 辛文房著,傅璇琮主编:《唐才子传校笺》(第三册)卷六,中华书局1990年版,第174页。
② 杜牧:《樊川文集》卷一〇《杭州新造南亭子记》,第155—156页。
③ 李昉等编:《太平广记》卷四七一引《集异记》"邓元佐"条,第3877页。

和,颇邀迎止宿,情甚厚,冲和深感之"。① 再如李郢及第后回江南,"经苏州,遇亲知方作牧,邀同赴茶山。郢辞以决意春归,为妻作生日。亲知不放,与之胡琴焦桐方物等,令且寄代归意。郢为寄内曰:'谢家生日好风烟,柳暖花香二月天。……应恨客程归未得,绿窗红泪冷涓涓。'"②文人学子游历了江南的美景,才能得到人们的敬重。

　　大体而言,在江南城市中,中唐以后上流社会的游览是以城市景观及城市周围的自然山水为欣赏对象,与六朝、唐前期一般以自然山水为主的游览有很大不同。这种变化,在武则天、唐玄宗时期就渐渐显现出来。这说明城市在人们心目中占有重要地位,城市不仅仅是居住和工作的地方,同时也是人们游览休息的地方,城市的功能在悄然发生变化。

三、唐代城市普通居民的
游览风尚

　　与六朝城市的游览活动相比,唐代江南城市的另一个重要变化是普通居民都热衷游览,或出城,或在城内,俨然形成了一种社会风尚。常常见到人们在日常闲暇的时候,或携妻女,或与乡邻,呼朋唤友一起出游。特别是在一些节日期间,普通居民四处游览十分普遍。

　　史书记录唐代前期江南城市普通民众游览的资料极少,但中唐以后,这类资料一下子多了起来,使我们看到江南城市的游玩饮乐风气十分盛行。杭州城内一派游玩景象,西湖已

---

① 刘崇远编:《金华子杂编》卷下,《唐五代笔记小说大观》,第1767页。
② 同上书,第1763页。

是士女优游娱乐之所,"绿藤荫下铺歌席,红藕花中泊妓船",①是游玩者的天堂。湖面游船上每天美酒佳肴,笙歌袅袅,让人流连忘返,"绊惹舞人春艳曳,勾留醉客夜徘徊"。②白居易感叹在京城已没有意思,还是这人间天堂更舒心:"借问连宵直南省,何如尽日醉西湖。"③明州西湖在州治南六十步,"舒公龙图亶尝记其事"。舒亶是北宋中期人,"以为是湖本末《图志》所不载,其经始之人与岁月,皆莫得而考"。因此西湖的建设、整修估计是唐代后期至五代时期,否则舒亶不可能一点也搞不清楚的。西湖中,"有汀洲岛屿凡十,曰柳汀,曰雪汀,曰芳草洲,曰芙蓉洲,曰菊花洲,曰月岛,曰松岛,曰花屿,曰竹屿,曰烟屿,四时之景不同,而士女游赏特盛春夏,飞盖成阴,画船漾影,无虚日也"。④ 如此说来,唐末五代前期,明州百姓游赏之风已经盛行。

由于受到了文人学士和官员们游玩习俗的影响,城市普通人的生活观念和社会游乐活动发生了不少变化。如吴郡陆凭,"家于湖州长城,性悦山水,一闻奇丽,千里而往,其纵逸未尝宁居。贞元乙丑岁在月,游永嘉"。⑤ 从湖州到达永嘉,一路游览过去。苏州陆畅"在越,每经游兰亭,高步禹迹、石帆之绝境,如不系之舟焉"。⑥ 再如苏州齐君房,"自幼苦贫,虽勤于学,而寡记性","常为冻馁所驱,役役于吴楚间"。他将自己写的"四五六七言干谒,多不遇侯伯礼接",事业不顺,家里钱

---

① 白居易:《白居易集》卷二三《西湖留别》,第 514 页。
② 白居易:《白居易集》卷二〇《花楼望雪命宴赋诗》,第 437 页。
③ 白居易:《白居易集》卷二〇《湖上醉中代诸妓寄严郎中》,第 451 页。
④ 张津:《乾道四明图经》卷一《州城内古迹七》,《宋元方志丛刊》,第 4880 页。
⑤ 李昉等编:《太平广记》卷三三九引《通幽记》"陆凭"条,第 2693 页。
⑥ 范摅:《云溪友议》卷中"吴门秀",《唐五代笔记小说大观》,第 1281 页。

不多,却在"元和初,游钱塘","至孤山寺西",①虽不能说是为
了怡情养性而去游览,但为了给自己弄个好名声,有个好奔
头,跑了不少地方。《唐阙史》卷上"杜舍人牧湖州"条谈到,湖
州刺史曾"择日大具戏舟讴棹较捷之乐,以鲜华夸尚,得人纵
观,两岸如堵",在城市的湖道上划舟奏乐,居民们在两岸观
看,人山人海。杜牧"循泛肆目","及暮将散,俄于曲岸见里妇
携幼女","遽命接致彩舟"。② 可知由城市上层社会流行开来
的游览风尚传遍了整个城市,居民深受影响。

　　一年四季的各个节日,是人们游玩的大好时机。江南城
市正月十五日晚上都有放灯、观灯的习俗。白居易《正月十五
日夜月》云:"岁熟人心乐,朝游复夜游。春风来海上,明月在
江头。灯火家家市,笙歌处处楼。无妨思帝里,不合厌杭
州。"③描写的是唐中期杭州的节日情景。从元宵节"灯火家
家市,笙歌处处楼"来看,这天晚上城内十分热闹,人来人往。
这种放灯观灯的情形在湖州也是相差不多。《太平广记》卷一
四九引《前定录》"韦泛"条云:"韦泛者,不知其所来,大历初,
罢润州金坛县尉,客游吴兴,维舟于兴国佛寺之水岸。时正月
望夜,士女繁会,泛方寓目,忽然暴卒。县吏捕验其事,未已,
再宿而苏。"虽然是一则故事,但使人看到了湖州兴国寺的水
边,正月十五日夜晚"士女繁会",城市居民在节日里喜欢出门
游玩。与江南相邻的扬州,正月十五更是灯光四射。《玄怪
录》记载开元年间扬州元宵灯会盛况时说:"灯烛华丽,百戏陈
设,仕女争妍,粉黛相染,天下无逾于广陵矣。……月色如昼,
街陌绳直,寺观陈设之盛,灯火之光,照灼台殿。仕女华丽,若

① 李昉等编:《太平广记》卷三八八引《纂异记》"齐君房"条,第
　　3092页。
② 高彦休:《唐阙史》卷上,《唐五代笔记小说大观》,第1340页。
③ 白居易:《白居易集》卷二○,第450页。

行化焉。"①虽说这是一篇小说中描写扬州的正月十五,但小说往往是有现实基础的。从扬州灯会人们的游乐,可以推测江南城市大概都是这种景象。如张萧远谈到苏州的正月十五晚上:"十万人家火烛光,门门开处见红妆。歌钟喧夜更漏暗,罗绮满街尘土香。"②苏州城这天晚上家家户户灯火通明,妇女们可以自由外出观灯游玩,穿上漂亮的衣服,洒上香粉,成群结队,信步游走于灯海人潮之中。

唐代寒食节期间,盛行出城踏青、放风筝等活动。罗隐《寒食日时出城东》云:"青门欲曙天,车马已喧阗。禁柳疏风雨,墙花拆露鲜。向谁夸丽景,只是叹流年。不得高飞便,回头望纸鸢。"③寒食节的早晨,人们纷纷出城扫墓,从"车马已喧阗"来看,出城的百姓数量很多。沈佺期《和常州崔使君寒食夜》云:"闻道清明近,春闱向夕阑。行游昼不厌,风物夜宜看。斗柄更初转,梅香暗里残。无劳秉华烛,晴月在南端。"④寒食的白天和夜晚,常州城里游人如织,"行游昼不厌",到处都有景色可以观看。施肩吾谈到越州的寒食节:"去岁清明雪溪口,今朝寒食镜湖西。信知天地心不易,还有子规依旧啼。"⑤越州寒食节期间,人们纷纷出城寻找踏青胜地,或到雪溪口,或到镜湖边。

隋唐之际,人们继承了前代的竞渡游戏以纪念屈原:"俗五月五日为竞渡戏,……相传云:屈原初沉江之时,其乡人乘

① 牛僧孺:《玄怪录》卷三"开元明皇幸广陵",《唐五代笔记小说大观》,第 380 页。
② 彭定求等编:《全唐诗》卷四九一张萧远《观灯》,第 5554 页。
③ 彭定求等编:《全唐诗》卷六五九,第 7567 页。
④ 彭定求等编:《全唐诗》卷九六,第 1036 页。
⑤ 彭定求等编:《全唐诗》卷四九四施肩吾《越中遇寒食》,第 5598 页。

舟求之,意急而争前,后因为此戏。"①《隋书》卷三一《地理志》
云:"京口……俗以五月五日为斗力之戏,各料强弱相敌,事类讲
武。"唐代民间百姓十分喜欢这项活动。如卢子《逸史》载杜亚坐
镇淮南的时候,于"端午日,盛为竞渡之戏。诸州征伎乐,两县争
胜负。彩楼看棚,照耀江水,数十年未之有也。凡扬州之客,无
贤不肖,尽得预焉。唯王公不招"。江南城市亦有竞渡游戏。大
中间,崔涓在杭州为刺史,"其俗端午习竞渡于钱塘湖。每先数
日即于湖浒排列舟舸,结络彩槛,东西延袤,皆高数丈,为湖亭之
轩饰"。不料前一天北风大作,"彩船汹涌",第二天船全飘到了
南岸。等到崔涓与众官吏来到湖亭,"见其陈设,皆遥指于层波
之外"。崔涓"令每一彩舫系以三五只船,齐力一时鼓棹,倏忽而
至",重新回到北岸,再开始比赛。② 从这则故事中可以看到,
杭州比赛的彩舫规模是比较大的,不是很小的龙舟,要靠三五
只船才能拖动。端午竞渡到了南唐时仍然经常举行:"又嗣主
之世,许诸郡民划竞渡船,每至端午,官给彩,俾两两较其殿
最,胜者加以银碗,谓之打标。"③ 既然是"诸郡",说明举办竞
渡游戏的州县有很多,而且往往是得到官方支持才举办的。

七月十五日,对于道教佛教来说,都是一个重要节日,在
民间十分隆重。《太平广记》卷三五〇引《传奇》"颜浚"条云:
"会昌中,进士颜浚下第,游广陵,遂之建业。赁小舟抵白沙。
同载有青衣,年二十许,服饰古朴,言词清丽。浚揖之……抵
白沙,各迁舟航……言讫,各登舟而去……中元日,来游瓦官
阁,士女阗咽。及登阁,果有美人,从二女仆,皆双鬟而有媚
态。"武宗会昌时的建业,还只是江南一个普通的县城,中元日

①　刘𫗧:《隋唐嘉话》卷下,《唐五代笔记小说大观》,第 114 页。
②　刘崇远编:《金华子杂编》卷上,《唐五代笔记小说大观》,第 1752 页。
③　龙衮:《江南野史》卷三《后主》,《全宋笔记》第一编第三册,第
　　172 页。

民众自发来到寺庙参加节日活动，人山人海，热闹非凡，想来其他城市必定也是有同样的情形。

　　随着杭州城市的不断发展，经多次修治后，城区面积不断扩大，唐代杭州城与钱塘江口日益接近，杭州人发现钱塘观潮是十分有意义的一项活动。李吉甫曾说："江涛每日昼夜再上，常以月十日、二十五日最小，月三日、十八日极大，小则水涨不过数尺，大则涛涌高至数丈。每年八月十八日，数百里士女，共观舟人渔子溯涛触浪，谓之弄潮。"①他对钱塘江的潮汐规律已有十分精确的认识，知道每月钱塘江有两次大潮，其中每年的八月十八日会发生最大的潮汐。人们都已知道观潮是一项十分享受的活动，所以到了大潮的日子，纷纷前来观看，甚至有一些胆大者还驾了小船弄潮，与大浪作亲密接触。杜光庭谈到："钱塘江潮头，……自是自海门山潮头汹涌高数百尺，越钱唐，过渔浦，方渐低小，朝暮再来。其声震怒，雷奔电激，闻百余里。"②观钱塘潮被看成是一种重要的娱乐活动。路过杭州的官员都以一睹钱塘潮为幸事。如婺州参军杜暹，与王贾"同列，相得甚欢。与暹同部领，使于洛阳。过钱塘江，登罗刹山，观钱江潮"。③白居易提到杭州城市居民观潮已蔚然成风："春雨星攒寻蟹火，秋风霞飐弄涛旗。"他自注云："余杭风俗，每寒食雨后夜凉，家家持烛寻蟹，动盈万人。每岁八月，迎涛弄水者，悉举旗帜焉。"④元稹《和乐天重题别东楼》诗亦云："鼓催潮户凌晨击，笛赛婆官彻夜吹。唤客潜挥远红袖，卖垆高挂小青旗。剩铺床席春眠处，乍卷帘帷月上时。"⑤观

① 李吉甫：《元和郡县图志》卷二五《江南道一·杭州钱塘县》，第 603 页。
② 杜光庭：《录异记》卷七《异水》，《唐五代笔记小说大观》，第 1543 页。
③ 李昉等编：《太平广记》卷三二引《纪闻》"王贾"条，第 204 页。
④ 白居易：《白居易集》卷二三，第 514 页。
⑤ 元稹：《元稹集》卷二二，第 250 页。

潮时人群涌动,人们久观不厌,"钱塘郭里看潮人,直至白头看不足"。①

四、江南城市游览风尚变化的原因

唐代与六朝相比,在城市游览风气上,发生了上述两个变化:一是城市上层社会的游览已从六朝时主要以欣赏城市外的自然山水为主,变为以欣赏城市内部景致和城市周围自然山水相结合的形式;二是六朝很少出现的城市普通民众游览,在唐代俨然已成为一种社会风尚。那么,发生这些变化的原因是什么? 我认为有这样几个因素:

1. 城市人口数量的增加,是江南城市民众游览风气变化的基础

六朝以后,城市成了人口的聚集区,为了有个好职业和好生计,很多人搬到城市居住,因而城市里的人口越来越多。东晋建康城内的户口,有很多学者认为在 140 万左右。如罗宗真认为:"以建康为代表的商业城市的兴起,其周围有许多市场,贸易来往,舟船车辆云集,人口集中,最盛时达一百四十万左右。"②

---

① 彭定求等编:《全唐诗》卷四七四徐凝《观浙江涛》,第 5377 页。
② 罗宗真:《探索历史的真相——江苏地区考古、历史研究文集》,江苏古籍出版社 2002 年版,第 10 页。另第 27 页也云:"那时 140 万的京师人口,每月至少需粮 42 万斤。"持相同观点的有许辉、蒋福亚,见他们主编的《六朝经济史》,江苏古籍出版社 1993 年版,第 367 页。刘淑芬在《六朝的城市与社会》(学生书局 1992 年版,第 135 页)持相同观点。而同样以每户五口计,任重等认为建康的总人口为 120 万。(任重等:《魏晋南北朝城市管理研究》,中国社会科学出版社 2003 年版,第 42 页。)更有认为总人口近 200 万。如蔡震在《南京市发现建康城壕,千古"台城"之谜渐渐揭开》(《扬子晚报》2007 年 11 月 5 日)一文中认为:"历载建康城鼎盛时期有 28 万户,近 200 万人口,街市热闹繁华,整个城市规整而实用。"200 万的推测不知何据。

会稽郡是扬州境内户数最多、口数第二的大郡,是人口密度最高的地区之一,估计城内有居民 10 万人。加上城内的官员、军队和流动人口,会稽城约有 10—11 万人。除这两个城市外,江南大部分城市的人口并不是很多,据现存两晋南朝时各郡的户口数字推测,一般郡城内的户口估计都在万人左右,大的郡城估计会达 2 万。一些大县城中的人口比一般县城稍多,如吴郡、吴兴等郡治所在的县城会达到 2 万人。

　　到了唐代,江南州级城市聚集的人口数与六朝郡级城市相比,明显增多。如苏州城内人口约在 20—30 万之间。[1] 唐代中期,杭州人口在 10—15 万左右;到了唐末至吴越时,杭州人口飞速增加,有可能达到 20—25 万左右,与苏州相仿。越州城内人口数一般情况下约在 14—15 万,多时或许可达 16—17 万。常州城内人口大约在 13—14 万,金陵城在 20 万左右,润州城的人口超过 10 万,温州、睦州等城的人口在 2.5 万左右。唐代州城的数量比六朝郡城要多,州一级城市的人口数量远多于六朝郡一级城市。唐代一般的县城人口在 3 000—5 000 左右,也比六朝要多。城市人口的猛增,使平日里居住在狭小环境中的城市居民一有机会,就会设法寻找自然、舒适的去处,在城市里寻找值得游览的景致、寺院和各种文化古迹,碰到大的娱乐活动,纷纷放下手里的工作,热热闹闹前去观看。

　　六朝时期,士族中的部分精英分子喜欢向政治、经济和文化中心城市集中,这种向城市迁徙的主要因素是受到了城市政治特征的吸引。由于都城在建康,各大小城市都有一定的政治级别,所以士族喜欢迁入政治核心地区的城市,也愿意迁

---

[1] 可参拙著《唐五代江南工商业布局研究》第六章第一节之二"城市人口的增加",第 348 页。

入任职所在的城市。不少士族喜欢居住在城市的周围地区，有官做就入城，没官做就退居郊外，既能享受城市经济的发达，又能享受农村的自然山水，这就导致了六朝的游览以上层社会最为多见。到了唐代，官宦和文人向城市集中的步伐加快，进入城市的士人越来越多，但凡文化人要想在个人仕途上有所作为，都来到城市寻找发展机会。来到江南的出仕者，醉心于江南城市的安逸生活，很多人定居在江南。文人们为了增广见识，大量来到江南，他们借助赋诗、吟咏、题壁、著述等形式，把文化信息传向各地；文人学子每喜于旅游之处题诗赋文，留下了许多千古传诵的名诗佳作。自唐代以后，江南民风渐趋奢侈，游玩风气盛行，这可以说是江南城市文化水准相对较高的体现。

　　2. 城市居民生活的富有，使游览活动有了充分的经济条件

　　城市中的官员、贵族、士大夫阶层有经济实力游山玩水，这个自不待言，而唐代普通百姓能有闲暇时间外出，必然与其生活的富足程度有关。

　　在唐代的城市中，以经商为职业者在总人口中占有相当高的比重。商人有的是往来于各地和远涉海外的行商，他们将江南地区的商品运销全国各地和海外，又将全国各地和海外的商品运到江南各市场。如薛邕任宣州刺史时，"劝农殖谷，百谷年丰，通商鬻货，万货云丛，阗道都会"。① 商人中的一部分是开设了各种店铺、茶楼、酒楼、馆舍之类的坐商，主要集中在市内经商，但一般的街坊也有很多与日常生活紧密相连的商店。金陵有众多沿长江前来的商人，熙熙攘攘，所谓

---

① 董诰等编：《全唐文》卷九九〇阙名《大唐宣州刺史薛公去思碑》，第10254页。

"暮潮声落草光沉,贾客来帆宿岸阴"。① 张孺华曾"系舟于金陵江岸,有良贾徐士则者,乘巨艘十余只,亦于浦间同泊"。② 一人有商船十余只,实力雄厚。苏州开元寺有"金铜玄宗圣容",是富商大贾"远以财施,日或有数千缗。至于梁柱栾楹之间,皆缀珠玑,饰金玉。莲房藻井,悉皆宝玩,光明相辉,若辰象罗列也"。③ 城市手工业发达,从业人员众多,皮日休《吴中苦雨因书一百韵寄鲁望》诗云:"吴中铜臭户,七万沸如膔。"④ 夸张地说出苏州城内工商业者数量极多,苏州城内有很多手工作坊在从事金银器的铸造。

商人和手工业者增多,城市中的人们渐渐变得富有。如《太平广记》卷二三一引《博异志》"陈仲躬"条说:"天宝中,有陈仲躬家居金陵,多金帛。仲躬好学,修词未成,乃携数千金,于洛阳清化里假居一宅。"外出游学,带了数千金。乾元初,"会稽民有杨曳者,家以资产丰赡,甲于郡中"。⑤ 家庭经济富裕,所以人们就有能力从事教育、宗教、游览等精神方面的活动。越州观察使皇甫政因为向佛寺求子成功,"构堂三间,穷极华丽。陆氏于寺门外筑钱百万,募画工","政大设斋,富商来集。政又择日,率军吏州民,大陈伎乐"。⑥ 越州城内的富商和军吏州民,都是城市的一般居民,因为生活富有,才能向庙宇捐钱捐物。李绅《过吴门二十四韵》对唐代的苏州城市进行描写:"烟水吴都郭,阊门架碧流。绿杨深浅巷,青翰往来

---

① 彭定求等编:《全唐诗》卷七四三沈彬《金陵杂题》,第 8456 页。
② 康骈:《剧谈录》卷下"吴天观周尊师",《唐宋笔记小说三种》,黄山书社 1991 年版,第 60 页。
③ 朱长文:《吴郡图经续记》卷中《寺院》,第 32 页。
④ 彭定求等编:《全唐诗》卷六〇九,第 7026 页。
⑤ 张读:《宣室志》卷八,《唐五代笔记小说大观》,第 1051—1052 页。
⑥ 李昉等编:《太平广记》卷四一引《会昌解颐》及《河东记》"黑曳"条,第 251 页。

舟。朱户千家室,丹楹百处楼。……桥转攒虹饮,波通斗鹢浮。竹扉梅圃静,水巷橘园幽。……水风摇彩斾,堤柳引鸣驹。"①从其中的"朱户千家室,丹楹百处楼"来看,城内的许多建筑都是木结构的,柱子刷成红色,而且是两三层楼。这样的一种美景,说明苏州很多普通百姓都是生活在安谧富足的经济条件之下。

有了经济实力,人们才会四处去欣赏美景。陶渊明的后代陶岘,"开元中,家于昆山,富有田业,择家人不欺能守事者,悉付之家事。身则泛然江湖,遍游天下,往往数载不归。……自制三舟,备极空巧,一舟自载,一舟致宾,一舟贮饮馔。客有前进士孟彦深、进士孟云卿、布衣焦遂,各置仆妾共载"。② 当然,像陶岘这样的人,毕竟是个特例,但一般城市居民有些闲钱而四处闲逛,应该是能够做得到的。

3. 游览风尚的变化,与官员、士大夫的心理需求和思想影响有关

六朝时期的游览活动,与人们的思想观念有较大的关系。六朝官员、士大夫对山水的眷恋远胜于前人,士大夫阶层忘情于山水,是这个时期流行的一种风气。文人士子为摆脱礼法束缚,追求个性解放,寄情山水成为他们追求个性、怡养性情的重要方式。玄学的代表人物王弼"体道贵无"的审美观,较深刻地影响到六朝士人的自然观念,他们将山水的自然美看作"道"的体现,于是推动了对山水之美的追求。有研究者认为,六朝时期,自然山水开始作为独立的审美对象,③这种观点应该说是比较准确的。东晋至南朝刘宋间,很多人认为山

① 彭定求等编:《全唐诗》卷四八一,第 5474 页。
② 李昉等编:《太平广记》卷四二〇"陶岘"条,第 3421—3422 页。
③ 余开亮:《论六朝时期自然山水作为独立审美对象的形成》,《中国人民大学学报》2006 年第 4 期。

水的自然美是为了人而存在的,人在山水之中是能够做到物我两融、和谐如一的。因此士人们浪迹山水就变成了一种风尚,游山玩水成为士人们精神生活的内在需要。左思说:"非必丝与竹,山水有清音。"①他体会到从青山绿水中可以找到人的感情寄托。孙绰更是对城市生活和自然山水的关系作了论述:"情因所习而迁移,物触所遇而兴感。故振辔于朝市,则充屈之心生;闲步于林野,则辽落之志兴……屡借册水以化其郁结,永一日之足,当百年之溢。"②他认为平时在城市里为生活所累,而一到山水中就进入了另一个自由的天地,可以使"辽落之志兴",可以化解平日里积累的郁结。

六朝官宦士大夫忘情山水的传统,自然被唐代官员、文人们继承。唐代的官员同样对江南城市周围的山水流连忘返,他们饮酒作乐,以游玩山水为风雅。唐朝的官员士大夫一般都是居住在城市中,习惯于城市的喧嚣和繁华,但一旦他们在仕途上失利,或者社会政治大环境发生变化,他们也想到了要清心寡欲,希望有淡泊宁静的自然山水生活。唐代前期,江南是落魄文人和贬谪官员的乐土,江南的地方官有很多都是北方被贬谪的,政治追求上的失败,使他们一旦到达南方,就喜欢上了南方的自然山水,他们要么沉醉于宗教的超脱和清虚,要么为了个人的理想而追求情感上的幽静和惬意,他们在城市和山水之间,追求自己心灵的舒适。

中唐以后,江南经济地位的上升,社会环境的安定,使大量北方文人纷纷南来,寓居在江南各个大城市中。他们对江南的山水心驰神往,对江南城市的繁华和声色犬马充满了热

① 左思:《招隐诗二首》,逯钦立:《先秦汉魏晋南北朝诗·晋诗》卷七,第734页。
② 孙绰:《三月三日兰亭诗序》,严可均编:《全上古三代秦汉三国六朝文·全晋文》卷六一,第1808页。

情。大城市郊外的山水、寺院都成了他们欣赏的对象。张祜
谈到润州的金山寺时说:"一宿金山寺,超然离世群。僧归夜
船月,龙出晓堂云。树色中流见,钟声两岸闻。翻思在朝市,
终日醉醺醺。"①金山寺位于长江中,江水和寺庙的幽静景致,
使作者有超然离世的感觉,而城市中的热闹,使人脑子乱哄
哄,终日不得安宁。因此,官员和士大夫们长期生活在城市
里,而一直想着要到山水中去舒展内心。城市郊外的自然山
水成了游览活动的最佳去处。

如果能将自然山水搬进城市内,同样可以达到徜徉山水
的效果,于是唐代江南城市内建起了大量仿自然的园林。苏
州、金陵、杭州、常州、越州都建造了大量的园林,供人们游览
欣赏,甚至连余杭、无锡、义兴等县城也都兴造园林。唐朝的
园林往往建楼设圃,厅斋堂宇,亭榭楼阁,疏密相间,高低错落
有致,成为城市民众休闲活动的场所。为创造出富于自然气
息的山林景观,城市内的园林常常以假山为中心,以石构景,
与周围的建筑、池塘和植物相互映衬,通过叠山凿石的造景手
法来表达人们理念上的追求。由于江南城市一般处于平地,
所以大部分假山都是用土垒筑,其泥土来自于周围池沼的挖
掘,所挖池沼与假山相互构景,平清的湖水旁和湖中小岛上耸
立着小山,山上种植草木,山脚下堆着各式各样的石头。这样
的将自然山水搬入城市的格调,满足了城市民众对自然山水
的追求。如宋人曾谈到湖州的白蘋洲:"吴兴山水清远,城据
其会,骚人墨客状其景者,曰水晶宫,曰水云乡,曰极乐
城。……一城之内,触处见山,触处可以引溪流,故凡为苑圃,
必景物幽雅。虽近市,如在近云岩江邨,所以为贵也。唐开成
中白蘋洲有三园,钱氏时清源门内有芳菲园,……自白蘋洲

① 彭定求等编:《全唐诗》卷五一一张祜《题润州金山寺》,第5818页。

外,俱不可见。乡老寓公多为芳圃,亭宇相望,沼沚旁联,花木荟茂,游者争眩,物故不能两盛也。"①

官员、文人的游览,对民间风俗带来了很大影响。地方官员和文人士大夫是时代精神文明的主要创造者,他们对大好河山的热爱,对山山水水的眷恋,极大地影响了社会各阶层的生活风气。后代有很多人认为白居易等唐代文人对江南地区民风的改变影响较大,如明人认为白居易面对西湖风光秀丽、景物华丽,"未能抛得杭州去,一半勾留在此湖",直至明朝,杭州人还在学他的样,"四时邦人士女嬉游歌鼓之声不绝"。黄省曾《吴风录》云:"白居易治吴,则与容满、蝉态辈游宿湖岛,至今吴中士夫画船游泛,携妓登山。虎丘尤甚,虽风雨无寂寥之日。初春则西山踏青,盛夏则东荡观荷,帆樯接翼,箫鼓沸川矣。"②在这样的情景之下,江南城市民众的游览成为一种风尚,蔓延开来,成为城市发展过程中的时代特色。

(本文原刊于《社会科学》2014 年第 5 期)

---

① 谈钥纂:《嘉泰吴兴志》卷一三《苑囿》,《宋元方志丛刊》,第 4739 页。
② 张德夫等纂:《隆庆长洲县志》卷一《风俗》,《天一阁藏明代方志续编》第 23 册,第 32 页。

唐五代时期杭州的
饮食与娱乐活动

杭州是唐代浙西道的一个重要城市,位于钱塘江边、江南运河的南端,交通地位重要,商品贸易十分兴旺。唐后期,杭州周围地区农业生产发展,城内手工业较为发达,丝织业、金银制造业、食品业等很有特色。钱镠驻扎杭州后,多次扩建杭州城池,杭州成为吴越国的都城,标志着杭州超越了苏州和越州,正式成为两浙地区的政治和经济中心。时人谈到杭州时说:"轻清秀丽,东南为甲;富兼华夷,余杭又为甲。百事繁庶,地上天宫也。"[1]杭州被比喻成完美的地上天宫。五代时的杭州,"邑屋之繁会,江山之雕丽,实江南之胜概也"。[2]

宋人王明清说:"杭州在唐,繁雄不及姑苏、会稽二郡,因钱氏建国始盛。"[3]杭州城市商贸略次于苏、越两州,但杭州的交通地位十分重要,商品贸易渐渐兴旺。至吴越国以杭州为都城,杭州城军事地位、政治地位和经济的发达程度在江南地区已首屈一指。唐代中期,李华说杭州是"杭州东南名郡","骈樯二十里,开肆三万室"。[4] 杭州人口众多,商业已出现兴

---

① 陶谷:《清异录》卷上《地理门·地上天宫》,《全宋笔记》第一编第二册,第 17 页。
② 薛居正:《旧五代史》卷一三三《世袭列传二》,第 1771 页。
③ 王明清:《玉照新志》卷五,《宋元笔记小说大观》,第 3968 页。
④ 董诰等编:《全唐文》卷三一六李华《杭州刺史厅壁记》,第 3206 页。

旺的景象。后周显德五年(958)四月,杭州城内曾发生过一场大火灾,"城南火延于内城,官府庐舍几尽……被火毁者凡一万七千余家"。[①] 这场大火只是烧毁了杭州城的南部,因而我们推测其时杭州的实际住户最起码在 3 万户以上,或许会达到 4 万户左右,因而城市总人口约在 20—30 万之间。城市经济的发展,城市人口的增加,人们对吃喝玩乐必然有着更高的追求。因此对杭州吃喝玩乐的探索,将会使我们对杭州城市的研究有更为深入的认识。

一、杭州的吃喝风尚

南方自古以来物产丰富,烹饪的原料呈现多样性的特点。加上人员南北交流十分频繁,北方民众大量南迁,对南方饮食影响较大,因而唐五代南方城市居民的饮食日益丰富,又融合了南北方的风格,处于不断变化发展中。

对南方城市中的大多数人而言,主食是稻米饭。在江南的平原地区,水稻是大面积成片种植的。权德舆曾说:"江东诸州,业在田亩,每一岁善熟,则旁资数道。"[②]杭州周围都是水稻生产区,民众的日常主食必然是稻米。三国以后,北方人口大量南迁,麦、粟、黍等开始在南方大量种植。刘宋元嘉二十一年(444)政府重申"自今悉督种麦"。[③] 政府的推广很有成效,如郭文在余杭大辟山中"区种菽麦"。[④] 到唐五代,种麦情况应不会有多大变化,说明杭州城内也食用一定量的麦饭。杭州居民还食用各种面粉和米粉制成的饼。将小麦磨成面

① 吴任臣:《十国春秋》卷八一《忠懿王世家上》,第 1157 页。
② 权德舆:《权载之文集》卷四七《论江淮水灾疏》,《四部丛刊》本。
③ 沈约:《宋书》卷五《文帝纪》,第 92 页。
④ 房玄龄等:《晋书》卷九四《郭文传》,第 2440 页。

粉,或用白米磨成米粉,制成的面制品当时都称为饼。《清异录》卷上云:"道忠行化余杭,一钱不遗,专供灵隐海众,月设一斋延僧,广备蒸作。人人喜曰:'来日赴忠道者蒸雪会。'忠之化人,惟曰买面,故称'面忠'。"①汤饼可能与今日面条相似。

杭州人的食物中,肉类比较重要,羊肉和牛肉应是主要的产品。孟诜《食疗本草》称,北方的河西羊最佳,河东羊亦好,但"江浙羊都少味而发疾",说明羊肉在南方的肉食中占有一定比重。他说南方羊"都不与盐食之,多在山中吃野草,或食毒草。若北羊,一二年间也不可食,食必病生尔。为其来南地食毒草故也"。②当然,南方食用羊肉的数量是不能和北方相比的。这里谈到的江浙,自然也包括杭州。食用牛肉也比较常见。吴越胡进思年轻时以屠牛为业,后"民有杀牛者,吏按之,引人所市肉千斤"。忠逊王问胡进思一般大牛杀后可得多少肉,进思说:"不过三百斤。"杭州杀牛者不会只有胡进思一人,市场里牛肉的消费量应该挺大。③严昇期摄侍御史,"于江南巡察,性嗜牛肉,所至州县,烹宰极多",也大体说明了食用牛羊肉的情况。④

杭州东为钱塘江,不远处就是大海,境内河流湖泊密布,因而人们的饮食和水产品关系密切。唐前期的崔融曾说:"江南诸州,乃以鱼为命。"说明江南的百姓大量食用鱼产品。唐中宗景龙元年,李义上疏说:"江南水乡,采捕为业,龟鳖之利,黎元所资。"⑤因此,鱼类产品被大量地运进城市中的市场。

---

① 陶谷:《清异录》卷上《释族门·面忠蒸雪会》,《全宋笔记》第一编第二册,第 30 页。
② 孟诜著,郑金生等译注:《食疗本草译注》卷中,第 188 页。
③ 吴任臣:《十国春秋》卷八八《胡进思传》,第 1277—1278 页。
④ 张鹭:《朝野佥载》卷三,《唐五代笔记小说大观》,第 46 页。
⑤ 王溥:《唐会要》卷四一《断屠钓》,第 731—732 页。

白居易谈到杭州"鱼盐聚为市",说明城内鱼产品销售十分多见。① 唐末吴越王钱镠时,"应西湖之捕鱼者必日纳数斤,谓之使宅鱼。有终日不及其数者,必市为供之,民颇怨叹"。② 钱镠喜欢吃鱼,因而在西湖捕鱼的渔民每天必须要送几斤到宫内,成了变相的渔税。陶谷《清异录》卷上谈到:"水族加恩簿　吴越功德判官毛胜,多雅戏,以地产鱼虾海物,四方所无,因造水族加恩簿,品叙精奇。"他将各种水产品都配给一个官位,虽是游戏笑谈,但列出了众多时人食用的淡水和海产品名单。这些水产品,按书中的先后次序有:江瑶、章举、车螯、蚶菜、虾魁、蟵、蟛蚶、蟹、彭越、蛤蟆、文、鲈、鲋、鲚、鼋、鳖、鲎、石首、石决明、乌贼、龟、水母、真珠、玳瑁、牡蛎、梵响、砑光螺、珂、螺蛳、蛙、鳈鲦、江豚、鳜、鲤、鲫、白鱼、鳊、鲟鳇、鳝、葱管、东崇、崇连、河豚、鳆、蚬。③ 这么多的水产品,说明人们对鱼类的食用数量在增加,分类更加细化。同书卷下《馔羞门·小四海》又云:"孙承祐在浙右,尝馔客,指其盘筵曰:'今日坐中,南之蟛蚶,北之红羊,东之虾鱼,西之粟,无不毕备,可谓富有小四海矣。"以南方的蟛蚶(即青蟹)和江南的虾、鱼招待客人,认为是最高的档次。蟹的鲜味为人称颂,所以不少人特别爱吃蟹。不过一直到唐代末年,杭州农村不食蟹,"时有农夫田彦升者,家于半道红,幼性至孝,其母嗜蟹,彦升虑邻比窥笑,常远市于苏、湖间,熟之,以布囊负归"。④ 从这条史料看,苏、湖一带食蟹成风,但杭州食用者还不是特别多。钱昆少卿家

① 白居易:《白居易集》卷二○《东楼南望八韵》,第 444 页。
② 陶宗仪:《说郛》卷一四引苏耆《闲谈录》,第 8A 页。
③ 陶谷:《清异录》卷上《鱼门·水族加恩簿》,《全宋笔记》第一编第二册,第 62—66 页。
④ 嵇曾筠等修:《浙江通志》卷一八三《孝友》,文渊阁《四库全书》第 524 册,第 95 页。

世代居住在余杭，"杭人嗜蟹，尝求外补。或问欲何郡，昆曰：
'但得有螯蟹无通判处可矣。'闻者以为笑"。① 这是宋初的情
况，说明从唐末以后，没过多少时间，到宋代初年，杭州人已比
较喜欢吃蟹了。《清异录》卷下《馔羞门》云："吴越有一种玲珑
牡丹鲊，以鱼叶斗成牡丹状。即熟，出盎中，微红，如初开牡
丹。"这是一种腌制的鱼产品。

　　承继了传统，杭州城内居民饮酒十分普遍，酒在饮食生活
中占有重要地位。同时随着茶叶种植的兴起，饮茶之风开始
蔓延。

　　杭州酒楼有夜间经营的，"高楼酒夜谁家笛，一曲《凉州》
梦里残"。② 唐五代江南制酒业比较发达，一些带有浓厚地方
酿造工艺特色的酒受到人们的喜爱。杭州有种名酒叫梨花
春，白居易《杭州春望》云："红袖织绫夸柿蒂，青旗沽酒趁梨
花。"其诗自注云："其俗酿酒趁梨花时熟，号为梨花春。"③说
明杭州地区酿出高质量的酒是在春季。余杭县的酒也十分出
名，早在开元间已为人们称赞。诗人丁仙芝云："十千兑得余
杭酒，二月春城长命杯。"④喝酒在杭州的中上层社会流行。
唐末御史中丞萧某为杭州刺史，"会宴于城楼饮"，方干与吴杰
作陪。吴杰晚至，"目为风掠"，萧"笑命近座女伶裂红巾方寸
帖脸，以障风"，方干看了不乐意，两人就作诗相互嘲讽起
来。⑤ 在城楼上饮酒能高瞻远瞩，特别有利于观赏风景。有
漂亮的妓女佐酒，男人们的状态会更好，喝起来更带劲。崔涓

① 陈善：《扪虱新话》卷一一《国朝始置通判》，《全宋笔记》第五编第十
　　册，第 90 页。
② 张祜：《登杭州龙兴寺三门楼》，《全唐诗补编》上册，第 193 页。
③ 白居易：《白居易集》卷二〇，第 442 页。
④ 彭定求等编：《全唐诗》卷一一四丁仙芝《余杭醉歌赠吴山人》，第
　　1156 页。
⑤ 王谠：《唐语林》卷七《补遗》，《全宋笔记》第三编第二册，第 267 页。

守杭州,在西湖上饮饯中使。有人献木瓜,这是从来也没有过的,崔涓"传以示客",让各位看看。中使不高兴了,认为这个应该送进宫,"解舟而去"。崔涓十分担心,"欲撤饮"。"官妓作酒监者"马上对崔涓说:"请郎中尽饮,某度木瓜经宿必委中流也。"①这位杭州官妓本来是在宴会中作酒监的,因为中使搅局,让一场酒没有好好喝完。酒喝得比较高兴,喝酒的人还会唱歌跳舞。吴越王钱镠衣锦还乡,在临安设牛酒大陈乡饮,"别张蜀锦为广幄,以饮乡妇"。喝得兴起,他"执爵于席,自唱还乡歌以娱宾曰:'三节还乡兮挂锦衣,吴越一王驷马归。临安道上列旌旗,碧天明明兮爱日辉。父老远近来相随,家山乡眷兮会时稀,斗牛光起兮天无欺。'时父老虽闻歌进酒,都不之晓,武肃觉其欢意不甚浃洽。再酌酒,高揭吴喉唱山歌以见意,词曰:'你辈见侬底欢喜,别是一般滋味子,永在我侬心子里。'"国王这样放开一唱,众乡亲当然十分高兴,"叫笑振席,欢感闾里",君民之间饮酒能有这样的快乐,是很少见到的。直到宋代,临安"山民尚有能歌者"。②

杭州是唐代重要的制茶区,在陆羽《茶经》卷下《八之出》中有较详细的叙述。陆羽认为杭州"临安、於潜二县生天目山,与舒州同",此外,"钱塘生天竺、灵隐二寺",这儿已提到了三县生产茶叶。《太平寰宇记》卷九三云:"於潜县,……山极高峻,上多美石泉水名茶。"证实於潜县天目山区在唐五代时生产出的茶叶是比较有质量的。《全唐诗》卷八一八皎然《对陆迅饮天目山茶因寄元居士晟》云:"喜见幽人会,初开野客茶。日成东井叶,露采北山芽。文火香偏胜,寒泉味转嘉。投铛涌作沫,著碗聚生花。"知唐末人们特别喜爱天目山茶。余

---

① 王谠:《唐语林》卷三《夙慧》,《全宋笔记》第三编第二册,第 125 页。
② 文莹:《湘山野录》卷中,《全宋笔记》第一编第六册,第 38 页。

杭县的径山产名茶。《说郛》卷八一引唐张又新《煎茶水记》云："吴楚山谷间,气清地灵,草木颖挺,多孕茶荈,为人采拾。大率古于武夷者为白乳,甲于吴兴者为紫笋,产禹穴者以天章显,茂钱塘者以径山稀。"湖州紫笋、越州天章、杭州径山茶是浙江最有名气的三种茶叶。此外,余杭天柱山,四隅斗绝,耸翠参天,"山出佳茗,为浙右最"。①《咸淳临安志》卷二七《山川六》谈到新城县西的七贤乡仙坑山六朝时即"山产茶,其味特美"。唐代杭州的属县中,大部分都生产茶叶。据《册府元龟》卷一六九《帝王部·纳贡献》记载,吴越国在五代时向北方政权贡茶共 12 次,其中 3 次没有具体数量,9 次有具体数字的共贡 343 800 斤。虽然这些是在整个吴越国境内生产的,但必定也有一部分是杭州的。

由唐入宋,由于喝茶流行,茶叶价格转高:"自唐至宋,以茶为宝,有一片值数十千者,金可得,茶不可得也,其贵如此。"②唐末至五代,曾任吴越宰相的皮光业特别喜爱喝茶,某天中表请他去尝新柑,"筵具殊丰,簪绂丛集"。但皮光业一到中表家里,不顾席上的丰盛菜肴,却"呼茶甚急。径进一巨瓯,题诗曰:'未见甘心氏,先迎苦口师。'"③说明他特别爱好饮茶。

二、杭州的游览活动和园林

唐五代时期杭州的游览风尚,既与人们的思想观念有关,同时又有社会比较富足的经济条件作为保障。中唐以后,游览的习俗为城市普通百姓所接受。

---

① 潜说友纂:《咸淳临安志》卷二四《山川三》,《宋元方志丛刊》。
② 袁文:《瓮牖闲评》卷六,《全宋笔记》第四编第七册,第 189 页。
③ 陶谷:《清异录》卷下《茗荈门·苦口师》,《全宋笔记》第一编第二册,第 101 页。

　　唐以前,南方城市的游览风气一般是在士大夫阶层中流行。不过随着士大夫们欣赏山水美景这一风雅之举的影响,城市普通老百姓也被感染:"(南齐)永明之世,十许年中,百姓无鸡鸣犬吠之警,都邑之盛,士女富逸,歌声舞节,袨服华妆,桃花绿水之间,秋月春风之下,盖以百数。"①老百姓也渐渐接受这种做法,很多人衷情起"桃花绿水之间"的优美景色。隋唐五代,文人学士喜欢饮酒作乐,以游玩山水为风雅,而南方地区优美玲珑的自然景色适应了一大批文人的欣赏视角。发展中的城市经济,城市规模扩大,人口众多,商业繁盛,使浙西地区日渐富庶起来,这为文人们的醉生梦死造就了外部条件,因此"江外优佚,暇日多纵饮博"。② 饮酒、游山玩水是中唐以后文人学者在南方地区休闲活动的主旋律。

　　地处江南运河最南端的杭州,有着优美的自然环境,随着城市经济的发展,有大量的官员、学者、文人墨客以及僧侣、道士通过运河来到杭州。这些官员和文人墨客,比较欣赏杭州城内及城外附近的景色,他们对杭州山水无比留恋。白居易在杭州任刺史三年,遍访杭州山水,杭州的许多景致因白居易的诗篇而享有盛名。西湖的美丽山水和晴雨晦明,借了白居易的诗歌而声名远播。白居易的诗友元稹时任越州刺史,两人诗信交往,各自赞美本郡山水之美。白居易以为杭州的山水名胜在江南无出其右,他对元稹说:"知君暗数江南郡,除却余杭尽不如。"又说:"可怜风景浙东西,先数余杭次会稽。禹庙未胜天竺寺,钱湖不羡若耶溪。"③他还有不少诗篇提到了

---

① 萧子显:《南齐书》卷五三《良政传》序,第 913 页。
② 李昉等编:《太平广记》卷二五一"冯袞"条,第 1591 页。
③ 白居易:《白居易集》卷二三《答微之夸越州州宅》《答微之见寄》,第 502、506 页。

杭州城内的美丽，如"大屋檐多装雁齿，小航船亦画龙头"。①
白居易赞美杭州山水，没有别的原因，只是杭州山水与他的心
灵世界十分呼应。他的诗篇，用浓浓的人文色彩描绘着西湖
风光。

　　杭州城内外的众园林是人们游山玩水的最佳去处。官员
们最佳的游玩处是州治内的殿堂楼阁，有虚白堂、因岩亭、高
斋、清辉楼、忘筌亭、南亭、西园等景致。虚白堂面江倚山，凭
栏可以观看钱塘江潮，天气晴好时能远眺高山。白居易有《虚
白堂》《郡亭》等多首诗谈到虚白堂。如《郡亭》诗说："况有虚
白亭，坐见海门山。潮来一凭槛，宾至一开筵。终朝对云水，
有时听管弦。持此聊过日，非忙亦非闲。山林太寂寞，朝阙空
喧烦。唯兹郡阁内，嚣静得中间。"②因岩亭和忘筌亭白居易
也有诗谈到，如《因岩亭》说："岩树罗阶下，江云贮栋间。似移
天目石，疑入武丘山。"《忘筌亭》云："翠巘公门对，朱轩野径
连。只开新户牖，不改旧风烟。……自笑沧江畔，遥思绛帐
前。庭台随事有，争敢比忘筌。"③高斋在州宅东，临大溪，紧
依山麓，因建筑单体高大，在城墙上，可俯瞰城内景象，吸引了
很多人去登高远眺。严维《九日登高》云："诗家九日怜芳菊，
迟客高斋瞰浙江。汉浦浪花摇素壁，西陵树色入秋窗。木奴
向熟悬金实，桑落新开泻玉缸。"④南亭在杭州城"东南隅，宏
大焕显"，在亭上可以看到钱塘江，所以杜牧说："江平入天，越
峰如髻，越树如发，孤帆白鸟，点尽上凝。在半夜酒余，倚老
松，坐怪石，殷殷潮声，起于月外。"⑤亭边有古松，有怪石，官

① 白居易：《白居易集》卷二四《答客问杭州》，第532页。
② 白居易：《白居易集》卷八，第155页。
③ 白居易：《白居易集》卷二〇，第448页。
④ 彭定求等编：《全唐诗》卷二六三，第60、2922页。
⑤ 杜牧：《樊川文集》卷一〇《杭州新造南亭子记》，第156页。

员文人常在这里登楼倚轩,饮酒作诗。西园在郡治内,姚合有诗说:"西园春欲尽,芳草径难分。静语唯幽鸟,闲眠独使君。密林生雨气,古石带潮文。虽去清秋远,朝朝见白云。"①可知西园有密林、草径、古石,是一个仿自然的庭园。清辉楼在州治内,应是元和年间刺史严休复改建。白居易有诗谈到此楼,诗序说:"严十八郎中在郡日,改制东南楼,因名清辉,未立标榜,征归郎署。予既到郡,性爱楼居,宴游其间,颇有幽致。聊成十韵,兼戏寄严。"②杭州的州衙,亭台楼阁众多,官员可以登高远眺,可以聚会吟诗,还有以茂密的草树、精致的假山和波光潋滟的水池组成的园林,为官员的工作和生活提供了舒适的环境。

杭州城外有众多可供游览的景观。如杭州凤凰山下,武德中建有望海楼,也名东楼,楼高十丈。白居易曾有诗描绘在望海楼上四顾周围的优美景色:"东楼胜事我偏知,气象多随昏旦移。湖卷衣裳白重叠,山张屏障绿参差。"又云:"不厌东南望,江楼对海门。……郡中登眺处,无胜此东轩。"③西湖隋代还是一片葑草,唐代前期,西湖园林名胜以灵隐、天竺等寺庙园林著称。不少刺史认为西湖的自然环境十分幽雅,因而纷纷筑亭。大历中,相里造筑虚白亭。贞元年间,贾全为杭州刺史,也建一亭,后人称为贾公亭。④ 韩皋为刺史,建候仙亭。元和初年,裴常棣作观风亭,卢元辅作见山亭。西湖中间的孤山寺,"始以元和十二年严休复为刺史时惠皎萌厥心,卒以长庆四年白居易为刺史时成厥事",也成为西湖景区的一部分,

---

① 彭定求等编:《全唐诗》卷五〇〇姚合《郡中西园》,第 5689 页。
② 白居易:《白居易集》卷八《严十八郎中在郡日》,第 159 页。
③ 白居易:《白居易集》卷二三《重题别东楼》、卷二〇《东楼南望八韵》,第 514、444 页。
④ 王谠著,周勋初校证:《唐语林校证》卷六,第 532 页。

使孤山"楼阁参差,弥布椒麓"。① 白居易之前,断桥已经存
在,张祜有诗称:"断桥荒藓合。"明人说:"桥堤烟柳葱青,露草
芊绵,望如裙带。"白居易有诗说:"谁开湖寺西南路,草绿裙腰
一道斜。"②就连白居易也不知湖中的长堤是谁造的。灵隐寺
西南隅飞来峰下的冷泉亭,是白居易的前任元𩕳兴建,"高不
倍寻,广不累丈,而撮奇得要,地搜胜概,物天遁形"。白居易
曾盛赞亭四周草薰薰、木欣欣、风泠泠,"山树为盖,岩石为屏,
云从栋生,水与阶平",其建筑华美精巧,顺乎自然山水。③ 到
了白居易刺杭州时,他在孤山上兴建竹阁,对西湖进行了大规
模的整治,兴修湖堤和水闸。在这些官员的努力下,西湖一步
步得到建设,成为迷人的风景胜地。

　　吴越国在凤凰山麓改建隋唐杭州城为王城时,"以山阜为
宫室",修建了握发殿、都会堂、八会堂、阅礼堂、功臣堂、天宠
堂、仙居堂、天册堂、恩政堂、武功堂、大庆堂、瑶台院、义和院、
天长楼、垒雪楼、青史楼等殿堂楼院,此外还建有不少假山莲
池、曲水亭阁的园林。《全唐文》卷六六四罗隐有《虚白堂前牡
丹相传云太傅手植在钱塘》,指昔日虚白堂前牡丹花名闻远
近,眼下吴越国将其改名为都会堂,仍然是赏景宴乐的去处,
因而罗隐大加赞扬:"莫背栏干便相笑,与君俱受主人恩。"城
市的高墙外,利用四周的自然地势建起的园林就更多了。吴
越国大力治理西湖,使西湖恢复了唐代中后期的风貌。西湖
周围的群山得到进一步开发。吴山不仅有众多佛寺道观,还
修建了秾华园、江湖亭等亭园,遍植梅树。钱镠有《百花亭梅
题二道》云:"秾华园里万株梅,含蕊经霜待雪催。莫讶玉颜无

---

① 元稹:《元稹集》卷五一《永福寺石壁法华经记》,第557页。
② 田汝成:《西湖游览志》卷二《孤山三堤胜迹》,第8页;白居易:《白居
　　易集》卷二〇《杭州春望》,第443页。
③ 白居易:《白居易集》卷四三《冷泉亭记》,第944页。

粉态，百花中最我先开"。"吴山越岫种寒梅，玉律含芳待候催。为应阳和呈雪貌，游蜂唯觉我先开。"①江湖亭在吴山之巅，"左江右湖，故为登览之胜"，②为钱氏初建。西湖北宝石山南麓，钱弘俶于北宋乾德二年（964）建造了望湖楼，也即看经楼，楼南望平湖，可以远眺群山。涌金门外的西园，原为钱氏故苑，因园中产灵芝，所以后来将园舍为寺园。《西湖游览志》卷三说："灵芝寺，本钱王故苑，芝生其间，舍以为寺，遂额灵芝。"嘉会门外的瑞莘园是吴越名园之一，忠献王钱弘佐的故园，重柳修竹，半山纡径，闲田绿野，溪流潺潺，是一个自然式的园林。钱塘门外有钱弘俶次子钱惟演的别墅，"有白莲、绿野等堂，碧玉、四观、披灏等轩，南漪、迎薰、澄心、涵碧、玉壶、雪甗甒等亭"，③后来舍为寺庙，名菩提院，是个以众多堂、轩、亭组成的一个园林。

城市内外的佛寺亦成了文人们游玩的重要景致。寺庙除了所处地理位置较好外，能吸引游人的是寺中的法物和种植的树木、花卉。钱塘开元寺，因为有牡丹花而吸引了众人前去寻芳探幽。《云溪友议》卷中《钱塘论》云："致仕尚书白舍人，初到钱塘，令访牡丹花。独开元寺僧惠澄，近于京师得此花栽，始植于庭，栏圈甚密，他处未之有也。时春景方深，惠澄设油幕以覆其上。牡丹自此东越分而种之也。会徐凝自富春来，未识白公，先题诗曰：'此花南地知难种，惭愧僧闲用意栽。海燕解怜频睥睨，胡蜂未识更徘徊。虚生芍药徒劳妒，羞杀玫瑰不敢开。唯有数苞红幞在，含芳只待舍人来。'白寻至寺看花，乃命徐生同醉而归。时张祜榜舟而至，甚若疏诞。"白居易为杭州刺史在长庆初年，牡丹在江南的种植并得以流传大约

① 童养年辑：《全唐诗续补遗》卷一二，《全唐诗补编》，第478页。
② 施谔纂：《淳祐临安志》卷五《旧治古迹》，《宋元方志丛刊》，第3262页。
③ 田汝成：《西湖游览志》卷八，第84页。

在宪宗元和后期。寺院有独特的花卉，就能引得文人学士纷至沓来。

　　唐五代杭州游览风尚最积极的推动者是从北方来的官员和文人士大夫，他们是较有活力的群体，是时代风气潮流的引领者。来到江南的地方官员中很多本来就是科举出身，具有很高的学养，平素十分钦慕江南山水，现在有机会到杭州，在任职的间隙，遍游周围山水，写下了许多诗文作品。如白居易、姚合等在杭州，他们游历山水后，都写作了众多的诗文。由于这些人在文坛上比较著名，因而他们的诗文很容易传播开来，使杭州山水名闻全国。其次，不少文人为了科举功名，或是为了寻找仕进机会，来到南方，想结识朋友，干谒一些有名的官员或士人，同时增长自己的识见和阅历。唐代一些著名文人都曾经到杭州游览。孟浩然玄宗开元十七年（729）以后从洛阳到润州、杭州，再至婺州、越州、温州等地。张祜"性爱山水，多游名寺，如杭之灵隐、天竺，苏之灵岩、楞伽，常之惠山、善权，润之甘露、招隐，往往题咏唱绝"。① 会昌五年（845）李播为杭州刺史，就认为："吴、越古今多文士，来吾郡游，登楼倚轩，莫不飘然而增思。"当时武宗灭佛，大量佛寺被毁，李播盘算："今不取其寺材立亭胜地，以彰圣人之功，使文士歌诗之，后必有指吾而骂者。"在社会风尚的推动下，李播只能顺应其发展，在杭州城东南造南亭。② 显然，会宴城楼亭阁，泛游西湖，成了文人学士在杭州必不可少的活动。地方长官也常常以游玩来招待外地来的同僚、亲属、部下。朱冲和曾经游览杭州，"临安监吏有姓朱者，兄呼冲和，颇邀迎止宿，情甚厚，冲

① 辛文房著，傅璇琮主编：《唐才子传校笺》（第三册）卷六，第174页。可参见景遐东《江南文化与唐代文学研究》第六章第三节，第218—219页。

② 杜牧：《樊川文集》卷一〇《杭州新造南亭子记》，第155—156页。

和深感之"。①

　　文人士大夫在杭州城内外游览风景,对民间风俗带来了一些影响。文人士大夫是时代精神文明的主要创造者。他们对大好河山的热爱,对山山水水的眷恋,极大地影响了社会各阶层的生活风气。后代有很多人认为白居易等唐代文人的风尚对苏杭地区民风的改变影响较大。如明人认为白居易面对西湖山川秀发、景物华丽,"未能抛得杭州去,一半勾留在此湖",直至明朝,杭州人还在学他的样,"四时邦人士女嬉游歌鼓之声不绝"。② 可见中唐以后,杭州的游玩之风盛行。杭州城内,一派游玩景象,西湖已是士女优游娱乐之所,"绿藤荫下铺歌席,红藕花中泊妓船",③是游乐者的天堂。湖面上美酒佳肴,每天笙歌袅袅,让人流连忘返,"绊惹舞人春艳曳,勾留醉客夜徘徊"。④ 白居易感叹在京城已没有意思,还是这人间天堂更舒心:"借问连宵直南省,何如尽日醉西湖。"⑤再如苏州齐君房,将自己写的"四五六七言干谒,多不遇侯伯礼接",事业不顺利,家里钱也不多,却在"元和初,游钱塘","至孤山寺西",⑥虽不能说是为了怡情养性而去游览,但为了给自己弄个好名声,有个好奔头,跑了不少地方,来到杭州城。

三、杭州的娱乐活动

　　随着城市的发展,社会的安定,生活在城市中的人们需要

---

① 刘崇远:《金华子杂编》卷下,《唐五代笔记小说大观》,第 1767 页。
② 张德夫等纂:《隆庆长洲县志》卷一《风俗》,《天一阁藏明代方志选刊续编》第 23 册,第 32 页。
③ 白居易:《白居易集》卷二三《西湖留别》,第 514 页。
④ 白居易:《白居易集》卷二〇《花楼望雪命宴赋诗》,第 437 页。
⑤ 白居易:《白居易集》卷二〇《湖上醉中代诸妓寄严郎中》,第 451 页。
⑥ 李昉等编:《太平广记》卷三八八引《纂异记》"齐君房"条,第 3092 页。

一定的娱乐来充实生活。唐五代时期,杭州人的娱乐生活十分丰富。

歌舞音乐活动,与城市社会密切相关,是城市文化生活的一部分。歌舞音乐提供的是一种雅致的、有修养的娱乐形式,充盈着文化气息,通过愉悦松弛的审美享受来积蓄精神的素养和活力。隋唐的南方城市,虽然远离北方的中央政治中心,受朝廷音乐的影响较小,不过宫中的音乐通过一些艺人或官员仍会传播开来,并在南方城市扎下根。白居易在杭州时曾作《与微之唱和,来去常以竹筒贮诗,陈协律美而成篇,因以此答》,题中“协律”是校正乐律的官员,白居易与他的关系十分密切,有多首诗提到他。白有《醉戏诸妓》诗:“席上争飞使君酒,歌中多唱舍人诗。不知明日休官后,逐我东山去是谁。”①白居易肯定会受这位协律的影响。这些足以说明北方音乐高手常会到南方活动,增加了南方城市见识同时代音乐最高演奏水平的机会。

西域传进来的许多音乐元素,从中原来到了南方。比如南方城市流行柘枝舞,这是一种西域传进的少数民族舞蹈,舞女跳时流波送盼,含情脉脉。舞至曲终,“例须半袒其衣”,唐人所谓的“罗衫半脱肩”,实际上是一种半脱衣舞。② 跳这种舞蹈的舞女,在南方很多城市中都有,杭州同样也存在。张祜谈到了杭州的柘枝舞,他有《观杭州柘枝》诗云:“舞停歌罢鼓连催,软骨仙蛾暂起来。红罨画衫缠腕出,碧排方胯背腰来。旁收拍拍金铃摆,却踏声声锦袎摧。看著遍头香袖褶,粉屏香帕又重隈。”张祜关于柘枝舞的诗有多首,如《周员外席上观柘枝》云:“画鼓拖环锦臂攘,小娥双换舞衣裳。金丝蹙雾红衫

---

① 两诗见《白居易集》卷二三,第 510 页。
② 向达:《唐代长安与西域文明》,第 65—67 页。

薄,银蔓垂花紫带长。鸾影乍回头并举,凤声初歇翅齐张。一时欹腕招残拍,斜敛轻身拜玉郎。"《观杨瑗柘枝》云:"促叠蛮鼍引柘枝,卷帘虚帽带交垂。紫罗衫宛蹲身处,红锦靴柔踏节时。微动翠蛾抛旧态,缓遮檀口唱新词。看看舞罢轻云起,却赴襄王梦里期。"①从上述这些描写来看,柘枝舞女的姿态十分优美,矫健有力,节奏多变,大多以鼓伴奏,边舞边唱。舞女的服装很有特色,身穿紫罗衫,上镶有金丝,帽上有金铃,旋转时发出声音,脚穿红锦靴。一般这种舞是单人跳的,但有时也会出现双人共舞的现象,张祜的"小娥双换舞衣裳",大概是指双人舞。这种从西域传进的舞蹈,不仅仅西域舞女在南方城市中表演,一些汉族舞女也有可能学习模仿。

在杭州还活跃着众多擅长歌舞演唱的妓女,在各种公私场合都能看到她们活动的身影。白居易任杭州刺史时,有《醉歌示妓人商玲珑》诗:"罢胡琴,掩秦瑟,玲珑再拜歌初毕。谁道使君不解歌,听唱黄鸡与白日。黄鸡催晓丑时鸣,白日催年酉前没。腰间红绶系未稳,镜里朱颜看已失。玲珑玲珑奈老何,使君歌了汝更歌。"②妓人专为刺史个人唱歌弹琴。官员的宴会中,常有妓女相陪。白居易在杭州时,有《闻歌妓唱严郎中诗,因以绝句寄之》诗云:"已留旧政布中和,又付新词与艳歌。但是人家有遗爱,就中苏小感恩多。"③《闲夜咏怀,因招周协律,刘、薛二秀才》云:"若厌雅吟须俗饮,妓筵勉力为君铺。"④又《饮散夜归赠诸客》云:"回鞭招饮妓,分火送归人。"⑤

---

① 彭定求等编:《全唐诗》卷五一一,第 5827 页。此外还有《感王将军柘枝妓殁》等诗。
② 白居易:《白居易集》卷一二,第 244 页。
③ 白居易:《白居易集》卷二三,第 511 页。
④ 白居易:《白居易集》卷二〇,第 435 页。
⑤ 同上书,第 443 页。

城市商业的繁荣和发展,刺激了城市娱乐、服务业的发展。杭州有酒楼、妓馆的存在,官僚士人、富商大贾出游聚会,往往通过观赏歌舞来助兴,因而歌舞活动十分盛行,"境牵吟咏真诗国,兴人笙歌好醉乡",①到处都是音乐歌舞之声。

　　唐末五代,历经短暂混乱之后,南方城市经济重又兴盛起来,城市里的歌声再次响起。建都在杭州的吴越国权贵们是不会放松对歌舞的追求。如文穆王钱元瓘就是喜欢音乐的,他的恭懿夫人吴氏"善鼓琴",②说明这种技能在宫里是比较受欢迎的。吴越国的宫中有妓乐制度。钱元瓘仁惠夫人许氏,"雅善音律,文穆王后庭乐部悉命夫人掌焉"。③ 钱元瓘第十一子钱弘仪,"晓音律,能造新声,尤工琵琶,妙绝当世。忠懿王常宴集兄弟,欲使仪弹,而难于面命,乃别设一榻,置七宝琵琶于上,覆以黄锦,酒酣,仪果白王曰:'此非忽雷乎? 愿奏一曲为王寿。'时王叔元玚亦知音,王命之拍,曲终,王大悦,赐仪北绫五千段"。④ 不但建起了宫廷乐部,而且常常与大臣一起欣赏乐曲。

　　唐五代杭州百姓对节日十分重视。节日中有各种各样的娱乐活动,反映出杭州城内的社会生活和民情风俗。

　　唐代城市正月十五日晚上一般都有放灯、观灯的习俗,杭州也十分流行。白居易《正月十五日夜月》云:"岁熟人心乐,朝游复夜游。春风来海上,明月在江头。灯火家家市,笙歌处处楼。无妨思帝里,不合厌杭州。"⑤描写的是唐中期杭州的

---

① 白居易:《白居易集》卷二六《见殷尧藩侍御忆江南诗三十首》,第586页。
② 吴任臣:《十国春秋》卷八三《恭懿夫人吴氏传》,第1189页。
③ 吴任臣:《十国春秋》卷八三《仁惠夫人许氏传》,第1190页。
④ 吴任臣:《十国春秋》卷八三《钱弘仪传》,第1206页。
⑤ 白居易:《白居易集》卷二〇,第450页。

节日情景。从元宵节"灯火家家市,笙歌处处楼"来看,这天晚上城内十分热闹,人来人往,使家在北方的白居易特别想念自己的家乡。唐代寒食节期间盛行斗鸡、击鞠、拔河、荡秋千、踏青、放风筝等活动,杭州也大体相仿。罗隐《寒食日时出城东》云:"青门欲曙天,车马已喧阗。禁柳疏风细,墙花拆露鲜。向谁夸丽景,只是叹流年。不得高飞便,回头望纸鸢。"①这是寒食节人们争相踏青放风筝的情景,从"车马已喧阗"来看,进出杭州城的百姓数量较大。吴淑《江淮异人录》"洪州将校"条谈到一洪州衙中将校晏某使于浙中,他到杭州时,"时方寒食,州人出城,士女阗委,晏亦出观之。见翁妪二人,对饮于野中",城市内的人一般都是到城外祭烧,然后坐着吃喝一番。

五月的端午,南方城市中一般有竞渡游戏,杭州也不例外。大中间,崔涓为杭州刺史,"其俗端午习竞渡于钱塘湖。每先数日即于湖沿排列舟舸,结络彩槛,东西延袤,皆高数丈,为湖亭之轩饰"。不料前一天北风大作,"彩船汹涌",等到第二天看时,船全漂到了南岸。崔涓与众官吏来到湖亭,"见其陈设,皆遥指于层波之外"。崔涓"令每一彩舫系以三五只船,齐力一时鼓棹,倏忽而至",可以重新回到北岸,再开始比赛。② 从这则故事中可以看到,杭州比赛的彩舫规模比较大,不是很小的龙舟,要靠三五只船才能拖得动。唐人已注意到花草环境和中秋之间的关系,发现中秋夜常常是桂花飘香时节。《南部新书》谈到:"杭州灵隐山多桂,寺僧云:'此月中种也。'至今中秋望夜,往往子坠,寺僧亦尝拾得。而岩顶崖根后产奇花,气香而色紫,芳丽可爱,而人无知其名者。招贤寺僧

---

① 彭定求等编:《全唐诗》卷六五九,第 7567 页。
② 刘崇远:《金华子杂编》卷上,《唐五代笔记小说大观》,第 1752 页。

取而植之,郡守白公尤爱赏,因名曰'紫阳花'。"①紫阳花或许与中秋没有关系,但桂花飘香常在中秋,灵隐寺僧自然是十分明白的。

　　冬至日的习俗活动,还往往与食品有关。《荆楚岁时记》云:"十一月冬至日,作赤豆粥。"这里指的是六朝江南的情况。到了唐代,赤豆粥是否还在食用不得而知,但民间已有冬至吃馄饨的习惯。《太平广记》卷三四〇引《通幽记》"卢颋"条云:"颋家贫,假食于郡内郭西堰……是夕冬至除夜,卢家方备粢盛之具……妇人怒曰:'作饼子,何不啖我?'家人惊起。……冬至方旦,有女巫来坐,话其事未毕,而妇人来,小金即瞑然。其女巫甚惧,方食,遂笑一枚馄饨,置户限上,祝之。于时小金笑曰:'笑朱十二吃馄饨。'以两手拒地,合面于馄饨上吸之。卢生以古镜照之,小金遂泣,言:'朱十二母在盐官县,若得一顿馄饨及雇船钱,则不复来。'卢生如言,遂决别而去。"冬至前夜,民间有做饼的习俗。到了冬至日早晨,要吃馄饨。这则故事里的小金是卢家的奴婢,她为主人讨要饭吃。从所谈的地点来看,指的是杭州。杭州除夕习俗更为丰富。罗隐《岁除夜》云:"官历行将尽,村醪强自倾。厌寒思暖律,畏老惜残更。岁月已如此,寇戎犹未平。儿童不惜事,歌吹待天明。"②除夕夜,全家老少相聚守岁,畅饮美酒,辞旧迎新。

　　除了节日有众多的文娱活动,平常时日里,也是有很多文娱、体育活动,城市居民的生活比较丰富多彩。这些文娱、体育活动,有的是代代相传,有的在传承过程中不断变化发展。

　　杭州较有地方特色的文娱活动是钱塘观潮、弄潮。随着杭州城市的发展,经多次修治后城区面积有了扩大,城市与钱

---

① 钱易:《南部新书》卷庚,《全宋笔记》第一编第四册,第75页。
② 彭定求等编:《全唐诗》卷六五九,第7570页。

塘江口日益接近,杭州人发现钱塘观潮是十分有意义的一项活动。李吉甫曾说:"江涛每日昼夜再上,常以月十日、二十五日最小,月三日、十八日极大,小则水涨不过数尺,大则涛涌高至数丈。每年八月十八日,数百里士女,共观舟人渔子溯涛触浪,谓之弄潮。"①他对钱塘江的潮汐规律已有十分精确的认识,知道每月钱塘江有两次大潮,其中每年的八月十八日会出现最大的潮汐。根据他的描述,我们知道其时人们都已知道观潮是一项十分享受的活动,所以到了大潮的日子,纷纷前来观看,甚至有一些胆大者还驾了小船弄潮,与大浪作亲密的接触。杜光庭谈到:"钱塘江潮头,……自是自海门山潮头汹涌高数百尺,越钱唐,过渔浦,方渐低小,朝暮再来。其声震怒,雷奔电激,闻百余里。"②唐代诗人有许多观潮诗,都是写樟亭观潮,说明人们认为樟亭是最适合观潮的地点。如孟浩然《与颜钱塘登樟楼望潮作》云:"百里闻雷震,鸣弦暂辍弹。府中连骑出,江上待潮观。照日秋云迥,浮天渤澥宽。惊涛来似雪,一坐凛生寒。"③诗中写出杭州城中官员是骑着马匹前来观潮,看到了惊天动地的大浪。白居易《潮》云:"早潮才落晚潮来,一月周流六十回。不独光阴朝复暮,杭州老去被潮催。"④唐代诗人有很多描写钱塘大潮的诗歌,如姚合《杭州观潮》云:"势连沧海阔,色比白云深。怒雪驱寒气,狂雷散大音。浪高风更起,波急石难沈。鸟惧多遥过,龙惊不敢吟。"⑤朱庆余《观涛》云:"木落霜飞天地清,空江百里见潮生。鲜机出海鱼

---

① 李吉甫:《元和郡县图志》卷二五《江南道一·杭州钱塘县》,第603页。

② 杜光庭:《录异记》卷七《异水》,《唐五代笔记小说大观》,第1543页。

③ 彭定求等编:《全唐诗》卷一六〇,第1645页。

④ 白居易:《白居易集》卷二三,第511页。

⑤ 彭定求等编:《全唐诗》卷四九九,第5677页。

龙气,晴雪喷山雷鼓声。"①此外,如宋昱有《樟亭观潮》,罗隐有《钱塘江潮》等诗。

　　观钱塘潮是杭州人一项重要的娱乐活动,路过杭州的官员都是以一睹钱塘潮为幸事。如婺州参军杜暹,与王贾"同列,相得甚欢。与暹同部领,使于洛阳。过钱塘江,登罗刹山,观钱江潮"。②刺史白居易在东楼宴客,主要是登高后可以赏月、看潮。他的《郡楼夜宴留客》云:"北客劳相访,东楼为一开。褰帘待月出,把火看潮来。艳听竹枝曲,香传莲子杯。寒天殊未晓,归骑且迟回。"③白居易提到了杭州民间观潮已蔚然成风:"春雨星攒寻蟹火,秋风霞飐弄涛旗。"他自注云:"余杭风俗,每寒食雨后夜凉,家家持烛寻蟹,动盈万人。每岁八月,迎涛弄水者,悉举旗帜焉。"④元稹《和乐天重题别东楼》诗亦云:"鼓催潮户凌晨击,笛赛婆官彻夜吹。唤客潜挥远红袖,卖炉高挂小青旗。剩铺床席春眠处,高卷帘帷月上时。"⑤观潮时人群鼎盛,人们久观不厌,"钱塘郭里看潮人,直至白头看不足"。⑥宋调露子《角力记》中谈到吴越武肃王钱氏,每年八月十八日钱塘大潮时,带了众大臣一起看潮。是日,"必命僚属登楼而宴,及潮流头已过,即斗牛,然后相扑"。如一位姓蒙的角力士,懿宗咸通中"选隶小儿园,蹴鞠、步打球子。过驾幸处,拳球弹鸟,以此应奉。寻入相扑朋中。方年十四五,时辈皆惮其拳力轻捷。及长,擅长多生"。此人历经僖、昭两朝,没有对手,被人称为"蒙万赢"。后入吴越,虽然已经年老,武肃

① 彭定求等编:《全唐诗》卷五一五,第5894页。
② 李昉等编:《太平广记》卷三二引《纪闻》"王贾"条,第204页。
③ 白居易:《白居易集》卷二〇,第434页。
④ 白居易:《白居易集》卷二三,第514页。
⑤ 元稹:《元稹集》卷二二,第250页。
⑥ 彭定求等编:《全唐诗》卷四七四徐凝《观浙江涛》,第5377页。

王钱镠"令指教数人"。可知相扑、斗牛等和观潮一样,成为民间喜欢的娱乐活动。

击鞠,亦就是击球,是城市达官贵人、文人学士中十分流行的一项体育活动。这种活动是人骑在马上持杖击球,以将球击进对方球门为胜,有许多具体的规则。唐代中后期的多位皇帝都喜欢打马球,地方藩镇也十分热衷。这项活动传到了吴越地区,钱镠就特别喜欢。后梁开平二年(908),钱镠遣王景仁前去大梁,朱温问曰:"钱王平生有所好乎?"对曰:"好玉带、名马。"朱温就以玉带一匣,打球御马 10 匹赐钱镠。① 钱镠孙子钱文奉也喜欢打球,击鞠技艺"冠绝一时"。② 新城人杜建徽在吴越国历仕四王,官至丞相兼中书令,"至老不废骑射,常击球广场"。③ 说明击鞠活动至少在社会上层中是十分流行的。

以上,我们分几个方面粗略地对唐五代时期杭州城内的吃喝玩乐活动进行了描述。由于史料记载的详略不均,相关的内容还不是十分完整,总体上显得有些凌乱。但通过这些资料,我们还是能简单地勾勒出杭州的社会生活风尚。北宋欧阳修谈到吴越国灭亡后,杭州城仍然十分富足:"今其民幸富完安乐。又其俗习工巧,邑屋华丽,盖十余万家。环以湖山,左右映带。而闽商海贾,风帆浪舶,出入于江涛浩渺烟云杳霭之间,可谓盛矣。"④柳永谈到宋朝的杭州:"东南形胜,三吴都会,钱塘自古繁华。烟柳画桥,风帘翠幕,参差十万人

① 吴任臣:《十国春秋》卷七八《武肃王世家下》,第 1081 页。
② 吴任臣:《十国春秋》卷八三《钱文奉传》,第 1197 页。
③ 吴任臣:《十国春秋》卷八四《杜建徽传》,第 1229 页。
④ 欧阳修:《欧阳修全集》卷四〇《有美堂记》,第 585 页。

家。……市列珠玑,户盈罗绮,竞豪奢。"①在这样一个较为发达的城市中,城内的吃喝玩乐必然有着自身的一些特点,希望能通过上述这些研究从一个侧面反映出杭州发展的历史进程。

（本文原刊于《浙江学刊》2016 年第 1 期）

---

① 唐圭璋编:《全宋词》第一册柳永《望海潮》,第 39 页。

唐代的太湖石文化

太湖石真正出名,应该是在宋代。宋徽宗时派人广泛搜集太湖石,运到开封,建造艮岳,被称为花石纲。南宋范成大对太湖石有系统的研究,著有《太湖石志》。他在《吴郡志》卷二九《土物》中也有专门的"太湖石"条目。不过范氏认为太湖石在唐代就引起人们注意了,他说:"太湖石,出洞庭西山,以生水中者为贵。石在水中岁久,为波涛所冲撞,皆成嵌空。石面鳞鳞作靥,名弹窝,亦水痕也。"又云:"自唐以来贵之。其在山上者名旱石,亦奇巧,枯而不润,不甚贵重。白居易品牛僧孺家诸石,以太湖石为甲。"①照这段话的意思,太湖石在唐代已经得到大家的重视。太湖石有两种,一种是水中的太湖石,一种是山上的太湖石,但水中的更加名贵。

一、六朝造园的重石风尚

太湖石在唐代受到大家的重视,恐怕与当时的造园实践有关。从六朝以来,江南的园林建筑中追求累土构石为山,注重对自然山水的模仿。当然所造山的真实尺寸大为缩小,只是想表现出自然山峦的形态和神韵。因而园林建筑中使用石头与理水、花卉、树木、建筑等,共同作为造园的几个要素。

① 范成大:《吴郡志》卷二九《土物》,第 421 页。

孙吴时期最有名的皇家园林是芳林苑,位于建康城内东北隅。据《建康实录》卷四《吴下·后主》记载,后主孙皓时,"起新宫于太初之东,制度尤广,……大开苑囿,起土山作楼观,加饰珠玉,制以奇石,左弯崎,右临硎。又开城北渠,引后湖水激流入宫内,巡绕堂殿,穷极伎巧,功费万倍"。① 芳林苑中筑有土山,上面布置了石头。石头不是一般的普通石头,而是"奇石","左弯崎,右临硎",形状比较奇特。显然这是对自然山水的追求在园林中的表现,石头是造园时很好的一种材料。

玄圃是齐梁时有名的皇家园林。《南史》卷四四《文惠太子传》载齐文惠太子萧长懋"开拓玄圃园与台城北堑等,其中起出土山池阁楼观塔宇,穷奇极丽,费以千万。多聚异石,妙极山水"。② 园中筑有土山,山上建有亭台楼阁塔宇,园中分布着各种各样的石头,种植修竹树木。芳乐苑建于齐永元三年,东昏侯萧宝卷重建芳乐苑。《南齐书》记载,萧宝卷"于阅武堂起芳乐苑。山石皆涂以五采,跨池水立紫阁诸楼观"。③

再如陈朝初年重建华林园,后来到陈后主时进行了更大规模的整理修建。陈后主建造了以临春、结绮、望仙三阁为主体的三组建筑群。《南史·陈后主张贵妃传》云:"临春、结绮、望仙三阁,高数十丈,并数十间,其窗棂、壁带、悬楣、栏槛之类,皆以沈檀为之,……每微风暂至,香闻数里,晓日初照,光映后庭。其下积石为山,引水为池,植以奇树,杂以花药。"④ 园林中积石为山显然是皇家造园中的一种传统,目的是为了引进自然之趣。

---

① 许嵩:《建康实录》卷四《吴下·后主》,中华书局1986年版,第98页。
② 李延寿:《南史》卷四四《文惠太子传》,第1100页。
③ 萧子显:《南齐书》卷七《东昏侯纪》,第104页。
④ 李延寿:《南史》卷一二《陈后主张贵妃传》,第347页。

　　私人建造的园林也讲究使用石头。苏州城六朝时有一个著名的辟彊园。东晋时,吴中望族出身的顾辟彊建造。《吴郡图经续记》卷下说这个园林唐时仍在,园中有池塘,以所种竹子和树木为人称叹。[1] 中唐陆羽诗云:"辟彊旧林园,怪石纷相向。"[2]说明园中怪石嶙峋,给人印象颇为深刻。戴颙宅是和辟彊园齐名的苏州名园,南朝刘宋的戴颙从桐庐来到苏州修建的。《南史》卷七五《隐逸传上》云:"吴下士人共为筑室,聚石引水,植林开涧,少时繁密,有若自然。"[3]这是一个宅与园结合成一体的园林,是较早的苏州私家花园,虽然没有构山,但却聚石,水从石缝中流出,石边种植树木,疏密有度。这是一个具有写意端倪的自然山水园,讲求意境,十分精致。再如《南史》卷二〇谈到谢弘微的曾孙谢举于梁大同三年(537)为吴郡太守,他将"宅内山斋舍以为寺,泉石之美,殆若自然"。[4] 这是一个小巧玲珑的庭园,讲究泉石的布置。

　　为创造出富于自然气息的山林景观,六朝士人的园林常常以假山为中心,以石构景,与周围的建筑和池塘、植物相互映衬,通过叠山凿石的造景手法来表达人们理念上的追求。如东晋会稽王司马道子的私园,就曾"筑山穿池,列树竹木",由于"府内有山,因得游瞩";[5]齐吕文显"并造大宅,聚山开池"。[6]

　　六朝园林中布置的石头是否就是太湖石呢? 我们没有找到直接的证明。不过,北宋初年的《江南余载》卷下记载了五

---

① 朱长文:《吴郡图经续记》卷下《园第》,第 62 页。
② 龚明之:《中吴纪闻》卷一《辟彊园》,《全宋笔记》第三编第七册,第 174 页。
③ 李延寿:《南史》卷七五《隐逸传上·戴颙》,第 1866 页。
④ 李延寿:《南史》卷二〇《谢举传》,第 564 页。
⑤ 房玄龄等:《晋书》卷六四《司马道子传》,第 1734 页。
⑥ 萧子显:《南齐书》卷五六《吕文显传》,第 978 页。

代南唐德明宫,"本南唐烈祖之旧宅,在后苑之北,即景阳台之故址。有太湖石,特奇异,非数十人不能运致,即陈后主之假山遗址。其下有井,石栏有铭,字迹隐隐犹在"。[①] 宋人认为南唐园林中的太湖石,来自于陈后主的假山。倘若这是真的,就说明六朝人已使用太湖石了,将太湖石布置在园林中,已经认识到太湖石的美。

六朝时期,无论是官方还是私人,建造的园林中常以石头作为园林建筑的一大要素。由于对自然山水的追求与模仿,他们需要的石头也是奇形怪状的,要与真山真水相匹配。唐代对太湖石的追求,应该说与六朝以来造园中对石头的追求是有关的。虽然我们没有找到直接的资料说六朝园林中的石头就是太湖石,但北宋初年的人认为南唐的太湖石来自于陈朝,这足以表明唐代人追求太湖石与当时的造园传统有着密切的关系。

二、唐代对太湖石的狂热追捧

太湖石属于石灰岩,因为受到外来力量的风化侵蚀,特别是受到水的溶蚀和水浪的冲击,软松的石质渐渐风化,而比较坚硬的地方保存下来,经过漫长岁月,在大自然的精雕细琢下,太湖石形成了曲折圆润的形态。一般多为灰色,少见白色、青黑色、黄色。太湖石因为形状各异,姿态万千,通灵剔透,十分适宜园林建筑时堆叠假山。

太湖石在中唐以后受到文人士大夫的狂热追捧。不过由于太湖石的开发数量有限,所以必须出高价钱购买。唐代后期诗人姚合有《买太湖石》诗,云:"我尝游太湖,爱石青嵯峨。

---

① 佚名:《江南余载》卷下,《全宋笔记》第一编第二册,第246页。

波澜取不得，自后长咨嗟。奇哉卖石翁，不傍豪贵家。负石听苦吟，虽贫亦来过。贵我辨识精，取价复不多。比之昔所见，珍怪颇更加。背面淙注痕，孔隙若琢磨。水称至柔物，湖乃生壮波。或云此天生，嵌空亦非他。气质偶不合，如地生江河。置之书房前，晓雾常纷罗。碧光入四邻，墙壁难蔽遮。客来谓我宅，忽若岩之阿。"①姚合诗告诉我们，太湖石中唐时已经购销两旺，有老百姓专门开采了出售。姚合发现的这块太湖石，和以前看到的太湖石不一样，石上的孔隙似打磨过一样，背面有水冲击的痕迹，所以放在书房前，"碧光入四邻"，光彩夺目。

中唐宰相牛僧孺，特别喜爱收藏太湖石。唐文宗大和年间，牛僧孺任职淮南节度副大使知节度事，在扬州建造别墅，收集了不少瑰丽奇特的太湖石。《旧唐书》卷一七二《牛僧孺传》说："任淮南时，嘉木怪石，置之阶廷，馆宇清华，竹木幽邃。"②开成初，牛僧孺以检校司空为东都留守，时为苏州刺史的李道枢赠送给他一方太湖石，牛僧孺十分高兴，而且特别邀请曾任苏州刺史的白居易、刘禹锡一起观赏，牛僧孺还作诗赞美这块石头，白、刘两人也作诗唱和。《全唐诗》载有牛氏《李苏州遗太湖石奇状绝伦，因题二十韵，奉呈梦得、乐天》诗云："胚浑何时结，嵌空此日成。掀蹲龙虎斗，挟怪鬼神惊。带雨新水静，轻敲碎玉鸣。搀叉锋刃簇，缨络钓丝縈。近水摇奇冷，依松助澹清。通身鳞甲隐，透穴洞天明。丑凸隆胡准，深凹刻兕觥。雷风疑欲变，阴黑讶将行。……珍重姑苏守，相怜懒慢情。为探湖里物，不怕浪中鲸。利涉余千里，山河仅百程。池塘初展见，金玉自风轻。侧眩魂犹悚，周观意渐平。似逢三益友，如对十年兄。旺兴添魔力，消烦破宿醒。媲人当绮

<hr>

① 彭定求等编：《全唐诗》卷四九九姚合《买太湖石》，第5676页。
② 刘昫：《旧唐书》卷一七二《年僧孺传》，第4472页。

皓,视秩即公卿。念此园林宝,还须别识精。诗仙有刘白,为汝数逢迎。"①牛僧孺认为太湖石开采不易,而且这块石头的形状和造型比较特别,所以他非常感谢李道枢,十分珍爱这块石头,邀请两位前任苏州刺史一起来评价这块太湖石。之所以牛氏邀请白、刘两人,肯定之前两位刺史已看到过不少太湖石了,所谓见多识广。

白居易欣赏牛僧孺太湖石后,作《奉和思黯相公以李苏州所寄太湖石奇状绝伦,因题二十韵见示,兼呈梦得》,诗云:"错落复崔嵬,苍然玉一堆。峰骈仙掌出,罅坼剑门开。峭顶高危矣,盘根下壮哉。精神欺竹树,气色压亭台。隐起磷磷状,凝成瑟瑟胚。廉棱露锋刃,清越扣琼瑰。岌嶪形将动,巍峨势欲摧。奇应潜鬼怪,灵合蓄云雷。黛润沾新雨,斑明点古苔。未曾栖鸟雀,不肯染尘埃。尖削琅玕笋,洼剜玛瑙罍。海神移碣石,画障簇天台。在世为尤物,如人负逸才。渡江一苇载,入洛五丁推。出处虽无意,升沉亦有媒。拔从水府底,置向相庭隈。对称吟诗句,看宜把酒杯。终随金砺用,不学玉山颓。疏傅心偏爱,园公眼屡回。共嗟无此分,虚管太湖来。(居易与梦得俱典姑苏,而不获此石。)"②白诗先是说这石的外貌如何好,从形状到精神,再到颜色,认为这是世上一块尤物。石是用船运到洛阳,然后再用五人推着车运到牛僧孺别墅的庭院中。石头是太湖的水底开挖出来的,所以即使作过刺史,白居易和刘禹锡也没有见识过这么好的石头。

刘禹锡有《和牛相公题姑苏所寄太湖石兼寄李苏州》诗云:"震泽生奇石,沉潜得地灵。初辞水府出,犹带龙宫腥。发

---

① 彭定求等编:《全唐诗》卷四六六牛僧孺《李苏州遗太湖石奇状绝伦,因题二十韵,奉呈梦得、乐天》,第5291—5292页。
② 白居易:《白居易集》卷三四《奉和思黯相公以李苏州所寄太湖石奇状绝伦,因题二十韵见示,兼呈梦得》,第773—774页。

自江湖国,来荣卿相庭。从风夏云势,上汉古查形。拂拭鱼鳞见,铿锵玉韵聆。烟波含宿润,苔藓助新青。嵌穴胡雏貌,纤铓虫篆铭。羼颜傲林薄,飞动向雷霆。烦热近还散,余酲见便醒。凡禽不敢息,浮螱莫能停。静称垂松盖,鲜宜映鹤翎。忘忧常目击,素尚与心冥。眇小欺湘燕,团圆笑落星。徒然想融结,安可测年龄。采取询乡耋,搜求按旧经。垂钩入空隙,隔浪动晶荧。有获人争贺,欢谣众共听。一州惊阅宝,千里远扬舲。睹物洛阳陌,怀人吴御亭。寄言垂天翼,早晚起沧溟。"①他也认为太湖石的开采很不容易,能够得到一块,全州都轰动争贺。

白居易为了牛僧孺的这块太湖石,专门写了一篇《太湖石记》,对牛僧孺喜欢石头的情况作了一番介绍。他谈到牛氏为东都留守后,城东和城南置有一宅邸和别墅,"游息之时,与石为伍"。牛氏之部下僚吏,有很多人出镇守各地,"知公之心,惟石是好,乃钩深致远,献瑰纳奇。四五年间,累累而至。公于此物,独不廉让,东第南墅,列而置之,富哉石乎"。说明牛僧孺收集的太湖石不只是一两块,牛氏庭院中的太湖石各式各样:"有盘拗秀出,如灵丘鲜云者;有端俨挺立,如真官神人者;有缜润削成,如珪瓒者;有廉稜锐刿,如剑戟者。又有如虬如凤,若跧若动;将翔将踊,如鬼如兽;若行若骤,将攫将斗者。风烈雨晦之夕,洞穴开嚜,若欲云歊雷,嶷嶷然有可望而畏之者。烟霁景丽之旦,岩墀霭霿,若拂岚扑黛,霭霭然有可狎而玩之者。昏旦之交,名状不可。撮要而言,则三山五岳、百洞千壑,覼缕簇缩,尽在其中。百仞一拳,千里一瞬,坐而得之。此其所以为公适意之用也。"白居易对太湖石形状的描绘活龙

<hr>

① 刘禹锡:《刘禹锡集》卷三六《和牛相公题姑苏所寄太湖石兼寄李苏州》,第 540 页。

活现,十分生动,将石头的形状比喻成虬和凤、鬼和兽。在诗人的笔下,那些赏玩之石具有了鲜活的灵气,它们如云雾,似海潮,如真官,如鬼神,如祥瑞,如利剑,有聚有散,呼之欲出,充满生机。白居易说太湖石的形成"不知几千万年,或委海隅,或沦湖底,高者仅数仞,重者殆千钧,一旦不鞭而来,无胫而至,争奇骋怪"。在牛僧孺的眼里,他们"为公眼中之物,公又待之如宾友,视之如贤哲,重之如宝玉,爱之如儿孙"。牛僧孺根据石的大小分为四等,"以甲、乙、丙、丁品之,每品有上、中、下,各刻于石阴",①可知牛僧孺已到了品石成癖的程度。

三、唐代诗文中的太湖石文化

有很多唐代的诗文谈到了太湖石,显示出人们对这种石头的衷情。如曾任刺史的白居易,不但有与刘禹锡一起对牛僧孺太湖石的唱和,而且还有不少诗歌谈到了太湖石。他有几首诗的题目中就提到太湖石,如《太湖石》诗云:"烟翠三秋色,波涛万古痕。削成青玉片,截断碧云根。风气通岩穴,苔文护洞门。三峰具体小,应是华山孙。"②谈到了太湖石经过波涛千年的侵蚀,石体上留有很多洞穴,石的形状像华山三峰一样陡峭。他的另一首《太湖石》诗又云:"远望老嵯峨,近观怪欹嵚。才高八九尺,势若千万寻。嵌空华阳洞,重叠匡山岑。邈矣仙掌迥,呀然剑门深。形质冠今古,气色通晴阴。未秋已瑟瑟,欲雨先沉沉。天姿信为异,时用非所在。磨刀不如砺,捣帛不如砧。何乃主人意,重之如万金。岂伊造物者,独能知我心。"③仍是从太湖石的外观造型、颜色入手,认为太湖

---

① 白居易:《白居易集》外集卷下《太湖石记》,第1543—1544页。
② 白居易:《白居易集》卷二五《太湖石》,第557页。
③ 白居易:《白居易集》卷二二《太湖石》,第491—492页。

石虽不高大,但气势与千万尺高的真山一样,因而太湖石的价格已经很高。他在《杨六尚书留太湖石在洛下,借置庭中,因对举杯,寄赠绝句》中说:"借君片石意何如,置向庭中慰索居。每就玉山倾一酌,兴来如对醉尚书。"①太湖石的盛名已经传到了北方,因而北方的官员都想办法购置,放在庭院中欣赏。

白居易在诗中提到太湖石的就更多了。如《双石》诗云:"苍然两片石,厥状怪且丑。俗用无所堪,时人嫌不取。结从胚浑始,得自洞庭口。万古遗水滨,一朝入吾手。担舁来郡内,洗刷去泥垢。孔黑烟痕深,鳞青苔色厚。老蛟蟠作足,古剑插为首。忽疑天上落,不似人间有。一可支吾琴,一可贮吾酒。峭绝高数尺,坳泓容一斗。五弦倚其左,一杯置其右。洼樽酌未空,玉山颓已久。人皆有所好,物各求其偶。渐恐少年场,不容垂白叟。回头问双石,能伴老夫否。石虽不能言,许我为三友。"②这里奇形怪状的双石,应该就是太湖石。又,他《寄庾侍郎》诗云:"一双华亭鹤,数片太湖石。巉巉苍玉峰,矫矫青云翮。是时岁云暮,淡薄烟景夕。庭霜封石稜,池雪印鹤迹。幽致竟谁别,闲静聊自适。怀哉庾顺之,好是今宵客。"③华亭鹤和太湖石成了苏州的标志。他的《感旧石上字》说:"闲拨船行寻旧池,幽情往事复谁知。太湖石上镌三字,十五年前陈结之。"④对太湖石寄托着真情实感。

唐代很多诗人喜欢太湖石。如吴融有《太湖石歌》,生动地描述了水石的成因和采取方法:"洞庭山下湖波碧,波中万古生幽石。铁索千寻取得来,奇形怪状谁得识。"开采太湖石

---

① 白居易:《白居易集》卷三六《杨六尚书留太湖石在洛下,借置庭中,因对举杯,寄赠绝句》,第 833 页。
② 白居易:《白居易集》卷二一《双石》,第 461—462 页。
③ 白居易:《白居易集》卷二一《寄庾侍郎》,第 471 页。
④ 白居易:《白居易集》卷三五《感旧石上字》,第 793 页。

十分艰辛,靠潜水凿石,人工拖运,且石工有葬身湖底的危险。开采上来的太湖石主要放在庭院中:"噫嘻尔石好凭依,幸有方池并钓矶。小山丛桂且为伴,钟阜白云长自归。何必豪家甲第里,玉阑干畔争光辉。一朝荆棘忽流落,何异绮罗云雨飞。"①有钱人家对太湖石的追求可以提高其身价。

　　唐代的江南诗人对太湖石的讴歌就更多了。皮日休《太湖诗·太湖石》是一首著名的赞颂太湖石的名诗,内中说:"兹山有石岸,抵浪如受屠。雪阵千万战,藓岩高下刓。乃是天诡怪,信非人功夫。白丁一云取,难甚网珊瑚。厥状复若何,鬼工不可图。或拳若虺蜴,或蹲如虎貙。连络若钩锁,重叠如尊跗。或若巨人髂,或如太帝符。胖肛篑笭笭,格磔琅玕株。断处露海眼,移来和沙须。求之烦耄倪,载之劳舳舻。通侯一以眄,贵却骊龙珠。厚赐以睐睗,远去穷京都。五侯土山下,要尔添岩龉。玩赏若称意,爵禄行斯须。苟有王佐士,崛起于太湖。试问欲西笑,得如兹石无。"②诗中谈到了太湖周围因为有山伸入到湖水中,所以经过不断冲刷变成了太湖石。太湖石的形状各种各样,生动多姿。采下太湖石后,远运到北方,豪贵们纷纷追逐,价格很高昂。

　　陆龟蒙看到皮日休的《太湖诗》,也赋诗唱和道:"他山岂无石,厥状皆可荐。端然遇良工,坐使天质变。或裁基栋宇,礌砢成广殿。或剖出温瑜,精光具华瑱。或将破仇敌,百炮资苦战。或用镜功名,万古如会面。今之洞庭者,一以非此选。槎牙真不才,反作天下彦。所奇者嵌崆,所尚者葱蒨。旁穿参洞穴,内窍均环钏。刻削九琳窗,玲珑五明扇。新雕碧霞段,

① 彭定求等编:《全唐诗》卷六八七吴融《太湖石歌》,第7898页。
② 彭定求等编:《全唐诗》卷六一〇皮日休《太湖诗·太湖石》,第7041—7042页。

旋破秋天片。无力置池塘，临风只流盺。"①他说其他山也有石，而且可以有许多实际的功能，而太湖石并不成才，反过来却作为"天下彦"受到追捧，主要原因是太湖石上千奇百怪的洞穴，可以装饰园林。

唐代诗人张祜酷爱太湖石，据说苏州刺史多次赠送给他石头。宋朝蔡居厚《诗史》卷下谈到张祜"及故，陆鲁望以诗哭之，曰：'一林石笋散豪家。'"不过查《全唐诗》，此句为皮日休所作。其实张祜主要在江南生活，死后陆龟蒙曾经路过他的居所，作诗一首。陆氏诗为《和过张祜处士丹阳故居》，云："闻道平生多爱石，至今犹泣洞庭人。"说明张祜爱太湖石是出了名的。当然张祜也喜爱其他的石头，该诗的诗序中说："性嗜水石，常悉力致之。从知南海间罢职，载罗浮石笋还。"②张祜死后，收藏的石头全部散失，皮日休感到十分可惜，他的《鲁望悯承吉之孤为诗序邀予属和》云："先生清骨葬烟霞，业破孤存孰为嗟。几箧诗编分贵位，一林石笋散豪家。"③

诗人也以有一方太湖石在庭院中点缀作为安宁静心的读书场所而感到骄傲。齐己有《寄松江陆龟蒙处士》云："万卷功何用，徒称处士休。闲欹太湖石，醉听洞庭秋。道在谁开口，诗成自点头。中间欲相访，寻便阻戈矛。"④家有太湖石，这是读书人舒适的理想生活环境。

唐末诗人王贞白也有两诗谈到太湖石。《依韵和幹公题

① 彭定求等编：《全唐诗》卷六一八陆龟蒙《奉和袭美太湖诗二十首太湖石》，第7124页。
② 彭定求等编：《全唐诗》卷六二六陆龟蒙《和过张祜处士丹阳故居》，第7194页。
③ 彭定求等编：《全唐诗》卷六一四皮日休《鲁望悯承吉之孤为诗序邀予属和》，第7089页。
④ 彭定求等编：《全唐诗》卷八四三齐己《寄松江陆龟蒙处士》，第9529页。

庭中太湖石二首》云:“谁怜孤峭质,移在太湖心。出得风波外,任他池馆深。不同花逞艳,多愧竹垂阴。一片至坚操,那忧岁月侵。”说的是太湖石从太湖生产出来后,被安放在池馆的深处,与花卉树木毗邻而居。王贞白欣赏太湖石的坚操,不管受到多少岁月的侵蚀,太湖石还是孤峭的品格。又说:“山立只盈寻,高奇药圃阴。风涛打欲碎,岩穴蛰方深。藓点晴偏绿,蛩藏晓竞吟。岁寒终不变,堪比古人心。”①太湖石任凭风吹涛打,不管在什么样的天气中品格都没有任何改变,与古人的坚操可以一比。从对太湖石的外表,进而提升到对太湖石的品质进行颂扬。

在诗人们的称颂中可知,唐代很多园林的确以太湖石来提升档次,将太湖石作为园林建设的一个重要构件。如苏州的一些寺庙建筑,庭园布置得像园林。报恩寺俗称北寺,是苏州最古老的佛寺。寺有五个子院,即文殊、法华、泗洲、水陆、普贤,规模宏大,为吴中名刹之一。李绅《开元寺》序:“寺多太湖石,有峰峦奇状者。”诗云:“十层花宇真毫相,数仞峰峦閟月扉。”“坐隅咫尺窥岩壑,窗外高低辨翠微。”②使我们看到,寺庙即是一个花园,用太湖石叠山,峰峦岩壑,雨后十分宁谧安静。再如杭州郡治内的西园,许浑有诗谈到:“西园春欲尽,芳草径难分。静语唯幽鸟,闲眠独使君。密林生雨气,古石带潮文。虽去清秋远,朝朝见白云。”③可知西园有密林、草径、古石,是一个仿自然的庭园。

此外,唐代还用太湖石生产石砚。皮日休《太湖砚》云:“求于花石间,怪状乃天然。中莹五寸剑,外差千叠莲。月融

① 彭定求等编:《全唐诗》卷八八五王贞白《依韵和幹公题庭中太湖石二首》,第 10007 页。
② 彭定求等编:《全唐诗》卷四八二李绅《开元寺》,第 5484 页。
③ 彭定求等编:《全唐诗》卷五三一许浑《西园》,第 6072 页。

还似洗,云湿便堪研。寄与先生后,应添内外篇。"①显然这是用太湖石制成的石砚。

　　总之,唐代太湖石的开采,是应运了六朝以来造园的需要。文人士大夫在中唐后对太湖石有着狂热的嗜好,他们以得到一方太湖石为荣,将石头搬进了庭院中。他们被太湖石的外貌形态所吸引,不惜重金购买。唐代的文人赞美太湖石,不但因为其外在的形状,而且还被精神内核所感动。因而从唐代开始,园林建筑和私人庭院中使用太湖石渐渐普遍起来。

　　(本文原刊于《吴文化与软实力》,凤凰出版社 2012 年版。后又刊于《江南论坛》2012 年第 12 期)

---

① 彭定求等编:《全唐诗》卷六一二皮日休《太湖砚》,第 7059 页。

附　录

上海・方志

宋元之际上海地区的
水陆道路和交通网络

　　随着中唐以后太湖东部地区的开发,人口增长较快。大约唐开元时,在今上海地区修筑了捍海塘,人们的活动面积扩大,捍海塘内的区域很快成为农田。天宝十年(750),政府设立了华亭县,进行有效的行政管理。华亭县是上海地区第一个独立的行政单位,在上海古代历史上有着比较重要的意义。至两宋时期,华亭县隶属秀州,人们的活动不断向东扩展,农业生产的区域越来越宽广,经济活动频繁,商品经济活跃,四方商人络绎不绝。吴淞江北部地区唐以来一直属昆山县,至南宋,昆山东部经济有了较大发展,但昆山县辖境东西太宽,东部地区政府根本无法控制。至南宋嘉定十年(1217),嘉定县设立,上海地区以吴淞江为界有了两个大县。元军占领江南后,由于华亭境内人口众多,经济实力强劲,遂设立松江府,成为太湖东部的区域经济、文化中心。元朝至元二十八年(1291),随着上海县的设立,海上运输作用的加强,松江府形成了一府二县制,成为太湖东部经济的集散地,对周围地区产生较大的辐射作用。

　　靠海的优越地理位置、内部的河港交错,使上海地区在宋元之际已经有了便利的水上航运条件,但同时也造成了陆路交通的相对落后。不过随着交通设施建设的日益注重、桥梁的大量修建、驿递制度的建立,交通网络大体建立起来,为人们的生产和生活提供了较大的方便。

一、水陆道路及其建设

交通是经济发展的必要条件，是沟通和加强古代上海和外部地区经济联系的桥梁和纽带，与人们的生产活动和日常生活密切相关。交通条件的改善，与上海地区的经济发展是同步的。从总体上说，上海地区的水陆道路十分通畅，交通设施相对比较完备。

《绍熙云间志》卷上《道里》谈到了华亭县的四至八到，为《至元嘉禾志》卷一《道里》全部接受，只是将华亭县改成了松江府。华亭县的四至中，一般是记录华亭城到相邻县界的距离，八到中既有到相邻县的县界距离，还有到相邻县城的距离。如谈及西南到海盐县界六十里（两县相去一百二十里），东北到平江路昆山县界一百二十里（两县相去一百三十二里），西北到平江路昆山县界一百五十里（两县相去二百里）。这种距离，应该都是指交通路线的距离，有可能指的是陆路交通的距离，并不是空间上的距离。

《至元嘉禾志》卷一《道里》谈到华亭"陆路：西南至嘉兴县界六十里，东北至青龙镇五十里。水路：东北至青龙镇入吴松江五十四里，西南至嘉兴县界六十里，西北至吴江六十里"。谈到嘉兴县的四至时说："东至松江府华亭县风泾界六十里。"其中"陆路：东北至松江府华亭县界风泾铺六十里（旧志云至华亭县一百二十里）"。谈到海盐县时说："水路：东北至当湖五十五里，又北行至华亭县九十里。"[①]当时通往一些

---

① 徐硕纂：《至元嘉禾志》卷一《道里》，《宋元方志丛刊》，第 4420—4421 页。

重要的地区,都有陆路和水路之分,陆路和水路在路程上略有差异。根据上述,从华亭到海盐界为六十里,两县相去一百二十里,而到了这里的水路,海盐到华亭就要有一百四十五里,两者差别还是有些大,因此《云间志》记载的四至八到应该是指陆路的距离。

《正德松江府志》卷一记载:"华亭县东西一百五里,南北一百十六里。东至乌泥泾四十五里,西至枫泾六十里,南至金山八十里,北至鞿山三十六里。"又云:"上海县东西四十八里,南北一百里。东至江湾一十八里,西至乌泥泾三十里,南至下沙场五十里,北至青龙镇五十里。"①华亭县划出上海县后,华亭县的范围缩小了,但同时这段文字告诉我们,在上海地区内,华亭——乌泥泾、枫泾、金山、鞿山,上海——江湾、乌泥泾、下沙场、青龙镇,都有明确的距离,实际上就是当时交通路线的里程。

《嘉靖嘉定县志》卷一谈到了嘉定的四至:"东抵海岸四十里,西抵昆山县界三十六里,南抵上海县界三十五里,北抵太仓州界二十里,东南抵上海县界七十二里,西南抵上海县界三十六里,东北抵海岸四十里,西北抵太仓州界三十六里。"②这些显然是明代嘉定至周围各州县的距离,实际上也是指各州县与嘉定的路程,说明嘉定和周围地区之间都是有路相通。由于嘉定所辖区域没有变化过,因此这种四至描绘的有可能就是宋代的情况。

史书中保存了一些上海地区的陆上大路。如华亭县自古就有秦始皇驰道的传说,在"县西北,昆山南四里。相传有大

---

① 顾清纂:《正德松江府志》卷一《疆域》,《上海府县旧志丛书·松江府卷》,第 16 页。
② 杨旦纂:《嘉靖嘉定县志》卷一《沿革》,《上海府县旧志丛书·嘉定县卷》,第 51 页。

冈路西通吴城,即驰道也"。① 虽然是传说,但这条大冈路却
一直存在着,是人们来往的重要通道。嘉定的冈身路与这条
大冈路实际上是相连接的,"西冈身自镇南过西杨桥,直达方
泰、安亭,抵松江,过龙德桥迤南亦名东冈身,即秦所筑驰道
也"。② 吴淞江北的沙带,往往成为重要的交通要道:"邱子成
曰:'东西二冈乃南北要道。'东冈附盐铁塘,耸险而蜿蜒如游
龙,自外冈而南,沙细而黄,杂以垩,胶粘可垒壁,故别名外冈。
西冈名信义冈,潜行地中,直至溇溇而隆起如伏狮,沙疏而紫
细,距吴塘尚有里余,亦有一道行其间。"③可以看到当时的沙
冈就是重要的陆路交通线,而且往往是沿河道分布。后人也
说:"自(嘉定)澄江门外直抵南翔二十余里,皆名冈身路。"④
这些沙冈当时都是重要的陆路。《崇祯松江府志》卷三谈到南
桥"缘北有桥,具旁横泾,曰北桥,与此相峙,故名北桥"。南桥
和北桥之间,"有大冈路,直达二桥,长四十余里,中阻黄浦,亦
尝构梁"。这里是指明朝的情况,但北桥和南桥之间有大冈路
相连,唐宋都是如此。由于两地都兴起在宋元时期,因而陆路
交通一直是比较畅达的。⑤

　　上海地区各类河流密布,东西向和南北向的河道相交,
呈网格状把陆地围在中间,陆路交通每过数里,必有一条河

---

① 杨潜纂:《云间志》卷上《古迹》,《上海府县旧志丛书·松江县卷》,第
　　22页。
② 殷聘尹纂:《外冈志》卷一《故迹》,《上海乡镇旧志丛书》第2册,上海
　　社会科学院出版社2004年版,第2页。
③ 殷聘尹纂:《外冈志》卷一《沿革》,《上海乡镇旧志丛书》第2册,第
　　1—2页。
④ 封导源纂:《马陆志》卷一《冈墩》,《上海乡镇旧志丛书》第1册,第
　　2页。
⑤ 方岳贡纂:《崇祯松江府志》卷三《镇市》,《上海府县旧志丛书·松江
　　府卷》,第76页。

道拦在前面,这给陆路交通带来了很大问题。因此,陆上道路的开辟和建设,主要是桥梁的建造,能使陆路交通畅达、便捷,使陆路尽可能按直线伸展,其作用十分突出。其时,政府和民间都已充分认识到这一点,建造了大量的桥梁,使上海地区主要的陆路都能够畅通无阻地和相邻地区的道路对接。

在史书中,华亭县有大量的桥梁修建记载。《绍熙云间志》卷上云:"跨川为梁,泽国居多。""华亭环邑皆水,须桥以济。"该书记录了南宋时华亭县城内有府桥、市桥、旧米仓桥、震桥、郭门桥、广明桥、望云桥、大吴桥、妙明桥、西亭桥、普照寺桥、悦安桥、坊桥、平政桥、长寿桥、太平桥、合掌桥、德风桥、瑁湖桥、沙家桥、丁行桥、三桥、凤皇桥、新桥、迎仙桥、米市桥、庄老桥、居士桥、东荣桥、张塔桥、明星桥、永安桥、净土桥等。华亭城外,有府东北五里的通利桥、府西三里的安就桥、府西南四十八里的通济桥、府西北二十八里的凤凰桥、府东北冈身的古鹤鸣桥、望云桥北的中亭桥。其中通济桥就是跨泖水的泖桥,长六百尺,广一丈,是一座超大型桥梁。凤凰桥东跨顾会浦,西接凤凰山之尾,因而得名。其实这些主要记载了华亭城内的情况以及府城向外最主要通道上的桥梁,是"通衢之高大者",实际的桥梁数字应该远多于目前的记录。《云间志》曾说:"且以顾会一浦观之,绍兴乙丑岁浚治此浦,于河之东建石梁四十有六,他可知已。今县治之内,矼石礊礊若架木而成者,数逾七十,不可殚记。"①华亭城内桥梁有 70 多座,而城外的一条顾会浦上就有 46 座,可知当时桥梁修筑的数量十分惊人。在其他一些方志中,也提到了不少同时期修建的桥梁。

---

① 杨潜纂:《云间志》卷上《桥梁》,《上海府县旧志丛书·松江县卷》,第 17—18 页。徐硕纂《至元嘉禾志》卷八《桥梁》所列,与上书完全相同,应是转录自《云间志》的,第 4468—4469 页。

如《盘龙镇志》谈到香花桥,"在中市,跨南墅泾,元至元庚辰戴德荣一力独造"。① 《金泽小志》卷一谈到百婆桥建于景定元年,普济桥建于咸淳元年,迎祥桥、里仁亭桥、吉庆桥、如意桥建于元至元年间,东归桥、西归桥、林老桥元朝建。② 《蒸里志略》卷三谈到大蒸的寿守桥,南宋时建。③ 《枫泾小志》卷一谈到枫泾的庶子桥,俗呼茜泾桥,"宋季建"。④ 《二十六保志》卷一谈到永泰桥,绍兴十五年建,"高宗御题,又名香花桥。桥石出武康,并刻人物、山水于上"。⑤

　　嘉定设县后,修建了很多桥梁。县城中多河流,因此建设桥梁以方便交通,是不可或缺的工程。《万历嘉定县志》中记载:拱星桥,在圆通寺西,"宋嘉定十二年,知县高衍孙建"。清河桥,在新巷内,"(泰)[嘉]定中,知县高衍孙建"。同样建于嘉定年间的桥梁还有不少,都是县城初创时期修建的。如耆英桥,在儒学后,嘉定中教谕瞿仲渊建;澄瀛桥,旧名熙春,在城隍庙东,也是嘉定中瞿仲渊建。此后,县城中又陆续建起了不少桥梁。如绍定元年,建北保安桥和南保安桥;端平元年,知县郑士颖建仓桥;淳祐五年,县令王选建登龙桥;淳祐九年,县令林应炎建宾兴桥;咸淳四年,建广平桥;元至元中,建永宁桥。在一些镇市或农村的交通要道上,同样需要建起桥梁,如景祐四年,在南翔寺前建报济桥,俗名香花桥;至元四

---

① 金惟龢纂:《盘龙镇志·桥梁》,《上海乡镇旧志丛书》第 7 册,第 55 页。
② 周凤池纂:《金泽小志》卷一《桥梁》,《上海乡镇旧志丛书》第 7 册,第 12—16 页。
③ 叶世熊纂:《蒸里志略》卷三《桥梁》,《上海乡镇旧志丛书》第 8 册,第 20 页。
④ 许光墉纂:《重辑枫泾小志》卷一《桥梁》,《上海乡镇旧志丛书》第 6 册,第 15 页。
⑤ 唐锡瑞纂:《二十六保志》卷一《桥梁》,《上海乡镇旧志丛书》第 12 册,上海社会科学院出版社 2006 年,第 29 页。

年,在后来为大场烟墩西建了义济桥。① 《马陆志》卷二谈到兴福桥,元时建;袁家桥,宋时建;辉罗桥,宋时建;叶家桥,元时建。② 《真如里志》卷二记载的香花桥,宋嘉定间建;阵势桥,以宋韩世忠列阵其地,故名。③

　　城市内外注重道路的修整。如王选在淳祐四年(1244)出知嘉定县,为了整修县学,"首以县桥厥,路不直,乃命改作,榜曰登龙"。④ 他为了整修县学,从县桥开始整修,将县桥往南至县学的街道改直整修。建桥筑路都是好事,因而受到大家的称赞。传说华亭望云桥修筑时,父老云"适有瑞云见,因以为名"。⑤ 瑞云当然不可能恰好在建桥时出现,但反映出了社会民众对建桥的一种态度。民间常常有人捐款出资造桥,认为这是一种行善做好事的举动。如元天历元年(1329),在今嘉定外岗钱门塘,有一座界牌桥,也叫众芳桥,有题记云:"浙西道平江路嘉定州守信乡第二都白若里钱鸣塘南居住,奉三宝女弟子孙氏妙圆同女侯氏妙真、媳妇金氏妙善,阖宅眷等。妙圆谨发诚心,捐施净财,一力鼎建钱鸣塘石桥一所。"⑥ 捐钱建桥的很明显是一众信佛的女弟子。这题记虽然已在元代中期,但完全可以看出嘉定建设交通的经费来源的多样化。再

① 韩浚纂:《万历嘉定县志》卷二《津梁》,《上海府县旧志丛书·嘉定县卷》,第160—162页。

② 封导源纂:《马陆志》卷二《桥梁》,《上海乡镇旧志丛书》第1册,第8—9页。

③ 陆立纂:《真如里志》卷一《桥梁》,《上海乡镇旧志丛书》第4册,第9、11页。

④ 张建华、陶继明编:《嘉定碑刻集》第三编王遂《嘉定县重修县学碑并铭》,上海古籍出版社2012年版,第194页。

⑤ 徐硕纂:《至元嘉禾志》卷二八《题咏》引许尚《华亭百咏·望云桥》,《宋元方志丛刊》,第4625页。

⑥ 殷聘尹纂:《外冈志》卷一《故迹》,《上海乡镇旧志丛书》第2册,第3页。

如至顺四年(1323)嘉定第一都李巷村民王德明,已经 73 岁,但一直想报效社会。他"窃见本境十七都湖塍门板桥,乃南北往来之要道,由是发心施财,一力鼎建,创造石桥,匾名福寿"。王德明希望自己的善举,对"国泰民安,年丰物阜"有所帮助,同时也希望自己做了好事,一"仰愿国泰民安,年丰物阜",二能"己躬康健,五福备臻,家眷谧宁,子孙蕃衍"。① 显然,民间出资铺路造桥的事例是挺多的。至元三年(1337),盘龙镇的坍石桥,"左跨三十五保二区一图,右跨三十图",是两个图交界处的桥梁。华亭县有位奉佛信士张士彪,与妻许妙清、戈妙净及儿子大明、大昕,女儿张淑贤、女婿徐畴,媳妇马淑柔,小女儿观奴、阿奴,孙子刘寿,外甥女宣奴,以及陆氏家眷等,"发心施财,一力建造,用结众缘"。张士彪有两个妻子,子孙一大帮,应该是个有钱人,他联络了陆氏一起出资建桥。从他家所列三代十二人来看,"陆氏家眷"出的钱可能比较少,张家拿出了大部分。造桥的举动当然是个宗教行为,主要是为了保佑张家"生居乐土,财保平安,寿永福长,灾□□消,宅门光显,眷爱团圆,吉祥驻集"。② 像这样利用民间资金修路筑桥还有很多,如元至元庚辰(1340)戴德荣一力独造香花桥。③ 由于政府的财力大概只能顾及官方的交通建设,政府出资的是城市内部建设和一些主要交通要道的建设,而对于广大农村地区的道路和桥梁无暇顾及。在这种情况下,为了地方的利益和方便生活,民间力量在财力足够的时候就会出钱出力修桥筑路。

---

① 钱肇然纂:《续外冈志》卷一《古迹》引《湖塍门桥石碣》,《上海乡镇旧志丛书》第 2 册,第 4 页。
② 金惟龔纂:《盘龙镇志·杂志》,《上海乡镇旧志丛书》第 7 册,第 150 页。
③ 金惟龔纂:《盘龙镇志·桥梁》,《上海乡镇旧志丛书》第 7 册,第 55 页。

　　与陆路相对的是水路。上海地区特殊的地域特点，是水上交通四通八达。从实际情况来看，当时人们采用水路交通可能更为多见。不过水路有缺点，就是速度较慢，距离较长，但优点也很明显，船只装载量较大。

　　宋人到华亭，走水路的比较多。北宋时，梅圣俞《逢谢师直》云："昔岁南阳道中别，今向华亭水上逢。"《过华亭》云："摩云唳鹤几千只，隔水野梅三四枝。"①僧道潜《华亭道中》云："白水茫茫天四空，黄昏小雨湿春风。五更百舌摧残梦，月到官河柳影中。"②到华亭县以水路较为多见，而且因为是在官河中航行，通行条件较好，能够晚上来往。到华亭县或者从华亭县出发，都是以船作为主要的交通工具。许尚《华亭谷》诗谈到："瀰漫达迥野，潮汐往来频。惯识松陵路，重来不问津。"华亭谷在"府南三里，入松江"。③ 说明从华亭城就可以坐船进入吴淞江。

　　华亭到苏州，一般走的也是水路。杨瑾从华亭知县升为平江府别驾，"离郭数里，忽一小舟自支港出，迎于官舫前，乡老垂白泣涕，且以二旗为饯云：'农人不会题诗句，但称一味好官人。'此语直达省台"。④ 杨瑾的官船从华亭到苏州的路线，应该都是便捷的，而且官舫不会很小，因此当时的航道都比较畅达。从苏州过来的官私船只一般会经过淀山湖，淀山湖往往是重要的水上航行通道。宋张扩《过淀湖》诗云："昨日过湖风打头，苇蒲深处泊官舟。"戴表元《过淀湖》诗也说："众泽东

---

① 徐硕纂：《至元嘉禾志》卷二八《题咏》，《宋元方志丛刊》，第 4622 页。
② 徐硕纂：《至元嘉禾志》卷三〇《题咏》，《宋元方志丛刊》，第 4640 页。
③ 徐硕纂：《至元嘉禾志》卷二八《题咏》引许尚《华亭百咏·华亭谷》，《宋元方志丛刊》，第 4623 页。
④ 聂豹纂：《正德华亭县志》卷一三《宦迹》，《上海府县旧志丛书·松江县卷》，第 187 页。

南会,扁舟西北经。"①

　　吴淞江以北地区,水路交通也占有重要地位。比如嘉定县西南一十八里的盐铁塘,"南至松江叶榭,北达太仓、江阴入江",明代人认为"世传吴越王于此运铁,故名"。②

　　内河运输十分重要,政府和民间的生产和生活物资大都是靠水上运输。华亭县的运输是以县城为中心编织的一个网络。县南三里有陆司空庙,唐代小说《原化记》谈到:"苏州华亭县,有陆四官庙。元和初,有盐船数十只于庙前,守船者夜中雨过,忽见庙前光明如火,乃窥之……乃一珠径寸,光耀射目。此人得之……至扬州胡店卖之,获数千缗。"③数十只运盐船停泊在华亭县过夜,估计这些政府的船只是从华亭县转入吴淞江再进入太湖,或折入江南运河,守船人再到扬州出售珠宝。因而,华亭的河道运输可以进入苏州地区的河道网络,是属于整个江南地区水上交通的一部分。《绍熙云间志》谈到县东南的盐铁塘时说:"长三十里。世传吴越王于此运盐铁,因以为名。"④这条长三十里的盐铁塘,从五代到宋应该都是运输食盐的航道,或许就是《原化记》说的唐代运道。上海地区沿海的河道因为通大海,所以一般设堰闸阻挡海水。北宋政和中,提举常平官兴修水利,"欲涸亭林湖为田,尽决堤堰,以泄湖水",但很快发现"湖水不可泄,咸水竟入为害。于是东南四乡为斥卤之地,民流徙他郡"。后来的官员复故堤堰,"独

----

①　聂豹纂:《正德华亭县志》卷二《水上》,《上海府县旧志丛书·松江县卷》,第95页。

②　韩浚纂:《万历嘉定县志》卷一七《古迹》,《上海府县旧志丛书·嘉定县卷》,第335页。

③　李昉等编:《太平广记》卷四〇二引《原化记》"守船者"条,第3241—3242页。

④　杨潜纂:《云间志》卷中《水》,《上海府县旧志丛书·松江县卷》,第35页。

留新泾塘,以通盐运",于是"海潮晨夕冲突,塘口至阔三十余丈,咸水延入苏、湖境上"。① 海边的食盐生产后,通过新泾塘运向内地。

内河的船只是可以进入到海洋的。俞塘在华亭东五里,"往来之舟皆可扬帆。谚有云:'虽得珠千斛,不卖俞塘北。'"许尚诗云:"延袤三乡外,东流与海通。河神屡加惠,帆借往来风。"②因为在交通运输上比较重要,所以人们认为用再贵重的宝贝,也不能将俞塘卖掉。

由于上海地区的内河运输都会受潮汐的影响,潮涨潮落时间的掌握,对交通来说是十分重要的。合理地掌握潮汐规律,可以加快水上航行的速度。宋元时人们完全掌握了潮汐的时间,"泽国潮汐之候,宋元时官榜于亭,以便民也"。《朱泾志》对 30 天的潮汐时间都有附录,如:"初一子午正,初二子午末,初三丑未初,初四丑未正,初五丑未末,初六寅申正,初七寅申末,初八卯酉正,初九卯酉末,初十辰戌正。"依次类推,不再抄录。书中还说:"凡卯酉之月,阴阳之交,故潮视余月较大。大梁析木,河汉之律,故朔望后,潮视余日为大,俗谓大信也。八月十八日为潮头生日,其潮尤大。"③潮汐固然是有时间的,但并不是每天的潮水都是一样的。每个月有大潮的时候,一年中也有大潮的月份。这样的潮汐规律知识,对内河和沿海航行者来说,是必须掌握的,因为挑选了合适的时间航行,就能达到事半功倍的效果。

---

① 杨潜纂:《云间志》卷中《堰闸》,《上海府县旧志丛书·松江县卷》,第35 页。
② 徐硕纂:《至元嘉禾志》卷二八《题咏》引许尚《华亭百咏·俞塘》,《宋元方志丛刊》,第 4625 页。
③ 朱栋纂:《朱泾志》卷三《水利志附》,《上海乡镇旧志丛书》第 5 册,第38 页。

二、完备的馆驿递铺制度

交通发达的一个重要标志是有系统的馆舍住宿制度。由于当时的交通工具主要是马车和船只，通行的速度比较缓慢，路上花费的时间比较漫长，沿途设立馆驿客舍为人们提供食宿就显得十分必要。尽管馆驿制度主要是为官方人员服务的，但对普通百姓来说，也多少是能够受益的。从唐五代以后，在全国范围内建立起了馆驿制度，上海地区作为其中的一部分，自然也有馆驿制度的建立，可以方便官方人员的来往。这种制度的出现，其本身与商品经济并没有过多的联系，最主要的是相应的道路建设跟了上来，会促进民间交通网络的完备，有利于商品经济的发展，有利于相邻地区的经济交流。

由于史书记载的缺乏，上海地区的馆驿制度在各个历史时期的全貌今天是无法知晓了，只能从一些零星的记载中窥探这一制度的一斑。但可以肯定的一点是，宋元时期华亭和嘉定县都有完备的馆驿设置。

华亭县城里有云间馆。云间馆又叫云间驿，在谷阳门外，泽润桥西。华亭城内还有西湖官驿，在"府东偏，盖别署也"，说明也是云间驿的一部分。至元朝，将驿迁于府治后，"改为松江站，以旧驿为在城税司"。① 许尚有诗谈到："邮亭临爽垲，枭庿架修虹。我亦轮蹄客，心期访士龙。"② 云间馆作为官方招待人员的宾馆，位于比较高爽的地方，建筑比较宽敞。

宋代华亭城西有谷阳亭，是欢送和迎接官员的地方："听鹤亭在今西林寺西，旧名谷阳，俗呼接官亭，古送迎憩息之所。

---

① 顾清纂：《正德松江府志》卷一四《驿传》，《上海府县旧志丛书·松江府卷》，第 226 页。
② 徐硕纂：《至元嘉禾志》卷三〇《题咏》，《宋元方志丛刊》，第 4626 页。

元元贞三年修起,易今名。"①元贞三年(1297)以前叫谷阳亭,
之后经重修后才叫听鹤亭。元刘蒙《听鹤亭记》对这个亭的作
用与这次修建有详细的记载。他谈到了元初松江地区交通的
繁忙,但馆驿比较落后:"松江,古华亭邑。天朝以其冠浙右而
升之府,千里牧寄,视昔之邑事有加。于是上之人巡行抚治,
常络绎。有司骏奔出郊,素无传馆,往往班荆道周,寄迹梵宇。
至则杂前迎趋,去则交向遽别。……余为郡文学掾,侍迎送者
亦屡。"外面的官员到松江来,因为松江城外没有传馆,所以出
城想接一下风却没有合适的场所,或者他们走的时候作为朋友
想欢送一下叙叙感情,就只能到庙宇中。一天,松江的长官对手
下人说:"府若县,幸各就治所。迎送之地,则未暇。旧闻有谷阳
亭,独不能捐俸以作此室耶?"元代没地方,不等于宋代没有,因
而松江长官说以前有谷阳亭,到了元朝却没有,所以各位可以捐
俸修缮。元贞三年春,"命工度材,计直佣作,筑亭于谷阳门之
西。……亭东水连于湖,湖有碛曰唳鹤滩,或请以听鹤名焉"。②

　　华亭县隶属秀州管辖,通向州城有驿路,沿路有驿站。宋
代在风泾置驿。《重辑枫泾小志》卷一说:"枫泾因乡名镇,宋
置驿,以通秀州。"③《乾隆娄县志》卷三谈到:"枫泾因乡名镇,
一曰白牛荡,以陈舜俞所居也。宋置驿以通秀州,今为江苏浙
界首,其南之半,隶嘉善县。"④也就是说,从华亭到风泾再到

---

① 谢庭薰纂:《乾隆娄县志》卷三《邮铺》,《上海府县旧志丛书·松江县
　卷》,第 273 页。

② 顾清纂:《正德松江府志》卷一四《驿传》,《上海府县旧志丛书·松江
　府卷》,第 229 页。

③ 许光埠纂:《重辑枫泾小志》卷一《沿革》,《上海乡镇旧志丛书》第 6
　册,第 5 页。

④ 谢庭薰纂:《乾隆娄县志》卷三《村镇》,《上海府县旧志丛书·松江县
　卷》,第 271 页。顾清纂《正德松江府志》卷九《镇市》(第 132 页)也说
　"古于此置风泾驿,其南半属嘉兴,东驰泖桥"。

嘉兴,是当时的一条重要驿路,宋朝设置了驿站。其时驿站设驿船 5 只,船户 40 户。① 从驿船、船户来看,宋代从枫泾到秀州的驿路是以水路为主。

南宋嘉定年间设立的嘉定县也有驿馆制度。首任知县高衍孙在立县时,说要让嘉定"宾饯有驿舍",不过由于嘉定目前留存下来的最早方志是明代的,所以方志中并没有嘉定系统建馆驿的记录。《嘉靖嘉定县志》卷二谈到嘉定宋代有"登津馆,在护国寺西。景定三年,知县常懋建。又有能馆,在朝京门内东偏。端平元年,知县郑士颖建。淳祐九年,知县林应炎重修,改圌练溪驿。今俱废"。登津馆"西接官亭,在济漕门外二里许,有坊曰迎恩坊"。② 嘉定的登津馆和能馆的建立时间,按目前的记录是在嘉定建县后五六十年,猜测有可能是在原有馆驿基础上的重建。

元代初年,上海地区的馆驿制度更加完备。据记载,松江府官驿有驿马 32 匹,马户 280 户;松江府有驿船 10 只,船户 80 户;枫泾仍是驿船 5 只,船户 40 户;上海驿船 5 只,船户 40 户。③ 从这段记载看,松江府的驿站有陆路和水路两种,由于府城来往的人员较多,因而准备的驿马有 30 多匹。松江到上海大概只有水驿,而松江到枫泾也是水驿为主。总体上说,上海地区的驿路是四通八达的。比如华亭县西北地区的金泽镇西数里,有一地名站船浜。《吴江县志》云:"元初有宗室出家于金泽寺中,使每月两至,络绎于道,驿使于此站船,因名。"④ 从金泽通向

---

① 许光墉纂:《重辑枫泾小志》卷二《铺驿》,《上海乡镇旧志丛书》第 6 册,第 24 页。
② 杨旦纂:《嘉靖嘉定县志》卷二《公署》,《上海府县旧志丛书·嘉定县卷》,第 60 页。
③ 徐硕纂:《至元嘉禾志》卷七《官驿》,《宋元方志丛刊》,第 4464 页。
④ 周凤池纂:《金泽小志》卷六《杂记》,《上海乡镇旧志丛书》第 7 册,第 107 页。

吴江有水驿路线。而朱泾"南遵水道海监,北由礼塔汇而登县",实际上也是官方的水驿。① 从杭州往嘉兴再到华亭,一般走的是秀州塘,"水出杭州府西湖,过嘉善县,至清风泾入数县界径官塘。宋元时华亭走秀州水驿道"。② 由此可以看出水驿路线密布,交通是比较通畅的。

馆驿是官方交通的一种重要形式,因而为政府人员提供服务是首要任务。宋元时期,有管理华亭枫泾驿站者谈到:"今吏是驿者宾至旁午,固宜奉符阅数,执牍书物,展蠲洁之敬,致供馈之礼,劳迎饯别,俾尽欢而去。过是驿者,朝憩夕庇,其可折篙断牵,破舫碎鹢,污败其室庐,废毁其器用,略不顾惜乎?"③管理驿站者对宾客要迎来送往,提供饮食,替客人储存物品。同时驿站也希望来客不要损坏驿站的交通器具,不能弄脏客房。

馆驿是官方的一种重要设施,随着时间的推移,很多交通设施可能会损坏,因而政府常常会加以维修。如元代就曾重建枫泾驿站。无名氏的《风泾驿记》谈到枫泾驿建造于至元三十年。其时"环云间皆水,唯西南塘路可通郡,故郡以风泾为喉襟,盖出入无不由此"。按照这段话的意思,元代枫泾通向秀州有西南塘路,以陆路为主。至元三十年(1293),"南省许置驿,视公帑一钱莫敢动。有乡之好事者张某及近保数巨室来助木瓦之费。余与同僚度其地,令站官陈青创屋十二间,虽未尽轮奂之美,馆之所须亦略备"。通过这样的建设,枫泾驿

① 顾清纂:《正德松江府志》卷九《镇市》,《上海府县旧志丛书·松江府卷》,第 132 页。
② 朱栋纂:《朱泾志》卷三《附近诸水》,《上海乡镇旧志丛书》第 5 册,第 32—33 页。
③ 顾清纂:《正德松江府志》卷一四《驿传》引《风泾驿记》,《上海府县旧志丛书·松江府卷》,第 228 页。

"规模日宏,缔构日增,擅浙右传舍第一之称"。①

此外,官方还有递铺制度,也是交通发展的一种标志。

递铺是一种快速邮递制度,主要传递官方文书,也作为军事文书传递的一种手段。这种制度从宋代开始出现,到了元代已经普遍。至元二十五年(1288)成书的《至元嘉禾志》,详细记录了当时松江府境内的官方递铺交通线路,指出松江府境内有急递铺14处。其中西塘共有7铺,分别是:"风泾铺东接泥滑桥铺一十二里,泥滑桥镇东接朱泾铺九里,朱泾铺东接九里庵铺九里,九里庵东接李塔汇铺九里,李塔汇铺东接吉阳汇铺九里,吉阳汇铺东接松江府前铺一十五里,松江府前铺东接张泾铺一十八里。"东塘也是7铺,分别是:"张泾铺东接蟠龙铺一十五里,蟠龙铺东接新坟铺一十七里,新坟铺东接钱坟铺一十七里,钱坟铺东接龙华铺一十八里,龙华铺东接淡井铺九里,淡井铺东接上海铺,上海铺系濒海去处,别无相接递铺。"②松江府境内的递铺从多个方向与嘉兴县的急递铺相接,如:"张泾汇铺东接松江府风泾铺九里。"③嘉定县境内应该也有急递铺的设置,不过如《嘉靖嘉定县志》卷二《公署》中记录的急递铺线路,都是明代的,与宋元时期的线路可能还是有所差别的。

三、海上交通的枢纽地位

上海东靠大海,中有吴淞江,因而作为海上交通的枢纽地,从上海出发的海路交通线路在唐五代至宋元时期是比较

---

① 顾清纂:《正德松江府志》卷一四《驿传》引《风泾驿记》,《上海府县旧志丛书·松江府卷》,第228页。
② 徐硕纂:《至元嘉禾志》卷八《邮置》,《宋元方志丛刊》,第4464页。
③ 同上书,第4465页。

多见的。《崇祯松江府志》卷五《水》引《上海县志》云:"海在县东七十里。北起嘉定,南抵华亭,东接诸番,而日本最近。宋元间入贡皆由青龙市舶司,后渐徙于四明。贡者不得取道,沿海皆浅滩,不逮闽浙百一,俗号穷海。独盐利为饶,自清水湾经南,较川沙以北,水咸宜盐。"①这段话描述了唐宋以后海上交通的重要性,认为宋元时海上交通线的作用特别重大,但之后作用渐小,主要原因是自然条件发生了变化,沿海都成了浅滩。

　　唐末周繇有《望海诗》说:"苍茫空泛日,四顾绝人烟。半浸中华岸,旁通异域船。岛间应有国,波外恐无天。欲作乘槎客,翻然去隔年。"②他说的大海不一定是指上海东面的这一块海域,但可以知道从海上来的外国船不少,而中国船也常到国外去,今年去明年回,航路漫长。宋初从青龙镇至上海镇的设立,标志着海外贸易港口虽然有了少许变动,但上海地区海上交通的地位没有变化。《吴郡图经续记》卷上说:"吴郡,东至于海,北至于江,旁青龙、福山,皆海道也。"③从青龙镇出发,向东进入大海,这是海道的起点段,从这里向东、向南都可以到达日本、高丽等国。该书卷中又云:"今观松江正流下吴江县,过甪里,径华亭,入青龙镇,海商之所凑集也。《图经》云:松江东写海曰沪渎,亦曰沪海。"④对外贸易得益于海道交通的方便。

---

① 方岳贡纂:《崇祯松江府志》卷五《水》,《上海府县旧志丛书·松江府卷》,第124页。
② 顾清纂:《正德松江府志》卷二《水上》引,《上海府县旧志丛书·松江府卷》,第23页。彭定求等编《全唐诗》卷六三五(第7292页)所引文字略有不同,云:"苍茫空泛日,四顾绝人烟。半浸中华岸,旁通异域船。岛间应有国,波外恐无天。欲作乘槎客,翻愁去隔年。"
③ 朱长文:《吴郡图经续记》卷上《海道》,第17页。
④ 朱长文:《吴郡图经续记》卷中《水》,第47页。

　　从青龙镇出发,沿海向北,可以到山东半岛。《正德华亭县志》卷一一谈到北禅寺时说:"在县东北城内。宋绍兴间,僧法宁建。"法宁原先住沂州的净居寺,"航海至青龙,有张氏者迎止于此"。① 也就是说,从山东半岛经海路可以进入吴淞江至青龙镇,说明当时人常常通过这条航道来往。《梦溪笔谈》卷二四谈到:"嘉祐中,苏州昆山县海上有一船桅折,风飘抵岸。船中有三十余人,衣冠如唐人,系红鞓角带,短皂布衫。见人皆恸哭,语言不可晓。试令书字,字亦不可读。……时赞善大夫韩正彦知昆山县事,召其人犒以酒食。"从这件事中可以看出,宋人把故事的背景放在昆山县海上,实际上就是南宋嘉定县的沿海地区。故事中谈到这些人是唐末派往朝鲜的使者,身上带有文书,"乃是上高丽表,亦称毛罗岛,皆用汉字。盖东夷之臣属高丽者。船中有诸谷,唯麻子大如莲的,苏人种之,初岁亦如莲的,次年渐小。数年后只如中国麻子。"② 故事肯定是虚构的,但我们从中可以看出,从古代上海的北部海面上可以航行至高丽。

　　其实从长江口到北方的海上交通,唐代前期就已熟知。杜甫《后出塞》诗云:"云帆转辽海,粳稻来东吴。越罗与楚练,照耀舆台躯。"《昔游》又云:"吴门转粟帛,泛海凌蓬莱。"③我们曾经对唐五代沿东海、黄海北上至山东半岛、辽东半岛等地的海上运输路线作过描绘。④ 两宋时期,大规模的官方海上运输很少见到,但到了元初,由于对南粮北运的渴求,政府看

---

① 聂豹纂:《正德华亭县志》卷一一《寺观》,《上海府县旧志丛书·松江县卷》,第169页。

② 沈括:《梦溪笔谈》卷二四,《全宋笔记》第二编第三册,第181页。

③ 杜甫撰,萧涤非校注:《杜甫全集校注》卷三、卷一四,第643、4111页。

④ 张剑光:《唐五代江南工商业布局研究》,第334—337页。

重海上运输。宋渤谈到："国家大一统,舟车通四海,蛮越之邦,南金大贝,贡赋之漕,率由海道入京师。舶使计吏,舶舻附丽,鱼贯而至。"从海上运粮到北方,是元朝初年的主要方式。费榕南宋末年曾为上海市舶,"归国后,以市舶漕运功,今授怀远大将军、浙东道宣慰使",其子费拱辰为武德将军、平江等处运粮万户。因为海上运输浪急潮高有危险,所以从南宋末年开始人们就修缮顺济庙,"风涛之祷辄应",通过祭祀天妃来求得海上运输平安。从宋代上海市舶陈珩,到后来的费榕、费拱辰,以及上海的许多大族豪民,都奉四时香火,修饰翻建庙宇,"邦君邑人奔走为祠,亨神血食东南,人所信向,若验符契有年矣"。① 这一切,实际上都与当时海上运输量越来越大有关。费榕在元初先是措置上海市舶,后兼镇守上海总管府事。其时"沿海民船无所经,或流入盗贼,榕请录为户,蠲其徭役,而官领之,可得海船数千,稍水数万,备国用"。也就是说,将沿海所有船只集中登记,免去船户的徭役,在官方组织下漕运南方的粮食到北方。

　　元朝上海地区最先提出通过海上线路漕运到北方,大概是朱清、张瑄等海盗,所以后人认为是"朱清始倡海漕"。至元十九年(1282),西沙人朱清、张瑄"建言海漕,抵直沽以达京师。初,岁以官船运米,八月于娄家港聚会,由通州海门县黄连沙万里长滩开洋,沿山提岙,至盐城县,历西海州、密、胶等州界,涉灵山洋东北行,使月余才至成山。次年三月,方抵直沽"。② 也有资料记载:"朱清,太仓人。张瑄,居上海。二人本海寇,元初就招安,即为导攻厓山。谙识海道,漕运江南粮,

---

① 顾清纂:《正德松江府志》卷一五《坛庙》引宋渤《庙记》,《上海府县旧志丛书·松江府卷》,第244页。
② 陈文纂:《正德崇明县志》卷一〇《海漕》,《上海府县旧志丛书·崇明县卷》,第59页。

不旬日达燕。遂有功,朝廷付金银牌,而许其便宜除授。"①由于两位海盗熟悉沿海情况,所以在至元十九年就沿海岸线运粮到达北方。不过并不是"不旬日达燕",按这里所说前后要经过长达 10 个月的时间,上海地区的粮食才能到达燕京。

至元二十一年(1284),"定议官支脚价,令近海有力人户自行造船,雇募稍水运粮,依验十斤,百里每石脚价八两五钱"。② 朱清等运粮到大都,使元朝统治者认识到通过海路运粮是比较方便的一种运输方式,因而想大力推广,核算出具体的运输成本费用。一些史书记载中的罗璧,大概就是这个时候组织海运有方。他曾为管军总管,镇守金山,居四年,清剿了海盗。又徙上海督造海船。元朝廷最初议转运江南粟到京师,"璧独以海运便,部漕舟率先海道,自杨村入,不数十日至京师"。③ 从上海至京师的海运,需要数十日,虽然时间较长,要数月之久,但这种海上运输是比较通畅的。

至元三十年(1293),在宋朝为承信郎、两淮制置司统制马步军事总管的殷明"海漕建方","踏开生路"。因为建言有功,授海船万户。④ 他的踏开生路指的是什么呢? 原来他为元朝指出了与传统海路不同的走向:"自娄家港至本县三沙放洋,望东使入黑水大洋,收成山,转西至刘家岛,聚艎取柴,迈登舟沙门岛,放莱州洋,入界河,不旬日而抵直沽口。此路甚便,后

---

① 长谷真逸:《农田余话》卷下,《四库全书存目丛书》第 239 册,齐鲁书社 1996 年版,第 327 页。

② 陈文纂:《正德崇明县志》卷一〇《海漕》,《上海府县旧志丛书·崇明县卷》,第 59 页。

③ 顾清纂:《正德松江府志》卷二八《人物二》,《上海府县旧志丛书·松江府卷》,第 440—441 页;方岳贡纂:《崇祯松江府志》四八《冢墓》,第 942 页。

④ 陈文纂:《正德崇明县志》卷七《名宦》,《上海府县旧志丛书·崇明县卷》,第 47 页。

减脚价作六两五钱。"①殷明提出了运输路线的新走向,使海上航程缩短了不少,降低了运输成本,因而他被政府升官也就成为必然。

随着海上运输的频繁,人们对海洋的认识不断深化,知道利用海洋的习性来方便运输:"吴中五六月间,梅雨既过,必有大风连数日,土人谓之舶□鰔风,去是舶商请于海神得之。凡舶遇此风,日行数百里,虽猛,而不为害。四明、钱塘南商至夏中毕集者,此风致之也。"②说明海上运输者已能熟练地利用海风,加快船只运输的速度。

总之,交通网络的完备,运输业的发展,是宋元时期上海地区人员频繁来往和经济发展的产物,同时又反过来促进了人口的增长和经济的兴旺。商业和农业的发展,使上海地区渐渐成为江南的运输枢纽。尤其是到了元朝,为了通过海上运输快速地将钱粮运到北方,政府认为必须发挥松江府的作用,需要松江府在很多情况下快速地决断货运的时间、数量和路程,不再一层层向上请示。同时,也为了稳固松江府的地位,设立上海县,形成一府两县制,在当时是十分有效的技术措施。上海地区在宋元时期的经济地位,决定了海上和内陆运输的繁盛。

(本文原刊于《上海师范大学学报》2017 年第 5 期)

---

① 陈文纂:《正德崇明县志》卷一〇《海漕》,《上海府县旧志丛书·崇明县卷》,第 59 页。
② 顾清纂:《正德松江府志》卷三二《遗事》,《上海府县旧志丛书·松江府卷》,第 488 页。

唐至元初上海地区
人口数量的估算

　　人口数量是了解一个地区在一定时期内社会经济发展的重要内容。对人口数量的准确估算,将有助于认识地区经济发展的实际水平。古代上海地区的发展水平,人口数量是一个重要的评判标准。由于历史上上海地区的成陆经历了一个漫长的过程,陆地面积变化较大,从而带来了政区设置的变化,因而对人口数量的推测就有一定的复杂性。不过准确地推算人口数量,对古代上海历史的研究有着较大的学术意义。

　　本文所研究的范围,是以今天上海的行政区划作为标准。

一、唐至元初上海地区行政设置

　　隋朝统一南方后,今上海地区属苏州(吴郡)管辖。隋开皇九年(589)平陈后,将吴州改称苏州,属县有吴、昆山、常熟、乌程、长城五县。大业三年(607),苏州改为吴郡。吴郡的管辖范围很大,东至大海,包括了整个太湖东部地区。李渊建唐后,改郡为州,恢复开皇旧制。吴郡改称苏州,领六县,分别是吴、长洲、嘉兴、昆山、常熟、海盐。今上海地区的南部地区大体上属嘉兴县,北部地区大体上属昆山县。

　　从 8 世纪下半叶到 9 世纪前期,随着海塘和河堤工程的不断修筑,太湖以东低乡的农田水利建设尤为突出,乡村聚落逐渐扩展,为政区的增设奠定了基础。开元初年,旧捍海塘兴筑,从此海塘内的土地免遭咸潮的侵蚀,在淡水的不断冲刷下,大量农田可以种植庄稼,垦田面积越来越大。

　　唐玄宗天宝十载(751),华亭县从吴郡东境析置,这是上海地区最早设立的一个县。①《元和郡县图志》卷二五云:"华亭县,上。西至州二百七十里。天宝十年,吴郡太守赵居贞奏割昆山、嘉兴、海盐三县置。"②华亭县设立时就是一个上县,管辖范围相当辽阔。据《绍熙云间志》卷上《道里》记载,县境东西长一百六十里,南北阔一百七十三里。华亭县城往东至海约八十里,西至平江府长洲县界八十里,南至海约九十里,北至平江府昆山县界为八十里,西南到海盐县界为六十里,东北到昆山县界为一百一十里,西北到昆山县界一百五十里。③大体而言,北面与昆山县以吴淞江为界,东南以小官浦为界,西南至枫泾,范围十分广阔。

_____

① 南朝梁、陈时期,今上海地区曾经设立过前京和胥浦二县。萧梁武帝时,新增设了很多郡县,其中在海盐县的东北隅设立了前京县。按今天的行政区划来说,前京县是设立在今上海的金山区,统辖的范围相当于金山区和浙江省的平湖县。这个县的设立只是为了应对区域比较辽阔而加以有效的行政控制,并没有过多地考虑县域的经济发展,更没有考虑县域内是否有文化认同。之后,梁武帝太清三年(549),划出海盐县和前京县的一部分,设立胥浦县,其位置在今上海金山区内。梁简文帝时,胥浦县合并入前京县。不过胥浦这个名称一直保存了下来,成为一个乡名。《绍熙云间志》卷上《乡里》谈到胥浦乡在华亭县西南 50 里,管辖的范围较广,相当于今金山区的西部地区。隋朝灭陈后,大量撤并郡县,前京县被撤废。前京、胥浦是上海区域内最早设立的二个县,但存在的时间不长。导致二县被废的原因,是人口数量不多,经济发展有限,文化上没有认同感,因而二县在行政区划上并没有被固定下来。

② 李吉甫:《元和郡县图志》卷二五《江南道一》,第 602 页。

③ 杨潜纂:《云间志》卷上《道里》,《上海府县旧志丛书·松江县卷》,第12 页。

　　吴越国于后晋天福四年(939)分苏州南境置秀州,原本属于苏州的华亭县改隶秀州。南宋庆元元年(1195),秀州升为嘉兴府,华亭县仍然隶属于嘉兴府。宋代华亭县在行政区域上与唐代没有多少变化,全县东西、南北范围与唐保持一致。如果说华亭县有所变化的话,那就是由县升为府。明《正德松江府志》卷一记载:"元至元十四年升华亭府。时以县五万户者为州,华亭户登二十三万,故立为府。十五年改松江府,以吴松江名。属江浙行省嘉兴路。二十九年割华亭东北五乡为上海县。直隶省府。"①至元十四年(1277),华亭升为府,第二年改为松江府,府下仍设华亭县,而且华亭县为倚郭县,属嘉兴路管辖。

　　五代至宋元期间,上海西部地区低乡围垦不断推进的同时,吴淞江北的高乡地区也在加紧开辟农田。高乡开发速度于 12 世纪显著加快,聚落进一步拓展。② 高乡的开发,促使南宋嘉定十年(1217)嘉定县的设立。这年九月,"知府赵彦橚、提刑王棐谓与昆山相距辽远,奏割县东安亭、春申、临江、平乐、醋塘凡五乡二十七都,置都于练祁市,纪之以年,故云嘉定。在宋为上县"。③ 新设立的嘉定县疆域,据《练川图记》卷上记载:"县境东至海,里四十有五;到崇明县,里百有七十。西至昆山县界,里三十有六;到昆山县,里七十有二。南至上海县界,里三十有五;到松江府,里百有六。北至太仓州界,里十有八;到太仓州,里三十有六。东南到上海县,里七十有二。西南到松江府,里百有十。东北到崇明县,里百有七十。西北

---

① 顾清纂:《正德松江府志》卷一《沿革》,《上海府县旧志丛书·松江府卷》,第 15 页。
② 谢湜:《11 世纪太湖地区农田水利格局的形成》,《中山大学学报》(社科版)2010 年第 5 期。
③ 陈渊等纂:《练川图记》卷上《建置》,《上海府县旧志丛书·嘉定县卷》,第 13 页。

到昆山县,里七十有二。"①嘉定县东为大海,与后来设立的崇明隔海相望,北与太仓相邻,西与昆山相邻,南与华亭县相邻。华亭分出上海县后,东南与上海县相邻。南面的边界,基本是按吴淞江来划分的。

　　自然条件也在发生变化,长江河口不断出现沙洲。由于长江河口段过水断面越来越狭窄,加以长江水流南偏,因而江流对长江南岸冲刷加剧。史书记载唐"武德间,海中涌出二洲,即今之东、西二沙"。②唐高祖时长江口冒出的这两个沙洲,就是今天崇明的前身。至唐末置崇明镇,属海门县。③史云:"崇明于前无所闻,按旧志,唐始置镇,宋沿之。"④经过唐、宋两朝的发展,"崇镇之民日就繁庶"。⑤元朝建立后,决定要对崇明加强管理。至元十二年十二月,"省檄横州知州薛文虎招徕抚辑"。薛文虎到崇明后,"以其民物蕃庶,请于朝,欲陞姚刘沙为州"。二年后,升为崇明州,隶扬州路,以薛文虎知州事,在天赐盐场提督所设州治。⑥

---

① 陈渊等纂:《练川图记》卷上《建置》,《上海府县旧志丛书·嘉定县卷》,第 13 页。
② 陈文纂:《正德崇明县志》卷一《沿革》,《上海府县旧志丛书·崇明县卷》,第 17 页。
③ 陈文纂:《正德崇明县志》卷二《沙段》,《上海府县旧志丛书·崇明县卷》,第 20 页。顾祖禹《读史方舆纪要》卷二四《南直六》谈到五代杨吴时,"杨溥改顾俊沙为崇明镇",镇设于西沙,似有误。(中华书局 2005 年版,第 1194—1195 页)
④ 陈文纂:《正德崇明县志》卷一《沿革》,《上海府县旧志丛书·崇明县卷》,第 17 页。
⑤ 张世臣纂:《万历崇明县志》卷一《沿革》,《上海府县旧志丛书·崇明县卷》,第 75 页。
⑥ 陈文纂:《正德崇明县志》卷一《沿革》,《上海府县旧志丛书·崇明县卷》,第 17 页。该书又说:"我皇明为县,隶苏州府。今观镇升为州,州抑为县,则民物今昔之盛衰可知矣。"认为镇升为州,是由于当时比较兴盛的缘故,而州又变成了县,说明经济呈现出下降的迹象。

前述至元十四年(1277)华亭县升为府,隶嘉兴路。按元代官制,上路秩正三品,下路秩下三品,而府秩四品,路和府都有蒙古人担任的监路、监府达鲁花赤。嘉兴路是松江府的上级,但实际上因为浙江行省内松江是唯一的府,所以松江府认为自己和嘉兴路之间与一般的上下级关系还是有很大区别的,多少有点平起平坐的意思。上海建县,源于松江知府仆散翰文的申请,而事情的起因就与路、府的行政隶属关系有关:"割县之请,从知府仆散侯翰文也。始府犹隶嘉兴路,有倅簿责来,时府监受知权近,倅不知礼之。府监怒曰:'我四品秩,彼六品耳,彼以庶僚遇我耶!'因与竞诋辱之。由是侯慨然以地大户多,建割县,直隶于省府焉。"①松江府的府监达鲁花赤与朝中权贵关系密切,没想到嘉兴路的小官员以自己是上级政府到下属单位来,对府监不礼敬。府监不但认为自己正四品秩比对方六品秩要高,而且自己是蒙古人在朝中有背景,不能用上下级的关系来仗势压人,所以知府提出割地设县,直接隶于省府。

上海设县于至元二十九年(1292),"以民物繁庶,始割华亭东北五乡,立县于镇,隶松江府",东西广一百六十里,南北袤九十里,东至大海五十里,②西、南与华亭县相邻,北倚嘉定县。当然,上海设县的真实情况应该与经济有关。如《弘治上海志》说:"县虽濒海,而广原腴壤,尽境皆然。极(日)[目]万顷,莫有旷土。以十分计之,良田盖居其九。故《元史》称为濒海重地,前《志》谓无深山茂林之阻,虽素号泽国之乡,而平畴沃野居多。况东依洋海,北枕吴淞,又天下之所闻也。言形胜

---

① 郭经纂:《弘治上海志》卷一《沿革》,《上海府县旧志丛书·上海县卷》,第15页。
② 郭经纂:《弘治上海志》卷一《里至》,《上海府县旧志丛书·上海县卷》,第15页。

者莫强焉,是足以壮兹邑矣。"①从农业的角度谈到上海县的经济发展,认为有分县的必要。

因此,唐至元初,上海境内先后有华亭、嘉定、崇明、上海四个州、县的设置,我们对人口的推测是基于上述区域之内的。

二、唐代的户口数

在谈上海地区唐代户口数之前,我们先简略对隋代上海地区的户口进行初步推测。

周末隋初,全国有户约 450 万左右。《隋书·地理志》总序载隋大业中有 897 546 户,有 46 019 956 口,平均每户 5.17 口。其时今上海地区属吴郡昆山县,吴郡统县五,18 377 户,每县平均 3 675.4 户,我们将昆山县的户口以吴郡的平均数来计算。昆山县在唐代分割出华亭县,在宋代分割出嘉定县,也就是说昆山县大约三分之二的土地后代是划到了上海地区,因而如果我们将这个户数除三,为 1 225.13 户。不过我们将其绝对平均并不科学,因为昆山县城及其以西地区为经济发达区,居住的百姓相对集中,要多于东部地区,我们暂且推测县城周围的核心区为 1 500 户,那么后来成为上海地区的那部分人口初步估计为 2 175 户,以每户为 5.17 人推算,隋朝时上海地区的实有人口约为 11 244 人。《绍熙云间志》卷上说:"今邑之四境,与三县接。"②也就是说华亭是割三县地而成立,海盐、嘉兴两县后来划入华亭的那部分地区人口也应计算在

①　郭经纂:《弘治上海志》卷一《形势》,《上海府县旧志丛书·上海县卷》,第 18—19 页。
②　杨潜纂:《云间志》卷上《封域》,《上海府县旧志丛书·松江县卷》,第 11 页。

内。然隋朝废嘉兴和海盐两县,其具体户口数量史书没有统计,就算两县各划出的土地面积与昆山县相当,那么两县相加也就 1 万人上下。这样,隋朝时上海地区的口数累计有 2 万人左右。

由于其时上海陆地成长的速度还比较缓慢,一般认为人们主要是在冈身以西地区活动,因此除部分地区种植水稻外,大部地区从事的是渔业生产。隋朝吴郡上供的土贡,最多见的是海产品和内湖水产品,如蜜蟹、拥剑、鲤腴鲊、海虾子、鮫鱼含肚。① 这些都可以看出,昆山东部靠海地区和内陆沿湖地区存在着大量的渔民。总体来说隋朝时上海地区的人口数量是比较稀少的。

天宝十载设立华亭县,但唐前期华亭县的户口数,史料中并没有具体记载。《新唐书·地理志》谈到天宝元年苏州的户口数,为 7 642 户、632 650 口。由于华亭是新设立的上县,在苏州是级别最低的县,户口数在各县中肯定也是最少的。即使按平均数匡算,扣除苏州州城户口的因素,华亭县的户数也绝对在 1 万户以下,甚至可以说,不会超过七八千户。

唐代后期,随着太湖东部地区的开发,苏州东南部几个县的户口增长较快。唐代宗大历十三年,苏州升等,成为江南历史上唯一的一个雄州。据《元和郡县图志》,苏州元和时户数达到了 100 808 户,这个数字表明苏州的经济发展在江南地区是最快的,由此带来的人口增长是必然的。作为苏州七县之一,华亭县的户口数肯定也是水涨船高般往上窜。由于记载上的缺失,华亭县在唐代的户口变化并没有详细的资料,目前

---

① 王鏊纂:《正德姑苏志》卷一五《土贡》,《北京图书馆古籍珍本丛书》第 26 册,书目文献出版社 1988 年版,第 253 页。可参宗菊如主编《中国太湖史》"隋唐五代章"(张剑光撰写),第 186—187 页。

能够见到的只是陆广微《吴地记》的一个唐代末年的数字。该书记苏州"管乡一百九十四,户一十四万三千二百六十二",这个数字比起元和年间,苏州增加了 42 000 多户,平均每乡有738.46 户,说明从唐宪宗的 9 世纪初至唐末 10 世纪初,这100 年间苏州的户口是快速增长的。

苏州七县中,华亭县管乡 22 个,有 12 780 户,平均每乡580.9 户。其时华亭管辖的乡数略少于昆山和常熟的 24 个,而多于海盐的 15 个,而户数比昆山(13 981 户)和常熟(13 820户)少 1 000 多户,比海盐的 13 200 户只少约不到 500 户。从这些数字来看,华亭县虽说创立于天宝年间,但在唐后期人口数量增长很快,不但总户数接近了昆山和常熟,而且如以乡为单位,每乡的户数也与昆山和常熟相差不多。从这个意义上说,较晚设立的华亭县,至唐末,户数和每乡的平均户数与昆山、常熟县难分伯仲。如果以每户约 6 口计,华亭县的总人口为 76 680 口。

宋代昆山东部五乡划出来设立了嘉定县。尽管唐、宋乡的大小是不同的,但如果我们也是将昆山县东部的五乡估算进今上海地区的范围,那么五乡有 2 912.7 户,以每户 6 口计,约为 17 476 口。

如此,唐代后期,上海地区实有人口可能达到了 94 156口。虽然这样的统计是有不少误差的,但大致可以说明人口的数量和增长的速度。

唐末五代上海地区人口的增长,既与自然增长率快速提升有关,同时也与户口迁入有较大的关系。如戴芳是鲁国郡人,娶东海徐氏,生三子二女,他"温良恭俭让,志惟清雅,惟孝惟忠,琴酒戴不仕",中和三年(883)得病死了,葬在华亭县北二十二里去张管墩五里的莞沼乡城山里进贤村洞泾西一百三十步"新宅之东南而葬新茔也"。① 戴芳是北方人,不做官,但却在华亭县营建了新宅,应该就是唐末从北方迁来后,想在华亭县扎根的,所以他死后葬在"新茔",墓是从他开始,他应该是该族南迁到华亭的始祖。《正德松江府志》卷一七谈到赠太子少保朱承进,说:"按《朱氏家谱》,承进本汴人,五代时避地吴越,三迁至华亭。积德行善,生子六,人皆训以儒术,族遂以大。迄宋亡,仕宦不绝。"②五代时迁至华亭,至宋朝就成为大族。也许唐末五代迁到华亭县的北方人没有北宋末年那样集中,但足以说明唐后期上海地区户口数量何以激增这一事实。不过,尽管有不少人迁到了华亭,但毕竟华亭是苏州数县中最落后的地区,因而一些人比较愿意到苏州等中心城市居住,而不愿到华亭落户。《太平广记》卷三六六"曹朗"条谈到唐文宗时,进士曹朗担任华亭令,"秩将满,于吴郡置一宅,又买小青衣名曰花红"。③ 从这位县令官期满后将家安在苏州城内的举动可知,华亭的吸引力还无法与苏州抗衡。

三、宋代的户口数

《正德华亭县志》卷四和《正德松江府志》卷六根据"旧经"记载,宋代华亭为 54 941 户、113 143 口。不知道这个户口数字具体的统计年份,我们估计应是北宋时期《祥符图经》上的记录。该书又根据《九域志》的记载,华亭县为 97 753 户、212 417 口。④

---

① 周绍良主编:《唐代墓志汇编》中和〇〇九,第 2513 页。
② 顾清纂:《正德松江府志》卷一七《冢墓》,《上海府县旧志丛书·松江府卷》,第 279 页。
③ 李昉等编:《太平广记》卷三六六,引《乾𦠆子》"曹朗"条,第 2907 页。
④ 聂豹纂:《正德华亭县志》卷四《户口》,《上海府县旧志丛书·松江县卷》,第 118 页;顾清纂:《正德松江府志》卷六《户口》,《上海府县旧志丛书·松江府卷》,第 79 页。

按宋朝的《九域志》，一般是指《元丰九域志》。绍圣四年，由于感到《元丰九域志》所载过于简略，黄裳辑录各地山川、民俗、物产、古迹等，以补其缺，名为《新定九域志》，在书中增"古迹"一门，这就是宋人所谓的新、旧《九域志》。① 学者认为《元丰九域志》之后并无新的官修《九域志》成书，《新定九域志》是后人将"古迹"掺入《元丰九域志》所成，"古迹"来源于黄裳提议、强渊明续修未成的部分资料。② 查今天留存的《元丰九域志》，记载了嘉兴府的户数："户：主一十三万九千一百三十七，客无。"该书没有四个属县的户数，更没有口数。因此，《正德华亭县志》和《正德松江府志》的华亭县户数为九万七千，很明显不是来自于《九域志》。

其实，看一下《绍熙云间志》卷上，我们就能知道《正德华亭县志》和《正德松江府志》存在着失误。《绍熙云间志》说："国朝《九域志》所载秀州四县之籍，户十三万九千一百三十七。"这条说的"国朝《九域志》"很明显就是《元丰九域志》。《云间志》又说："今见管户九万七千。"③而这个户数又和正德《华亭县志》《松江府志》相同。由此我们可以推测，正德《华亭县志》和《松江府志》是受了《云间志》的影响，说是引自《九域志》，但却根本没有采用《元丰九域志》的户数。那么，正德《华亭县志》和《松江府志》使用的数字是什么时候的呢？鉴于《云间志》有"今见管"三字，我们推测户数相同的正德两本方志记载的户数和口数，是南宋前中期的户口数，很有可能是接近绍熙年的一个户口数。

---

① 王文楚：《元丰九域志》前言，王存撰，王文楚等点校：《元丰九域志》，中华书局 1984 年版，第 3 页。
② 闫建飞：《新、旧〈九域志〉考》，《中国典籍与文化》2014 年第 1 期。
③ 杨潜纂：《云间志》卷上《版籍》，《上海府县旧志丛书·松江县卷》，第 14 页。

　　前一个户口数,《绍熙云间志》卷上《版籍》记述的户口数
与正德《华亭县志》《松江府志》有不少差别。一是认为:"旧图
经所书,主户五万四千九百四十一,口十万三千一百四十三。"
户数认为是"主户",口数少了一万。宋朝户籍的记载中有主
户和客户之分:凡是向政府承担赋税,税钱即使只有一文的,
就是主户;而客户主要是"佃人之田,居人之地"的那部分
人。① 也就是说,《绍熙云间志》说的"主户",实际只是当时户
口的一部分,并不是全部,当时社会上还有客户。漆侠先生根
据《文献通考》列出宋仁宗天圣元年至宋高宗绍兴四年的主客
户占比,客户所占比例在 30.4%—37.9% 之间,大多数在
32%—35% 之间。他说根据《太平寰宇记》的记载,北宋初年
客户占总户数的 40%,但此后逐年下降,神宗熙宁五年是最低
点 30.4%,此后逐年回升,至宋高宗绍兴四年升至 36.15%。
各地区主客户的比例也是不一样的,如两浙路,宋太宗太平兴
国年间客户占 45.2%,宋真宗天禧年间占 23%,宋神宗元丰
年间占 17.3%。因此,《绍熙云间志》记录的这个宋真宗年间
的户数只是当时的主户,还有 20% 多的客户,约 1 万多户,没
有计算在户数中。因此,北宋真宗年间,我们推测华亭实有约
65 929 户。同样,根据宋朝户籍记载的规律,《正德华亭县志》
和《正德松江府志》记录的南宋华亭县为 97 753 户,应该也是
主户。由于南宋客户所占比为 35% 左右,华亭的客户大概会
有 34 000 户左右,整个华亭实有约 131 966 户。

　　《绍熙云间志》卷上《版籍》说:"国朝《九域志》所载秀州四
县之籍,户十三万九千一百三十七,视唐苏州七县之数几倍之
矣。"因为天宝年间苏州七县已有户七万六千,杨潜说宋代已
是几倍,是令人不可思议的。准确地说,这个四县户籍只是指

① 漆侠:《宋代经济史》,中华书局 2009 年版,第 50、47 页。

主户,如果加上客户的户数,方才符合"几倍之"的说法。

其次是口数。《云间志》和《正德华亭县志》《正德松江府志》记录的"旧经"口数相差 1 万口,这个可能是记录上的失误,不足为怪。但按照《正德华亭县志》和《正德松江府志》所记户数与口数,真宗时每户仅 2.05 人,假如按《云间志》,这个数字更低。南宋时,《华亭县志》《松江府志》记录的每户口数为 2.16 人。一户中的口数如此之低,这是很难让人相信的。宋朝每户口数极低的情况,其实在文献记载中是十分普遍的,宋朝的李心传、马端临都有所评论。李心传认为这主要是"诡名子户漏口者众"造成的,还指出,"今浙中户口率以十户为十五口有奇"。① 一些豪强为减低户等、隐田漏税,玩弄"诡名子户",在当时的确十分严重:"比来有力之家规避差役科率,多将田产分作诡名挟户,至于一家不下析为三二十户者,亦有官户将阶官及职官及名分为数户者。"② 但真如漆侠先生认为的那样,豪强地主在总人口中占的比例不高,对户数的下降起不到多大影响作用。有人认为宋代不计女口造成口数和户数的不相称,漆侠先生认为大量客户"匿比舍而称逃亡,挟他名以冒耕垦",有些丁壮年不敢作成人装束、少育婴儿、杀婴等,都是造成户数与口数不相称的因素。③

即便如上所述,我们根据推测出的北宋真宗时华亭县的总户数约 65 929 户,仍按户 2.05 人计,真宗时约有 135 154 口;南宋时华亭县总户数约为 131 966 户,按每户 2.16 人计,约有 285 046 口。

---

① 李心传:《建炎以来朝野杂记》甲集卷一七《本朝视汉唐户多丁少之弊》,《全宋笔记》第六编第七册,第 314 页。
② 徐松辑:《宋会要辑稿·食货六·经界》,上海古籍出版社 2014 年版,第 6108 页。
③ 漆侠:《宋代经济史》,第 53—57 页。

　　根据《正德华亭县志》《正德松江府志》所载的两个户口数字,可以看到从北宋至南宋,华亭县的户口在增加,其中户数增加了 44%,口数增加了 47%。这个增加既有自然增加的因素,同时也有北人南迁的成分在内。朱之纯说:"彭城刘侯元祐庚午来宰云间,下车一日,先修庠序,次立教诚,下至簿书期会,各有条理。今未十旬,一境告治。……自浙右为邑,未有繁剧过此者。其境东南滨海,西北负江带湖,方二百余里,其户口除浮寄浪居而占籍者,亦不下数十万。比嘉祐初太常丞吴公所治,往往三倍其数。故生齿日众,情伪滋多。"[1]北宋元祐五年(1090)之后,华亭县户口激增。其中前来"浮寄浪居"的,已经不下数十万,是嘉祐初的三倍,30年间真正是"生齿日众"了。两宋之交,由于战乱,北方人大量南迁,有一些人来到了华亭县。如宰相王旦的后人王泰来,其五世祖为太常少卿王逖,"避难渡江居金陵,再徙华亭,故为华亭人"。[2]凌岊先人凌师哲,靖康中自宋都随跸南迁,"后有居华亭者,遂为邑人"。大概靖康南迁后并没有马上来到华亭,其后才正式迁过来。[3] 因此,我们在上面推测的户数和口数,肯定是比较保守的。当然,其时也有少量户口迁出,如汤文英本是华亭人,"自华亭徙吴,至文英,八世同居"。[4] 再如杨备郎中,"明道初,宰华亭。俄丁内艰,遂家于吴中,乐其风土之美,安而弗迁","居吴中既久,土风人物皆深详之",于是作《姑

---

① 徐硕纂:《至元嘉禾志》卷三〇《题咏》引朱子纯《题县斋》序,《宋元方志丛刊》,第 4637 页。

② 聂豹纂:《正德华亭县志》卷一五《人物》,《上海府县旧志丛书·松江县卷》,第 208 页。

③ 同上书,第 212 页。

④ 顾清纂:《正德松江府志》卷三〇《人物四》,《上海府县旧志丛书·松江府卷》,第 451 页。

苏百题》诗。① 自华亭迁往苏州,之后在苏州定居下来,这是人口从下级县城向较为发达的州级城市迁徙,因为苏州是中心城市,其发达程度远超过华亭,所以一些人选择了向发达城市流动,不过这种流动数量可能是比较有限的。

宋代嘉定县设立后,为上县。宋代继承了唐代县的等级制,二千户以上为上县。《嘉靖嘉定县志》卷三记载:"宋置县,进分户三万。"也就是说,嘉定县建立时,约有 3 万户。如按每户约 5 口计,全县有 15 万人左右。这个户数如果只是主户,那么嘉定的实有户数可能更多。以南宋客户一般在 35% 左右的标准,嘉定实有户数约为 4.05 万,如每户 5 人计,嘉定实有人口约在 20.25 万。

宋代嘉定建县时,人口相对集中在一些自然环境好的地段,而自然环境相对差一些的地方人口比较稀少,这直接影响了总的人口数量。如外冈地区,在嘉定县设立时,"层冈缭绕,澄练潆洄,水陆要冲,据邑上流。元时居民尚鲜,至国朝成、弘间,而生齿日繁众"。② 外冈位于水陆要冲,但附近生活的百姓数量还是十分有限的。

大体而言,南宋中期上海地区的总人口,就是华亭县和嘉定县之和,总人口在 43—49 万左右。不过,这个数字是就南宋的户与口的比例而言的,是十分保守的。如果按历史上正常的户口比,南宋的华亭县约 131 966 户,以每户有 5 口计,约有 659 830 口。假如这个推导成立,那么南宋华亭县加上嘉定县的口数,也即上海地区的总人口在 81—86 万左右。当然,由于华亭县和嘉定县的户口统计不是同一年份的,实际上并

---

① 龚明之:《中吴纪闻》卷五《姑苏百题诗》,《全宋笔记》第三编第七册,第 349 页。

② 殷聘尹纂:《外冈志》卷一《沿革》,《上海乡镇旧志丛书》第 2 册,第 1 页。

不会这样准确，我们的推测只是从大体上说明人口的发展
势头。

四、元初的户口数

元朝华亭县的户口，常被人称为"人民之众""为天下壮
邑"。元朝"混一区夏，四海会同，籍郡县户口，华亭最繁
庶"。[①] 说明从元朝开始，华亭县已是公认的户口数量达到较
为庞大的程度。

明《（正德）松江府志》卷一《沿革》记载："元至元十四年升
华亭府。时以县五万户者为州，华亭户登二十三万，故立为
府。"[②]又据卷六《户口》谈到至元十三年户数为 234 471 户，知
道该书卷一的户数就是至元十三年的。不过卷一一《官署上》
引杨维桢《重建谯楼记》谈到："松江府，古华亭县也。本嘉兴
地，宋属嘉兴，为壮县。入国朝，以五万户之上者为州，华亭户
登十七余万，至元十四年遂升华亭为会府，明年改曰松江
府。"[③]他说至元十四年前的某年，华亭的户口已达到 17 万多。
杨维桢的户口数应该也是有所依据，但与《松江府志》至元十
三年的数字不同，因而我们猜测这个数字应该是至元十三年
以前某年的一个户数。

至元二十五年（1288）成书的《至元嘉禾志》记录了元初
松江府的户口数："总计二十三万四千四百七十户。其中，

---

① 顾清纂：《正德松江府志》卷一一《官署上》引《新廨记》，《上海府县旧
　志丛书·松江府卷》，第 154 页。
② 顾清纂：《正德松江府志》卷一《沿革》，《上海府县旧志丛书·松江府
　卷》，第 15 页。
③ 顾清纂：《正德松江府志》卷一一《官署上》，《上海府县旧志丛书·松
　江府卷》，第 151 页。

儒一百九十二户，僧一千三百七十二户，尼七十户，道一十二户，民二十三万二千八百二十三户。此至元十三年报省民数也。中更兵难，户口减半，今实管仅一十二万余户而已。"①《正德华亭县志》卷四《户口》和《正德松江府志》卷六《户口》也记载了这条，但具体数字略有差别。如总户数为"二十三万四千四百七十一"，"儒户一百九十三"，"道一十二"，总体上不影响我们对户口数的理解。这条松江府的户口数是至元十三年上报的数字，如果按每户 5 人计，松江府约有口数 1 172 350 人。地方上报省的数字，有可能是用了南宋的户口数字，因而数量很多。因为至元十三年元朝攻占了松江府，占领者肯定是拿了南宋的人口数字向上级汇报的。不过由于期间发生了战争，松江府的户口数早就发生了较大的变化，很多人为了躲避战争背井离乡。到编成《至元嘉禾志》时的至元二十五前，松江府只有户口 12 万余户。这个数字到底是哪一年的，书中没有明确说明，但应该是靠近至元二十五年前几年的。

　　《正德华亭县志》又云："至元二十七年，实在户一十六万三千九百三十七，口八十八万八千五十一。"②《正德松江府志》卷六《户口》和《崇祯松江府志》卷二《户口》稍有不同，云为163 936 户。按这个数字，当时每户有口 5.41 人，这个比率应该是比较正常的。与至元二十五年前的那条数字相比，几年后户增加了 4 万，显示出这一段时间由于社会安定，人口在不断增长，而且增长的速度是比较快的。

---

① 徐硕纂：《至元嘉禾志》卷六《户口》，《宋元方志丛刊》，第 4452—4453 页。

② 聂豹纂：《正德华亭县志》卷四《户口》，《上海府县旧志丛书·松江县卷》，第 118 页。《崇祯松江府志》卷二《沿革》（第 67 页）引《农田余话》云"元初户版十七万"，应该也是这个数字。

至元二十九年上海县设立,从松江府两个县各自的户口数,可以看出当时的人口分布情况。张之翰曾说:"上洋襟江带海,生齿十数万,号东南壮县。"①按照这个说法,上海县的户口只有十多万,那么户口的重心应是在华亭县。不过大约在 50 年后,据元至正年间的统计数字,在松江府总户数 177 348 中,华亭县为 97 786 户,占 55%;上海县为 72 520 户,占 45%。② 虽然随着时间的推移这个比例会发生变化,但从两县的户口数量上说,华亭略多而上海略少,这个是可以肯定的。

同一时期,嘉定县的户口数史书也有明确记载。元至元十八年(1281),69 425 户、338 552 口。至元二十七年(1290),98 999 户、373 755 口。③ 元贞二年(1296),嘉定"以户口例升中州"。元贞元年,江浙省奏,以县五万户以上至十万户为中州,④说明嘉定县的户口数在这个标准中。不过两条元代的记载,户与口的比例相差很大,前者每户为 4. 87 人,而后者每户仅为 3. 77 人。出现这种情况的原因是什么,目前很难弄清楚。

至元十四年(1277),崇明州设立。据记载,至元间崇明有

---

① 顾清纂:《正德松江府志》卷一三《学校下》引张之翰《建学记》,《上海府县旧志丛书·松江府卷》,第 201 页。
② 方岳贡纂:《崇祯松江府志》卷二《户口》,《上海府县旧志丛书·松江府卷》,第 73 页。颜洪范纂《万历上海县志》卷四《户口》(第 225 页)中除了提到户数外,另还有一句:"海船舶商、稍水五千六百七十五。"意谓另有船上的船民和商人五千多户没记载在内。
③ 韩浚纂:《万历嘉定县志》卷五《户口》,《上海府县旧志丛书·嘉定县卷》,第 196 页。至元十八年的户口,《嘉靖嘉定县志》卷三《户口》(第 70 页)记载为至元二十八年的材料。
④ 陈渊纂:《练川图记》卷上《建置》,《上海府县旧志丛书·嘉定县卷》,第 13 页。

12 789 户。① 若按每户 5 人计,约有 63 945 口。

由于松江府和嘉定县都有相同年份的户口数,我们对至元二十七年(1290)的户数和口数有了准确的了解。这年合计为 262 935 户,1 261 806 口。假如崇明州的这个至元户数也是作于大致相同的年份,那么上海地区合计有 275 724 户、1 325 751 口。

然而我们回过头来看,南宋末年华亭县已有 234 471 户,按每户 5 口计,达 117 万口;其时嘉定县的户口数史书没有记载,如果我们以嘉定至元十八年的 338 552 口作为接近南宋末年的数字;崇明州还没成立,至元十四年的前一年估计有 1 万户、50 000 口。那么三者相加,南宋末年上海地区的总人口达 156 万多。这个数字是比较惊人的,从中我们可以了解,上海地区人口数越过百万,是在南宋时期(至元十三年之前)。假如南宋末年是这个阶段的人口高峰,那么越过百万是在之前的十年或二三十年的时候。到了元朝初年,户口呈下降趋势,但不久就企稳回升,至我们研究的时间范围内,元朝的户口数还是没有达到南宋末年的数字。尽管如此,还是要明白一个事实,上海地区的人口密度从南宋后期至元初,就已经相当高了。这么庞大的人口数字,造就了古代上海经济和文化的发展。同时也要看到,这么多人口能和谐地生存,一定要有相当强劲的经济实力来支撑,从中亦可以了解当时上海地区的经济发展程度。

元军攻占上海地区,户口下降是难免的。一方面,一些人员在战争中死亡;另一方面,更多的人逃走他乡。不过随着时局的稳定,新政权在全面建立新的行政体制后,户口又重新开

---

① 陈文篡:《正德崇明县志》卷三《户口》,《上海府县旧志丛书·崇明县卷》,第 27 页。

始增加,除了自然增长以外,可能还有一些其他的因素。如一些人来当官后,发现上海地区环境比较适合居住,就不再回老家,定居在这里了。如元代罗璧本是镇江人,至元初授管军总管,"镇上海,因家华亭"。[①] 夏杞宋景定间为华亭典押,元灭宋,他"率众附元,署军中长,因占籍华亭"。[②] 有一些人是迁居到上海的。如陈宏,甫田人,"徙居华亭,因著籍焉",就成了华亭人。[③] 宋末元初,仍有一些人迁到华亭县。周之翰曾大父磻,福王府教授,"宋亡,旅次华亭,因家焉",于是全家都成了华亭人。[④] 虽然至元年间这种增长并不是特别快,但恢复到原来的户口密度是完全有可能的。

五、简短的结论

总结一下上海历史上各个时期的人口数量,我们可以看到,隋朝上海地区只有 2 万人左右,到了唐朝达 94 000 余人,即将靠近 10 万。北宋初年真宗时期,华亭县有 10 500 余口,但嘉定还没成立,没有具体的口数,不过就算昆山东部数乡的口数大约相当于华亭县的一半口数,整个上海地区的口数也不会超过 20 万。宋朝南迁之后,华亭人数激增。在绍熙至嘉定这个时间段中,上海地区的人口约在 50—80 万之间。南宋后期,估计在理宗后期至度宗年间,上海地区的人口越过了百

---

① 聂豹纂:《正德华亭县志》卷一五《人物》,《上海府县旧志丛书·松江县卷》,第 208 页。

② 顾清纂:《正德松江府志》卷三〇《人物五》,《上海府县旧志丛书·松江府卷》,第 455 页。

③ 聂豹纂:《正德华亭县志》卷一五《人物》,《上海府县旧志丛书·松江县卷》,第 213 页。

④ 方岳贡纂:《崇祯松江府志》四二《人物七》,《上海府县旧志丛书·松江府卷》,第 838 页。

万;到南宋末期,更是高达 150—160 多万。元朝经过战争占领上海地区后,户口呈下降趋势,下跌约 40%—50%左右。不过很快企稳回升,到至元二十七年,上海地区的总人口又爬升至 130 万左右。

在封建经济并不十分发达的情况下,人口的绝对数量对经济的发展有决定性作用。户口数量的多少,可以真实地反映古代上海地区经济总量的变化。

(本文原刊于《史林》2017 年第 6 期)

近代以前上海地区的老虎活动

——以方志为中心的考察

很难想象,上海曾经是个老虎出没的地方,上海的百姓经常遭受老虎的侵害。在今天保存下来的上海各县志和乡镇志中,最早记录今上海地区有老虎活动的踪迹是从元代开始。元以前的情况由于资料的缺乏,我们无法了解当时的真实情况,但并不说明上海地区没有老虎的活动。

今天我们对历史时期上海地区老虎的活动情况进行描述,可以更为清晰地认识上海地区开发的历史进程,有助于对历史时期上海自然环境的准确认识。希望通过本文,对上海古代历史的研究有所裨益。不到之处,望方家指正。

一、老虎活动的时间和地域分布

上海出现老虎踪迹的次数很多,这里我们按时间先后将老虎的活动情况作简单叙述。

元末顺帝至元二年(1336)十月,今宝山顾村镇的广福村有两只老虎活动,其中一只被打死,另一只逃走。

明代,上海地区老虎的活动比较频繁。洪武时,老虎出现在松江西部的山区,将"授徒自给"而毫无防备的陶振吃掉。明英宗以后,方志上的记载明显增多。如明英宗正统年间(1436—1449),在今嘉定安亭镇吴塘西岸的树林里,有人捉到一只小老虎。正统二年,宝山吴淞附近有白额虎,伤 65 人。武宗正德四年(1509),"上海有虎食人,北来横泖之上",即来到了今天青浦沈巷镇张家圩村附近。这年,在今金山沿海,不断出现老虎踪影,"海村忽多虎患"。正德十年四月十一日,嘉定娄塘镇北的永寿寺附近有老虎出没。第二天老虎到了合浦门外。正德十一年七月十二日,娄塘镇再次出现了老虎。正德年间附近的外冈镇也有老虎出没,后被人捕到,"其患遂息"。安亭镇也有一"黄质黑章者"在活动,一天后离去。嘉靖初年,一"苍身白额"老虎来到安亭,之后到达娄塘镇,被人杀死。嘉靖三十年(1541),倭寇骚扰时期,有二虎来到金山卫城,伤三人。万历三十五年(1597)七月,金山卫城又有二虎来到,也是伤三人。崇祯四年(1631),嘉定方泰镇和外冈镇附近的树丛中出现一只黑虎,时人合力围捕,竟然没有抓住,几天后老虎在大雾中朝西南方向奔去。同年,上海县的沙冈芦苇丛中发现老虎,"自黄浦入乍浦",从上海县越境进入了松江,可能之后进入了今浙江境内。

　　至清代,上海地区仍有不少老虎活动的记录。如顺治四年(1647),"泖西有虎",老虎活动的地点在今松江和青浦的边界处。十五年十月二十九日,一老虎冲入金山卫西关,在城里转了一圈之后,"咆哮而去,不知所之"。同一天金山卫北的查山发现老虎,疑是从金山卫冲出的老虎来到了查山。顺治十七年九月五日,宝山月浦镇的"八都有虎"。同年九月二十五日,金山卫的查山再次有老虎伤人。康熙四年(1665)秋天,嘉定真如镇发现老虎。康熙二十年(1681)九月,松江县城东郊的华阳桥有老虎活动,而且还咬伤了人,后老虎跑至天马山。康熙二十三年宝山广福出现老虎,伤两人后逃走。乾隆初年,今市区新华路、法华镇路附近的法华镇有一运柴船刚停泊,一只老虎从堆满芦苇的船中逃出来,后不知踪影。乾隆十六年

(1751)秋,外冈镇瞿门泾附近的树木深密处跳出一只老虎,伤人后逃走。乾隆二十六年十月,有一虎从海边来到吴淞江,沿江而西,昼伏夜行,屡次伤人,后来老虎逃到安亭永怀寺被人刺死。

　　我们可通过表格形式,将上述老虎活动的情况及资料出处进行排列:

朝代	时　间	活动地点	数量	资　料　出　处
元	至元二年(1336)	宝山广福	2	《石冈广福合志》卷四《祥异》
明	洪武间	松江西北九峰		《五茸志逸》卷三
	正统二年(1473)	宝山所	1	光绪《宝山县志》卷一四《轶事》
	正统间	嘉定安亭	2	《安亭志》卷二〇《杂识》
	正德四年(1509)	从上海至横泖	1	《泖塔汇志》卷一《泖塔奇异纪》
	正德四年(1509)	金山沿海		《重辑张堰志》卷一一《志祥异》、光绪《金山县志》卷一七《祥异》
	正德十年(1515)	嘉定娄塘	1	《娄塘志》卷八《祥异》
	正德十一年(1516)	嘉定娄塘	1	《娄塘志》卷八《祥异》
	正德间	嘉定外冈	1	《外冈志》卷二《祥异》
	正德间	嘉定安亭	1	《安亭志》卷二〇《杂识》
	嘉靖初	嘉定安亭、娄塘	1	《安亭志》卷二〇《杂识》
	嘉靖三十年(1541)	金山卫城	2	光绪《金山县志》卷一七《祥异》

（续表一）

朝代	时　间	活动地点	数量	资料出处
明	万历三十五年(1597)	金山卫城	2	光绪《金山县志》卷一七《祥异》
	崇祯四年(1631)	嘉定方泰、外冈	1	《方泰志》卷三《杂缀》、《外冈志》卷二《祥异》
	崇祯四年(1631)	上海黄浦江	1	嘉庆《松江府志》卷八〇《祥异》
清	顺治四年(1647)	松江泖西	1	嘉庆《松江府志》卷八〇《祥异》
	顺治十五年(1658)	金山卫	1	嘉庆《松江府志》卷八〇《祥异》、《重辑张堰志》卷一一《志祥异》、光绪《金山县志》卷一七《祥异》、光绪《重修华亭县志》卷三三《杂志》
	顺治十七年(1660)	宝山月浦八都		《月浦志》卷一〇《祥异》
	顺治十七年(1660)	金山卫北查山	1	《重辑张堰志》卷一一《志祥异》
	康熙四年(1665)	真如		《真如里志》卷四《祥异》
	康熙二十年(1681)	松江东及天马山	1	乾隆《娄县志》卷一五《祥异》、《干山志》卷一六《祥异》、光绪《重修华亭县志》卷三三《杂志》
	康熙二十三年(1684)	宝山广福	1	《石冈广福合志》卷四《祥异》、《月浦志》卷一〇《祥异》、《月浦里志》卷一五《祥异》
	乾隆初年	法华镇	1	《法华镇志》卷八《录异》

（续表二）

朝代	时　间	活动地点	数量	资　料　出　处
清	乾隆十六年 （1751）	嘉定外冈	1	《续外冈志》卷四《杂记》
	乾隆二十六年 （1761）	从海边沿吴淞江至嘉定安亭	1	《安亭志》卷二〇《杂识》、《纪王镇志》卷四《志异》

　　据笔者不完全统计,去除相同的内容,今存方志中共有25次老虎在上海活动的记载(其中一次为地方笔记文献),有明确年份的共16年,一年内发生两次虎患的有3年,只有帝王年号但具体年份不清的有6年。这25次老虎活动,元代1次,明代14次,清代10次。元朝次数较少,主要与时间较早,方志记录的疏略有关。其时在今上海地区只有华亭、嘉定、上海、崇明四县,时人还不太重视方志记载。明、清两代记录的虎患数量相差不多,从时间上看,主要是在15、16世纪至17世纪中期。一个值得注意的时间界限是,至清中叶的乾隆二十六年以后,上海地区再也没有老虎活动了。

　　从地理上说,今天上海市的大部分地区当时都有老虎活动的踪影。上海西北部的嘉定和宝山,南部和西南部的金山和松江,是历史上老虎活动最频繁的地区,大部分的老虎活动都是在这些区域内。此外上海县内也有数次老虎活动的记载,但数量不算太多。就今天的行政区划而言,老虎在法华镇和真如镇的活动,已经在今市区范围之内了。其中法华镇是清代上海县西部的重要市镇,民间有"先有法华,后辟上海"的说法,认为法华镇是上海县的第一镇,其镇址大致在今上海徐汇区和长宁区交界处的新华路和法华镇路一带。真如镇原属嘉定,今为上海市区西北的重要城市副中心,是普陀区的核心地区。

　　这些在上海地区的老虎,一般是一只或两只一起活动,符合老虎的生活习性。在全部 25 次老虎活动中,有 3 次无法知道老虎出现的数量,剩下 22 次,两只老虎一起出现的有 4 次,18 次是一只老虎的单独活动。有资料可供统计的所有记载中,在上海活动的大小老虎共 26 只。

对老虎外貌有描写的记录一共有 7 次,从老虎品种上推测,可能基本上是华南虎。正统二年宝山所的老虎据张鉴《杀虎行》是白额虎,①嘉靖年间安亭的老虎是"苍身白额",顺治十七年金山卫查山的也是"白额",乾隆二十六年从海边沿吴淞江一直流窜到安亭的老虎据张承先《刺虎行》是"白额"虎,这 4 次提到的老虎在今天看来可能都是正宗的中国华南虎。正德年间安亭还有一次发现的老虎是"黄质黑章",这是描述老虎的身体,没有描述老虎的头部,估计也是华南虎。② 此外,资料记载顺治十五年金山卫出现的老虎是"白虎",崇祯四年嘉定方泰和外冈间活动的是"黑虎",这两只一白一黑的老虎,猜测可能是老虎的两个稀有品种,与通常看到的白额黄毛黑文的老虎是不一样的。

另外,《五茸志逸》卷一也谈到了明代上海地区的虎迹:"万历丁未九月,海塘有二虎伤三人,逐至浙界而返。嘉靖壬子,有虎浮海伤人。正德己巳,北山有虎恣噬。崇祯壬申夏月,有虎在亭林镇。"与上述方志相比勘,万历三十五年的虎迹前述方志已有记载;嘉靖壬子即嘉靖三十一年,可能就是光绪《金山县志》记载的嘉靖三十年;正德己巳即四年的虎迹,可能与《泖塔汇志》记载的是同一次;崇祯壬申即五年亭林的虎迹,方志没有相同的记载。另外,同书还记载明松江府太守曾命

---

① 朱延射等纂:光绪《宝山县志》卷一四《轶事》引张鉴《杀虎行》,《上海府县旧志丛书·宝山县卷》,第 741 页。
② 陈树德纂:《安亭志》卷二〇《杂识》,《上海乡镇旧志丛书》第 2 册,第 326 页。

人打死过一只老虎,但没有具体的时间。①

又《五茸志逸》卷二云:"钱文通居丧,庐墓有虎异。刘文介赠以诗曰:'满庭芳草半间云,苫块凄清守故坟。残月悲风双泪眼,落花啼鸟几春分。隔林哮虎经时遁,绕树慈乌入夜闻。起复于今荣近侍,愿移仁孝答明君。'"这条资料要弄清具体发生在哪一年有点困难,只能根据钱文通和刘俨的生活时代推测在明代中叶,地点应该在松江地区。老虎的影子,钱文通并没有看到,所以具体是几只老虎是很难断定的。② 由此我们可以推断,实际在上海境内曾经活动的老虎数量可能略多,不只是方志记载的 26 只。

二、老虎的危害与捕猎

进入上海平原地区的老虎,与在山区活动的老虎本质上没有任何区别,老虎的凶残永远是相同的,所以老虎为害的后果十分惨烈。

老虎伤人事件不断发生,较早出现在明代初年。《五茸志逸》卷三记载陶振历仕教职,"洪武初以佃官房谪戍",后"高皇帝嘉之,去戍籍得归,隐九峰之间,授徒自给",没想到"忽一夕为虎所噬,王达善以诗挽之,有'昔为海上钓鳌客,今作山中饲虎人'之句"。《泖塔汇志》卷一《泖塔奇异纪》云正德四年,"上海有虎食人"。正德十年夏四月十一日,老虎至娄塘镇合浦门外,"伤四五人"。③ 嘉靖三十年,有二虎到达金山卫城,"伤三

---

① 吴履震:《五茸志逸》卷一,上海市文物保管委员会编:《上海史料丛编》,1963 年版,第 80、77 页。

② 吴履震:《五茸志逸》卷二,上海市文物保管委员会编:《上海史料丛编》,第 125 页。

③ 陈曦纂:《娄塘志》卷八《祥异》,《上海乡镇旧志丛书》第 1 册,第 69 页。

人"。顺治十五年四月,在一只白虎冲进金山卫城内,"负一妪去",守城的官兵与老虎进行了英勇的格斗,结果被咬死四人,"民俱阖户",老虎竟然大摇大摆地走了。康熙二十年秋九月,一只老虎在松江东郊华阳桥见到早上行走的顾氏子,扑上去就咬,咬伤后迅速逃走,后来"又食九保柴场桥查氏男"。① 康熙二十三年,在今宝山和嘉定交界处的广福镇,老虎"伤一民一僧"。② 再如乾隆十六年秋,外冈瞿门泾有虎突出,伤二人。由于老虎在周围活动,一到晚上人人惊恐,路上"绝少行人",严重影响了人们的日常生产和生活。③ 乾隆三十二年(实为二十六年)十月,"吴淞滩有虎伤人"。④

　　老虎在上海地区伤人最厉害的一次是明正统二年,嘉定宝山所的老虎咬死、咬伤多达 65 人,"缘村绕舍时纵横","有时咆哮啸一声,怒音十里秋风狂",害得"居民号恸死不辜,哭声夜半干穹苍"。⑤ 这是见于记载的单只老虎伤人最多的一次,影响极大。张宏谈到康熙二十三年的虎害,无奈地说:"村民驱逐恨无力,闭门不敢窥腥风。"又说:"有虎有虎嘐之曲,爪铦齿利攫人肉。何事淋漓弃道旁,若为无罪遭杀戮,犹幸只闻

① 黄厚本纂:光绪《金山县志》卷一七《志余·祥异》《上海府县旧志丛书·金山县卷》,第644—646页;孙星衍等纂:嘉庆《松江府志》卷八〇《祥异》,《上海府县旧志丛书·松江府志》,第1871—1873页;谢庭薰纂:乾隆《娄县志》卷一五《祥异》,《上海府县旧志丛书·松江县卷》,第401页。
② 张人镜纂:《月浦志》卷一〇《祥异》,《上海乡镇旧志丛书》第10册,第216页。
③ 钱肇然纂:《续外冈志》卷四《杂记》,《上海乡镇旧志丛书》第2册,第64页。
④ 章树福纂:《黄渡镇志》卷一〇《祥异》,《上海乡镇旧志丛书》第3册,第179页。
⑤ 朱延射等纂:光绪《宝山县志》卷一四《轶事》引张鉴《杀虎行》,《上海府县旧志丛书·宝山县卷》,第741页。

一家哭。"①凶残的老虎伤人，使人们受到的伤害惨不忍睹。

老虎是食肉动物，所以除了向人进攻外，还常常撕咬动物。如在宝山所严重伤人的这只老虎，不但"啖人计已六十五"，而且还伤害"牛羊犬豕难计量"。人们只能保自己的命了，家畜根本没办法保护。《石冈广福合志》卷四《祥异》记载至元二年广福的两只老虎"食人豚犬，数为民害"。毕竟人的伤亡是比较重要的，所以方志上会有详细记载，至于吃掉咬死多少家畜，只能一笔带过了。

老虎为害如此之大，所以古代的上海人民就想尽一切办法捕捉杀死老虎。老虎是十分凶残的动物，力气较大，但在老虎面前，古代的上海人并没有退缩，大致来看，当时捕捉老虎的主要有民间自发和政府组织的两种形式。

民间围捕老虎有不少是老百姓自己的行动。《外冈志》卷二《祥异》记载崇祯四年的冬天，有黑虎躲在金氏宅后竹园中，"乡一民挺利刃刺之"，但一刀大概没刺死老虎，结果一起捕虎的被伤到三四人。《安亭志》记载正德时安亭发现老虎后，"岑从父领人逐之不得，一夕而去"。这位岑从父当是乡间勇士，才能率人追赶老虎。② 嘉靖初，一只老虎逃到嘉定娄塘镇，"土人射杀之"，应是当地人所为。乾隆二十六年，在吴淞滩伤人的老虎被众人追逐，一直逃到安亭永怀寺后，"村人胡姓刺而毙之"。这位胡姓百姓特别勇敢，置生死于度外。张承先《刺虎行》记录了这件事，说："胡郎气愤不顾躯，手握丈八瞋目呼。飞枪直刺贯项领，榛芜一片血模糊。垂毙咆哮三跳舞，奋

① 萧鱼会纂：《石冈广福合志》卷四《祥异》引《国朝练音初集》，《上海乡镇旧志丛书》第 1 册，第 114 页。
② 陈树德纂：《安亭志》卷二〇《杂识》，《上海乡镇旧志丛书》第 2 册，第 324 页。

怒扑人须倒竖。斯人力竟命如丝，腕断腰伤痛缠腑。"①姓胡的英雄看来当时受了重伤。而《纪王镇志》卷四《志异》说"人虎并死"，应该是胡姓英雄伤重过世了。顺治十五年，金山卫查山僧人和道人携锄追踪老虎，"虎跃出，咬碎锄柄，道人略被伤"。② 乾隆初法华镇突然发现一只老虎，有位叫汤乙的人十分勇敢，"遽前喝之"，而老虎才不理会他，"虎爪伤其手"。旁边有人急中生智，"以鸟铳击走之"。③ 铳射击的声音极响，估计老虎受到惊吓就逃跑了。

毕竟上海地区的百姓以农商为主，并不擅长打猎捕捉老虎。正德间，嘉定安亭发现老虎后，"购猎者捕之，其患遂息"。用今天的话说是出钱雇猎人围捕老虎，结果十分有效。

有多次是当地驻军见到老虎后临时性地开展积极的围捕。顺治四年，"泖西有虎"，守兵迎其首射之，"中目而殪"。守军看到老虎就射箭，老虎中箭身亡。顺治十五年，金山卫西关外，有虎追逐百姓，人们狂奔入城，驻军"参戎命兵卒围之"，结果老虎没捉到，却"弊四卒"。康熙二十年，有一虎逃至天马山，"遣兵士四出搜捕，不获"。④

也有围捕老虎的行动是各级政府或军队接到上级指示后有组织地捕捉。如至元二年老虎为害后，"有司移文万户府集

---

① 章树福纂：《黄渡镇志》卷一○《祥异》，《上海乡镇旧志丛书》第3册，第179页；陈树德纂：《安亭志》卷二○《杂识》，《上海乡镇旧志丛书》第2册，第326页。
② 姚裕廉等纂：《重辑张堰志》卷一一《志祥异》，《上海乡镇旧志丛书》第5册，第242—243页。
③ 王鐘纂：《法华镇志》卷八《录异》，《上海乡镇旧志丛书》第12册，第113页。
④ 孙星衍等纂：嘉庆《松江府志》卷八○《祥异》，《上海府县旧志丛刊·松江府卷》；黄厚本纂：光绪《金山县志》卷一七《志余·祥异》，《上海府县旧志丛刊·金山县卷》；谢庭薰纂：乾隆《娄县志》卷一五《祥异》，《上海府县旧志丛刊·松江县卷》。

众捕之，一为流矢中目死，其一咆哮夜号，若寻偶者，至黎明不复见"。① 有关部门专门发文让万户府集中众人捕捉老虎，从其中一只中流矢来看，应该是有部队参加剿捕的。《安亭志》卷二〇《杂识》提到乾隆二十六年虎害时，胡姓英雄奋力杀虎受了重伤后，接到命令的当地军队也前来捕虎。张承先《刺虎行》说："逾时虎死深林中，武弁走马声冲冲。目视死虎犹战慄，自翊除害吾之功。缚献上官受上赏，有及提枪折臂公。"等到军队来时，老虎已死在树林中，最后立功受赏的是这些"走马声冲冲"的士兵。《纪王镇志》卷四《志异》也提到这件事，说："泗江弁缚献上台，赏锦袍。"

光绪《宝山县志》卷一四《轶事》提到宝山所的老虎伤害了数十人，于是各级政府纷纷上报，事情一直奏报到皇帝的手上，遂"诏下襄城伯李隆遣吴淞所千户王庆、县丞张鉴捕之"。事后，县丞张鉴的《杀虎行》详细记录了政府组织的捕虎行动："耆民白县县达郡，郡达行台侍御郎。恺悌君子民父母，远迩闻者皆悲伤。维时冬官亚卿相，敕书委任绥南方。"这道命令一直下到"襄城武臣国柱石，拜领上命心彷徨"，遂组织了一支灭虎队伍："爰遣壮士十余人，赳赳勇力谁敢当。雕弓引发白羽箭，铁骑森列罗刀枪。郡侯重民委莲幕，幕召切切食不遑。"这支十余人的队伍最后"寻踪觅迹走林麓，驱逐攫杀如屠羊。吁呼号令殄民患，食其肉兮剖厥肠。行人聚观集如市，歌者快者声琅琅"。任务完成，百姓叫好，张鉴写诗时感觉十分得意，认为为宝山人民做了一件大好事。

历史时期，上海地区的人们对老虎的认识，主要是看到了他们吃人吃牲畜的一面，认为老虎是祸患，应该想尽一切办法捕杀。

---

① 萧鱼会纂：《石冈广福合志》卷四《祥异》引《国朝练音初集》，《上海乡镇旧志丛书》第 1 册，第 114 页。

《五茸志逸》卷一记载,明顾东江"尝晨寝梦虎入门,既醒方语家人。是日忽有虎趋府,太守喻子乾使卒毙之,取其肉以馈,作《除暴行》"。因此,人们的杀虎行动都是在这种思想指导下进行的。

三、老虎活动的自然环境

不断有老虎在上海地区活动,甚至明英宗正统年间在嘉定安亭还抓到了一只小老虎,当地人"误以为獾,毙而食之,是夜即闻有虎然,数夕乃已",[1]显然是一只母老虎刚生产不久,说明古代的上海地区有老虎活动的纵深空间和赖以生存的森林草地等自然植被环境。

元、明及清初,上海的自然环境与清代中期以后有很大不同。比如沿海,有大量的滩涂,"咸潮一入,则膏腴尽为斥卤耳,海滋芦苇沮洳,远者距塘数十里,近者数里或二三里"。[2]海塘之外有滩涂数十里,芦苇摇曳,茫茫一片,自然环境应当说是相当原始的,十分有利于老虎活动,有利于老虎行动的隐秘。

上海境内河道密布,地卑下湿,有很多没法耕种的土地,呈自然抛荒状态。上海境内中有黄浦江、吴淞江,北有刘家河。吴淞江"自东及西横亘七八十里,江口一淤,则苏州之下流与松江之上流俱不能泄,而苏、松之低乡交困矣"。也就是说,如果江口不顺畅,上游大片土地被水淹没,形同湿地,必然是杂草疯长。北部的刘家河,清代初年还是"通潮汐而海艘之扬帆出入也",[3]河道宽广,两岸常会被海水淹没。

---

① 陈树德纂:《安亭志》卷二〇《杂识》,《上海乡镇旧志丛书》第 2 册,第 324 页。

② 叶梦珠:《阅世编》卷一《水利》,《上海史文献资料丛刊》,上海交通大学出版社 2018 年版,第 102 页。

③ 同上。

嘉定县是上海较早设立的一个县,不过明代有很多地方"俱系极下低乡,河道久淤。遇旱则无水(下阙)熟不同,地形极低,不堪耕种,故尔废弃抛荒","荒田数多"。① 万历后期,嘉定的一些地方"十室九空,竟成蒿莱满目",沿海有"新涨海沙芦滩千亩"。② 吴淞江口"由嘉定入于海,江口淤塞百年,民受其害"。③ 多次出现老虎活动踪迹的嘉定西北的娄塘,"地带海滨,每日潮汐两至,泥沙易淤"。娄塘北境的刘家河明嘉靖时"潮势汹涌,冲决尤甚"。④ 嘉定西部与昆山接壤处的安亭,"自吴淞、娄江湮塞不通,而诸小港亦塞,田卒荒芜"。⑤ 万历五年,巡江御史林应训《议处荒田疏》说:"本区安亭地方与嘉定县连界,地土沙瘠,花稻薄收,迩来钱粮无措,男妇流移,举该区万余亩之地,俱成荒芜。……乃见村居寥落,四望蒿莱,仅有一二遗民。"他又说:"若臣所言,各区地方,烟消物尽,鸡犬不闻,地废人亡,钱粮何出?"⑥也就是说,明末的安亭附近,仍是比较荒凉的,人口不多,很多土地没有很好地耕种。

上海地区的西部,在清中期以前水面广阔,湖港纵横。今青浦西南的练塘地区,是黄浦江的上游,"虽不滨江湖,而四面皆水。薛淀、莲湖诸荡绕其北,三泖环其东,大蒸塘注其南,西

---

① 上海博物馆图书资料室编:《上海碑刻资料选辑》六三《嘉定县为院道详允告垦下区田永额斗则告示碑》,上海人民出版社1980年版,第136页。

② 上海博物馆图书资料室编:《上海碑刻资料选辑》六四《嘉定粮里为漕粮永折呈请立石碑》,第137、138页。

③ 吴履震纂:《五茸志逸》卷二,第72页。

④ 陈曦纂:《娄塘志》卷三《水利志》,《上海乡镇旧志丛书》第1册,第17、21页。

⑤ 陈树德纂:《安亭志》卷二《水道》,《上海乡镇旧志丛书》第2册,第16页。

⑥ 陈树德纂:《安亭志》卷三《田赋》,《上海乡镇旧志丛书》第2册,第37—40页。

亦汉港纷歧,淼然水乡,四通八达"。这里"隔越湖荡甚多","水势迁流靡定","四望湖荡,源流活泼",①自然环境未受人类太大的改变。当时以"近山泾溆益圆,曰圆溆。近溆桥益阔,曰大溆。自溆而上,萦绕百余里,曰长溆"。②邹铨《上苏省地方自治筹备处条陈》中到练塘"大湖中阻,水陆不利","地处元、江,东南相距几及百里外,离治既远,控制维艰,巨浸汪洋,轮电隔绝",而"薛淀、澄湖、元鹤等荡,水天一色"。③沈恺说:"尝泛溆而西出八九里外,遥望烟树模糊,水光梵宇相掩映。"何良俊说:"登溆上浮图,见九峰环列,带以长林,与波光相映发。帆樯凌乱,交横空碧中。隔岸蒲苇,点缀如染。回塘曲浦以百数。澄净如练,明灭树杪。"④大面积的水面澄净如练,芦苇丛生,水天一色,简直就是野生动物的乐园。

　　老虎活动的纵深空间与上海地区这种密布的河道、宽阔的水面有关,因为河道两旁居民较少,沿河一般灌木丛生,野草茂盛,便于老虎掩身。正德四年的老虎,从上海县一路到达今青浦地区,"北来横溆之上,水至而去"。⑤崇祯四年的老虎,本来在"上海沙冈"芦苇中活动,后沿着黄浦江走,结果被人抓获。⑥

---

① 高如圭纂:《章练小志》卷一《水道》,《上海乡镇旧志丛书》第 8 册,第 14 页。

② 张叔通等纂:《佘山小志·三溆》,《上海乡镇旧志丛书》第 9 册,第 64 页。

③ 高如圭纂:《章练小志》卷一《区域沿革》,《上海乡镇旧志丛书》第 8 册,第 5—6 页。

④ 张叔通等纂:《佘山小志·三溆》,《上海乡镇旧志丛书》第 9 册,第 65 页。

⑤ 曹修伦纂:《溆塔汇志》卷一《溆塔奇异纪》,《上海乡镇旧志丛书》第 8 册,第 15 页。

⑥ 孙星衍等纂:嘉庆《松江府志》卷八〇《祥异》,《上海府县旧志丛书·松江府卷》,第 1871 页。

　　古代的上海,有着老虎赖以生存的森林、草地等自然植被环境。在我们看到的相关记载中,老虎往往出没在灌木树丛、竹林以及河流旁的芦苇中。比如正统二年宝山出现的老虎,之所以能伤 65 人,与老虎的神出鬼没有关系。张鉴说当时的宝山所周围,"嘉定邑东沧海旁,海波万顷吞微茫。瀛洲弱水远相接,金鸡夜夜啼扶桑"。老虎一旦出现,"有时跳跃周巍阜,轻健夔铄如逾塘",自然环境十分有利于老虎的生活。所以后来政府组织队伍捕虎,只能"寻踪觅迹走林麓"。① 没有树林,老虎白天根本不能出来活动。嘉定安亭邱岑宅前后共三次出现老虎,被当地人称为"虎墩",原因是什么呢? 原来他的房子"前真陈泾尾,后临徐巷泾,旧为杨氏宅,室庐竹木最盛","宅三面皆深篁丛箐,而四野甚旷,故虎潜其间"。三面都是竹林和灌木,一面是河流,也难怪老虎特别喜欢。

　　正德间嘉定外冈的老虎,"藏沙冈丘氏宅后林中"。崇祯四年嘉定方泰、外冈间的黑虎是躲在"中邱墓林木中",一说是躲在竹园里,乘了大雾偷偷地跳出来为害。② 乾隆二十六年出现的老虎,"或云鲨鱼所化,或云乡民自崇明载芦柴至,虎匿其中,遂登岸。宵出昼伏,镇中惊惶"。③ 这只老虎是怎么来的,谁也说不清,但活动在海边的芦苇中是可以肯定的。法华镇虽说是一个大镇,市面十分热闹,一旦出现老虎,往镇外一逃,就不知所踪了。人们"旋搜林莽,无迹",也就是说连这样热闹的商贸市镇边上都有大片树林存在。

---

① 陈树德纂:《安亭志》卷二〇《杂识》,《上海乡镇旧志丛书》第 2 册,第 326 页。

② 王初桐纂:《方泰志》卷三《杂缀》,《上海乡镇旧志丛书》第 1 册,第 80 页;殷聘尹纂:《外冈志》卷二《祥异》,《上海乡镇旧志丛书》第 2 册,第 34—35 页。

③ 曹蒙纂:《纪王镇志》卷四《志异》,《上海乡镇旧志丛书》第 13 册,第 36 页。

　　上海境内的山丘虽然低矮,但如松江九峰龙脉"婉延起伏,由西南而趋东北,相隔总不出二三里",山上"荻花夹岸,枫叶满山,更饶清趣",如横云山"青壁峭立,藤萝翳荫,幽胜殆绝","松篁掩映",①是老虎赖以躲藏的地方。在松江活动的老虎,就是因为有了山丘可以依恃,常常进退自如。如康熙二十年出现的老虎,先是"伏东关外华阳桥灌莽中",咬伤了一人,之后"潜迹天马山",又咬了一人,结果围捕了多时,也不见踪影。② 在金山活动的老虎,常以查山为老窝。如顺治十五年,"查山麓群鸦乱噪",有虎跃出。老虎本来想在查山安营扎寨的,但乌鸦吓得乱叫,结果泄露了老虎的行踪。顺治十七年的老虎,也是"踞查山伤人。时运盐河西有李姓者,为虎所伤,人号李为'老虎残'"。③

　　张琳《说虎诗》强调了上海地区有着老虎赖以生存的环境,他说:"越中多巉岩,实乃虎之穴。日晚阴风生,此物频出没。长啸划林峦,顽皮耐兵铁。瞠光发深夜,睒睒挂双月。伥鬼相因依,人畜恣饕餮。"不过他认为有河流的阻隔,老虎一般是不太会出现的,他说:"茸城烟水乡,浩浩围大泽。其间惟蛟宫,节制在河伯。海山隔已远,安得此虫迹。"④其实恰好相反,河道密布的地方,人烟稀少,小动物众多,野草密布,也是老虎的安生之地。

　　不过,在探讨了古代上海有着老虎活动的纵深广阔的空间和赖以生存的自然环境后,我们也可以思考一个问题,为什

① 张叔通等纂:《佘山小志·九峰》,《上海乡镇旧志丛书》第 9 册,第 58—59 页。

② 周厚地纂:《干山志》卷一六《祥异》,《上海乡镇旧志丛书》第 9 册,第 179 页。

③ 姚裕廉等纂:《重辑张堰志》卷一一《志祥异》,《上海乡镇旧志丛书》第 5 册,第 242—243 页。

④ 同上书,第 243 页。

么上海地区的老虎往往是从树丛河边跃出来咬人,而且常常是被人追逐着无奈地到处流窜?

《续外冈志》卷四《杂记》记乾隆十六年秋,"镇中汛兵同乡人金姓,捕鸟至瞿门泾树木深密处,有虎突出,伤二人"。老虎本来躲在树木深处,是人闯了进去,老虎才发怒冲出来咬人的。再如《法华镇志》卷八《录异》谈到乾隆初,有"柴船泊西镇,有虎自丛苇中出,居人惊避"。老虎原是躲在芦苇荡中,误上了装芦苇的船只,才到了法华镇,被人追赶,几乎掉了性命。上述现象说明,上海地区的老虎大多是人类侵入它的栖息地后才发生咬人伤人事件的,说到底,老虎是人地矛盾加剧后的牺牲品。因为从总体上说,老虎的栖息地在缩小,丛林草地的面积在减少,老虎失去了大片不为人类干扰而可以用小动物填饱自己肚子的森林和草场,失去了可以掩藏自己行踪的滩涂和芦苇。

一个地区,如果老虎能自由自在地生存,就意味当地生存着数量众多的野生动物,并存在着老虎赖以生活的森林、草地等自然植被,有着众多的原始山地、河流和草原。而明清时代的上海地区,老虎的生存空间在不断被压缩,人口数量在不断增加,大量的农田在开垦,丛林在一点点地减少,老虎的生活被人们不断地打扰,于是老虎咬人事件不断,老虎被人们追逐也就成了必然。

就今天的上海行政区划范围而言,元代的上海只有华亭、上海、嘉定、崇明四县。至明代嘉靖年间,增设了青浦县。随着经济的发展,华亭县南部的数乡析置后成立了娄县。清雍正二年(1724),析嘉定东部四乡设立了宝山县,析华亭县东部的二乡半设立了奉贤县,娄县南境为金山,上海县南部的长人乡置南汇县,青浦北部二乡设福泉县。至此,上海县级政区格局的设立大体完成。此后至嘉庆十年(1805),设立了川沙抚民厅。至此，上海一厅七县的格局已经形成。县级行政区划的设置，一般是与经济发展、人口增加、社会发展有关，县级区划变化的过程，实际上是上海地区经济集约化的过程不断加速，是一个农业精细耕作不断发展的过程。在这种情况之下，大量荒地被开垦，大量树木被砍伐，大量湿地、河流被填埋。嘉庆《松江府志》卷二《疆域志》谈到上海地区各县时说到，青清县"四高中低，农田之利错杂上中"，华亭县、娄县"地尽膏腴，环洳而耕者交称乐利"，金山县"其谷宜稻，布米鱼盐，擅陆海之利"，南汇县"其民善治木棉菽豆，新涨海滩三十余里，垦艺菜菔之属，亦足以赡民生而资衣食"，奉贤县"经流续流疏凿井井，故米谷所入足以自给"，等等。可以说，到清代中叶乾隆年间，今上海地区人口的增加，农业的发展，水稻和棉花的种植，已经没有老虎肆意游玩、生存的空间了。

　　比如沿海地区，明代有大量的滩涂，芦苇丛生，"濒海斥卤之地，沮洳芦苇之场，总名曰荡，不在三壤之列"，但"其后沙滩渐长，内地渐垦，于是同一荡也，有西熟、有稍熟、有长荡、有沙头之异。西熟、稍熟，可植五谷，几与下田等。既而长荡亦半堪树艺，惟沙头为芦苇之所，长出海滨，殆不可计。萑苇之外可以渔，长荡之间可以盐，……沮洳斥卤，遂为美业，富家大户，反起而佃之，名虽称佃，实同口分"。① 沿海的滩涂一步步被开垦，芦苇荡渐渐变成良田。清代陈其元谈到了南汇、青浦大量荒地滩涂被开发的过程："南汇海滨广斥，乡民围圩作田，收获颇丰。以近海故，螃蜞极多，时出啮稼。……其居民每畜鸭以食螃蜞，鸭既肥而稻不害，诚两得其术也。……比宰青浦，则去海较远，湖中虽有螃蜞，渔人捕以入市，恒虑其少。而鸭畜于湖，千百成群，阑入稻田，往往肆食一空。于是各乡农

_____

① 叶梦珠：《阅世编》卷二《田产二》，《上海史文献资料丛刊》，第109页。

民来县具呈,请禁畜鸭。"①陈其元曾任两县的县令,了解两县农业生产的实际面貌。从东南的海边,至西北的淀山湖旁,实际上当时整个上海都是这种农业和家禽养殖业大发展的情景。而且农业和家禽养殖业为了争利,还出现了矛盾。这些告诉了我们,清代上海地区农村的荒地越来越少,人地矛盾日益尖锐。

原来呈自然发展的河道,到了清代,渐渐被围垦,河道越来越狭。如吴淞江,原来江口不畅,苏州和松江沿岸大量地方被水淹没,清初"召佃起科,已成沃壤,故迹不可问矣"。娄江本来河道开阔,海船可以扬帆出入,但"三十年来,娄江亦成平陆"。就连三泖地区,也发生了较大的变化:"长泖在今金山、平湖之间,虽已淤涨成田,阔如支渠,而其名尚存。大泖在今华亭、金山之间,已为田为荡,绝无形迹。圆泖在今娄、青浦之间,周不过二十里,即旧志所谓'近山泾之泖'也。……若遇潦岁,区区一夜,尚虑莫能容蓄。……为荡累累,势不至尽成平陆不止,是在良有司思患豫防耳。"②原来水天一色的河面,到了清代后期,在"旁泖农众"们"植蒲沾利"的努力下,都变成了肥沃的农田。

在这种情况下,老虎哪里还有立足之地。这也可以解释为什么乾隆二十六年后,上海地区再也没有老虎踪迹了。

从老虎活动的频繁到最后的消失,上海地区的经济在一步一步地向前发展着。

（原文刊于《史林》2011 年第 6 期）

---

① 陈其元:《庸闲斋笔记》卷二,《笔记小说大观》第 21 册,江苏广陵古籍刻印社 1984 年版。
② 张叔通等纂:《佘山小志·三泖》,《上海乡镇旧志丛书》第 9 册,第 65—66 页。

现存《真如志》相互关系考

——以人物部分为核心的探讨

今上海普陀区的真如原属嘉定,历史上有镇志多种。据陈金林、徐恭时先生的考证,清至民国间真如镇志有这样几种:陆立《真如里志》四卷,张为金《真如征》二十四卷,王家芝修、侯锡恩纂《真如续志稿》,洪复章《真如里志》八卷,王德乾《真如志》八卷及所附首、末各一卷。① 五种志书中,目前能见到的是陆志、洪志和王德乾志三种。一镇有三志,三者之间的关系如何? 后面的镇志对前面镇志已有的内容是怎样编纂的? 后面的镇志对前面镇志之后的史事是怎样编纂的? 厘清这些问题,或许可以看出民国学者编纂方志的一些具体态度和手法。

一、三本《真如志》的作者

第一部《真如里志》(一题《桃溪志》)的作者是清代的陆立。陆立,字价人,清乾隆年间入太仓州学为庠生。多次试举人失败,开始潜心写作,主要著作有《世泽汇编》等。其时友人张承先在编《南翔镇志》,陆立和他接触的过程中认识到自己也应该编一部真如志。他说:"吾里去邑治四十二里,以真如寺得名也。

---

① 陈金林、徐恭时:《上海方志通考》,上海辞书出版社 2007 年版,第357—361 页。据上图稿本,洪复章《真如志》不分卷。

其间人民辐辏,廛舍绵延,自胜国迄今,以勋业文章著见者凡几辈。异无有人焉将俗尚之变、物土之宜,与夫人文之崛起、事类之错出者,综核参考,汇萃成帙,以备郡邑志之采择也。立窃不自揣,网罗摭拾,撰志二十七篇。"① 也就是说,陆立之前真如是没有方志的,陆立是第一个为真如编志。他"收辑六年,七易稿而成四卷。后青浦王侍郎昶主修《太仓州志》,采及邑镇,立志独收入焉"。② 自乾隆三十年(1765)开始,陆立用六年时间七易其稿,编成今天我们见到的第一本《真如里志》。

　　现存第二本《真如里志》是清末民国初年洪复章编纂的。洪复章,字偶樵。其父为乡绅洪兆甲,有《蒙青集》《桂林居稿》等著作。洪复章在家乡主要从事教育事业。清光绪末年,曾被推为真如乡立第一小学校校长。民国三年(1914)三月,创办了洪氏国民学校。宣统二年(1910)十月,他被选任乡自治公所议事会副议事长。除《真如里志》外,传世著作还有《守梅山房诗文稿》八卷。《真如里志》的完稿时间,因书中取材最晚的是民国七年(1918),应断定为是在这年之后。是年,宝山县成立修志局,"县委洪偶樵、钱拜言两先生为编纂",以王守余为名誉采访,不过后来"局务中辍,以故稿虽集,未获送局梓行"。③ 因此,洪复章的《真如里志》有可能依据民国七年以后这次修志局编纂的"故稿"编成的。笔者曾在上海图书馆查看了此书的稿本,认为此书"似是一本没有完全形成的稿子。部分志前有目录,但有的志却没有目录,甚至连志名和目名亦没有标出来。材料的安排上,亦有一些问题"。④ 此书的天头地

① 陆立:《真如里志》序,《上海乡镇旧志丛书》第 4 册,第 4 页。
② 洪复章纂:《真如里志·人物志》,《上海乡镇旧志丛书》第 4 册,第 84 页。
③ 王德乾:《真如里志》自序,《上海乡镇旧志丛书》第 4 册,第 5 页。
④ 张剑光:《真如里志》之"整理说明",《上海乡镇旧志丛书》第 4 册,第 2 页。

脚处有很多洪复章后来增加进去的内容，书写时没有正文工整，用墨与正文不一样，个别地方还夹有便签。因此今日所见洪复章的《真如里志》其实并不是定稿本，可能是一个初稿本。

王德乾《真如志》，一题《桃溪志》，共八卷，卷首、卷末又各一卷。王德乾(1908—1990)，字惕时，真如镇人。清末乡绅王家芝孙，王守馀子。据该书卷四《选举志·武秩》，王德乾早年曾任国民革命军北伐战时宣传队上尉，嗜文史，对真如地方文献收集、研究颇具功力。1949 年，进入上海市延安中学任教。编有《真如乡修志文件五种》等书，现藏上海博物馆。

《真如志》的编撰，缘起于王德乾祖父王家芝。王家芝为《真如里志》作者陆立的曾孙婿，专注于真如地方文献掌故的搜集。他曾修真如志，聘洪兆甲、侯锡恩共同编撰，书最后没有刊印，"而原稿具在"。王德乾《真如志》前有张嘉璈序，谈到王德乾编纂《真如志》时参考了王家芝的《真如里志》。严昌埆序谈到王德乾自己的话："此先大父秀甫公遗稿，德乾为加考核，补阙漏，复增辑近数十年来一切因革废兴，务翔实。"①也就是说，王家芝是有遗稿的，王德乾的《真如志》是在其基础上作了补充。王德乾自序中引其父王守馀的话说："此汝祖采访《真如里志》遗稿，欲修而未竟者。"王守馀跋中说："《真如里志》，创始于乾隆间陆价人先生，继之者则为张为金先生之《真如征》，均因年代已远，存本散佚殆尽。先君子秀甫先生，恐纪载失传而文献无征也，与同里陆毓岐前辈搜采遗闻，征诸事实，聘邑明经侯春覃太夫子辑《真如续志》，藏稿未刊，而先君子遽捐馆舍，事遂中辍。"王德乾《真如志》卷七《艺文志》有"《真如志》，侯锡恩著"。因此王家芝和侯锡恩等编成的《真如续志》，可能主要是为了补充陆立《真如志》，书没有流传开来，但被王德乾《真如志》大量采用。

---

① 王德乾：《真如志》严序，《上海乡镇旧志丛书》第 4 册，第 3 页。

王德乾父亲王守馀民国七年（1918）任新成立的宝山县修志局名誉采访，与洪复章等"续修邑乘，并拟修市乡志"，不过后来修志局工作停止，所编书稿没有最后完成，也没有"送局梓行"。张嘉璈序说王德乾以"其亲王甫瓶如先生所采之《邑乘访稿》为之补"，就是说他的《真如志》中使用了大量王守馀的原始采访资料。王守馀跋中也说："迨民国八年，邑中议重修市乡志，守馀谬膺采访，又得稿如干。其后志局停办，乡志遂未告成。今小儿德乾以是二稿合之前志，并摭拾各家纪述足资考证者，汇辑成书，名曰《真如志》。"很明显，王德乾的书中使用了大量的其父等人的采访稿。

民国十七年，真如改隶上海特别市，王德乾感到行政区划变化之后，如果不加紧搜辑资料，"恐历时愈远，采访愈难"，所以马上订纲厘目，以其祖王家芝的采访资料及其父王守馀《邑乘访稿》为基础，融合陆立《真如志》、钱以陶《厂头镇志》等志，体例参照钱淦《宝山县续志》篇目，补采核查编成《真如志》。据书前王德乾自序，该书纂修完成于民国二十二年（1933）。又，书前有王钟琦民国二十四年六月序，谈到该年四月王德乾将《真如志》见示。

据此，三种《真如志》的关系就比较明确了。真如有志始于陆立《真如志》。洪复章因为参加了民国七年宝山县的修志局工作，后来根据其中的原稿整理成《真如里志》，对陆立的志书肯定有所参考。王德乾因为与陆立有血缘关系，同时吸收了王家芝的《真如里志》和王守馀等修志局编的《邑乘访稿》，编成目前在世的第三种《真如志》。可以肯定，洪志和王志都吸收了陆志，但王志是否参考了洪志，虽未见明确记载，但一般认为是有可能的。尽管因为王德乾《真如志》卷七《艺文志》中没有记载他的《真如志》，但卷五《文学》中谈到洪复章"七年分纂邑志，成后，总纂里志。审例选材，繁简得当"，应该是对洪志有仔细阅读的。而且，由于洪复章的志是在利用修志局

"故稿"的基础上编成的,而修志局据当年的采访原始材料编成《邑乘访稿》,是王德乾志中所吸收的,所以洪志与王志的基本材料实出一源。据此,三本《真如志》编纂的时间有先有后,但相互之间的关系还是比较密切的。

二、三本《真如志》人物部分的结构

要了解三本《真如志》的编纂手法,对材料的取舍和运用,以及三书之间的相互关系,我们选择其中的人物部分进行具体分析,希望通过对人物部分的剖析,来分析三位史学家编《真如志》时的学术创作原则。

陆立《真如里志》的人物部分在第二、三、四卷中,具体分为宦达、忠节、孝义、隐逸、文学、艺术、列女、流寓、方外等9个部分。第二卷中还有科贡、封赠两个部分,因洪志和王志将其列于《选举志》中,所以这两个部分我们不作讨论。

洪复章《真如里志》的人物部分,具体分为贤良(殉难绅士耆民附)、义勇殉难、孝友、德义、文学、武功、艺术、流寓、列女等9个部分。其中列女部分又具体分为已旌节妇、已旌贞女、已旌烈妇、已旌烈女、已旌贞孝女、未旌节妇、殉难妇女、未旌烈妇、未旌贞女、贤媛才女、现存节妇、现存贞女、现存列女、现存贞孝女等14个标目。

王德乾《真如志》的《人物志》部分,具体分为贤达、孝友、德义、文学、武功、忠节、艺术、流寓、方外、耆老、寿妇、列女等12个部分。其中列女部分又具体分为节、烈、贞、贞孝、孝、淑、才等7个部分。

三书的结构和所载人物的数量,我们可通过列表的方式来观察其中的不同。

陆立志		洪复章志		王德乾志	
结构	人物	结构	人物	结构	人物
官达	陈述、李良、甘元隽、李重、吴某、倪士钤、丁毓秀、侯传山	贤达（附殉难绅士耆民）	陈述、张涵、李良、甘元隽、李重、吴某、倪士钤、丁毓秀、侯云章、董宏、李飞龙、侯芳表、张鼎生、孙宝森、张标、李茂春、陆其昌。另附殉难绅士、耆民61人	贤达	陈述、李良、甘元隽、李重、侯震旸、张桓、吴某、倪士钤、丁毓秀、侯传山、董宏、张云章、张揆芳、张鼎生、符庆增、张承荣、钱诠
忠节	张涵			忠节（附殉难民、义勇殉难）	张涵、侯峒曾、李飞龙、李茂春、张标、张钟、侯芳表、孙宝森、陆泰森。死义之士8人。殉难绅民65人
孝义	甘雷、张桐、李正义、张履素、侯廷祥、李时珍、王树声、陆允立、侯模、侯恒、陆际、李肇振、张维桢	孝友	侯士方、侯万钟、张履素、张相、王树声、张维正、蔡英、张钟、张宏源、侯模、秦源桂、万锡茂、李昌祉、陈颂德、侯黄、姚德修、符元吉、管老虎、严德令、陆令望、姚维彤、李士修、秦本桢、黄允升	孝友	侯黄、侯孔诏、侯士方、张相、张履素、侯宏源、王树声、严允中、张维桢、陆令望、蔡英、李昌祉、陈颂德、姚德修、姚维彤、符元吉、管老虎、严德华、李士修、秦本桢、黄允升

(续表一)

陆立志		洪复章志		王德乾志	
结构	人物	结构	人物	结构	人物
孝义	甘雷、张炯、李正义、张履素、侯廷祥、李时珍、王树声、陆允立、侯焕、陆际恒、李肇振、张维桢	德义	甘雷、李正义、张炯、徐开法、甘尔恢、李允新、姚德照、姚仁修、侯锦、侯元参、陈懋禄、姚懋正、陆允平、陆辰华、陆际恒、陆际令元、陆廷德、林元爵、蔡家洽、朱鉴、王佑昌、陆原孝、侯廷祥、洪忠敬、顾文海、陆子善、张斗章、张克、洪日、钱尔隆、周锡三、钱尔铭、赵长秀、杨应龙、杨新约、陆毓岐	德义	侯严、侯锦、侯元、甘雷、李时珍、张炯、陆允平、李正义、侯廷祥、甘尔恢、李肇振、姚时振、陆辰日、陆际昭、姚德照、陆辰华、洪日章、钱廷槐、赵长隆、张斗章、杨应龙、钱廷槐、张廷秀、秦源洼、林元爵、蔡家洽、朱鉴、姚仁修、陈懋禄、姚绳正、王佑昌、洪忠敬、陆原孝、张克、陆海、周清、钱尔铭、王渊、颜文海、陆子善、王家芝、陆毓岐、甘德薄、张祖荫、李本森
隐逸	王景曦、李允新				

（续表二）

陆立志		洪复章志		王德乾志	
结构	人物	结构	人物	结构	人物
文学	吴盘、柯炌、符兆昌、章荣、侯炜、张云麟、俞炜、汪之麟、姚宏荣、李肇夏、侯瑞隆、沈步青、林中鹤、归涵	文学	李直、张禧、吴盘、李更、柯炌、侯楷、俞炜、符兆昌、汪之麟、张云从、侯瑞隆、林中鹤、陆立、张欣告、归涵、张为金、侯桂芳、李凌、李凝辰、姚维彤、周梓、蔡文源、黄应机、洪兆甲	文学	李直、章籍、严衍、张禧、李允新、吴盘、李更、侯访、侯涵、柯炌、侯楷、俞炜、符兆昌、沈步青、姚宏荣、李肇夏、侯开国、汪之麟、陆中鹤、张云从、杨大澄、张云隆、林中鹤、张为金、侯桂芳、蔡文源、黄应章、洪复生、周梓、洪兆甲、钱洪、侯锡恩、唐海
艺术	王贞爵、姚镕、王贞儒、陈嶽、朱廷采、金址蓉、范仪普、李於登奎、周有文	艺术	王贞爵、姚镕、於景燕、李栢、侯道源、李肇祺、王凤冈、去非、孙象六、朱凤冈、甘隐禅、王士芬、王行馀、陈蓬、钱青	艺术	李明章、王贞爵、姚镕、於景燕、陈嶽、王贞儒、朱廷采、於景、金址蓉、李栢、侯道源、李肇祺、张元冶、范遂、普、周有文、孙象六、朱凤冈、陈遂、甘隐禅、姚锡廷、王士芬、蔡浦文鹤、王劳、钱锡馀、陈禹偏、王勣、王行馀、钱青、张祖泽
列女	47人	列女	604人	列女	622人

(续表三)

陆立志 结构	陆立志 人物	洪复章志 结构	洪复章志 人物	王德乾志 结构	王德乾志 人物
流寓	蔡长、陈忠、陆景淳、陆济、张礼、施镂、尹聘、姚靖棠、巴来	流寓	蔡长、陈忠、陆景醇、宋珏、董德其、巴来、余晏海、蒋剑人、张礼、尹聘、施镂、姚靖棠、宋道南、毛新发、赤脚道人	流寓	侯绌、蔡长、蔡兖封、严天福、严景陵、程嘉镂、陈忠、陆景醇、陆天锡、宋珏、董德其、巴来、余晏海、张礼、尹聘、赤脚道人、蒋剑人、徐开法、陆品三、宋道南、施镂、姚靖棠、黄元炳、毛新发
方外	本源、丁痴、上晏、万慈、半修			方外	本源、丁痴、上晏、万慈、半修、瑞庵、悟明、道通
武功	王景曦、李震			武功	王景曦、王树勋、李震
义勇殉难	死义之士8人				
				耆老	50人
				寿妇	68人

　　从上面列表可以看出,人物部分的分类,三书主体是相同的,如"文学""艺术""列女""流寓",三志都有相同的立目,不过三书在分类上还是有很多具体的变化。这些变化主要在这样几个方面:(1)陆志的"宦达",到了洪志成了"贤良",王志又成了"贤达",后二书的重心是"贤",表达了民国初年史学家的立意在于记录人物的贤能,而不纯是记录他的为官履历。(2)陆志的"忠节",只收一位张涵,洪志认为不必再列,将张涵归到了"贤良"中,至王志重新恢复"忠节",而且还将洪志附在"贤良"下的"殉难绅士"及单独另立的"义勇殉难"附于其下。我们认为,洪志可能认为陆志的"忠节"只有一人,并不适宜单立一目,是有一定道理的。而王志认为陆志设"忠节"一目从人物的分类上说有合理性,所以又恢复了立目。他认为洪志将"殉难绅士"附在"贤良"不尽合理,所以归入了"忠节";洪志单独设立的"义勇殉难",也应归入"忠节",显示王志的做法更加合理和科学。(3)陆志的"孝义",洪志分为"孝友"和"德义",从分类上看更加细化,更为科学,王志赞同洪志的做法,说明民国初年的史学家认为由于人物众多,孝友和德义分列更加清晰。(4)陆志有"隐逸"类,列了两人,洪志认为不必设立该目,两人中一被归入"武功",一被归入"德义";王志赞同洪志的做法,两人一归入"武功",一归入"文学"。洪、王虽有不同看法,但对取消"隐逸"类的想法是一致的,这是民国史学家不拘泥于旧史做法的一个创新。(5)陆志有"方外",王志也有,但洪志没有列出,其原因与洪志只是一个初稿本有关,因为洪志在体例和分类上可能并没有最后修订完善。(6)洪志和王志都有"武功"一目,可能是由于人数较少的原因,陆志没立。(7)王志立"耆老""寿妇"二目,洪志有"耆民"附于"贤良"中,陆志未立。洪志有目,但查该书的具体内容,却是有目无人。不过,洪志在《礼俗志》中有"耆民""寿母"两目,说明他是将爱护老人作为社会礼仪的一部分来对待,并没有列入《人物志》。王志在两目下都有"右据民国八年采访"句,说明是当年设局修志时的原始采访材料。民国初年的史学家,已认识到尊重老年人是体现自己新思想的一种做法,因而普遍注重将老年人的情况编入史书。

关于人物部分的编撰结构,还需注意的是"列女"部分。陆志"列女"部分没有细分,但洪志和王志对"列女"进行了分类。如洪志将"列女"分为已旌节妇、已旌贞女、已旌烈妇、已旌烈女、已旌贞孝女、未旌节妇、殉难妇女、未旌烈妇、未旌贞女、贤媛才女、现存节妇、现存贞女、现存列女、现存贞孝女等14个标目。他是将女人分成了节妇、贞女、烈妇、烈女、贞孝女、贤媛才女几类,内中各类列女分为已旌、未旌、现存三类。王志将列女分为节、烈、贞、贞孝、孝、淑、才等部分,与洪志略有区别,但大致相同。清中期陆庆循认为方志的《列女传》应该分为四类,即节妇、烈妇烈女、贞女、孝妇孝女。他说清朝上海这样的女人"人数较多,每类又釐为三,曰奉旌,曰有司给额,曰访得"。[①] 可知,洪复章和王德乾将"列女"分成这样几类,是继承了清朝中期史家的看法,但又有所改进。洪志中有"贤媛才女",王志中有"淑""才",一个共同的特点是重视女性的品德和才能,这是两书目录中后人应加以注意的地方。

从三书所收的人物数量可以看出,陆志因为时代较早,人物最少;洪志在其后,人物数量大大增加;王志编撰的时间最晚,人物最多,说明在之前志书的基础上,后来的志书续编、补充了很多内容,具有较高的史料价值。问题是,陆志编辑的那些人物,洪志和王志是不是只是简单的沿用? 从上列表格来

---

① 陆庆循:《嘉庆上海县志修例》,嘉庆二十一年陆氏虚室自刊本,上海图书馆收藏。

看,并非如此,在陆立编辑的时间范围内,洪、王都补充了大量人物。如陆志的"宦达"部分,王志增加了侯震旸、张恒两人。陆志"孝义"部分,洪志在"孝友"中增加了侯士方、侯万钟、张相、张钟、张宏源,"德义"中增加了侯士方、侯万钟、徐开法、王渊;王志在"孝友"中增加了侯士方、张相、侯寅、侯孔诏、张宏源、严允中,"德义"部分增加了侯俨、侯锦、侯元、陆允平。陆志的"文学"部分,洪志增加李直、张禧、李更、张云从、张欣告,王志中增加了李直、章黼、严衍、张禧、李允新、侯沩、侯涵、侯开国、张云从。陆志的"艺术"中,洪志增加了於景焘、侯道源、李肇祺、金去非,王志增加了李明善、金去非、於景焘、侯道源、李肇祺、张元治。陆志的"流寓"部分,洪志增加了宋珏、董德其、余晏海、赤脚道人、蒋剑人,王志增加了侯细、侯尧封、严天福、严景陵、程嘉燧、宋珏、陆天锡、朱瀚、董德其、余晏海、赤脚道人、蒋剑人、徐开法。从罗列的这些可以看到,陆志的编纂比较简略,时间较早,等到洪复章编修时发现陆立有不少遗漏,所以增补了很多人物,而王德乾的增加比洪复章更多,所以后面二书的价值,不仅仅体现在包含了陆志,还体现在对陆志的人物在内容上的大量补充。

陆志中也有一些人物,洪志和王志中没有,不过数量很少。如陆志"流寓"中有陆景醇和陆济人的传,而洪志中只有陆景醇一人,不过从具体内容来说,洪志实际上是将陆志的内容合二为一,由于都是采自《上海县志》,所以文字大体一致。王志也无陆济人,只有陆景醇,但编撰手法与洪志相同,都是将兄弟两人的传合二为一。

王志与洪志相比较,不但对洪志的内容有不少增补,而且对洪志记录的最晚时间民国七年之后的人物,进行增补。另外,王志对洪志中一些人物的归类作了变动。如洪志"贤良"中的李飞龙、侯芳表、孙宝森、张标、李茂春,王志都放至"忠节"中;洪志"孝友"中的张钟,王志放至"忠节"中;洪志"德义"中的徐开法,王志放入"流寓"中;洪志"德义"中的李允新,王志放入"文学"中。再者,在洪志人物排列的次序上,王志也有很多不同,对洪志不合理的地方作了纠正。比如洪志"贤良"分为明、清两部分,张恒放在清人董宏之后,而王志"贤达"将其放在明代。事实上张恒确为明末人,王志对洪志的纠正是极为合理的。再如洪志"德义"中张炯、王景曦、李时珍、侯锦、侯元参、陆允平、陆允立等都放在清代部分,而王志将张炯、李时珍、侯锦、侯元参、陆允平、陆允立放在"德义"的明代部分,将王景曦放在"武功"的明代部分。另外,洪志"德义"部分将王渊放在清代的第四个人,与明末清初人放在一起,而此人为清中后期人,主要活动在嘉庆至同治之间,光绪元年死时年五十九,王志将其放在"德义"清代部分第三十人,从其前后人物所处的时代来看,这样的改动应该是比较合适的。

三、洪志人物部分的文献引用

陆志编于清乾隆年间,因而洪志编撰时,乾隆三十年前的人物有很多是沿用了陆立的成果,洪复章的书中有不少地方明确写明是取材于"《里志》"。那么洪志引用陆志时,具体采取了哪些手法?

我们发现,洪志中有一些人物的材料是直接引用陆志。洪复章对陆志的一些人物,是全部照抄,而且明确标明是来自"《里志》""陆立《里志》",文字上不作任何改动。如"贤良"中的陈述、张涵、李良、甘元隽、吴某,"德义"中的甘尔恢,"流寓"中的张礼、施燧。而如"孝友"中的张履素、侯模等,虽未明言来自陆志,但从文字来看,也是引自陆志。

一些人物的材料洪复章指明是引用陆志,但如果我们两相对照,发现两者在文字上还是有一些不同,洪复章在具体编纂时采用了删、增等手法。

"流寓"清尹聘条,洪志标明是引自陆立《里志》,然而两相对照,陆志中有"两次刲股愈亲疾"句,洪志删除了。姚埰棠条洪志也是标明引自陆志,查陆志,不但正文一致,而且陆立在正文所附自己的诗句,洪复章也引用了。但陆立在自己的诗后又附了姚埰棠《题黄克家濯足图》诗一首,从体例上说,陆立的做法并不是很妥当,洪复章发现了问题,所以并没有引用。

文字增加的手法洪志也是经常使用的。如在"孝友"清王树声条,正文及下引南汇顾天成诗,洪志与陆志完全相同,不过洪志在后面增加了一段内容:"康熙四十九年,松江司马郭朝祚与其有声嗣孙汝师文,赠'孝义传芳'四字额,以志钦佩。"[①]王树声是事母尽孝,母病,割左乳旁肉作汤给母亲喝。母死,他庐墓三年,"士大夫为诗歌赠之"。陆立只引了顾天成的诗,而松江司马赠匾额的事没有谈到,洪复章加以补充,丰富了史料。

"德义"中的甘雷条,指明引自陆志,前面文字完全一致,但后面又增加了:"族子尔忮字规先,力行善事,好施不倦。举乡饮宾。尔忮子实学,孙宗起、宗懋,皆诸生。"[②]不过这里必须说明的是,"尔忮"其实是"尔恢"之误,陆志和洪志都有甘尔恢条,洪志所加内容是多此一举,完全没有必要。不过从他的编纂手法来看,他是想补充陆志的,只不过前后材料没有协调好。

---

① 洪复章纂:《真如里志·人物志》,《上海乡镇旧志丛书》第 4 册,第 66 页。
② 同上书,第 72 页。

　　这种情况在李允新条也同样出现过。洪志前已有李时珍条,但至李允新条,又增加了关于其父李时珍的内容:"父时珍,字育全,治贾起家,立名砥行,以齿德举乡饮宾。"①这句话陆志是没有的。可知洪志是努力想增补陆志的内容,不过前后没有协调妥当,出现了材料上的重复。

　　乾隆三十年以前的人物,洪复章除了新增加一些人物外,是否都用了陆立志的内容? 答案是否定的。

　　我们发现,一些人物,陆志和洪志都有条目,但不少人物洪志却不用陆志,而是使用了"光绪志"和"县志"。这里的"《光绪志》"和"《县志》",应该指的是《光绪宝山县志》。如"贤良"中的李重,标明采自"《光绪志三》",倪士铃和侯传山是采自"《县志》","德义"中的张炯,标明采自"《张氏家乘》和《光绪志·德义门》","文学"中的吴盘、柯炌、侯楷、沈步青、姚宏棨、李肇夏、汪之麟、侯瑞隆、归涵,"武功"中的王景曦,"艺术"中的王贞爵、姚镕、朱庭采、李恬,"流寓"中的蔡长、陈忠、陆景淳、巴来,明确标明是采自"《县志》"。还有一些人物条目,没有标明采自何书,但从文字的核对来看,可能也不是采自陆志,因为两者文字不同的较多。从洪志和陆志相同条目的数量来看,约近一半洪志明确指出不是来自陆志。如果加上没有明确指出采自何书的,总数可能超出了一半。

　　乾隆三十年以后的人物,洪复章的资料来源主要有两种,一是前人已经编成的史书和文集,如"贤良"中的张恒,一部分资料来自《朴村集》。"文学"部分的陆立、张欣告、张为金、李浚、李凝辰、张震生等,来自"《县志》"。"艺术"中的金去非,采自《厂头里志》;孙邃,采自《彭浦里志稿》。"流寓"中的宋珏,

---

① 洪复章纂:《真如里志·人物志》,《上海乡镇旧志丛书》第 4 册,第75 页。

采自《厂头里志》；董得其，"见《县志》"。"列女"中，有很多人是采自《县志》《光绪志》《南翔镇志》和《州志》。二是史家采访搜集来的资料。如"贤良"中的董宏，来自"旧采访"；一些人物虽然没有明言资料的出处，估计也是采访所得，如侯芳表，人物传的内容不长，但后附很长的一篇《宝山张氏三世殉难节略》，约有两千多字，估计是征集到的资料。"文学"中的侯桂芳，"录寅伯先生来稿"；杨大澄，"见前次采访稿与此次来稿并合"；姚维彤、周梓、蔡文源、黄应机，"见前次采访稿"；侯锡恩、洪兆甲，是"此次来稿"。"艺术"中的侯道源、李肇祺、孙象六、朱凤冈，都是"见前次采访稿"；王笏、甘履禅、王士芬、王行馀等，是"此次来稿"。"流寓"中的余晏海、赤脚道人、蒋剑人，是"前次采访稿"；宋道南，是"侯宣伯先生来稿"。一些人物条目他虽然没有指出是否是两次采访稿或来稿，但估计来源也是征集到的资料。如"孝友"中的秦源桂条，洪复章使用的必是某一种原始资料，其中谈到秦源桂长男秦本桢的事迹，所用文体根本不是一般史书人物传纪的格式。同一部分中，洪志另有秦本桢条，两者内容虽有很多不同，但说明史书编纂时文章形式不统一，前后没有协调妥当。出现这种情况，可能主要是资料采集途径多源造成的。虽然这是洪志编纂不够严谨的地方，但却为我们保存了原始资料，使我们能够看到洪氏采用的史源是什么。

　　总之，洪复章《真如里志》的《人物志》，只有一部分采自陆立《真如里志》，而且有不少在文字上进行了增删。洪复章不仅增补了不少乾隆三十年以前的人物，而且与陆志相同的人物他往往喜用《县志》等书的内容替代，并不是全部照搬陆志。乾隆三十年以后的人物，洪复章一方面采自各种方志和文集，另一方面大量利用两次采访稿，补充了大量的资料，具体较高的文献价值。

四、王志人物部分的文献引用

　　王德乾《真如志》编纂时,前有陆立志和洪复章志,因而他对两书有所参考是必然的。王志编纂体例比较完善,是一本精心编著的方志,书中并未注明自己的材料究竟是引自何书,这的确有些遗憾。但经过对民国八年前的资料从文字上进行比对,我们发现,王志中有很多内容是参考了陆志和洪志,他处理材料的手法多种多样。

　　王德乾编纂时采用了很多陆志的内容,这其中有相当一部分洪志也是直接采用而没作任何改动,因而造成了三本志书的内容完全一致。如“忠节”中的张涵,“贤达”中的李良、甘元隽,“孝友”中的侯模,“艺术”中的王贞爵,“流寓”中的陈忠,王志采用了陆志的内容,在文字上与陆志和洪志完全相同,但这样的条目只占一小部分,并不是很多。

　　采用陆志时,可能由于版本的原因,王志个别字、词会作些改动。如“贤达”中的陈述条,有句为“蜀民不力本”,陆志和洪志相同,王志改为“蜀民不立本”。陈述条下陆立末句为“一回追溯一长吁”,王志改为“一回遥溯一长吁”。①

　　有的人物,王志是采用陆志而不用洪志。如“贤达”中李重条,洪志云引自“光绪志三”,谈到:“李重,字威甫,本农家,而嗜学强记。”这里的“嗜学”,陆志和王志都写成“博学”,说明王志是用了陆志而没有采用洪志。“孝友”中的张维桢条,王志采用了陆志,仅删除了陆志最后一句话。洪志有张维正条,内容比陆志要少,王志没有采用。“德义”中的李允新条,王志

---

① 王德乾纂:《真如志》卷五《人物志上》,《上海乡镇旧志丛书》第4册,第101页。

和陆志文字相同，而洪志在中间多出一句："父时珍，字育全，治贾起家，立名砥行，以龄德举乡饮宾。"①这句话是洪志对陆志的补充，王志没有采用。此外如"文学"中吴盘、柯炌、归涵条等，王志都是采用陆志而不用洪志。

王志也大量采用洪志。如"忠节"中的李茂春、孙宝森、张标等条，与洪志完全相同。洪志在李茂春条中的"长同游，而又同死于难，呜呼，义矣"，完全是史家个人表达感情的语句，王志也一字不差地照搬过来。再如"文学"俞炜条，洪志用《县志》而没有采用陆志，王志与陆志文字差别较大，而与洪志相同。李更、侯楷、符兆昌、汪之麟、张为金等条，都是采用洪志，没有使用陆志。

不过王志对洪志的文字时常有删减。如"贤达"董宏条，洪志言明资料来源是来自"旧采访"，王志编辑时可能也看过采访的内容，所以对洪志的内容有所增删。如洪志说："董宏，原名茂对，字育万。"王志改成："董宏，原名茂对，字育万，一字任庵，德华子。"洪志接下来有对董德华的介绍，计70字，王志全删。本条之后洪志有邑人张云章诗一首，王志也删。② 就史书的编纂来说，王志的删削是对的，更加符合人物传纪的要求。"忠节"侯方表条，王志正文与洪志完全一致，但洪志附在文后由侯锡恩编写的《宝山张氏三世殉难节略》，王志没有采用。

有的人物，王志是既采用陆志，又采用洪志。"贤达"倪士钤条，陆立志作："字岩三。国初诸生震子。渊源家学，干练才猷……子奕洵，字眉望，优于齿德，例授八品章服。"洪志作："字岩三，诸生，居真如，有干练才……子奕洵，以耆德授八品

---

① 洪复章纂：《真如里志·人物志》，《上海乡镇旧志丛书》第 4 册，第 75 页。
② 同上书，第 55 页；王德乾纂：《真如志》卷五《人物志上》，第 103 页。

服。”王志作：“字岩三，诸生，有干练才……子奕洵，字眉望，以耆德授八品服。”①王志的内容实际上是将陆志和洪志合起来改编而成的。“德义”陆允立条，王志文字大体与洪志相近，与陆志差别较大。洪志谈到陆允立子廷德的事迹，王志不采用。陆志后附嘉定马翼《寿陆茂椿》诗，洪志无，而王志采用。可知王志是将陆、洪两志结合起来，又加以合理的删削。“文学”中的姚宏棨条，王志或采陆志，或用洪志，后附俞炜《因缪声远过存得长句》诗采自陆志，而此诗洪志无。其他如侯瑞隆、林中鹤等条，都是将两书混合采用的。

有的人物，王志既不采用陆志，也不采用洪志，而是另有所本。如“贤达”吴某条，洪志与陆志相同，谈到吴际明“左迁日照尉”，而王志作“山东日照丞”；洪志和陆志谈到“从子盘。陆立有《吴可成传》”，而王志没有这句话。说明王志的资料另有所本，与洪志和陆志不同。“文学”的李肇夏、“流寓”的陆景醇条，王志所用材料也是另有所据。

很多人物材料，王志内容与洪志有很大的不同，具有独特的价值，如“贤达”中的张云章、张鼎生，“孝友”中的张宏源、万锡茂、符元吉、李士修，“德义”中的姚、时粹、姚德照，“文学”中的张云从、侯桂芳、李浚、张震生、杨大澄等，“艺术”中的金去非及族弟金址霑、陈邃，“流寓”中的董德其，等等。这些人物的资料，目前已经无法知晓其来源，笔者认为有一部分可能是王德乾父亲王守馀《邑乘访稿》中的第一手资料。而事实上，洪复章《真如里志》和王守馀《邑乘访稿》中的内容有相当一部分是相同的，因为同是在民国八年设局后编纂的成果。也有一些人物特别是洪复章书中谈到来自“前次采访稿”和“本次

① 陆立纂：《真如里志》卷二《宦达》，《上海乡镇旧志丛书》第 4 册，第 19 页；洪复章纂：《真如里志・人物志》，第 55 页；王德乾纂：《真如志》卷五《人物志上》，第 103 页。

采访稿"者,王志与其差距很大,究其原因,有可能两人都分别对原始材料进行了重新编写,因为同样一个人物,两人在文字表述上有较大出入。比如"流寓"中的蒋剑人,洪志中有1 000多字,而王志中进行了较大的删削,仅二三百字。

与洪志和陆志相比,王志增加了更多的人物,很多人是生活是民国八年以前的,王德乾认为这些人陆立和洪复章应该编而没有编进去的;至于民国八年以后的一些人物,那是王志独有的,显示出王志具有较高的价值。

结　　论

三本相同书名的地方志,时间上前后不同,内容上各有特色,资料上各具价值。

陆志是第一本真如志,在搜集真如地方文献上有开拓之功。由于是书编辑的时间较早,反映了清代中期史学家的编撰理念,结构和分类都是那个时期的产物。陆志文字比较简单,数量不大,但保存了清代中期以前的很多文献,无论是编纂还是史料,都是值得肯定的。

洪复章的《真如里志》编于民国八年以后,内容上包含了陆志,并进行了很多增补,对乾隆以后的史实有大量增加,因而资料价值极高。洪志在框架和结构上与陆志有很大不同,反映出民国初年史学家的一些新思想对史学编纂的影响。不过,洪志比较粗疏,是一部没有最后详细审订的著作,在结构和资料的编排、内容的前后协调上遗留了不少问题。

王德乾的《真如志》是有关真如地区方志的集大成作品,内容详尽而又精确,资料十分丰富,结构较为合理。王志对前人成果的吸收有一套规范的做法,史料的裁剪比较得当,同时又补充了大量新材料。该书反映了民国史家在新时期的很多想法和思路,是传统方志发展到民国时期的产物。

　　总之,三本相同书名的《真如志》,各有其史学价值和文献价值,都有存世的必要,是今天研究上海地方史的重要材料。

　　(本文原刊于《四库文丛》第一卷,上海交通大学出版社2013 年版)

古代上海地区的两种三黄鸡

　　生活在上海，常会听到有人谈到三黄鸡，不过大家都会加上个地名来限制，变成"浦东三黄鸡"。也就是说，浦东的三黄鸡是上海传统食用鸡中最有名的一个品种，因而得到无数老食客的青睐。

　　不过上海最早出产三黄鸡的地方，并不是浦东，而是嘉定。这一点，是后人多少有点意想不到的。

　　薛理勇先生发现了这个问题，在《浦东开发》2001年第2期中，引用了明李诩《戒庵老人漫笔》中的话，说："嘉定南翔罗店出三黄鸡，嘴足皮毛纯全者佳，重数斤，能治疾。"李诩生于弘治十八年（1505），卒于万历二十一年（1593），估计这段文字是他三四十岁以后的作品，约在嘉靖中期。这是薛先生看到的关于上海地区三黄鸡的最早记载，因而他推断："上海有三黄鸡的历史不少于400年，而且已名扬江南。"①薛先生的看法应该说是比较有意思的，他发现历史上嘉定地区是养殖三黄鸡的，因而从整体上将上海有三黄鸡的历史前推了很多。不过，由于他看到的嘉定有三黄鸡的史料并不是最早的，因此他的推测还比较保守。

　　现存最早的嘉定方志是都穆于明正德四年（1509）编成的

---

① 薛理勇：《浦东三黄鸡》，《浦东开发》2001年第2期。文中"李诩"，薛文误为"刘诩"。

《练川图记》,在卷上《物产》中说到:"嘉定物产,凡五谷、蔬果、禽鱼、花卉以及布帛之类,往往同于他郡。其不同者,家之畜有三黄鸡,喙、距与皮一色,大者至八九斤,最为肥美。"按都穆的意思,嘉定的物产与江南大多数地方没什么差别,别的地方有什么嘉定也有什么,但只有三黄鸡是嘉定特产。这种三黄是指鸡的嘴、脚和皮都呈黄色,体型较大,比较肥。既然都穆没有指明这种鸡是嘉定境内哪个地区养殖的,那么我们估计在嘉定很多地方都能见到这种三黄鸡。从时间上推算,距今天有 500 多年。都穆编书时这种鸡在嘉定广泛养殖,嘉定三黄鸡的养殖历史实际上还可以往前推。

此外,我们也看到浦南金的《嘉定县志》也记录了三黄鸡。该书编成于嘉靖三十六年(1557),大体与前述刘诩的书是同时期的,在卷三《物产》中沿用前志,谈到三黄鸡"喙、距与皮俱一色,大都至八九斤",应该说三黄鸡的养殖与 50 年前都穆的时候没有什么变化,因而编书时转相引用。

大约五十年后,万历三十三年(1605)编成的《嘉定县志》,关于三黄鸡的记载出现了变化。在该书卷六《物产》中,提到:"鸡,出大场者,名三黄鸡,喙、距、皮皆一色,大至九斤。"按刘诩谈到嘉定南翔、罗店地区产三黄鸡,说明这种鸡在嘉定南部和东部地区比较多见。但万历志中文字基本上是沿用前志,却单单指明是产于大场,显然并不是随意书写的,应该是三黄鸡在嘉定的产地虽然很广,但以大场出产的三黄鸡最为著名。按大场地区在宋朝靠海,曾经设置盐场,"其地东西三里",是个很宽广的盐场,因而得名大场。到明代设镇,成为一个商贸集市中心。三黄鸡出名,应该与当地商业的兴起有一定关系。

进入清代,大场的三黄鸡远近闻名。康熙《嘉定县志》卷四对大场的三黄鸡品种有很详细的描述:"三黄鸡,出大场,喙、距、皮皆一色,大至九觔,故又呼九斤黄。其他鸡,色亦皆黄,味极肥嫩。他邑取种哺养,色味皆变。雌鸡将生子,呼童子鸡。又取雄鸡重一觔五六两者,夏月阉治,养可至六七觔,名搧鸡,俗讹线鸡,又名镦鸡、童鸡,嫩而镦。鸡肥二种之味,甲于海内。"九斤黄的称呼在清代前期已经出现。大场的鸡全是黄色,以肥嫩出名。这种鸡还可以养成童子鸡、镦鸡出售,名声"甲于海内",远近都已知道。乾隆《宝山县志》卷四也谈到:"鸡,出大场者名三黄鸡。"各地都有黄色的鸡,但大场的鸡才是正宗的三黄鸡,鸡嘴、足和皮都是同一种黄色,体型较大。

　　清朝后期,大场的三黄鸡是否仍然名声四扬? 目前的方志记载看不出变化,光绪《宝山县志》卷一四中仍然谈到大场的三黄鸡,但和明代《嘉定县志》的记载是相同的,我推测这不过是修志者依样画葫芦而已,并不说明大场的三黄鸡养殖仍有很好的势头。估计只是说大场的三黄鸡仍然有一定数量的养殖,但与前代相比没有什么特殊的地方。而明朝刘诩谈到的南翔、罗店的三黄鸡更是不见了踪影。清代《罗店镇志》卷一谈到鸡时说:"另一种纯白毛、金胸、绿耳、青脚,俗谓可治小儿惊风症。"书里只提到这种青脚白毛的鸡是有点特色的,没有提到其他的品种。而《南翔镇志》的物产介绍中没有提到鸡,说明人们养殖的鸡毫无特点可言。

　　清朝前期,三黄鸡的养殖在上海浦东地区大放异彩。雍正八年(1730)编成的《分建南汇厅县志》卷十五中谈到:"鸡,产浦东者大,有九斤黄、黑十二之名。"九斤黄应该就是三黄鸡,与大场的三黄鸡在体型上大小相似。之后乾隆末年的《南汇县新志》把这句话又重新抄录。上述薛理勇文中谈到浦东鸡作为一个特殊品种的最早资料是道光十六年(1836)编成的《川沙抚民厅志》,因为卷一一中谈到川沙"有鸡,邑产最大,有九斤黄、黑十二之称",显然这是对前志材料的沿用,而实际上在这一百年前浦东的三黄鸡早就出名。

　　浦东三黄鸡在清朝及民国年间成为上海地区的特色家禽,深受人们的喜爱。民国《上海县续志》卷八谈到浦东鸡的种类甚多,"出浦东者有九斤黄、黑十二之名。卵小于鸭,卵为滋养品。肉味最美,销路甚广,农家畜之,为生利之一"。直到新中国建立后,三黄鸡仍在浦东很多地区继续养殖。

　　不过,今日同属上海地区,但浦东三黄鸡与大场三黄鸡在品种上可能是有所差别的。大场人张荫祖在 20 世纪 60 年代编纂的《大场里志》卷一谈到:"鸡之本地生产的,其名就叫大场鸡,还有浦东鸡。清鸡来自浦东一带孵坊,鸡种不大,因蛋用火孵的,故其名又叫火炙鸡。又有一种浦东鸡,用母鸡孵卵而生的,鸡种颇大,远近闻名。我侭大场一带。由母鸡孵出的小鸡,鸡种亦大,就是出名的大场鸡。"该书又引了"俚编遗传话",说:"大场骆家鸡,九斤黄,黑十二,芦花十八,酱廿四。"镇上有位骆姓的,"养鸡颇讲究,故出大种鸡"。这户人家专挑大母鸡生的大鸡蛋孵育,"因之鸡种更其壮大了"。照此看来,大场三黄鸡到民国时仍有一定养殖量存在,在培育上有一定的讲究。而同时,浦东的三黄鸡种在向外扩散,进入了大场的市场,但人们认为,同样是号称九斤黄,大场鸡和浦东鸡是不同的两个品种。

　　明清以来,上海地区的肉鸡一直有着优良的品种,大场三黄鸡和浦东三黄鸡五百多年间声名远扬,使无数食客念念不忘。保存一些传统、优良的家禽品种,在今天人们追求生活质量的时代,应该是完全有必要的。

　　[本文原刊于"澎湃新闻·私家历史"2018 年 5 月 24 日,发表时题为《上海的三黄鸡最早产于嘉定》。后又刊于上海藠云艺术博物馆编《藠云》第五辑,中西书局 2019 年版]

后　记

　　10年前写过一篇题为《过尽千帆皆不是,斜晖脉脉水悠悠》的文章,后来发表在王家范师主编的《明清江南史研究三十年(1978—2008)》一书中,主要谈自江南史研究的一些体会。记得当时曾对王老师说,一是我的研究不在明清这个时段内,二是我还没有资格谈治学的体会,但王老师觉得文章发表在书里还是比较合适的,因为对后学者多少会有些帮助。当时自己对江南史有兴趣已经有10年了,也写过几篇论文,参与编纂过几种著作。2013年时,我第一次动了结集出版论文集的念头,从我发表过的近百篇文章中挑了24篇收在《唐代经济与社会研究》中。这本书的责任编辑是我以前的硕士生姜浩,他对我说集子里有很多是江南史的。我竟没意识到这个问题,于是数了一下,没料到主题与江南相关的论文真的有11篇之多。从那时开始,我就想有朝一日要把自己对江南史研究的论文收录在一起,要把自己这么长时间段的兴趣所在记录下来,给自己的学术研究留点痕迹。

　　本次收在集子里的24篇文章,大多是近年来努力的成果。当然,上次收在论文集里的文章不能重复收录,只能在最近几年发表的文章中选择一部分,个别的论文发表有一些时日了,但以前的论文集没有收录。限于字数,也不能把自己发表过的江南史论文全部收录进来,但心里总有点不舍。如此说来,自己留下了个伏笔,想回顾一下自己研究江南史的脉络,看来还是要留待将来了。

中古时期江南史的研究,总体上说人员不多,研究还有很多空白,尚待学界同道共同努力。结集出版论文,并不是要宣布自己有多少成果,也不是想宣告自己该封刀收手,而是想对自己提点要求,将其作为一种自我鞭策的手段。结集出版的另一个目的,是想梳理一下自己在研究上的经验和教训,总结一下自己的研究方法是否能有所突破,研究视角是否能有所拓展。因此论文结集可以时刻提醒我研究方式、方法的调整,提示我要抓紧时间,告诫我要取得进步必须分外努力,只有这样,若干年后才能再编一册崭新的集子,有更大的进步。

最近两年多,我承担了较多的行政工作,静心读书的时间大幅减少,能长时间坐下来写点东西非常不易,因此我非常需要出版一本集子提示我在学术上时刻不能放松,来提振我的学术自信心。

最后,非常感谢上海师范大学人文与传播学院的高原高峰学科的建设经费对本集的资助。

张剑光
二〇一九年八月二十八日